COTTA

VERÖFFENTLICHUNGEN DER DEUTSCHEN SCHILLERGESELLSCHAFT

BAND 44

LITERATUR IN EINER INDUSTRIELLEN KULTUR

HERAUSGEGEBEN
VON
GÖTZ GROSSKLAUS
EBERHARD LÄMMERT

J. G. COTTA'SCHE BUCHHANDLUNG
NACHFOLGER GMBH STUTTGART

Gedruckt mit Unterstützung
der Robert Bosch GmbH

Umschlaggestaltung: Heinz Edelmann
Satz: 9 Punkt Walbaum von Alwin Maisch, Gerlingen
Papier: Säurefreies und holzfreies Werkdruckpapier
von Clairefontaine
Druck: Verlagsdruck Gerlingen
ISBN 3-7681-9987-8

INHALT

IV Idylle und Katastrophe

V Industrialisierung der Arbeitswelt

VI Wahrnehmung und Maschine

VII Elektronische Modernität

VORBEMERKUNGEN

I

Die Schrift, in der ein Autor seine Texte den Lesern unter die Augen bringt, ist längst nicht mehr seine eigene. Auch seine Stimme wenn sie nicht nur von Freunden gehört werden soll, bedarf technischer Konservierung und Vervielfältigung und dann hochentwickelter Ausstrahlungsgeräte. Solche technischen Zurüstungen müssen notwendig auch die Autoren nutzen, die mit Schrift oder Stimme dem technischen Zeitalter ein Ende mit Schrecken voraussagen. Denn Literatur bedarf mehr als die meisten anderen Künste seit altersher der nachträglichen Fixierung in Holz und Stein, auf Pergament, Papier oder Tonband, um gelesen oder an anderem Ort gehört zu werden. Selbst was die 'Singer of Tales' von Hof zu Hof und noch in den Städten von Haus zu Haus vortrugen, hat uns nur dank der Technik schriftkundiger Nachbildung oder maschineller Konservierung erreicht.

Auffallender als dieser Sachverhalt und auch bemerkenswerter als der Umstand, daß er den Literaten allen Spielraum läßt, die technischen Neuerungen ihrer Zeit hymnisch zu loben, satirisch zu verätzen oder gar apokalyptisch auszuweiden, ist die Tatsache, daß die schöne Literatur, vor allem in Deutschland, bis ins späte 19. Jahrhundert und mit wichtigen Strömungen weit ins 20. Jahrhundert hinein nicht nur der konkreten Arbeitswelt eines immer größeren Teils der Bevölkerung, sondern auch der fortschreitenden Industrialisierung unserer gesamten Lebensverhältnisse in den Umkreis ihrer Themen und ihrer Bildersprache kaum – und wenn, dann zumeist nur als Zeichen einer nicht wünschbaren Gegenwelt – Einlaß gewährt hat. Auch wenn man der Literatur gern einen gehörigen Abstand und womöglich eine wachsame Kritik veränderungsfrommer Zeiterscheinungen zugute hält, bleibt schon im 19. Jahrhundert die Abstinenz einer solchen epochalen Entwicklung gegenüber erstaunlich. Erklärungen bieten sich allerdings an, wenn man die kritische und die utopische Rolle der Poesie vor allem in der deutschen Kulturgeschichte des 19. Jahrhundert ernsthaft in Anschlag bringt. Dann stellt sich nämlich heraus, wie sehr die Poesie seit der Weimarer Klassik vor allem anderen dazu ausersehen ist, die Sache des *ganzen Menschen* gegen seine ständische oder politische und zunehmend auch arbeitsteilige Inanspruchnahme durch die moderne Lebenswelt zu verteidigen. So konnte um die Jahrhundertmitte sogar einer der maßgeblichen Autoren des Jungen Deutschland noch unbeirrt formulieren: »Den Roman an die Welt der Arbeit verweisen heißt ihn in seiner ganzen Natur aufheben; denn es ist gerade das Wesen des Romans, die Wochentagexistenz des Menschen gleichsam beiseite liegen zu lassen und seinen Sonntag zu erörtern. Wir verstehen unter Sonntag die Offenbarungen seiner poetischen Natur (...) Die Arbeit in Ehren, aber zur Poesie dränge sie sich nicht ungestüm! (...) Unser Volk wird sich seinen innersten Trieb zu einem höheren Culturleben nicht nehmen lassen, und mag auch die Materie sich mit Dampf, Electrizität und Börsenschwindel noch so geltend machen.« Der Abstand, den Karl Gutzkow in diesem Essay ›Der Roman und die Arbeit‹ 1855 aufreißt, wird noch für Jahrzehnte bestimmend bleiben und durch die Erfahrungen des 20. Jahrhunderts mit dem Kriegsmoloch Technik und der ins Land sich fressenden Industrialisierung zur leidenschaftlichen Abwehr verstärkt werden. Selbst Gegenbewegungen im frühen 20. Jahrhundert erhalten von daher vielfach krampfhafte Züge oder einen hohlen Klang.

Die Literaturwissenschaft hat sich bis weit über die Mitte des 20. Jahrhunderts in Deutschland kaum anders verhalten. Deshalb war es selbst in den achtziger Jahren noch ein Wagnis und vielfach ein Vordringen in unbetretenes Land, Dokumente für das Zusammengehen oder auch für die Auseinandersetzung der deutschen Literatur mit der industriellen Entwicklung ihrer Zeit zu einer Ausstellung zusammenzutragen und entsprechend zu ordnen. Schon bei der Konzeption und der gelegentlich sogar konfliktreichen Auswahl von Leitlinien zu dieser Marbacher Ausstellung ›Literatur im Industriezeitalter‹ wurde bald klar, daß eine historische Aufarbeitung dieses Themas nicht weniger bedeutete, als, wie Ulrich Ott in seinem Vorwort zum Katalog hernach schrieb, »ein ganzes Zeitalter im Spiegel der Literatur« in neuer Weise darzustellen. Diese Erfahrung von der Tragweite eines solchen, erstmals über zwei Jahrhunderte hin verfolgten Zusammenhangs von Literatur und Industrie gab dem Wissenschaftlichen Unterausschuß der Deutschen Schillergesellschaft Anlaß zur Vorbereitung eines Symposions. Es sollte sich gegenüber der Ausstellung stärker auf den bislang noch am geringsten bearbeiteten Bereich des 20. Jahrhunderts beschränken, auf der anderen Seite aber die charakteristischen Befunde an der deutschen Literatur durch vergleichende Blicke auf andere Literaturen und auch auf die anderen Künste ergänzen.

Die Fülle der literarischen Funde während der Vorbereitungen zur Ausstellung und zum Symposion lehrte uns sehen, daß – ähnlich wie bei der Wiederentdeckung lang verschütteter politischer Dichtung und Prosa des 19. und frühen 20. Jahrhunderts – die nach allgemeinem Urteil vorherrschende und auch programmatisch verteidigte, abstinente Haltung der deutschen Autoren mehr eine Sache der Kanonbildung unter den Gebildeten und auch eine Erwartung des breiteren Publikums als eine durchgehende Horizontverengung der Schriftsteller selbst gewesen ist. So fanden bemerkenswert viele Beiträge unseres Symposions Anlaß, Initiatoren der literarischen Erscheinungen, die sie sich zum Thema gesetzt hatten, schon im 19. Jahrhundert aufzusuchen. Anderseits hinterließen sowohl die gegensätzlichen Gesellschaftsformen des 20. Jahrhunderts als auch die scharfen Umschwünge der Technik-Bewertung durch die beiden Weltkriege im Umgang der Autoren mit Technik und Industrie markante Einschnitte, die eine künftige Literaturgeschichte zu beachten hat.

Vordringlicher als eine solche historische Gliederung erschien den Ausrichtern wie den Teilnehmern des Symposions jedoch eine Konzentration auf Wahrnehmungs- und Bewußtseinsveränderungen, die sich im Zuge einer immer mehr beschleunigten Industrialisierung des täglichen Lebens ergeben haben und die ihren Reflex – oder auch ihre Vorankündigung – in der literarischen Formensprache fanden. Unter Abwägung des gegenwärtigen Forschungsstandes entwickelte sich daraus eine Stichwort-Reihe behandelnswerter Themen für die sechs Halbtage, die für das Symposion vorgesehen waren. Auch im Blick auf die anschließend abgedruckten Beiträge mag diese vorbereitende Zusammenstellung von einigem Interesse sein, denn selten genug lassen sich gute – oder auch unvollkommene – Absichten mit den während eines Symposions unverhofft gewonnenen Einsichten und mit den durch Beiträge und Diskussionen tatsächlich erschlossenen Arbeitsgebieten so prompt vergleichen. Die folgende Zusammenstellung wurde allen Teilnehmern mit der Einladung zum Symposion übermittelt.

Korrespondenz, Ungleichzeitigkeit und Gegenläufigkeit von literarischer und technischer Kultur im 20. Jahrhundert.

a) Literarische Bilder technischer Eroberungen; der technische Fortschritt und das 'natürliche Leben'; Schwellenängste und Umbruchhoffnungen beim Übergang zu neuen Lebensformen; der Anteil der Technik an der Entgegensetzung von Kultur und Zivilisation; Zusammenhänge und Spannungen zwischen dem technischen Wandel und der Beharrungstendenz künstlerischer Formen und Gattungen; 'Asphaltliteratur': die Großstadt als neuer Erfahrungs- und Darstellungsraum; 'Hase und Igel': Der Wettlauf der Avantgarde mit dem 'Fortschritt'.

b) Gesteigerte Macht und Ohnmachtserfahrung: Technik-Euphorie und Dämonisierung der Technik im frühen 20. Jahrhundert; der Mensch als Maschine, Maschinen-Erotik, die Maschine und die Seele; futuristische Utopien, Dynamik und Geschwindigkeitsrausch; automatische und serielle Produktion als künstlerische Ausdrucksmittel; Erlösungs- und Katastrophen-Szenarien als visionäre Zukunftsmodelle.

Der literarische Umgang mit der industrialisierten Welt.

a) Der literarische Held als Außenseiter/als Prototyp der Massengesellschaft; Industriearbeit als literarischer Vorwurf; Bitterfelder Weg, Gruppe 61; Industriereportage, teilnehmende Beobachtung; experimentelle und hermetische Literatur: unterschiedliche Antworten auf die industrielle Fertigungstechnik.

b) Der Ein-Mann-Betrieb des Literaten und die industrielle Güterproduktion; Originalität und Serienfertigung; Auflösung der traditionellen Rollenbilder von Autor und Leser als Produzent und Rezipient; die Verkürzung der Kommunikationswege und -zeiten; Technisierung des Theaters; neue Techniken der Textherstellung und der Erarbeitung von Manuskripten; elektronische Textgenerierung.

Veränderungen der künstlerischen Wahrnehmung im Zuge technischer Wandlung und industrieller Fertigung.

a) Übernahme von Filmtechniken in die Literatur: Zeitaustiefung, Simultantechnik, Schnitt, Ausblende, Schwenk; Veränderung der Landschaftsbeschreibung durch schnelle Bewegung, Veränderung des Darstellungshorizonts durch Perspektivenwechsel; Kurztaktigkeit der Eindrücke, Assoziationen und Kontrastierungen als Prinzip der Textkomposition; von der verbalen zur audiovisuellen Wahrnehmungsgewohnheit; graphisch komponierte Texte; Warenästhetik.

b) Von der diachronen und sukzessiven Sinn-Erschließung zum synchronen, ganzheitlichen Informationsangebot: Literatur als Institution der Sinnvermittlung/der Informationsverarbeitung; computer- und automatenerzeugte Poesie; multimediale Texte; der literarische Anteil und die literarische Fixierung von Happenings, Performances, Action-Art usw.; Lektüre und Wahrnehmung von Text-Feldern, -Netzen, -Flächen; serielle Textvariationen; die Collage als Produktionsform/als Ausdruck von Kulturschutt; Stakkato der Beobachtungen und Unüberschaubarkeit der Gesamtproduktion als Ausdruck realer Lebensbedingungen; konkrete Poesie als Ausdruck 'totaler' Selbstverwirklichung der Kunst; Wiederholbarkeit als Gleichbild industrieller Fertigung. Literarische Computerspiele: der Autor als Eingeber der Formprinzipien – die Maschine als Generator und Formgeber der literarischen Materie.

Was während des Symposions selbst an Arbeitsthemen aufgegriffen und an neuen Perspektiven gewonnen wurde, macht der anschließende Durchblick deutlich.

II

In den ersten Großstädten des 19. Jahrhunderts konnten auch die Menschen, die in den Arbeitsprozeß der aufkommenden Industrie nicht unmittelbar eingebunden waren, erstmals der sich beschleunigt verändernden Welt einer technisch-industriellen Moderne sinnlich begegnen. London und Paris überschreiten 1801 und 1850 die Millionen-Grenze. Sie besonders erscheinen topographisch, sozial und symbolisch als neue »terra incognita« (Ickstadt). Man blickt in das fremde Antlitz der Moderne. Die Irritationen der Wahrnehmung beziehen sich – besonders bei Reisenden aus dem vor-industriellen Deutschland – immer wieder auf das Tempo der Bewegungsflüsse, die Gleichzeitigkeit unterschiedlicher Ereignisabläufe, auf Massenhaftigkeit, Einförmigkeit und Anonymität. In dem »Choc des Bewußtseins«, von dem Baudelaire spricht, kündigt sich der Zusammenbruch langgewohnter Wahrnehmungsmuster an. Die neue Wahrnehmung, so folgert schon Baudelaire, muß sich auf das »Transitorische« einstellen. Diese Neu-Einstellungen nehmen die Künste, vor allem die Literatur, im Wandel ihrer Darstellungstechniken vielfach voraus. Vor allem zeigt sich das an der Einübung und »Präzisierung der Beobachtung von Bewegung« (Möbius) – etwa bei E. T. A. Hoffmann (›Des Vetters Eckfenster‹, 1821/22), E. A. Poe (›The Man of the

Crowd‹, 1840), Heine (›Französische Zustände‹, 1823–28 – ›Lutetia‹, 1840–43) oder Baudelaire (›Le Spleen de Paris‹, seit 1857). Schon Heine setzt die gerade auf den Plan getretene Daguerreotypie und ihr Verfahren der »authentischen« Arretierung der Wirklichkeit in Bezug zu seiner eigenen »daguerreotypischen« Schreibweise. Im beschleunigten Zugriff auf die Wirklichkeit macht die Fotografie das dem natürlichen Auge Unsichtbare plötzlich sichtbar (Schuller).

Das Erscheinen der Eisenbahn um 1840 bewirkt einen neuen Beschleunigungsschub. Der Beobachter von Bewegungen setzt sich selbst in Bewegung. Für die Eisenbahn-Poesie – wie sie in England entsteht – lassen sich »Plötzlichkeit« und »Verflüchtigung« als nachklassische Kategorien einer neuen Ästhetik der Geschwindigkeit ausmachen (Seeber).

Wenn man von der »Aneignung des Prinzips der Industrie durch die Poesie« sprechen will (Maag), wird man nicht vergessen dürfen, daß ein neuzeitliches Modell veränderter Wirklichkeitsaneignung sowohl der Industrie als auch, gleich ursprünglich, der neuen Poesie zugrunde liegt (Großklaus). Schon aus diesem Grunde muß die stehende Meinung vom schnellen technischen und langsamen kulturellen »System« neu überdacht werden (Lethen). Ogburns Theorie vom »Cultural Lag« (1922) steht die These einer synchronen Figuration von Natur, Technik und Kultur (Lethen) entgegen. Ähnliche Zweifel sind aus dieser Perspektive gegen das von Marquard aufgefrischte Theorem Joachim Ritters vom späteren und kompensatorischen Auftreten der Geisteswissenschaften ebenso aufzuwerfen, wie gegen die Snow'sche These von den »Zwei Kulturen« (szientifisch versus literarisch). Die Annahme einer für die Moderne typischen Form der 'Doppelvernunft' (prinzipiell versus okkasionell) hebt die Snow'sche These auf ein allgemeineres Niveau (Spinner).

Allerdings kommt es im weiteren Verlauf des 19. Jahrhunderts innerhalb der synchronen Figuration von Natur, Technik und Kultur zu Polarisationen. Es bilden sich Dichotomien heraus: Natur versus Zivilisation, Technik versus Kultur, materielle Zivilisation versus immaterielle Kultur etc., die jederzeit zu starren Wert-Unwert-Profilen ideologisiert werden können. Das zeigt sich sehr bald im deutschen Sozialroman um die Jahrhundertmitte. In Immermanns ›Epigonen‹ (1825–36) wird nach einem derartigen Schwarz-Weiß-Schema ebenso verfahren wie in späteren Romanen von Robert Prutz (›Das Engelchen‹), Ernst Willkomm (›Eisen, Gold und Geist‹) oder Friedrich Spielhagen (›Hammer und Amboß‹) (Bullivant). Das 'Gute' sammelt sich am Pol der Natur, des ländlichen Lebens, der vor-industriellen Heimat; das 'Schlechte' am Pol des 'Künstlichen', der neuen fremden Welt der Dampfmaschine, der Fabriken und Städte. Was sich hier abzuzeichnen beginnt, ist der spezifische Kulturbegriff, der den deutschen Weg in die Moderne bezeichnet. Als »großstädtische Ausdruckskunst« (Scherpe) thematisiert noch die expressionistische Lyrik die Fremdheitserfahrung in Bildern der Stadt als »Schlachthaus, Irrenhaus und Inferno« (Scherpe). Auf der anderen Seite ist der Entwurf von Gegenwelten, Idyllen und Enklaven, der »Rückzug« in »künstliche Paradiese« und auf »Wahrheitsberge« (Glaser) nicht nur eskapistisch zu verstehen: es entstehen Zonen der »Verlangsamung« und der »Synthese« inmitten zunehmend beschleunigter Prozesse von Trennung und Entfremdung.

Die Geschichte der Industrialisierung ist immer zu sehen im zivilisatorischen Kontext zunehmender Beherrschung der äußeren und inneren Natur. Die rationale Herrschaft über die Natur erscheint als fortschrittliche Emanzipation von der Natur und gleichzeitig als fortschreitende Entfremdung von der Natur – als ihre Auslöschung (Harth). Die durchgängige bürgerliche Romantisierung der Natur ereignet sich nicht als ästhetisch-literarischer Rand-Diskurs abseits des Technisierungs- und Modernisierungs-Prozesses, sondern als dialektisches Moment dieses Prozesses selbst. So gehorcht die jüngste 'Natur-Lyrik' nur noch einer »Ikonografie der Zerstörung« (Harth): sie ratifiziert das Ende einer an der ›Natur‹ orientierten Wahrnehmung unserer selbst, unserer Wünsche und Hoffnungen. »Das Doppelantlitz der Technik« (Segeberg) – ihre emanzipative und ihre destruktive Seite – wurde allerdings schon frühzeitig reflektiert: Unfälle, die der technische Apparat verursachte, offenbarten, daß das Ausmaß der Beherrschung und Bändigung von Naturkräften in den Apparaten immer auch das Ausmaß der durch sie möglichen Katastrophen vorgibt.

In einer kulturspezifischen Variante wird das »Zerstörungspotential der technischen Moderne« (Hoeges) nationalistisch eingegrenzt: die technische Apokalypse leitet ein deutscher Professor aus Jena ein. Die technische Utopie eines ökologischen Musterstaats dagegen verwirklicht ein Franzose. Die Rede ist von Jules Vernes Roman ›Les Cinq Cents Millions de la Bégum‹ von 1879. Die Zurückweisung des technisch-universell Bedrohlichen erfolgt über ein nationales Stereotyp.

Hinter der Abwehr des »Eisernen Deutschen« (Hoeges) verbirgt sich Modernitäts-Abwehr, Angst vor der Kälte.

In Deutschland treten diese Angst- und Abwehrhaltungen um die Jahrhundertwende deutlicher zu Tage und werden in den kommenden Jahrzehnten »politische Energien« von verhängnisvoller Brisanz freisetzen (Trommler). Der Technik-Diskurs der zwanziger und dreißiger Jahre verhärtet sich in Einverständnis und Gegnerschaft zur Moderne zu undialektisch-starren Gegensatz-Paaren wie: »Verwurzelung versus Mobilität, Symbiose versus Trennung, Wärme versus Kälte, Organismus versus Apparat, Individuum versus Typus« (Lethen).

Diese sich rasch einspielenden Stereotypen einer Bewertung des Modernisierungs-Prozesses entwerfen Positiv-Negativ-Profile, die einem differenzierenden Umgang mit der neuen Komplexität des Weltzustandes entgegenstehen. Es fällt nicht schwer, diesen Profilen auch bestimmte Kunst- und Literatur-Strömungen thematisch zuzuordnen. Der Technik-Kult der italienischen Futuristen feierte »den Sieg der Elektrizität«, »den Sieg des heulenden Rennautomobils über die Nike von Samothrake« (Trommler), berauschte sich an der neuen Dynamik und Simultaneität der Bewegungen (Lämmert). Lustvoll erfährt der Futurist im Flugzeug die »Steigerung der Geschwindigkeit«, »den Zuwachs an Macht durch die Beherrschung der Maschine« – schließlich seine »Identifizierung und Verschmelzung mit der Maschine« (Möbius). Auch die deutschen Expressionisten »verbargen nicht ihre Faszination angesichts der Schnelligkeit, Kraft und Intensität der technischen Phänomene« (Trommler). »Neusachlich« besingt Brecht den einsamen Kampf des »Ozeanfliegers« in Eis und Kälte, den Sieg des neuen technischen Helden und seines Apparates über die Natur – ein Sieg, der die »Verbesserung des Planeten« bewirken wird. Der Surrealismus muß auf der anderen Seite »als die erste radikale Revolte der Emotionen gegen eine vom technischen Kalkül gesteuerte, soziale Lebenswirklichkeit verstanden werden« (Lämmert).

Durchstößt man indessen die Ebene der thematischen Teilnahme für oder gegen die Technik, so entdeckt man in pro- wie antimodernen ästhetischen Diskursen auf der Ebene ihrer Formen-Sprache unerwartete Übereinstimmungen mit technisch-industriellen Strukturen der Wirklichkeitsaneignung. Schon die surrealistische Rede von der »écriture automatique« weist darauf hin. Strukturell stehen die Texte und Diskurse in Zeitgenossenschaft und sind gleichzeitig zum Prozeß der Moderne selbst dann, wenn sie sich thematisch als beharrend oder reaktiv erweisen sollten und noch im günstigsten Fall bloß »im Schlepptau der technischen Entwicklungen« erscheinen (Lämmert). Vielfach ist die technische Moderne schon vorzeitig oder gleichzeitig präsent in den Wahrnehmungs- und Schreibweisen, den ästhetischen Verfahren und semiotischen Vermessungen – so im frühen 19. Jahrhundert beispielsweise bei Heine oder Büchner (Großklaus). Ebenso bemerkenswert ist allerdings, daß sich ausgerechnet im utopischen oder Science Fiction-Roman thematische Vorgriffe in die Zukunft mit eindeutig traditionellen ästhetischen Präsentationsformen (Riha) verbinden können.

Solche Beobachtungen zum ästhetischen Prozeß im Kontext des technischen Fortschritts lassen die Hypothese zu, daß technisch-technologische Strukturen auf der Ebene ästhetischer Wirklichkeitsaneignung wiederkehren. 'Wiederkehren' heißt, daß an unterschiedlichen Stellen und Orten des gesellschaftlichen Gesamtsystems vergleichbare oder identische Strukturen auftreten können. Technisch-industrielle Prozesse und ästhetisch-kulturelle Entwicklungen bleiben dabei in einer dynamischen Abhängigkeit voneinander und bilden gemeinsam – wenn anders überhaupt sinnvoll von einer Epoche zu reden ist – eine historische Epochenstruktur aus.

Innovationen auf den Gebieten von Wissenschaft, Technik und Kunst ereignen sich somit tendenziell gleichzeitig im Rahmen einer vorgängig veränderten Wirklichkeitsaneignung. Von einem Modernisierungsdefizit der kulturellen und ästhetischen Bereiche kann in dieser Sicht nicht mehr die Rede sein. Alles, auch der thematische Widerspruch des kulturell-ästhetischen Systems gegen das Technische, befindet sich in Gleichzeitigkeit (Großklaus, Lethen).

Zu den Prinzipien neuzeitlich veränderter Wirklichkeitsaneignung, wie sie sich in Technik-Industrie und Künsten mit den großen Modernisierungsschüben durchsetzen, gehören sicherlich:
- Beschleunigung aller Bewegung: physisch, sinnlich, mental;
- raum-zeitlicher Distanz-Schwund: Herstellung von Nähe, Herstellung von Gleichzeitigkeit;
- Zergliedern und Zusammensetzen: Montage, Feldvernetzung etc. (Großklaus).

Unschwer lassen sich in diesen Prinzipien grundrißhaft auch die Prinzipien ästhetischer Transformation der nach-klassischen Künste seit Heine, Baudelaire und Poe erkennen; lassen sich ihnen Strukturprinzipien der neuen technischen Künste: Fotografie – Film – Video zuordnen; lassen sich dieselben Prinzipien auf die Programmatik der 'Avantgarden' von Marinetti oder Eisenstein bis Alexander Kluge beziehen.

Wenn man sich von dem Gedanken verabschiedet, die künstlerischen Entwicklungen monokausal und direkt auf die Prozesse der Industrialisierung zurückführen zu können (Fischer-Lichte), wird der Blick frei für die Entdeckung von Gleichzeitigkeit und Parallelität. So wird »das Theater der Zukunft« natürlich nicht zufällig zu diesem Zeitpunkt (1907) von Craig als Theater der Bewegung entworfen – auch wenn Craig sich auf die »vergessenen Meister Asiens und Afrikas« beruft; und keineswegs zufällig konzipiert Meyerhold sein »biomechanisches« Theater in unmittelbarem Zusammenhang mit dem aufkommenden Taylorismus (Fischer-Lichte), dem das Prinzip der Fragmentierung der Körper-Bewegung ebenso zugrunde liegt wie etwa der früheren Bewegungsfotografie, der chrono-fotografischen Aufzeichnung der hysterischen Körperbewegung etwa in Charcots ›Salpêtrière‹ (Schuller) – oder dem späteren Film. Entdeckungen werden mehrfach gemacht – an unterschiedlichem Ort, zur selben Zeit: ästhetisch wie technisch.

Das gleiche gilt für Robert Wilsons ›Theater der Bilder‹ oder die Video-Sequenzen von Dellbrügge/De Moll. Die Fragmentierung von Bildern und Bewegungen wird vorangetrieben in den Bereich der traditionellen Bedeutungs-Zuordnung: das Signans erscheint losgelöst von der Orientierung auf ein Signatum. Erzeugt werden »offene« Botschaften, deren Abfolge entweder extrem gerafft und akzeleriert (Video) oder extrem gedehnt und verlangsamt (Wilson) werden kann. Jedesmal aber kommt es dabei zur Destruktion des herkömmlichen Sinns (Pütz) – positiv: zur Befreiung von Bedeutung. Vom Zuschauer wird eine neue Wahrnehmungsbereitschaft erwartet: er wird aufgefordert, produktiv neue Arten von Verknüpfungen zwischen den präsenten Zeichen zu entwerfen.

Wenn dem so ist, dann haben die Vertreter der Theorie vom freien Spiel der Signifikanten allerdings womöglich vorschnell von einer bloßen »Dekonstruktion des Sinns« und einer »Befreiung von Bedeutung« gesprochen. Sicherlich verschwinden hier zunächst 'Sinn' und 'Bedeutung'; doch muß hinzugesetzt werden, daß es vor allem die 'alten' Verfahren der Zuweisung und Zuordnung von Bedeutung sind, die in diesen Texten suspendiert werden sollen – zum Beispiel die linearen, narrativen, syntagmatischen oder finalen Muster der Sinn-Herstellung. Die neuen Verfahren operieren eher auf der Fläche (van den Boom, Großklaus) als auf der Linie, eher paradigmatisch (Fischer-Lichte) als syntagmatisch, eher konnotativ als denotativ – und vor allem eher simultan als im Nacheinander. Diesem ›neuen‹ semantischen Verfahren entsprechen neue Wahrnehmungsweisen: ein Verhalten, das blitzartige Zusammenschlüsse und Verknüpfungen erlaubt. In diesem Wahrnehmungsmuster kehren die elektronischen Prinzipien hoher Schaltgeschwindigkeit, dichter Vernetzung – und »Real-Time« (Großklaus) wieder.

Nicht die 'Bedeutung' verschwindet somit, sondern die Codes ihrer Wahrnehmung verändern sich: eine Umwälzung, die längst das ganze soziale Feld erfaßt und die Transformierung unserer Wahrnehmungs- und Wissensordnung in Gang gesetzt hat. Für die Lebenspraxis von Kollektiven und Individuen kündigt das einen folgenreichen Orientierungswechsel an.

Der »Real-Time«-Begriff des elektronischen Zeitalters löst jegliche Distanzen und Zwischenräume, Aufschübe und Verzögerungen auf. Erwartung und Erfüllung fallen zusammen. »Real-Time« wird zum Begriff für die Auflösung oder die Einlösung der Utopie (Großklaus). Längst ist anstelle der analogen Repräsentation die »digitale Verzifferung des Realen« getreten, die uns als »Ort des Anderen« (Kittler) begegnet. Der Diskurs des Anderen ist der Diskurs des Schaltkreises (Kittler).

Die Künste und die Literatur haben vor und während der entscheidenden historischen Modernisierungsschübe immer wieder die Funktion von »Trainings-Räumen« (Lethen, Lämmert) übernommen, in denen sich an »symbolischen Probehandlungen« die neuen Paradigmen einüben lassen. Wellershoff hat von der Literatur als Space-Simulator gesprochen: möglicherweise kommt diese Vorstellung von der Literatur als Test-Raum, in dem Grenzen der Belastbarkeit, der Leistung, des zumutbaren Risikos ermittelt werden, unseren heutigen Erfahrungen näher. Als Ergebnis eines Test-Durchlaufs muß immer auch der Abbruch des Unternehmens akzeptiert werden. Die Simulation einer Katastrophe kann sie real verhindern. Voraussetzung aber für das offene ästhetische Experiment, für symbolische Simulation bleibt die Widerständigkeit gegen ideologisch-politische (Zimmermann) oder industriell verwertende (Fetzer) Instrumentalisierung.

Möglicherweise löst Desktop-Publishing alle diese Probleme spielend: Der Autor erlangt nicht nur die »Herrschaft über die Erscheinungsform des Textes« (van den Boom), sondern auch über Form und Art der Textverbreitung. Aber in den so verbreiteten Texten werden, sollten einmal die alten gelöst sein, die neu entstehenden Probleme – und sei es im vorbereitenden Spiel – gewiß rechtzeitig auftreten.

III

Der Ort der Literatur in einer industriellen Kultur war nicht nur Gegenstand der Referate und der lebhaften Diskussionen des Symposions. Die ungewöhnliche Gastlichkeit, mit der die Tagungsstätte Steinheim des Verbandes der Baden-Württembergischen Metallindustrie die Teilnehmer der Tagung umgab, hat der konzentrierten Arbeit, nicht weniger aber den abendlichen und nächtlichen Gesprächsrunden beim Württemberger Roten, vom Beginn der Tagung an und bis zu ihrem Ende außerordentlich wohlgetan. Eine großzügige Unterstützung der Thyssen-Stiftung und der Robert Bosch GmbH erlaubte uns, den Kreis der Teilnehmer so weit zu ziehen, wie es die Liste der Beiträge in diesem Band nun ausweist.

Im Deutschen Literaturarchiv und durch seinen Träger, die Deutsche Schillergesellschaft, ist dieses Symposion in jeder Hinsicht gründlich vorbereitet und hilfreich begleitet worden. Deshalb haben der Direktor des Archivs, Dr. Ulrich Ott, der Leiter der Arbeitsstelle für die Erforschung der Geschichte der Germanistik, Dr. Christoph König, und der Leiter der Verwaltung, Friedbert Sommer, ihren beträchtlichen Anteil am Zustandekommen des Symposions. Von entschiedenem Vorteil für seine wissenschaftliche Vorbereitung waren aber auch die ausgreifenden Recherchen, die Dr. Peter-Paul Schneider und sein Vorbereitungsteam für die Ausstellung ›Literatur im Industriezeitalter‹ bereits unternommen hatten, und ebenso die zahlreichen Gesprächsrunden im Archiv, die dieser Planung dienten. Die Betreuer der Handschriften- und Bibliotheksbestände des Archivs und des Museums haben darüber hinaus das ihre getan, um die Teilnehmer des Symposions weit über dessen Thema hinaus mit dem literarischen Klima Marbachs anzufreunden.

Für die intensive Arbeit, die während des Symposions geleistet wurde, und für die hier vorgelegten Erträge danken die Veranstalter schließlich nachdrücklich allen Referenten und Diskutanten dieser drei Tage. Mit seinem Vorstoß in ein neues Arbeitsgebiet – für den es hoch an der Zeit war, wie nun rasch sich mehrende Publikationen erkennen lassen – hat dieser Kreis von Philosophen, Historikern, Literatur- und Kunstwissenschaftlern eine Erkundungsarbeit geleistet, die nicht nur einer künftigen Literaturgeschichtsschreibung zugute kommt, sondern auch der These, daß Literatur ein Organon der Geschichte sei, für die Gegenwart und für die Zukunft des Industriezeitalters ein neues Gewicht gibt.

Auf dem Wege zu ihren Lesern bedarf Literatur der menschlichen Sorgfalt und der maschinellen Technik zu gleichen Teilen. Dies bestätigt der nun vorliegende Band auf die schönste Weise, nachdem Friedrich Pfäfflin und Dr. Brigitte Schillbach mit großer Umsicht den Satz vorbereitet haben und Druckerei und Verlag miteinander wetteiferten, ihm eine ästhetisch so befriedigende Gestalt zu geben. Daß dazu die Robert Bosch GmbH die entscheidende Beisteuer gab, verdient nach der großzügigen Förderung der Ausstellung nicht nur unseren besonderen Dank: nach den gemeinsamen Anstrengungen der Marbacher Institute und ihrer Mäzene, die Geschichte der sehr unterschiedlichen Berührungen zwischen Literatur und Industrie in den letzten beiden Jahrhunderten aufzuhellen, hat dies am Ende auch einen guten Sinn.

Götz Großklaus — Eberhard Lämmert
Karlsruhe — Berlin

I

TECHNISCHE MODERNE UND ÄSTHETISCHER PROZESS

Eberhard Lämmert

DIE HERAUSFORDERUNG DER KÜNSTE DURCH DIE TECHNIK

I

»Wir erklären euch hiermit, daß der triumphale Fortschritt der Naturwissenschaft so große Veränderungen in der Menschheit hervorgerufen hat, daß sich ein Abgrund auftut zwischen den willfährigen Sklaven der Vergangenheit und uns Freien, die wir der strahlenden Herrlichkeit der Zukunft gewiß sind.« Mit dieser Proklamation rief das ›Manifest der futuristischen Maler‹ 1910 die jungen Künstler Italiens, die Interieurmaler und die Porträtisten, die »Mamorpfuscher«, die Eisenbeton-Architekten und die »Keramikfälscher« zur Auflehnung gegen ihr vergangenheitshöriges Handwerk auf.[1] Die Musik soll, so verlangt der letzte Leitsatz des ›Technischen Manifests‹ von Balilla Pratella ein Jahr später, »zu den großen zentralen Motiven der musikalischen Dichtung die Herrschaft der Maschine und den Sieg der Elektrizität fügen«.[2] Wieder ein Jahr danach erklärt Marinetti in seinem ›Technischen Manifest der futuristischen Literatur‹ abschließend: »Durch Kenntnis und Freundschaft der Materie [...] bereiten wir die Schöpfung des mechanischen Menschen mit Ersatzteilen vor. Wir werden ihn vom Todesgedanken befreien, und folglich auch vom Tode«.[3] Und ›Das Manifest der Farbe‹ von Giacomo Balla schließt 1918 mit dem lapidaren Satz: »Dynamische Malerei: Simultaneität der Kräfte.«[4]

Für alle Künste glaubten die Futuristen ein erlösendes Prinzip entdeckt zu haben: Dynamik wurde ihr Zauberwort, und die Gleichzeitigkeit aller einzelnen Bewegungen sollte die freigesetzten Energien vervielfachen. Die zwanghafte Euphorie ihrer Aufrufe verrät aller-

[1] Der Futurismus. Manifeste und Dokumente einer künstlerischen Revolution 1909–1918. Hrsg. v. Umbro Apollonio. Köln/Mailand 1972, S. 37; vgl. auch den Schlußsatz des Manifests, S. 39.

[2] Ebd., S. 58.

[3] Ebd., S. 81.

[4] Ebd., S. 246.

dings, wieviel von dem Drang, die befremdliche Produktivkraft der technischen Umwelt nun endlich mit den Werkzeugen des Künstlers einzuholen, sich schon in der Anstrengung des Aufbruchs verzehrte.

Die Forciertheit dieser Bewegung, die kaum einen der Futuristen zu einer wirklichen Ausreifung des neuen Kunststils gelangen ließ, zeigt aber auch eine tiefere Ungeduld an. Unter den Augen dieser Generation war die Elektrizität, nachdem die Technik ihre Überlandverbreitung möglich gemacht hatte, zu einem Energiespender größten Ausmaßes geworden, und kaum daß die Räder von Motoren angetrieben werden konnten, war der jungen Aviatik der große Sprung gelungen, die Geschwindigkeit der Fortbewegung mit Propellerkraft noch einmal zu vervielfachen. Nicht nur der Mensch, sondern die von ihm entbundene Technik selbst war in einer ständig beschleunigten Bewegung begriffen, und so schien eine Entfesselung übermäßiger Kräfte nötig, um den Anschluß zu gewinnen und zu halten. Es muß danach kaum verwundern, daß sich der Futurismus mit seiner Sehnsucht nach Kraft und Gewalt schon wenig später dem Faschismus näherte: Ungeduld ist oft genug eine Vorstufe zur Gewalt.

Eines hatte der Futurismus mit anderen Kunstrichtungen seiner Zeit, dem Konstruktivismus und dem Kubismus, gemein: er abstrahierte vom anschaulichen Gegenstand auf die ihm innewohnenden Prinzipien, die er als kinetische Kräfte auffaßte. Er durchstieß damit die zufällige Oberflächenbeschaffenheit eines darzustellenden Gegenstandes und versuchte, die Gesetze auszudrücken, die ihn gebildet haben, und die Kräfte, die von ihm ausgehen. Die Autoren, die wenig später Sätze und Phrasen zu bloßen Wortstämmen skelettieren, sind von derselben Hoffnung beseelt, die eingesparte Materie könne sich so in geballte Energie verwandeln.

Hinter dieser Anstrengung der Künste verbirgt sich nichts geringeres als der Versuch, den »Aufstieg der Maschinenkultur«[5] unmittelbar in Sprache und in Musik, in Farbe und in Linien umzusetzen und auf

[5] »Aufstieg und Ende der Maschinenkultur« nennt Oswald Spengler ein Kapitel in: Der Mensch und die Technik. München 1931. Dort wird u. a. der Erfinder als ein Raubtiermensch beschrieben, der seinen Triumph genießen will: »Ob seine Erfindung nützlich oder verhängnisvoll ist, schaffend oder zerstörend, das ficht ihn nicht an« (S. 71). Vgl. auch Friedrich Dessauer, Der Streit um die Technik. Frankfurt a. M. 1956.

diese Weise auch die energetische Wirkung des Kunstwerks ähnlich zu vervielfachen. Wie allenthalben, so verloren allerdings Kunstrichtungen, die derartige Übertragungen allzu wörtlich nahmen,[6] nach kurzzeitiger Euphorie die Kraft zu eigener Weiterentwicklung. So grenzte sich auch der Futurismus mit seiner distanzlosen Technik-Verherrlichung innerhalb der Künste rasch ein und blieb schließlich in seinen pathetischen Gesten stecken.

Das hatte mehr als einen triftigen Grund. Denn die Künste, die seit dem Ausgang des 18. Jahrhunderts von der Schöpfungsästhetik und vom Axiom des Originalwerkes beherrscht waren, hatten Arbeitstechniken und damit auch ein Arbeitsethos entwickelt, das der Fertigung von nützlichen und merkantilen Produkten der Technik in vielen Hinsichten geradewegs entgegenlief. Kunst hatte Gefühle einzufangen und auszudrücken; Technik war Verstandessache. Das Kunstwerk sollte allgemeine Erfahrungen individuieren und selbst von unverwechselbarer Einmaligkeit sein; Technik erleichterte und gebot die Serienproduktion. Kunst verglich sich der schönen Unregelmäßigkeit der Natur; Technik gipfelte in gleichmäßiger Perfektion. Vor allem aber blieb die Kunst gebunden an das Medium der sinnlichen Anschauung; gerade um diese Zeit aber hatte die Technik mit der Verwendung der Elektrizität den ersten entscheidenden Schritt getan, die Anschaulichkeit der krafterzeugenden und kraftübertragenden Prozesse hinter sich zu lassen.

Hans Blumenberg hat den Übergang vom Hebeldruck zum Knopfdruck bei der Auslösung von technischen Prozessen als eine entscheidende Schwelle im Umgang der Menschen mit selbstgeschaffenen Apparaten beschrieben.[7] Ein Automatismus, der in seinen

---

[6] Vgl. dazu den 5. Artikel von Marinettis ›Supplement zum technischen Manifest der futuristischen Literatur 1912‹ (in: Futurismus, wie Anm. 1, S. 84): »Ich halte es für nötig, Adjektiv und Adverb wegzulassen, weil sie gleichzeitig oder nacheinander die bunten Girlanden, die abgestuften Drapierungen, die Postamente, die Brüstungen und die Balustraden des alten, traditionellen Satzbaus sind.« Im 7. Artikel fordert Marinetti den Leser zu einer Reihe weiterer kurzschlüssiger Analogien auf; so soll er etwa weiße Stellen als Schlaf-Pausen der dichterischen Intuition und Wörter in Großbuchstaben als synthetische Zusammenfassungen auffassen (ebd., S. 85).

[7] Vgl. Hans Blumenberg, Lebenswelt und Technisierung unter Aspekten der Phänomenologie. – In: H. B., Wirklichkeiten in denen wir leben. Aufsätze und eine Rede. Stuttgart 1981, S. 7–54.

Stadien nicht mehr anschaulich und für die meisten nicht einmal mehr in Denkvorstellungen zu verfolgen ist, wird im Wortsinne *unheimlich*, mindestens dann, wenn die Größenordnung der entfalteten Kräfte das Vermögen des Menschen, sie mit handlichen Werkzeugen zu entbinden, unabsehbar übersteigt. Die Erfahrung, daß der Mensch in der Welt der von ihm entfesselbaren Kräfte, verglichen mit seinem eigenen physischen Vermögen, nicht mehr das Maß aller Dinge war, macht unter anderem eben die Gewaltakte begreiflich, mit denen die Futuristen die Technik einzuholen suchten.

Die Auflösung gegenständlicher Objekte in Kraftfelder und Geometrie, die in der abstrahierenden Malerei schon bald nach der Jahrhundertwende begann, setzt jedoch auch abseits des Futurismus eine Bewegung in Gang, die den schöpferischen Prozeß selbst und auch seine Interpretation nachhaltig verändert. Denn fast alle Richtungen der abstrakten Malerei befördern gleichzeitig automatische Malweisen, und auch der zunächst gegen die Abstrakten revoltierende Surrealismus tendiert zu solchen automatischen Verfahren. Die kunstreiche Anordnung des Materials, das sich sodann nach eigener Dynamik formt, erhält als Erweis künstlerischer Kreativität bald Vorrang vor dem abgeschlossenen Werk. Während die Futuristen, voran Marinetti, den Menschen mit der »reißenden Kraft« seiner mechanischen Armaturen in die Lüfte heben und dabei einen neuen »aggressiven Charakter der Schönheit« entfalten sahen,[8] verband sich jedoch bei den Surrealisten die Entdeckung, daß der Mensch auch von inneren Automatismen gesteuert sei, mit der eher beklemmenden Erfahrung, daß er seine eigenen Produktivkräfte nicht mehr beherrsche, sondern weithin von ihnen beherrscht sei.

In dieser Verlagerung des künstlerischen Interesses vom Produkt auf den Produktionsvorgang findet eine allgemeine Veränderung im Verhältnis des Menschen zu seiner technischen Umwelt und gleichzeitig zum Bewußtsein von sich selbst ihren Niederschlag. Einhergehend mit der raschen Überdimensionierung ihrer Produkte fasziniert die Technik ihre Beobachter zunehmend durch ihre unaufhaltsame Eigendynamik und wird so eher euphorisch oder beklommen,

[8] Vgl. insbesondere Felix Philipp Ingold, Literatur und Aviatik. Europäische Flugdichtung 1909–1927. (Zuerst Basel 1978.) Frankfurt a. M. 1980 (suhrkamp taschenbuch 576), S. 64 u. 240.

immer weniger jedoch als der normale Lebensbehelf aufgefaßt, der sie eigentlich sein sollte. Der Surrealismus muß deshalb auch als die erste radikale Revolte der Emotionen gegen eine von technischer Intelligenz gesteuerte und von Apparaturen rings überwachsene Lebenswirklichkeit verstanden werden. Breton erklärt geradewegs, der Surrealismus strebe danach, »endgültig alle anderen psychischen Mechanismen zu zerstören und sich an ihrer Stelle zur Lösung der hauptsächlichen Lebensprobleme einzusetzen«.[9] Schon in dem ersten Text, der den Surrealismus rein zum Ausdruck bringen soll, in den ›Champs Magnétiques‹ von 1919, schreiben Breton und Soupault ein Kapitel »Barrières«, in dem sich ihre Selbstgespräche wie einander durchkreuzende Magnetfelder überlagern. Eine »écriture automatique«, die unter experimentell gesteigerter Schreibgeschwindigkeit zwischen den einzelnen Textabschnitten richtungsstörende Berührungsstellen entstehen läßt, soll die Erzeugung unverhoffter und unkonventioneller »Denkströme« garantieren und damit alle handwerklichen Schreibweisen ablösen. Zerstörung des logischen Kalküls durch einen psychischen Mechanismus, desorientierende Zonenüberschneidung zweier Magnetfelder, Automatismus der Schreibweise, dazu Experimente mit einer Geschwindigkeitssteigerung von v bis v^4: Das Vokabular verrät wider Willen, daß auch diese traumwandlerische Assoziationskunst in Vorstellungsmustern befangen ist, die der technischen Fabrikation abgewonnen sind.[10]

Wie erklärt sich diese Befangenheit selbst dort, wo deren Überwindung zum Programm wird? Der Erste Weltkrieg hatte die Gewißheit, daß die Technik dem Menschen ein Instrument zur Meisterung seiner kühnsten Wünsche sei, unter den europäischen Völkern

---

[9] Zit. nach Knaurs Lexikon moderner Kunst. München 1955, S. 48. – Zu Bretons ›Champs Magnétiques‹ vgl. Hermann H. Wetzel, Zur Bedeutung des metaphorischen Prozesses im Surrealismus. – In: Französische Literatur in Einzeldarstellungen. Hrsg. v. P. Brockmeier u. H. H. Wetzel. Bd. 3. Stuttgart 1982, S. 88 f.

[10] Zur Entstehungsgeschichte der ›Champs Magnétiques‹ vgl. das Nachwort von Eugen Helmlé in: Breton/Soupault, Die magnetischen Felder [...]. Übersetzt aus dem Franz. von Ré Soupault und Eugen Helmlé. Hrsg. v. Eugen Helmlé. München 1981 (edition text + kritik, Frühe Texte der Moderne), S. 145–158. – Zum Automatismus der surrealistischen Schreibweise vgl. schon das erste ›Manifeste du Surréalisme‹ von 1924, in: André Breton, Manifestes du Surréalisme. o. O. (Paris) 1962, S. 40 ff.

gründlich erschüttert. Tanks als niederwalzende Zerstörungsmaschinen, die flächendeckende Todeswalze chemischer Kampfgase und die Materialschlacht, bei der die Qualitäten von Stahl, Beton und Dynamit Sieg und Niederlage schließlich nahezu unter sich ausmachten, hatten neue Vorstellungen von der Übergewalt der Technik neben oder an die Stelle früherer Herrschaftsträume treten lassen. Zu den Jahrgängen der Mittzwanziger, die von dieser Kriegsmaschinerie in einem zuvor nicht erlebten Maße dezimiert waren, gehören Otto Dix und George Grosz, Walter Hasenclever und Ernst Toller, aber auch André Breton und Phillipe Soupault.

Anders jedoch als die so heimgesuchten Kriegsjahrgänge ging die Technik aus dem Kriege keineswegs als Mitbetroffene hervor. Sie schien vielmehr durch den Krieg nur genährt zu neuen Wachstumsschüben, und tatsächlich entfaltete sie sich alsbald veloziferischer und aviatorischer, serieller und drahtloser als je zuvor.

Die unerwartet schnelle Entstehung neuer Industrielandschaften, die sprunghaften Veränderungen im Straßenbild der Städte, das jähe Eindringen mechanischer und elektrischer Geräte in viele private Lebensbereiche, die nicht abreißende Kette neuer Rekorde der Geschwindigkeit und der gesteigerten Schubkraft von Motoren und Turbinen: diese Anhäufung von aufsehenerregenden Erfahrungen mit der unerbittlich fortschreitenden Technik gaben ihr in den Krisenstimmungen der ersten Nachkriegsjahre rasch ein dämonisches Übergewicht – insbesondere bei denen, die sie nicht selber wirtschaftlich nutzen, also bei Künstlern und bei den Intellektuellen auf der einen Seite der 'beiden Kulturen'. Technik wird für ihre Anbeter wie für ihre Verächter zu einem Über-Ich, das Abhängigkeitsgefühle erzeugt und Ängste. Ungeschicklichkeit im alltäglichen Umgang mit technischen Geräten wird zu einem Tic, mit dem man sich vor seinesgleichen brüstet: so läßt sich, wenn schon nicht Überlegenheit, so doch wenigstens ein partielles Nichtergriffensein vom Moloch Technik ausdrücken.

Seit jeher üben Dämonen auf Künstler aber auch eine eigentümliche schöpferische Faszination aus. Dies ist knapp auszuleuchten an einem Thema, das ebenso selbstverständlich wie hartnäckig zum Kernbereich der Kunst gehört: an der Liebe. Die Maschine dringt in die Liebesbeziehung ein. Zuerst als Metapher: so schon vor der Jahrhundertwende bei einem Bahnbrecher der modernen Literatur, dem Flamen Joris-Karl Huysmans. »Sieh die Maschinen an, das Spiel der

Kolben in den Zylindern. Es sind in gußeisernen Julias stählerne Romeos; die Arten des menschlichen Ausdrucks unterscheiden sich keineswegs vom Hin und Her unserer Maschinen. Dies ist ein Gesetz, dem man huldigen muß ...«.[11] Ein Bild von Jean Veber um 1900 läßt Schwungrad und Pleuelstange gegen eine rittlings die Maschine 'besitzende' Frauenfigur denselben Vorgang ausführen.[12] Von den zwanziger Jahren bis ins letzte Jahrzehnt häufen sich die bildlichen Konstruktionen, die Skulpturen und die 'ready mades' aus Maschinenteilen zur Entfaltung mechanischer Potenzen. Besonders phantasiereich ausgestattet drängen sich dabei in den Vordergrund die gemalten oder auch als Maschinenskulpturen gebauten Geräte zur Selbstbefriedigung. Großes und vielfach variiertes Modell wird Marcel Duchamps ›Junggesellenmaschine‹ aus den Jahren 1915–1923. Denn das Alleinsein des Menschen mit der überlegenen und zwanghaft betriebenen, oder besser treibenden, Maschine wird zur vorherrschenden Erfahrung.

Was sagen diese brauchbaren und zugleich symbolischen Apparate? Sie verkünden im intimen Bereich des Menschen wie längst zuvor in der Arbeitswelt den allgemeinen »Aufstieg der Geräte. Kurz: die Subjekte von Freiheit und Unfreiheit sind ausgetauscht. Frei sind die Dinge: unfrei ist der Mensch.« So begründet Günther Anders bereits 1956 die ›Antiquiertheit des Menschen‹ gegenüber der Maschine.[13] Zwei Jahrzehnte später allerdings bringen Gilles Deleuze und Felix Guattari am Ende einer Maschinenorgie in ›L'anti-Oedipe‹ die Trauer über einen solchen Austausch zum Schweigen, indem sie alle Organe des Menschen als funktionierende Maschinen vorführen

---

[11] Joris-Karl Huysmans, Là-Bas (1891). Paris: Plon, 41. Éd., 1921, S. 276: »Vois les machines, le jeu des pistons dans les cylindres; ce sont dans des Juliette en fonte des Roméo d'acier; les expressions humaines ne diffèrent pas du tout du va-et-vient de nos machines. C'est une loi qu'il faut aduler si l'on n'est ni impuissant ni saint.« Dt. Übers.: Tief unten. Köln-Berlin 1963, S. 253; zit. nach Peter Gorsen, Die beschämende Maschine. Zur Eskalation eines neuen Mythos. – In: Junggesellenmaschinen/Les Machines Célibataires. Milano 1975, S. 132.

[12] Vgl. Elke Pflugradt, Maschinenerotik bei van de Velde, Scholz, Klapheck. – In: Die nützlichen Künste. Hrsg. v. Tilmann Buddensieg u. Henning Rogge. Berlin 1981, Abb. S. 375 u. 376.

[13] Günther Anders, Die Antiquiertheit des Menschen. (Zuerst 1956.) 6., unveränderte Aufl. München, S. 33.

und nicht nur Gefühle und Reflexionen als Produkte solcher Maschinentätigkeit ausgeben, sondern auch noch beteuern: »Was eintritt sind Maschineneffekte, nicht Wirkungen von Metaphern. [...] Nicht Mensch noch Natur sind mehr vorhanden, sondern einzig Prozesse, die das eine im anderen erzeugen und die Maschinen aneinander koppeln.«[14] Bei Deleuze und Guattari haben die eigenen Produkte den Phänotyp der Zeit schließlich dazu überwältigt, sich selbst nach den Gesetzen seiner Produkte zu erfahren. Vorfabrizierte Reize setzen sich nicht mehr analog, sondern geradewegs in den Maschinentakt eigener Empfindungen und Impulse um, und vom Gleichtakt dieser Impulse gemeinsam hingerissen, entsprechen die organischen Reaktionen der menschlichen Körper dann dem Ablauf eines eingegebenen Programms. Der Gleichmut, mit dem diese postmodernen Autoren solche Befunde vorbringen, kennzeichnet allerdings unfreiwillig auch den Schwund des intellektuellen Widerstands, mit dem Autoren des frühen 20. Jahrhunderts auf solche Beobachtungen reagiert hatten. Schon in den zwanziger Jahren hatte Jean Paul Sartre nach Umfragen die tatsächlichen Lustträume von Arbeiterinnen an halbautomatisierten Maschinen ähnlich gedeutet: »Aber es war die Maschine in ihnen, die von Zärtlichkeiten träumte.«[15]

Dies öffnet den Blick auf den sozialkritischen Hintergrund dieser Bild-, Objekt- und Schreibkunst: Von Maschinen umstellt und gar selbst als Maschine konstruiert, funktioniert der Mensch planmäßig, wie eine mächtigere Institution es ihm und schließlich sogar er selbst

---

[14] Gilles Deleuze/Félix Guattari, L'anti-Oedipe. Capitalisme et schizophrénie. Paris 1972, S. 7 f.; zit. nach der Übersetzung von Bernd Schwibs, Anti-Ödipus. Kapitalismus und Schizophrenie I. Frankfurt a. M. 1974, S. 7 f.

[15] Jean Paul Sartre, Critique de la raison dialectique I. Paris: nrf 1960, S. 290: »Aux premiers temps des machines semi-automatiques, des enquêtes ont montré que les ouvrières spécialisées se laissaient aller, en travaillant, à une rêverie d'ordre sexuel [...]. Mais c'est la machine en elle qui rêvait de caresses [...] la machine exige et crée chez l'homme un semi-automatisme inversé qui la complète: un mélange explosif d'inconscience et de vigilance; l'esprit est absorbé sans être utilisé il se résume dans un controle *latéral*, le corps fonctionne »machinalement« et pourtant reste *sous surveillance.*« Teilweise in dt. Übers. zit. und zustimmend kommentiert von Herbert Marcuse, Der eindimensionale Mensch. 3. Aufl. Neuwied u. Berlin, 1968, S. 47.

es sich vorschreibt. Selbst seine Emotionen funktionieren so. Diese Entwicklung scheint vorgezeichnet schon in prophetischen Ankündigungen aus der Frühzeit der Industrialisierung. Die Automatenfiguren des frühen 19. Jahrhunderts sind noch finessenreiche Spielzeuge, und sie sind gemacht, um liebenswürdig oder komisch stereotype menschliche Gesten, Bewegungen, Handlungen nachzuahmen. Aber schon E. T. A. Hoffmann läßt im Ungewissen, ob die wundersame, singende Automate des Professor X. den ihr verfallenen jungen Ferdinand nicht für die Liebe zu einer normalen Sterblichen untauglich gemacht hat. Mary Shelley hatte, während ihr Mann ein gedankenschweres Mysterienspiel von der Erlösung der Welt durch die Entfesselung des Prometheus schrieb, schon fünf Jahre später die Laune, denselben Prometheus, der die Menschen den Umgang mit dem Feuer und die technischen Künste lehrte, für das 19. Jahrhundert neu herzurichten: Aus dem Menschenbildner wird der Monstermacher Frankenstein. Den macht seine moderne Leistungsbesessenheit zum Experimentator mit Menschenteilen, die er künstlich belebt, ohne jedoch seinem Geschöpf auch den Austrag natürlicher Gefühle ermöglichen zu können. Auf diese Weise richtet er den ersten Massenmord einer Menschenmaschine unter seinesgleichen an und wird schließlich selbst ihr Opfer.

In dieser Frankenstein-Tradition schreibt Villiers de L'Isle-Adam 1886 seinen Roman ›L'Eve future‹, dessen elektromagnetisch funktionierende Titelheldin alle lebendigen Frauen an vollkommener Schönheit übertrifft und als Double sogar einem Liebhaber als die wahre Geliebte erscheinen kann, nachdem ihr Erfinder Edison ihr die Seele seiner Gehilfin transferiert und die Organspenderin dabei tot zurückgelassen hat. Villiers' Roman liest sich schon als ein ästhetischer Protest gegen den materiellen Fortschritt so gut wie gegen den wissenschaftlichen Positivismus: Immerhin revoltiert der zunächst tief beglückte Liebhaber seines elektrischen Phantoms gegen Ende des Romans mit dem vom Erzähler bedeutsam wiederholten Satz: »Seit wann erlaubt Gott den Maschinen das Wort zu ergreifen?« Was aber hatte er bis dahin geliebt? Als er noch glaubte, den Arm von Edisons Geschöpf wie lebendiges Fleisch zu fühlen, hatte der ihn kurzerhand korrigiert: »Dies ist besser! [...] Fleisch welkt und altert: das ist eine Komposition aus ausgesuchten chemischen Substanzen, geschaffen um die 'Natur' herauszufordern. [...] Diese Kopie wird das Original unter die Erde bringen und dabei lebendig und jung bleiben. [...]

Es ist künstliches Fleisch, und ich kann Ihnen erläutern, wie man es produziert«.[16]

Was einzelne Dichter und Ingenieure des 19. Jahrhunderts vordachten, haben die Utopien von Wells, Huxley und Orwell im 20. Jahrhundert zu einem industriellen Züchtungsprodukt weiterentwikkelt: Der als Maschine berechenbar einsetzbare Mensch wird in endloser Serie zur Bevölkerungsherde vervielfacht, und als Laborprodukt wird er wunschlos steuerbar. In den ersten Klon-Experimenten wurde nur auf den Weg gebracht, was jene Utopien schon als unsere Wirklichkeit von 1984 unerbittlich zu Ende gedacht haben. So ist auch die industrielle Tierhaltung, hormongestützt und clean und hirnverödend, ohne die unsere Ernährung heute schon zusammenbräche, in Orwells ›Animal farm‹ nach ihrer ökonomischen und nach ihrer sozialen Seite bereits vor der Jahrhundertmitte satirisch durchgespielt.

Gerade diese konsequenten Utopien münden allesamt in Diagnosen aus, nach denen, wie Oswald Spengler es vorformulierte, die »Zivilisation [...] selbst eine Maschine geworden« ist[17] und die Menschheit entweder als ganze in Abhängigkeit von ihrer selbst geschaffenen Technik gerät oder aber technische Kompetenzen von wenigen rigoros zur Unterwerfung des größten Teils der Menschheit genutzt werden.

So erklärt sich im Gegenzug auch die stürmische Euphorie, mit der die Technik als Mittel zur Herrschaft dort gefeiert wurde, wo die Revolution die Massen selbst zur Gestaltung ihrer Zukunft berief. Fast widerstandslos gingen deshalb Anstöße der russischen Futuristen auch in die Kunsttheorie und -praxis der ersten Jahre nach der Oktoberrevolution ein. Lenins Parole, Kommunismus sei Sowjetmacht plus Elektrizität, setzte sich alsbald um in die Proklamation einer industriegerechten literarischen Technik: »Wir stehen am Vorabend der Elektrifizierung der Dichtung, wo der Rhythmus des modernen Betriebes der Zentraldynamo ist«, heißt es schon 1921 mit der ausdrücklichen Begründung, der »proletarische Dichter« lebe »mit der

[16] Villiers de L'Isle-Adam, L'Eve future. – In: Oeuvres Complètes I. Genève 1970, Cap. 6, 9 »Révolte«, S. 388 f., und Cap. 2, 4 »Préliminaires d'un prodige«, S. 119 f. – Vgl. dazu P. Gorsen, Beschämende Maschine (wie Anm. 11), S. 130.

[17] O. Spengler (wie Anm. 5), im schon zitierten Kapitel »Aufstieg und Ende der Maschinenkultur« S. 79.

Maschine im Einklang [...], weil er sich nicht der Technik unterwirft, sondern sie schafft und lenkt«.[18] Dieses Bewußtsein stiftete alsbald die Vorstellung, der Mensch könne seine eigenen Gliedmaßen und Organe zu maschinenexakter Leistung anspornen und steigern. So entwarf der avantgardistische Ballettmeister Nikolaj Foregger Choreographien für »Maschinentänze«, und Wsewolod Meyerholds »Biomechanik«, die den Körper des Schauspielers einer von ihm selbst steuerbaren Maschine gleichsetzte, wurde Vorbild für weiterreichende theatralische Vorübungen zu einer organisierten Leistungssteigerung aller Mitglieder eines selbstbewußt arbeitenden Kollektivs.[19]

Schon seit dem Ausgang des 18. Jahrhunderts hat die Kunst – so formulierte es Schiller mit Nachdruck in seinen ›Briefen zur ästhetischen Erziehung‹ – mit dem ganzen Menschen und gerade nicht mit dem arbeitsteilig zurückgestutzten zu tun. Reagierte sie im Namen dieses ganzen Menschen zunächst auf die bestehenden Ständehierarchien, so richtete dieses künstlerische Ethos sich alsbald und zunehmend auch gegen die wachsende Arbeitsteiligkeit in der bürgerlichen Welt. Folgerichtig entband die Reklamation einer ungeteilten Menschenwürde den Widerstand der Künstler gegen den rigorosen Vormarsch der Technik am ehesten dort, wo persönliche Entscheidungen nicht mehr ausreichten, technische Prozesse zu lenken oder auch nur aufzuhalten. Der Nachdruck, mit dem von früh an die Selbstbestimmung des Menschen zum Maßstab für den Umgang der Künste mit den Gegebenheiten der industriellen Umwelt wurde, macht es wiederum verständlich, daß die Künste den Aufbruch revolutionärer

[18] Boris Perelesin, Über die Industrierhythmen der proletarischen Dichtung. – In: Tvori Nr. 2, Moskau 1921; übersetzt in: Proletkult 2. Zur Praxis und Theorie einer proletarischen Kulturrevolution in Sowjetrußland 1917–1925. Dokumentation. Hrsg. v. Peter Gorsen u. Eberhard Knödler-Bunte. Stuttgart 1975, hier S. 62 u. 65.

[19] Zu Foregger vgl. M. Gordon, Foregger and the Dancing of the Machines. – In: Drama Review 19 (1975), S. 68–73; zu Meyerhold: Der Schauspieler und die Zukunft der Biomechanik (1922). – In: Theaterarbeit 1917–1930. Hrsg. v. Rosemarie Tietze. München 1974, S. 74, und V. E. Meyerhold, Schriften. Bd. 2. Berlin (DDR) 1979, S. 33 ff. – Zusammenhängend dargestellt von Eduard Ditschek, Politisches Experiment und Medienexperiment. Theater und Film in der russischen und deutschen Avantgarde der zwanziger Jahre. Diss. FU Berlin 1986, bes. S. 29–39.

sozialer Bewegungen im 20. Jahrhundert in der Regel mit vehementen Visionen einer neuen, gemeinnützigen Land- und Industriearbeit begleiten. So erklärt sich allerdings auch, daß beim Übergang von revolutionärer Dynamik zu einer politisch diktierten und bürokratisch verwalteten Ordnung die Künste im Fortschrittspathos eines regimehörigen 'Realismus' ausweglos erstarren. Vorahnungen von der Überwältigung solcher sozialen Aufbruchseuphorien durch ein Diktat der selbstgeschaffenen Macht, das den Massen dann wiederum gnadenlos ihren Arbeitstakt aufzwingt, gab zu Anfang der zwanziger Jahre bereits Georg Kaiser mit dem Schlußstück seiner ›Gas‹-Trilogie, und in der Mitte des Jahrzehnts monumentalisierte Fritz Lang einen solchen Prozeß in seinem massenbewegenden Film ›Metropolis‹.

Aus der historischen Distanz scheinen die euphorisch-sozialutopischen und die apokalyptischen Reaktionen der Künste auf die unbeirrte Entfaltung der Technik und der Industrialisierung nach dem Ersten Weltkrieg darin zu konvergieren, daß der Technik früher oder später in jedem Fall die Rolle zufällt, die Eigendynamik des Menschen zu überwachsen. Schon in der Jahrhundertmitte hat Günther Anders die tiefe Spaltung des Urteils über die Technik, die sich im weiteren Verlauf des Jahrhunderts vor allem unter der Bevölkerung der Industrieländer ausbreitete, auf eine »Prometheische Scham« vor der 'beschämend' hohen Qualität der selbstgemachten Maschinen zurückgeführt,[20] deren akzelerierender Eigendynamik weder die biologische noch die soziale Anpassungsfähigkeit der Menschheit hinreichend gewachsen sei. Unverändert, dafür allerdings in den Formeln der achtziger Jahre, spricht heute auch Hermann Lübbe von der »Unmöglichkeit, unsere Innovationsverarbeitungskapazitäten ebenso rasch zu steigern wie die Rate der Innovationen«.[21] Hält man dagegen, daß der moderne Künstler sich am Eingang des Industriezeitalters als »Originalgenie« mit niemandem so gern und so energisch identifiziert hat wie mit dem feuerbringenden und menschenbildenden Prometheus, dann ist die Größe des Umschwungs zu ermessen, der in der Literatur des 20. Jahrhunderts dahin führte, die antizipierten und die unerwarteten Verhältnisse, in die das Industriezeitalter

---

[20] G. Anders, Die Antiquiertheit (wie Anm. 13), S. 23.

[21] Hermann Lübbe, Die Modernität in der Industriegesellschaft – und danach? – In: Bergedorfer Gesprächskreis. Protokoll Nr. 82. 1987, S. 15.

die Menschheit versetzt hat, nun als aggressive Zumutungen aufzufassen, gegen die sie Provokation und Subversion als konstante ästhetische Maximen des Schreibstils und der Künstlerhaltung entwickelte.

Dieses Bild, das die Künste bei aller Zeitkritik, die man ihnen zutraut, und mitsamt ihren Revolten, von denen sie periodisch geschüttelt werden, doch insgesamt im Schlepptau eines unaufhaltsamen technischen Fortschritts erscheinen läßt, ändert sich, sobald der Blick sich abwendet von der jeweils aktuellen Thematik der Künste und statt dessen den Wandel ihrer Formensprache und der Techniken betrachtet, mit denen sie ihr eigenes Material: Sprache, Töne, Leinwand, Metall oder Stein, bearbeiten. Wie verändert sich – den Begriff der τέχνη in seiner alten, umfassenden Bedeutung genommen – in jenen konfliktreichen Jahrzehnten die Technik der Künste? Bei solcher Blickwendung tauchen unversehens andere Befunde auf, die das Verhältnis der Künste zum zeitgenössischen Stand der technischen Entwicklung neu bestimmen lassen.

II

Umgreift man die einschneidenden technischen Veränderungen unserer Lebensweise in den letzten zweihundert Jahren mit einem Blick: die exponentielle Beschleunigung unserer Beweglichkeit vom Reittier oder Kutschpferd bis zum Flugzeug oder Raumschiff; die ähnlich umfassende Expansion des Nachrichtenwesens von der Buschtrommel und dem reitenden Boten bis zum erdumspannenden Telegraphendienst und zum Satellitenfunk; die Potenzierung der menschlichen Verfügungsgewalt über Energien von der Kohleverbrennung und der Schwarzpulverexplosion bis zur Nuklearindustrie, und schließlich die progressive Vermehrung des Menschengeschlechts selbst samt der Entstehung von Massengesellschaften,[22] so stellt sich beim vergleichenden Blick auf die literarischen Künste heraus, daß diesen Ent-

[22] Dazu John Platt, Eight Major Evolutionary Jumps Today. – In: Fear of Science – Trust in Science. Conditions for Change in the Climate of Opinion. Ed. by Andrei S. Markovits, Karl W. Deutsch. Berlin 1980, S. 149–165; Eberhard Lämmert, Wissensexplosion. Über den Umgang mit der wachsenden Substanz des menschlichen Wissens. – In: Die Umschau, Forschung und Entwicklung – Schlüsseltechnologie und Innovationen 84 (1984), bes. S. 104 f.

wicklungen nicht nur parallel, sondern häufig genug sogar voraus markante Veränderungen der literarischen Schreibweisen und Verschiebungen in den literarischen Gattungen eingetreten sind, die sich im Rückblick den technischen Entwicklungsschüben vergleichen oder gar zuordnen lassen. Am deutlichsten gilt das für das Grundmuster aller beschriebenen Veränderungen, nämlich für die beschleunigte Bewegung selbst.

Den Einbruch bewegter Bilder in ein Arsenal stehender Motive zur Naturbeschreibung hatten die europäische Vorromantik, und in Deutschland der Sturm und Drang, bereits vorbereitet. Um diese Zeit beginnen auch die Erzähler, ihren olympischen Ruhesitz zu verlassen, von dem sie vorgeben, ihre Geschichten vom Anfang bis zum Ende zu übersehen, und entdecken den Reiz wechselnder Perspektiven. Gegen Ende des 19. Jahrhunderts, und noch ein rundes Jahrzehnt vor der Formulierung der speziellen Relativitätstheorie, wird die ausgefeilte Technik des 'shifting view point' ein Mittel, auch dieselben Vorgänge aus verschiedenen Perspektiven anzugehen. Auf die Erfassung bewegter Gegenstände folgt also konsequent auch eine neue Beweglichkeit des Erzählers.

Das Theater vergißt die Doktrin der drei Einheiten. Wegsucher- und Stationendramen läuten das 20. Jahrhundert ein, und noch vor der Jahrhundertwende feiert die Drehbühne Auferstehung. Auch hier folgt der extensiven Bewegtheit der vorgespielten Handlung rasch die Beweglichkeit des präsentierenden Mediums.

Die bewegten Bilder des Films und schließlich die bewegliche Filmkamera setzen dann nur fort, was die Bühne auf den Weg gebracht hat; denn die Kameratechnik macht unverhofft in einem viel weiteren Umfang praktizierbar, was als Tendenz in der dramatischen wie in der Erzählkunst bereits angelegt war. Weil der Film darüber hinaus mit seinen technischen Möglichkeiten ein innovatives Zusammenspiel der Künste außerordentlich begünstigt, wirken Formen der Filmdramaturgie alsbald lebhaft auf die literarischen und die darstellenden Künste zurück.

Kurz vor 1910, also gleichlaufend mit Einsteins Vorarbeiten zur allgemeinen Relativitätstheorie, lösen Arnold Schönberg und seine Schüler Alban Berg und Anton Webern die Kompositionsregeln aus dem Diktat einer Leittonart und geben mit der Eröffnung chromatischer Bewegungsmuster für Töne, Intervalle und Sequenzen jedem opus sein eigenes Regelwerk. Karlheinz Stockhausen wendet sich eine

Generation später konsequent gegen alle »'vorgeformten' Tonsysteme« und postuliert mit seiner Theorie der Punktuellen Musik für jedes Werk ein eigenes Ordnungssystem und damit auch Töne, die »nur als solche und allein in diesem Werk ihren Sinn haben«.[23] Ton- und Geräuschkufen, auf denen Klanggruppen rings den Raum umlaufen, konstruieren die Philips-Ingenieure für die Brüsseler Weltausstellung 1958, und für die Weltausstellung in Osaka entwirft wiederum Stockhausen das Kugelauditorium EXPO 70, um, wie er schreibt, »die Bewegung des Raumes zu gestalten«.[24]

Das sind nicht mehr mähliche Veränderungen, sondern qualitative Sprünge der Kompositionstechnik, mit denen die Zeit-Künste Literatur und Musik das pure Nacheinander aufgeben und auch den Raum für sich erobern und so fähig werden, neben Verläufen auch anders organisierte Lebensstrukturen in ihr thematisches Repertoire aufzunehmen.

Zieht man in Betracht, daß der Gewinn an äußerer Beweglichkeit von der Postkutsche bis zu den Räderfahrzeugen und den Dampfschiffen der Jahrhundertwende noch verschwindend klein war gegenüber dem exponentiellen Zuwachs an Beweglichkeit, den das 20. Jahrhundert brachte, so sieht man, daß die literarischen Künste und auch die Musik bald nach der Jahrhundertwende mit ihren neu entwickelten Ausdrucksformen bereits erstaunlich gut präpariert waren für jene künftigen Entwicklungen. Denn im Gegensatz zu der aufgewandten Mühe, die es die Techniker und die Industrien noch kosten wird, vom Segler Otto von Lilienthals bis zur Concorde zu gelangen, macht es der einmal entwickelten Technik des shifting view point nichts mehr aus, ob sie aus einer anderen Zimmerecke oder zwischen zwei Weltraumstationen oder auch zwischen Jahrhunderten eingesetzt wird. Da

---

[23] Karlheinz Stockhausen, Situation des Handwerks (Kriterien der punktuellen Musik). – In: Texte zur elektronischen und instrumentalen Musik. Bd. 1: Aufsätze 1952–1962 zur Theorie des Komponierens. Hrsg. v. Dieter Schnebel. Köln 1963, S. 21 u. 23.

[24] Karlheinz Stockhausen, Texte zur Musik 1963–1970. Hrsg. v. Dieter Schnebel. Köln 1971; darin: Osaka-Projekt. Kugelauditorium EXPO 70, S. 153–158. – Vgl. auch den »Saal für plastisches Schauspiel und Klang im Raum«, den Amancio Williams bereits 1941 entwarf; darüber Ursula Burghardt-Kagel, Das Raumtheater von Amancio Williams. – In: die Reihe. Information über serielle Musik, Heft 7, 1960, S. 18–23.

liegt der entschiedene Vorteil des freien Spiels mit ihren Möglichkeiten, den die Phantasieprodukte der Kunst der zweckgebundenen materiellen Produktion jederzeit voraus haben.

Aber nicht auf diesen möglichen Vorsprung, den die Künste häufiger gewinnen, als man auf den ersten Blick sieht, kommt es bei diesen raschen Demonstrationen an. Vielmehr prägen sich in beidem: in der Erfindung von literarischen Techniken, die das bewegte Sehen und das Verfolgen von Bewegungen im Lektüregenuß ermöglichen, und in der Entwicklung von immer rascheren und immer weitertragenden Verkehrsmitteln, aber auch von Fernrohren und Nachrichtenverbindungen zur Horizonterweiterung des praktischen Lebens, dieselben kollektiven Wünsche und Bedürfnisse nach Mobilisierung aus, die für die Gesamtentwicklung der europäischen Gesellschaften seit der Mitte des 18. Jahrhunderts, also in der Region und im Zeitalter der frühen Industrialisierung in Europa und Nordamerika, charakteristisch sind.

Der größeren Beweglichkeit entspricht notwendig die abnehmende Dauer und die raschere Übergänglichkeit der Wahrnehmung. Das Großstadtleben ist bereits im frühen 20. Jahrhundert zum bevorzugten Wahrnehmungsraum und bald auch zur Metapher für die Fülle der flüchtigen und der gleichzeitigen Eindrücke, Anforderungen, Geschäfte, sozialen Bindungen und auch für die Verlorenheit des Einzelnen unter den Vielen geworden. Im Stakkato der Aufzählreihen, im Wechsel von der ersten zur dritten Person mitten im Satz, in der übergangslosen Reihung verschiedener Textsorten, in simultan abrollenden Tatsachen- und Bewußtseinsvorgängen und vor allem in der Abkehr der Erzählung von einer herausgehobenen Geschichte zu den Bruchstücken und Splittern vieler Geschichten hat die Literatur nicht bloß die Zwangsläufigkeit der Reizüberflutung, sondern auch die Notwendigkeit der bloß punktuellen Orientierung in einem Erfahrungsraum, in dem jeder ständig mit viel mehr fremden als vertrauten Eindrücken, Geräten, Menschen befaßt ist, auf dem Weg eines entlastenden Möglichkeitsspiels bekanntgemacht.

Wie eine Zeitung, in der man hin und her blättert, dies aufmerksam liest und jenes überschlägt, »präzis so« solle man die Musik seines Schülers Christian Wolff lesen, so hat John Cage den Musikern wie dem Publikum schulterklopfend zugeredet, und er vergaß dabei nicht anzufügen, daß dies »so gar nicht die Art [sei] wie man Bach in der Öffentlichkeit liest«.[25] William Burroughs läßt bei der Reise durch den weichen, zarten menschlichen Körper, die »Soft Machine«, in einer Technik, die er »fold in« nennt, frühe und spätere Textseiten je zur Hälfte zusammenheften, um aus den unverhofften Übergängen Erfahrungen einer Wirklichkeit abzubilden, in der Ordnung und Vollständigkeit sich in keinem Lebensmoment mehr – es sei denn als Trugschluß – einstellen können.[26] Dieter Wellershoff hat in einem klugen Aperçu schon vor anderthalb Jahrzehnten die Literatur einem Space-Simulator verglichen.[27] Dort können Raumfahrer sich auf die Erfahrungen, denen sie künftig ausgesetzt sein werden: Schwerelosigkeit, Bewegung auf engstem Raum, ausweichlose Partnerschaft usw., außerhalb des ernsthaften Risikos einer Raumfahrt vorbereiten. Der Gedanke, daß die Künste ähnliche Trainingsgelegenheiten anbieten, verdient weiter ausgesponnen zu werden angesichts der immer bruchstückhafteren Kenntnisse, die wir von den technischen Möglichkeiten, aber auch den technischen Zwängen unserer Lebensgestaltung als Einzelne vorsorglich speichern können.

Dann ist allerdings sogleich hinzuzusetzen, daß das Space-lab nicht bloß ein Anpassungs-, sondern auch ein Widerstandstraining ermöglicht. Die englischen Dandies und die etwas steiferen deutschen Georgeaner haben den fortschrittsfrohen Zeitgenossen ihrer Generation ihre absolute Kunst vorgehalten: ziselierte Bildornamente, erstarrte Gärten, Wortgewölbe zum schweigenden Anstaunen. Statische Gedichte mutet Gottfried Benn wenige Jahre nach Bilderfluchten aus Nachtcafés und städtischen Verwesungsanstalten seinen Lesern zu. Punktuelle und statistische Musik fordern ihren Hörern Hörschärfe ab für die Einbindung von Einzeltönen oder Tongruppen in die Automatik der Reihen, und jeder serielle Tonsatz erwartet von ihnen

---

[25] John Cage, Unbestimmtheit. Vorlesung anläßlich der Journées internationales de musique expérimentale der Weltausstellung in Brüssel. – In: die Reihe. Informationen über serielle Musik, Heft 5; nachgedruckt in: Kommentare zur neuen Musik I. Köln o. J. (DuMont Dokumente: Texte und Perspektiven), S. 163.

[26] Vgl. Nicolas Born, Reise im inneren Universum. Über William S Burroughs. – In: N. B., Die Welt der Maschine. Aufsätze und Reden. Hrsg. v. Rolf Haufs. Hamburg 1980, S. 42 f.

[27] Dieter Wellershoff, Fiktion und Praxis. – In: Poesie und Politik. Zur Situation der Literatur in Deutschland. Hrsg. von W. Kuttenkeuler. Stuttgart u. a. 1973 (Sprache und Literatur 73), S. 335 f.

Geduld für den Kreislauf durch das eingegebene System; elektronische Anordnung macht Tondauern von zuvor nicht produzierbarer Länge und Gleichmäßigkeit möglich. Konkrete Poesie läßt graphische Muster wirken und bleibt unausschöpflich in ihrem Angebot möglicher Konstellationen. Die einst verpönte Kunst des Beschreibens löst das Erzählen von Verläufen wieder ab, je mehr die einzelne Handlung im Kontext komplexer Verhältnisse an Bedeutung verliert. Sprachgitter in Versen oder graphisch verteilte Zeichen und Wortgruppen bieten sich an als ruhende Matrizen für vielfältige, vom Leser herstellbare Kombinationen, Spielzüge, Sinnverbindungen. Dem Text als Verlaufsspur eines Kunsterlebnisses treten mehr und mehr Texte entgegen, die dem Leser zu wechselnden Erkundungsspielen den konstanten Rahmen bieten. Und selbst die Neuen Wilden geben ihren überdimensionalen Tafelbildern kaum noch eine Leseordnung, wohl aber einen ganz normalen Rahmen.

Sten Nadolny entwickelt einen Erzählmodus des stufenweisen Ritardando in seinem Reisebuch ›Die Entdeckung der Langsamkeit‹, und Franz Xaver Kroetz schreibt ein Stück über den hinhaltenden Widerstand gegen die computergesteuerte Drucktechnik.[28] Film und Bühne entdecken den Reiz der 'slow motion', die statt zum monotonen Reiz der Bilderflucht zu konzentrierter und feinfühliger Meditation einladen soll. Die Kunst besinnt sich auf ihre alte Aufgabe, Widerlager gegen die Fucht der Erscheinungen, Ort der Versammlung und der Erinnerung zu sein, und sie vermag es tatsächlich, der permanenten Anpreisung neuer Apparate für den Komfort des praktischen Lebens ihrerseits Techniken entgegenzusetzen, die ihren Nutzern das anhaltende Denken und den gründlicheren Genuß antragen.

Die vorgreiflichen, die anpassenden und die widerständigen Techniken, mit denen die Künste der progressiven Maschinenzeit die Waage halten, übergreifen weit die speziellen Themen, mit denen die Verhältnisse der industriellen Kultur direkt – beschreibend oder zeitkritisch – angegangen werden. Sie entziehen anderseits die Künste keineswegs der äußeren Abhängigkeit von den Produktions- und Vertriebsbedingungen der Buch- oder Platten- oder Kunstdruck-Industrie. Erscheint in der Kette der Produktions- und Distributionspro-

[28] Sten Nadolny: Die Entdeckung der Langsamkeit. München 1983. – Franz Xaver Kroetz: Nicht Fisch nicht Fleisch, Frankfurt a. M. 1981 (edition suhrkamp 194); dazu Peter Pütz in diesem Band, S. 374 ff.

zesse der Künstler am Ende nur noch als der Zulieferer oder gar Appendix einer verselbständigten und viele Menschen beschäftigenden Industrie, so hat er auch hier ein Privileg, das ihm nicht zu nehmen ist: Die Malerin, der Bildhauer, die Autorin, der Komponist können ihrerseits technische Geräte und Prozesse ungeniert und ohne Rücksicht auf Kosten-Nutzen-Rechnung zum Spielwerk machen und damit unversehens auch zum Kunstwerk modeln. Mit solchem Spiel aber fordern nun umgekehrt die Künste die Technik heraus.

III

Für Schiller war der Spieltrieb des Menschen ein Garant für seine Freiheit. Tatsächlich haben die Künste im spielerischen Umgang mit mechanischen, elektrischen und schließlich elektronischen Maschinen in den letzten Jahrzehnten eine neue Gelassenheit des individuellen und des sozialen Umgangs mit der Technik und damit letzten Endes auch eine Normalisierung der Urteile über sie vorbereitet.

Schon in den zwanziger Jahren wartete Paul Klee mit der fröhlichen Zeichnung einer ›Zwitschermaschine‹ auf, die Vogelstimmen ahnen läßt. Der Schweizer Jean Tinguely hat in den Spuren Duchamps 1955 den Gedanken einer »Meta-Maschine« aufgebracht und im Jahr darauf mit der Konstruktion von »méta-matics« begonnen: von Maschinen, die Kunst machen, nämlich von selbst Töne hervorbringen, Linien zeichnen oder abstrakte Bilder malen. Ein aufmerksamer Beobachter dieses Entwicklungssprunges schrieb damals sogleich: »Eine der großen Aufgaben unserer Zeit scheint mir der Versuch, die Maschinen zu verstehen und unsere unklaren Beziehungen zu ihnen aufzudecken. [...] Es hat keinen Sinn, [...] die Technik mit Gemeinplätzen zu verurteilen. Die Maschinen müssen corps-à-corps angegangen werden.« [29]

---

[29] Pontus Hulten über Jean Tinguely in der Revue ›Kasark‹ 1955: »Essayer de comprendre la machine, de démêler nos rapports confus avec la technique me semble aujourd'hui l'une des tâches les plus importantes que soient [...] ce contenter de railler les machines à distance, condamner les techniques à coup de considérations générales n'a aucun sens. Il faut attaquer les machines corps-à-corps.« Zweisprachig zit. nach: Junggesellenmaschinen/Les Machines Célibataires (wie Anm. 11), S. 215 f. – Vgl. auch die Liste der dort angeführten Kunstmaschinen/Machines à faire de l'art,

Seither sind Zeichenmaschinen und Computer in Gebrauch, um Bilder, Gedichte, Musik aus bloßen Anstoß-Eingaben zu produzieren, und dies hat die Künstler – ähnlich wie der Übergang vom Hebel- zum Knopfdruck – in ein neues Verhältnis zu ihren Produktionsgeräten gesetzt. Sie können nun aufgrund einer eingegebenen Anordnung zusehend oder zuhörend der automatischen Entstehung eines kompletten Werkes beiwohnen und dazu nach Wunsch noch Serien beliebiger Variationen vorgeben. Was von Tinguely zunächst als Technikparodie zweckgebundener Maschinen entworfen war, erwies sich in der Musik wie in den bildenden Künsten unversehens als eine Brücke, die Technik auch auf dem Boden anzusiedeln, auf dem die Freiheit des Menschen sich Ausdruck verschafft. Die Einvernahme der technischen Geräte ins 'zwecklose' Spiel der Kunst ist ein »Heureka«-Effekt gewesen, und so hat Tinguely denn auch ein wunderliches Großgerät aus Rädern, Hebeln und selbstgenügsamen Maschinenteilen genannt, das nach den gehörigen Protesten schließlich seinen friedlichen Platz in einer Parkanlage mit Aussicht auf den lieblichen Zürcher See erhielt. Basel erhielt dafür einen Brunnen, in dem ein Dutzend Düsen, Schöpfkellen, Hebewerke und Schaufelräder sich in die permanenten Wasserspiele teilen, und Stuttgart besitzt von Tinguely einen elektroironischen Hirsch. Der ›Rosenknospenverkünder‹ von Stephan von Huene (›Rosebud Annunciator‹) verbindet kauzige Bewegungen und Klänge mit einer gravitätischen Feierlichkeit seines Aufbaus, und Huenes ›Test-Tones‹ nehmen die Stimmen der Besucher auf und geben sie dann verwandelt wieder.[30]

Eine spielend gemeisterte mechanische, elektrische und elektronische Technik und Schieber, Hebel oder auch Tasten zum Mitspielen laden zu einer Überwindung des Technikvorbehalts auf der einen Seite der beiden Kulturen ein, und dies vor allem durch eine Rückführung von technischen Prozessen in die Anschaulichkeit. Auf diesem Wege kehren vor allem automatische Bewegungsabläufe, diese

---

S. 200. – Andy Warhol, der von sich selber sagte: »Ich wäre gern eine Maschine«, hat in seiner »Factory« diese Herstellung von Kunstwerken bis zur Fließbandproduktion perfektioniert. Darüber Joachim Riedel, Der Peter Pan der Pop-art. Zum Tode von Andy Warhol. – In: Die Zeit, Nr. 10, 1987, S. 57.

[30] Ausstellung in der Kunsthalle Baden-Baden, Juli bis September 1983. Abbildung in: Frankfurter Rundschau, Nr. 164 vom 19. Juli 1983, S. 8.

Hauptkennzeichen der dämonisierten Technik, mit weit weniger Krampfhaftigkeit als im Futurismus auch in die bildenden Künste ein.

Am Environment entwickeln immer mehr Künstler sich zu Kunstingenieuren, indem sie sich der Elektronik, des Laserstrahls, der gesteuerten Zufallseffekte konkurrierender Computer mit schöner Unbekümmertheit bedienen. Auch da sind nicht selten Ironie und Travestie am Werk, wenn ungeheuer komplizierte Aufbauten höchst einfache Dinge tun: Seifenblasen in die Luft entlassen oder Ächzlaute von sich geben. Das Publikum selbst kann Knöpfe drücken, Strahlen lenken und sehen, was dabei wird. Als heiteres Spielzeug schuf Eduardo Paolozzi 1960 einen ›Rauchenden Roboter‹,[31] und mit der Konstruktion von »performances« aus Klang und Bildsequenzen wartete 1968 in London die Ausstellung ›Cybernetic serendipity‹ auf und ermunterte damit ihre Besucher, beim Schlendergang durch ihre Säle Unverhofftes zu entdecken.[32] Die ›documenta 7‹ in Kassel präsentierte 1982 nicht nur die fünf überdimensionalen ›Hammering Men‹ des Jonathan Borofsky, die mit unbeweglichem Gleichmut dem Takt ihrer Hämmer zusehen, sondern auch die märchenhaften Erfindungen von Geerit von Bakel, darunter eine ›Vorläufige Regenbogenmaschine‹ und eine »neue Möglichkeit Papins«, Freude zu erzeugen. Durch ernsthafte Kunst wird so die Technik dem Spiel zurückgewonnen. Unversehens wird die Kunst damit auch zu einem Instrument, das die maschinelle Automatik freizusetzen vermag von der Zwangsvorstellung, sie beherrsche den, der sich auf sie einläßt, alsbald unerbittlich.

Einen neuen Anstoß dazu gab ausgerechnet die Computerkunst. Einem Autor beispielsweise bietet der Computer erstmals die Chance, vom Zettelkasten der notierten Einfälle und vom Probespiel der Gedanken auf dem Bildschirm bis zur Variation der Schreibtypen und der Verteilung des Textes zu tun, was er bislang an andere Künstler und Handwerker abtreten mußte: er kann nun Sammler, Schreiber, Graphiker und Drucker in einem sein. Mit einer hinreichend ausgedehnten Vernetzung wird es sogar möglich werden, daß Autor und

---

[31] Vgl. dazu Ekkehard May, Maschinen- und Automatentravestie in der modernen Kunst. Aspekte eines Technik-Mythos. – In: Die nützlichen Künste (wie Anm. 12), S. 385.

[32] Ebd., S. 386.

Leser über die Brücke eines dienstbaren Apparats miteinander in direkten Kontakt treten wie zu Zeiten des Erzählers, der seine Hörer in einer Runde um sich versammelte und dafür am Ende von ihnen auch unmittelbar seinen Lohn empfing. Nicht anders der Komponist und der Musiker: Mit einer in Eigenregie produzierten Diskette haben die Berliner Philharmoniker bereits die großen Produktionsfirmen verschreckt, und das noch ohne die erst unvollkommen angebahnte Gelegenheit, über ein Computernetz mehrere Konzertsäle oder auch die Heimempfänger ihrer Zuhörer unmittelbar zu erreichen.

Eine der nicht nur einfallsreichen, sondern auch ergreifenden Beispiele für die neu zu gewinnende Selbstbestimmung der Künste durch die Nutzung technischer Möglichkeiten ist das ›Epitaph‹, das Herbert Eimert 1962 im Elektronischen Studio des Westdeutschen Rundfunks für das erste Opfer des Atomzeitalters in Friedenszeiten nach den Versuchen mit der Wasserstoffbombe auf dem Atoll Bikini 1954 komponiert hat.[33] Fünf Monate nach dem Versuch starb der Fischer Aikichi Kubayama an den Verbrennungen und Verseuchungen, die er 120 km entfernt vom Explosionsort erlitten hatte. Einen Gedenkspruch, der dem zu Tode verbrannten Fischer gewidmet wurde, bearbeitete Eimert am Bändertisch sozusagen eigenhändig zu einer ›Komposition für Sprecher und Sprachklänge‹. Aus Sätzen und Satzteilen, Stimmlauten und Sprechbegleitgeräuschen formte er dabei eine elektronische Musik, die aus nichts als aus den Elementen dieser Rede von kaum Minutenlänge bestand. Aus dieser kostbarsten aller Tonquellen entfaltete Eimert ein einstündiges polyphones Hörwerk, das dem Schrecken des Themas eine ruhige Bewegung des Erinnerns und einem Übergang der Trauer in mögliche Einsichten Dauer gewährt.

Ein von unabsehbar vielen Fachleuten geplantes und ausgeführtes Zerstörungswerk und einen Todesfall, der es anschaulich machte, reorganisiert diese Komposition aus dem puren Klangmaterial, in dem darüber einmal geredet wurde. Kein Künstler kann die Geschäftigkeit so vieler Menschen ersetzen oder auch ungeschehen machen. Aber erst ein Künstler vermag in Wörtern, Tönen oder Bildern um-

---

[33] Herbert Eimert, Epitaph für Aikichi Kubayama. Komposition für Sprecher und Sprachklänge. Nach Vorarbeiten in den Jahren 1957–59 Tonbandherstellung 1960–1962. Die Grabinschrift übersetzte Günther Anders; Sprecher: Richard Münch. Uraufgeführt am 9. 7. 1962 in der Stadthalle Darmstadt.

fassend zu bergen, was viele, getrennt durch einen Ozean, erdachten, ausführten und erlitten, und so bietet dieses Hörwerk auch dem Opfer eine Möglichkeit des Fortlebens im gedenkenden Innehalten seiner Zuhörer.

Was für diesen Einzelnen gilt, mag auch für die Epoche gelten. Von einer industriellen Kultur werden, solange Rede noch möglich ist, die Künste noch reden, wenn sie schon längst Vergangenheit ist.

Frank Trommler

TECHNIK, AVANTGARDE, SACHLICHKEIT

Versuch einer historischen Zuordnung

Die Maschine, modernes Phänomen, bewirkt in der Welt eine Reformation des Geistes. So hat es Le Corbusier formuliert. In der Literaturgeschichtsschreibung der Moderne ist man diesem Satz bisher nur zögernd nachgegangen. Hat er überhaupt Gültigkeit auf dem Gebiet der Literatur? Die folgenden Überlegungen entspringen der Einsicht, daß man mit der Abgrenzung 'Hie Literatur, da Technik' allenfalls dann weiterkommt, wenn man sie als historischen Ausgangspunkt nimmt. Das gilt selbst für die Erforschung der Avantgarde, der man im allgemeinen größere Nähe zum Thema Technik nachsagt.

Technikkult und Technikkritik

Als Renato Poggioli 1962 in seiner ›Teoria dell' arte d'avanguardia‹ die Verbindung von Avantgarde und Technikkult herausstellte, räumte er seinem italienischen Erbe, dem Futurismus, besondere Prominenz für die künstlerischen Entwicklungen im 20. Jahrhundert ein. Poggioli trug damit zur Aufwertung des Futurismus innerhalb der Geschichtsschreibung der internationalen Avantgarde bei; die Assoziation von Marinetti und anderen Futuristen mit Mussolinis Faschismus hatte diese Bewegung lange ins Zwielicht gerückt. Seitdem ist das Renommee des Futurismus als Innovator sowohl in der Kunst wie in der Literatur des 20. Jahrhunderts weiter befestigt worden. Die lederbehelmte Männlichkeit, die den Sieg des heulenden Rennautomobils über die Nike von Samothrake als neuen Revolutionsmythos propagierte, ist zwar ins Museum gewandert, jedoch als europäisches Schaustück. In Ausstellungen, Büchern und Reproduktionen hat man Marinettis Verdienste um die moderne Selbstfindung der künstlerischen Elite in Italien, Frankreich und Rußland vor 1914 gefeiert; was der Ästhetizist des Rennwagens gegen die kulturelle Verfettung Vorkriegseuropas vorbrachte, diente zur Erläuterung der modernen Umwertung der Technik.

Ähnliches geschah im Falle der überbordend optimistischen Manifestationen der 'Culture technique', jener nationalen Popularisierung von Fahrrad, Auto, Flugzeug und moderner Technik in Frankreich, die unter Anteilnahme der Massen zu einer Neuaufnahme der Revolution stilisiert wurde, nachdem Eiffel das große Ereignis 1889 mit einer Phantasiekonstruktion aus Eisen gefeiert hatte. Auch hier geschah die Stilisierung des Technischen zum exemplarischen modernen Objekt in den Jahren vor dem Ersten Weltkrieg, als Maler wie Delaunay und Literaten wie Blaise Cendrars am Eiffelturm die neue Wahrnehmung der Simultaneität erprobten. Majakovskij sprach in seinem Poem ›Paris‹ den Eiffelturm direkt an, begrüßte ihn als Sinnbild des Maschinenzeitalters und forderte ihn auf, anstatt sich weiterhin von Poeten besingen zu lassen, den Aufstand zu proklamieren und in Richtung Moskau loszuziehen: »Kommen Sie mit nach Moskau! Bei uns in Moskau ist Weite.« [1]

Was als Metapher konstruiert worden ist, läßt sich nicht festhalten: es marschiert auf den Pfaden, die der Mythos der Maschine vorgezeichnet hat, gegen die Geschichte. Mit den technischen Monumenten und Geräten des neuen Jahrhunderts konnte man nun an diesem Marsch teilhaben. Das läßt sich in der Tat als eine neuartige Culture technique bezeichnen, umfassend und einschneidend wie nur je eine historische Umwälzung, und ist in diesem Sinne in der Literatur-, Kunst- und Kulturgeschichtsschreibung zum Ferment des ästhetischen Modernismus befördert worden. Es läßt sich allerdings nach seinen geräuschvollsten Kundgebungen in jener Zeit, den Automobilrennen und Flugwettbewerben, auch als kultische Selbstfeier bürgerlicher Männereliten wahrnehmen, und das stellte für viele Künstler und Literaten jener Jahre die wohl eigentlich inspirierende Seite dar. Unter Auspuffgestank und Ölspritzern nahm der Traum des Ikarus Realität an – ohne daß man abstürzen mußte. Unter dem Beifall der staunenden Menge und der internationalen Presse wurde die Demonstration technischer Partizipation selbst schon zum ästhetischen Ereignis.

Nur unter diesen Vorzeichen konnte die Gleichsetzung von Ingenieursdenken und Künstlerdenken, mit dem die Futuristen die Initiative an sich rissen, zu einer Zeit ernstgenommen werden, da die In-

[1] Christoph Asendorf, Der Eiffelturm. – In: »absolut modern sein«. Culture technique in Frankreich 1889–1937. Hrsg. Neue Gesellschaft für Bildende Kunst. Berlin 1986, S. 116.

genieure mit der wachsenden Bürokratisierung und Aufgabenspezialisierung des Hochkapitalismus ihr Aktionspotential bereits wieder verloren. Wichtigste Stützen dieses Denkens bildeten der umgepolte Ästhetizismus einer neuen Industrieboheme sowie das Sensationsbedürfnis einer rapide wachsenden Massenpresse; dazu kamen die speziellen Romantizismen eines industriell noch wenig entwickelten Landes (Italien) und einer Gesellschaft – der französischen –, deren Industrialisierungsprozeß sich schon wieder verlangsamte. Daraus auch die Vermutung, daß diese Art der Technikbegeisterung »am besten vor dem Hintergrund einer noch weithin traditionalistischen Gesellschaft gedeiht: Dort behält die moderne Technik am längsten den Reiz des Neuen, Transzendenten, utopische Phantasien Beflügelnden.«[2] Künstlerisches und Künstliches liegen dabei nahe beisammen, bedingen einander.

Dieses Element des Künstlichen, das der Erfahrung des Vorauseilens – der Avantgardeerfahrung – in diesen Ländern revolutionäre Qualitäten verlieh, wirkte noch viel explosiver in jenem Land, das industriell weiter zurücklag, aber zunehmend die Revolution anvisierte: Rußland. Der Eiffelturm *kam* nach Moskau; gerade die veraltete Vorstellung von Technik als gewaltiger Eisenkonstruktion stimulierte die utopischen Phantasien. Noch Tatlins Turm zur Feier der Dritten Internationale von 1920 trägt Eiffels Feuer weiter. Die neue Botschaft zielte auf ein mechanisiertes Elysium, in dem die Geschichte und ihre Formen überwunden sind, zielte auf den Sieg der Maschine als dem universalen Modell einer rational gereinigten und aufgeklärten, produktiven und planbaren Gesellschaft. Wenn sich die utopischen Manifestationen der russischen Avantgarde so erstaunlich frisch erhalten haben und ihre Experimente der Verschmelzung von Kunst, Literatur und Technik im Konstruktivismus so anregend blieben, so ist das ohne jenes Element der Künstlichkeit nicht zu verstehen: Tatlins Turm blieb Entwurf, Malevitschs Suprematismus wurde spätestens von Stalins Regime ins Depot gestellt, Pilnjaks Wortcollagen verschwanden im Giftschrank. Mit anderen Worten: anders als die westeuropäischen künstlerischen Experimente der Technikbegeisterung wurden die russischen nie kanonisiert oder kommerzialisiert. Als Entwurf und Möglichkeit erhielt sich in ihnen die Utopie viel dauerhafter.

---

[2] Joachim Radkau, Literaturbericht Technikgeschichte. Teil 1. – In: Geschichte in Wissenschaft und Unterricht 38 (1987), S. 503–518.

Bei seiner Darlegung der Hauptströmungen der europäischen Avantgarde, in denen sich Technik, Kultur und Kunst vereinigten, nannte Kasimir Malevitsch 1913 Deutschland nicht. Malevitsch sprach vom französischen Kubismus, italienischen Futurismus und russischen Suprematismus. In diesen Bewegungen würden die 'schönen' und die 'mechanischen' Künste, deren Trennung in die Geschichte zurückreiche, wieder vereinigt.[3] Geschah das in Deutschland nicht? Wurden hier nicht in gleicher Intensität Technik und Kulturerneuerung aufeinander bezogen und der Ingenieur als Leitbild aufgewertet? Kam es hier nicht zu einer richtungweisenden künstlerischen Reformbewegung, die 1907 zur Gründung des Deutschen Werkbundes führte, aus dem 1919 das Bauhaus hervorging?

Malevitsch tat wohl recht daran, die zu dieser Zeit führende deutsche Künstlerbewegung, den Expressionismus, im Zusammenhang mit den anderen Gruppierungen nicht zu nennen. Gleichgesonnene Proklamationen der Technikbegeisterung führender Schriftsteller und Maler fehlten hier. Während es sich Herwarth Walden angelegen sein ließ, futuristische Bilder 1912 auszustellen und die dazugehörigen Manifeste sowie einige von Marinettis Gedichten zu veröffentlichen, dokumentiert seine Zeitschrift ›Der Sturm‹ vor allem das Fehlen der Diskussion zum Verhältnis von Kunst und Technik zwischen 1911 und 1921. Nur eine Handvoll von Artikeln bezog sich auf Architektur, nur sechs Beiträge behandelten den Futurismus, wovon nur zwei auf die Konsequenzen für das Maschinenzeitalter eingingen, unter negativen Vorzeichen.[4] Noch weniger trug die Zeitschrift ›Die Aktion‹ bei, deren Herausgeber Franz Pfemfert 1911 zum Gegenangriff antrat:

Die Technik befindet sich im Schöpfungsrausche. Der Menschengeist hat sich die Naturkräfte in unerhörter Großartigkeit abgerichtet. Die gezähmte und dressierte Elektrizität leistet uns Sklavendienste. Der Weg zu den Höhen der Kultur wäre frei, wenn nicht das Siebenmeilenstiefeltum der

[3] »absolut modern sein« (wie Anm. 1), S. 9.

[4] Marcel Franciscono, Walter Gropius and the Creation of the Bauhaus in Weimar. The Ideals and Artistic Theories of Its Founding Years. Urbana 1971, S. 119. – Vgl. das Fehlen grundsätzlicher Artikel zum Thema Technik in der Sammlung: Expressionismus. Manifeste und Dokumente zur deutschen Literatur 1910–1920. Hrsg. v. Thomas Anz u. Michael Stark. Stuttgart 1982.

Trivialität jedem kulturellen Fortschritt entgegenstehen würde. 'Edison' – die Paarung von Genialität und Trivialität. [...] 'Edison' heißt der Schlächterruf einer kulturmordenden Epoche. Das Feldgeschrei der Unkultur.[5]

Pfemfert formulierte seine Verdammung der Technik im Zusammenhang mit dem Aufkommen des Kinos als Massenunterhaltung. Mit dieser Zuordnung drückte er das Sentiment vieler deutscher Literaten und Künstler aus, die ihr Verhältnis zur Technik, so weit sie es überhaupt als einen Teil ihrer ästhetischen Selbstdefinition behandelten, weitgehend unterm Vorzeichen der Trivialisierung der Kultur diskutierten. Es überrascht kaum, daß sie sich damit von einem gewichtigen Teil der französischen literarischen Intelligenz unterschieden, die dem neuen Medium Film bejahend gegenübertrat und dazu beitrug, daß Frankreich vor 1914 zum führenden Filmland aufstieg.

Im Rückblick ist weniger die Tatsache dieser Technikkritik deutscher Schriftsteller erwähnenswert – sie läßt sich als bekannt voraussetzen – als vielmehr die Diskrepanz, die sich damit zu der öffentlichen Rolle ergab, die die Technik in diesem Land spielte. Wenn Franz Marc die nationale Faszination mit dem Fortschritt von Wissenschaft und Technik zur Zielscheibe seiner Kritik machte und die Nutzung von Eisenbahn und Flugzeug gegenüber dem Wirken des Geistes als trivial abtat,[6] so bestätigte er auf seine Weise diese Diskrepanz. Offensichtlich verstanden Künstler diese Diskrepanz sogar als programmatisch für ihre Selbstlegitimation als Geistesrevolutionäre, obwohl sie im Einzelfall keineswegs die Poetisierung von Eisenbahn, Automobil oder Flugzeug aus ihren Werken ausschlossen. Im Einzelfall, das heißt in der ästhetischen Erhöhung und Umformung von Wahrnehmungselementen, verbargen auch die Expressionisten nicht ihre Faszination angesichts der Schnelligkeit, Kraft und Intensität der technischen Phänomene; so hat man etwa ihre Eisenbahngedichte als »Höhepunkte der dichterischen Gestaltung dieses Motivs« bezeichnet.[7] Wie Ernst Stadler die ›Fahrt über die Kölner Rheinbrücke bei

[5] Franz Pfemfert, Kino als Erzieher. – In: Die Aktion 1 (1911), Sp. 561.

[6] Franz Marc, Briefe, Aufzeichnungen und Aphorismen. Bd. 1. Berlin 1920, S. 125.

[7] Karlheinz Daniels, Expressionismus und Technik. – In: Expressionismus als Literatur. Gesammelte Studien. Hrsg. v. Wolfgang Rothe. Bern u. München 1969, S. 175.

Nacht‹ zuerst in eine Hadesreise, dann in eine Epiphanie verwandelt, ist für viele Leser zu einem Inbegriff expressionistischer Lyrik geworden. Da flackern die prophetischen Bilder und beleuchten die Erfahrung technischer Fortbewegung als Fahrt in das Urerlebnis: »Zum Zeugungsfest. Zur Wollust. Zum Gebet. Zum Meer. Zum Untergang.«

Ohne Zweifel ist das Verhältnis der dichtenden und malenden Expressionisten zur Technik nicht auf einen Nenner zu bringen und wird auch durch die Attacken der Dadaisten ab 1916 auf ihre elitäre Kunstdoktrin nicht leichter durchschaubar. Je genauer man die Motive und Bilder sondiert, um so mehr Hinweise auf die Modernisierung und Technisierung lassen sich ausmachen, ganz abgesehen von so grundsätzlichen Auseinandersetzungen, wie sie Georg Kaiser in seinen ›Gas‹-Dramen und Ernst Toller in den ›Maschinenstürmern‹ unternahmen. Gewiß ist, daß sich diese Hinweise mindestens ebenso stark in der Aussparung wie in der ausdrücklichen Erwähnung manifestieren und daß sich mit den furchtbaren Erfahrungen der Materialschlachten des Ersten Weltkrieges viele zuvor noch positiv artikulierten Motive in Formeln des Untergangs verwandelten.

Was im Umgang mit dem Motiv der Technik gleichblieb, war das Absehen von seiner programmatischen Nutzung, genauer: von seiner Nutzung als Katalysator ästhetischer Selbstverständigung, wie sie in den von Malevitsch genannten Bewegungen praktiziert wurde. Technik war im Expressionismus kein Anlaß zum Diskurs, sondern eine Erfahrung, genauer: war Prüfstein einer Erfahrung literarischer Elite, die ihr kulturerneuerndes Ethos von der öffentlichen Trivialisierung bedroht sah. Die kulturpessimistische Akzentuierung ergab sich weniger aus ideologischen Überzeugungen als aus künstlerischem Selbsterhaltungstrieb. Während die Expressionisten darauf beharrten, daß die Trivialpropheten der Industriegesellschaft, einschließlich des Kaisers und seiner Sozialdemokraten, für die Verwandlung der Welt nur die alte Mischung aus Idealismus und Materialismus bereitstellten, markierten sie selbst das Terrain – und damit ihre eigene Rolle – mit eschatologischer Dialektik: keine Verwandlung ohne vorherigen Untergang, keine Zukunftsgesellschaft ohne Menschheitsdämmerung. Ihre Untergangsrhetorik bildete das Erkennungszeichen literarischer Autorität und Authentizität im Angesicht bloßen utopischen Bekennertums, stellte somit Teil der »Revolte gegen die Säkularisierung der Gesellschaft«[8] dar, die die Modernisierung in Deutschland in besonders literaturfördernder Weise begleitet hat.

Damit dürften auch schon die Gründe dafür vorgezeichnet sein, daß sich im Thema Technik, als es bei Schriftstellern im Zusammenhang der Debatten um die Neue Sachlichkeit Mitte der 20er Jahre schließlich doch noch zum Katalysator öffentlicher Selbstverständigung emporstieg, viel von seiner kulturpessimistischen Ambivalenz behielt. Mit dem Ende der Inflation und der politischen Unruhen, die das expressionistische Denken noch eine Weile genährt hatten, stellten sich die Probleme des Künstlers im Kapitalismus auf bestürzende Weise neu. In dieser Konstellation waren die Weichen plötzlich offen, die Utopien jedoch schon abgefahren; wer als Schriftsteller die Technik auf sein Gleis rangierte, tat es, um überhaupt wieder in Fahrt zu kommen, nicht weil er ein bestimmtes Ziel ansteuerte. ›Friede mit Maschinen‹ nannte Heinrich Hauser 1928 eine Artikelserie, in der er dem bürgerlichen Publikum der ›Frankfurter Zeitung‹ vorführte, daß der Bereich von Produktion und Technik keine geheimnisvolle Gegenwelt, sondern die bereits bekannte rationale Alltagsrealität darstellte. Hauser fand damit das Motto für eine Vielzahl literarischer Aufklärungsanstrengungen in Reportage- und Romanform, die aus dem Bemühen von Autoren erwuchsen, sich in einer Periode der Ratlosigkeit und des Funktionsverlusts als Interpreten der Kulturerneuerung eine Aufgabenstellung zu schaffen, die erneut ein geistiges Führungsverhältnis zum Publikum demonstrierte.

Daß hierbei eine Vielzahl von Illusionen über die Möglichkeiten der Technik genährt wurden, die gesellschaftlichen Konflikte ohne Klassenkampf zu überwinden, wurde von engagierten Schriftstellern wie Brecht und Benjamin kritisch kommentiert. Weniger Aufmerksamkeit erhielt die Tatsache, daß der Begriff der Sachlichkeit, der diese Harmonisierungsprogrammatik von Anfang an einschloß, nicht auf post-, sondern auf präexpressionistischem Fundament ruhte und sich damit keineswegs nur als Mode einordnen ließ. Als einer der wenigen, die die Kontinuitäten zur Entstehung des Sachlichkeitskonzepts um die Jahrhundertwende zurückverfolgten, hat Helmuth Plessner bereits die Verknüpfung mit dem spezifisch nationalen Denken her-

[8] David Roberts, 'Menschheitsdämmerung': Ideologie, Utopie, Eschatologie. – In: Expressionismus und Kulturkrise. Hrsg. v. Bernd Hüppauf. Heidelberg 1983, S. 103.

gestellt und damit einen wichtigen Schlüssel für den Vergleich mit der Technikorientierung geistiger Eliten in anderen Ländern gegeben. In seinem Essay ›Die Legende von den zwanziger Jahren‹ wies Plessner darauf hin, daß bereits in der Formulierung des Sachlichkeitspostulats zu Beginn des 20. Jahrhunderts in Deutschland eine andere Form der Kulturerneuerung durch Technik angezielt wurde,[9] und man kann hinzufügen, daß sich die Geschicke der Neuen Sachlichkeit, die immer als eine sehr deutsche Begriffsgründung gegolten hat, tatsächlich erst von diesen Ursprüngen her voll erschließen lassen. Was seit der Jahrhundertwende die deutsche Entwicklung prägte, ist jedoch weder von dem französisch bestimmten Avantgardekonzept erfaßt worden noch von der traditionellen Literaturgeschichtsschreibung.

Der Künstler als Ingenieur

»Die Dichtung und der Fortschritt«, schrieb Baudelaire in ›Le public moderne et la photographie‹, »sind zwei Ehrgeizlinge, die sich aus instinktivem Abscheu hassen, und, sobald sie sich auf dem gleichen Wege treffen, muß einer dem anderen dienen.«[10] Damit ist im Kern schon die Problematik des skizzierten Verhältnisses von literarischer Avantgarde und Technik angesprochen. Allerdings sei nicht übersehen, daß Baudelaire, der die Industrie haßte, weil er sie mit der Trivialität verschwistert sah, Industrie und Kunst in ihrem Fortschrittsstreben doch nebeneinanderstellte. Nur fürchtete er, daß die Vorliebe der Masse für das industrielle Produkt diesem zu einer Herrschaft über den Künstler verhelfen werde.

Daß die Geschichte der Künste im 20. Jahrhundert Baudelaires Befürchtung recht gab, ist weniger bemerkenswert als die Tatsache, daß die Konkurrenz von Kunst und Technik, wie bei Lewis Mumford nachzulesen, als bedeutsame Quelle der Inspiration und der Bewertung gedient hat. Offen bleibt nur, inwiefern die enorme Wirkung des Paradigmas Technik im literarischen Genre voll erschlossen wer-

---

[9] Helmuth Plessner, Die Legende von den zwanziger Jahren. – In: H. P., Diesseits der Utopie. Ausgew. Beiträge zur Kultursoziologie. Düsseldorf u. Köln 1966, S. 95.

[10] Zitiert nach: Marianne Kesting, Entdeckung und Destruktion. Zur Strukturumwandlung der Künste. München 1970. S. 317.

den kann. Denn schon die Tatsache, daß die wichtigste Wirkung der Technik in Film, Radio und anderen Medien zutagetrat, hat der Literatur viel an Repräsentationswert genommen. Baudelaires Definition von Modernität als dem Transitorischen und Flüchtigen, von dem das Ewige und Unveränderliche den anderen Pol darstellt, ließ sich spätestens seit der Jahrhundertwende ohne die visuellen und reproduzierenden Künste und Techniken nicht mehr denken.

In diesem Zusammenhang wird verständlich, warum zahlreiche innovationsfreudige Schriftsteller, die die Grenzen ihres Metiers mitreflektierten, bis in die 40er und 50er Jahre des 20. Jahrhunderts das Paradigma der Wissenschaft bewußter nutzten als das der Technik. Zumal in England, wo sich um 1900 die negativen Spuren der Technisierung tief eingegraben hatten, gewann der Hinweis auf 'die Wissenschaft' als Inspirator und Maßstab wieder an Gewicht, nachdem er im 19. Jahrhundert, etwa bei Zola, bereits als entscheidende Herausforderung der traditionellen Literatur gedient hatte. Wo sich Literatur bewußt als Erkenntnisleistung regeneriert, wie bei Musil und Broch, und wo sie als Erkenntnisinstrument im wissenschaftlichen Zeitalter gewertet wird wie bei Brecht, geht das Wissenschaftsparadigma in die Aussage mit ein. Noch wichtiger ist das der Wissenschaft entliehene Konzept des Experiments geworden, das zugleich anzeigt, daß sich der Künstler oder Schriftsteller seiner Ausdrucksform nur vorübergehend verpflichtet. Dieses Konzept ermöglicht eine konstruktive Antwort auf den zunehmenden Verlust der Selbständigkeit künstlerischen Tuns und künstlerischer Individualität, ist allerdings selbst auch als Ursache dieses Verlusts gebrandmarkt worden.

Natürlich verschaffte die Technifizierung der Städte (durch Straßenbahn, elektrische Beleuchtung, Auto, lithographierte Plakate) und der Wohnungen (durch elektrisches Licht, Telefon, Nähmaschine, Staubsauger) um die Jahrhundertwende der individuellen Erfahrung von Technik paradigmatische Ausdrucksformen. Unter Hinweis auf die knatternden Sensationen des Autofahrens verkündete der futuristische Maler Umberto Boccioni 1912 in Paris: »Die Zeit der großen mechanisierten Individuen hat begonnen, alles andere gehört der Paläontologie an [...] daher erheben wir den Anspruch, die frühen Meister einer Empfindung zu sein, die sich völlig neu orientiert hat.«[11]

[11] Zitiert nach: Reyner Banham, Die Revolution der Architektur. Theorie und Gestaltung im Ersten Maschinenzeitalter. Reinbek 1964, S. 83.

Dieses Gefühl der Herrschaft über die Materie in ihrer Geschwindigkeit ermutigte zu der Gleichsetzung von Dichter und Ingenieur, die dann in der futuristischen und dadaistischen Wortmontage zum Bestandteil der ästhetischen Botschaft avancierte. Wie angedeutet, gewahrten allerdings schon Zeitgenossen in der emphatischen Ausrichtung am Ingenieur eine eher traditionelle Technikauffassung, jene im 19. Jahrhundert besonders propagierte Vorstellung vom Erfinder-Konstrukteur, dessen zum Wohle der Menschheit entworfene technische Schöpfung den Charakter von Artefakten besitzen.

Das Konstrukteursein als gelebte Metapher und als Legitimation künstlerischen Tuns: das stellte eine interessante Umkehrung der noch von Baudelaire gemeinten Zuordnung von Industrie und Kunst dar, insofern diese die Bemühungen der Ingenieure des 19. Jahrhunderts reflektierte, die Technik durch die Gleichstellung mit der Kunst zu veredeln. Nun war es die Technik, die der Kunst einen speziellen Status – den der Modernität – gewährte, etwas, was Expressionisten, die besonders hartnäckig auf Profil und Status des Dichters beharrten, nicht ohne weiteres schluckten. Selbst Alfred Döblin, zunächst engagierter Bewunderer des Futurismus, hielt Marinetti 1913 in einem offenen Brief vor: »Wir sollen einzig das Meckern, Paffen, Rattern, Heulen, Näseln der irdischen Dinge imitieren, das Tempo der Realität zu erreichen suchen, und dies sollte nicht Phonographie, sondern Kunst, und nicht nur Kunst, sondern Futurismus heißen?« [12]

Wie angestrengt hatten Ingenieure jahrzehntelang das Gesicht der Technik (und ihrer kapitalistischen Nutzung) unter den dorischen Säulen und allegorischen Ornamenten der Wasserpumpen, Dampfmaschinen, Verkehrs- und Fabrikanlagen verborgen! Was die Futuristen veranstalteten, war weniger eine Überwindung dieses Technikkonzepts, wie sie meinten, als vielmehr dessen Umkehrung: der vom Bürgertum des 19. Jahrhunderts unter den Fortschrittsallegorien sorgfältig verdrängte Technikschock wurde zum ästhetischen Ereignis, zur Basis der Modernitätserfahrung umgestülpt, ohne daß die Ausrichtung am Menschheitsfortschritt aufgegeben werden mußte. In gemilderter Form glaubte selbst noch Walter Benjamin, der in ›Eduard Fuchs, der Sammler und der Historiker‹ die Illusionen des

[12] Futuristische Worttechnik. Offener Brief an F. T. Marinetti. – In: Alfred Döblin, Aufsätze zur Literatur. Olten u. Freiburg 1963, S. 10.

Bürgertums und der Sozialdemokraten über den damit verbundenen Fortschritt angriff, daß dieser Schock einen unentbehrlichen Bestandteil der modernen Ästhetik ausmache. Die Vorstellung, daß man die durch die Technik ermöglichten Fortschritte sehr wohl mit der Kunst rückkoppeln könne, wenn die gesellschaftlichen Rückschritte überwunden würden, führte Benjamin zu der Hoffnung, daß dies in der revolutionären Sowjetunion geschehen könne; allerdings war dieses Land Anfang der 30er Jahre nicht mehr revolutionär, und Sergej Tretjakov stand mit seinen Bemühungen um die Produktionsliteratur isoliert da. Benjamins Vermischung des ästhetischen Technikbegriffs mit dem der materiellen Produktion hat seine eigenen gesellschaftspolitischen Illusionen verdeckt und ist später zu Recht kritisiert worden. Gleichwohl wies Benjamin damit auf Formen der Annäherung von Kunst und Technik voraus, die inzwischen, wenngleich jenseits der gesellschaftlichen Postulate, zum Alltag der elektronischen Kommunikationsgesellschaft gehören.

Zweifellos hatten die Ingenieure im 19. Jahrhundert ihr Metier nicht unterm Vorzeichen der Allegorie eingestuft. Aber es entsprach dem unermüdlichen, immer wieder frustrierten Bemühen ihres Berufsstandes um soziale Anerkennung in einer Gesellschaft der Gebildeten, wenn der 1856 gegründete Verein Deutscher Ingenieure keine Gelegenheit versäumte, darauf aufmerksam zu machen, daß der Fortschritt der Kultur ohne den technischen Fortschritt undenkbar sei. Dazu gehörte der aus dem Handwerk überlieferte Vergleich des Ingenieurs mit dem Künstler, in den Worten Josef Poppers in der ›Zeitschrift des österreichischen Ingenieur- und Architekten-Vereines‹ 1888: »Die Durchführung technischer Ideen [ist] ganz äquivalent der Vorführung eines Kunstwerkes, wobei die Naturforscher und Techniker die produzierenden Künstler und beinahe alle anderen Menschen die Zuschauer bilden.«[13] Dieses Modell reflektierte jenes Stadium der Entwicklung, in dem Technik noch als Erfindung, als erste Bewältigung von Problemen und Ideen galt und die technischen Produkte Artefakten glichen, denen die Bevölkerung vorwiegend indirekt, in der Vermittlung der jeweiligen Bedienungs- und Ingenieurspezialisten begegnete. Bei diesem Verhältnis steht tatsächlich weniger das

[13] Josef Popper, Die technischen Fortschritte nach ihrer ästhetischen und kulturellen Bedeutung. Leipzig 1888 (Zeitschrift des österreichischen Ingenieur- und Architekten-Vereines, H. 2), S. 15.

technische Phänomen als die Bezugnahme dazu im Zentrum: zugleich Ansporn für seine Plazierung im Rahmen der etablierten 'idealen' Allegorisierung von Geschichte und Gegenwart. Das hatte zur Folge, daß die Beschäftigung mit der Technik gerade nicht zur ästhetischen Forminnovation, vielmehr zur Regeneration konventioneller Muster führte. Hier liegt die Wurzel für die Blüte der aus der ›Gartenlaube‹ herauswachsenden Literatur trivaler Modernität, die von den Romanen Friedrich Spielhagens (›Hammer und Amboß‹, 1869) bis zu denen Rudolf Herzogs (›Die Wiskottens‹, 1907) reichte und um 1900 in der Science fiction des Bestsellerautors Kurd Laßwitz ein Amalgam aus idealistischer, an Kant und Schiller orientierter Ethik und sentimentalen Gemütswerten transportierte. In seiner Abhandlung ›Allegorie und Historismus‹ [14] hat Günter Hess gezeigt, welch bedeutende Rolle der Allegorie im Bildgedächtnis des späten 19. Jahrhunderts zukam und in welcher Intensität die im Historismus kodifizierten Bildtraditionen allegorisch transformiert wurden.

So lange also die Distanz zwischen ästhetischem Wert und Gebrauchswert offenblieb, erwies sich die Technik geradezu als Stimulans der Erneuerung populärer Allegorisierung. Sie erlaubte es, die traditionellen Formen und Motive von der Liebesgeschichte bis zum Heldenabenteuer zeitgenössisch in jeweils neuester Füllung zu präsentieren. Dieser Aspekt ist nicht nur von poetischen Realisten wie Keller und Storm, sondern auch von der Literaturgeschichtsschreibung mit Verachtung quittiert worden, was besonders in Deutschland den Eindruck erweckt hat, die Schriftsteller hätten den Wirklichkeitsbereich der Technik übersehen. Als Naturalisten wie Arno Holz sich darum bemühten, den Umgang mit der Technik dadurch für den Realismus zu gewinnen, daß sie ihn zum literarischen Abenteuer stilisierten, wurde das als Ausflug ins Banale abgetan. Daraus erklärt sich auch, warum der Versuch, die – um die Jahrhundertwende von verschiedenen Seiten, einschließlich der des Kaisers, betriebene – Aufwertung der Ingenieursschicht mit Hilfe allegorischer Grundmuster literarisch zu fördern, einerseits auf breites populäres Interesse traf, andererseits in der deutschen Literaturgeschichte so geringe Spuren hinterlassen hat.

[14] Günter Hess, Allegorie und Historismus. – In: Verbum et Signum. Bd. 1: Beiträge zur mediävistischen Bedeutungsforschung. Hrsg. v. Hans Fromm u. a. München 1975, S. 555–591.

Am klarsten läßt sich das am Werk des Ingenieurschriftstellers Max Eyth verfolgen, das »über weite Strecken ungebrochen dem 19. Jahrhundert verpflichtet« ist, »und zwar besonders dem bildungsbürgerlichen Nachleben der Klassik«[15], obwohl Eyth in seinem Vortrag ›Poesie und Technik‹ 1904 konstatierte:

Die Welt, selbst die sogenannte gebildete Welt, fängt an zu erkennen, daß in einer schönen Lokomotive, in einem elektrisch bewegten Webstuhl, in einer Maschine, die Kraft in Licht verwandelt, mehr Geist steckt als in der zierlichsten Phrase, die Cicero je gedrechselt, in dem rollendsten Hexameter, den Vergil jemals gefeilt hat.[16]

Das klingt wie eine Vorausnahme des futuristischen Manifests, ist in dieser Form aber selbst schon wieder Übernahme einer Art Trotzgesinnung, die sich im späten 19. Jahrhundert in den mit der Industrialisierung entstehenden Mittelschichten artikulierte, die nicht dem Bildungsbürgertum zugehörten. Eyths Anstrengung galt immer noch dem Bildungsbürgertum, das er mit Hilfe der Literarisierung und 'Vergeistigung' der Technik zu 'bekehren' suchte; er erhielt aber breitere Anerkennung bei den erwähnten Mittelschichten, die auch teilweise von Ferdinand Avenarius' ›Kunstwart‹ angesprochen wurden, sowie bei Jugendlichen und Lesern von so populären Jahrbüchern wie ›Das neue Universum‹.

Eine genauere Aufarbeitung der Leserschichten dieser Technikliteratur, die noch aussteht, dürfte nicht nur die sozialen Implikationen der Technikbegeisterung besser durchschaubar machen, sondern auch zeigen, wie sich mit dem neuen Aufsteigerpublikum auch die nationale Ausrichtung dieser Begeisterung intensivierte. Das Jahrzehnt nach 1900 bildet dafür eine Art Wasserscheide in Deutschland, obgleich bereits die Weltausstellungen seit 1851 der Technik in der nationalen Allegorisierung überall gewaltige Prominenz verschafft hatten. In der zweiten Hälfte des 19. Jahrhunderts bot die Vorstellung vom allgemeinen Menschheitsfortschritt durch Technik und Wissenschaft noch den entscheidenden Bezugsrahmen gesellschaftlicher und

[15] Kurt Möser, 'Poesie und Technik'. Zur Theorie und Praxis der Technikthematisierung bei Max Eyth. – In: Technikgeschichte 52 (1985), S. 313 bis 327 (Zitat S. 317).

[16] Max von Eyth, Poesie und Technik. – In: Zeitschrift des Vereines deutscher Ingenieure 48 (1904), S. 1129–1134 (Zitat S. 1132).

individueller Orientierung; was der Herausgeber Max Jähns über die Leistung des Ingenieurschriftstellers Max Maria von Weber 1882 formulierte, faßt das exemplarisch zusammen:

Er hat überhaupt die gesamte materielle Tätigkeit der Gegenwart geistig geadelt und der Kunst gewonnen, indem er jedem, auch dem untergeordneten Arbeiten und Schaffen stets den unendlich tiefen Hintergrund des gesamten Kulturlebens gibt, indem er jede Erfindung, jede Pflichterfüllung, jede scheinbar geringe und alltägliche Leistung als einen Teil der wundervollen Gesamttätigkeit der modernen Gesellschaft darstellt, indem er das mühsame Ringen der Einzelnen mit dem Maßstabe des allgemeinen humanitären Fortschritts mißt und dadurch auch den kleinsten Schritt vorwärts als ein integrierendes Moment jener stolzen, beglückenden und befruchtenden Bewegung erkennen läßt, die das menschliche Geschlecht seiner freilich in der Unendlichkeit liegenden Vollendung, seinem Ideale, entgegenführt.[17]

Nach 1900 verlor diese Sprache in Deutschland an öffentlicher Wirkung, während sie in Frankreich, das seit der Revolution die Berufung auf den Menschheitsfortschritt als Bestandteil seiner nationalen Proklamationen gepflegt hatte, in die Culture technique einging. So hieß der zentrale Satz in der Ansprache zur Exposition Internationale in Paris:

Die Weltausstellung 1900 muß die Philosophie und die Synthese des Jahrhunderts werden, sie muß Frankreichs hellen Genius widerspiegeln und zeigen, daß er gegenwärtig wie in der Vergangenheit dem Fortschritt der Menschheit voranmarschiert.[18]

Das ganze Land als Avantgarde der Menschheit: anschaulicher kann der Grundimpuls für die Culture technique sowohl in ihrer populären Ausrichtung wie in ihrem Ansporn für die künstlerische Avantgarde gar nicht formuliert werden. Davon unterscheidet sich die Entwicklung in Deutschland nachdrücklich.

Was dieser ästhetisch-allegorische Grundimpuls für die Fortschritte von Technik, Architektur und Design in Frankreich bedeutet hat,

---

[17] Max Jähns, Max Maria Freiherr von Weber. Biographische Skizze. – In: Max Maria von Weber, Vom rollenden Flügelrade. Skizzen und Bilder. Berlin 1882, S. XXVI.

[18] Christina Mareske, Treffpunkt Eiffelturm. Die Pariser Weltausstellungen von 1889, 1900, 1925 und 1937. – In: »absolut modern sein« (wie Anm. 1), S. 118.

kann und braucht hier nicht erörtert zu werden. Ein Aspekt sollte jedoch Erwähnung finden, da er die deutsche Situation zu erfassen hilft. Er betrifft das Phänomen, daß die ersten Jahrzehnte des 20. Jahrhunderts in Frankreich wohl eine überbordende, um den Kubismus rotierende Kreativität der künstlerischen und literarischen Avantgarde förderten, jedoch nicht zu einer konsequenten künstlerischen und architektonischen Reformbewegung führten. Was die Folgen betrifft, so hat Reyner Banham die Situation, »der sich Le Corbusier oder irgend jemand gegenübersah, der in den 20er Jahren hoffte, moderne Bauwerke in Paris zu errichten«, als »zwar anregend, zugleich aber auch enttäuschend und kompliziert« bezeichnet:

Im Geiste mochten die Architekten danach trachten, in großangelegtem Maßstab Bauwerke für eine neue mechanisierte Gesellschaft zu errichten, aber sie sahen sich oft aus wirtschaftlichen und sozialen Gründen dazu gezwungen, kleine Gebäude eines speziellen Typs für eine Klasse von Auftraggebern zu errichten, die ihnen als Vertreter einer überlebten Gesellschaftsordnung verdächtig war.[19]

Banham wertete diese Konstellation als symptomatisch für das Land; der Mangel an Kooperation zwischen Moderne und Industrie habe sich negativ ausgewirkt. Durch ihre auf Ästhetik – statt auf technologischem Wissen – beruhende Industriebegeisterung habe sich die Moderne selbst den Zugang zur industriellen Verwirklichung ihrer Ideen verbaut.[20] Nur so sind die Bemühungen Le Corbusiers, der einst bei Peter Behrens gelernt hatte, in der Zeitschrift ›Esprit Nouveau‹ (1919–1925) zu verstehen, Anschluß an die Wirtschaft zu finden und dafür noch 1920 das Vorkriegsprogramm des Deutschen Werkbundes als Anleitung zu empfehlen, als sich die Berliner Künstler um die Novembergruppe und selbst Peter Behrens davon distanzierten und neue Wege suchten.[21] Le Corbusiers Empfehlung fruchtete wenig. Die 1925 als Weltausstellung ohne die Vereinigten Staa-

[19] R. Banham, Die Revolution (wie Anm. 11), S. 183.

[20] Vgl. die Kritik von: Stanislaus von Moos, Standard und Elite. Le Corbusier, die Industrie und der 'Esprit Nouveau'. – In: Die Nützlichen Künste. Gestaltende Technik und Bildende Kunst seit der Industriellen Revolution. Hrsg. v. Tilmann Buddensieg u. Henning Rogge. Berlin 1981, S. 306–323.

[21] Ebd., S. 319.

ten und Deutschland in Paris veranstaltete Exposition des Arts décoratifs wurde zu einer Gegenoffensive gegen den Funktionalismus, speziell gegen das Bauhaus. Mit dem Begriff 'Art Déco' erhöhte man den vom französischen Bürgertum akzeptierten dekorativen Kompromißstil zu einem neuen Avantgardestil.

Sachlichkeit und Modernität

Das Jahrzehnt nach 1900 ist in Deutschland wie kaum ein anderes von der Ideologisierung des industriellen Aufbruchsgeistes geprägt. Wilhelm Ostwalds vielzitiertes Wort »Nicht Kampf, sondern Arbeit!« ließe sich ergänzen durch: Nicht Umsturz, sondern Technik! Denn zweifellos spielte die Technik in den gegen die 'Umsturzpartei', die SPD, gerichteten Reformprogrammen des Staates und der Industrie eine zentrale Rolle. Der Technik, die in diesem Zeitraum tatsächlich jeden Lebensbereich zu durchdringen begann und Problemlösungen weitreichendster Art anbot, schrieb man das Potential zu, die soziale Revolution unnötig zu machen. Währenddessen pflegte die Sozialdemokratie den Gedanken, daß die Technik dem Menschheitsfortschritt diene, für den sie selbst kämpfe, weiter, produzierte jedoch darüber hinaus keinerlei Resolution, die der Gefahr begegnete, daß der sozialrevolutionäre Revolutionsbegriff von einem der technischen Revolution verdrängt werde. So überließ sie dieses Feld progressiven Vertretern der Industrie und der aufsteigenden Mittelschichten, die darin zugleich eine Möglichkeit sahen, der antimodernen, völkisch-konservativen Offensive entgegenzutreten, die von agrarischen und feudalen Schichten getragen wurde. Es geschah nicht zuletzt durch die Intensität, mit der bei dieser Offensive der Rechten politische Ziele in kulturkämpferischer Sprache verfolgt wurden – die Rettung der deutschen Kultur vor der mechanistisch-materialistischen Moderne –, daß die Projektierung des sozialen Wandels durch Technik zunehmend auch ästhetische und kulturpolitische Komponenten aufnahm.

Eine Analyse dieser Komponenten führt direkt zu den Ursprüngen des Begriffs der Sachlichkeit und damit ins Zentrum des ideologischen Kompromisses, mit dem jene progressiven Eliten sowohl der antimodernen Kulturrevolution als auch der linken Sozialrevolution den Wind aus den Segeln zu nehmen suchten. Im Begriff der Sachlichkeit fand man im Gefolge von Hermann Muthesius [22] und Friedrich Naumann [23] ein Stichwort, das der nationalen Erneuerungsbewegung, die man auf gemeinsame Arbeit, nicht auf überlieferte Privilegien gründen wollte, den Modus der Authentizität verlieh. Verlust des authentischen Daseins in der Welt der modernen Technik, des Großstadtlebens und der Naturzerstörung gehört zu den zentralen Themen dieser Periode. Was Schriftsteller wie Hofmannsthal, Musil, Kafka oder George darüber sagten, und wie sie sich bemühten, das Entfremdungsgefühl künstlerisch zu kultivieren, bisweilen auch in momentanen Epiphanien oder speziellen Existenzerfahrungen ästhetisch aufzuheben, ist in späteren Jahrzehnten anerkannt und zu einem Kanon der Moderne erhoben worden. Bei der Etablierung dieses Kanons spielte der Aspekt ästhetischer Negation und Verfremdung eine zentrale Rolle; in ihm konstituiert die Bemühung dieser Autoren um Repräsentativität ihres Daseins und ihrer ästhetischen Lösungen eine zeitübergreifende Dialektik. Genau dieser Aspekt trennt die genannten Schriftsteller allerdings auch von den Bestrebungen jener progressiven Eliten, Authentizität in einer Umgestaltung und Stilisierung der physischen Wirklichkeit herzustellen, die Entfremdungen der Technik nicht mehr allegorisch zu kultivieren, sondern durch neue technische Lebens- und Erlebnisformen hinfällig zu machen. Insofern äußerte sich in dem von Naumann und den Gründern und Förderern des Werkbundes vertretenen Verständnis von Technik als geistig-sinnlichem, nicht nur materiellem Prozeß ein Stimulans, demgegenüber die kritische Distanzierung von Schriftstellern und Malern – die die Expressionisten auf aggressive Weise fortsetzten – reaktiven Charakter annahm. Wer den Kompromiß mit der Sachwelt nicht mitmacht und auf Untergang und Verwandlung vertraut, hält sich rein; damit bewahrte der Expressionismus gewisse Anziehungskraft im gebildeten Bürgertum auch dann, wenn die Werke als Spinnereien von Verrückten abgetan wurden. Aber zugleich geht das gesellschaftspolitische Potential verloren, mit dem sich im ästhetischen Vorauseilen erst Avantgarde konstituiert.

---

[22] Vgl. den Überblick in: Hans-Joachim Hubrich, Hermann Muthesius. Die Schriften zu Architektur, Kunstgewerbe, Industrie in der 'Neuen Bewegung'. Berlin 1981.

[23] Vgl. Friedrich Naumann, Ästhetische Schriften. – In: Werke. Bd. 6. Köln u. Opladen 1964.

Gewiß lag in der ästhetischen Gegenerklärung, wie der Jugendstil unter Anteilnahme modern gesinnter Bürger noch einmal umfassend dokumentierte, ein gewichtiges Innovationspotential. Daraus wird Julius Poseners Feststellung verständlich: »Der Jugendstil war der Angriff der Schönheit – oder der Kunst – auf die Profitgier der Industriellen.«[24] In den floralen Ornamenten einer Lampe, einer Metro-Station oder eines Hausinterieurs ist die technikverhüllende Allegorie des 19. Jahrhunderts nur noch als Leerform wahrzunehmen. Beim ungenaueren Hinsehen aber gewinnt die Allegorie doch noch ihren Umriß: sie ist jener Angriff der Schönheit selbst. Allerdings scheiterte der Angriff, und das markiert den entscheidenden Einschnitt in Deutschland (anders als in Frankreich). Hier setzt sich, von England beeinflußt, jedoch über dessen Arts and Crafts- und Gartenstadt-Bewegungen hinausgehend, die Einsicht durch, daß die Kunst nur im Eingehen auf die technische Produktion selbst eine neue Funktion gewinne, und daß die Modernisierung von Gesellschaft und Umwelt nur dann dem Sog des Materiell-Mechanistischen entrinne, wenn die Authentizität der neuen Sachbezogenheit ästhetisch erfahrbar gemacht werden könne. Diese Erfahrbarkeit von Sachlichkeit als gesellschaftspolitischem Symbol – wofür der Werkbund zur erstrangigen Propagandaorganisation wurde – bildet die Basis für die Dynamik der künstlerischen Reformbewegung in Deutschland zu Beginn des 20. Jahrhunderts. Die intensive Wirkung des Konzepts Sachlichkeit über den Ersten Weltkrieg hinaus und besonders in der Weimarer Republik dürfte vor allem darauf beruhen, daß die Projektion technisch-funktionaler Notwendigkeit den Kompromißcharakter verdeckt, zugleich aber die Herrschaft des Politischen und die allegorische Nutzung des Ästhetischen verdrängt. So wie eine neue Form und Rhetorik der Politik als technisch-wissenschaftlicher Sachzwang entsteht, ändert die neue Zuordnung von Modernität und Sachzwang die Konzeption dessen, was als künstlerisch innovativ definiert wird.

Bei dieser Definition hatte es Literatur in Deutschland besonders schwer, da sie durch die bis in die zweite Hälfte des 19. Jahrhunderts intensivierte Kanonisierung der deutschen Klassik als kulturbewahrendes Medium eingeschnürt war. Nur in aufsehenerregenden Theaterinszenierungen und -skandalen gestand man ihr zu, etwas von der

[24] Julius Posener, Berlin auf dem Wege zu einer neuen Architektur. München 1979, S. 223.

modernen Zeitstimmung selbständig zu formulieren. Am ehesten nahmen deutsche Bürger die Moderne – als eine Nichtklassik – in der Musik wahr, wo Wagner dank der nationalen Auslegungsmöglichkeiten seiner Opern tatsächlich einen Durchbruch erzielt hatte. Künstlerische Modernität wurde dementsprechend nicht an Hofmannsthal, sondern an Richard Strauss exemplifiziert. Wenn nun am Beginn des 20. Jahrhunderts, als die Architektur des Historismus neben grauen Mietskasernen das Gesicht der Städte bestimmte, der Modernitätsbegriff durch die Auseinandersetzung auf dem Gebiete der angewandten Künste und der Architektur seine eigentliche Dynamik gewann, äußerte sich bereits in diesem Phänomen eine Abkehr von den etablierten Hierarchien. Kam dann noch die Aufwertung der Ingenieursarchitektur hinzu, wie sie Adolf Loos, Walter Gropius und andere am Beispiel Amerikas gegen die traditionelle Architektur vornahmen, entwickelte sich das Gefühl, daß hier durch die neuen Prinzipien Funktion und Sachlichkeit eine Umwälzung im Gebäude der Künste stattfand. Zeichnete sich diese Umwälzung schließlich dadurch aus, daß sie den sozialen Fortschritt förderte und Deutschlands wachsende Macht auf dem Weltmarkt unterstützte, unterlief sie in der Tat die Vorstellungen von der ästhetischen Eigendynamik als Fortschrittsanzeiger, die vor allem für Frankreich maßgebend waren.

Wenn später Theoretiker die Avantgarde als Selbstkritik der Kunst definiert haben, deren Ziel es gewesen sei, die Funktionslosigkeit der Kunst in der Versöhnung mit der Lebenspraxis zu überwinden, was jedoch gescheitert sei,[25] so ist dieses Modell primär auf die französische Situation abgestellt. Es läßt sich auf die deutsche Entwicklung nicht übertragen, es sei denn retrospektiv, und auch dann wird sein entscheidender heuristischer Wert vornehmlich aus dem Scheitern gewonnen; die Herleitung der Authentizität der Avantgarde aus deren scheiternder Versöhnung mit der Lebenspraxis steht in enger Nachfolge zu Adornos Bemühung, die Authentizität von Kunstwerken in ihrer ästhetischen Negation der kapitalistischen Zwänge zu retten. Indem dabei die hier skizzierte Herstellung des Modernitätsparadigmas in den angewandten Künsten zugunsten des Scheiterns der 'freien' Künste ausgespart wird, geht die Argumentation an den realen Verschiebungen vorbei. Sie wird zu einer Erzählung von verpaßten Chancen, bestenfalls gescheiterter Intentionen, etwas, was

[25] Peter Bürger, Theorie der Avantgarde. Frankfurt a. M. 1974.

jener »Revolte gegen die Säkularisierung der Gesellschaft« [26] in der Selbstaufgabe der Kunst einen Schimmer von Tragik und damit ästhetische Authentizität verleiht.

Demgegenüber fehlen der hier umrissenen Reformbewegung des sozialpolitischen und ästhetischen Kompromisses die tragischen Dimensionen. Sie ist oft genug als ein subtiles Ablenkungsmanöver des Kapitalismus charakterisiert worden. Ihre Durchsetzung der Funktions- und Sachlichkeitsstrukturen als neues kulturelles Leitkonzept läßt immer auch das Bestreben erkennen, die Authentizität und Legitimität dessen zu erweisen, was als 'Moderne', 'Jetztzeit', 'Zwanzigstes Jahrhundert' firmierte. Das bestätigen die Schriften ihrer führenden Vertreter wie Peter Behrens, Hermann Muthesius, Friedrich Naumann, Le Corbusier, Walter Gropius, Mies van der Rohe, Hannes Meyer, Theo van Doesburg. Es fand so lange Zustimmung, als die Frontstellung gegen den Historismus des 19. Jahrhunderts und die Künstlichkeiten seiner Allegorien notwendig erschien. Heute ist diese Frontstellung auch visuell in den Städten nicht mehr nachvollziehbar, die ästhetisch historisierenden Legitimationsbemühungen des 19. Jahrhunderts erhalten wieder breite Aufmerksamkeit, und der Begriff des Postmodernismus suggeriert neue Authentizität in der Kritik der alten Authentizität der Moderne. Allerdings verdunkelt die neue Tendenz, an den Bürokästen und Wohnkisten der heutigen Städte die Unmenschlichkeit der Bauhauskultur anzuklagen, die Tatsache, daß jenes Überspringen der tragischen Dimension jahrzehntelang in einer immens dramatischen Auseinandersetzung, an der sich die Produzenten ebenso wie die Öffentlichkeit beteiligte, verhandelt worden ist. In dieser Auseinandersetzung, nicht in der retrospektiven Debatte um die Avantgarde, liegt der entscheidende Schlüssel für das Verhältnis von Technik, Ästhetik und Modernität. Ihre zentrale Polarität sei abschließend kurz skizziert.

Die Voraussetzungen für die Entstehung des Sachlichkeitskonzepts reichen weit ins 19. Jahrhundert zurück. Doch gewann es erst mit der um die Jahrhundertwende allseits sichtbar werdenden Durchtechnisierung des Alltags den Charakter einer praktischen Welthaltung. Sobald man Technik nicht mehr im Artefakthaften distanzieren konnte, sondern als hautnahen Bestandteil des gesellschaftlichen und individuellen Daseins bewältigen mußte, wuchs das Bedürfnis, sich

[26] Vgl. Anm. 8.

an den Grundwerten der menschlichen Existenz rückzuversichern, wollte man nicht den neuen Kausalitäten und Zwecksetzungen das Feld überlassen. Gewiß faszinierten die ungewohnten Geschwindigkeiten, Werkstoffe, Bauformen, Kommunikationsmöglichkeiten und Naturveränderungen und förderten das Bewußtsein, an einer Revolutionierung der traditionellen Lebenszwänge teilzuhaben. Zugleich aber ließen sie auch das Unbehagen darüber wachsen, ob damit nicht eine Bahn betreten werde, die die erhofften Ziele der Selbstbefreiung nur um den Preis der Selbstentfremdung erreichbar mache. Will man diese Verunsicherung erfassen, genügt die Analyse des bürgerlichen Kulturpessimismus nicht mehr, die unter Zuhilfenahme von Schopenhauer, Nietzsche und Lagarde in vielen Abwandlungen als eine Art Patentschlüssel zu den Abgründen der deutschen Rechten gebraucht worden ist. Wie angedeutet, entfernten sich die aufsteigenden Mittelschichten von den Denkformen des Bildungsbürgertums.[27] Sie sahen sich – wenn auch oft ungewollt – als Teil der neuen technischen Welt, in der die Deutschen aufgrund ihrer wachsenden industriellen Macht eine eigene Zukunftsperspektive entwickelten. Für sie war, anders als für die Rechte, die mit ihrer völkisch-agrarischen Kulturpolitik den Antimodernismus schürte, die Debatte 'Industriestaat oder Agrarstaat' entschieden. Es ging ihnen nicht mehr darum, den Zug der Modernisierung aufzuhalten. Wohl aber sorgten sie sich darum, ob sie im richtigen Zug saßen. Für sie war die Alternative die der falschen oder der richtigen Moderne.

Falsch oder richtig? Die Frage nach den Kriterien führt noch einmal in die Vergangenheit zurück, obgleich sie sich den Zeitgenossen der Jahrhundertwende gerade aus dem Impuls heraus stellte, mit der Technik der Vergangenheit den Rücken zu kehren. Mit der Abkoppelung von den überkommenen Fortschrittsallegorien aber geschah es, daß in dem Bemühen, die Technik 'richtig' zu integrieren, die alte Dichotomie zwischen organischem und mechanistischem Weltbild,

---

[27] Vgl. u. a.: Karl Erich Born, Der soziale und wirtschaftliche Strukturwandel Deutschlands am Ende des 19. Jahrhunderts. – In: Moderne deutsche Sozialgeschichte. Hrsg. v. Hans-Ulrich Wehler. Köln u. Berlin 1966, S. 271–285; Jürgen Kocka, White-Collar Employees and Industrial Society in Imperial Germany. – In: The Social History of Politics. Hrsg. v. Georg Iggers. New York 1985, S. 113–136. – Über die sozialen Bedingungen des Verhältnisses zur Technik s.: Wolfgang König, Ideology and Practice of Technology in History. – In: History and Technology 2 (1985), S. 1–15.

die bereits die romantische Reaktion gegen die Aufklärung inspiriert hatte,[28] als bestimmendes Kriterium durchbrach, und zwar nicht nur in der Urteilsbildung in Sachen Technik, sondern auch in deren Produktion, Design und Symbolisierung. Entsprechend der Aufwertung des Vitalismus in Philosophie und Wissenschaft von Henri Bergson bis zu Bertrand Russell und Alfred North Whitehead wurde die öffentliche Diskussion zum Thema Technik zunehmend von der Kritik des Mechanistischen überlagert, deren Kriterien überaus willkürlich waren. Warum dieser Vorgang in Deutschland besondere politische Energien freisetzte, kann hier nicht weiterverfolgt werden. Der Hinweis muß genügen, daß die Herausbildung des Sachlichkeitskonzepts in geradezu seismographischer Form die antimechanistischen Besorgnisse einer zunehmend mechanisierten Gesellschaft reflektierte und bereits früh um den Begriff des Organischen ergänzt wurde. In der Fähigkeit, Bauwerke logisch aus ihren Funktionen zu entwickeln und das Design eines Geräts als Formung seines ›innersten Wesens‹, nicht als allegorisierende Ornamentik zu entwickeln, manifestierte sich Sachlichkeit als organisches Denken. So sahen es Muthesius, Behrens und Gropius vor 1914, so formulierte es der Werkbund in seinen Jahrbüchern und Proklamationen, so propagierten es die Ingenieurschriftsteller um den Verein Deutscher Ingenieure und die Zeitschrift ›Technik und Wirtschaft‹. »Die Technik sucht zwar den Intellekt nach Möglichkeit zu mechanisieren und zu automatisieren, um ihn für höhere geistige Aufgaben frei zu machen; aber ihr Wesen steht der mechanistischen Weltanschauung fern«, erhoffte ein Ingenieurphilosoph im Juli 1914 in ›Technik und Wirtschaft‹, wenige Tage vor dem Ausbruch des Ersten Weltkrieges.[29] Gewiß brachte dann das Bauhaus ab 1921 die Distanzierung von solchen Wunschvorstellungen. Aber noch 1952 warnte ein Teilnehmer im Darmstädter Gespräch über ›Mensch und Technik‹: »Es wurde von ›organischer‹ Technik und ›organischer‹ Architektur gesprochen. Ich widerspreche: Es gibt keine organische Technik.« [30]

---

[28] Alfred North Whitehead, Science and The Modern World. New York 1925, S. 109–138.

[29] R. Crain, Weltanschauung und Technik. – In: Technik und Wirtschaft 7 (1914), S. 528.

[30] Hans Eckstein, Diskussionsbeitrag. – In: Mensch und Technik. Erzeugnis, Form, Gebrauch. Hrsg. v. Hans Schwippert. Darmstadt 1952, S. 93.

Die wichtigsten Konsequenzen dieser mechanistisch-organizistischen Dichotomisierung lassen sich auf politisch-ideologischem sowie auf ästhetischem Gebiet leicht verfolgen. Man braucht nur einige Schriften der nach 1905 in Deutschland und Österreich entstehenden Technikessayistik in die Hand zu nehmen, um den verschiedenen Varianten der Wunschvorstellung zu begegnen, daß die Technik, einmal vom mechanistischen Denken des Kapitalismus und seinem Profitstreben befreit, die neue Gesellschaft ohne revolutionäres Chaos ermöglichen werde. Mit anderen Worten, die Dichotomisierung erlaubte die konzeptionelle Abkoppelung der Technik vom Kapitalismus, was dann besonders in der Weimarer Republik Gewicht bekam und der Neuen Sachlichkeit einen linken Anstrich verschaffte, obwohl sie eher konservativem Denken entsprang. Schon Ende des 19. Jahrhunderts entstanden entsprechende staatssozialistische Entwürfe, bei denen Ingenieure dem privatwirtschaftlichen System das der »ideellen Gemeinwirtschaft« gegenüberstellten.[31] In der Kontrastierung des technischen mit dem kapitalistischen Menschen untermauerte Heinrich Hardensett die Dichotomie typologisch: wo der kapitalistische Mensch sich auf die Warenerzeugung zwecks Profit konzentriert, erhebt sich der technische Mensch durch sein »baumeisterliches« Interesse an der »Sachwerkerzeugung« weit über den Kapitalismus hinaus.[32] Hier fiel es den Nationalsozialisten nicht schwer, eine relativ harmlose Abart des Antikapitalismus für ihre Zwecke abzuzweigen.

Die ästhetischen Konsequenzen der Dichotomisierung des Technikdiskurses sind nicht weniger weitreichend. Sie wurde stark von der Ausrichtung an Phänomenologie und Einfühlungsästhetik (Theodor Lipps) mitbestimmt, die sich Anfang des 20. Jahrhunderts durchsetzte, und von der Wilhelm Worringers berühmte Gegenüberstellung ›Abstraktion und Einfühlung‹ (1908) ihren Ausgang nahm. Das rückt den Expressionismus wieder ins Blickfeld, dessen Abstraktionstendenz Worringer in Opposition gegen den organizistischen Absolutheitsanspruch der Einfühlung mit einer wirkungsvollen geschichtlichen Legitimation versah. Daß auch Worringer den Begriff der Abstrak-

---

[32] Heinrich Hardensett, Der kapitalistische und der technische Mensch. München u. Berlin 1932, passim.

[31] Hans-Joachim Braun, Allgemeine Fragen der Technik an der Wende zum 20. Jahrhundert. Zum Werk P. K. von Engelmeyers. – In: Technikgeschichte 42 (1975), S. 322 f.

tion letztlich nicht mechanistisch verstanden wissen wollte, so wenig wie Kandinsky den seinen in ›Über das Geistige in der Kunst‹ (1912), ist nur ein weiteres Zeugnis für die Besorgnisse und Prävalenzen dieser Periode modernistischer Theoriebildung.

Damit ergeben sich auch Aufschlüsse dafür, weshalb der Ruf nach Vergeistigung der Technik, der in fast allen Proklamationen des Werkbundes zum Ausdruck kommt, nicht bei Expressionisten oder Autoren im Umkreis des Jugendstils Anleihen suchte, sondern bei dem um 1905 vieldiskutierten Neuklassizismus Paul Ernsts. Reyner Banham hat darauf aufmerksam gemacht, wie stark die von Muthesius vorgebrachte Kritik am Impressionismus und den Historismusnachfolgern den von Ernst in ›Der Weg zur Form‹ (1906) vertretenen Anschauungen entsprach. Ging es Ernst um die Wiederherstellung der logischen Unausweichlichkeit des Handlungsablaufs, die Bewahrung der klassischen Einheiten und den Gebrauch des Blankverses, so spricht Muthesius von der Irrigkeit der Ismen und kontrastiert sie mit der Stabilität des 'innersten Wesens der Architektur'. Sie hat »das Stetige, Ruhige, Dauernde zu eigen. Repräsentiert sie doch in der durch Jahrtausende reichenden Tradition ihrer Ausdrucksformen selbst gleichzeitig das Ewige der Menschheitsgeschichte.«[33] Banham folgerte:

Ernst nimmt auch in seiner Forderung, die 'Nebensachen auszuschließen', Muthesius vorweg. Sein Verspaar: »Wer ist weise, wer ist gut? / Wer nach seinem Wesen tut« konnte nicht nur als Leitspruch für Muthesius selbst gelten, sondern auch für die Fabriken, die von den jungen Werkbund-Architekten wie Walter Gropius entworfen wurden. Sie bemühten sich in der Formgebung nicht nur um das 'innerste Wesen' der Architektur selbst, sondern auch um das des funktionellen Arbeitsplans, den sie zu bewältigen hatten.[34]

Die Gleichsetzung von Klassizitätsstreben und Sachkunst findet sich schon bei dem Literaturkritiker Samuel Lublinski, der 1904 in ›Die Bilanz der Moderne‹ der neuklassischen Bewegung den Weg bereitete. Lublinski deutete deren Streben nach Form als »Vergeistigung des Stoffes, den wir nicht in seiner zufälligen Masse empfinden wollen, sondern in seiner inneren und zur Plastik gewordenen Logik«, und

[33] Zitiert nach: R. Banham, Die Revolution (wie Anm. 11), S. 55.

[34] Ebd., S. 56.

den neuklassischen Künstler als den Mann der »zusammengedrängtesten Wirklichkeit, der sich um Präzision, Einfachheit und geschlossene Einheit bemüht.«[35]

Die Aufschlüsse gelten auch für die Tatsache, daß diejenige Literatur, die sich bewußt als Industrieliteratur den Zielen des Werkbundes verpflichtet fühlte, formal stark konventionell blieb und in der Geschichte der modernen deutschen Literatur nur ein kleines Seitenkapitel erhielt: die Literatur der 'Werkleute auf Haus Nyland', zu deren Werkgemeinschaft 1912 Josef Winckler, Wilhelm Vershofen und Jakob Kneip gehörten. Mit ihrem Streben nach »Durchgeistigung der schweren Industrie, sie in der Kunst zu erlösen aus der rohen Formenplumpheit, dem Nur-Stofflichen«[36], zählten sie sich der Produktionssphäre zu. Das machten sie nicht nur durch die Anonymisierung ihrer Autorschaft, sondern auch in der Polemik gegen den Ich-Kult der Expressionisten kenntlich. Noch 1918 hoben sie den Gegensatz zum Subjektivismus und »großstädtischen Ästhetizismus« hervor; ihnen gehe es um »Sachlichkeit und Ehrlichkeit«, um das »Typische der Geschehnisse.«[37]

Diese Hinweise unter Einschluß der Expressionisten sollen zum Abschluß nur vor Augen führen, daß sich die aufgewiesenen ästhetischen Kontraste zwischen den Avantgarden und der technisch-künstlerischen Reformbewegung auch in Deutschland selbst manifestierten. Sie lassen sich nicht auf eine Gegenüberstellung deutscher und ausländischer Entwicklungen reduzieren, obgleich Banham wohl recht hat, wenn er über die Maschinenbegeisterung der Futuristen schrieb, ihre »Betonung der Bewegung und der Systemlosigkeit steht in starkem Gegensatz zu den statischen und monumentalen Aspekten des Maschinenwesens, die offensichtlich von den deutschen Schriftstellern dieser Periode bewundert wurden.«[38]

Was sich in jedem Falle abzeichnet, ist das Nebeneinander zweier ästhetisch kontrastierender Technikauffassungen, die in den 20er und 30er Jahren ihre jeweilige Blüte erlebten. Ihre Pole sind zum einen

---

[35] Zitiert nach: Karl August Kutzbach, Die neuklassische Bewegung um 1905. Paul Ernst in Düsseldorf. Emsdetten 1972, S. 24.

[36] [Josef Winckler], Kunst und Industrie I. – In: Quadriga 2 (1912), S. 88.

[37] Ankündigung der Zeitschrift ›Nyland‹ im Verlagsprospekt des Eugen Diederichs Verlages, November 1918.

[38] R. Banham, Die Revolution (wie Anm. 11), S. 86.

die Stilisierung der Zeit- und Raumraffung als Ausdruck modernen Daseins, zum andern die Bestrebung, die überwältigende Vielfalt und Bewegung der Erscheinungen ästhetisch zu normieren. Das entspricht einerseits der Verinnerlichung der kapitalistischen Verwertungs- und Konsumdynamik, die in den 20er Jahren noch relativ ungemildert vorgezeigt wurde, und andererseits dem Bedürfnis nach Statik und überdauernder Ordnung, das dann im Monumentalismus der 30er Jahre seine Steigerung fand. In beidem feierte man den Sieg über das 19. Jahrhundert, beides pries man als Manifestation moderner Authentizität: die technisch strukturierte Aufhebung des geläufigen Raum- und Zeiterlebnisses ebenso wie die Herausarbeitung von Strukturen, die das Elementare und Überdauernde wieder erfahrbar machten. Baudelaires Fixierung der Modernität auf das Transitorische und Flüchtige im Gegensatz zum Ewigen und Unveränderlichen erscheint demgegenüber unvollständig. Seine Definition der Modernität ist selbst überholt worden.

Helmut Lethen

FREIHEIT VON ANGST

Über einen entlastenden Aspekt der Technik-Moden in den Jahrzehnten der historischen Avantgarde 1910–1930

Wenn nichts aus der mit zyklischem Gleichmaß verkündeten Endzeit wird, dann liegt das »an denjenigen Klassen und Schichten, die sich unter großen Opfern in das für sie aufgebaute Labyrinth begeben und im sublimer gewordenen Widerstand auch die neueste Generation kapitalistischer Waren wieder zu Fetischen des Überlebens umformen.« [1]

Diese These des Berliner Historikers Kittsteiner ist so frappierend wie entlastend. Sie kann sich auf eine fast verschollene Tradition des Einverständnisses mit der Entfremdung berufen. Seit Beginn dieses Jahrhunderts ist ihre Entwicklungslinie durch Namen markiert, die das Pathos der Distanz verbürgen, die in Deutschlands Diskursen der Nähe nicht heimisch wurde: Georg Simmel, Max Weber, Siegfried Kracauer, Walter Benjamin, Bertolt Brecht, Sigfried Giedion, René König und Arnold Gehlen. In dieser Tradition formuliert Kittsteiner: »Die Moden geben das Signal für die jeweilige Panzerung, in der das Leben glaubt den Kampf mit den Dingen aufnehmen zu können. In der Mode gleicht sich die Körperhaut der Warenhaut an; wird dieser Schutz zerstört, reagiert das Leben begreiflicherweise mit Angst.« [2] Wenn das zutrifft, müßte es auch für die Technik-Moden der Jahre 1910–1930 Geltung haben. In den Moden und Experimenten der Avantgardeströmungen dieses Zeitraumes bildete die Literatur ein Medium der Exploration, wieweit die 'Synchronisation' der Körperwelt und Psyche mit den Bedingungen der Mobilmachung durchgeführt werden konnte. Es wird zu überprüfen sein, inwieweit in ihr die

[1] Heinz-Dieter Kittsteiner, Über das Verhältnis von Lebenszeit und Geschichtszeit. – In: Die sterbende Zeit. Zwanzig Diagnosen. Hrsg. v. Dietmar Kamper u. Christoph Wulf. Darmstadt u. Neuwied 1987, S. 80.

[2] Ebd., S. 77.

Elemente einer angstfreien Probe-Anpassung arbeiten, die nicht notwendig fatale Folgen zu zeitigen brauchen.

Ich nehme Kittsteiners Einspruch gegen eine Tradition der Kulturkritik also als einen Vorschlag auf und überprüfe, ob sich den »Fetischen« der Technik in der Literatur dieses Zeitraums nicht andere Funktionszuweisungen abgewinnen lassen, als ihnen in ideologiekritischer Absicht zugebilligt werden. Daß dieser Vorschlag schon auf eine Geschichte zurücksehen kann, hat den Vorteil, daß wir die verschiedenen Möglichkeiten seiner Prämissen im Lichte der Vergangenheit besichtigen können.

Kittsteiners These arbeitet mit drei Prämissen:

1. Wie alle Phänomene auf der Zeitachse ist auch die Entfremdung irreversibel. Nicht hinter ihr sind authentisch-menschliche Verhältnisse verborgen, die durch Rückgängigmachen des allgemeinen »Falls ins Kristall« wieder erschlossen werden könnten. Nur durch sie hindurch wird Überleben gesichert.

2. Körperwelt und Psyche sind für diesen Prozeß ungenügend ausgerüstet. Um nicht unter die Räder des Progresses zu kommen, ist Anpassung angesagt. Die Fetischisierung ist das Moment der Anpassung, in dem sich der Mensch in den Machtkampf der Dinge einzumischen wagt. Kittsteiner definiert hierbei »Fetisch« in einem Rückgriff auf eine Formulierung in Hegels Religionsphilosophie als eine »zauberische Sache«, durch die sich ein zauberndes Ich in den Kampf der entfremdeten Verhältnisse einschaltet.

3. Es gibt keine Instanz, die diesen historischen Prozeß eindämmen, außer Kraft setzen, verlangsamen könnte. 'Das Leben' kann diesem Prozeß höchstens Paroli bieten, ohne ihn stoppen zu können. Es ist nicht seine 'plastische Kraft', die sich der Entfremdung in den Weg stellen könnte, wenn Entfremdung ein Medium des Überlebens geworden ist. Auch die individuelle Erkenntnis dieses Schicksals kann den einzelnen nicht ausklinken aus diesem Prozeß. Sie vermag im glücklichsten Fall in die Lage zu versetzen, kleine Korrekturen vorzuschlagen.

In diesen Prämissen ist übrigens nicht versprochen, daß Anpassung erhöhten psychischen Komfort biete. Mit Georg Simmel wird man davon ausgehen müssen, daß die Freiheit des Menschen sich in seinem Gefühlsleben nicht unbedingt als Wohlbefinden zu spiegeln braucht.[3]

[3] Vgl. Helmut Lethen, Chicago und Moskau. Berlins moderne Kultur

Es kommt darauf an, daß »die eigenen Schwimmbewegungen im Strom« der zirkulierenden Waren und Menschenmassen nicht verkümmern. Ehe wir diese Voraussetzungen an einigen Fällen prüfen, sollen zwei Einwände zur Sprache kommen, die ohnehin auf der Zunge liegen.

Den ersten hat Marx formuliert, und er ist ihm oft und im Chor nachgesprochen worden: Daß verschiedene Schichten der Gesellschaft sich zwar demselben Phänomen der Entfremdung gegenübergestellt sähen, sie aber unterschiedliche Beziehungen zu ihm unterhielten. Die Bourgeoisie fühle sich in der Entfremdung wohl und bestätigt, während die unterdrückte Klasse an ihr leide, weil sie in ihr ihre Ohnmacht im Kapitalverhältnis entziffere. Die Kulturkritik hat diesen Satz bekanntlich umgekehrt: Entfremdung erzeuge Leidensdruck vor allem bei dem vereinzelten Bürger, während Kollektive in ihr Komfort fänden.

Den zweiten Einwand hat Bloch formuliert. Fetischisierung der Industrie- und Warenwelt sei unbedingt zu vermeiden. Bloch schlägt eine Spaltung vor, in der die zweckrationale Sphäre der Technik von der Sphäre des psychischen Ausdrucks losgetrennt wird. Von der sauberen Trennung der Sphären verspricht er sich Entlastung. Auf der einen Seite die neueste Technik, zweckrational, spielfrei, kalt, von keinem Ausdrucks-Ornament verhüllt, ohne Abdrücke libidinöser Besetzung – auf der anderen Seite das von keinem pragmatischen Anspruch gehemmte Reich der »wilden Expression« [4].

Als Bloch zu Beginn der 20er Jahre diesen Grundsatz der Arbeitsteilung vorschlägt, beginnt sich bereits eine gegenläufige Tendenz durchzusetzen. Die von kompensierenden Ornamenten befreite Technik (spielfrei, kalt) wurde selbst zum Fetisch. Die vergangene Geschichte zitierenden Ornamente wurden abgestreift. Sie stellten eine veraltete Überformung dar, die jetzt als Bleipanzer erfahren wurde, der die Fetischisierung der Technik durch eine neue Generation verhinderte. Diese Entwicklung scheint Kittsteiner erst einmal recht zu geben: vertraute 'Warenkristalle' oder ein bekanntes Design der Tech-

der 20er Jahre zwischen Inflation und Weltwirtschaftskrise. – In: Die Metropole. Industriekultur in Berlin im 20. Jahrhundert. Hrsg. v. Jochen Boberg/Tilman Fichte/Eckhart Gillen. München 1986, S. 190–213 (vor allem S. 194 ff.).

[4] Ernst Bloch, Geist der Utopie. Neuauflage der zweiten Fassung von 1923. Frankfurt a. M. 1964, S. 20.

nik tun plötzlich ihre Dienste nicht mehr. Neue Fetischbildungen sind erforderlich. Die Technik-Mode formuliert sie und bietet sie an.

Blochs Vorschlag, das Verhältnis zur Technik zu entspannen, in ihr die Dimension des »entlastenden, kühlen, geistreichen, demokratischen Luxus« zu genießen und sie auf alle Fälle mit der Ästhetisierung zu verschonen, geht von einer relativ entfernten und souverän verfügbaren Technik aus. Er verläßt im Grunde nicht den Gemeinplatz eines Kunstverständnisses, wie es sich im Zuge des Modernisierungsprozeses herausgebildet hatte. Wer sich heraussehnte aus dem stummen Zwang der ökonomischen Verhältnisse, aus dem 'stählernen Gehäuse' der Hörigkeit in einer durchrationalisierten Welt, der findet Entlastung im Reich der Kunst und Literatur. Hier kann man noch, wie später Gehlen in seiner Abhandlung über ›Die Seele im technischen Zeitalter‹ formulierte, die »Freiheitsgrade und Reflexionswachheiten und Libertinismen vorschweben lassen, die im öffentlichen Leben gar nicht unterzubringen wären«[5]. Sie sind die letzten Zufluchtsorte für »Bewußtseinsexkursionen, denen der Platz sonst überall zugestellt ist«. Bloch vergißt, daß die Technik in der Regel nicht in der Form der Entlastung erfahren werden kann wie Eisschrank, Automobil und elektrisches Licht. Es hängt nicht von der Einstellung der Menschen ab, ob sie sich Technik in kühle Distanz rücken können. Die Technik, die in den Moden fetischisiert wird, drängt sich direkt in die Rhythmen der Körperwelt, verursacht schnelle Trennungen und schnelle Treffen, löscht Distanzen aus, erzwingt neue Körperdisziplin und fordert die Konzentration eines Simultanspielers. Da sie derart in den affektiven Haushalt eingreift, bedarf es der libidinösen Kompensationen im Umgang mit ihr. Also wird sie – auf dem Markt – fetischisiert.

1. Panzer und Automobil

Am Automobil scheint sich unsere These kinderleicht beweisen zu lassen. Kopfzerbrechen macht uns der Panzer.

Wenn in einem bestimmten Stadium die Symbolwelt nicht mehr in der Lage ist, Tendenzen der Modernisierung so zu erklären, daß An-

[5] Arnold Gehlen, Die Seele im technischen Zeitalter. Sozialpsychologische Probleme in der industriellen Gesellschaft. Hamburg 1957, S. 40.

passungsbereitschaft erzeugt wird, wird sich die Intelligenz immer ihrer besonderen Trägheit rühmen und mit Schrecken auf ihre eigenen Kinder weisen, die sich im Handumdrehen einen angstfreien Zugang zur neuen Technologie verschafft haben. Verschiedene Schriftsteller der 20er Jahre (W. Benjamin, A. T. Wegner, O. Loerke) hielten es geradezu für eine Funktion der Kindheit, die neue technische Welt in den Symbolraum einzubringen:

Das Kind kann ja, was der Erwachsene durchaus nicht vermag, das Neue wiedererkennen. Uns haben, weil wir sie in der Kindheit vorfanden, die Lokomotiven schon Symbolcharakter. Unsern Kindern aber die Automobile, denen wir selber nur die neue, elegante, moderne, kesse Seite abgewinnen. Es gibt keine seichtere, hilflosere Antithese als die reaktionärer Denker wie Klages zwischen dem Symbolraum der Natur und der Technik sich aufzustellen bemühen. Jeder neuen Naturgestalt – und im Grunde ist auch Technik eine solche, entsprechen neue »Bilder«. Jede Kindheit entdeckt diese neuen Bilder, um sie dem Bilderschatz der Menschheit einzuverleiben.[6]

Die Computerkids versehen heute die neueste »Naturgestalt« der Technik mit neuen Bildern. Wie die Forschungen von Jürgen Link und Siegfried Reinecke über die ›Metamorphosen des Automobils in der deutschen Literatur‹ eindrucksvoll gezeigt haben, ist das Automobil inzwischen dem »Bilderschatz der Menschheit« einverleibt.[7]

Richten wir nun unser Augenmerk auf den Panzer, so bemerken wir eine weitere stillschweigende Bedingung der These von Kittsteiner. Sie orientiert sich eher an der relativ friedfertigen Zirkulation der Waren, an Tauschsituationen. Folgende Szene aus Jüngers bekannten ›Straßenstudien‹ erfüllt keine dieser Bedingungen. Jünger beschreibt eine bürgerkriegsähnliche Szene auf dem Bülowplatz in Berlin aus dem Jahre 1932:

Hier wurde die Begegnung zwischen der Masse und der organischen Konstruktion besonders sichtbar in der Erscheinung eines Panzerwagens der Polizei, der auf dem Alexanderplatz ein vor Wut kochendes Menschenmeer

[6] Walter Benjamin, Das Passagenwerk. – In: W. B., Gesammelte Schriften. Bd. V, 1. Frankfurt a. M. 1982, S. 493.

[7] Jürgen Link u. Siegfried Reinecke, »Autofahren ist wie das Leben«. Metamorphosen des Autosymbols in der deutschen Literatur. – In: Technik in der Literatur. Hrsg. v. Harro Segeberg. Frankfurt a. M. 1987, S. 436–482.

durchschnitt. Diesem konkreten Mittel gegenüber befand sich die Masse in einer rein moralischen Position; sie brach in Pfuirufe aus.[8]

Auch hier wird aus dem Panzer ein Fetisch, eine 'zauberische Sache', die sich in den Kampf der entfremdeten Verhältnisse einschaltet. Was heißt hier Fetischisierung im Text? Kaum wird ein technisches Ding wie ein 'Panzer' in einen Text eingeschleust, so wird es den merkwürdigsten Veränderungen unterworfen, in denen es sich zu verlieren scheint. Denn dieser 'Panzer' zerstreut sich im Text in einen normativ-moralischen Kontext, in eine ästhetisch-expressive Dimension und einen performativen Gestus. Erst einmal ist das Auftauchen des Panzers ein argumentativer Schachzug des Autors. Er dient dem nicht leicht zu widerlegenden Argument, daß moralischer Protest an dem gepanzerten Mittel abprallt. Der Panzer ist nicht Gegenstand des Horrors, sondern ein Emblem innerhalb des Räsonnements einer Machtstrategie. Man wird ihn so in den Argumentationen im ganzen politischen Spektrum der ersten Republik wiederfinden, von der konservativen Revolution bis zum Leninismus. Zweitens bewährt sich im Panzer auf dem Bülowplatz die Attitüde der amoralischen Ausdrucksfreiheit eines Avantgardisten. Es gehörte zur Haltung des Nietzscheanischen Feststellungswillens, daß moralische Bewertungskriterien aus der Beobachtung ausgeklammert werden müßten, wenn Beobachtungsstudien von einiger Präzision zustande kommen sollen. Drittens kann man im Panzer, der ein »kochendes Menschenmeer« durchschneidet, noch einen anderen Fetisch entdecken. Und man hat ihn entdeckt. Den Fetisch der Mannbarkeit, der in den weiblichen Körper eindringt (K. Theweleit).

Für den Autor ist das gepanzerte Mittel Argument und Fetisch; für die Masse bedeutet es nicht-argumentierende Todesgefahr. Sie haben ihre Haut nicht rechtzeitig gegen diese neue Generation kapitalistischer Ware panzern können. Unsere These müßte also erstmal differenziert werden. Was für den einen Schutzpanzer ist, ist für den anderen angsterregend. Herrschaft arbeitet selbst daran, sich eine 'Panzerhaut' zuzulegen. Da aber dies so ist, dürfen sich die anderen nicht freiwillig entwaffnen.

Es gibt offensichtlich konkurrierende Fetischbildungen der Technik.

[8] Ernst Jünger, Blätter und Steine. 4. Aufl. Hamburg 1943, S. 186 ff.

2. *Friedlicher Kommerz und Unterhaltungselektronik*

Länger als die Republik Zeit zur Verfügung stellte, brauchte der Prozeß, die Erfahrungen mit der neuesten Technologie in den Materialschlachten des Ersten Weltkrieges zur Sprache zu bringen. Wenn die Futuristen noch *vor* dem Krieg ihr Einverständnis mit den technischen Innovationen formulierten, so lag der Akzent ihres Einverständnisses auf der Negation: die kulturellen Überformungen, die historistischen Ornamente der Progreß-Maschine sollten entfernt werden. Was für eine vergangene Generation die Wohltaten der Kompensation ausgestrahlt zu haben scheint, wurde jetzt als lähmender Ballast empfunden. Im Kult der 'nackten' Maschine wurde diese gefeiert wie die Wiederkehr des Verdrängten. Die Umkehrung stellte ein Denkmodell auf den Kopf: Nicht das Verdrängte war das dunkel Ambivalente. Der historistische Mantel galt als der verschlungene, ambivalente. Die Dynamik der Triebkräfte, die darunter ansichtig wurde, galt als transparent, eindeutig, auf die Kraftlinie eines linearen Progresses eingeschrieben.

Die überwältigende Masse der Textdokumente aus dem Ersten Weltkrieg zeigt, daß das Zusammentreffen der ungepanzerten Haut mit den Maschinen gerade die halluzinatorischen, die kompensierenden Diskurse, die vor dem Krieg schon ermattet zu sein schienen, in einem Ausmaß regenerieren ließ, daß man oft den Eindruck hat, Zeuge eines vortechnischen Geschehens zu sein.

Da die technischen Innovationen des Krieges angstbesetzt blieben, wird man die Anpassung nicht direkt in den mitgeteilten Kriegserfahrungen finden, obwohl das für die Masse der mittelständischen Bevölkerung die erste massive Konfrontation mit der fortgeschrittensten Technologie gewesen sein dürfte. Anpassung sucht einen anderen Weg, um den angstfreien Umgang einzuüben. Das entspanntere Verhältnis zur Maschine beginnt sich in der Kulturindustrie durchzusetzen. In den Moden versucht man die libidinöse Besetzung der Technologie, deren zerstörerischem Kraftfeld der zerbrechliche Menschenkörper als Objekt ausgesetzt gewesen war. Nicht in militaristischen Texten, sondern eher in Revue-Schlagern und der Warenästhetik des Automobils wurde angstfreierer Umgang eingeübt. Ich sehe darin keinen Grund zu dem Lamento, das in der ›Dialektik der Aufklärung‹ der Kulturindustrie gewidmet ist. Es bedurfte der massiven Zensierung der Libertinismen der Unterhaltungsindustrie, um in den 30er

Jahren eine Rückbindung der Technik-Mode an militaristische Diskurse in breiter Front durchzusetzen. In folgendem Beispiel aus der Weekend-Kultur der Neuen Sachlichkeit sehe ich einen Versuch der Zivilisierung. 1928 erscheint ein Buch mit »Anregungen zur praktischen Durchführung des weekends«, das unter anderem nützliche Tips für die »weekend-automobilisten« enthält:

Darüber hinaus hat das Motorrad wie das Kleinauto besonders für das Camping und den Transport der ambulanten Wirtschaft ungeahnte Vorteile. Die Mitnahme eines größeren Zeltes, das unter Zuhilfenahme des Autos zu einem behaglichen Wohnzelt ausgebaut werden kann, macht keinerlei Schwierigkeiten. Die im Auto befindlichen Gummivorleger oder Teppichläufer finden im Zelt die praktischste Nutzanwendung. [...] Die herausnehmbaren Lederpolsterungen der Wagensitze leisten hervorragende Dienste als Kopfkissen. Das für den Motor benötigte Benzin dient gleichzeitig als Heizstoff, wobei man sich des Kochers nach Art einer Lötlampe bedient. Die Suchlampe des Wagens mit ihrem langen beweglichen Kabel eignet sich hervorragend als Deckenbeleuchtung des Zeltes. Notfalls kann man auch den Wagen so aufstellen, daß seine Scheinwerfer die Beleuchtung für das Zelt liefern. Die Rundfunker haben außerdem noch in ihrem Wagen ein ungeahntes Hilfsmittel zur Installation des Rundfunks. Sie haben den Vorteil, daß sie bei Anwendung eines geeigneten Heizwiderstandes zur Heizung der Anodenröhre die Automobilbatterie benutzen können und darum keinen schweren Akkumulator mitzuschleppen brauchen.[9]

Es ist nicht auszuschließen, daß in diesem Text Listen und Tricks ihren freundlich-zivilisatorischen Zweck finden, die in Extremsituationen des Krieges ausgetüftelt wurden. Dennoch halte ich eine Methode für irreführend, die es darauf anlegt, zu enthüllen, daß unter den Tips für die Weekendautomobilisten sich der Sub-Text des Krieges verberge. Eine solche Rede geht nicht nur davon aus, daß die entscheidenden Zivilisationsschübe dem Krieg geschuldet sind, sondern auch, daß nur der Krieg das Medium sei, in dem moderne Technik 'eigentlich' zu sich finde. Man mag an obigem Text beklagen, daß hier mit Gummivorleger, Lötlampe und Anodenröhre die Kolonisierung der 'Natur' ein Stück vorangebracht werde. Das Pathos des Bildes liegt in der friedlichen Nutzanwendung, in der Abkoppelung der Überlebenslisten von den Diskursen des Krieges. Dieser wird in einem

---

[9] Karl Vetter u. K. A. Tramm, Das Wochenende. Anregungen zur praktischen Durchführung. Berlin 1928, S. 48 ff.

solchen Text nicht verdrängt, sondern abgelöst. Und ich gehe soweit, zu behaupten: Niemals sind Mentalitäten in solchen technischen Diskursen des Kommerzes für den Krieg disponiert worden; sowenig wie technische Diskurse ein Medium zur Verarbeitung des Kriegstraumas haben bereitstellen können.

In Dokumentationen zum Thema Literatur und Technik wird man diese Art von pragmatischen Texten, wie die Ratschläge für Weekendautomobilisten, nicht antreffen. In diesen finden aber die entscheidenden Verwerfungen alter Diskurse statt, Anpassung und Fetischisierung. Vergleicht man hiermit die Rolle technischer Sujets in traditioneller Dichtung, so bemerkt man folgenden Tatbestand: Es gibt einen grundlegenden Unterschied zwischen Texten, die – wie unter einer hydraulischen Presse – unter Symboldruck stehen, und Texten mit metonymischem Drift, die sich in die Warenästhetik einmischen.

In der Dichtung wird das Automobil Symbol für manches. Es wird phallisches Zeichen, Statussymbol, Emblem der Geschwindigkeit, mysogynes Zeichen, Souveränitätssymbol.[10] Auch die Warenästhetik ist von diesen symbolischen Dimensionen geprägt. Aber diese sind wie Ornamentik mit lockeren Scharnieren an die Ware geschraubt. Die Warenästhetik rechnet mit der metonymischen Verkettung, mit der Auslösung von Kaufreaktionen, Greifimpulsen, haptischen Reflexen. So kann man symbolisch überdeterminierte Waren auf dem Markt auf Dauer nicht losschlagen. Ihr Richtungsvektor zeigt in Richtung Entsublimierung. Die Symbole sind nur der kleine Stachel am Pfeil, der auf Entsublimierung weist. »Der heute wesenhafteste, der merkantile Blick ins Herz der Dinge heißt Reklame«, meinte Walter Benjamin im Jahre 1928. »Sie reißt den freien Spielraum der Betrachtung nieder [. . .].« Das Geld stellt den schlüssigen Kontakt mit den Dingen auf dem Markt her.[11] Der Dichtungs-Diskurs hat zwei Möglichkeiten, sich in diese Situation einzumischen: er kann a) den ‛freien Spielraum’ der Reflexion im Verhältnis zu den neuen Kollektiv-Symbolen wiederherstellen, indem er das technische Sujet von seinen Angstbesetzungen befreit, das Geld, das die Entsublimierung fordert, in Rechnung stellt oder es auf spielerische Art mit illusorischen Versprechen konfrontiert und die Symbolwerte als Spielmarken der Kommunika-

[10] J. Link u. S. Reinecke, »Autofahren [. . .]« (wie Anm. 7).

[11] Walter Benjamin, Einbahnstraße. Berlin 1928, S. 63.

tion ironisiert; oder b) die Technik-Idole ins Feld der repressiven Sublimierung zurückführen.

In den 20er Jahren taucht, angefeuert durch die Experimente des Dadaismus, ein Typus des Schriftstellers auf, dessen Schreibweise sich angstfrei in die neuen Diskurse der Warenästhetik einmischt, der sich seine Reflexionswachheiten und Libertinismen bewahrt, indem er seine Texte nicht gegen den Markt immunisiert, sondern sie in die metonymischen Verkettungen des Marktes einzuschleusen versucht. Hier gibt es Texte von Asphaltliteraten wie Walter Mehring, Kurt Tucholsky, Lion Feuchtwanger, Irmgard Keun, Joseph Roth, Elisabeth Hauptmann, Marieluise Fleisser und Bertolt Brecht, die Beispiele für angstfreie Fetischisierung der Technik, die Kittsteiner im Auge hat, demonstrieren.

3. Mobilitäts-Embleme

In seinen Überlegungen zur ›Seele im technischen Zeitalter‹ ging Arnold Gehlen davon aus, daß sich die Auswirkungen der Technik in erster Linie in den *Formen* der Bewußtseinsstrukturen ablesen lassen.[12] Er wies darauf hin, daß sich z. B. das technische Prinzip der vollen Beanspruchung, der Ausschaltung des Leerlaufs, toter Gewichte und ungenutzter Energien leicht auch als Grundsatz in nicht-technischen Gebieten entdecken läßt. Das Prinzip der Normgröße und der auswechselbaren Teile, des optimalen Effekts, der Vermeidung von Reibung, das Bestreben mit sparsamen Mitteln durchschlagende Wirkung zu erzielen, ist in alle kulturelle Bereiche eingedrungen. Es strukturiert die Rede, auch wenn sie sich eines bewußt nicht-technischen Vokabulars bedient. Die Nennung des technischen Namens hat hierbei eventuell den Vorteil, daß in ihm das technische Prinzip Flagge zeigt. In diesem Namen kann sich die Entscheidung ausdrükken, das technische Prinzip nicht unter einem Deckmantel organizistischer Metaphern zu verbergen. Die Erfahrung mit den gegen die Modernisierung gerichteten Diskursen lehrt jedoch, daß der automatische Rückschluß vom Namen auf das Prinzip die Aufmerksamkeit auf die falsche Fährte lenken kann.

Ich habe an anderem Ort einen Vorschlag gemacht, mit dem man –

---

[12] A. Gehlen, Seele im technischen Zeitalter (wie Anm. 5), S. 36.

unabhängig von technischem Sujet und Vokabular – Reaktionsformen auf den Modernisierungsprozeß registrieren und bewerten könnte.[13] Hierbei ging ich von der Beobachtung aus, daß die Plädoyers für die Modernität von dem gleichen binären Schema geprägt bleiben, wie die Masse der gegen die Modernisierung gerichteten Zeitdiagnosen und Pamphlete. Das Einverständnis mit der Modernisierung läßt sich seine Formulierungen von einem Polaritäts-Schema vorschreiben, das schon den unversöhnlichen Gegensatz von 'Gemeinschaft' und 'Gesellschaft' fixiert hatte. In diesem Schema regieren Begriffs-Fiktionen. Aus seiner Optik werden Ambivalenzen und Schattierungen aus der Erfahrungswelt entfernt. Es erzeugt die Welt des 'reinen' Gegensatzes von

Verwurzelung	vs	Mobilität
Symbiose	vs	Trennung
Wärme	vs	Kälte
Undurchsichtigkeit	vs	Transparenz
Wachstum	vs	Planung
Erinnerung	vs	Vergessen
Sammlung	vs	Zerstreuung
Organismus	vs	Apparat
Individuum	vs	Typus
Original	vs	Reproduktion
natürlicher Zyklus	vs	mechanische Zeit
Dunkelheit	vs	Helligkeit

Und, um die Komplikation zu erhöhen:

Weiblichkeit	vs	Männlichkeit

Die Modernisierung wird als ein Prozeß erfahren, der sich in einer Serie von Trennungen auswirkt. In zunehmender Beschleunigung sehen die Menschen sich in einen Prozeß hineingerissen, der die unmittelbare Erfahrungswelt primärer Gruppierungen, der Familie, des Arbeitsverbandes oder Freundschaftsbeziehungen, zerstört oder übersteigt. Mobilität setzt Trennung voraus; der sinnfällige Effekt von Trennung ist »Kälte«[14]. Die Auflösung der geographischen Bin-

[13] H. Lethen, Chicago und Moskau (wie Anm. 3), S. 198.

[14] Helmut Lethen, Lob der Kälte. Ein Motiv der historischen Avantgarden. – In: Die unvollendete Vernunft: Moderne versus Postmoderne. Hrsg.

dung der Arbeitskraft, die Urbanisierung, die Einbeziehung in industrielle Disziplin, die allgemeine Beschleunigung im Netzwerk des Transports, des Verkehrs und der Kommunikation setzen Fähigkeiten voraus, die die 'natürliche' Konstitution des Menschen zu überfordern scheinen. Die mechanischen Trennungen, die die Modernisierung mit sich brachte, bedurften kompensatorischer Antworten quasifamiliären Gehalts. Diese kreisten um die Phänomene der Symbiose, des Orgnaismus und der Sammlung als Qualitäten der 'Gemeinschaft'. Und 'Gemeinschaft' bildete sinnfällig eine Konstellation, in der ein Leben ohne Kälte-Schock zu haben war. Existierten Erfahrungsnischen, in deren kleinen Horizonten sich in Reinkultur ungestörte Symbiose abspielen durfte? Oder bestanden diese ebensowenig wie eine Welt erhellter Apparate, abgeschaffter Dunkelheiten; war die eine wie die andere Welt ein künstliches Paradies?

Schon in der Weimarer Republik, während derer das Denken unter enormem Entscheidungsdruck stand, war ein Einwand gegen das Polaritäts-Schema formuliert worden, der heute noch stichhaltig erscheint. Theodor Lessing, dessen Untergangsvisionen der Vergletscherung der Erde selbst vom Schema eingefärbt gewesen waren, hatte mit einem einleuchtenden Beispiel auf einen 'Fehler' der modischen Polaritätsdenkerei aufmerksam gemacht. Wer den einen Pol auf Kosten des anderen verabsolutiere, begehe einen ähnlichen Fehler wie ein Rechenlehrer, der seinen Schülern das Wesen des Bruchs erklären wolle, indem er ihnen verkünde: »'Wir betrachten zuerst das Wesen des Zählers und sodann das Wesen des Nenners'; während doch der ganze Sinn des Begriffs 'Bruch' eben nur die zwischen Zähler und Nenner obwaltende Beziehung meint.« [15] Wo aber fände sich in der Weimarer Republik die Besonnenheit, das »Wesen des Bruchs« zu reflektieren, den Humor der Differenz oder das Vergnügen an Asymetrien zu kultivieren?

Allerdings war das Polaritätsdenken ja auch kein 'Fehler', der sich in einer Mathematikstunde der Nation hätte korrigieren lassen. Auch die Ermahnungen der marxistischen Kritiker, die Polaritäts-Kon-

---

v. Dietmar Kamper u. W. Reijen. Frankfurt a. M. 1987, S. 282–325 (vor allem S. 288 ff.).

[15] Theodor Lessing, Europa und Asien. Untergang der Erde am Geist. 5., völlig neu gearbeitete Aufl. Leipzig 1930, S. 114 ff.

struktionen seien 'undialektisch', haben wenig bewirkt. Theodor Lessing hatte das Polaritätsdenken nur als Symptom der »modernen Zwickmühle des Begriffsdenkens« erfassen können. 1925 sieht er in seinem Buch über Nietzsche darin vor allem die Unfähigkeit, »das Seiende ohne ein Strömendes, den Fluß ohne ein Ruhendes« vorzustellen.[16] Diese Unfähigkeit alarmiert ihn, weil er beobachtet, daß durch das Polaritätsdenken die extremen Spannungen der politischen Parteien »unterheizt« werden. Der Diskurs der Anti-Moderne entmischte die Sphären und baute um den Pol des natürlichen Zyklus ein künstliches Paradies der Undurchsichtigkeit, das wie ein Schild gegen die Trennungs-Diktate der Modernisierung schützen sollte. Die heftigen Reaktionen gegen die 'Asphalt-Literaten' rührten daher, daß diese sie des Schutzes, die der traditionelle Diskurs geboten zu haben schien, zu berauben drohte. Die Abwehr wurde dadurch verstärkt, daß das Polaritäts-Schema mit dem Zeitschema der Untergangsphilosophie verbunden war. Darin wurde der Prozeß der Zivilisation als »Desertion vom Ursprung«[17] gebrandmarkt: die Geschichte durchlief vom Pol der Ursprungs-Wärme bis zum Pol der Zivilisations-Kälte Phasen eines unaufhaltsamen »Todesweges«[18]. »Die geschichtlichen Kulturen lösen sich von ihrer Wurzel und stürzen in die technisch-wissenschaftliche Welt und in eine leere Intellektualität.« (Jaspers 1931) In diesem Kontext mag die Provokation ermessen werden, wenn eine jüngere Generation von Schriftstellern, Architekten, Musikern und Malern plötzlich den 'Todes-Pol' als notwendigen Ausgangspunkt der Mobilität favorisiert. Dem Verlangen nach Rückzug in einen undurchsichtigen Raum antwortet ihr Preisgesang des Lebens in völliger Transparenz, dem Begehren nach Konstanz antwortet ihr Lob des provisorischen Raumes.

Bei ihrem Versuch, die Wahrnehmungsformen aus dem romantisch-pessimistischen Komplex der Abwehr der Modernisierung herauszulösen, bewerteten Künstler und Theoretiker der Avantgarde den Pol von Mobilität, Zerstreuung und Transparenz positiv. Anders gesagt: ihr Akt der Synchronisation bestand in dem Versuch der Umpolung des traditionellen Diskurses. Die Umpolung erzeugte Imagina-

---

[16] Theodor Lessing, Nietzsche. Berlin 1925, S. 20.

[17] Max Scheler, Mensch und Geschichte (1926). – In: M. Sch., Philosophische Weltanschauung. München 1954, S. 62–89 (Zitat S. 78).

[18] Ebd., S. 82.

tionen der Transparenz, die ebenso künstlich waren wie die der dunklen Opposition. Die Attraktion des Kälte-Paradieses ließ schon nach einem Jahrzehnt merklich nach. Ende der 20er Jahre wurden an ihm schon wieder die Züge negativer Utopie betont (›Brave New World‹ von Aldous Huxley). In der Zeitschrift der neusachlichen Szene ›Der Scheinwerfer‹ wird das Ergebnis der Synchronisation mit leichter Skepsis formuliert:

Und von da an wird es Tempo geben.
Eiskaltes, kristallklares, wunderbares Tempo.
Die Probleme werden mit medizinischer Genauigkeit und Gründlichkeit gelöst, Trauer wird eine Logarithmentafel haben und Freude, es wird keine Zustände mehr geben, sondern nur noch Konsultationen.[19]

Ein klassisches Dokument des Aktes der Synchronisation stammt von dem Architekten und späteren Bauhaus-Direktor Hannes Meyer. Es findet sich in seinem Artikel ›Die Neue Welt‹ aus dem Jahre 1926. Hier heißt es:

'Ford' und 'Rolls Royce' sprengen den Stadtkern und verwischen Entfernung und Grenze von Stadt und Land. Im Luftraum gleiten Flugzeuge: 'Fokker' und 'Farman' vergrößern unsere Bewegungsmöglichkeiten und die Distanz zur Erde; sie mißachten die Landesgrenzen und verringern den Abstand von Volk zu Volk.

Die genaue Stundeneinteilung der Betriebs- und Bürozeit und die Minutenregelung der Fahrpläne läßt uns bewußter leben. Mit Schwimmbad, Sanatorium und Bedürfnisanstalt bricht die Hygiene ins Ortsbild und schafft durch Wasserclosett, Fayence-Waschtisch und -badewanne die neue Gattung der sanitären Töpferei. [...] Bouroughs Rechenmaschine befreit unser Gehirn, der Palograph unsere Hand. Fords Motor unsern ortsgebundenen Sinn und Handley-Page unsern erdgebundenen Geist. Radio, Marconigramm und Telephoto erlösen uns aus völkischer Abgeschiedenheit. Grammophon, Mikrophon, Orchestrion und Pianola gewöhnen unser Ohr an das Geräusch unpersönlich-mechanisierter Rhythmen: 'His Masters Voice', 'Vox', und 'Brunswick' regulieren den Musikbedarf von Millionen Volksgenossen. Die Psychoanalyse sprengt das allzu enge Gebäude der Seele, und die Graphologie legt das Wesen des Einzelwesens bloß. [...] Die Tracht weicht der Mode, und die äußerliche Vermännlichung der Frau zeigt die innere Gleichberechtigung der Geschlechter. [...] Unsere Woh-

[19] Fred Hildebrandt, Vom Tempo dieser Zeit. – In: Der Scheinwerfer (Oktober 1928).

nung wird mobiler denn je: Massenmietshaus, Sleeping-car, Wohnjacht und Transantlantique untergraben den Lokalbegriff der 'Heimat'. Das Vaterland verfällt.[20]

Diese Redeweise demonstriert, möchte man mit Kittsteiner sagen, wie die neueste Generation kapitalistischer Waren wieder zu Fetischen des Überlebens umgeformt wird. Das entlastende Moment dieses Textes besteht darin, daß er die Angst vor dem Mobilitäts-Diktat wegzunehmen verspricht und den Vollzug der Fetischbildung mit einem kosmopolitisch-aufgeklärten Gestus verbindet. Konnotationen, die sich um den Pol von Symbiose, Wärme und natürlichem Zyklus sammeln, werden als Anachronismen entfernt. Ambivalenzen, die noch die Mobilitäts-Embleme der Futuristen und frühen Expressionisten prägten, sind ausgeräumt. Hier scheint sich ein kultureller Diskurs über Technik anzubahnen, in dem die technischen Namen nicht unter den hydraulischen Druck der Symbolisierung geraten, sondern sich metonymisch in die Warenästhetik des Marktes mischen. Die lockere Aufzählung des Architekten bleibt freilich im Zwang der Negation. Denn die entfernten Oppositionen des Ortsgebundenen, Geschlossenen und unzerstreut Dunklen entwickeln einen solchen Zugzwang, daß Hannes Meyer in einer Kettenreaktion die ganze Litanei des feindlichen Diskurses herunterbeten muß, jeden Punkt negierend. Daran zeigt sich, daß Versuche, *schattenlose* Diskurse der Modernität herzustellen (ohne die Schatten der Ambivalenz, der Ungleichzeitigkeit, der Risiken) fatal an ihren unsichtbaren Gegenspieler gebunden bleiben.

Wie einige Kunsttheorien der 20er Jahre zeigen, operierten die Künstler durchaus bewußt mit dem Polaritäts-Schema; das bekannteste Beispiel bilden die buchhälterisch aufgelisteten Oppositionen in Brechts Anmerkungen zur ›Mahagonny‹-Oper. Begründet wird dieser neusachliche Manierismus mit dem Hinweis, daß auch die Kunst auf dem Felde praktischer Entscheidungen intervenieren müsse. »Wenn unsere Leidenschaften ihre Schwarz-Weiß-Zeichnungen betreiben«, bestätigt Arnold Gehlen, »so zuletzt deswegen, weil sie virtuelle Handlungen, mindestens in Entstehung begriffene Willensentscheidungen sind: diese Handlungen und Entscheidungen laufen aber, so wie die Wirklichkeit eingerichtet ist, zuletzt immer auf Alternativen

[20] Hannes Meyer, Die Neue Welt (1926). – In: H. M., Bauen mit Gesellschaft. Schriften, Briefe, Prospekte. Dresden 1980, S. 27–32 (Zitat S. 28).

hinaus.«[21] Eine Kunst, die – wie die der Avantgardisten – in die Alltagspraxis intervenieren will, verläßt das fragil-entscheidungsferne Reich der Modernisten, in dem in indifferentem Probehandeln alle Schattierungen des Tun und Lassens ausgereizt werden konnten. Sie koppelt jetzt ihre Reflexionswachheiten und Libertinismen an das Feld virtueller Handlungen; und damit rücken ihre Diskurse in das Feld, auf dem Polarisierungszwang herrscht.

Überforderten die künstlichen Paradiese der Asphalt-Architekten und -Literaten nicht die menschliche Konstitution überhaupt? Zeugte die Fetischisierung der Mobilität (und der mit ihr vorausgesetzten Trennungsfähigkeit) nicht eher von Angstlust als von reeller Möglichkeit? Die konservative Kritik an der Avantgarde hat darauf aufmerksam gemacht, daß 'der Mensch' inmitten der allgemeinen Mobilmachung der »kulturellen Immobilien« (Arnold Gehlen) bedarf, die nach dem Wegfall der stabilen Außenhalte einen invarianten Schatz von Gebräuchen und Symbolen anbieten, den durch das Trennungs-Diktat entstandenen affektiven Mangel vergüten und die Steuerung des Verhaltens – unbeirrt von den schnell wechselnden Szenerien – regeln.[22] Soll der Mobilitätsdruck die einzelnen Subjekte nicht in einen 'chronischen Alarmzustand' versetzen und in eine nomadische Existenz abdrängen, so müssen sie sich den auf Dauer gestellten kulturellen Einrichtungen, die zuverlässige Regeln speichern, überantworten.

Nun bietet diese Argumentation aber indirekt eine Rechtfertigung des avantgardistischen Mobilitäts-Diskurses. Denn wenn es im anthropologischen Sinne stimmt, daß der Mensch inmitten der Mobilmachung des invarianten Schatzes von Gebräuchen und Symbolen bedarf, die überkommene Institutionen speichern, so wird es Aufgabe der Kunst, den 'chronischen Alarmzustand' wachzuhalten, von dem sich der Mensch im Alltagsleben entlastet. Die Umpolung des Polaritätsdiskurses hatte den Sinn, einen geistesgegenwärtigen Alarmzustand zu erzeugen, vom angstbesetzten Zustand zu entlasten, der nur Regression und dumpfe Panik als Reaktion zuläßt. Die Rede von den »kulturellen Immobilien« enthüllt, wie sehr sie selbst im Banne des Polaritätsschemas die kulturellen Werte um den Pol von Symbiose, Organismus und natürlichem Zyklus lagert, wenn der Soziologe Gehlen auch weiß, daß diese Werte außerhalb des Rahmens institutionel-

[21] A. Gehlen, Seele im technischen Zeitalter (wie Anm. 5), S. 48.

[22] Ebd., S. 53.

ler Abstützung verfallen müßten. Die provozierende Frage der Avantgardisten lautete: Sollten nicht *kulturelle Mobilien* entwickelt werden, nachdem die Geschichte im Zeichen »kultureller Immobilien« sich als anonymer Prozeß in immer größerer Beschleunigung hinter dem Rücken der Subjekte vollzogen hat? *Könnte das Subjekt sich nicht im Zeichen der kulturellen Mobilie bewußt in einen Prozeß der Mobilmachung einschalten?*

Die Geschichte der 30er und 40er Jahre macht uns zudem auf ein fatales Paradox der Gehlenschen Argumentation aufmerksam: Wer sich – abschirmend vor dem chronischen Alarmzustand – den kulturellen Einrichtungen überantwortete, den 'auf Dauer gestellten', geriet um so zwangsläufiger und bewußtloser in den Sog einer Mobilmachung, die Massen von nomadischen Existenzen auf verbrannter Erde hinterließ. Die Orientierung an den »kulturellen Immobilien« hatte die Mobilmachung weder ungeschehen machen noch bremsen können. Mit ihrem Einverständnis mit der Mobilmachung wollten die Avantgardisten aus der toten Ecke, in die Fixierung an die »Immobilien« sie verbannt hatte, heraus, um sich in den Selbstlauf der Mobilmachung einzuschleusen. Der zeitweilige Technikkult der Avantgardisten, der sich augenscheinlich nur affirmativ-mimetisch dem Selbstlauf der Technik anzuschmiegen scheint, hat seinen kritischen Impuls in seiner Abkehr von dem Kult der 'Immobilie'. Er kultiviert das *Jasagen zum Transitorischen.*

Das erklärt auch einen Tatbestand, der nicht ohne Erstaunen beobachtet worden ist: daß ausgerechnet die Philosophie Nietzsches dieses Unternehmen Gleichzeitigkeit mit in Gang gebracht hat, wo Nietzsches Abwehr gegen die Modernisierung notorisch war. Die Nietzsche-Lektüre hatte eine Generation von Modernisierungs-Freaks nicht so sehr mit Argumenten als mit einem Habitus versehen, der der mentalen Bereitschaft zum Einverständnis vorarbeitete. Drei haltungsbildende Faktoren seien hier genannt:

- der Mut, einen zerstörerischen Prozeß ohne Kompensation zu ertragen; in ihm einen Nerv des Lebens, das bejaht werden soll, zu erblicken; im Transitorischen eine Quelle der Energie zu entdecken;
- der Wille, die Gefilde von Schuld und Sühne, in die die bürgerliche Gesellschaft verstrickte, zu verlassen;
- der Stoizismus, nach dem Fall aller invarianten Außen- und Innenhalte eine nomadische Existenz in Kauf zu nehmen, deren Lebenselixier das Milieu der Trennungen ist.

Erst ein Habitus, der sich aus diesen Impulsen der Nietzsche-Lektüre formiert hatte, setzte die Avantgardisten dieser Generation in Stand, zu fordern, daß sich die sozialen Wertungen, die Mentalität und die kulturelle Orientierung der nicht auf Dauer gestellten Technik anzupassen habe. Anpassung als Einverständnis mit dem Transitorischen! In ihren Experimenten fungierte die Literatur als ein Medium, in dem ausgeforscht werden sollte, wie weit die Synchronisation der menschlichen Körperwelt, Psyche und Wertsystem an die Bedingungen des unentwegten Transits durchgeführt werden kann. Ihre Werke bieten ein künstliches Environment, in dem sich die von der Modernisierung aufgezwungene Trennungsfähigkeit üben läßt. Da Kälte der sinnfällige Effekt der Trennung ist, richten ihre Stücke Trainingsräume der Kälte in den Zentren der Entfremdung ein.[23] In Manifesten, Dramen und Gedichten werden jetzt der 'chronische Alarmzustand', die nomadische Existenz und das industrielle Verschleißsystem positiv aufgewertet. Die neuen pathetischen Landschaften sind Landschaften des Abbruchs, in denen man provisorisch die Zelte aufschlagen kann mit der Gewißheit, sie bei der geringsten Veränderung der politischen und ökonomischen Großwetterlage wieder abbauen zu können. Ein solches Szenarium der Gleichzeitigkeit mit wechselnden und mobilen Vorder- und Hintergründen, transportablen Legitimationsrahmen und garantiert krisenanfälligen Grundlagen ist von verschiedenen Avantgarde-Künstlern im Bild der Erdbeben-Landschaft gefaßt worden. Sie galt als die total mobilgemachte Landschaft.

Nun ist gerade von konservativem Denken und der Kulturkritik betont worden, daß das Einverständnis mit der Modernisierung, wie es sich in den Technik-Kulten äußere, rein affirmativ sei, aller kritischen Impulse ledig. Ein besonderes Gewicht messe ich hierbei den Argumenten Gehlens gegen die technische Kultur bei. Gehlen sieht den Grund dafür, daß technische Kultur auf Dauer keinen Orientierungsrahmen bietet, darin, daß sie keine Stabilisierung des Lebensraums verbürgt, keinen invarianten Schatz an Werten birgt und nur die Kontinuität des schnellen Verschleißes kennt. Denn zur Eigendynamik der kapitalistischen Industriekultur gehöre die »schöpferische Zerstörung« (Schumpeter). Darum tauge sie nicht als Rahmen langfristiger Orientierung. Die »rationale Eigengesetzlichkeit der Wirtschaft auf der Basis der Marktvergesellschaftung« bedrohe die

[23] H. Lethen, Lob der Kälte (wie Anm. 14), S. 288–293.

reglementierenden Wertsysteme, die die Stabilität des Gesamtsystems durch kompensierenden Ausgleich wiederherstellen sollen.[24]

Indirekt liefert Gehlens Kritik aber wiederum eine Begründung für ein Motiv des Einverständnisses: das Jasagen zur Eigengesetzlichkeit der kapitalistischen Wirtschaft wird einen historischen Moment lang als Element der schöpferischen Zerstörung der kulturellen Stabilitäts-Fassaden begriffen. Die Avantgarde kündigte die Arbeitsteilung auf, die sich im 19. Jahrhundert zwischen den »schöpferischen Zerstörungen« der Wirtschaft und dem kulturell-kompensierenden System herausgebildet hatte. Sie integriert sich der »schöpferischen Zerstörung« in einer Weise, daß die Kriterien von 'Anpassung' und 'Kritik' völlig neu gemischt werden. In den künstlichen Paradiesen, die sich nun um den Pol von Kälte, Mobilität und Transparenz kristallisieren, begegnen wir Bildern, in denen sich der Mensch die Last des Organischen vom Halse schafft, die Ambivalenz der Triebe durchstreicht, Trennungsfähigkeit kultiviert, sich aus dem Komplex von Schuld und Sühne ausklinkt, die bleierne Schwere der Eigentumsfixierung abwirft und sein Exilierungs-Talent probt (er würde es brauchen können). Verkehrsnetze und Maschinenparks bilden eine sinnfällige Umwelt für dieses Training der mimetischen Angleichung an die Kälte des zivilisatorischen Transits. In diesen Imaginationen wird versucht, Reflexionswachheiten und Libertinismen, Freizügigkeit und Atemholen nicht im kompensatorischen Abseits von der Industriekultur, sondern mitten in ihrem 'Kraftfeld' durchzuspielen; Denkoperationen, Willensakte und Affekte – sich gegenseitig erhellend – in einen Prozeß einzuschalten, der ohnehin geschieht. Hatten die Avantgarde-Künstler ihre Aufmerksamkeit auf die 'transistorischen Zwecke' der technischen Konstruktionen gelenkt und sie dazu ihrer klassischen Dekoration entkleidet, so ist in den 30er Jahren wieder eine Gegenbewegung zu registrieren. Jetzt reklamieren die Verkleidungen der Steinarchitektur wieder die Ewigkeitswerte.[25] Die sich harmonisch der Landschaft anschmiegenden Autobahnbrücken, die mit allen technischen Finessen ihre transitorischen Zwecke verbargen, dienten indessen tödlichem Transit.

---

[24] A. Gehlen, Seele im technischen Zeitalter (wie Anm. 5), S. 54.

[25] Hinweis von Frank Trommler auf dem Marbacher Kolloquium.

4. Mimesis an die Eigendynamik von Kapital und Technik

Auch das folgende Beispiel stammt von einem Architekten und Städteplaner. Diese Berufsgruppe scheint in diesem Jahrzehnt den kulturellen Leitdiskurs entwickelt zu haben, wenn es darum ging, Prozesse auf dem Grenzgebiet von Technik, Kultur und Massenbedürfnis zu formulieren. Als der Stadtbaurat von Großberlin, Martin Wagner, Mitte der 20er Jahre Pläne für den Abriß und Neubau des Alexanderplatzes entwickelt, ist in seinem Konzept schon die Möglichkeit inbegriffen, daß fünfundzwanzig Jahre nach Ablauf der Verträge – am 30. Juni 1955 – die (noch gar nicht errichteten) neuen Gebäude rund um den Platz wieder abgerissen werden. »Die architektonische Planung beinhaltet bereits ihre eigene Eliminierung, sie sieht im Augenblick, da man sich zur Realisierung eines Gebäudes entschließt, gleichzeitig seinen Abriß vor!« [26] Die Stadtplanung paßt sich der Beschleunigung des Konsums an; konsumiert wird letzten Endes der Baukörper der Stadt selbst.

In Wagners Urbanistik setzt sich eine Tendenz des Einverständnisses mit der Modernisierung durch, die sich in solcher Reinkultur selten findet: in den Manifesten von Hannes Meyer etwa, in Jüngers ›Arbeiter‹ und in Brechts ›Lesebuch für Städtebewohner‹. Wagner versucht, seine Städteplanung so der Eigendynamik der Industriekultur anzupassen, daß er schließlich das Verschwinden des Stadtkörpers einplanen muß, diesen dem Gesetz des Transitorischen unterwirft. Der Unterschied zu den künstlichen Paradiesen der Entzweiung in der Literatur ist natürlich gravierend: Wagner konnte – wenn die Konstellation günstig war – die Planier-Raupen anrollen lassen. Aber auch seine Entwürfe partizipieren an einem 'Mythos', der schon die praxisferneren Räume des avantgardistischen Probehandelns gekennzeichnet hatte. Sie nähren sich wie diese von der Vorstellung des 'Fordismus', daß die Eigendynamik in politikfreien Räumen zugunsten der Menschen (als Verbraucher) beschleunigt werden könne. Wagner geht von der Vorstellung aus, daß die Politiker und Juristen

---

[26] Ludóvica Scarpa, Abschreibungsmythos Alexanderplatz. – In: Die Metropole. Industriekultur in Berlin im 20. Jahrhundert. Hrsg. v. Jochen Boberg/Tilman Fichte/Eckhardt Gillen. München 1986, S. 126–133 (Zitat S. 127 f.).

in der Organisation der Wirtschaftsräume den schnellen Fortschritten der Technik nicht gefolgt sind. Erst in einem Raum, in dem der historische Ballast von Politik und Recht abgeworfen ist, kann sich die Modernisierung zum Wohle der Menschheit beschleunigen: »Wir werden die Geschichte kurzatmiger leben sehen, wir werden in *einer* Generation das sehen, was früher in zehn Generationen abrollte. Kapital und Technik 'dynamisieren' die Wirtschaft und mit ihr auch das Tragegerüst, den Städtebau.«[27] Dem modernen Städtebauer stellt sich die Aufgabe, »das Investitionskapital wanderungsfähiger zu machen und von der starren Ortsgebundenheit zu befreien.« Paradoxerweise findet das dynamische Kapital aber erst hinreichenden Auslauf im Stadtkörper, nachdem politische Instanzen die privatwirtschaftlichen Schranken weggeräumt haben, die Bewegungen großen Stils im Wege stehen. Erst mußte mit Hilfe der Juristen und Kommunalpolitiker enteignet werden. Die Erinnerung an diese verdrängten Rahmenbedingungen trübt allerdings das Bild von der Dynamik in Reinkultur. Wagner hoffte, daß in dem Augenblick, »wo sich das investierte Kapital auf größere Erträge und höhere Abschreibung einstellt, [...] die Bahn für ständige Erneuerung des Stadtkörpers freigemacht« sei. »Jede Generation kann sich dann ihren Stadtkörper so gestalten, wie sie ihn braucht. [...] Versteinerte Ewigkeitswerte können wir in unserem Zeitalter nicht mehr brauchen.« Dem Alexanderplatz soll kein dauerhafter Orientierungswert zugeschrieben werden. Er wird als Emblem der Mobilität konzipiert. Er soll – wie eine Maschine – optimal funktionieren: Leerlauf ausschalten, tote Gewichte vermeiden, Reibung minimalisieren (es sei denn, man plant Stauungen von Passanten ein, um Strömungen in Kaufhäuser zu leiten). Denn der Alexanderplatz soll »Haltpunkt für die Konsumkraft und Durchgangsschleuse für den Fließverkehr« sein. Wobei bemerkt worden ist, daß die Verkehrsprobleme erst durch das neue Konzept des Platzes in Szene gesetzt wurden.

In der Erdbebenlandschaft, so hoffte man, überdauern zwar die Stahlkonstruktionen des Skelettbaus; das rein Funktionalistische war also dem Transitorischen am wenigsten unterworfen. Dagegen sollte der Restkörper der Bausubstanz, also seine symbolischen Dimensionen, die der Repräsentation und Orientierung dienten, vergessen werden. Dieses Einverständnis mit der Dynamik des investierenden Kapi-

[27] Ebd.

tals führte folgerichtig in die Ästhetisierung der Abbruch-Landschaften, der nomadischen Existenz, der transportablen Behausung: »wandernde Arbeitsstätten, wandernde Heimstätten und wandernde Konsumstätten sollten wir bauen! [...] Die Vorstellung von wandernden Straßen, Stadtteilen und Städten mag uns ganz unausführbar erscheinen,« aber es scheint Wagner nur eine Frage der Zeit, wann diese – in politikfreien Räumen versteht sich – realisiert werden könnten. Direkt zu realisieren waren hingegen 'kurzlebige' Wohnungen, Häuser, deren Abriß nicht weniger präzise festzulegen war wie das Datum des Baubeginns. Mit diesem Gedanken und seiner Realisierung befaßten sich die herausragenden Architekten dieses Jahrzehnts: Bruno und Max Taut, Hugo Häring, Hans Poelzig, Ludwig Hilbersheimer, Otto Bartning, Erich Mendelsohn und Mebes & Emmerich. Die Konsumierbarkeit der Architektur wird zu ihrer neuen Qualität. Der fordistische Blick auf den Wirtschaftsraum, zu dem die Architekten neigen, vermischt sich in diesen Jahren bei den Intellektuellen mit zwei Berlin-Mythen: Berlin als Ort der permanenten »Annulation« und Berlin als »Zirkulationsmaschine«.[28] Gerade im ersten Fall zeigt sich, in welchem Ausmaß der Blick auf die Stadt Berlin geschichtsphilosophisch modelliert ist: »Uns schien«, schrieb der Kunsthistoriker Wilhelm Hausenstein 1929, »es gebe in Berlin, über Berlin, unter Berlin eine verhängnisvolle Kraft, die alles wieder zu annulieren vermöge: das Sein dem Nichtsein gleichsetzen, die Position der Negation – und so fort.«[29] Wo der Kunsthistoriker aber noch Fatum am Werk sieht (ein hegelianisch gefärbtes allerdings), dem man sich beugen muß, versucht der avantgardistische Planer sich in das Fatum hineinzuhängen, die Rhythmen der Annulierungen vertragsmäßig festzuschreiben und dem Transitorischen Funktion, Profit und ästhetischen Reiz zugleich abzugewinnen.

Hat Martin Wagner den angemessenen Diskurs gefunden, der sich mimetisch dem beschleunigten Zerstörungsprozeß anschmiegt, die Werte von Mobilität, Transparenz und Vergessen an die Dynamik Baukapitals ankristallisiert? Auf jeden Fall hat die Sprache seines Konzepts jene Eindimensionalität des umgepolten Schemas erreicht. Alle Reminiszenzen an Symbiose, Verwurzelung und Wärme sind aus

---

[28] H. Lethen, Chicago und Moskau (wie Anm. 3), S. 190 f.

[29] Wilhelm Hausenstein, Berliner Eindrücke. – In: Hier schreibt Berlin. Hrsg. v. H. Günther (1929). München 1963, S. 182.

ihr entfernt. Es ist, als ob Brecht in seinem ›Lesebuch für Städtebewohner‹ eine Figur probehalber durch die Räume dieses funktionalistischen Konzepts hindurchschleust, durch alle Reduktionsstufen des Vergessens der Qualitäten, die einmal dem 'Subjekt' zugemutet worden waren. Und siehe, lehrt das ›Lesebuch‹, es läßt sich darin leben, wenn man den Preis zahlen will, den diese Mimesis an den Funktionalismus fordert: die Auslöschung jeder individuellen Spur und die Entwicklung eines hohen Grads von Kältebeständigkeit.

Ludóvica Scarpa, die Architektur-Historikerin, die Wagners Pläne kommentiert hat, zieht zur Illustration eine Passage aus Döblins Roman ›Berlin Alexanderplatz‹ hinzu. Angesichts des Umbaus des Alexanderplatzes läßt Döblin seinen Erzähler deklamieren:

O liebe Brüder und Schwestern, die ihr über den Alex wimmelt [...]. Ein Müllhaufen liegt vor uns. Von Erde bist du gekommen, zu Erde sollst du wieder werden, wir haben gebauet ein herrliches Haus, nun geht kein Mensch weder rein noch raus. So ist kaputt Rom, Baylon, Ninive, Hannibal, Cäsar, alles kaputt, oh, denkt daran. Erstens habe ich dazu zu bemerken, daß man diese Städte jetzt wieder ausgräbt, wie die Abbildungen in der letzten Sonntagsausgabe zeigen, und zweitens haben diese Städte ihren Zweck erfüllt, und man kann wieder neue Städte bauen. Du jammerst doch nicht über deine alten Hosen, wenn sie morsch und kaputt sind, du kaufst neue, davon lebt die Welt.[30]

Die Architektur-Historikerin will mit diesem Zitat illustrieren, daß die Stadt in den 20er Jahren von avantgardistischen Planern als eine Arena für den rapiden Stoffwechsel des Kapitals begriffen wird. Es muß die Bausubstanz periodisch aufzehren, will es dynamisch bleiben. Dabei enthält Döblins Passage weder einen kurzen Lehrgang über das Problem der Grundrente noch weiht sie in die Methoden des 'wandernden' Kapitals ein oder erklärt die Geheimnisse der Abschreibung. Vielmehr spielt die Passage mit Vorstellungen, die nichts direkt mit den Gesetzen der Abschreibung zu tun haben, sondern mit deren sinnfälligen Auswirkungen auf den Normalverbraucher.

Die Passage kommentiert ironisch den Abriß vom Gebrauchswertstandpunkt. Der Vergleich mit der Hose reflektiert ironisch, daß es gerade nicht der Gebrauchswertstandpunkt sein kann, der den Abriß begründet: denn die Bausubstanz war zum Zeitpunkt des Abrisses so

[30] L. Scarpa, Abschreibungsmythos Alexanderplatz (wie Anm. 26), S. 128.

wenig morsch und kaputt (sie schien nicht mehr 'funktionsgerecht') wie die Hose abgeschrieben. Der hinkende Vergleich wird zur Basis der ironischen Reflexion darüber, daß der Funktionalismus, der dergestalt seinen triumphalen Einzug auf den Alexanderplatz feiert, sich nicht an den Gebrauchswert-Kriterien der Passanten orientiert haben kann. Der Witz der Passage rührt aber noch aus einer anderen Dimension. Sie präsentiert das Allerneueste auf einer Matrix der Mentalität, die sich während großer Zeiträume gebildet hat und auf die nun die aktuellsten Usancen der Industriekultur eingetragen werden. In einem hochgetriebenen Stadium der bürgerlichen Geschichte erweist sich unversehens die Leistungsfähigkeit vorbürgerlicher Topoi der Vergänglichkeit. Um ihre Achse dreht sich die additive Reihung des Chronisten, der die untergegangenen Städte Revue passieren läßt. Und da die zerstörerische Eigendynamik der Wirtschaft selbst das Vertrauen in kurzfristige *Prognosen* erschüttert hat, leiht man der Stimme der *Prophetie* sein Ohr. Prophetie, die des Desasters gewiß ist, scheint der einzig stabile Außenhalt zu sein, der zuverlässige Orientierung verbürgt. Während der Städteplaner Wagner von einer Prognose ausgeht, daß in dem Zeitraum der Vertragszeit von fünfundzwanzig Jahren das Projekt abgeschrieben ist, eine Generation ihre Bausubstanz aufgezehrt hat und der planmäßige Abriß vorgenommen werden kann, rechnet die Prophetie mit unberechenbaren Fristen aber bekanntem Ausgang. (Natürlich wäre es für die deutsche Geschichte besser gewesen, die Gebäude wären vereinbarungsgemäß am 30. Juni 1955 abgerissen worden und in dem dazwischenliegenden Zeitraum hätte nur die kommerzielle Prozedur der Abschreibung stattgefunden!)

In Döblins Passage lernen wir einen Synchronisierungs-Text kennen, der ohne technische Fetische auskommt und auf der Höhe der Zeit ist: er präsentiert den großen Verzehr des Kapitals angstfrei. Nicht als besondere zivilisatorische Errungenschaft, in der sich der Mensch seiner Souveränität vergewissern könnte, sondern als Einverständnis mit dem archaischen Gesetz des Transitorischen. Der Rückgriff auf das vorbürgerliche Geschichtsmodell des Chronisten, der Rückgriff auf den Topos der Vergänglichkeit bildet die adäquate Synchronisation der neuesten Umwälzungen der technisch-kapitalistischen Kultur. So entstehen literarische Bilder, in denen die Eigendynamik der Industriekultur mit der Lebenswelt der Erfahrungen vermittelt wird. So leistet der anachronistische Topos mehr für die Gleichzeitigkeit der Reflexion als Wagners forciertes Synchron-Programm. Dessen Prognosen amalgamierten sich gegen seine Voraussicht mit den Faktoren des Krieges. Es konnte nicht mehr gelingen, Herr der eigenen Prognosen zu bleiben.

5. Synchronisation

> Wenn langsam sich im Kollektivum zivilisatorische Berechnung durchsetzt, so wird dies vorderhand die Einzelexistenz nur verwickelter machen. In einem Haushalt, wo es nur Kerzen gibt, ist man besser versehen als wo elektrisches Licht angelegt ist, aber die Kraftzentrale allstündlich gestört ist.
>
> Walter Benjamin[31]

'Asphalt-Literaten', 'Kulturbolschewisten' und Architekten des Neuen Bauens erschien ein Denken, das um den Pol von Verwurzelung, Symbiose und Organismus kreiste, als Indiz einer nicht gelungenen 'Synchronisierung'. In der Forschung hat man diesen Mangel auf das Gesetz der »Phasenverschiebung« zurückgeführt.[32] Dieses Modell hat auch meine Beobachtungen in diesem Artikel geprägt; Kittsteiners These geht ebenfalls davon aus. Während das 'schnelle' technische System als Schrittmacher der Modernisierung gilt, beobachtet man, daß das an die Trägheit der Mentalitäten gebundene kulturelle System nicht Schritt hält und hinterher bummelt. Die Forschung, die vom Modell der Phasenverschiebung ausgeht, konstatiert folglich ein »Modernisierungsdefizit«[33] im kulturellen System und glaubt das auch leicht beweisen zu können: Denn war die Erfahrung, nicht Schritt zu halten, nicht nachweislich ein Impuls für die panischen

---

[31] W. Benjamin, Moskauer Tagebuch. Aus der Handschrift hrsg. u. mit Anm. v. Gary Smith. Frankfurt a. M. 1980.

[32] Vgl. A. Gehlen, Seele im technischen Zeitalter (wie Anm. 5), S. 33 ff., und Harro Segeberg, Literaturwissenschaft und interdisziplinäre Technikforschung. – In: Technik in der Literatur. Hrsg. v. H. S. Frankfurt a. M. 1987, S. 9–29 (vor allem S. 9 ff.).

[33] Ebd.

Synchronisierungs-Programme, die im ersten Drittel unseres Jahrhunderts entworfen wurden? Diese Beweisführung gelingt aber nur, weil das Bewußtsein der Avantgardisten wie das der Forschung vom gleichen geschichtsphilosophischen Denken modelliert ist. Um die Rede vom schnellen technischen und langsamen kulturellen System neu zu überdenken, müßte sich die Forschung von dem Zeitmodell trennen, das das Bewußtsein der von ihr beobachteten Figuren geprägt hat. Denn welches System gibt den Takt an? Welches schreibt der Zeit ihren Richtungsvektor ein? An welchen Raum-Markierungen sollen Schnelligkeit und Langsamkeit gemessen werden?

Ich möchte einen Gesichtspunkt vorschlagen, der das Modell der Phasenverschiebung verläßt. *Der Widerspruch, die Nähe oder die Ferne beider Systeme ist immer ein synchrones Ereignis.* In der Formulierung des Widerspruchs versichern sich die Künste der Gleichzeitigkeit zum technischen System. Ebenso kann sich im Einverständnis mit dem technischen System, in der Fetischisierung der Auto-Mobile, der Widerspruch dazu äußern, wie technischer Fortschritt mit 'gesellschaftlichem Rückschritt' amalgamiert ist. Dabei entsprechen die Vorstellungen vom 'Selbstlauf der Technik', 'schneller Geschichtszeit' oder der 'mangelhaften Synchronisierung' historischer Erfahrungen. Sie sind keine Begriffs-Fiktionen, sondern Erfahrungstatsachen, die durch den seinerzeit herrschenden und bis heute geltenden Typus historischen Denkens modelliert sind. Vielleicht können wir erst jetzt besser in der bei vielen Artisten aus dem ersten Drittel unseres Jahrhunderts feststellbaren Synchronisationspanik und »promethischen Scham« vor der Technik [34] eine typische Signatur der Moderne entdecken. Löst sich indessen die Panik in Wohlgefallen auf, wenn wir uns von dem linearen Modell des Zeitsturzes lösen? Können wir uns überhaupt von ihm lösen, solange wir an eine rational nicht steuerbare 'Eigendynamik' des ökonomischen Prozesses gebunden bleiben?

Inzwischen hat ein Problem die Aufmerksamkeit gefesselt, das den Begriff der Synchronisation erneut mit Vorstellungen des Zeitsturzes und der Endzeit belastet. Es zeigt sich, daß die Natur, in der man ein noch 'trägeres' System als selbst die Kultur vermutete und

[34] Günther Anders, Die Antiquiertheit des Menschen. Über die Seele im technischen Zeitalter der zweiten industriellen Revolution. München 1961, S. 17 ff.

die darum den Kontrapunkt zur Technik bilden mußte, immer schon synchron zur Industriekultur geschaltet war. Natur, Technik und Kultur bilden eine synchrone Figuration. An den Denkbildern der literarischen Intelligenz läßt sich ablesen, wie diese Figuration geschichtsphilosophisch verzeitlicht wurde, wie ihr anthropologisches Leitbild die Aufmerksamkeit verteilt, wie sich die Schwerkraft der Mentalitäten, der Sitten und Gebräuche des Alltags mit der Eigendynamik der technischen Kultur vermittelt. Löst man in diesem Sinne auch das 'Polaritäts-Schema' von dem geschichtsphilosophischen Zeitschema (des Untergangs oder Fortschritts), so könnte der Bann des Schemas gelöst und könnten seine Effekte entdramatisiert werden. In der synchronen Figuration verteilen sich die Orte der Dunkelheit und Helligkeit in allen Schattierungen in einem Raum, in dem sich Wärme- und Kälteströme mischen.

Helmut F. Spinner

DIE DOPPELVERNUNFT DER MODERNE IM SPIEGEL DER ZWEI KULTUREN

Eine unerbetene Antwort auf die dritte Frage von ›Le Monde‹ nach der 'Vernunft heute'

Einführung: Vernunft heute – Rationalitätsauffassungen von gestern

Vor einigen Jahren veranstaltete die französische Tageszeitung ›Le Monde‹ unter prominenten Denkern unserer Zeit eine Umfrage zum Thema 'Vernunft heute' mit folgendem Wortlaut:

Die Kritik der großen wissenschaftlichen, philosophischen und politischen Erklärungssysteme, die Grundlagenkrisen, die viele Disziplinen erschüttern, das Auftreten neuer Fragestellungen und Wissensbereiche, die oftmals unverhüllten Verweise auf Subjektivität und Metaphysik, die Infragestellung von Begriffen wie Wahrheit, Fortschritt, Beweisbarkeit, Erfahrung, Methodologie, Argumentation, Quantifizierung: all das hat zahlreiche Forscher veranlaßt, den Gebrauch des klassischen Vernunftbegriffs in ihrer Arbeit in Frage zu stellen.
Inwiefern glauben Sie, daß die Formen traditioneller Rationalität durch die Entdeckungen unseres Zeitalters in Frage gestellt werden?
Welches Verhältnis sehen Sie zwischen Ihrer Disziplin und Ihren eigenen Arbeiten und der angeführten Debatte?
Welche der neueren Versuche, die zeitgenössische Rationalität neu zu fassen, erscheint Ihnen besonders fruchtbar? [1]

Unter den Befragten waren Habermas und Lyotard. Der eine beklagt in seiner Antwort angesichts der »neuen Unübersichtlichkeit« gefährliche »Untiefen der Rationalitätskritik«,[2] vor der er »den Uni-

[1] Zitiert nach: Jean-François Lyotard, Grabmal des Intellektuellen. Graz u. Wien 1985, S. 32.

[2] Jürgen Habermas, Die Neue Unübersichtlichkeit. Frankfurt a. M. 1985, S. 132 ff.

versalismus retten« möchte [3] – das heißt im Klartext: den Universalismus der im folgenden als 'Prinzipielle Rationalität' vorgestellten Vernunftauffassung, oder zumindest einer bevorzugten Version davon.

Der andere konstatiert die »Vernunftverwirrung« [4] auf der Gegenseite mit ihrem ungehemmten »Terror der (universellen) Theorien« und propagiert ebenso einseitig den postmodernen »Affekt gegen das Allgemeine« [5]. Aber auch diese vermeintlich neueste Rationalitätsauffassung der radikalen Gelegenheitsvernunft erweist sich angesichts ihrer klassischen (Occasionalismus) und modernen (Dadaismus) Vorläufer als eine Vernunftform von gestern.

Beides sind halbe Antworten auf eine ganze Frage, welche auf die gesamte Vernunftlage der Moderne abzielt. Ausgehend vom meines Erachtens falsch gesehenen, zumindest in diesem Punkt fehldiagnostizierten Unterschied zwischen den 'Zwei Kulturen', möchte ich – ungefragt – eine neue Antwort auf die dritte Frage zur Diskussion stellen.

Diese Antwort sei hier in drei Schritten gegeben: Zunächst referiere ich Snows These von den Zwei Kulturen, aber nur um zu zeigen, daß 'etwas dran ist', was erst aufgezeigt und erläutert werden muß – nämlich eine Rationalitätsdifferenz, die der angenommenen Kulturspaltung als Hauptfaktor zugrunde liegt, welcher die von Snow herausgestellten *interkulturellen* und die von ihm vernachlässigten *intrakulturellen* Unterschiede zumindest mitbestimmt.

Sodann wird das analytische Konzept der 'Doppelvernunft' in seinem rationalitätstheoretischen Grundgedanken vorgestellt, mit dem im Sinne der dritten Frage ein Versuch gemacht wird, »die zeitgenössische Rationalität neu zu fassen« – eben als Doppelvernunft der Moderne!

Schließlich wird eine Rückanwendung dieser dualen, aber nicht dichotomischen Rationalitätstheorie auf die Zwei Kulturen gemacht, um ein differenziertes Bild von der heutigen 'Vernunftlage' zeichnen

---

[3] Jürgen Habermas, Entgegnung. – In: Kommunikatives Handeln. Hrsg. v. Axel Honneth u. Hans Joas. Frankfurt a. M. 1986, S. 327–405 (Zitat S. 338).

[4] J.-F. Lyotard, Grabmal, S. 32 ff.

[5] Axel Honneth, Der Affekt gegen das Allgemeine. – In: Merkur 38 (1984), S. 893–903.

zu können, wie sie – hier nur beispielsweise genommen – in Wissenschaft, Politik, Kunst, Literatur, im Recht oder auch bei der Jugend zu finden ist.[6]

I. Die Zwei Kulturen, rationalitätstheoretisch betrachtet – zum kulturellen Kontext der gegenwärtigen Rationalitätskontroverse

Mit seiner eingängigen These von der gegenwärtigen Kulturspaltung unserer westlichen Welt in die auseinanderdriftenden 'Zwei Kulturen' der (Natur-)Wissenschaftler auf der einen und der literarischen Intelligenz auf der anderen Seite hat C. P. Snow ein augenfälliges Phänomen der Moderne umschrieben. Außer den von ihm angeführten Zeugnissen negativen Charakters – wie etwa dem fehlenden wechselseitigen theoretischen Verstehen, der praktisch abgebrochenen Kommunikation und dem zutiefst trennenden Vakuum, das in London zwischen die beiden räumlich benachbarten Kulturen einen »Ozean« legt[7], gibt es dafür aus beiden Bereichen noch weit eindrucksvolleres Belegmaterial positiver Tatbestände. Sie lassen sich mit einigen gezielten Fragen umreißen.

Was, zum Beispiel, hat das scheinbar absurde Hilpertsche Weltmodell in Günter Eichs Fassung, nach dessen alphabetischem Ordnungsprinzip im literarischen Weltbild auf die Erbsünde gemäß anarchistischer Unsinnslogik konsequenterweise die Erbswurst folgt und beide mit dem Erbteil zusammenhängen,[8] mit dem Hilbertschen System der Geometrie oder der Periodenordnung der chemischen Ele-

[6] Als Ergebnis des vom Verfasser bearbeiteten DFG-Projekts ›Rationalitätsvergleich‹, zu dem eine Grundlagenstudie zur systematischen Ausarbeitung der Rationalitätstheorie der 'Doppelvernunft' (Helmut F. Spinner, Grundsatzvernunft und Gelegenheitsvernunft – Zur Rationalitätstheorie der Doppelvernunft. München 1989), Fallstudien über deren geschichtliche Erscheinungsformen sowie empirische Überprüfungen – zunächst in den Untersuchungsbereichen des Rechts, der Wissenschaft, Politik, Kunst und Jugend – gehören.

[7] C. P. Snow, Die Zwei Kulturen. Stuttgart 1967, S. 10.

[8] Vgl. Günter Eich, Kulka, Hilpert, Elefanten. Berlin 1968; zur Erläuterung: Peter Horst Neumann, Die Rettung der Poesie im Unsinn – Der Anarchist Günter Eich. Stuttgart 1981.

mente zu tun – wenn nicht inhaltlich so doch wenigstens formal oder rational, hinsichtlich des verwendeten Verfahrens und der zugrunde liegenden Vernunft? Was hat die dadaistische Ohnesinn-Weltanschauung [9] mit den Weltmodellen der modernen Physik, Chemie und Astronomie oder mit den Systemkonstruktionen der modernen Mathematik und Kybernetik zu tun?

Wo der Mathematiker Punkte, Linien, Flächen, Räume in systematischen Zusammenhang bringt und der Physiker Teilchen, Wellen, Massen, Energien durch Gesetzmäßigkeiten verbindet, schreiben Literaten in einem Atemzug, als wäre die Wirklichkeit von Natur aus so zusammengesetzt, »von fliegenden Fröschen, libidinösen Epen, vaterländischen Romanen, Sprechblasen und Ohrwürmern« [10] oder »über Denkmäler, Weiber und Laternen« [11], suchen nach »Einzelheiten« [12] eines »fragmentarischen Universums« [13], welches im modernen Film und Theater mangels einer »*weitreichenden Obervorstellung*« [14] – also ohne verbindende Gesetze und umfassende Theorien – als »Montage der Attraktionen« [15] erscheint.

Während die einen dem Wissenshungrigen eine nach allgemeinen Regeln und Gesetzen durchsystematisierte Welt wissenschaftlich vorgeordnet präsentieren, erhält der unterhaltungsbegierige »moderne Zuschauer« von den anderen »einfach menschliches Material vorge-

---

[9] Vgl. Helmut F. Spinner, Gegen Ohne Für Vernunft, Wissenschaft, Demokratie etc. – In: Versuchungen – Aufsätze zur Philosophie Paul Feyerabends. Bd. I. Frankfurt a. M. 1980, S. 35–109.

[10] Helmut Heissenbüttel, Von fliegenden Fröschen, libidinösen Epen, vaterländischen Romanen, Sprechblasen und Ohrwürmern. Stuttgart 1982.

[11] Walter Serner, Über Denkmäler, Weiber und Laternen. München 1981.

[12] Hans Magnus Enzensberger, Einzelheiten I und II. Frankfurt a. M. 1962; Peter Jokostra, »Was ich sehe, ist die Einzelheit«: Das Weltverständnis in der Dichtung Karl Krolows. – In: Über Karl Krolow. Hrsg. v. Walter Fritz. Frankfurt a. M. 1972, S. 159–164.

[13] Erwin Theodor Rosenthal, Das fragmentarische Universum. München 1970.

[14] Eva Schmidt-Henrich, Zur Psychologie des Surrealismus. – In: Wiener Archiv für Psychologie, Psychiatrie und Neurologie 3 (1953), S. 1--13 (Zitat S. 12; Hervorhebung im Original).

[15] Boris Singermann, Brechts Dreigroschenoper. – In: Brecht-Jahrbuch 1976. Hrsg. v. John Fuegi, Reinhold Grimm u. Jost Hermand. Frankfurt a. M. 1976, S. 61–82.

worfen [. . .], *um es selber zu ordnen*«[16]. Was vereinigt die situative Weltsicht Homers,[17] die okkasionelle Welt Musils[18] und den dadaistischen Merzbau Schwitters'[19] zu einem familienähnlichen literarischen Gesamtweltbild, was trennt diese bewußt erfundenen statt abbildtreu nachgeahmten[20] künstlerischen Surrealismen vom aristotelischen Substanz- und naturwissenschaftlichen Systemuniversum?

Wo Philosophen und Wissenschaftler menschenmögliche Höchstrationalität am Werk sehen,[21] konstatieren Literaten, Künstler, Filmemacher »bestenfalls etwas Vernünftiges, aber nix Neues oder Verrücktes im positiven Sinn« und schockieren die Vertreter der abendländischen Grundsatzvernunft – dazu später – aus Wissenschaft, Wirtschaft und Politik mit dem Bekenntnis: »Alles Vernünftige interessiert mich nicht«.[22]

So könnte man seitenlang, bücherdick weiterfragen und würde doch nicht aufhören, noch und noch fündig zu werden auf der Suche nach 'typischen' Zeugnissen beider Kulturen. Man braucht dazu lediglich etwas weiter vorzudringen über die Abgrenzungen hinaus in das vermeintliche interkulturelle Niemandsland – welches kein Wirklichkeitsloch, sondern eine Untersuchungslücke ist –, um differenzierend, kontrastierend, aber auch analogisierend und teilweise sogar identifizierend ferner zu vergleichen: experimentelle Poesie[23] mit experimenteller Physik; Literaturrevolutionen[24] mit wissenschaftlichen und sozialen Revolutionen; ästhetische Großstadtwahrnehmung[25]

---

[16] Bertolt Brecht, Gesammelte Werke. Frankfurt a. M. 1967, Bd. 15, S. 221; Hervorhebung im Original.

[17] Vgl. Theo Reucher, Die situative Weltsicht Homers. Darmstadt 1983.

[18] Vgl. Klaus Laermann, Eigenschaftslosigkeit. Stuttgart 1970.

[19] Vgl. Ernst Nündel, Kurt Schwitters in Selbstzeugnissen und Bilddokumenten. Reinbek 1981, S. 50 ff.

[20] Vgl. Werner Hofmann, Von der Nachahmung zur Erfindung der Wirklichkeit. Köln 1970.

[21] Vgl. Karl R. Popper, Objective Knowledge. Oxford 1972, Kap. 6 u. 7.

[22] Rainer Werner Fassbinder, zitiert nach: Wolfgang Limmer, Rainer Werner Fassbinder. Reinbek 1981.

[23] Harald Hartung, Experimentelle Literatur und konkrete Poesie. Göttingen 1975.

[24] Paul Pörtner, Literatur-Revolution 1910–1925. 2 Bde. Berlin-Spandau 1960/61.

[25] Silvio Vietta, Großstadtwahrnehmung und ihre literarische Darstel-

oder elektronische Videowahrnehmung[26] mit wissenschaftlicher Beobachtung; literarisches Manifest[27] mit philosophischem Traktat; dichterische Ironie[28] und künstlerische Indifferenz[29] als Präsentierstil ästhetischer Weltbetrachtung 'unter Vorbehalt' mit dem ernsten Problemlösungsstil rationaler Weltbearbeitung des Forschers und Technikers oder Kaufmanns; die literarische Phantasie[30] mit der wissenschaftlichen Denkweise; den künstlerischen Avantgardismus[31] mit dem wissenschaftlichen Außenseitertum; Plötzlichkeit[32], Augenblicklichkeit und Außeralltäglichkeit mit Berechenbarkeit, Dauer und Alltag (im Sinne Max Webers); den Okkasionalismus der Gelegenheitsvernunft[33] mit dem Prinzipialismus der Grundsatzvernunft; Montage[34] oder Collage[35] mit Theorie; die Schocktherapie der künstlerisch-literarischen Moderne[36] mit dem konventionellen Bestreben des Forschers, bleibende 'Beiträge' zur vernünftigen Wissenschaft zu leisten; last not least supermoderne Popkultur[37] oder das postmoderne

lung. – In: Deutsche Vierteljahrsschrift für Literaturwissenschaft und Geistesgeschichte 48 (1974), S. 354–373; Klaus R. Scherpe, Ausdruck, Funktion, Medium. Transformationen der Großstadterzählung in der deutschen Literatur der Moderne (im vorliegenden Bd. S. 139 ff.).

[26] Götz Großklaus, Nähe und Ferne. Wahrnehmungswandel im Übergang zum elektronischen Zeitalter (im vorliegenden Bd. S. 489 ff.).

[27] Als Kostproben: André Breton, Die Manifeste des Surrealismus. Reinbek 1968; und Tristan Tzara, 7 DADA Manifeste. 2. Aufl. Hamburg 1978.

[28] Martin Walser, Selbstbewußtsein und Ironie. Frankfurt a. M. 1981.

[29] Bernhard Kerber, Amerikanische Kunst seit 1945. Stuttgart 1971, Kap. VII.

[30] Edmund Wilson, Axels Schloß – Studien zur Literarischen Einbildungskraft 1870–1930. München u. Wien 1977.

[31] Peter Bürger, Theorie der Avantgarde. 2. Aufl. Frankfurt a. M. 1980.

[32] Karl Heinz Bohrer, Plötzlichkeit – Zum Augenblick des ästhetischen Scheins. Frankfurt a. M. 1981.

[33] Zum Okkasionalismus Enzensbergers vgl. Christian Lindner, Die Träume der Wunschmaschine. Reinbek 1981, S. 112 ff.; im weiteren Zusammenhang: Carl Schmitt, Politische Romantik. 4. Aufl. Berlin 1982.

[34] Annegret Jürgens-Kirchhoff, Technik und Tendenz der Montage in der bildenden Kunst des 20. Jahrhunderts. Lahn-Gießen 1978.

[35] Dietrich Mahlow, et al., Prinzip Collage. Neuwied u. Berlin 1968.

[36] Uwe M. Schneede, Malerei des Surrealismus. Köln 1973, S. 33 ff.

[37] Lawrence Alloway, American Pop Art. New York u. London 1974.

Allerlei für die kleinen und großen Kinder[38] mit tradierter Geisteskultur überhaupt.

Diese abtastenden Vorüberlegungen dürften bereits genügen, um zu zeigen, daß bei einer solchen inhaltlichen Betrachtungsweise der positiven Tatbestände einerseits das angebliche Vakuum zwischen den 'Zwei Kulturen' sich von beiden Seiten her prall mit Leben füllt; andererseits beide Kulturen in sich mit ihrer jeweiligen Eigenart eine »Welt von Gegensätzen«[39] einschließen und damit die *inter*kulturelle Grenzziehung zwischen wissenschaftlichem Rationalismus und literarischem Irrationalismus – oder vielmehr, wie noch zu erläutern sein wird: zwischen zwei eigenständigen Arten und typischen Ausprägungen der Vernunft – für jeden Bereich zu einer *intra*kulturellen Differenzierungslinie machen, an der sich die Geister *aller* 'Kulturen' unserer westlichen Gegenwartswelt scheiden.

So zeigt schon der erste Rundblick auf das kulturelle Szenarium der Gegenwart im Umkreis von Wissenschaft und Technik, Literatur und Kunst, Film und Pop, daß an Snows 'Zwei Kulturen'-These tatsächlich 'etwas daran' ist und eine aktuelle Problematik der Moderne anspricht, welche »sich auf alles übrige auswirkt«[40] – ohne jedoch meines Erachtens mit seiner konkreten Problemstellung den Kern der Sache zu treffen oder mit seiner diffusen Diagnose die tieferliegenden Bedingungskonstellationen zu erfassen und die weiterreichenden Folgezusammenhänge aufzuzeigen. Wenn es bei der Kulturspaltung lediglich um das nicht gerade seltene 'Kannitverstan'-Phänomen einer aus welchen Gründen auch immer abgebrochenen Kommunikation im inter- oder gar nur intrakulturellen Kontext eines ansonsten homogenen Geistes- und Sozialmilieus ginge, weil sich zwei intellektuell in vielem vergleichbare und sozial eng benachbarte Gruppen auseinanderentwickelt und zunehmend verselbständigt haben,[41] dann

---

38 Jean-François Lyotard, Postmoderne für Kinder. Wien 1987.

39 Zu dieser Charakterisierung des okzidentalen Rationalismus durch Max Weber vgl. H. F. Spinner, Weber gegen Weber (wie Anm. 51).

40 C. P. Snow, Zwei Kulturen (wie Anm. 7), S. 59 u. 18.

41 Anscheinend auf genau diese Konstellation von *sozialer Homogenität* und *mentaler* (geistiger, intellektueller) *Heterogenität* ist Snows Problemstellung für die ›zwei Kulturen‹ gerichtet: »Ich hatte nämlich ständig das Gefühl, mich da in zwei Gruppen zu bewegen, die von gleicher Rasse und gleicher Intelligenz waren, aus nicht allzu verschiedenen sozialen Schichten

ergäbe das normalerweise keinen geistigen oder sozialen Spaltungseffekt, welcher über das übliche qualitative und quantitative Ausmaß an kognitiver Pluralität oder kultureller Heterogenität der modernen Welt hinausginge. Schließlich dürften die repräsentativen Vertreter wissenschaftlichen Expertentums einerseits und künstlerisch-literarischer Intelligenz andererseits trotz wechselseitiger Mißachtung sich immer noch wesentlich näherstehen und notfalls auch besser verstehen, als beide Gruppen im Kulturverbund der Wahlverwandtschaft von 'Gebildeten' zusammengenommen und verglichen mit Arbeitern, Hausfrauen, Bürokraten oder mit der Rentner- und Popgeneration, etc.

Haben sich Wissenschaftler und Dichter, Techniker und Künstler, Kamerabauer und Filmemacher wirklich weniger zu sagen als beispielsweise Facharbeiter und Literaten? Ist die geistige wie soziale Kulturspaltung zwischen neuzeitlicher Wissenschaft und zeitgenössischer Kunst heute wirklich größer als zwischen dem beide tragenden Bildungsbürgertum und der industriellen Arbeitswelt? Warum sollten Snows 'Zwei Kulturen' mehr Bedeutung zukommen und eher unsere Aufmerksamkeit verdienen als die schon lange vorher und heute immer noch mindestens ebenso stark getrennten Kulturen der Arbeiter und Angestellten, welche in mancher (zum Beispiel politischer) Beziehung viel ausgeprägter sind?

Die Kluft, die jene, welche »die Zukunft im Blut haben«, von denen trennt, welche stattdessen »auf das existentielle Moment«[41] der condition humaine abheben, um den Lauf des Lebens oder den Gang der Geschichte ohne wissenschaftliche Rationalitätsvorgabe hinsichtlich fortschreitender 'Rationalisierung' und 'Modernisierung' zu betrachten, könnte keine kulturelle Kernspaltung der Gesellschaft bewirken

---

kamen und etwa gleich viel verdienten, sich dabei aber so gut wie nichts mehr zu sagen hatten« (ebd., S. 10).

Selbst wenn es so wäre, würde diese binnenkulturelle Pluralität im Wittgensteinschen Familienverband 'unserer' Gesamtkultur – d. h. mit vielen 'Familienähnlichkeiten' unter denen, die sich nichts mehr zu sagen haben – immer noch weit zurückbleiben hinter der interkulturellen Aliterarität zwischen einander wirklich 'fremden' Kulturen, welche sich trotzdem noch etwas sagen können (dazu: Gegenwart als kulturelles Erbe. Hrsg. v. Bernd Thum. München 1985, insbesondere die Einleitung des Herausgebers).

41 C. P. Snow, Zwei Kulturen (wie Anm. 7), S. 18 u. 13.

und bedeuten, wenn nicht diesem symptomatischen Phänomen der Moderne letztlich mehr zugrunde läge als der Snowsche Allerweltstatbestand zweier verfremdeter gesellschaftlicher Gruppen mit unterschiedlichen Erkenntnisinteressen, Wertorientierungen, Sozialisationsmustern und mehr oder weniger verschiedenen Weltbildern.[42]

Alles in allem ergäbe diese Konstellation für sich genommen, d. h. ohne das bereits vermutete Mehr dahinter, in intellektueller Hinsicht vielleicht Wissenschafts- oder Intellektuellen*kritik* herkömmlicher Ausrichtung – mit üblicher Frontstellung: Literatur/Kunst/Theater, dazu als zeitgemäße Neuerungen Film/Fernsehen/Pop, gegen Wissenschaft/Technologie/Expertokratie und »Fachmenschentum« (Max Weber) schlechthin –, aber keine Kultur- und Zivilisations*krise* des mit der Redeweise von den 'Zwei Kulturen' und der 'gespaltenen Wirklichkeit' angenommenen Ausmaßes. Behauptung und Begründung liegen bei Snow dort, wo seine eigenen Äußerungen und die Anschlußdiskussionen[43] abbrechen, noch weit auseinander. Die Analyse greift zu kurz und läßt die Schlußfolgerungen solange in der Luft hängen, als nicht aufschlußreichere Tatbestände und wirkungsmächtigere Ursachen aufgezeigt werden, welche eine Kultur tatsächlich spalten können. Das ist meines Erachtens möglich, läßt aber den Inhalt, Anwendungsbereich und Geltungsgrund der These nicht unberührt.

Die Entstehung von verselbständigten Teilkulturen in einer Gesellschaft geht zwar erfahrungsgemäß mit der Ausbildung verschiedener Mentalitäten in institutionellen Sondermilieus (wie etwa der Universität für die akademische Wissenschaft oder der 'Szene' für die Popkunst) unter sozialer Gruppenbildung und kultureller Segmentierung der gesellschaftlichen Trägerschaften einher. Aber das sind hinsichtlich ihrer Kulturbedeutung eher Begleitumstände oder Folgeerscheinungen der fraglichen Vorgänge im gesamtkulturellen Kontext, des-

---

[42] Worüber auch die viel eingehendere Beschreibung der nunmehr »Drei Kulturen« bei Lepenies nicht grundsätzlich hinausgeht, jedenfalls nicht in der hier eingeschlagenen Richtung auf genau bestimmte Rationalitätsdifferenzen (Wolf Lepenies, Die Drei Kulturen. München u. Wien 1985).

[43] Vgl. Literarische und naturwissenschaftliche Intelligenz. Hrsg. v. Helmut Kreuzer. Stuttgart 1969 (Taschenbuchausg. mit neuem Vorwort und abweichender Paginierung unter dem Obertitel ›Die Zwei Kulturen‹, München 1987).

sen fachliche Zweikulturen-Einteilung sich mit der sachlichen Unterteilung des Problemfeldes nach vorherrschenden thematischen Orientierungen [44] – konkret gesagt: gemäß führenden Problemstellungen und maßgeblichen Problemlösungen – keineswegs deckt.

Diese verläuft vielmehr bei aller ungefähren Übereinstimmung mit der Snowschen Leitlinie quer durch alle diversen 'Kulturen' im wissenschaftlich-technischen und künstlerisch-literarischen Bereich. Dabei läßt die tatsächliche Linienführung und Schwerpunktbildung Snows These zwar kulturgeographisch im großen und ganzen stimmig, nicht aber problemanalytisch richtig erscheinen. Deshalb verfehlt Snows Diagnose (Unkenntnis, Unverständnis, Vakuum zwischen den 'zwei Kulturen') ebenso das eigentliche Problem wie seine Therapie (Änderung der Erziehung und Ausbildung im Hinblick auf bessere Kenntnisnahme und Verständigung), mit denen auch nach meiner eigenen Einschätzung die Kulturspaltung nicht völlig überwunden werden kann.[45] So hält sich die ganze Analyse völlig im konventionellen Rahmen gegenwärtiger Zeitdiagnose und Kulturkritik, ohne neue Kategorien und Theorien zu entwickeln, welche über die gängigen, abgenutzten Deutungsformeln (Arbeitsteilung, Spezialisierung, Entfremdung, Unkenntnis, Unverständnis, Optimismus/Pessimismus, Progressivismus/Konservatismus, Rationalismus/Irrationalismus) hinausgehen.

Halten wir fest, was mit Snows 'Zwei Kulturen'-These sowie vielen ähnlichen Doktrinen neuerer Kulturdiagnose – in der Sache unbestimmt, aber aufgrund der Absichtserklärungen inhaltlich bestimmbar! – zum Untersuchungsthema aufgegeben worden ist. Gestellt ist damit ein Problem, das »sich auf alles übrige auswirkt« [46] und auch für die Zweiteilung der modernen Kultur verantwortlich ist, ohne sich jedoch darin zu erschöpfen. Denn diese bildet nur einen Bruchteil der Gesamtproblematik, welche durch eine allgemeinere Problemstellung thematisiert werden kann. Gesucht ist darüber hinaus eine positive Bestimmung der spezifischen Differenz, um die es hier letztlich geht. Für diese umfassendere Fragestellung liefern Snows Überlegungen einen brauchbaren Anknüpfungspunkt, ob-

[44] Vgl. Gerald Holton, Thematische Analyse der Wissenschaft. Frankfurt a. M. 1981.

[45] Vgl. C. P. Snow, Zwei Kulturen (wie Anm. 7), S. 97.

[46] Ebd., S. 18.

gleich keinen unumgänglichen Ausgangspunkt. Bei einem Thema, das auf alles andere ausstrahlt, führen viele Wege zum Ziel.

Nach meiner Lagebeurteilung geht es bei angemessener Auslotung des Phänomens der 'gespaltenen Wirklichkeit' unserer modernen Welt nicht nur um die unbestreitbaren Verständigungsschwierigkeiten zwischen zwei Kulturen, sondern im Kern der Sache um Vernunftprobleme, mit allen Vertiefungen und Verzweigungen dieses großen Themas. So gesehen, lassen sich aber Snows 'zwei Kulturen' mit den im folgenden erläuterten 'zwei Rationalitäten' trotz mancher Berührungspunkte nicht mehr zur vollen Deckung bringen. Wer die eine Spur verfolgt, verläßt die andere, ohne sie jedoch völlig aus dem Auge zu verlieren.

Als Arbeitsprogramm nehme ich für die weiteren Ausführungen folgenden Standpunkt ein: Mit dem Rationalitätsthema – einschließlich der mit bestimmten Rationalitätsauffassungen verbundenen Realitätsauffassungen der 'Weltbilder' – kommt man der Sache am nächsten. Damit ist meines Erachtens sogar die Kernproblematik getroffen, welche aufgrund ihrer zentralen Stellung und allseitigen Durchdringung Auswirkungen »auf alles übrige« hat. Dieses Hauptthema der modernen Diskussion ist ebenso aktuell wie kontrovers [47] und bietet sich für einen interkulturellen Vergleich von Wissenschaft und Literatur zum Grundlagenstudium an.[48]

Meine These zum Titel dieses Beitrags ist die Vermutung, daß der Unterschied zwischen den Zwei Kulturen letztlich, obgleich natürlich nicht ausschließlich, als eine 'Rationalitätsdifferenz' zwischen Prinzipieller und Okkasioneller Rationalität gemäß der jeweils vorherrschenden Orientierung im Raum der möglichen Vernunftspositionen

erstens intuitiv verstanden;
zweitens theoretisch präzisiert;
drittens empirisch ermittelt, unter Umständen sogar gemessen werden kann.

[47] Vgl. z. B. Wandel des Vernunftbegriffs. Hrsg. v. Hans Poser. Freiburg u. München 1981.

[48] Wie etwa in: Silvio Vietta, Neuzeitliche Rationalität und moderne literarische Sprachkritik. München 1981, aufgegriffen und mit spezieller Fragestellung durchgeführt.

II. Das Rationalitätskonzept der Doppelvernunft als Deutungsschlüssel für die Zwei Kulturen

Die gegenwärtige Wissenschafts- und Modernitätskritik läßt aufgrund ihrer jüngsten Intensität und Resonanz, auch außerhalb des akademischen Bereichs der Universitätswissenschaft,[49] eine tiefe *Rationalitätskrise* des wissenschaftlichen Denkens sowie des daran orientierten praktischen Problemlösens (durch 'rationale' Wirtschaft und Verwaltung, Technik und Politik, Rechtsordnung und Lebensführung, etc.) vermuten, ohne jedoch den Sachverhalt der vorwiegend ideologisch geführten *Rationalitätskontroverse* zu erfassen. Dieser liegt meines Erachtens in der inhaltlichen Verschiedenheit und sachlichen Gegensätzlichkeit der zugrunde liegenden *Rationalitäts- und Realitätsauffassungen*, an denen sich alles orientiert.

Denn das Verhältnis zur Vernunft und Wirklichkeit, zur 'Rationalität' und 'Realität' in einem ihre typische Eigenart kennzeichnenden Sinn, verursacht die größten Differenzen zwischen ansonsten vergleichbaren Kulturen. So trennt dieses aufschlußreichste aller Mensch/Welt-Verhältnisse unsere Gegenwart am tiefsten: einerseits als 'Moderne' von der 'Tradition' (beispielsweise die Kunst des 20. Jahrhunderts von derjenigen früherer Epochen), nach Max Webers Darstellung sogar als erstmalig und einmalig durchrationalisiertes 'Abendland' vom Rest der Welt; andererseits in der modernen Gesellschaft die Wissenschafts- und Technikkultur von anderen Geisteskulturen einschließlich ultra- oder antimodernistischer Sub- und Gegenkulturen.

Das im Rahmen des DFG-Projekts ›Rationalitätsvergleich‹ entwickelte Konzept der Doppelvernunft[50] ist entstanden aus dem Ver-

---

[49] Als auffälligste Beispiele vgl. Paul K. Feyerabend, Erkenntnis für freie Menschen. Frankfurt a. M. 1979, und Peter Sloterdijk, Kritik der zynischen Vernunft. 2 Bde. Frankfurt a. M. 1983.

[50] Vgl. Anm. 6; vorgestellt in: Helmut F. Spinner, Max Weber, Carl Schmitt, Bert Brecht als Wegweiser zum ganzen Rationalismus der Doppelvernunft. – In: Merkur 40 (1986), S. 923–935; weiterentwickelt in: Ders., Vereinzeln, Verbinden, Begründen, Widerlegen. – In: Philosophie und Begründung. Hrsg. v. Forum für Philosophie Bad Homburg. Frankfurt a. M. 1987, S. 13–66, und Ders., Weber gegen Weber – Der ganze Rationalismus einer Welt von Gegensätzen und die Neuinterpretation des Charisma als

such, angesichts der geschichtlich wechselvollen und gegenwärtig in voller Bandbreite ausgefächerten Vernunftlage die beiden äußersten Möglichkeiten des Menschen abzustecken, »sich in einer irrationalen Welt rational zu orientieren«[51].

Rationalität wird dabei nicht, wie auch unter den Gegnern der 'instrumentellen' und 'strategischen' Vernunft üblich, als Erfolgs- oder Ergebnisfrage aufgefaßt – die sie letztlich auch bei der Weberschen Wertrationalität ist –, sondern als Orientierungssache. 'Rational' ist demnach nicht unbedingt der direkte Zielkurs auf kürzestem Wege, sondern das qualifiziert orientierte Sichverhalten in einem weiten, den jeweiligen Akt des Denkens, Handelns, Fühlens, Wollens, Entscheidens, etc. transzendierenden Bezugsrahmen ('Raum', aber nicht nur im räumlichen Sinne), welcher innerhalb der zwei »Äußersten« (mit Clausewitz gesagt) eine Pluralität von *bereichstypischen* ('Rationalitätsmuster' der Wirtschaft, Wissenschaft, Literatur, Kunst etc.), *persönlichkeits-* bzw. *trägerspezifischen* ('Rationalitätsprofile' von Individuen und kollektiven Akteuren oder Aktionsfeldern wie Gruppen, Gesellschaften, Epochen) Orientierungsmöglichkeiten eröffnet.

Diese stehen nicht nur allen Verhaltensweisen – vom 'rationalen Denken' bis zum 'irrationalen Fühlen' – des Menschen offen, sondern darüber hinaus dem deshalb rationalitätstheoretisch beurteilbaren Verhalten aller überhaupt orientierungsfähigen Gebilde (Organisationen, Institutionen, Nationen), bzw. dem Verlauf derartig 'qualifiziert orientierter' Prozesse (z.B. Verrechtlichung, Technisierung, Regionalisierung). Das ermöglicht die bereits angedeutete, im folgenden ausgebaute hypothetische Verbindung und empirische Überprüfung der 'realisierten Rationalitäten', d. h. in Anspruch genommenen Orientierungspositionen, von kulturellen Erscheinungen (wie den zwei Kulturen), geschichtlichen Epochen ('Abendland', 'Moderne'), gesellschaftlichen Subsystemen (Wissenschaft, Politik, Kunst), sozialen Rollen, menschlichen Denk- oder Handlungsweisen. Dadurch erweitert sich der Anwendungsbereich von Rationalitätsüberlegungen, weit hinaus über das bisherige Ausmaß des intuitiv 'vernünftigen'

Gelegenheitsvernunft. – In: Max Weber heute – Erträge und Probleme der Forschung. Hrsg. v. Johannes Weiß. Frankfurt 1989 (im Druck); systematisch zusammengefaßt in: Ders., Grundsatzvernunft (wie Anm. 6).

[51] So der Untertitel zu H. F. Spinner, Max Weber (wie Anm. 50).

menschlichen Handelns im Vollsinne, unter gleichzeitiger Vermehrung und Verfeinerung der Rationalitätsurteile durch Pluralisierung und Differenzierung der Orientierungsmuster.

1. Die zwei Arten dessen, was alles sein kann, bei dem der menschliche Faktor 'Rationalität' eine Rolle spielt

Bereits vor über 150 Jahren (in der 1. Aufl. ›Vom Kriege‹, 1832/34) spricht Clausewitz von der »doppelten Art des Krieges«, die man genau im Auge behalten muß, wenn »alle Ideen einen schärferen Sinn, eine bestimmte Richtung, eine nähere Anwendung bekommen« sollen.[52] Das ist zwar methodisch richtig, aber inhaltlich – mit der alternativen Zweckbestimmung des Krieges: völlige Niederwerfung des Gegners oder bloße Eroberungen im Grenzgebiet – noch weit vom Schuß der Doppelvernunft. Deren »doppelte Art« der Orientierung findet ihre militärischen Entsprechungen eher in den Unterscheidungen von Strategie und Taktik, Dauerkrieg und Blitzkrieg, regulärem Soldatentum und irregulären Partisanen, mit dem Avantgardismus-Thema als Überleitung zu 'zivilen' Denk- und Handlungsformen in Kunst und Literatur.

Andere Autoren sind dem Grundgedanken der Doppelvernunft erheblich näher gekommen, allen voran Max Weber, der als einziger den ganzen, gegensätzlichen Rationalismus der Doppelvernunft thematisiert,[53] während Webers Gegenspieler Carl Schmitt, Bertolt Brecht, Hugo Ball immer nur eine Seite der Doppelvernunft in Betracht zogen. So charakterisiert *Weber* den Rationalismus als »eine Welt von Gegensätzen«[54], die in seinem Werk gleich mehrfach exemplifiziert wird: in der doppelten Art des Betriebs- und Beutekapitalismus, des Berufs- und Gelegenheitserwerbs, der alltäglichen Arbeitsauffassung für Beruf und Betrieb mit »Lebensmethodik« einerseits und außeralltäglichen Abenteuerauffassung des aus unzusammen-

[52] Carl von Clausewitz, Vom Kriege. 18. Aufl. hrsg. v. Werner Hahlweg. Bonn 1973, S. 179.

[53] Vgl. H. F. Spinner, Max Weber, und Ders., Weber gegen Weber (wie Anm. 50).

[54] Max Weber, Gesammelte Aufsätze zur Religionssoziologie. 3 Bde. Tübingen 1920/21 (Zitat Bd. 1, S. 62).

hängenden Einzelhandlungen bestehenden Lebens, vor allem aber in der grandiosen Doppeltheit von 'okzidentalem' Rationalismus und vermeintlich irrationalem, natürlich auch 'abendländischem' Charisma.

Desgleichen unterscheiden, aber nur für ihren erheblich engeren Untersuchungsbereich, Fachvertreter auf den Spuren Max Webers zum Beispiel »zwischen zwei Arten dessen, was Recht ist«[55] – nämlich Norm oder Entscheidung –; zwei Arten des Staates[56]; zwischen klassischer Lyrik und 'Gelegenheitsgedichten', aus gegebenem Anlaß mit fliegender Feder verfaßt, sowie innerhalb der letzteren zwischen dem massenhaften Gelegenheitsgedicht »auf Hochzeiten, Begräbnisse[n], Promotionen« einerseits und dem einmaligen Casualcarmen »aus einem persönlichen Erlebnis« eines Goethe.[57]

Aber hier geht es nicht um die Erscheinungsformen der auffällig oft doppelt geprägten Natur[58] und Kultur, sondern um das, was dahintersteckt und sich daraus ergibt: Worin besteht der durchgängige Unterschied, was bewirkt die Differenz und was folgt aus ihr? Welches sind die entscheidenden, bedingenden und bedingten Faktoren? Wieso gibt es von allen diesen Tatbeständen bei freiem Entfaltungsspielraum (zumindest) *zwei* wesentlich verschiedene Erscheinungsformen, *ohne* daß die eine nur eine unselbständige Vorstufe, Unterform, Verzweigung, ein Spezial- oder Grenzfall der anderen wäre?

Den besten, gedanken- und materialreichsten *Beleg* dafür, daß dabei der menschliche Faktor 'Rationalität' eine ausschlaggebende Rolle spielt, hat meines Erachtens Max Weber mit seinem Werk über den »okzidentalen Rationalisierungsprozeß« geliefert,[59] an das man kritisch anknüpfen kann, um ein Rationalitätskonzept für eine »Welt von Gegensätzen« auszuarbeiten, welches dazu allerdings über Webers eigene 'abendländische' Rationalitätsvorstellung hinaus-

---

55 Carl Schmitt, Legalität und Legitimität. Berlin 1932, 3. Aufl. 1980, S. 69.

56 Normen- und Maßnahmenstaat bei Ernst Fraenkel, Der Doppelstaat. Frankfurt a. M. 1974.

57 Wulf Segebrecht, Das Gelegenheitsgedicht. Stuttgart 1977, S. VII.

58 Zur bipolaren Steuerung menschlichen Verhaltens bereits auf der physiologischen Ebene vgl. Hans Sachsse, Ökologische Philosophie. Darmstadt 1984.

59 Trotz Wilhelm Hennis, Max Webers Fragestellung. Tübingen 1987.

gehen muß. Immerhin hat Weber für die eine Seite der Doppelvernunft das Stichwort (»Innehaltung fester Grundsätze«, pars pro toto verstanden) geliefert und für die andere Seite die Möglichkeit »regelfremder« Optionen, in Gestalt geschichtlicher Alternativen, aufgezeigt. Das ist die Rückseite der Medaille, auf die Brecht, Schmitt und viele andere ihre wegweisenden Leitwörter geschrieben haben.

Zusammen genommen, was sogar noch bei Weber (durch sein Verdikt der Irrationalität für das Charismaphänomen und alle anderen Manifestation 'unabendländischer' Okkasion und Opportunität, von der 'Freirechtsbewegung' bis zur 'erotischen Sensation' im außeralltäglichen = außerehelichen Verhältnis) rationalitätstheoretisch *getrennt* bleibt und in seiner Gesamtheit der Orientierungsrichtungen Tradition/Charisma/Rationalität eher auseinanderläuft, wird ein ganzer Schuh daraus, oder vielmehr ein Paar Schuhe: ein differentielles Rationalitätskonzept, das es ermöglicht, die durch zwei Arten des Rechts und Staates, der Wirtschaft und Wissenschaft, der heutigen Kultur und des 'vollen Lebens' schlechthin gespaltene Rationalität der Moderne im Sinne der eingangs zitierten dritten Frage neu zu fassen, nämlich als duale Rationalitätsstruktur der Doppelvernunft, mit zwei 'äußersten' Orientierungsmöglichkeiten und vielen wählbaren 'Mischungsverhältnissen'.

2. *Das Doppelte der Vernunft im weiten, aber begrenzten 'Raum der Rationalität'*

Was dem Krieg und der Kunst,[60] dem Recht und Staat, der Wirtschaft und Wissenschaft nur recht sein kann, ist der Vernunft billig, deren Orientierungsrahmen verständlicherweise nicht beschränkter sein darf als zum Beispiel bei der kaum anspruchsvolleren »freien Seelentätigkeit« (Clausewitz) der Militärs, zumal angesichts mancher Merkwürdigkeiten der militärischen Rationalität[61].

[60] Zur diesbezüglichen Parallelität der Entwicklungen vgl. H. F. Spinner, Wissenschaft kommt nicht von Wissen und Kunst kommt nicht von Können, aber Wissenschaft ist trotzdem keine Kunst. – In: Merkur 39 (1985), S. 859–878.

[61] Vgl. Henning Eichberg, Gespenster im Zeughaus. – In: Militärgeschichtliche Mitteilungen 40 (1986), S. 9–23.

So führt auch die Vernunft ein Doppelleben, welches sich negativ darin zeigt, daß sie eben nicht »immer in der gleichen Form auftritt, nämlich [...] als identisches Festhalten von Regeln«[62]; positiv in der »Vielheit der Stimmen« ohne Komplexitätsreduktion auf eine einzige Form[63]; konstruktiv im dualen Konzept der Doppelvernunft; operativ in der durchgängigen Verhaltens*mit*bestimmung durch unterschiedliche Rationalitätsorientierungen sowie in den stilbildenden Auswirkungen von Grundsatzvernunft und Gelegenheitsvernunft auf die Denkformen ('Erkenntnisstile'), die Wirklichkeitsauffassungen ('Weltbilder') und ihre Repräsentationsformen (zur 'Naturwiedergabe').

Das sind die wichtigsten kognitiven Derivate der Doppelvernunft, die eine ganze Familie von Orientierungskonzepten für »qualifiziert orientiertes«, d. h. rationales Erkennen bilden.[64] Dazu kommen noch die praktischen, politischen, technischen, geschichtlichen etc. Derivate, in der jeweiligen Doppelgestalt von Lebensformen (zum Beispiel der Arbeitsauffassung versus Abenteuerauffassung des Daseins), Wirtschaftsweisen (Betriebskapitalismus versus Gelegenheitserwerb) usf. Im weiteren Zusammenhang geht es hier auch, wie noch zu zeigen sein wird, um die 'zwei Kulturen' und die Epochengestalten des 'Abendlandes' und der 'Moderne', welche – rationalitätstheoretisch reinterpretiert – im Orientierungsraum neu verortet werden können. Dafür könnten sich im Fortgang der Untersuchungen, die hier nicht im einzelnen durchführbar sind, die so ermittel- und zuschreibbaren Rationalitätsstrukturen als aufschlußreicher und trennschärfer erweisen als Snows überzogene Dichotomisierung der beiden Kulturen mit überholten Kategorien, Webers Singularisierung des 'abendländischen' Rationalismus und dessen gegenläufiger Historisierung durch die Postmoderne.

Das Doppelleben der Vernunft entfaltet sich in zwei Orientierungsrichtungen, die in der laufenden Auseinandersetzung um die behauptete oder bestrittene Rationalität der modernen Welt aufeinander-

---

[62] Kurt Hübner, Wie irrational sind Mythen und Götter? – In: Der Wissenschaftler und das Irrationale. Hrsg. v. Hans Peter Duerr. 2 Bde. Frankfurt a. M. 1981, Bd. 1, S. 11–36 (Zitat S. 35).

[63] Entgegen Jürgen Habermas, Die Einheit der Vernunft in der Vielfalt ihrer Stimmen. – In: Merkur 42 (1988), S. 1–14.

[64] Dazu Näheres bei H. F. Spinner, Max Weber (wie Anm. 50), S. 934 f.

stoßen und die später diagnostizierte 'Rationalitätsdifferenz' zwischen den zwei Kulturen letztlich ausmachen, je nach vorherrschender Vernunftlage aufgrund der 'realisierten Rationalitäten', d. h. der verfolgten Orientierungstendenzen im 'Rationalitätsraum'. Im Vergleich zu den üblichen einseitigen Vernunftbestimmungen ist dieser Raum in beiden Richtungen erweitert, aber durch das Erfordernis der 'qualifizierten' Orientierung begrenzt, unter Ausschluß nichtrationaler Orientierungsmöglichkeiten, auf die hier nicht näher eingegangen wird. Das ergibt, wie schon bei Max Weber, insgesamt drei Orientierungsrichtungen, von denen jedoch nunmehr zwei als 'rational' qualifizierbar sind. Auch wenn die Vernunft verdoppelt ist, bleibt sie weiterhin unvollständig in dem Sinne, daß sie nicht alle menschlichen Verhaltensmöglichkeiten und kulturellen Erscheinungsformen einschließt. Das ist bei Rationalitätsanalysen zu beachten.

3. Die Rationalitätstheorie der Doppelvernunft als Orientierungsskizze

'Vernunft', 'Rationalität', 'Rationalismus' kann ebenso wie 'Wirklichkeit', 'Realität', 'Realismus' und 'Naturwiedergabe', 'Darstellung', 'Repräsentation' sehr Verschiedenes bedeuten. Jene »Welt von Gegensätzen«, die nach Max Weber der Rationalismus in sich einschließt, läßt sich auf zwei paradigmatische Rationalitätsauffassungen zurückführen, denen ihrerseits zwei Erkenntnisstile und Repräsentationsformen zur adäquaten Wiedergabe der auf die eine oder andere Art 'erkannten', d. h. rational rekonstruierten Realität zugeordnet sind.

Der folgende Rationalitätsvergleich geht in der theoretischen Strukturanalyse und empirischen Überprüfung des pluralistischen Rationalismus unserer Kultur von der Arbeitshypothese aus, daß uns 'die Vernunft' als eine bestimmte, qualifiziert orientiertes Verhalten mitbestimmende Rationalitätsauffassung nicht einfach, sondern zweifach – als Doppelvernunft – gegeben ist:

Zum einen gibt es die Standardauffassung der normgebundenen, regelgeleiteten 'Grundsatzvernunft', deren Vorstellung von bleibender *Prinzipieller Rationalität* sich in allgemeinen, abstrakten, antizipierten (d. h. im voraus aufgestellten), person- und situationsunabhängigen, augenblicksüberdauernden Maßstäben für 'rationales' Erkennen und Leben, Wissen und Verhalten, Sehen und Fühlen niederschlägt. Daraus ergeben sich grundsatzrationale Erkenntnis- und Lebensstile, Gesellschaftsmodelle und Weltbildkonstruktionen, an denen wir uns im Denken oder Handeln orientieren (Orientierungshypothese).

Zum anderen gibt es die Alternativauffassung der normungebundenen, nicht in fixierten Prinzipien vorgefaßten und auf allgemeine Regeln verpflichteten 'Gelegenheitsvernunft', deren wechselnde *Okkasionelle Rationalität* je nach Situation und Umständen sich von Fall zu Fall erst spontan bildet und als Maßnahme ohne Maßstab zur 'rationalen' Lösung des gerade anstehenden Einzelfalls hic et nunc 'konstituiert', ohne diese zu verallgemeinern und auf alle einschlägigen Fälle zu übertragen. Diese Art von Rationalität konstituiert sich nicht durch Grundsätze, sondern bei Gelegenheit, je nach Situation und Umständen. Die gelegenheitsrationale Lösung eines Problems liegt nicht in übergreifenden Zusammenhängen, allgemeinen Ideen, invarianten Gesetzmäßigkeiten, sondern in der 'Natur der Sache', in der konkreten Situation, in der augenblicklichen Lage. Sich gelegenheitsrational an Okkasion und Opportunität zu orientieren, heißt deshalb, sein Denken und Handeln an den diversen Partikularitäten der Person und Situation, des Ortes und der Zeit auszurichten, ohne diese in grundsatzrationaler Richtung auf allgemeinere Sinn- oder Sachzusammenhänge zu transzendieren.

Prinzipielle Rationalität führt zur 'generalisierten' Realitätsauffassung des *Abstrakten Realismus* und zur hypotaktischen Repräsentationsform von System, Theorie, Perspektive, vor allem im Rahmen des wissenschaftlichen Erkenntnisstils (Mensch als Person mit Lebensmethodik, Welt als Kosmos mit Gesetzmäßigkeiten). Okkasionelle Rationalität tendiert zur 'partikularisierten', fragmentarischen Wirklichkeitsauffassung des *Konkreten Realismus* und zur parataktischen Wiedergabe durch Collage, Montage, Liste u. dgl., vor allem in der modernen Kunst und Literatur (›Mann ohne Eigenschaften‹, Haufenwelt, vorgriechische Listenwissenschaft, neuzeitliche Enzyklopädie, moderner Roman, Konkrete Poesie).

Folglich stellt sich die voll entfaltete Rationalitätsproblematik, welche hier nur punktuell behandelt werden kann, als ein zweifaches Thema Prinzipialität versus Okkasionalität auf den vier Analyseebenen der Vernunftauffassungen, Wirklichkeitsvorstellungen, Erkenntnisstile und Darstellungsformen, einschließlich ihrer Auswirkungen auf die praktischen Verhaltensweisen und empirischen Verhältnisse.

Die Doppelvernunft und diese drei Derivate des daran ausgerichteten, im überdurchschnittlichen Grade durch den Rationalitätsfaktor mitbestimmten *Erkenntnis*verhaltens sind ein durch Familienähnlichkeit verbundenes Rationalitätskonzept, durch das mehr oder weniger eng, aber immer nur in deterministisch zusammenhängende Orientierungsmöglichkeiten auf vier Ebenen zu einem Paket gebündelt werden. Das ist keine Black Box, sondern gleicht eher einem Netz mit weiten Maschen für Einblicke und zusätzliche Einflüsse, dessen Inhalt durch eine differenzierte Leitfrage der Rationalitätstheorie zur jeweiligen 'Vernunftlage' sichtbar gemacht werden kann:

Untersuchungsgegenstand und Analyseebenen:	WER oder was richtet sich in seinem/ihrem qualifiziert orientierten (= *rationalen*) Verhalten gegenüber der Welt ...
(I) Rationalitätsebene der Vernunftformen	nach WELCHEN Orientierungspositionen bzw. -mustern der Doppelvernunft, um gemäß den so tatsächlich angenommenen *Rationalitätsauffassungen* (= realisierten Rationalitäten bzw. praktizierten Rationalismen) die dadurch mitbestimmten kognitiven Selektionen darüber zu treffen,
(II) Realitätsebene der Weltbilder	WAS als wirklichkeitszugehörig oder weltbildend in sein/ihr Weltbild aufgenommen wird (= *Realitätsauffassungen*),
(III) Kognitionsebene der Denkformen	WIE es wirklichkeitsentsprechend, d. h. wahr, richtig, zutreffend oder sonstwie weltbildgemäß zu erkennen ist *(Erkenntnisstile)*,
(IV) Repräsentationsebene der Wiedergabemöglichkeiten und -medien	WODURCH und WOMIT das Weltbild im jeweiligen Erkenntnisstil durch adäquate symbolische Formen der Naturwiedergabe oder sonstige Medien wiedergegeben werden kann *(Darstellungsformen)*.

Am Leitfaden dieser Mehrfachfrage zur 'Vernunftlage' läßt sich nun das Rationalitätsthema in allen Variationsmöglichkeiten (einschließlich 'Rationalitätsmischungen' durch Montage von Elementen beider Vernunftformen) durchkomponieren, nach verschiedenen Richtungen und mit wechselnden Schwerpunkten. Die so gestellte Rationalitätsfrage hat den großen Untersuchungsvorteil, daß sie nicht nur für alle überhaupt orientierungsfähigen Handlungseinheiten und Verhaltensweisen gestellt werden kann – vom Denken, Tun, Fühlen (!) des einzelnen Menschen bis zu den Aktivitäten kollektiver Akteure (Institutionen, Organisationen, Staaten u. dgl.) –, sondern auch an nur durch mehr oder weniger passive Reaktion irgendwie 'orientierte' Ereignisse, Vorgänge, Abläufe oder sonstige Tatbestände, denen man sinnvoll eine Orientierung zuschreiben kann.

Das können ohne weiteres auch geschichtliche Episoden und Epochen, Gesellschaftsbereiche und Kulturen sein, für die im folgenden ein leider nur angesetzter statt im einzelnen ausführbarer Rationalitätsvergleich gemacht wird. Dabei wird die Hauptaufmerksamkeit auf die Realitätsauffassungen gerichtet, weil die Realismusdebatte im künstlerisch-literarischen Bereich die besten Vergleichsmöglichkeiten der Zwei Kulturen bietet, zumal die künstlichen Computerwelten der elektronischen ›Wunschmaschinen‹ [65] neuerdings die Frage ihrer eigentlichen 'Wirklichkeit' und angemessenen Darstellung auch auf der wissenschaftlich-technischen Seite aufwerfen. Mit der klassisch-mimetischen 'Naturwiedergabe' einer wohlgeordneten Welt ist es heute gerade in der Informationstechnik nicht mehr getan.

III. Realisierte Rationalitäten der Moderne: Spuren der Doppelvernunft in den Zwei Kulturen

Der duale Orientierungsrahmen der Doppelvernunft ist, wie die Sprache, ein allgemeinmenschlicher Besitz, über den jedes Individuum, jede Gesellschaft, jede Epoche gleichermaßen verfügen kann, von dem sie aber nicht unbedingt den gleichen Gebrauch machen. Der 'Raum der Rationalität[en]' eröffnet dem Menschen in seinem dadurch qualifiziert vermittelten Verhältnis zur Welt ein Orientierungspotential auf Abruf, dessen wählbare Optionen unterschiedlich in Anspruch genommen werden – in einer für die Trägerschaften der realisierten Rationalitäten charakteristischen Weise, die Spuren in den dadurch mitbestimmten Weltbildern, Denk- und Darstellungsformen hinterläßt. Das ermöglicht Rückschlüsse auf deren Orientierungsmuster, für die 'Rationalitätsprofile' erstellt werden können.

---

[65] Sherry Turkle, Die Wunschmaschine. Reinbek 1984.

Mit aller Vorsicht, vorbehaltlich der Ergebnisse empirischer Rationalitätsforschung, können nun aufgrund von zuweilen vieldeutigen Spuren, oft aber auch eindeutigen Rationalitätsindikatoren hypothetische Zuordnungen dieser oder jener Ausrichtung bzw. Ausprägung der Doppelvernunft versucht werden: zu geschichtlichen Epochen oder kürzeren Episoden; zu gesellschaftlichen Verhältnissen oder sozialen Bereichen; zu sozialen Rollen und persönlichen Eigenschaften; zu Individuen und Gruppen, Institutionen und Organisationen; zu Normal- und Ausnahmesituationen oder sonstigen unterschiedlichen 'Lagen'; zu Entwicklungen und Bewegungen. Warum also nicht auch zu den damit vielfach verbundenen Zwei Kulturen und ihren höchst unterschiedlichen Bestimmungsfaktoren und Bedingungskonstellationen für differente Orientierungsmuster? Das Konzept der Doppelvernunft liefert die für einen solchen Rationalismusvergleich erforderliche differentielle Rationalitätstheorie, um die kulturspezifischen oder vielleicht auch nur zeitbedingten Rationalismen der Moderne zu erfassen.

1. Die alte und die neue Welt der Doppelvernunft: 'Abendland' und 'Amerika' als Doppelmythos für die okzidentale Rationalisierung und die okkasionelle Gegenrationalisierung der Moderne

Eine geistesgeschichtlich epochemachende, für 'unser' klassisches Vernunftverständnis maßgebliche Verbindung von Prinzipieller Rationalität und 'Abendland' nimmt Max Weber vor, indem er »auf dem Boden des Okzidents, und nur hier, Kulturerscheinungen« aufkommen sieht, welche als Lehrstücke des theoretischen und als Lebensmethodiken des praktischen Rationalismus »doch – wie wenigstens wir uns gerne vorstellen – in einer Entwicklungsrichtung von *universeller* Bedeutung und Gültigkeit« sind.[66] Es ist, wie das eindeutig ausgebildete Rationalitätsprofil dieser eigenartigen, vermeintlich einzigartigen und einmaligen rationalen Errungenschaften der »occidentalen Kulturherde« zeigt, die Orientierungsrichtung der Grundsatzvernunft, wie sie sich in der Praxis von Beruf und Betrieb als rea-

[66] M. Weber, Gesammelte Aufsätze (wie Anm. 54), Bd. 1, S. 1; Hervorhebung im Original.

lisierte Rationalität der alltäglichen Herrschaft der Regel auf allen 'durchsystematisierten' Lebensgebieten dauerhaft durchsetzt, obgleich nicht unangefochten und von der 'außerordentlichen' Okkasionellen Rationalität des außeralltäglichen Charisma (bei Max Weber) und der irregulären Ausnahme (bei Carl Schmitt) immer wieder durchbrochen.

Die Belege für diese wegweisende Zuschreibung einer grundsatzrationalen Orientierung an den *idées générales* universeller Prinzipien, letzter Werte, abstrakter Regeln, allgemeiner Normen, Maximen, Methoden zur weltgeschichtlichen Epoche 'Abendland' – genauer: zum sogenannten okzidentalen Rationalisierungsprozeß in der abendländischen Gesamtentwicklung – liefern Webers Detailanalysen der »Eigenart des okzidentalen und, innerhalb dieses, des modernen okzidentalen, Rationalismus«[67]. »Modern« meint hier allerdings die Fortsetzung und Steigerung des abendländischen Rationalisierungsprozesses durch den neuzeitlichen Modernisierungsprozeß, welcher mit der Gegenbewegung der künstlerisch-literarischen 'Moderne' nicht verwechselt werden darf. Deren Mythos 'Amerika' ist das Gegenbild zum 'Abendland' ebenso wie der literarische Ort 'Großstadt' zur 'rationalen Stadt' und zum 'modernen Staat' im Sinne Webers.

Weil er, obgleich nicht durchweg rationalitätstheoretisch expliziert, alle wesentlichen Merkmale (allgemeine Form, inhaltliche Bestimmtheit, normative Geltung, zeitliche, räumliche und soziale Generalisierung der Orientierungspositionen)[68] aufweist, verkörpert der »okzidentale Rationalismus« Weberscher Lesart, auch wenn sie nicht in allem zutrifft und die empirische Wirklichkeit des realexistierenden Abendlandes nicht ausschöpft, eine vollentwickelte Position Prinzipieller Rationalität. In dieser »Gesamtgestalt«[69] stellt sie die Vernunft in ihrer typischen Abendlandform dar, derzufolge okzidentale Rationalisierung am Leitfaden der Grundsatzvernunft eine »Systematisierung des Betragens nach zusammenhängenden Regeln« be-

[67] Ebd., S. 12; Hervorhebung im Original.

[68] Wie in H. F. Spinner, Weber gegen Weber (wie Anm. 50) als Fallstudie zu Weber und in: Ders., Grundsatzvernunft (wie Anm. 6) als systematische Rationalitätstheorie beschrieben.

[69] Wolfgang Schluchter, Die Entwicklung des okzidentalen Rationalismus. Tübingen 1979, S. 18.

wirkt, »die jede Detail-Angelegenheit und Detail-Frage in Sinn und Richtung eines Gesamtkonzepts ordnen«[70].

Das Ergebnis ist die Herrschaft des Gesetzes im Recht, die Herrschaft der Methode in der Wissenschaft, die Herrschaft der Vorschrift in der Verwaltung; der 'Geist des Kapitalismus' als richtungweisendes Ethos für »Männer mit [...] 'Grundsätzen'«[71]; die normgeleitete Arbeitsauffassung des Lebens anstelle einer ungeregelten Abenteuerauffassung mit allenfalls Gelegenheitsbetätigungen – kurz: die Herrschaft der Regel im Alltag von Beruf und Betrieb.

Diesem 'bürgerlichen' Menschenbild entspricht das 'natürliche' Weltbild eines von Naturgesetzen regierten Kosmos. Für eine durchgängige Orientierung an den idées générales der Grundsatzvernunft bilden die in die soziale Welt – vor allem durch die Bildungssprache, welche deshalb im Gegenzug der Moderne durch radikale Sprachkritik zu destruieren ist – wie ein roter Faden eingeflochtenen normativen Sinnzusammenhänge das funktionale Äquivalent zu den kausalen Sachzusammenhängen der Naturgesetze. Der Filmtitel ›Stop Making Sense‹ heißt deshalb im Klartext, rationalitätstheoretisch dechiffriert: »Stoppt den abendländischen Rationalismus! Hört auf, in Sinnzusammenhängen zu denken, Sachzusammenhänge zu knüpfen (oder zu beachten), das Verhalten an Regeln auszurichten, sich von vorgegebenen Normen leiten zu lassen, abstrakte Theorien ernst zu nehmen. Mit dem Dadaisten Kurt Schwitters zu sprechen: Entformelt Euch! Mit der Postmoderne und nichtsahnenden Politikern gesagt: Dekonstruiert den Menschen, dereguliert die Gesellschaft!« So spielt am Ende die Popkultur das »Prinzip Amerika«[72] – was immer dieser Mythos der Moderne beinhalten mag, auf jeden Fall keine Prinzipien! – gegen das 'Abendland' aus. Das heißt konkret: das okkasionelle Erleben im Hier und Jetzt gegen das regelgeleitete Arbeitsleben in der durchsystematisierten Ordnung von Beruf und Betrieb.

Aber der Alltag war schon im Abendland nicht alles. Denn je konsequenter der abendländische Rationalismus möglichst alles nach Maßgabe 'letzter Werte' durchsystematisiert und allgemeinen Regeln

[70] Eduard Baumgarten, Max Weber – Werk und Person. Tübingen 1964, S. 456.

[71] M. Weber, Gesammelte Aufsätze (wie Anm. 54), Bd. 1, S. 54.

[72] Jost Hermand, Literatur nach 1945 II. Wiesbaden 1979, S. 281.

unterwirft, sobald etwas durch Veralltäglichung auf Dauer geschaltet wird, desto mehr erzeugt der okzidentale Rationalisierungsprozeß paradoxe Endergebnisse und provozierte Gegenkräfte, psychologisch ausgelöst durch das frustrierte »Gelüst nach 'Außeralltäglichkeit'«[73].

Diese Außeralltäglichkeit, Außergewöhnlichkeit, Ausnahme zur alltäglichen Herrschaft der Regel, letztlich zur abendländischen Rationalität »im Sinne der Innehaltung fester Grundsätze«[74] fand der religiös unmusikalisch gewordene, aber immer noch puritanische Mensch früher, zu Webers Zeiten, in der »erotischen Sensation«[75] eines außerehelichen Verhältnisses oder in anderen »großen Momenten« der Geschichte anstelle des politischen Alltags der »normalen Zeiten«[76], zum Beispiel durch das Fronterlebnis des Krieges. Heute findet der angesichts alltäglicher Pornographie auch erotisch unmusikalisch gewordene und für den Hurra-Patriotismus nicht mehr begeisterungsfähige moderne Mensch die Okkasion des Außerordentlichen eher im entfesselten Geschwindigkeitsrausch, Machtkampf und Abenteuer des »reinen Krieges«[77] im außermilitärischen Sinne; im Ausstieg aus dem 'Abendland' von Beruf und Betrieb; in irgendeinem »Anderen der [abendländischen] Vernunft«[78].

Die dem 'Abendland' zugeschriebene Grundtendenz zur Prinzipiellen Rationalität führt nicht nur, wie Weber klar gesehen hat, über unvermeidliche »Paradoxien der Rationalisierung« zu Irrationalitäten – so daß dafür gilt: je mehr Rationalität, desto größer ist auch der nicht rationalisierbare 'Rest' –, sondern stößt in der Moderne auf die rationalitätstheoretisch gleichrangige, wenn auch lebenspraktisch nicht gleichwertige Gegentendenz zur Okkasionellen Rationalität. Ist sie für die moderne Welt nicht epochemachend geworden, so doch für die künstlerisch-literarische Moderne stilbildend gewesen.

---

73 E. Baumgarten, Max Weber (wie Anm. 70), S. 560.

74 Max Weber, Wirtschaft und Gesellschaft. 2 Halbbde. 5. rev. Aufl. hrsg. v. Johannes Winkelmann. Tübingen 1976, Bd. 2, S. 486.

75 M. Weber, Gesammelte Aufsätze (wie Anm. 54), Bd. 1, S. 51.

76 Max Weber, Gesammelte politische Schriften. 4. Aufl. hrsg. v. Johannes Winkelmann. Tübingen 1980, S. 18 u. 19.

77 Paul Virilio und Sylvère Lotringer, Der reine Krieg. Berlin 1984.

78 Hartmut Böhme und Gernot Böhme, Das Andere der Vernunft. Frankfurt a. M. 1983.

Am Anfang dieser Alternativauffassung von Vernunft und Wirklichkeit, Erkenntnis und Darstellung steht die Rebellion gegen die Regel in den 'Künsten' (keineswegs nur in den 'schönen', wie die Kriegskunst zeigt [79]). Ausgelöst durch den aufkommenden Geniekult des genialen, »jenseits aller Normen, Regeln und Gesetze stehe[nden]« [80] Ausnahmemenschen, für den die Welt lediglich »Anlaß und Gelegenheit« seiner schöpferischen Produktivität – in Wort oder Tat – ist, gibt diese romantische Realitätsauffassung mit ihrem »subjektivierten Occasionalismus« dem Aufstand gegen die Regelrationalität eine breitere soziale Trägerschaft (man muß nicht Genie sein, obgleich es ungemein hilft) und mit dem »auflösenden Begriff« der *occasio* [81] fast schon eine philosophische Grundlage. Wie allerdings aus der allegorischen Gestalt der »Göttin Gelegenheit« [82] das analytische Konzept der Okkasionellen Rationalität geworden ist, kann hier nur in Stichworten angegeben werden [83].

Zu Max Webers wegweisender Bestimmung okzidentaler Rationalität »im Sinne der Innehaltung fester Grundsätze« unter der alltäglichen Regelherrschaft hat Carl Schmitt mit seinem Slogan vom »Bankrott der idées générales« das negative Stichwort für die Abkehr der Moderne vom »großartige[n] Rationalismus« [84] des Abendlandes geliefert. Die allgemeinen Ideen, welche nach dieser Schlüsselthese zur neueren Vernunft-, Wissenschafts- und Rechtsstaatskritik Konkurs gemacht haben, sind die generalisierten Werte, universellen Prinzipien, abstrakten Theorien, allgemeinen Regeln und Gesetze des okzidentalen Rationalismus. Abweichend von der radikalsten Vernunftkritik der Moderne durch den Dadaismus der 20er Jahre [85] hat die Postmoderne, ebenso wie der zum Bestandteil des Mythos 'Amerika' gewordene Neodadaismus, die Elefantenzwillinge des abend-

[79] Dazu H. F. Spinner, Wissenschaft kommt nicht (wie Anm. 60).

[80] Jochen Schmidt, Die Geschichte des Genie-Gedankens 1750–1945. 2 Bde. Darmstadt 1985, Bd. 2, S. 200.

[81] Vgl. Carl Schmitt, Politische Romantik. 4. Aufl. Berlin 1982, die Zitate S. 22 f.

[82] Horst Rüdiger, Göttin Gelegenheit. – In: Arcadia 1 (1966), S. 121–166.

[83] Ausführlicher zu den drei Stichwortgebern Weber/Schmitt/Brecht: H. F. Spinner, Max Weber (wie Anm. 50).

[84] M. Weber, Gesammelte Aufsätze (wie Anm. 54), S. 604 f.

[85] Vgl. H. F. Spinner, Gegen Ohne Für Vernunft (wie Anm. 9).

ländischen Rationalismus aus dessen Konkursmasse herausgehalten: die rationale Wirtschaft des Kapitalismus und der rationale Staat, zu denen als Dritte im Bunde inzwischen die rationale Technik hinzugekommen ist.

Wenn die Moderne, wie damals die Romantik und heute die Postmoderne, beim auflösenden Begriff der Okkasion und dem Bankrott der allgemeinen Ideen stehenbleibt, kommt sie allerdings nicht zur Alternativauffassung der Okkasionellen Rationalität im Sinne eines positiven, eigenständigen Vernunftkonzepts. Das wäre eine unvollendete Moderne, die lediglich epigonale Post-Ismen zum abendländischen Rationalismus hervorbringt.[86] Rationalitätstheoretisch gesehen, gleicht die postmoderne Absage an das Allgemeine zugunsten eines – außer diesem – nichts zurückweisenden, nichts auswählenden »radikalen Pluralismus«[87] dem Versuch, Schmitts Bankrotterklärung durch einen Vergleich zu umgehen, der die Abendlandformen der Vernunft 'zitiert' statt liquidiert.

Das ist ein toter Punkt der Entwicklung, über den Bert Brechts positives Leitwort für die produktiven Gegenzüge der Moderne hinausführt. An die Stelle der Innehaltung fester Grundsätze tritt die listige »Ausnützung der Besonderheiten«. Das ist pars pro toto zu nehmen für die Gegenorientierung der findigen, flexiblen, kritischen, 'klugen' Gelegenheitsvernunft, d. h. für okkasionelle Orientierungen an den besonderen Gegebenheiten, Gelegenheiten, Möglichkeiten der jeweiligen Lage.

Diese aber ist in unserer »Montage-Zeit«[88] kein wohlgeordneter Kosmos, kein sinnvoll verbundenes Ganzes mehr, sondern »etwas 'Künstliches', 'Gestelltes'«, aus selbständigen Einzelheiten Zusammengesetztes, welches die »neuerworbenen Fähigkeiten des zeitgenössischen Menschen« verlangt, »simultan aufzunehmen oder kühn zu abstrahieren oder schnell zu kombinieren«[89]. Die montierte Welt

---

[86] Dazu kritisch: Hans Lenk, Zwischen Sozialpsychologie und Sozialphilosophie. Frankfurt a. M. 1987, S. 309 ff.

[87] Vgl. Wolfgang Welsch, Unsere postmoderne Moderne. Weinheim 1987, passim.

[88] Ernst Bloch, Erbschaft dieser Zeit. Frankfurt a. M. 1962, S. 22 et passim.

[89] B. Brecht, Gesammelte Werke (wie Anm. 16), Bd. 18, S. 162 u. Bd. 19, S. 307.

der Moderne erfordert als realitätsgerechtes, epochenadäquates Orientierungsmuster Okkasionelle Rationalität. Sie ermöglichte Brechts »großen Brauch [. . .], in jeder neuen Lage neu nachzudenken« [90].

Das ist allerdings noch nicht das Konzept der Gelegenheitsvernunft, sondern lediglich die Leerstelle im Rahmen der Moderne, an die es treten könnte. Im Mythos 'Amerika' bleibt davon nichts übrig, außer dem banalen aber noch bewegteren Weltbild der Medien-Zeit [91]. Die Realitätsvorstellungen sind hier deutlicher ausgebildet als die unausgegorenen, weitgehend untergegangenen Vernunftbestimmungen. Deshalb muß sich der Rationalitätsvergleich an die Weltbilder halten, in denen die 'realisierten Rationalitäten' unserer Zeit ihre Spuren hinterlassen und die augenfälligsten Unterschiede zwischen 'Abendland' und 'Amerika' gesetzt haben. »Das Verhältnis zur Wirklichkeit, zur 'Realität', trennt unsere Gegenwart am stärksten vom neunzehnten Jahrhundert«.[92]

Es macht also für die richtig angesetzte Rationalitätsdiagnose wenig aus und widerlegt nicht ihre Ergebnisse, wenn in den Zeugnissen der künstlerisch-literarischen Moderne viel von 'Wirklichkeit' und wenig von 'Vernunft' die Rede ist. Der Realismusstreit in den Literaturwissenschaften ist ein Stellvertreterkrieg um verborgene, verleugnete, verkannte Rationalitätsauffassungen (wie schon im Dadaismus, der die radikalste Kritik des abendländischen Rationalismus bringt [93]). Dasselbe gilt für die Gegenüberstellung von Bildungs- und Großstadtroman [94], vom organischen und nicht-organischen Kunstwerk [95], von nachgeahmter und erfundener Wirklichkeit [96]. Was Max Weber

---

[90] Ebd., Bd. 2, S. 629.

[91] Vgl. dazu G. Großklaus, Nähe und Ferne (wie Anm. 26), dessen Beschreibung des Wahrnehmungswandels die Rationalitätsdiagnose des Vernunftwandels stützt und auf seine hier nicht untersuchten kognitiven Konsequenzen ausdehnt.

[92] Hans Helmut Hofstätter, Malerei und Graphik der Gegenwart. Baden-Baden 1969, S. 16.

[93] Dazu ausführlich: H. F. Spinner, Gegen Ohne Für Vernunft (wie Anm. 9).

[94] Vgl. Susanne Ledanff, Bildungsroman versus Großstadtroman. – In: Sprache im technischen Zeitalter 78 (1981), S. 85–114.

[95] Vgl. P. Bürger, Theorie (wie Anm. 31).

[96] Vgl. W. Hofmann, Von der Nachahmung (wie Anm. 20).

auf der primären Rationalitätsebene mit der '*epochalen*' *Zuordnung* der Grundsatzvernunft zum Abschnitt 'Abendland' vorgemacht hat, wird hier auf der sekundären Realitätsebene der 'Moderne' nachgemacht, gegensätzlich obgleich kaum gleichgewichtig. (Für den praktischen Rationalismus, der die stärkere Form der Vernunft verkörpert, fallen Webers »Männer mit Grundsätzen« stärker ins Gewicht als Musilsche »Männer ohne Eigenschaften«.) Döblins 'Berliner Programm' macht den Montageroman zum »Epos der Moderne«[97].

Unter Berücksichtigung der *sektoralen Zuordnung* Prinzipieller Rationalität zu ihren bevorzugten Exerzierplätzen der Ethik und Methodik, während Ästhetik und Politik eher Terrain der Okkasionellen Rationalität sind, stützen die »ästhetischen Konstruktionen der Moderne«[98] diese gewagte Verbindung einer überall vertretenen, aber nicht gleichverteilten Vernunftform mit dem meines Erachtens dazu passenden Epochenbild der Moderne[99]. Dieses ist nicht mehr wohlgeordnet von Sinn und Sachzusammenhängen durchzogen, durch die alle Einzelheiten innerlich miteinander verbunden sind und das Konkrete in die Randbedingungen der Gesetzmäßigkeiten abgedrängt ist. Das Weltbild der Moderne ist 'entformelt', dekonstruiert, fragmentarisiert, dissoziiert und aus den Einzelstücken wieder zusammenmontiert.

Inzwischen sind die fortgeschrittensten Wissenschaften zu ähnlichen Realitätsauffassungen, Denk- und Darstellungsformen wie die avantgardistischen Künste gekommen, wie die Informationstechnologie zeigt, welche die gesamte Wissensmenge so in beliebig verarbeitbare 'Daten' aufstückelt, daß die Karten jederzeit neu gemischt werden können. Das ist Montage in einer Größenordnung, die zum Beispiel der Gemengelage der Gesamtgesellschaft am Tage der Volkszählung entspricht und im Informationszeitalter einem 'Epochenbild der Moderne' näherkommt als die künstlerisch-literarischen Darstel-

---

[97] Vgl. Otto Keller, Döblins Montageroman als Epos der Moderne. München 1980.

[98] Hauke Brunkhorst, Die ästhetische Konstruktion der Moderne. – In: Leviathan 16 (1988), S. 77–96.

[99] Vgl. Lothar Köhn, 'Montage höherer Ordnung' – Zur Struktur des Epochenbildes bei Bloch, Tucholsky und Broch. – In: Literaturwissenschaft und Geisteswissenschaft. Fs. f. Richard Brinkmann. Tübingen 1981, S. 585–615.

lungen des unwirklichen[100] Großstadtlebens »zur Stunde des Mittags« und die philosophischen »Montagen höherer Ordnung«[101].

Das ist für die Rationalitätsdiagnose der Moderne deswegen so wichtig, weil sie damit den Übergang vom theoretischen Rationalismus der intellektuellen Überbauten in den Köpfen und Künsten zum praktischen Rationalismus des ökonomisch-technischen Unterbaus der modernen Gesellschaft macht. Wenn die Technisierung dieselben Rationalitätstendenzen erzeugt, wie die Ästhetisierung, dann erfaßt die Rationalitätszuordnung der Gelegenheitsvernunft zur Moderne einen weit größeren und gewichtigeren Wirklichkeitsbereich. Daß auch außerhalb der Kunst und unabhängig von romantischen Neigungen oder ästhetischen Bestrebungen »die Abneigung gegen allgemeine Grundsätze und die Vorliebe für die Behandlung von Einzelfall zu Einzelfall«[102] im Zug der Zeit liegt und die 'realisierten Rationalitäten' der Wirtschaft, Politik, Verwaltung wesentlich mitbestimmt, bestätigt das künstlerisch-literarische Epochenbild durch unabhängige Zeugnisse aus allen Lebensbereichen. Die Okkasionelle Rationalität der Moderne ist nicht nur ein »'epochales' Gefühl« von Literaten, die »nicht mehr bereit [sind], irgend etwas außerhalb meiner 'Gegenwart' zu denken« und »keine allgemeinen Örter« mehr kennen[103]. Wer so denkt, verhält sich in der Tat 'kategorial', d. h. rationalitätstheoretisch zeitgemäß, wenn auch deswegen nicht unbedigt richtig.

Nicht literarische Beschreibungen, sondern geschichtliche Bewegungen durchbrachen in der Moderne auf breiter Front die Herrschaft der Regel okzidentaler Rationalität. So war es am Anfang in den Künsten, und so ist es heute bei den technischen Entwicklungen. Die 'Moderne' des künstlerisch-literarischen und politisch-militärischen Avantgardismus spontaner oder extremer 'Bewegungen' aller Art – Futurismus, Surrealismus, Dadaismus; die historische Jugend-

---

[100] Vgl. Klaus R. Scherpe (Hrsg.), Die Unwirklichkeit der Städte. Reinbek 1988.

[101] Vgl. L. Köhn, 'Montage' (wie Anm. 99).

[102] F. A. von Hayek, Individualismus und wirtschaftliche Ordnung. Erlenbach–Zürich 1952, S. 9.

[103] Karl Heinz Bohrer, Die drei Kulturen. – In: Stichworte zur 'Geistigen Situation der Zeit'. Hrsg. v. Jürgen Habermas. Bd. 2: Politik und Kultur. Frankfurt a. M. 1979, S. 636–669 (Zitat S. 668).

bewegung und die neuen sozialen Bewegungen der Gegenwart; Nationalsozialismus und Blitzkrieg; 'irreguläre' Partisanen und 'findige' Unternehmer – verkörpern, auf unterschiedlichstem intellektuellen und moralischen Niveau, Gegentendenzen zur okzidentalen Rationalisierung nach Regeln.

Rationalitätstheoretisch im außermoralischen Sinne betrachtet, sind diese Bewegungen als neue Orientierungsmuster der Moderne nicht einfach 'irrational' im Weberschen Sinne der bloßen »Regelfremdheit«, wie die weltflüchtige Mystik oder die sprichwörtlich in die Ferne schweifende Romantik. Die avantgardistischen Gegenbewegungen der Moderne verkörpern die Vorboten eines rationalitätstheoretisch eigenständigen Vernunftverständnisses, das dem Konzept der Okkasionellen Rationalität nahekommt. Auch wenn es ihm nicht so weitgehend entsprechen mag, wie der okzidentale Rationalismus der Prinzipiellen Rationalität, geht 'Amerika' in den Weltbildern (einschließlich des gleichermaßen dissoziierten Menschenbildes), den Denk- und Darstellungsformen bis an die äußersten Grenzen, vor allem im Großstadtroman und in der am radikalsten entformelten Lyrik [104], in der Collagekunst und im Montagefilm. Dieser hat mit dem Filmschnitt das beispielhafte Verfahren der okkasionellen Wirklichkeitswiedergabe – oder zumindest ihres »ästhetischen Scheins« [105] – für eine aus künstlich gemachten Einzelstücken zusammengesetzte technische Welt entwickelt. Damit hat der moderne Film vorgemacht, wie man 'okkasionell' die Karten neu mischen kann. Inzwischen ist er darin von der modernen Informationstechnik weit übertroffen worden, die auf durchgängige 'sinnvolle' Handlungszusammenhänge völlig verzichten kann.

Diese Bewegungen gehen heute über den künstlerisch-literarischen Bereich hinaus und tragen den vorauseilend verkündeten Bankrott der idées générales weiter als je zuvor, dem sogar die Bastionen des abendländischen Rationalismus zu weichen beginnen. Das gilt für die Bürokratie der 'situativen' Verwaltung anstelle der rein 'sachlichen' Regelherrschaft starrer Vorschriften; für die Jurisprudenz des 'kontextuellen' und 'reflexiven' Rechts der okkasionellen Maßnahmen anstelle klassischer Gesetze; für die Wirtschaft des 'findigen' Unter-

---

[104] Vgl. Hugo Friedrich, Die Struktur der modernen Lyrik. 9. Aufl. der erw. Neuausg. Hamburg 1979.

[105] Vgl. K. H. Bohrer, Plötzlichkeit (wie Anm. 32).

nehmers – findig für die Gewinngelegenheiten wechselnder Marktlagen in einer Welt der 'opportunity structures' – statt des rechnenden Buchhalters; für die Informationstätigkeit des vor Ort recherierenden Journalisten,[106] der zum klassischen Theorienwissen der abendländischen Wissenschaft und zum experimentellen Erfahrungswissen der Laborforschung das konkrete Fallwissen der Reportage und Dokumentation beisteuert. Das sind zeitgemäße Neuorientierungen an den derzeitigen Gegebenheiten, Gelegenheiten, Möglichkeiten, zwecks Ausnützung der Besonderheiten unserer heutigen Problemlagen.

Der Zuschreibung Prinzipieller Rationalität zum 'Abendland' als epochemachender Orientierung – deren 'idealtypische' Stilisierung zum Beispiel in Webers optimistischer Rationalitätsannahme für die Bürokratie deutlich wird – entspräche somit die gegenläufige Zuordnung Okkasioneller Rationalität zur Moderne oder wenigstens zu ihrem Mythos 'Amerika', beides natürlich empirisch mit denselben Abstrichen und ähnlichen Ausnahmen. Das ist aber nicht der Untergang des abendländischen Rationalismus, der durch diese Entwicklung eher innerhalb seiner Grenzen konsolidiert wird, sondern die Erweiterung des Orientierungsrahmens der Moderne auf die ganze Bandbreite der Doppelvernunft.

2. *Vernunftspaltung der Zwei Kulturen: Inter- und Intrakulturelle Rationalitätsdifferenzen*

Die Rationalitätstheorie der Doppelvernunft ermöglicht differenziertere Rationalitätsdiagnosen als derartige globale Zuordnungen zu ganzen Epochen, für die allenfalls Richtungsbestimmungen der überwiegenden Rationalitätsneigungen vorgenommen werden können. Ihr wissenschaftlicher Erkenntniswert liegt darin, daß sie eine Fülle weiterer, feinerer Untersuchungen der Vernunftlage innerhalb dieser Epochen ermöglichen, wie sie für die Diagnose des pluralen Rationalismus der Moderne dringend erforderlich sind. Das ergibt eine Reihe weiterer Doppelvernunft-Zuordnungen, die nur hypothetisch vorge-

---

[106] Als einem epochentypischen »Agenten der Gelegenheitsvernunft«, wie in: H. F. Spinner, Wissensorientierter Journalismus: Der Journalist als Agent der Gelegenheitsvernunft. – In: Medien ohne Moral. Hrsg. v. Lutz Erbing, Stephan Ruß-Mohl, Berthold Seewald. Berlin 1988, S. 238–266 und 300–302, erläutert.

nommen werden können, immer empirisch überprüft werden müssen und hier mit Beispielen statt Belegmaterial verdeutlicht werden sollen:

Im Bereich des theoretischen Rationalismus, in und außerhalb der Wissenschaft, findet die Doppelvernunft sehr unterschiedliche Aufnahme in den einzelnen Fachgebieten. Nach der ziemlich eindeutigen sektoralen Zuordnung sind Ethik und Methodik das bevorzugte Betätigungsfeld der Prinzipiellen Rationalität, während die Okkasionelle Rationalität im Feld der Ästhetik besser zum Zuge kommt. Wenn empirisch zutreffend, wäre das ein wichtiger Umstand für die Rationalitätsdifferenz zwischen den Zwei Kulturen, in denen Methodik, Ethik und Ästhetik ja keineswegs zufallsverteilt und nicht gleichermaßen einflußreich sind.

Eindeutig sind auch *rollenbezogene Zuordnungen* möglich, weil grundsatzrationales und gelegenheitsrationales Verhalten typische Repräsentanten hat, die außer der familienähnlichen Rationalitätsorientierung oft kaum etwas miteinander gemeinsam haben. Einige davon sind beiläufig schon erwähnt worden, zum Beispiel Max Webers Unternehmertyp 'mit Grundsätzen', Wissenschaftler 'mit Methode' und subalterne Bürokraten 'mit Dienstanweisungen' als Prinzipialisten; moderne 'findige' Unternehmer und Journalisten, Carl Schmitts Partisanen und Webers 'Abenteurer' aller Art (vom charismatischen Herrscher bis zum Gelegenheitsarbeiter) als Okkasionalisten, zu denen die schwankenden literarischen Gestalten des Musilschen »Manns ohne Eigenschaften« und des Mayerschen »Außenseiters« kämen, deren Rollenorientierung »sich gegen die regelhafte Welt der Nichtgrenzüberschreiter«[107] richtet. Dasselbe gilt für den »dauerhaften Schwankheld« *Eulenspiegel*[108].

Die Rollendeutung der Doppelvernunft führt zu weiteren Zuordnungen, mit denen sie sich teils deckt, teils überschneidet. Dazu gehört die *instrumentelle Zuordnung* zu den jeweils geeigneten oder sonstwie bevorzugten Werkzeugen, Mitteln oder sonstigen Exekutionsmöglichkeiten beider Orientierungsrichtungen. So ist das klassische Gesetz ein ebenso typisches Instrumentarium der Grundsatzvernunft des Rechtsstaates, wie die moderne Maßnahme charakteri-

[107] Hans Mayer, Außenseiter. Frankfurt a. M. 1981, S. 21.

[108] Vgl. die rationalitätstheoretisch aufschlußreiche Monographie: Georg Bollenbeck, Till Eulenspiegel. Stuttgart 1985.

stisches Mittel des ad hoc nach Okkasion und Opportunität handelnden Diktators oder Kommissars. Ähnliches gilt im Erkennungsbereich für die Theorien der griechisch-abendländischen Wissenschaft einerseits, das Fallwissen aus journalistischen Recherchen, parlamentarischen Untersuchungskommissionen oder empirischen Umfragen andererseits.

Ferner sind sehr plausible *episodische Zuordnungen* möglich zu verschiedenen Problemlagen, deren Konstellationen bestimmte Orientierungen ermöglichen, begünstigen oder gar erzwingen. Unterscheidet man 'normale' Situationen mit wiederkehrenden Problemen, die routinemäßig nach bekannten Regeln gelöst werden können, von Ausnahmelagen mit neuartigen Problemen, für die es keine Handlungsroutinen gibt,[109] dann sind die damit intendierten – aber trotzdem nicht unbedingt realisierten! – Rationalitäten bereits angegeben. Das gilt für Max Webers Szenarien des »Alltags« und »Außeralltags« ebenso wie für Thomas S. Kuhns Phasen von »normaler« und »außerordentlicher Forschung« [110].

Mit der (unvollständigen) Reihe dieser Zuordnungsmöglichkeiten kommen wir dem Rationalitätsvergleich zwischen den Zwei Kulturen dadurch näher, indem statische, globale, invariante Vernunftzuschreibungen durch dynamische, funktionale, variable Verbindungen ersetzt werden. Diese werden dem Rationalitätskonzept der wählbaren Optionen für das 'qualifiziert orientierte' Problemlösungsverhalten weit besser gerecht.

Greifen wir mit diesem Gedanken auf die Ausführungen über 'Abendland' und 'Amerika' zurück, dann ist der nächste Untersuchungsschritt ein *funktionaler Rationalitätsvergleich* der Zwei Kulturen innerhalb der Moderne. Diese *interkulturelle*, im akademischen Vergleichsbereich von Natur- und Technikwissenschaften auf der einen, Geistes- und Sozialwissenschaften auf der anderen Seite *intrakulturelle* Zuordnung kann nun dort fortfahren, wo die rationalitätstheoretische Deutung der Moderne stehengeblieben ist. Da hierfür die moderne Kunst (nach der Französischen Revolution; nachhaltig verstärkt seit dem Ersten Weltkrieg, der für die Dadaisten den Bank-

[109] Vgl. Hans Dieter Seibel, Struktur und Entwicklung der Gesellschaft. Stuttgart, Berlin, Köln, Mainz 1980.

[110] Vgl. Thomas S. Kuhn, Die Struktur wissenschaftlicher Revolutionen. Frankfurt a. M. 1967.

rott der abendländischen Vernunft augenfällig machte – und, nebenbei bemerkt, auch der klassischen Kriegskunst des Manövrierens nach festen Regeln) und Literatur (von Baudelaire bis Benjamin und darüber hinaus, bis zur postmodernen Rückwende) wegweisend war, kann die epochale durch eine *kulturspezifische Funktionszuschreibung* der Doppelvernunft ergänzt werden.

Nach der rationalitätstheoretischen Deutungshypothese sind die Zwei Kulturen durch eine Vernunftspaltung voneinander getrennt, d. h. durch eine wesentlich verschiedene Rationalitätsorientierung mit entsprechenden Realitätsauffassungen, Erkenntnisstilen und Darstellungsformen zur 'Naturwiedergabe'. Diese differenzierte, kulturdifferenzierende Rationalitätsthese behauptet eine zumindest intellektuelle Präferenz der Zweiten Kultur für die Orientierungsrichtung Okkasioneller Rationalität, d. h. für gelegenheitsrationale Argumentationsmuster im theoretischen und, falls es so weit kommen sollte, für die entsprechenden Verhaltensmuster im praktischen Rationalismus. Falls richtig, wäre damit der zur empirischen Überprüfung angenommene Folgetatbestand der Überrepräsentation von Erscheinungsformen der Gelegenheitsvernunft erklärt.

Man braucht dafür also nicht auf die pauschale, vermutlich falsche, jedenfalls nur für die Literaturwissenschaft i. e. S. relevante These Hans Mayers zurückzugreifen, daß alle Literatur »der Kategorie des Besonderen« gehorche und »stets Ausnahmefälle« behandle.[111] Dasselbe gilt für Ernst Blochs Annahme über die »besten Orte« für die Hervorbringung des Neuen: »die Jugend, die Zeiten, die im Begriff sind, sich zu wenden, die schöpferische Hervorbringung«[112]. – Das ist eine strikt funktionale, hervorragend passende Ortsbestimmung Okkasioneller Rationalität, läßt sich aber kaum empirisch von der Zweiten Kultur gegen die Erste Kultur in Anspruch nehmen, deren Vertreter nach Snow ja den Fortschritt im Blut haben.

Das mit der kulturspezifischen Rationalitätsdeutung gezeichnete Bild einer im Gegensatz zur Zweiten Kultur immer noch hochgradig 'prinzipiierten', also grundsatzrational orientierten *Ersten Kultur* könnte sich jedoch bald verändern. Auch hier ist die 'stille Revolution' eines Rationalitätswandels im Gange, aber aus anderen Gründen. Wenn okkasionelle Orientierungen heute zunehmend auch in der

[111] H. Mayer, Außenseiter (wie Anm. 107), S. 13.

[112] Ernst Bloch, Das Prinzip Hoffnung. Frankfurt a. M. 1973, S. 132.

Ersten Kultur heimisch werden, dann weniger infolge des Vordringens der Zweiten Kultur – die zur Zeit eher im Rückzug ist –, sondern als 'paradoxe' Rationalisierungsfolge der modernen Technik. Das gilt insbesondere für die Informationstechnik, welche die Wissens- und Vernunftlage radikal verändert. Die Auswirkungen beeinflussen die Weltbilder und Wiedergabeformen der modernen Welt tiefgreifend, mit deren noch unabsehbaren Folgen sich die Technikfolgenforschung erst zu beschäftigen beginnt.[113]

Was mit diesen Zuordnungen bestimmter Rationalitätsorientierungen in der stilisierten Epochenfolge von 'Abendland' und 'Amerika' sowie innerhalb der Moderne im Verhältnis der Zwei Kulturen gesagt worden ist, bedarf noch der genaueren theoretischen Erklärung durch Hypothesen über den Vernunftwandel sowie einer sorgfältigen empirischen Überprüfung. Dafür liefert die Rationalitätstheorie der Doppelvernunft ein differentielles Rationalitätskonzept zur Erfassung der verschiedensten Vernunftlagen, Theoreme zur Erklärung ihrer Veränderungen, Modelle und Instrumente zur empirischen Ermittlung charakteristischer Rationalitätsstrukturen ('Vernunftprofile').

Damit kann präzise behauptet, materialreich belegt und empirisch überprüft werden, daß

erstens die *Entstehung der Moderne* im allgemeinen,
zweitens die *Lage der Zweiten Kultur* im besonderen,
drittens die *naturwissenschaftlich-technische Entwicklung in der Ersten Kultur*

einen Vernunftwandel in Richtung auf (mehr) Okkasionelle Rationalität bewirken, ausgelöst durch die *Industrialisierung,* fortgesetzt durch die *Technisierung,* verstärkt durch die *Informatisierung.* Die Auswirkungen auf die Bewußtseinslagen, Weltbildkonstruktionen und Verhaltensweisen wären nun Punkt für Punkt zu untersuchen, für jede Dimension des Orientierungsraums. Beispielsweise sind hier zu nennen: Beschleunigungsprozesse insbesondere des kognitiven Wachstums (exponentielles Wissenschaftswachstum, Informationsrevolution); Verkürzung der Zeit- und Raumperspektive; Dekonstruktion von Sinn- und Sachzusammenhängen zugunsten okkasioneller »Montagen der Attraktionen« (bei Brecht [114]), Collagen von Einzel-

[113] Vgl. H. Lenk, Sozialpsychologie (wie Anm. 86), S. 299 ff.

[114] Dazu: B. Singermann, Brechts Dreigroschenoper (wie Anm. 15).

heiten, Matrizen von Daten – anstelle der alteuropäischen Art des Denkens, Handelns, Fühlens im Zusammenhang von Theorien, Gesetzen, Systemen, Regeln. Das alles ist nicht ohne Vorbilder, wie die parataktischen Denk- und Darstellungsformen der Epen, die additiven und korrelativen Verknüpfungsformen von Erzählungen,[115] die Wissenballungen von Enzyklopädien zeigen. Ein absolutes Novum ist die technische Realisierung von vorher nur theoretischen Möglichkeiten, die dadurch eine realistische Grundlage, neue Größenordnung und moderne Dynamik erhalten.

Wenn die großen Zusammenhänge zerbrechen, dem Bewußtsein 'skeptischer Generationen' entschwinden oder einfach bedeutungslos werden, muß man sich statt dessen an den 'Einzelheiten' der »heterogenen Mannigfaltigkeit« (Max Weber) moderner Welten orientieren, wie es Okkasioneller Rationalität entspricht. Dafür ist charakteristisch, salopp gesagt, daß die Karten jederzeit neu gemischt werden können.

Genau das hat meines Erachtens die Moderne in die Wege geleitet, die Zweite Kultur mit ihren Montage-, Collage- und Konstellationsbegriffen erfaßt, die Informationstechnik heute im großen Stil verwirklicht.

Unklar erscheint mir daran lediglich, ob dieser Rationalitätsverschiebung innerhalb der Doppelvernunft nicht ein mehr oder weniger zyklischer Orientierungswechsel zugrunde liegt, der das Pendel wieder zurückschlagen läßt. Die diesbezüglichen wechselnden Orientierungsrahmen der deutschen Jugend (Jugendbewegung/NS-Jugend/Skeptische Generation/Protestgeneration/Null-Bock-Generation der 80er Jahre) sprechen eher dafür.

Aber vielleicht ist das alles gar nicht so neu, wenn man bedenkt, daß Gott 'von Ewigkeit zu Ewigkeit' Okkasionalist ist – das erste Originalgenie, welches über den Regeln gestanden hat, bevor es zu ihrem 'Bankrott' gekommen ist. Aber der philosophisch-theologische Occasionalismus ist ein Kapitel für sich.[116]

---

115 Vgl. Eberhard Lämmert, Bauformen des Erzählens. Stuttgart 1955, S. 43 ff.

116 Dazu knapp: R. Specht, Artikel »Occasionalismus«. – In: Historisches Wörterbuch der Philosophie. Hrsg. v. Joachim Ritter u. Karlfriedrich Gründer. Bd. 6. Darmstadt 1984, S. 1090 f.

II

STADT ALS ZEICHEN

Klaus R. Scherpe

AUSDRUCK, FUNKTION, MEDIUM

Transformationen der Großstadterzählung in der deutschen Literatur der Moderne

Kaum ein Thema ist so affektbeladen und assoziationsträchtig wie das der großen Stadt. Sprechen wir mit Raymond Ledrut von der Großstadt als einem »champ des significations«[1], so ist damit anerkannt, daß die Stadt als Projektionsfläche von Bedeutungen in keinem Falle zur Deckung kommt mit der realen Stadt. Die Einbildungen der Stadt sind darum nicht minder real. Atlantis, Babylon und das Himmlische Jerusalem sind phantastische Entwürfe, real in ihrem utopischen, psychosozialen und religiösen Gehalt. So gedacht läßt sich das Typische der Stadtbilder im archetypischen Denkmuster verankern.[2] Fast scheint es dann, als hätten die menschlichen Triebkräfte, und zwar vorzugsweise die destruktiven Energien, sich ihr passendes Stadtbild zugelegt: Zerstörung gehört zu einem imaginären Karthago oder Troja, Perversion zu Sodom und Gomorrha, Rom steht für die Macht und das Schicksal der Mächtigen. In modernen Zeiten, in denen die Zeichenfülle im Stadtgebiet die elementaren Symbolisierungen überlagert, gibt es neue Halterungen für die Städtebilder, und zwar in lockerer metaphorischer Zuordnung: die Stadt als Schalttafel oder Informationsmaschine, als Theaterschauplatz und Spektakel, als Erinnerungsmuster oder Entwurf.[3]

---

[1] Raymond Ledrut, Les images de la ville. Paris 1973.

[2] Burton Pike, The Image of the City in modern Literature. Princeton 1981.

[3] Vgl. hierzu z. B. die Beiträge von Eberhard Kreutzer, F. Gerald Kline und Karl W. Deutsch in: Medium Metropole. Berlin, Paris, New York. Hrsg. v. Friedrich Knilli/Michael Nerlich. Heidelberg 1986; weiterhin die Aufsätze im Ausstellungskatalog ›Mythos Berlin. Zur Wahrnehmungsgeschichte einer industriellen Metropole‹. Berlin 1987, und Dieter Hoffmann-Axthelm, Wie kommt die Geschichte ins Entwerfen. Aufsätze zu Architektur und Stadt. Braunschweig/Wiesbaden 1987.

Der Wandel der Symbolisierungen und die Kräftigung bzw. Abschwächung der symbolischen Rede über die Stadt akzentuiert die Notwendigkeit, die Frage nach der Darstellbarkeit und Erzählbarkeit der Stadt in der Literatur der Moderne historisch zu stellen. Die platzgreifende Erkenntnis, daß heutzutage überall und zu jeder Zeit Bielefeld oder Jersey City ist oder sein kann, muß für Städteplaner und politische Stadtväter Anlaß sein, zumindest die *Illusion der Städte* am Leben zu halten. Auf der Metaebene der zum Bild gewordenen Großstadt (ihrer Erfahrung, Wahrnehmung und Symbolisierung) ist die Frage nach der historischen Zeit der Städte und die nach ihrer geographischen Bestimmtheit schwieriger zu beantworten. Seitdem die von Jane Jacobs für die moderne Großstadt festgestellte »organisierte Komplexität« [4] sich noch komplexer und oft weniger organisiert ausnimmt und keines der großstädtischen Identifikationsangebote einfach auf eine 'Identität' der Stadt verweist, profiliert sich deutlicher als bisher ein kulturwissenschaftliches Interesse, das Großstadtgebiet neu zu vermessen, zu rekonstruieren und prospektiv zu bedenken.[5]

Die literarhistorische Rekonstruktion ist enger zu begrenzen, was schwer fällt, wenn man bedenkt, daß die Ausweitung, ja die Unkenntlichkeit der Stadtgrenzen auch den literaturwissenschaftlichen Untersuchungsgegenstand 'Großstadt' [6] entgrenzt hat. Für die Stadtthematik und ihre Darstellbarkeit gilt im besonderen das, was für die Literatur der Moderne überhaupt vorauszusetzen ist: daß die Verortung der Wirklichkeit-im-Ganzen (Hegel) an Glaubwürdigkeit eingebüßt und an Darstellbarkeit nach der Vorgabe substantieller Repräsentationsmuster verloren hat. Die Verständigung über den Untersuchungsgegenstand 'Großstadt' muß ohne die Voraussetzung der Einheit dieses Gegenstandes auskommen. Die Veränderungen im realen Grundriß und im imaginären Aufriß der Stadt haben ihren

[4] Jane Jacobs, The Death and Life of American Cities. New York 1961.

[5] Vgl. z. B. Kevin Lynch, Das Bild der Stadt. Gütersloh 1968; Werner Durth, Die Inszenierung der Alltagswelt. Zur Kritik der Stadtgestaltung. Braunschweig 1977; Fredric Jameson, Postmoderne – zur Logik der Kultur im Spätkapitalismus. – In: Postmoderne. Zeichen eines kulturellen Wandels. Hrsg. v. Andreas Huyssen/Klaus R. Scherpe. Reinbek b. Hamburg 1986, S. 81 ff.; Vittorio Magnago Lampugnani, Architektur als Kultur. Die Ideen und die Formen. Köln 1986.

Grund im historischen Prozeß der Ausdifferenzierung der kapitalistischen Gesellschaft (Max Weber) und des weiteren, was in der Gegenwart unübersehbar wird, in der *Ent*differenzierung der zuvor genauer markierten großstädtischen Arbeits- und Lebensbereiche. »Eigenschaftslosigkeit« entdeckt Robert Musil schon auf den ersten Seiten seines großen Romans im Wiener Stadtbild: »Es soll [...] auf den Namen der Stadt kein besonderer Wert gelegt werden. Wie alle großen Städte bestand sie aus Unregelmäßigkeit, Wechsel, Vorgleiten, Nichtschritthalten, Zusammenstößen von Dingen und Angelegenheiten, bodenlosen Punkten der Stille dazwischen, aus Bahnen und Ungebahntem«.[7] Die Städte werden namenlos, da austauschbar. Dies hat zweifellos seinen Grund in der zunehmenden Abstraktheit ihres 'Wesens', in der Unsichtbarkeit ihrer Steuerungsmechanismen: aus sichtbarem Handel und Wandel als Zentrum wurde längst die unbegreifliche Schaltzentrale des Finanzkapitals, aus Schupos an der Straßenkreuzung die verkehrstechnische Großrechenanlage. Es ist wohl dieses Unfaßbare der großen Stadt, was Italo Calvino meint, wenn er die »città invisibili« als märchenhaft beschreibt in ihrer größtmöglichen Modernität: »›Du kannst abfliegen, wann du willst‹, wurde mir gesagt, ›aber du wirst zu einem anderen *Trude* kommen, [die Städtenamen sind, auch wenn sie austauschbar sind, stets weiblich konnotiert, Anm. und Hervorhebung des Vfs.] das Punkt für Punkt gleich ist, die Welt ist überdeckt von einem einzigen Trude, das nicht anfängt und nicht aufhört, nur am Flughafen den Namen wechselt.‹«[8]

---

[6] Für ein begrenztes oder eingrenzbares Untersuchungsgebiet der Stadt spricht Volker Klotz (Die erzählte Stadt. München 1969), für eine historische Erweiterung unter *einem* Aspekt Heinz Brüggemann: »Aber schickt keinen Poeten nach London!« Großstadt und literarische Wahrnehmung im 18. und 19. Jahrhundert. Reinbek bei Hamburg 1986. Germanistische Sekundärliteratur zum Thema findet sich ausführlich nachgewiesen bei Klaus R. Scherpe, Von der erzählten Stadt zur Stadterzählung. Der Großstadtdiskurs in Alfred Döblins ›Berlin Alexanderplatz‹. – In: Diskurstheorien und Literaturwissenschaft. Hrsg. v. Jürgen Fohrmann und Harro Müller. Frankfurt a. M. 1987, 418–437.

[7] Robert Musil, Der Mann ohne Eigenschaften. – In: R. M., Gesammelte Werke. Bd. 1. Reinbek bei Hamburg 1978, S. 10.

[8] Italo Calvino, Die unsichtbaren Städte. München 1985, S. 150.

Von einer womöglich postmodernen Gegenwart her, in der die wahren Zentren der Macht unsichtbar gemacht sind, in der die Entqualifizierung des dennoch Sichtbaren voranschreitet, wo es schon gräßlicher Vorfälle bedarf (wie im Roman von Musil und Carlo Emilio Gadda), um ein Ereignis in der monotonen Struktur der »andauernden Städte« zur Geltung zu bringen: von einer derart absoluten Gegenwart aus sind die Transformationen der Großstadterzählung in der Literatur der Moderne retrospektiv zu begreifen. In der Moderne dominieren die Übergangsphänomene, nicht die Fixierungen. Unser Großstadtbild ist selbstverständlich und unausgesprochen fixiert auf die Industriestadt des Kapitalismus und ihre sozialen Folgeerscheinungen. In dieses Bild gehen (in der Form der Bedeutungsarchäologie) Rom und Babylon ebenso symbolisch ein wie die neueren, technologisch animierten Symbolwerte der Schalttafel und Informationsmaschine.

Die großen Werke zur Kulturgeschichte der Stadt haben sich stets um eine historische Reihung der Städte und der Stadtansichten bemüht. Fixpunkt war auch hier die Industriestadt, ihre historische Zeit und ihr historischer Raum. Stets begleitete eine 'Idee' der Stadt die Suche nach ihren Realitäten. Der britische Kulturhistoriker Raymond Williams assoziiert in seinem Buch 'The Country and the City‹ die Stadt des 17. Jahrhunderts mit Geld und Gesetz, die des 18. Jahrhunderts mit durch Kapital erzeugtem Reichtum und Luxus, die Stadt des 19. Jahrhundert mit Kapitalisierung, Industrialisierung und Arbeitermassen, die des 20. Jahrhunderts mit Mobilität und Isolation.[9] Für ihn, wie für Henri Lefèbvre in seinem Buch ›La révolution urbaine‹,[10] ist die Entstehung der Städte dominiert von der gesellschaftlichen Produktionsweise, methodisch fokussiert auf die Dialektik von kapitalistischer Produktionsweise und Produktionsverhältnissen. Lefèbvre faßt den Gesellschaftsprozeß insgesamt als Prozeß der Verstädterung. Auf die noch von landwirtschaftlicher und manufaktureller Produktionsweise dominierte Stadt folgt die vom universellen Rationalismus erfaßte kapitalistische Industriestadt, auf sie die überhaupt 'verstädterte Gesellschaft' des 20. Jahrhunderts. Dieser typologische Dreischritt wird sozialphilosophisch kurzgeschlossen

[9] Raymond Williams, The Country and the City. London 1973.

[10] Henri Lefèbvre, Die Revolution der Städte. München 1972.

auf ein Entwicklungsschema von Bedarf, Arbeit und Genuß. Deutlicher als bei Williams und Lefèbvre wird in Lewis Mumfords Standardwerk ›The City in History‹ die leitende Idee der historischen Stadtforschung moralisierend ausgelegt.[11] Mumfords moderne Großstadt ist – nicht weit entfernt von Oswald Spenglers infernalischen Bildern – ein zivilisatorischer Krankheitsherd, dem ein Idealbild des effektiv funktionierenden, sozial gerechten und selbstbewußten modernen Gemeinwesens zur Gesundung entgegengehalten wird.

Eine Rekonstruktion der literarischen Großstadterzählungen und der sie anleitenden Städtebilder muß den ideologischen Ballast besonders gewichten. Im Kern geht es in den literarischen, ebenso wie in den wissenschaftlichen Texten immer wieder um die Geschichte der Verstädterung als Verfallsgeschichte. Vielleicht liegt hier der Grund dafür, daß die Frage nach der historisch differenten Darstellbarkeit und Erzählbarkeit der Stadt und die Frage nach den *Transformationen der erzählten Stadt* so selten gestellt wurde. Statt dessen findet man die auch noch in der Nachzeichnung affektbesetzte Entgegensetzung von Stadt und Land,[12] die Dramatisierung des Einzelschicksals in der feindlichen Großstadtmasse,[13] die Übereinstimmung mit den in den Texten wirksamen Symbolisierungen der Stadt als »Moloch«, »Hure«, »Agon« oder »steinernes Meer«[14]. Die Großstadtliteratur, zumal die deutsche, in der es nur einen ›Berlin Alexanderplatz‹-Roman gibt, legt der Literaturwissenschaft diese zumeist metaphernreiche Nachzeichnung nahe. Der Blick auf die Moderne, der hierin festgehalten wird, ist jedoch allzu kurzsichtig in der Weite des Raumes der literarischen Erscheinungsformen der Großstadt. Es

[11] Lewis Mumford, Die Stadt. Geschichte und Ausblick. 3. Aufl. München 1984.

[12] Friedrich Sengle, Wunschbild Land und Schreckbild Stadt. – In: Studium Generale 16 (1963), S. 619–630.

[13] So auch noch in der Sekundärliteratur zu Döblins ›Alexanderplatz‹, z. B. bei Susanne Ladanff, Bildungsroman versus Großstadtroman. – In: Sprache im technischen Zeitalter 78 (1981), S. 85–112; Theodor Ziolkowski: Berlin Alexanderplatz. – In: Zu Alfred Döblin. Hrsg. v. Ingrid Schuster. Stuttgart 1980, S. 128–148.

[14] So auch noch Volker Klotz in bezug auf die Romane von Döblin und Dos Passos (vgl. Anm. 6).

fehlt an Aufmerksamkeit für ihre deutlich erkennbaren Transformationen im Prozeß der gesellschaftlichen Modernisierung.

Was wäre als modern zu begreifen, wenn nicht das Moment des *Transitorischen,* das zumindest seit den Großstadtgedichten Baudelaires und seit Edgar Allan Poes ›The Man of the Crowd‹ die Fixierung des Modernebegriffs auf die 'nouveauté' auflöst. Die moderne Stadt existiert überhaupt nur noch im Umbau, das Transitorische wird zu ihrer Existenzform. Eine Stadtgeschichte als Transformationsgeschichte könnte eine andere 'Ideenreihe' aufmachen, die den Großstadtphänomenen ihre historische Ansicht beläßt, sie aber dennoch kraft ihrer Umgestaltung bis in die Gegenwart hinein in Beziehung setzt.

Ansatzpunkte bietet das großstädtische 'champ des significations' en masse. Zum Beispiel das literarisch wie kulturgeschichtlich zu bedeutsame Phänomen der *Stadtbeleuchtung.* In den Großstadtromanen des 19. Jahrhunderts von Sue oder Dickens, in denen die erzählte Stadt auf den Kriminalfall oder das soziale Elend hin zentriert ist, spielt die mangelhafte Straßenbeleuchtung eine große Rolle. Dieser Seltenheitswert der Beleuchtung erscheint in der Großstadt der 20er Jahre transformiert in ein viel bewundertes Lichtermeer. Die Leuchtreklamen zeichnen jetzt die Waren aus. Der Ehrgeiz, die Nacht zum Tag zu machen, konnte zum Festprogramm erhoben werden. Vom 13. bis 15. Oktober 1928 fand die bis dato großartigste Großstadterleuchtung unter dem Titel ›Berlin im Licht‹ statt. Bis in die Vorstädte reichte die Lichterflut: »Und das Resultat der Lichtwoche: Die Lichtstadt Berlin wird ab nun noch heller sein.«[15] Die Transformation von Licht und Schatten in viel und eher zu viel Licht wirkte gleichmacherisch, wie die Zeitgenossen bemerkten. Seitdem gibt es für Großstadttouristen das Spektakel der Illuminationen. Die historischen Zeichen der Stadtgeschichte werden angestrahlt, als könnte dadurch bei Bedarf im total ausgeleuchteten Stadtraum die alte Symbolkraft repräsentativer Stadtgeschichten zurückgewonnen werden. In Donald Barthelmes hochmoderner New Yorker Erzählung ›City Life‹ sorgt allein der Stromausfall für neuen Erzählstoff: »What a happy time that was, when all the electricity went away.«[16]

---

[15] Zitiert nach Bärbel Schrader/Jürgen Schebera: Kunstmetropole Berlin 1918–1933. Berlin und Weimar 1987, S. 139.

[16] Donald Barthelme: City Life. New York 1976, S. 172.

Transformationen der Großstadterzählungen in der Moderne lassen sich nicht nur flächendeckend, sondern auch punktuell festmachen. Man denke an das Phänomen und das Schicksal des *Flaneurs*, diese besondere Verwandlung des allgemeineren literarischen Motivs des Fremden in der Stadt. Der kontemplative Gestus des Pariser Flaneurs, dem die Dinge sich bedeutungsvoll zuneigen, wenn er sie bedeutungsvoll anblickt, kann mit Walter Benjamins bewunderndem Blick doch nur noch melancholisch reflektiert werden.[17] In Döblins ›Berlin Alexanderplatz‹ dominieren die Passanten, von denen Franz Biberkopf auch nur einer unter vielen ist. Sie werden verkehrstechnisch lokalisiert und nach der Strategie eines funktionablen Stadtplans in Bewegung gesetzt. Hinzugekommen sind seitdem Maschinen, die das Auf und Ab beschleunigen, Paternoster und Rolltreppen. Das Großstadtmotiv des Flaneurs fällt dem zum Opfer, wogegen es sich wehrt: der in die Bedeutungslosigkeit führenden Beschleunigung. Das Phänomen der Großstadtwahrnehmung, um dessentwillen die Figur des Flaneurs überhaupt erfunden wurde, muß deshalb nicht gleichfalls totgesagt werden. Im Großstadtleben unter hochtechnischen Bedingungen geht es weiterhin um die Transformation dieses Phänomens, um seine erzählerische Verwandlung, wenn die Stadtgeschichten, wie im Roman von Thomas Pynchon (›The Crying of Lot 49‹), in der Oberflächlichkeit des Fernsehers oder in der Tiefe des Raumes einer unendlich beweglichen Computergraphik verschwinden.

Eine dritte Transformationsgeschichte der Großstadterzählung in der Moderne möchte ich deutlicher benennen und als eine kleine deutsche Literaturgeschichte mit wenigen Beispielen andeuten. Mit Blick auf die gegenwärtigen Phänomene der Entgrenzung der Großstadt und auf die Erscheinungsformen einer Verstädterung, die es immer schwieriger macht, den 'Text der Stadt' als einen einzigartigen zu lesen, ist zu fragen, welche Transformationen das einstmals genau umgrenzte literarische Gebiet der erzählten Stadt[18] erfahren

[17] Walter Benjamin: Die Wiederkehr des Flaneurs. – In: W. B., Gesammelte Schriften. Bd. III. Frankfurt a. M. 1980, S. 194–198; Dietmar Voss: Die Rückseite der Flanerie. Versuch über ein Schlüsselphänomen der Moderne. – In: Die Unwirklichkeit der Städte. Hrsg. v. Klaus R. Scherpe. Reinbek bei Hamburg 1988 (im Erscheinen).

[18] Zu Begriff und Geschichte der 'erzählten Stadt' vgl. V. Klotz (wie Anm. 6).

hat. Man kann *drei historische Abstufungen in diesem Transformationsprozeß* markieren:
1. Die Darstellung der Großstadtwelt durch eine für authentisch gehaltene und subjektiv verbürgte *Ausdruckskunst*, die im Expressionismus kulminiert;
2. die Darstellung der Großstadt im Bewußtsein ihrer ›zweiten Natur‹, d. h. mit Rücksicht auf ihren *funktionalen Charakter*, der die um originären Ausdruck bemühte Großstadterzählung überlagert (hierfür finden sich die wichtigsten Beispiele in der Metropolenliteratur der 20er Jahre);
3. die Darstellung der großen Stadt in der Nachkriegs- und Gegenwartsliteratur angesichts der *multimedialen Übertragbarkeit* von Realität und der durch die neuen Kommunikationssysteme veränderten Vorstellungen von Raum und Zeit.

Ad 1

Als *großstädtische Ausdruckskunst* kann die Literatur der Moderne überhaupt gelten, solange, wie Brecht es im ›Dreigroschenprozeß‹ formulierte, die Welt noch nicht »in die Funktionale gerutscht« ist, solange noch nicht, was Walter Benjamin diagnostizierte, das Phänomen der Reproduzierbarkeit der Kunst das künstlerische Unikat bedroht, solange noch nicht, wie Ernst Jünger unter Schmerzen notierte, der literarische Glaube an die Rettung der Persönlichkeit sich als heroische Illusion zersetzt. Solange dies noch nicht geschehen ist und anerkannt werden muß, gibt es in der Großstadtliteratur der Moderne die Dramatisierung der erzählten Stadt als Gesellschaftskonflikt (im Roman von Balzac, Dickens und Zola), als individueller Konflikt des einzelnen in der feindlichen Stadt (von Baudelaires Flaneurmotiv bis zur Fremdheitserfahrung in Rilkes ›Malte‹ und dem Epiphanieerlebnis in Prousts ›Recherche‹), dominiert die symbolische Überhöhung dieses Konflikts durch die Darstellung der großen Stadt als Schlachthaus, Irrenhaus und Inferno (wie im expressionistischen Gedicht). Der historische Begriff der Moderne, wie ihn in Deutschland im fin de siècle z. B. Arno Holz, Hermann Bahr und Samuel Lublinski verwenden, meint in der Regel eine Oppositionsstellung gegen die abgelebten historisierenden und psychologisierenden Erzählungen des 19. Jahrhunderts und eine Erneuerung des Impulses des ›Authentischen‹ in den Künsten. Naturalistische und impressionistische Stadtgedichte von Holz (in der Sammlung ›Buch der Zeit. Lieder eines Modernen‹), von Liliencron (›Auf einem Bahnhof‹) oder Dehmel (›Predigt ans Großstadtvolk‹) sind noch ganz geprägt vom binären Darstellungsschema (Stadt/Land, Individuum/Masse) und entfalten die Fiktion eines authentischen Lebens in der Fremde der Großstadt. Diese erzählenden Großstadtgedichte bleiben Ich-Gesänge und werden als Geschichten des Kampfes mit der Stadt und des Leidens an der Stadt vorgetragen. Sie sind Fiktionen eines unmittelbaren Stadterlebnisses, für das durch die bloße Benennung von Fabrik, Menschenmasse und Geschwindigkeit noch keine dem Großstadtphänomen adäquate Sprache gefunden ist: In Julius Harts bekanntem Gedicht ›Auf der Fahrt nach Berlin‹ (1882) heißt es:

> Die Fenster auf! Dort drüben liegt Berlin!
> [...]
> Ein Flammenherd darunter, – ein Vulkan,
> von Millionen Feuerbränden lodernd,
> ein Paradies, ein fruchtbar Kanaan, –
> ein Höllenreich in Schattendunst vermodernd.
> [...]
> Engbrüst'ge Häuser, Fenster schmal und klein,
> bald braust es dumpf durch hallende Brückenbogen,
> bald blinkt herauf bleifarbner Wasserschein,
> und unter Kähnen mühn sich schwer die Wogen.[19]

Die Eindrücke von der Großstadt werden naturalisiert, anthropomorphisiert und mit der bekannten Bibelmetaphorik des paradiesischen und des apokalyptischen Zustands aufgeladen. Die 'soziale Indikation', die folgt, tritt sofort wieder zurück hinter der viel bewegteren Ergründung des subjektiven Hoffens und Erschreckens.

Die expressionistischen Großstadtgedichte der Heym, Trakl, Stadler und van Hoddis[20] sind bekanntlich durch die Lockerung der Sprache aus den konventionellen Verankerungen sehr viel eindringlicher. Beim genaueren Hinsehen zeigt sich aber auch hier, daß nicht eigentlich die Großstadt thematisch wird, sondern die eigene angst- und grauenvoll besetzte Vision der Großstadt. Ein Beispiel aus Armin T. Wegners Sammlung ›Das Antlitz der Städte‹:

---

[19] Zitiert nach: Wolfgang Rothe (Hrsg.), Deutsche Großstadtlyrik vom Naturalismus bis zur Gegenwart. Stuttgart 1973, S. 60.

[20] Vgl. Heinz Rölleke, Die Stadt bei Stadler, Heym, Trakl. Berlin 1966;

Der Kreisel

Zur Stunde, da an den eisernen Pfeilern
Das Licht sich entzündet,
Ein gelber Strom in die Gassen mündet,
Wenn die Pulse der Stadt zur Ekstase sich steigern
Und die Luft der Nacht aus fiebernder Brust
Aufsteigt, von Wunsch und Begierde satt,
Dann springt, gepackt von rasender Lust,
Mein Herz hinab in den Aufruhr der Stadt.

Und durch das Tosen der Straßen getrieben,
Jagt es gleich einem rollenden Rad
Über Brücken, durch Tore, gepeitscht unter Hieben,
Zwischen der Menge hindurch, der Pfad
Verschlingt es ... sie stoßen, sie schieben,
Sie treten mit ihren Füßen darnach.
Sie spielen damit wie mit einem Ball,
Und die Treppen hinunter, von Fall zu Fall
Hör ich es klappern. Hinab in das Ungemach
Der Schmerzens- und Elendsgassen!
Zerlumptes Pack,
Wie sie's mit schmutzigen Händen befassen,
Mit Jammern und Grollen
Über das Herz hin tanzen und tollen,
Daß es quiekt und schreit wie ein Dudelsack. [...] [21]

Auch dies ist eine Großstadtpoesie des heißen Herzens (und keine des kalten Herzens und der Herzlosigkeit wie bald darauf bei Brecht, Döblin oder Jünger). Seit der Jahrhundertwende war das Hektische und Ekstatische in Mode gekommen.[22] Die Großstadt diente als Projektionsfläche für sexuelle Phantasien, masochistische Orgien der

---

Silvio Vietta, Großstadtwahrnehmung und ihre literarische Darstellung. – In: DVjs 48 (1974), S. 354–373.

[21] Armin T. Wegner, Das Antlitz der Städte. Berlin 1917, S. 48.

[22] Vgl. hierzu: Lothar Müller, Modernität, Nervosität und Sachlichkeit. – In: Mythos Berlin (wie Anm. 3), S. 79–92; Helmut Lethen, Chicago und Moskau. Berlins moderne Kultur der 20er Jahre zwischen Inflation und Weltwirtschaftskrise. – In: Jochen Boberg, Tilman Fichter, Eckhart Gillen (Hrsg.), Die Metropole. Industriekultur in Berlin im 20. Jahrhundert. München 1986, S. 190–215.

Selbsterniedrigung und sadistische Potenzphantasien der die eigene Ohnmacht auskostenden literarischen Intelligenz. Nicht mehr die 'soziale Frage' reicht darüber hinaus (was das Gedicht von Wegner sarkastisch deutlich macht), sondern allein die Schreckvision des Krieges, die man bald aus dem Großstadtinferno, zum Beispiel aus Georg Heyms ›Der Gott der Stadt‹, herauslesen konnte. Krieg und Technik als Ereignisse und seit den Materialschlachten des Ersten Weltkrieges auch ein Bewußtsein ihrer bei der Vernichtung von Menschen zwangsläufigen Zusammengehörigkeit prägen nunmehr die Darstellung der Großstadt. Eine Erkenntnis wurde möglich, die von der Massenvernichtung des Krieges schließt auf den katastrophalen Funktionszusammenhang auch des zivilen Lebens, in dem die Dichterseele vergeblich um ihren ureigensten Ausdruck ringt. Dies gilt sicher noch nicht für den in der zeitgenössischen deutschen Literatur nach Marinettis Berlinbesuch im Jahre 1913 spürbaren futuristischen Einschlag. Denn hier verband sich Technikrausch und subjektiver Heroismus fast zwanglos zu einer Fiktion des Unmittelbaren, die ihre Kraft eben daraus bezog, daß sie ihre reale gesellschaftliche Vermittlung grandios leugnete. Diese Erkenntnis gilt aber mit Sicherheit als Voraussetzung für die als neusachlich firmierende Literatur der 20er Jahre.

Ad 2

Der *Funktionalismus* wurde von der Literatur der Neuen Sachlichkeit der 20er Jahre keineswegs erfunden. Vielmehr war diese Literatur gezwungen, sich selbst alle *Fiktionen der Unmittelbarkeit* und jegliche Behauptung von Dichteroriginalität zu bestreiten. Der neue Funktionalismus wurde ihr auf dem Terrain der Großstadt zudiktiert, z. B. von der Stadtplanung, die das »steinerne Berlin« als »großberliner Zweckverband« definierte,[23] vom neuen Medium des Films, das einen ganzen Produktionsapparat in Bewegung setzte, wenn es galt, die Großstadt als Funktionsmechanismus und strukturelles Muster ins Bild zu setzen,[24] und auch von einer Großstadtsoziologie, die das »Ornament der Masse« im Großstadtgebiet andauernd auffand und beschrieb. Unter Kracauers Regie verwandelte sich das Phäno-

[23] Werner Hegemann, Das steinerne Berlin. 1930. Neuausgabe Frankfurt a. M. und Wien 1963, S. 344.

[24] Vgl. z. B. Walter Ruttmann, Wie ich meinen Berlin-Film drehte. – In: Lichtbild-Bühne 20 (1927), Nr. 241, S. 24.

men der Lebensstile, das Georg Simmel als »innere Urbanisierung« interessiert hatte, in ein anorganisches Muster der Stadtbeschreibung. Das hieß nicht, daß hier das Großstadtleben einfach kaltgestellt wurde. Es hieß aber sehr wohl, daß für die Ausforschung des Großstadtlebens und auch für die Aufgabe der literarischen Erzählbarkeit der Stadt die Versuchsanordnung zu ändern war. Die expressionistischen *Fiktionen einer* (dem Anspruch nach) *unbedingten Unmittelbarkeit* wurden transformiert in *Fiktionen der Bedingtheit und Vermitteltheit* des Großstadterlebnisses. Im ästhetischen Bewußtsein zu Beginn der 20er Jahre wuchs die Aufmerksamkeit für das räumliche Arrangement der Linien, Kreise, Punkte und Flächen. Der Reiz des Anorganischen trat an die Stelle der quälerischen Wiederbelebungsversuche subjektiver Lebendigkeit. Montierte Informationen aus der Öffentlichkeit der Großstadt ersetzten immer häufiger die literarische Erzählung vom Kampf des einzelnen mit dem Moloch Stadt.

Was hier gemeint ist und auf dem Spiel steht als Problematik der Erzählbarkeit der Stadt, soll in einigen Beispielen demonstriert werden. Dabei muß zunächst in den Blick kommen, daß die Transformation der »social relations« in einen »set of technics«, wie Raymond Williams sagt,[25] für das Schriftstellerbewußtsein natürlich eine Zumutung war. Davon zeugt zum Beispiel Joseph Roths emphatisches ›Bekenntnis zum Gleisdreieck‹ (1924), das den futuristischen Vitalismus mitzunehmen scheint in die 'kalten' Strukturen und Zeichen eines funktionalen Stadtgebildes:

Ich bekenne mich zum Gleisdreieck. Es ist ein Sinnbild und ein Anfangs-Brennpunkt eines Lebenskreises und phantastisches Produkt einer Zukunft verheißenden Gewalt. Es ist *Mittelpunkt.* Alle vitalen Energien des Umkreises haben hier Ursprung und Mündung zugleich, wie das Herz Ausgang und Ziel des Blutstromes ist, der durch die Adern des Körpers rauscht. So sieht das Herz einer Welt aus, deren Leben Radriemenschwung und Uhrenschlag, grausamer Hebeltakt und Schrei der Sirene ist [...], deren rasende Schnelligkeit sentimentalen Rückwärts-Sehern brutale Vernichtung innerlicher Kräfte und heilenden Gleichgewichts vortäuscht, aber in Wirklichkeit lebensspendende Wärme zeugt und den Segen der Bewegung. In den Gleisdreiecken, Gleisvielecken vielmehr, laufen die großen glänzenden, eisernen

[25] R. Williams, The Country (wie Anm. 9), S. 355.

Adern zusammen, schöpfen Strom und füllen sich mit Energie für den weiten Weg und die weite Welt: *Aderndreiecke*, Adernvielecke, Polygone, gebildet aus den Wegen des Lebens: *man bekenne sich zu ihnen!* [26]

Roths Bekenntnistext nimmt sich aus wie eine Zwischenlösung des Problems der Erzählbarkeit der Stadt. Einerseits blickt er »heißen Herzens«, wie Armin T. Wegner, zurück auf organisches Leben, Handwerk und »lebensspendende Wärme«, die sich aufheizt am Treibriemen der neuen Technik. Andererseits zeigt er sich bereits ästhetisch fasziniert von den geometrischen Mustern, an denen die Großstadtwahrnehmung sich nunmehr 'sachlich' festmacht. Sein ›Bekenntnis‹ wird möglich als Synkretismus einer organisch und einer anorganisch eingestellten Optik zugleich, aufgeladen durch – und hier hört alle ästhetische Friedfertigkeit auf – den »Blutstrom« und eine »Zukunft verheißende Gewalt«!

Eine ganz andere Art des Einverständnisses mit der Zweckmäßigkeit und Funktionstüchtigkeit der neuen Techniken zeigt die Ästhetik des Bauhauses. Denn sie hatte als Ausgangs- und Fluchtpunkt der Begegnung mit der neuartigen Industriefabrikation und der technologischen Innovation anstatt eines bekennerischen Vitalismus den ordnenden Sinn für die Gebrauchswerte des Alltags. Der Funktionalismus der Großstadt, den Lazlo Moholy-Nagy in seiner Filmskizze ›Dynamik der Großstadt‹ im Auge hat, wirkt geradezu wie ein Therapeutikum für die ekstatischen und nervös inspirierten Fiktionen der Unmittelbarkeit in der impressionistischen und expressionistischen Literatur.[27] Unter der Überschrift »Produktion Reproduktion« vermerkt Moholy-Nagy sein Bekenntnis zum Funktionalismus:

Ohne alle Imponderabilien des menschlichen Lebens damit lösen zu wollen, kann man sagen, daß der Aufbau des Menschen die Synthese aller seiner Funktionsapparate ist; d. h. daß der Mensch einer Periode dann der vollkommenste ist, wenn die ihn aufbauenden Funktionsapparate ... bis zu der Grenze ihrer Leistungsfähigkeit ausgebildet sind. Die Kunst bewirkt diese Ausbildung – *und das ist eine ihrer wichtigsten Aufgaben*, da von der Vollkommenheit des Aufnahmeorgans der ganze Wirkungskomplex abhängt – indem sie zwischen den bekannten und den noch unbekannten optischen,

[26] Joseph Roth, Bekenntnis zum Gleisdreieck. – In: Berliner Saisonbericht. Unbekannte Reportagen und journalistische Arbeiten 1920–39. Köln 1984, S. 295.

[27] Vgl. vorbereitend hierzu L. Müller, Modernität (wie Anm. 22), S. 90 f.

akustischen und anderen funktionellen Erscheinungen weitgehende *neue Beziehungen* herzustellen versucht und deren Aufnahme von den Funktionsapparaten erzwingt.[28]

Der Funktionalismus des äußeren Lebens wird von Moholy-Nagy zurückgedacht auf das Funktionieren des Sinnesapparates, und dieser Vorgang wirkt sich aus, wenn die Großstadt in filmische Bilder gefaßt werden soll. Unter den Bedingungen der funktional geordneten Reproduktion richtet Moholy-Nagy die Kamera doch auf eine neue, andere Möglichkeit des Innovatorischen, die darin besteht, daß im funktionalen Arrangement der Wahrnehmung »bisher unbekannte Relationen [zu] produzieren« sind. Der unausgeführte Filmentwurf von 1924 verspricht unter diesem Vorsatz mehr als der später von Werner Ruttmann realisierte Film ›Die Sinfonie der Großstadt‹ (1927). Das Filmskript, das übrig blieb von dem wirtschaftlich nicht zu realisierenden Großstadtfilm, evoziert das Vorstellungsbild eines raumzeitlichen Ereignisses, das ganz auf eine literarische Handlung verzichtet und zwar zugunsten eines ästhetischen Arrangements, das graphische, photographische, mathematische und literarische Zeichen zum Gesamteindruck der 'Dynamik der Großstadt' verbindet. (Dies aber eben nur unter der Bedingung des Buchdrucks, der »papiernen Passion«, wie Arno Holz gesagt hätte.) Das Wort »Tempo« erscheint ausgezogen auf eine sich verkleinernde Buchstabenreihe. Daneben geben in verschiedenen Planquadraten Pfeile die Richtung der Geschwindigkeit an. Die Luftaufnahme einer Straßenöffnung wird darüber plaziert und berührt sich mit der Fluchtlinie einer Abbildung des Berliner Funkturms. Zahlenangaben verweisen auf eine mutmaßliche Schnittfolge. Der erläuternde Text gibt Aufschluß über die gewünschten ästhetischen Effekte: »Die Verbindung der einzelnen 'logisch' nicht zusammengehörenden Teile erfolgt entweder optisch, z. B. durch horizontale oder vertikale Streifung der Einzelbilder (um sie einander ähnlich zu machen), durch Blende ... oder durch gemeinsame Bewegung sonst verschiedener Objekte, auch durch assoziative Bindungen ...«[29]. Was geschieht, ist einerseits die Ausstellung eines puren Funktionalismus des Stadtbildes und seiner Wahrnehmung in

[28] Lazlo Moholy-Nagy, Malerei, Photographie, Film. München 1925, S. 23. Das Filmskript: Dynamik der Großstadt. Skizze zu einem Film, gleichzeitig zu Typophoto, ebd., S. 114–129.

[29] Ebd., S. 115.

der 'reinen' Kombination der verschiedenen, sich aufeinander beziehenden Zeichen. Andererseits soll das funktionale Ensemble der Stadt nicht aufgehen in seiner eigenen Logik. Die Bauhausästhetik war sehr wachsam gegenüber jeglichem Mystizismus, der sich dort breitmacht, wo eine Referenz auf die soziale Lebensrealität unterbunden wird.

Vergleichbares läßt sich auch von Siegfried Kracauers Großstadtbildern in der Form des Stadtfeuilletons sagen. In seinen Texten sind die Fiktionen einer 'unmittelbar' zugänglichen Stadtrealität doppelt ausgeschlossen: zum einen durch die geschichtsphilosophische Deutung der Großstadtwahrnehmung: der Akt der Wahrnehmung ist stets 'gewußt', ist Erkenntnispartikel; zum andern durch die eher 'unterlaufende' Ästhetisierung in geometrisch-funktionalen Arrangements. Beide Elemente stehen im Grunde in unversöhnlicher Opposition zueinander. In der Großstadtdarstellung wirken sie dennoch zusammen, nicht zuletzt als Reizschutz: in dem Motiv also, das schon für die Großstadtsoziologie Simmels zentral war und in Walter Benjamins Reflexionen über den modernen Erfahrungsverlust wiederkehrt.[30] Die Großstadt ist nurmehr darstellbar in Anbetracht ihrer Überlastung durch die Verkehrs-, Waren- und Informationsströme, verifizierbar nur unter der Bedingung der Überforderung, die sie für das Bewußtsein, den Orientierungssinn und das Vermögen, sich zu erinnern und vorauszudenken, bedeutet. Kracauer beschreibt das reaktive Moment bei der Beobachtung der Großstadtphänomene und steigert das Wahrgenommene zu einem »topographischen Labyrinth«. Bedeutsam ist das Widersprüchliche in dieser Formel, ähnlich wie in Döblins Rede von den »Tatsachenphantasien«. Ist »das Vorhandene gering, weil von der Unbestimmtheit schlechter Photographien«, wie Kracauer in seiner ›Analyse eines Stadtplans‹ von Paris schreibt,[31] so gewinnt eine imaginäre Stadt an Raum. Und dieser imaginäre Stadtplan arbeitet bezeichnenderweise, wie bei Moholy-Nagy, mit der Vorstellung geometrischer Figuren: »Den Plan hat niemand er-

---

[30] Vgl. hierzu: Gerwin Zohlen, Text-Straßen. Zur Theorie der Stadtlektüre bei S. Kracauer. – In: Text und Kritik, H. 66: Sonderheft S. Kracauer. München 1980, S. 62–72; Inka Mülder, Siegfried Kracauer – Grenzgänger zwischen Theorie und Literatur. Stuttgart 1985, S. 68–85.

[31] Siegfried Kracauer, Straßen in Berlin und anderswo. Frankfurt a. M. 1964, S. 16–19.

sonnen, nach dem die Elemente des Getriebes das Linienwirrwarr in den Asphalt kritzeln, es gibt keinen solchen Plan, die Ziele sind in den einzelnen Partikelchen verschlossen, und das Gesetz des kleinsten Widerstandes weist den Kurven die Richtung.«[32] Beim Blick aus dem Berliner Fenster ist das Stadtbild des Baedekers bedeutungslos. »Die Erkenntnis der Städte ist an die Entzifferung ihrer traumhaft hingesagten Bilder geknüpft.«[33] Das in Worten nachgezeichnete imaginäre Stadtbild hat jedoch seine eigene ästhetische Ordnung, die Kohärenz eines funktionablen Ensembles: »Ein Schwarm von glänzenden Parallelen, der tief genug unter dem Fenster liegt, um seiner ganzen Ausdehnung nach übersehen werden zu können. Mit ihren vielen Signalmasten und Schuppen macht die Fläche beinahe den Eindruck eines mechanischen Modells, das ein Knabe, der irgendwo unsichtbar kniet, zum Experimentieren benutzt!«[34] In einer weiteren topographischen Impression wird kenntlich, welche Spannkraft das geometrische Muster aufbringen muß, um das Labyrinthische und den darin wirksamen psychischen Überlastungsdruck der Großstadt darzustellen und ihm zugleich zu widerstehen: Im Planquadrat eines Stadtplans (»Das Karree«) wird die geometrisch-funktionle Anordnung zum imaginären Ort der Folter oder der Hinrichtung:

Die Horizontalen sind mit dem Lineal gezogen, schnurgrad. Auf dem menschenleeren Platz begibt sich dies: durch die Gewalt des Quadrats wird der Eingefangene in seine Mitte gestoßen. Er ist allein und ist es nicht. Ohne daß Beobachter zu sehen wären, dringen ihre Blickstrahlen durch die Fensterläden, durch die Mauern. Sie fahren bündelweis über das Feld und schneiden sich in der Mitte. Splitternackt ist die Angst ...[35].

Das Angstmotiv gehört wie das des Labyrinths und das der (babylonischen) Zerstörung zur symbolischen Grundausstattung der erzählten Stadt. Kracauers Beispiel zeigt jedoch, wie weit sich die Funktionen einer 'zweiten Natur' der Großstadterfahrungen und -wahrnehmungen von den Fiktionen einer vermeintlich unmittelbaren und authentischen Ausdruckskunst entfernt haben.

---

[32] Ebd., S. 17 f.
[33] Ebd., S. 53.
[34] Ebd., S. 52.
[35] Ebd., S. 27

Noch deutlicher wird dies in Alfred Döblins poetologischen Überlegungen, die auf eine Ästhetik des Anorganischen abzielen. Diese sollte sich im imaginären Stadtgebiet des ›Alexanderplatz‹-Romans bewähren.[36] In Döblins expressionistisch und futuristisch inspiriertem Roman ›Wadzeks Kampf mit der Dampfturbine‹ (1918) sind die Großstadtschilderungen noch mit den konventionellen Naturbildern besetzt: die Straße als Tal, die Ströme von Asphalt, das Flammenmeer usw.[37] Seinen »anorganischen Durchgriff« hat Döblin in der naturphilosophisch inspirierten Sammlung ›Unser Dasein‹, die eigentlich sein Beitrag zu einer Ästhetik der Moderne ist, expliziert. Die Welt wäre »eine Überart Organismus«[38] und beim »Menschen wäre das Vollkommenste der Homunkulus.«[39] Döblin ist überzeugt vom Ende des Individuationsprinzips und von der hochgradigen Künstlichkeit des Produktions- und Reproduktionsprozesses der Künste. Daß er bei diesem Stand der Einsichten die poetische Regression ins Episch-Elementare anpeilte, die in der Literatur der 80er Jahre wieder von sich reden macht, soll hier außer Betracht bleiben. Das Stadtgebiet umreißt er mit konstruktivistischen Begriffen: »Kristall« und »Korallenstock«[40]. Sie sind nicht nur bildhaft gemeint, sondern strukturell, organisierend. Im Geleitwort zu einem Berlin-Buch von Mario von Bucovich bekennt er sich zur ebenso unendlichen wie präzisen Materialsammlung, um der eigentlichen »Unsichtbarkeit« und »Illusion« der Großstadt beizukommen. Zugleich betreibt er ordnend und sichtend die »Organisierung der Stadt«[41], die dem ›Alexanderplatz‹-Roman die erzählerischen Konturen gab. Döblins Naturprodukt Stadt ist 'technische Stadt', eine erzählerisch durchtriebene 'zweite Natur', insofern die Konstruktion und die Schreibweise des Großstadtromans selbst technisch werden, nicht Großstadt erzählerisch ausdrücken, sondern herstellen, verkörpern, rekonstruieren als ebenso logisches

---

[36] Ich verweise auf meinen Aufsatz über Döblins ›Berlin Alexanderplatz‹ (siehe Anm. 6).

[37] Alfred Döblin, Wadzeks Kampf mit der Dampfturbine. Olten und Freiburg i. Br. 1982, S. 414 f.

[38] Alfred Döblin, Unser Dasein. Olten und Freiburg i. Br. 1964, S. 248.

[39] Ebd., S. 251.

[40] Alfred Döblin, Aufsätze zur Literatur. Olten und Freiburg i. Br. 1963, S. 72.

[41] Döblins Geleitwort zu Mario von Bucovich, Berlin. Berlin 1928, S. XII.

wie vom Chaos bedrohtes Funktionssystem. Döblins imaginäre Stadttopographie kennt ebenso wie die Kracauers die Beschwörung der Örtlichkeiten nach Linien, in Richtungen, auf Plätzen und Kreuzungen. Doch vermeidet er das wahrnehmungsästhetische Flair, das Kracauer aus seinem geometrischen Funktionalismus für die Großstadtdarstellung gewinnt. Das Funktionale der Verkehrsverbindungen und Kommunikationswege, des Warenaustauschs, des Konsums und der Arbeit in der Stadt waren für ihn von so großer Selbstverständlichkeit, daß allein eine Steigerung dieser Normalität, d. h. eine Darstellung des *Funktionsprinzips* selbst, erzählerisch reizvoll sein konnte. Und so ist ›Berlin Alexanderplatz‹ ein Roman der *erzählten* Stadt nur im Durchgang durch die von tausend optischen, akustischen und schriftlichen Zeichen *informierte* Stadt. Die im Roman fleißig bemühten Großstadtmythen, vor allem die Hure Babylon, sind absichtsvoll zitierte Mythen. Die Beziehungen unter den Stadtmenschen, Franz Biberkopf nicht ausgenommen, sind variabel, austauschbar, substituierbar, so, wie es der Frauenmörder Reinhold demonstriert. Im öffentlichen Stadtgebiet sieht es nicht anders aus:

Die Schupo beherrscht gewaltig den Platz. Sie steht in mehreren Exemplaren auf dem Platz. Jedes Exemplar wirft Kennerblicke nach zwei Seiten und weiß die Verkehrsregeln auswendig. Es hat Wickelgamaschen an den Beinen, ein Gummiknüppel hängt ihm an der rechten Seite, die Arme schwenkt es horizontal von Westen nach Osten, da kann Norden, Süden nicht weiter, und der Osten ergießt sich nach Westen, der Westen nach Osten. Dann schaltet sich das Exemplar selbsttätig um.[42]

Im ganzen Stadtgebiet – darauf legt es Döblins Großstadterzählung an – herrscht ein radikaler 'Beziehungssinn', dem mit der einen oder anderen originären Lebensgeschichte, zum Beispiel der eines Transportarbeiters namens Franz Biberkopf, gar nicht zu widersprechen ist. Auch wenn er einen rettenden Geist der Erzählung unermüdlich beschwört, glaubt Döblin in der nachrichten- und medientechnisch avancierten Metropole der 20er Jahre doch vielmehr an die Tatsachen einer kreuz und quer vermittelten und übermittelten Realität. Der aus Informationen montierte Text dominiert den erzählten Text.

---

[42] Alfred Döblin, Berlin Alexanderplatz. München 1965 (dtv), S. 147.

Ad 3

Daß schon Döblin an den Grenzen der Erzählbarkeit der Stadt laborierte, läßt sich direkt belegen. Die in das festgefahrene Geschehen des ›Alexanderplatz‹-Romans beschwörend eingreifende Stimme des Erzählers spricht vom *Transitorischen* der Stadt als ihrem eigentlichen Charakter bzw. ihrer signifikanten Charakterlosigkeit:

So ist kaputt Rom, Babylon, Ninive, Hannibal, Cäsar, alles kaputt, oh, denkt daran. Erstens habe ich dazu zu bemerken, daß man diese Städte jetzt wieder ausgräbt, wie die Abbildungen in der letzten Sonntagsausgabe zeigen, und zweitens haben diese Städte ihren Zweck erfüllt, und man kann nun wieder neue Städte bauen. Du jammerst doch nicht über deine alten Hosen, wenn sie morsch und kaputt sind, du kaufst neue, davon lebt die Welt.[43]

Die Erzählerstimme, die hier spricht, bewältigt die Großstadtkomplexität und ihre Bedeutungslast durch eine spaßige *Ent*lastung, durch Lust am Vergessen, durch eine Parodie der kleinen Tragödien in der großen Stadt zwischen Sonntagszeitung und Sonderangebot. So besprochen ist Döblins Geist der Erzählung dem Roman historisch vorausgeeilt und fast schon übergegangen in den postmodernen Zeitgeist der Gegenwart. Es wäre jedoch fahrlässig, die *historische Transformation* der modernen Großstadterzählung derart zu beschleunigen. Man muß sich erinnern, daß Franz Biberkopf auf die Berliner Straße entlassen wird, auf der die braunen Kolonnen schon marschieren. Auf die imaginäre Zerstörung der großstädtischen Metropole Berlin auf dem Reißbrett von Hitlers Großarchitekten Albert Speer folgte die reale Zerstörung durch die alliierten Luftangriffe. Speers totale Geometrisierung des Stadtbilds ließ von der Metropole nur noch riesige Flächen und darin die monumentalen Erhebungen der repräsentativen Bauten übrig. Die den Bombengeschwadern vorausgeschickten Markierungsflieger bezeichneten vielleicht zum letzten Mal das Herzstück und die Lebensadern der Großstadt, um sie für das Flächenbombardement freizugeben. Man muß wohl davon ausgehen, daß das Großstadtthema in der deutschen Literatur der Moderne hier gründlich eliminiert wurde. Es begann nach 1945 die von Döblins frivoler Erzählerstimme seinerzeit annoncierte Ausgrabung der alten und der Neubau der modernen Städte.

[43] Ebd., S. 146.

In der Literatur der unmittelbaren Nachkriegszeit dominiert die Fiktion der 'Unterstadt'. In Hermann Kasacks ›Die Stadt hinter dem Strom‹ (1947) befindet sich die eigentliche Stadt, in der das deutsche Schicksal noch einmal mit den Mitteln des magischen Realismus durchexerziert wird, unter der Oberfläche der vom Krieg zerstörten Stadt. Hans Erich Nossack berichtet »als Zuschauer« vom Untergang Hamburgs: »Für mich ging die Stadt als ein Ganzes unter, und meine Gefahr bestand darin, schauend und wissend durch Erleiden des Gesamtschicksals überwältigt zu werden.«[44] Der Untergang der Stadt ist total und dadurch gleich mit dem Untergang Deutschlands. Es gibt keine andere Symbolisierung des Zentrums ('der Stadt als Ganzem') mehr als die Beschwörung dieses unbewältigten »Gesamtschicksals«. Und so ist es mehr als ein Formalismus des erzählerischen Verfahrens, wenn Nossack als Beobachter der Stadtzerstörung sich an die Peripherie rettet.

Seit den 50er Jahren hat allein Wolfgang Koeppen das Stadtthema als ein mögliches Zentrum des Erzählens weiterverfolgt: unter der Bedingung der Zerstörung und der unvermeidlichen Zersetzung erzählerischer Einheit. Koeppens Stadterzählungen lesen sich im Rückblick wie eine eigene und eigenwillige Transformationsgeschichte der erzählten Stadt vom Nachkriegsschauplatz München, der von den Amerikanern besetzten 'Stadt der Bewegung', in der immer noch oder schon wieder Krieg herrscht (›Tauben im Gras‹, 1951), über die imaginäre Szenerie der politisch-provinziellen Ersatzhauptstadt Bonn (›Das Treibhaus‹, 1953) und die Zeichenstätte der 'ewigen Stadt', in der die überlebende imperiale Pracht und faschistische Gewalt den erzählerischen Zusammenhang ausmacht, bis hin zur narrativen Bändigung New Yorks, der Hauptstadt des 20. Jahrhunderts. In dem symptomatischen New-York-Text von 1976 richtet sich Koeppens erzählerisches Interesse an der 'informierten Stadt', ähnlich wie schon bei Döblin, auf das Unwirkliche der Stadt, das aus den neuen Bedingungen der medialen Realitätsvermittlung hervorgetrieben wird. Wird eben noch unter den unzähligen Passanten wie ein Mahnmal des Erzählens die Erscheinung des alten Rabbi beschworen (»Im Anfang war das Wort. Die alte Schrift«), so wird kurz darauf die Groß-

[44] Hans Erich Nossack, Der Untergang. – In: H. E. N., Interview mit dem Tode. Frankfurt a. M. 1980, S. 200.

stadtwirklichkeit der medialen Übertragung ausgeliefert: »Die vierzehnjährige Waise Gloria Vanderbilt lief Schlittschuh auf dem zugefrorenen See vor dem Parkrestaurant. Schnappschuß eines Illustriertenphotographen [...] Computer erfaßten die Leiden der Millionäre.«[45]

Die im Krieg zerstörten deutschen Städte wurden in den 50er und 60er Jahren weniger 'ausgegraben' als abgeräumt. Ein virulentes literarisches Thema konnte dies wohl nicht sein, wenn man einmal von der einsamen erzählerischen Leistung Wolfgang Koeppens absieht. Was vom Städtebau dieser Zeit zu sagen war, hat Alexander Mitscherlich in seiner Streitschrift über die ›Unwirtlichkeit der Städte‹ (1965) bilanziert. Der Schriftsteller und Filmemacher Alexander Kluge, der von der ›Schlachtbeschreibung‹ Stalingrads und der analytischen Bestandsaufnahme des Luftangriffs auf Halberstadt bis zur Wiederbegegnung mit dem Großstadtthema in der Frankfurter City der spezifisch deutschen Art der Stadtzerstörung auf der Spur geblieben ist,[46] zieht mit einem neueren Filmtitel einen Schlußstrich unter dieses Thema: ›Der Angriff der Gegenwart auf die übrige Zeit‹. Abgetragen ist die historische 'Illusion der Städte', Florenz zum Beispiel. Kluge realisiert, was schon Döblin annehmen mußte: Das *Transitorische* ist nunmehr, enorm beschleunigt durch die im Stadtgebiet zusammengeschlossenen neuen Informationstechniken und vielfachen medialen Übertragungen, das letzte 'Eigentliche' der Großstadt. In Kluges Drehbuch heißt es: »Während die Illusionen durch die Menschen noch zusammengetragen werden, so daß die Städte zur Metropole wachsen, setzt aber schon notwendig der Zerfall ein, so daß die Städte vor lauter Umbau eigentlich nie entstehen – nie in der Gestalt des Idols der Stadt.«[47]

Daraus kann man, wie Paul Virilio, der eine radikalmoderne Ästhetik der Geschwindigkeit und des Verschwindens ins Auge faßt, den Schluß ziehen, daß die Flughäfen von Dallas und New York mit ihrem phantastischen »Umschlag von Bevölkerung« die letzten Sinn-

[45] Wolfgang Koeppen, New York. – In: W. K., Gesammelte Werke. Bd. 3. Frankfurt a. M. 1986, S. 249 ff.

[46] Vgl. hierzu: Stefanie Carp, Kriegsgeschichten. Zum Werk Alexander Kluges. München 1987.

[47] Alexander Kluge, Der Angriff der Gegenwart auf die übrige Zeit. Drehbuch. Frankfurt a. M. 1985, S. 29.

bilder einer entschwindenden Urbanität sind.[48] Kluge hingegen zieht es vor, im angestammten Stadtgebiet zurückzubleiben, darzustellen, was noch darstellbar ist: den Vorgang des »Umbaus« der Städte selber, das heutige »Funktionieren« von Stadtgeschichten. Damit ist ein neuer Detailismus angesagt, um ein Stück Erzählung zurückzugewinnen: die Filmgeschichte vom leeren Funktionieren der Kleinfamilie im Hochhausappartement vor dem Monitor, die Kurzgeschichte, die funktioniert wie eine Radarkontrolle an verkehrstechnisch interessanten Punkten der Großstadt: »Details der Städte. Wie die Bundeshauptstadt funktioniert. Wie die Stadtausgänge von München zu Ostern funktionieren. Wie funktioniert Frankfurt, Freitag 17 Uhr?«[49]

Wird dieses Funktionieren der Städte noch einmal erzählbar, so ist ihm in der Gegenwart doch das ästhetische Faszinosum der geometrischen Muster, wie wir es im Großstadtfilm und in der Großstadtliteratur der 20er Jahre finden, abhanden gekommen. Und es taucht die Frage auf, ob die Literatur überhaupt noch ein interessantes Medium für die neuesten, postmodernen Großstadterzählungen sein kann. Die schöne Metapher von der Stadt als aufgeschlagenem Buch, als faszinierende Schrift, die der Leser zu seiner Orientierung und zu seiner Erbauung entziffert, hat ja durchaus ihre historisch begrenzte Zeit. Zu erinnern ist an die Reflexionen in Victor Hugos ›Notre-Dame de Paris‹ über die Baukunst, die »in Wahrheit das große Buch der Menschheit« war, bevor durch die Gutenbergsche Erfindung der Druckkunst das literarische Buch an die Stelle des »steinernen Buches« treten konnte.[50]

Die Theorie der Postmoderne spricht von einer fiktional zu erneuernden Architektur. Gegen die Abstraktionen und gegen den Funktionalismus der Moderne sollten in den Bauten und im Stadtbild wieder narrative, Geschichte und Gegenwart verbindende Elemente zur Geltung kommen.[51] Auch wenn, wie zum Beispiel im Konzept

---

48 Paul Virilio, Der Beschleunigungsstaat oder vom Wohnsitz zum Schleudersitz. – In: Panik Stadt. Berlin/Braunschweig 1977, S. 58. Vgl. auch Ders., Ästhetik des Verschwindens. Berlin 1986.

49 A. Kluge, Der Angriff, S. 25.

50 Victor Hugo, Notre-Dame von Paris. Frankfurt a. M. 1977, S. 197, 201.

51 Heinrich Klotz, Moderne und Postmoderne. Architektur der Gegenwart 1960–1980. 2. Aufl. Braunschweig/Wiesbaden 1985, S. 133 ff.

einer ›Collage City‹ [52] oder wie bei Aldo Rossi (im Entwurf einer städtischen Szenerie aus Überlagerungen einer räumlich-visuellen Kommunikation) [53] eher an die Vorgaben der Moderne angeknüpft wird, ist diese Aufwertung eines narrativen Kontextes der Stadt spürbar. Die postmoderne Architektur existiert als neue ›Erzählstadt‹ oft nur in den aufwendigen Ausstellungen. Die architektonischen Konzepte sind oft nur als Entwürfe gedacht und entsprechend ästhetisch, theoretisch und auch literarisch ausgestattet. Die semantische, narrative und visuelle Aufwertung des ikonischen Kontextes der Stadt [54] ist jedoch in mancherlei Zustand der Projektierung oder Realisierung geeignet, die allein an das Medium der Literatur gebundenen Stadtfiktionen zu übertreffen. Daraus muß man nicht unbedingt auf hergebrachte Weise auf den Tod der Stadtliteratur schließen. Nur gelten auch für sie die neuen Bedingungen des 'new media environment'. Allerdings auch die Aussichten, dem transitorischen und vom einen in das andere Medium übertragbaren Realitätscharakter der Großstadt ein neues Erzählterritorium abzugewinnen.

[52] Colin Rowe und Fred Koetter, Collage City. Basel, Boston, Stuttgart 1984.

[53] Aldo Rossi, Programmierte Strukturen und Ikonologie: Die städtische Szenerie als Feld der Überlagerung der räumlich-visuellen Kommunikation. – In: Alessandro Carlini/Bernhard Schneider (Hrsg.), Konzept 1. Architektur als Zeichensprache. Tübingen 1971, S. 69–72. Zu Rossi vgl. Lampugnani (wie Anm. 5), S. 307 ff.

[54] A. Rossi, Programmierte Strukturen, S. 70.

Heinz Ickstadt

DAS KALEIDOSKOP DER BILDER

Momentaufnahme und Wahrnehmungsfluß in der amerikanischen Stadtliteratur des frühen 20. Jahrhunderts

»Where conditions of experience alter suddenly, the making and unmaking of the senses becomes in itself a crisis available to consciousness«, schreibt der amerikanische Literaturhistoriker Philip Fisher in einem Aufsatz über den Stadtroman des 19. Jahrhunderts [1] und impliziert, daß diese Krise vor allem im symbolischen Raum des literarischen Textes zur Lösung drängt. Denn hier, im Experimentalfeld Literatur, wird die neue Erfahrungswelt des metropolitanen Lebens gegen kulturell tradierte Normen des Verhaltens und des Sehens ausgespielt, im symbolischen Handeln der Fiktion (»ein alternatives Probehandeln mit herabgesetztem Risiko«) die Möglichkeit des Neuen probeweise aktualisiert und ausgelotet.[2] Der Prozeß einer Reorganisation der Sinne durch die fiktionale Modellierung neuer Handlungs- und Wahrnehmungsweisen vollzieht sich freilich nur schrittweise und in unterschiedlichen Graden von Widerstand und Antizipation. Die Erschütterung durch die neue Erfahrung der Städte – und damit meine ich den Schock ihrer gewaltigen Expansion in der zweiten Hälfte des 19. Jahrhunderts durch Industrialisierung, Immigration und Landflucht ebenso wie den Skandal ihrer öffentlichen Selbstdarstellung als Orte des Elends, des Luxus, der Revolte – bedrohte zunächst das Bewußtsein sozialer und moralischer Hierarchie,

[1] Philip Fisher, City Matters: City Minds. – In: The Worlds of Victorian Fiction. Hrsg. v. Jerome H. Buckley. Cambridge/Mass.: Harvard University Press 1975, S. 371–390 (Zitat S. 371).

[2] Dieter Wellershoff, Die Verneinung als Kategorie des Werdens. – In: Positionen der Negativität, Poetik und Hermeneutik VI. Hrsg. v. Harald Weinrich. München 1975, S. 219–233. Zum Begriff der symbolischen Handlung siehe auch: Winfried Fluck, Literature as Symbolic Action. – In: Amerikastudien 28 (1983), S. 361–371.

bevor es die Struktur der Wahrnehmung selbst erfaßte. Die Geschichte der Rekonstruktion sinnlicher Wahrnehmung, wie sie sich in der amerikanischen Literatur von ca. 1890 bis in die 20er Jahre vollzog, ist insofern (und dies ist meine These) die einer allmählichen Infiltration und schließlichen Inbesitznahme der künstlerischen Phantasie durch die Erfahrung der modernen Metropole: zunächst in den Inhalten wahrgenommener Welt, dann in den Formen ihrer Wahrnehmung, zuletzt in neuen Formen ihrer literarischen Gestaltung.[3] So glaubt Fisher eine allmähliche Abkehr von einer vorwiegend ideologisch geführten Auseinandersetzung mit der Stadt zu erkennen – der Stadt als geographischer und sozialer terra incognita, als faszinierend bedrohlicher Infragestellung viktorianischen Wertbewußtseins, als Gegenstand jedenfalls, der – wie im realistischen und naturalistischen Roman – erforscht, beschrieben, klassifiziert und beurteilt wird. Danach weicht 'city matter' zunehmend der Darstellung von 'city mind': einer größeren Fluidität der Welt- und Selbstwahrnehmung, der Bewußtseinsprägung durch das allgegenwärtige Stimulans Stadt, beide verbunden mit der unverkennbaren Zunahme eines Vokabulars der sinnlichen Reizung, der Bewegung und des Augenblicks. In der Literatur der 20er Jahre schließlich sprengt die Darstellung der Stadt die Konventionen mimetischer Repräsentation, ohne sich freilich ganz aus ihrem referentiellen Bezug zu ihr zu lösen: Als historisch-empirischer Raum und Ort einer spezifisch metropolitanen Sensibilität ist sie zugleich künstliches System urbaner Zeichen. In diesem Entwurf der Stadt als Text thematisiert sich der Text selbst als Sprachkonstrukt und als ästhetisches Design – ein Vorgang, der sowohl als letzte Phase einer progressiven Urbanisierung der Literatur verstanden werden kann wie auch als Anfang jener Entstofflichung der Stadt, die Ihab Hassan für ein Charakteristikum der Postmoderne hält.[4]

Ich möchte nur kurz – als Folie, die spätere Entwicklungsphasen konturieren hilft – den Stadtentwurf des realistischen Romans skiz-

---

[3] Siehe auch: Heinz Ickstadt, New York und der Stadtroman der amerikanischen Moderne. – In: Medium Metropole: Berlin, Paris, New York. Hrsg. v. Friedrich Knilli u. Michael Nerlich. Heidelberg 1986, S. 111–124.

[4] Ihab Hassan, Cities of Mind, Urban Words: The Dematerialization of Metropolis in Contemporary American Fiction. – In: Literature and Urban Experience. Hrsg. v. Jaye u. Watts. New Brunswick/New Jersey: Rutgers University Press, S. 93–112.

zieren, wie er für Henry James und vor allem William Dean Howells charakteristisch ist. Howells' ›A Hazard of New Fortunes‹ aus dem Jahre 1889 – der erste Stadtroman der amerikanischen Literatur – gliedert die Stadt in zwei konkurrierende Räume: in einen Binnenraum des Gesprächs, in dem sich Gesellschaft aus der Kommunikation und Interaktion ihrer Träger konstituiert, und in einen gesellschaftlich 'leeren' Außenraum, in dem Kommunikation zum Erliegen kommt oder gar nicht erst entstehen kann, kurz: in die Dichotomie von Salon und Straße. Die Straße ist Ort par excellence psychischer, moralischer und sozialer Instabilität: hier präsentiert sich New York als »frantic panorama«, ständig in Bewegung und ständige Bewegung fordernd, als diskontinuierliche Folge von Eindrücken und Bildfragmenten, die beim Blick durch das Fenster von Kutsche oder S-Bahn, in quasi-kinematographischem Stakkato am Auge des Beobachters vorüberhuschen. Hier, im Außenraum Straße, dokumentiert sich im sinnfälligen Kontrast von Arm und Reich der moralische Bankrott des ökonomischen Laissez Faire und hier entlädt sich schließlich auch der erbarmungslose Kampf konkurrierender Interessen in anarchischer Revolute und deren Zerschlagung durch die Ordnungsmacht.

Gegen dieses sinnliche und moralische Chaos setzt Howells die Stabilität des Innenraums, in dem eine Gemeinschaft von Kommunizierenden – Familie, Freundeskreis, die Gesellschaft im Kleinen – die Erfahrung der Stadt der rationalen Klärung und Kontrolle des Gesprächs unterwirft und sich der Verbindlichkeit gemeinsamer Werte (und damit auch ihrer selbst) auf diese Weise immer wieder neu versichert. Der Zusammenbruch des Gesprächs präfiguriert infolgedessen den gesellschaftlichen Zusammenbruch, der sich im Außenraum vollzieht. Der Roman zeigt so im Scheitern der Kommunikation die fortschreitende Auflösung des im eigentlichen Sinne gesellschaftlichen Lebens unter der kulturzerstörenden Herrschaft des Kapitals. Seine raison d'être und sein heimliches utopisches Projekt ist jedoch gerade umgekehrt die progressive Kultivierung des städtischen Außenraums durch die gesellschaftsbildende Kraft des gemeinsamen, Gegensätze überschreitenden Gesprächs.[5]

[5] Das utopisch-reformerische Potential seines Realismus führt Howells zwangsläufig zum utopischen Roman (›The Traveller from Altruria‹, 1893). Ebenso deutlich ist die geistige Nähe zur städtischen Reformbewegung des

Diese Zweiteilung des städtischen Raumes entspricht in wesentlichen Zügen einem viktorianischen Zivilisationsmodell, in dem psychische und soziale Hierarchien überlappen. Denn das zivlisierte Territorium des Innenraumes ist von den Vertretern einer Mittelschicht besetzt, die, vernunftgesteuert und selbstdiszipliniert, durch den kausalen Nexus zwischen ethischem Verhalten und Geschehen Zeit, Zufall und die Unwägbarkeiten des instinktuellen Lebens der Kontrolle des wirkenden Moralgesetzes unterwerfen. Aus dieser Ordnung ausgeschlossen und in der Literatur der Zeit konsistent mit dem Außenraum Straße assoziiert, ist der städtische 'tramp' – jene Schreckensfigur sozialer und moralischer Entwurzelung, von der es in einem zeitgenössischen Text heißt, daß sie jeder Lebensorganisation unfähig sei und, ohne Voraussicht und Erinnerung, nur im gegenwärtigen Augenblick lebe: »Hence his life is one incoherent jumble from beginning to end [...] there is no development in it; all is aimless and drifting.«[6] Am Rande sei vermerkt, daß Howells' naturalistischer Schüler Stephen Crane (in tatsächlicher Verkleidung wie auch in der symbolischen Verkleidung einer Distanz verleugnenden Erzählperspektive) in die Niederungen dieser Randfigurenexistenzen abstieg und dort vor allem das Zerbrechen der bürgerlichen Zeitstruktur registrierte – ein Schrumpfen der Zeit zur undifferenzierten Gegenwart bedeutungslos verrinnender Augenblicke.[7]

Der Opposition zwischen dem sinnlichen, moralischen und sozialen

---

späten 19. Jahrhunderts, die wie etwa Jane Addams' Hull House das Territorium des zivilisierten Lebens im kommunikativen Austausch mit den ethnischen Nachbarschaften der Immigrantenstadt Chicago erweitern wollte. Siehe hierzu: Heinz Ickstadt, Exploring the Abyss: Die Entdeckung des sozialen Untergrunds in der amerikanischen Fiktion des späten 19. Jahrhunderts. – In: Gettoliteratur. Hrsg. v. Bernhard Ostendorf. Darmstadt 1983, S. 27–49, und Ders., Concepts of Society and the Practice of Fiction – Symbolic Responses to the Experience of Change in late 19th Century America. – In: Impressions of a Gilded Age – The American Fin De Siecle. Hrsg. v. Kroes u. Chenetier. Amsterdam 1983, S. 77–95.

[6] H. Dendy, ›The Industrial Residuum‹, zit. nach: Peter Cominos, Late Victorian Sexual Respectability and the Social System. – In: International Review of Social History 8 (1963), S. 30.

[7] Stephen Crane, An Experiment in Misery (1894). – In: The Works of Stephen Crane. Bd. VIII. University of Virginia Edition 1973, S. 283–293.

Chaos des städtischen Außenraums und dem ordnungsetzenden, kulturbewahrenden Innenraum des bürgerlichen Ich entspricht die Ambivalenz des Bewußtseins am Rande der Moderne, das sich die neue Wahrnehmungs- und Verführungswelt Stadt nur zu registrieren erlaubt, wenn es sie – wie indirekt auch immer – dem Urteil geltender Normen unterwirft. Diese Überlegenheit bleibt auch in der nur selten ganz verdeckten Distanz des naturalistischen Erzählers ungebrochen, der den Blick auf die sozialen und moralischen Niederungen letztlich nur aus der Perspektive von oben freigibt. Denn die Öffnung der Wahrnehmung nach 'unten', auf bisher unbekannte Bezirke der urbanen Gesellschaft wie der Psyche, erweitert im Akt symbolischer Kolonialisierung die geltenden sozialen und kulturellen Hierarchien, auch wenn sie in der lustvoll-schaudernden Erforschung tabuierter Zonen bestehende Ordnung unterwandert. Dagegen wirkte Theodore Dreisers 1900 erschienener, aber in den Folgejahren vom Verleger unterdrückter Roman ›Sister Carrie‹ unmittelbar normsprengend, weil er die amoralische und disjunktive Wahrnehmung des social outcast in der Wahrnehmung seiner Heldin zur spezifisch städtischen universalisiert. Wo die Protagonisten des amerikanischen Realismus zentriert sind im moralischen Wollen, in einer zeitlichen Ordnung des Erinnerns und Planens, definiert sich Dreisers Carrie jeweils neu aus der Gelegenheit des Augenblicks. Sie ist von Anfang isoliertes und fragmentiertes Ich: Bindungslosigkeit, antizipatorische Offenheit, der frei schweifende Blick sind insofern Bedingungen ihrer späteren Karriere, als Stabilität Stillstand bedeutet und erst in der Hingabe an den Erfahrungsfluß Entwicklung möglich wird. 'Flow', 'drift', 'change', 'chance' sind Aspekte einer Lebensform und Wahrnehmungsweise, die an den Energieraum Stadt gebunden sind. Gerade weil sich Carrie vorbehaltlos und so stets verführbar der übermächtigen sinnlichen Reizung der Metropole überläßt, kann sie sich als passives 'Opfer ihrer hypnotischen Einflüsse' entfalten, wird sie im eigentlichen Sinne ihr Geschöpf. Die Dynamik der Stadt findet so ein Echo in Carries Lebensenergie, die Dreiser gleichsetzt mit einer psychischen Dynamik des Begehrens, Wünschens, Hoffens. Das evolutionäre Modell, das dem zugrunde liegt (Dreiser steht hier deutlich unter dem Einfluß Herbert Spencers), wonach sich der Einzelorganismus in der Anpassung an eine komplexe Lebenswelt ausdifferenziert oder zugrunde geht, verbindet das Schicksal der beiden Protagonisten durch das Rad der Fortuna, das, gelenkt von der 'unsichtbaren Hand' des zum Naturgesetz ideologisierten Marktgesetzes, das hoffnungsstarke Mädchen vom Lande nach oben trägt und ihren alternden Liebhaber als 'tramp' im gesellschaftlichen Bodensatz versinken läßt. Gleichzeitig zwingt dieses Modell Dreiser jedoch auch zur Darstellung der unmittelbaren sinnlichen Präsenz des städtischen Erfahrungsraums. Er ist zuallererst ein Ort der Lockung und des Wünschens: von prächtigen Fassaden, Boulevards, Kaufhäusern, der sinnlichen Gestalt der Waren, der knisternden Konkretheit des Dollarscheins. Carries Begehrlichkeit gibt den Dingen, die sie haben möchte, Stimme und erotische Macht: »the dainty slippers and stockings [...], the laces, ribbons, haircombs, purses, all touched her with individual desire«[8]. In ihrem Begehren und in der Lockung der expandierenden Metropole verschränken sich die Idealität von Ich und Stadt zu einem Möglichkeitsfeld, in dem das Wünschen endlos in sich selber kreist: Carries Produktivkraft – und hier stellt Dreiser die bürgerliche Arbeitsethik auf den Kopf – ist ihre schöpferische, weil unerschöpfliche Bereitschaft zum Konsum.[9]

Inbegriff dieser neuen Lebens- und Wahrnehmungsform ist die Straße als Ort ständiger Bewegung, ständigen Wechsels, der zur Schau gestellten Waren, des sichtbaren Elends, des sich zur Schau stellenden Reichtums, kurz: als Ort all dessen, was Dreiser »the great spectacle of life« nennt. Carries Affinität zur Straße zeigt sich im immer neuen Blick aus dem Fenster (durch den das normsetzende Potential des Howellsschen Innenraums gleichsam getilgt wird), vor allem aber in ihrer Faszination durch das Theater und ihrer schnellen Karriere im

[8] Theodore Dreiser, Sister Carrie. Philadelphia: University of Pennsylvania Press 1981, S. 22.

[9] Zu ›Sister Carrie‹ als einer neuen Art von Stadtroman und frühem literarischen Dokument der beginnenden Konsumkultur siehe vor allem: Walter Benn Michaels, Sister Carrie's Popular Economy. – In: The Gold Standard and the Logic of Naturalism. Berkeley: University of California Press 1987, S. 29–58; Phil Fisher, The Life History of Objects: The Naturalist Novel and the City. – In: Hard Facts: Setting and Form in the American Novel. New York: Oxford University Press 1985, S. 128–178, und: Ders., Acting, Reading, Fortune's Wheel: Sister Carrie and the Life History of Objects. – In: American Realism. Hrsg. v. Eric Sundquist. Baltimore: John Hopkins University Press 1982, S. 259–277, sowie: Rachel Bowlsby, Just Looking. Consumer Culture in Dreiser, Gissing and Zola. New York: Methuen 1985.

Reich von Illusion und Image. So wie die Dinge für das begehrliche Auge erst durch ihr Aussehen Wert erhalten, verflüchtigt sich das Ich in den Rollen, die es täglich spielt, ist Carrie am Ende kaum noch anders sichtbar als auf Photos und Plakaten, den Wunschbildern einer öffentlichen, inszenierten Existenz. Nicht nur, daß Carrie da am meisten sie selbst scheint, wo sie nur Rolle ist – sie, deren Wünsche sich am inszenierten Leben anderer entzündet hatten, wird schließlich selber ein Objekt des Wünschens. In der Metaphorik des Theaters wird gleichsam die Stadt selbst zur Schau gestellt: Inszenierung und Rollenspiel, die Vertauschbarkeit von Subjekt und Objekt des Begehrens sind Elemente einer theatralisierten Konsum- und Oberflächenwelt, deren Instabilität Risiko und Reiz des Lebens auf dem freien Markt der Stadt verbürgt.[10]

Dreisers Gespür für die veränderten Lebenszusammenhänge in der Metropole (die Beschleunigung und Fragmentierung der Zeiterfahrung, die Diversifikation der sinnlichen Eindrücke, die größere Bandbreite sozialen Rollenspiels bei gleichzeitiger innerer Vereinsamung, die konstitutionelle Bindung des Bewußtseins an eine Wahrnehmungswelt der bloßen Oberfläche) macht ›Sister Carrie‹ zu einer ganz neuen Art von Stadtroman, der bestehende Erzählkonventionen allerdings nur inhaltlich überschreitet. In Abwandlung des viktorianischen Kulturmodells, doch in radikaler Opposition zu dessen Dominantsetzung des Zivilisatorischen sieht Dreiser den Roman in heimlicher Allianz mit dem 'rohen' Naturraum Stadt und die Wahrnehmungs- und Verhaltensweisen seiner Protagonisten gesteuert durch das wirkende Naturgesetz. Das Staunen, das diese beim ersten Anblick der Stadt befällt, gleicht daher der Ehrfurcht des romantischen Betrachters vor der Größe des 'natürlichen Erhabenen'.

Wie Frank Lloyd Wright versteht jedoch die amerikanische Avantgarde des frühen 20. Jahrhunderts dieses »ungeheuerliche Ding«, die

[10] Die Implikationen der Theatermetaphorik interpretiert vor allem Ph. Fisher, Acting (wie vorstehende Anm.). Dreisers kulturrebellische Allianz mit dem Geist des Kapitals untersucht Benn Michaels: »Carrie, for Dreiser, embodies insatiability. Carrie's body, infinitely incomplete, is – literary and economic, immaterial and material – the body of desire in capitalism« und: »›Sister Carrie‹ is itself structured by an economy in which excess is seen to generate the power of both capitalism and the novel « (wie Anm. 9, S. 56 u. 58).

Metropole, vor allem als »die größte aller Maschinen« – sinnlich, dynamisch, übermächtig in der funktionalen Einheit ihrer heterogenen Elemente –, der nun »die Kräfte der Kunst die Erregung der Vergeistigung einhauchen sollen«[11]. In Dos Passos' ›Manhattan Transfer‹ (1925) geschieht dies freilich nur bedingt, insofern nämlich die sprachliche Konstruktion der Stadt mit ihrer ideologischen Zurückweisung zusammenfällt. In ›Manhattan Transfer‹ ist New York als gewaltige Maschine konzipiert, die – wie die präzis koordinierte, den Arbeitsablauf extrem fragmentierende Maschinerie der Fordschen Massenproduktion – Bewußtsein usurpiert und dem eigenen Rhythmus unterwirft. Mehr noch als bei Dreiser erscheint bei Dos Passos die Reorganisation der Wahrnehmung im Herrschaftsbereich der Metropole als Multiplizierung der Zeit durch ihre Zerlegung in diskontinuierliche Erfahrungsfragmente. Der Bewegung der Straße (die sich fortsetzt in der Geschwindigkeit der Verkehrsmittel, im Bild der Stadt selbst als System-in-Bewegung) entspricht der Stadtmensch als 'drifter', dessen Identität sich unter dem ständigen Ansturm der Eindrücke 'zerstreut' – so wie sich etwa eine der Hauptfiguren in ›Manhattan Transfer‹ als fragmentiertes Ich erfährt, zerlegt in eine Bildsequenz isolierter Posen und Gesten. Ähnlich wie Dreiser (aber dann doch anders als er) gebraucht Dos Passos das mechanistische stimulans-response Modell, um die Wahrnehmung seiner Protagonisten distanzlos an das übermächtige Umfeld der Stadt zu binden: In der Aufhebung jeglichen Reflexionsraums reproduziert die Stadt Geschöpfe nach ihrem eigenen Bild – mechanisierte Puppen, die sich besinnungslos der sinnlichen Reizung des Augenblicks überlassen, Figuren der Oberfläche, an denen Gefühle wie Insekten kleben, ohne ins Innere zu gelangen. Allerdings ist Dos Passos' Versuch, die Metropole als bewußtseinsformendes und -deformierendes System darzustellen, mit einem enormen Innovationsschub in ihrer ästhetischen Gestaltung verbunden. Der Reduktion der realistischen Instanz des Individualcharakters entspricht die Auflösung der strukturbildenden Individualgeschichte – plot erscheint hier nur als Reihung 'von Daten und Ereignissen', als zusammenhanglose

[11] Frank Lloyd Wright, Die Kunst und Fertigkeit der Maschine. – In: F. L. W., Schriften und Bauten. München 1963, S. 52–73 (Zitat S. 71), Rede Wrights vor der ›Arts and Crafts Society‹ in Jane Addams' Hull-House, Chicago 1901.

Folge zerstückelter und unübersichtlich vieler Lebensgeschichten. (Dos Passos selbst nennt seinen Roman eine »simultane Chronik«.[12]) Entsprechend fehlt der ordnende Blick von oben: Stadtwelt wird vermittelt im Wechsel zwischen der Außensicht einer neutral-auktorialen Erzählinstanz und einer Vielzahl subjektiver Innensichten, in denen Bewußtsein wie eine photographische Platte die fortgesetzte sinnliche Reizung des städtischen Umfelds registriert.[13] In einer Schlüsselszene des Romans (dem 4. Kapitel des 3. Buches, ›The Skyscraper‹) vermag einer der Protagonisten sich dadurch vom Druck der Stadt zu befreien, daß er ihre Informationsfülle als bloße Anhäufung sinnleerer Zeichen erkennt: als Stadt der »glitzernden Fensterflächen«, der »vergoldeten Lettern«, der »zerstückelten Alphabete«. Die Erkenntnis macht sich in der Produktion eines eigenen chaotisch-surrealistischen Textes Luft, mit dem Jimmy Herf, Journalist mit künstlerischer Sensibilität, einerseits seiner Ohnmacht Ausdruck gibt (»I sit here pockmarked with print«, »if only I still had faith in words«), mit dem er sich andererseits – gerade durch die Reproduktion massenhaft produzierten städtischen Sprachmülls – von den »Pocken« des gedruckten Wortes, der »geschminkten Phrasen« reinigt. Die Hoffnung, die Dreiser um die Jahrhundertwende in die Dynamik der expandierenden Metropole investiert hatte, wird hier, so scheint es, transferiert auf die Kunststadt des Textes, die Dos Passos als Collage aus Schlagertexten, Werbeslogans, Schlagzeilen, Zeitungsausschnitten, den verschiedensten Materialien der neuen Konsum- und Stadtkultur, zusammensetzt. Der Begriff der Collage ist hier insofern nicht ganz unproblematisch, als für die Literatur ja gerade jene Differenz zwischen Kunst- und Wirklichkeitsmaterial entfällt, mit der die Collage in der Bildenden Kunst so provozierend den Rahmen tradierter Kunstvorstellung sprengt,

---

[12] »Why not write a simultaneous chronicle? A novel, full of popular songs, political aspirations and prejudices, ideals, hopes, delusions, crackpot notions, clippings out of daily newspapers«, zit. nach: Linda Wagner, Dos Passos: Artist as American. Austin, Texas: University of Texas Press 1979, S. 49.

[13] Die dezidiert nicht-psychologisierende und im Sinne der Entmachtung von plot und character nicht-realistische Darstellungsweise von Dos Passos betonen vor allem: Hartwig Isernhagen, Ästhetische Innovation und Kulturkritik – Das Frühwerk von John Dos Passos 1916–1938. München 1983, und Volker Klotz, Die Erzählte Stadt. München 1969, S. 317–371.

wenn sie das künstlerisch Gemachte mit dem empirisch Vorgefundenen verklammert.[14] Auf der anderen Seite signalisiert die unbearbeitete Verwendung und schroffe Juxtaposition vorgefundener Diskurselemente auf ganz ähnliche Weise die sprachliche Aneignung einer Welt, die in Teilen bereits selber Text geworden ist. So sind Straße und Zeitung – nach Henri Lefèbvre Verbündete im städtischen Alltagsleben, »das sie gleichzeitig machen und repräsentieren«[15] – bereits selbst Collagen urbaner Zeichen und Diskurse, an denen die Verschränkung von Sprachwelt und Textwelt augenfällig wird. Sie erhalten bei Dos Passos insofern besonderen Stellenwert, als sie *im* Text den fragmentarisch-diskontinuierlichen Charakter der Stadterfahrung thematisieren und zugleich *als* Text in der eigenen Organisationsform das Formprinzip des Romans verdoppeln.

Allerdings bleibt die Collage bei Dos Passos weitgehend 'subjektzentriert', d. h. im Bewußtseinsstrom der verschiedenen Protagonisten 'realistisch' verankert; und es kommt daher auch nicht zu jener »Selbstentfaltung des Materials«, durch die sich – wie Harald Jähner in seiner Analyse von Döblins ›Berlin Alexanderplatz‹ feststellt – das Sprachfeld im »operativen Gestus des montierenden Autors« verselbständigt und die »literarisch rekonstruierte Stadt« aus der Bindung an die urbane Realität löst.[16] Dagegen zerstört Dos Passos Erzählkonsistenz vor allem (wenn auch nicht ausschließlich) auf der Handlungsebene, insofern er seine »simultane Chronik« nach dem Prinzip der Collage aus Teilen der verschiedenen Individualgeschichten zusammensetzt, in die dann jedoch die verschiedenen Diskurse, Sprachspiele und Textcollagen in der Tat erzähllogisch eingebettet sind. In ›Manhattan Transfer‹ bleibt daher die literarische Stadt zwar mimetisch auf die urbane Welt New York bezogen (»But here is the City,

---

14 Siehe Harold Rosenberg, Collage: Philosophy of Put-Togethers. – In: Art on the Edge. Chicago: Chicago University Press 1983, S. 173–180.

15 Henri Lefèbvre, Kritik des Alltagslebens. Kronberg 1977, Bd. 3, S. 145. Auf die Verbindung von Zeitung und Stadtroman verweist Ph. Fisher: »Explicitly the newspaper is an image of the total structure of the city itself [. . .]. It is a throwaway daily epic – an image of the cacophony of the city.« (City Matters, wie Anm. 1, S. 388).

16 Harald Jähner: Erzählter, montierter, soufflierter Text. Zur Konstruktion des Romans ›Berlin Alexanderplatz‹ von Alfred Döblin. Frankfurt a. M. 1984, S. 10 f.

smell of it, sound of it, harsh and stirring sight of it«[17]); sie signalisiert jedoch auch ständig ihre Unabhängigkeit als sprachliches Konstrukt. Zugleich erhält die Stadt im Text und durch den Text einen ambivalenten, wenn nicht gar widersprüchlichen Status: Sie ist nicht nur entfremdete (und entfremdende) Anti-Natur, sondern auch »Vitalitätschiffre«[18], nicht nur destruktives, sondern auch energetisches Erfahrungsfeld. Das Buch reproduziert die zerstörerische Übermacht der Stadt in der Darstellung ihrer Wirkung auf Mensch und Sprache, und es übersetzt ihr energetisches Potential (vielleicht auch das schöpferische Potential ihrer künstlichen Formenwelt[19]) in das abstrakte, kinetische Design des Sprachkonstrukts (mit den Mitteln der Collage und Montage, der polyphonen Fügung des Disparaten und Dissonantischen). Anders als bei Dreiser erfolgt hier der literarische Entwurf der Stadt aus einer Ambivalenz von Widerstand und Affinität oder, wie Isernhagen formuliert, aus der »Spannung von Entfremdung und *participation*«. Für Dos Passos – der sich als Schriftsteller sowohl in der Rolle des Architekten wie des Ingenieurs zu sehen pflegte – war das konstruierte Artefakt als gefügtes System heterogener Teile (»whether presented in a bridge, a skyscraper, or an automobile engine«[20]) Metapher und Modell für einen Roman,

[17] Sinclair Lewis, John Dos Passos' ›Manhatten Transfer‹. New York: Harper 1926, S. 11.

[18] H. Isernhagen, Ästhetische Innovation (wie Anm. 13), S. 128.

[19] Insofern steht das Buch keineswegs, wie vielfach behauptet, in einer Reihe etwa mit Eliots kulturpessimistischem ›Waste Land‹. Zwar ist seine zivilisationskritische Dimension nicht zu übersehen, aber ebensowenig die formale und sprachliche Identifikation mit der Energie und Schönheit der Stadt als technologischem Artefakt (mit Maschine, Wolkenkratzer u. ä.). Hier scheint Dos Passos durchaus mit zeitgenössischen Malern wie Stella, Demuth oder Walkowitz vergleichbar, die im Chaos industrieller Phänomene Möglichkeit und verborgene Form aufzudecken suchten. In jedem Fall geht es ihm nicht um resignierende Kulturflucht, sondern um Eingriff und Teilnahme: »The writer has got to put his mind on the world around him. He has got to understand – I do not mean complain about, I mean understand – the industrial set-up that is so ruthlessly changing the basis of society [...]. His business is to justify the ways of machinery to man.« Zit. nach L. Wagner, Dos Passos (wie Anm. 12), S. XVI.

[20] Cecilia Tichi, Shifting Gears: Technology, Literature, Culture in Modernist America. Chapel Hill: University of North Carolina Press 1987,

der das Funktionsprinzip von Stadt und Maschine (oder auch der Stadt als Maschine) ästhetisch absorbiert und gleichsam zum eigenen Formprinzip verinnerlicht hat.

Diese unverkennbare Ambiguität, daß nämlich Dos Passos die mechanistische 'Zerstörung' von Wahrnehmung wie Wahrnehmungssubjekt ideologisch als Wertzerfall registriert, sie aber zugleich in der Struktur des montierten Romans als Innovation verbucht, läßt sich (mit nur geringer Einschränkung) zu einem Merkmal der amerikanischen Avantgarde verallgemeinern. Anders als die europäische Vorhut der Moderne war sie weniger mit der radikalen Zerschlagung etablierter Kulturtraditionen beschäftigt als mit der Entdeckung einer genuin amerikanischen Kultur; und in der Tat führte die Auseinandersetzung mit der europäischen Moderne zu einer Neuauflage der Debatte über eine amerikanische Nationalkultur, wie sie etwa siebzig Jahre vorher von Emerson, Melville und Whitman geführt worden war. Der Versuch, die Erblast einer sekundären, weil aus Europa (vorwiegend aus England) importierten 'high culture' abzuschütteln, ging dabei in zwei Richtungen. Für William Carlos Williams war diese Bürde schon am Beispiel der ersten puritanischen Siedler augenfällig, die die Phänomene der neuen Welt mit alten Namen verdeckten und domestizierten. Das Neu-Sehen, Neu-Benennen, das als Enthabitualisierung der Wahrnehmung bei den russischen Formalisten eine so große Rolle spielt, erhält hier noch eine zusätzliche nationalideologische Dimension: »I have sought« – so Williams – »to re-name the things seen, now lost in a chaos of borrowed titles, many of them inappropriate, under which the true character lies hidden.«[21] 'Re-naming',

S. 194–216 (Zitat S. 195). Die Homologie zwischen Künstler und Ingenieur bzw. Kunstwerk und Maschine geht wohl vor allem auf den Einfluß Thorstein Veblens zurück, dessen Kapitalismus-Kritik auf der Hoffnung basiert, daß die korrupte politische und soziale Elite des Kapitals durch eine neue technologische Elite selbstloser Ingenieure abgelöst werden könnte. Was die Maschinen-Metapher angeht, so wäre zu bemerken, daß Dos Passos sie keineswegs konsistent zur Verdeutlichung seiner ästhetischen Intentionen heranzieht. (Er greift auch zu Beispielen aus anderen künstlerischen Medien, wie etwa Film und Musik.) Die technologische Metapher betont jedoch vor allem den Aspekt der künstlerischen Konstruktion und den Gedanken eines funktionalen Zusammenwirkens disparater Elemente jenseits aller Implikationen von organischer Sinneinheit.

[21] William Carlos Williams, The American Background. – In: America

're-vision' wird so Ausgangspunkt und Verfahrensweise einer dezidiert amerikanischen Tradition, die der amerikanische Kunstkritiker Harold Rosenberg in einer glücklichen Formulierung »the tradition of the New« nannte.[22] Zugleich betrieb die künstlerische und literarische Avantgarde nach dem Ersten Weltkrieg die Subversion viktorianischer 'Hochkultur' durch die Integration von Materialien und Ausdrucksformen der industrialisierten Gesellschaft: einer neuen, unverwechselbar amerikanischen Stadt- und Populärkultur von Wolkenkratzer und Maschine, Film und Photographie, der neuen Ästhetik der Werbung und des 'industrial design'. »Reacting to purely American sources« – schrieb Matthew Josephson, einer der wenigen amerikanischen Verfechter von Surrealismus und Dada – »to the at once bewildering and astounding American panorama, which only Chaplin and a few earnest unsung film-directors have mirrored, we may yet amass a new folk-lore out of the domesticated miracles of our time.«[23] Dabei war die Idealisierung Amerikas zum Land der Innovation schlechthin durch Dada und die Futuristen für die Amerikaner selbst nur von sehr begrenzter Bedeutung, denn die von den Europäern bewunderten Phänomene einer in ihrem Wesen innovativen Kultur waren für jene zunächst nur Produkte einer »Mystik des Geldes«[24], eines dominanten Bewußtseins von Rationalität, ökonomischer Nützlichkeit und lebensfeindlicher Verdrängung. Wie einer von ihnen formulierte: der »neue futuristische Gott der Technologie ist *bei* uns und lastet *auf* uns, und wir müssen sehen, wie wir mit ihm fertig werden können.«[25] Sie stützen sich daher eher auf das Erbe Walt Whitmans, der die vielfältigen Manifestationen der neuen demokratischen Zivilisation zu Zeichen und Ausdrucksformen *eines* kollektiven schöpferischen Geistes metaphorisierte (und so die eigene

---

& Alfred Stieglitz: A Collective Portrait. Hrsg. v. Frank, Mumford, Rosenfeld u. Rugg. New York: The Literary Guild 1934, S. 9–32. Das Zitat ist dem Vorspruch zu ›In the American Grain‹ (1925) entnommen.

[22] Harold Rosenberg, The Tradition of the New. New York: Horizon Press 1959.

[23] Matthew Josephson, Made in America. – In: Broom 2 (1922), S. 266 bis 270 (Zitat S. 270).

[24] Harold Loeb, The Mysticism of Money. – In: Broom 3 (1922), S. 115 bis 130.

[25] Paul Strand, Photography and the New God. – In: Broom 3 (1922), S. 252–258 (Zitat S. 257).

Dichtung in einer potentiell endlosen Analogiekette mit dem Produkt des Pioniers, des Handwerkers, des Ingenieurs verbunden sah).[26] Zum andern beriefen sie sich auf Thorstein Veblen, der mit seinem Postulat eines unzerstörbaren »instinct of workmanship« Wissenschaft, Technologie und die Expertise des Technikers und Ingenieurs vom ökonomischen System, das sich ihrer bediente, abzulösen suchte.[27] In der Tat bezeugt Dos Passos' berühmte Rede über ›The Writer as Technician‹ [28] eine zumindest metaphorische Allianz zwischen künstlerischer und technologischer Avantgarde – aus dem Bewußtsein einer vergleichbaren Verpflichtung zur Innovation ebenso wie der gemeinsamen Vorliebe für das präzis Gemachte.

Die Frage, wie eine moderne Kunst beschaffen sein müsse, die aus dem wahren Geist Amerikas sei und nicht aus dem des Kapitals, entzündete sich in den Auseinandersetzungen der zwanziger Jahre immer wieder am Status der Maschine, die in irritierender Vieldeutigkeit sowohl den geistlosen Materialismus der bestehenden Gesellschaft

---

[26] Hierin ist Whitman deutlich ein Vertreter des amerikanischen Transzendentalismus, der jedes natürliche Faktum als Zeichen eines geistigen verstand (Emerson). Insofern erhielt alles Reale einen idealen Doppelsinn, verwies die amerikanische Realität immer schon auf ihre latente Idealität, an der sie kritisch gemessen, durch die sie aber auch ideologisch überhöht werden konnte. (Zur Geschichte und Funktion dieser idealistischen Rhetorik siehe: Sacvan Bercovitch, The American Jeremiad. Madison: The University of Wisconsin Press 1978.) Auf ähnliche Weise transformiert Whitman in einem potentiell unabschließbaren Prozeß reale Alltags- und Arbeitswelt in Kunstwelt – ebenso wie er Kunst unter dem Aspekt der Arbeit sanktioniert.

[27] In ›The Instinct of Workmanship and the State of the Industrial Arts‹ (1914) entwickelt Veblen – gegen eine herrschende quasi-aristokratische Kaste prinzipienloser Verschwender und Ausbeuter, die ihm verhaßt war – ein alternatives Wertbewußtsein, das sich auf das angeborene Streben nach Befriedigung durch gewissenhafte Arbeit stützt: »The instinct of workmanship [...] occupies the interest with practical expedients, ways and means, devices and contrivances of efficiency and economy, proficiency, creative work and technological mastery of facts. Much of the functional content of the instinct of workmanship is a proclivity for taking pains«. – In: The Portable Veblen. Hrsg. v. Max Lerner. New York: The Viking Press 1976, S. 320.

[28] In: American Writers' Congress. Hrsg. v. Henry Hart. New York: International Publishers 1935, S. 78–82.

repräsentierte wie auch Chiffre war für ihre latente schöpferische Energie und geistige Erneuerung.[29] Als exemplarisch kann in diesem Zusammenhang die Diskussion der Kamera gelten, für viele ein Symbol der möglichen Integration von Kunst und Technik. Sie spielte insofern eine privilegierte Rolle, als ihre präzise Mechanik Präzision und Effizienz des industriellen Verfahrens selber evozierte; zum andern, weil sie – als Maschine – Instrument wissenschaftlicher wie künstlerischer Wißbegierde war nach allem, was dem bloßen Auge verborgen bleiben mußte. Um 1880 hatte Eadweard Muybridge den Bewegungsablauf photographisch in isolierte Phasen zerlegt und so nicht nur Bewegung, sondern auch Zeit zerkleinert und sichtbar gemacht. Er hatte damit den Grundstein gelegt für spätere systematische Versuche »to dis-assemble and redesign matter-in-motion«[30]. So etwa für die Versuche des Photographen und Ingenieurs Frank B. Gilbreth, der – wie Sigfried Giedion in seiner Geschichte der Mechanisierung ausführt[31] – etwa dreißig Jahre nach Muybridge (also um 1910) mit seinen photographischen Zeit- und Bewegungsstudien Frederick Taylors Untersuchungen zur Steigerung der Arbeitseffizienz (sein berühmt-berüchtigtes 'scientific management') weiter perfektionierte und damit die radikale Mechanisierung und Standar-

[29] Die Diskussion wurde vor allen Dingen in den vielen kleinen Literatur- und Kulturzeitschriften der Periode (›Broom‹, ›Secession‹, ›Soil‹ u. a.) ausgetragen und zwar meist als Fehde zwischen den Anhängern des Futurismus und den »cultural nationalists« (unter ihnen auch Stieglitz, Williams und Crane), die glaubten, daß Technologie ohne eine tiefgreifende Bewußtseinsänderung (gemeint war ein neues / altes Organismus- und Ganzheitsdenken) nur bestehende Strukturen zementieren würde. Vgl. The Re-Discovery of America. New York 1929, von Waldo Frank (des Sprechers der Kulturnationalisten) und die Memorien seines Widersachers Matthew Josephson, Life Among the Surrealists. New York 1962. Zur amerikanischen Avantgarde siehe auch Dickran Tashjan, Skyscraper Primitives: Dada and the American Avant-Garde 1910–1925. Middletown Conn.: Wesleyan University Press 1975.

[30] C. Tichi, Shifting Gears (wie Anm. 20), S. 198.

[31] Sigfried Giedion, Mechanization Takes Command. New York: Oxford University Press 1948, bes. S. 24–31 u. 100–113; zu Mechanisierung und Massenproduktion siehe auch: David A. Hounshell, From the American System to Mass Production 1800–1932. Baltimore: The John Hopkins University Press 1984.

disierung des industriellen Arbeitsprozesses wesentlich vorantrieb. »Motion study«, schrieb er in seinem 1916 erschienenen Aufsatz ›The Effect of Motion Study Upon the Workers‹, »consists of analyzing an activity into its smallest possible elements, and from the results synthesizing a method of performing the activity that shall be more efficient«. Zugleich machte Gilbreth Bewegungsanalyse zu einem Universalschlüssel, mit dem jeder die Tür zum glücklichen Leben öffnen konnte: »[it] benefits employés and employers, as well as everybody else who adopts its methods, because it makes »to do«, mean to be interested, and to be interested means to be more efficient, more prosperous, and more happy.«[32]

In ihrem Versuch, die künstlerischen Möglichkeiten der Maschine aufzudecken, orientierte sich die amerikanische Avantgarde daher auch weniger an Muybridge und Gilbreth als an dem Photographen Alfred Stieglitz, der in Berlin Ingenieurwissenschaften studiert hatte (bis er dort die Photographie entdeckte) und nach seiner Rückkehr in die USA zur zentralen Figur der amerikanischen Moderne wurde.[33] Stieglitz – so sein Freund und Schüler Paul Strand – unterwarf die Maschine als Kamera völlig seinem Ausdruckswollen, d. h. er benutzte sie als Instrument des visionären Auges – nicht zur Zerstückelung von Zeit und Bewegung durch deren optische Zerlegung, sondern zur synthetisierenden Öffnung des Augenblicks auf ein verborgenes universe-in-motion. Er gebrauchte sie außerdem im handwerklichen Sinne gleichsam als Verlängerung des Körpers und mit der Gewissenhaftigkeit des Handwerkers und Mechanikers, »insisting« – wie Strand schreibt – »upon the eternal value of the concept of craftmanship, because [...] he knows that quality in work is prerequisite to quality in living.«[34]

Um die Integration von städtisch-industrieller Welt und künstlerischem Ausdruck, um die Dynamisierung und Fragmentierung der

[32] In: The Writtings of the Gilbreths. Hrsg. v. Spriegel u. Myers. Homewood / Ill.: Richard D. Irwin, Inc. 1953, S. 267 u. 272.

[33] Siehe: William Innes Homer, Alfred Stieglitz and the American Avant-Garde. Boston 1977; sowie: Bram Dijkstra, The Hieroglyphics of a New Speech: Cubism, Stieglitz and the Early Poetry of William Carlos Williams. Princeton University Press 1969.

[34] Paul Strand, Photography and the New God. – In: Broom 3 (1922), S. 252–258 (Zitat S. 258).

Erfahrung wie um den neuen Wert des Augenblicks kreist insbesondere die Lyrik der zwanziger Jahre, wie abschließend am Beispiel der Dichtung Hart Cranes und William Carlos Williams' gezeigt werden soll. Crane und Williams berufen sich dabei auf das Werk ihres Freundes Stieglitz, dessen Stadt- und Landschaftsphotographien »den Augenblick im Übergang« festhielten und so in der Fixierung die dynamische Struktur der Erscheinungswelt aufdeckten: »Speed is at the bottom of it all« – so Crane in einem Brief über Stieglitz – »the hundredth of a second caught so precisely that the motion is continued from the picture infinitely: the moment made eternal.«[35] Crane suchte in der vorbehaltlosen Hingabe an die »sensations of urban life«[36] die Integration und Aufhebung dissonantischer Stadterfahrung im einheitsstiftenden Schöpfungsakt (und damit die Verbindung futuristischer Maschinenseligkeit mit der Emersonschen Vision organischer Welteinheit). Entsprechend interpretiert Crane die Brooklyn Bridge (das technische Wunderwerk des Architekten, Ingenieurs und Swedenborgianers John Roebling) als Stieglitzsche Momentaufnahme, welche die quasi-kinematographische Bildflucht städtischer Wahrnehmung durchbricht; als Bewegung, die bleibt und in sich selber schwingt, fragmentierte Erfahrungsoberfläche zu neuer Kontinuität versammelt und so der Präsenz des Göttlichen im Erfahrungsraum Stadt sinnfällige und sakrale Gestalt gibt:

I think of cinemas, panoramic sleights
With multitudes bent toward some flashing scene
Never disclosed, but hastened to again,
Foretold to other eyes on the same screen;

And Thee, across the harbor, silver-paced
As though the sun took step of thee, yet left
Some motion ever unspent in thy stride, –
Implicitly thy freedom staying thee![37]

---

[35] Hart Crane, Letters. Hrsg. v. Brom Weber. Berkeley: University of California Press 1965, S. 132.

[36] Hart Crane, Modern Poetry. – In: The Complete Poems of Hart Crane. Hrsg. v. Waldo Frank. Garden City: Doubleday 1958, S. 179–183 (Zitat S. 181).

[37] Ebd., S. 3 ff.

Der dynamische Bogen der Brücke wie auch Cranes dynamische, extrem verdichtete Metaphernsprache, durch die der transzendente Sinn der Form-in-Bewegung vermittelt wird, sind daher sowohl Instrumente der Offenbarung im Sinne der Stieglitzschen Kamera als auch Inkarnationen wirkender Lebensenergie: »Wort«, wie Crane an anderer Stelle schreibt, »das Fleisch geworden ist.«

Für Williams fungiert dagegen das Gedicht nicht wie in Cranes mythisierender Reinterpretation der urbanen Landschaft als »moment made eternal«, sondern als Momentaufnahme einer Welt des »schnellen Übergangs«, der das wahrgenommene Objekt wie das wahrnehmende Bewußtsein wie auch das Gedicht als sprachliche Inszenierung des Wahrnehmungsprozesses gleichermaßen angehören. Ähnlich wie später Dos Passos in ›Manhattan Transfer‹ verbindet Williams in seinem sicherlich weniger gewichtigen Gedicht ›Rapid Transit‹ (1923) [38] die Dynamik der künstlerischen Form inhaltlich mit New York als Ort par excellence des Durchgangs und des schnellen Wechsels:

RAPID TRANSIT

Somebody dies every four minutes
in New York State –

To hell with you and your poetry
You will rot and be blown
through the next solar system
with the rest of the gases –

What the hell do you know about it?

AXIOMS

Don't get killed

Don't get killed

Careful Crossing Campaign
Cross Crossings Cautiously

[38] Aus ›Spring & All‹ (1923). – In: William Carlos Williams, Imaginations. New York: New Directions 1971, S. 85–151 (›Rapid Transit‹, S. 146 f.).

THE HORSES black
&
PRANCED white

Outings in New York City

Ho for the open country

Don't stay shut up in hot rooms
Go to one of the Great Parks
Pelham Bay for example

It's on Long Island Sound
with bathing, boating
tennis, baseball, golf, etc.

Acres and acres of green grass
wonderful shade trees, rippling brooks

Take the Pelham Bay Park Branch
of the Lexington Ave. (East Side)
Line and you are there in a few
minutes

Interborough Rapid Transit Co.

Das Gedicht ist eine Collage aus Materialien des urban speech: Gesprächsfetzen, Schlagzeilen, Reklamesprüchen. Der Titel bezieht sich auf den New Yorker Subway (das Verkehrsmittel wie auch die Verkehrsgesellschaft), und in der Tat könnte das Gedicht als U-Bahnfahrt verstanden werden, deren Bewegung freilich nicht mimetisch, sondern in der Sprachbewegung selber abgebildet ist. ›Rapid Transit‹ – das ist die Stadt als hektischer Umschlagplatz; das ist ein spezifisch städtischer Bewußtseinszustand der zerstreuten Wahrnehmung, der Bindungslosigkeit und der Entwurzelung; und das ist schließlich das Gedicht selbst, das sinnleere Sprachfetzen in der Collage verbindet und rapid transit spielerisch als Bewußtseinszustand aufdeckt, in sich aufnimmt und ästhetisch transzendiert.

Im zeitgenössischen Erfahrungsfeld unablässiger Veränderung ein sprachliches Medium zu entwickeln, das – wie die Stieglitzsche Photographie – Bewegung und Wandlung von Dingwelt, Selbst und Sprache »instantaneously«, in einem prozessualen Jetzt, erfassen könnte (»recording the force moving«, »catching the evasive life of the thing«, »to know what he is at the exact moment that he is«[39]), dies wäre in den Augen von William Carlos Williams die Aufgabe des Künstlers in einer industriellen Kultur. Präsenz nicht als quasi-religiöse Offenbarung verborgener Welteinheit, sondern als angespannte Aufmerksamkeit (»attention«) gegenüber einem immer neu zu begreifenden Jetzt der Wahrnehmung – bei Williams verbindet sich eine spezifisch städtische Wahrnehmungsform der sinnlichen Wachheit (»looking about [...] with clear eyes«), der kinetischen Reizung, der Diskontinuität, des zerstreuten Augenblicks (kurz: die vollzogene Reorganisation der Sinne), mit einer neuen Ästhetik der Immanenz, der Stadt, Industrie, Maschine als spezifische Topoi der Dichtung durchaus entbehrlich sind.[40]

---

[39] Aus: ›Spring & All‹ S. 120 u. 89; siehe auch: C. Tichi, Shifting Gears (wie Anm. 20), S. 231–288.

[40] Hart Cranes Metaphysik der Metapher setzt Williams eine Strategie der »horizontalen Semiose« entgegen (die Formulierung verdanke ich Götz Großklaus). Die damit zusammenhängende Säkularisierung der Dichtung zur alltäglichen Praxis wie auch die sprachliche Inszenierung metonymischen In-der-Welt-seins verbindet Williams' Lyrik mit den New York-Gedichten Frank O'Haras.

III

ANTIZIPATION UND UTOPIE

Dirk Hoeges

GRÜN IST DER FRANZOSE UND EISERN DER DEUTSCHE

Jules Vernes ›Les Cinq Cents Millions de la Bégum‹ und die Technisierung nationaler Stereotypen

Il s'immobilise au songe froid de mépris
Mallarmé

Die Symmetrie der Welt und die Unversöhnbarkeit der Teile

Marcel Proust räumte der 'Dicken Berta' einen Platz in seinem Werk ein; kruppsche Kanonen vor, deutsche Flugzeuge und Luftschiffe über Paris – allerlei Kriegsgerät wird in ›A la recherche du temps perdu‹ literarisiert, und nicht nur beiläufig.[1] Die Erfahrung des Ersten Weltkrieges und ihre Verarbeitung sind für das Werk von besonderer Bedeutung, wie es die Erfahrung der Technik für Proust im allgemeinen ist. Nicht anders ist es bei dem von Proust geschätzten Jules Verne, der im folgenden nicht ein weiteres Mal als 'science-fiction'-Autor vorgestellt werden soll, sondern als vielfach versierter und reaktionsschneller Trivial-Historiker seiner Epoche betrachtet wird, der wie wenige den irreversiblen Aufstieg der Technik und der in ihr beschlossenen Möglichkeiten begriffen hatte. Wie für Proust bildet auch für Verne der Krieg eine Zäsur, durch die das technische Potential in gemeinhin kaum vorstellbarer Weise aktualisiert wird; Verne lebt wie viele wenn nicht alle nach 1871 unter dem Trauma der Niederlage gegen Preußen-Deutschland. Die erfahrene Wirklichkeit komprimiert er mittels der Verbindung von Geschichte und Technik und dynamisiert sie in eine mögliche Zukunft.

[1] Dirk Hoeges, Paris, Balbec und um Balbec herum. Zeit, Raum und Technik in ›A la recherche du temps perdu‹. – In: Marcel Proust – Motiv und Verfahren. Publikation der Marcel-Proust-Gesellschaft. Frankfurt a. M.: Insel Verlag 1986, S. 31–53.

1878 erhält er von seinem Verleger Hetzel, dessen Haus-Autor und Geschöpf er ist, ein Romanmanuskript zur Bearbeitung;[2] ohne Begeisterung nimmt er den Auftrag an. Ein Jahr später erscheint ›Les Cinq Cents Millions de la Bégum‹ (dt. ›Die fünfhundert Millionen der Begum‹), illustriert von L. Benett. Der Struktur des 1871 einsetzenden Textes liegt die zeitgeschichtliche Erfahrung des deutsch-französischen Krieges zugrunde, die vom Autor personal vermittelt wird; die Konstellation der Protagonisten macht es deutlich; ihr Habitus wird nun nicht mehr allein durch tradierte Clichés ausgestaltet, die den Deutschen etwa verhockter Krähwinkelei zeihen, in der bier- und weinselige »Schmauchlümmel« (Goethe) metaphysischen Spekulationen nachhängen oder aus »der Liebe eine Religion« machen (Mme de Staël), wohingegen der Franzose mit weltumspannender, urbaner, kosmopolitischer Zivilisationsgeste daherkommt. Das historische Cliché, für das in Frankreich in hohem Maße Mme de Staël verantwortlich zeichnet, wird von Verne durch die Erfahrung der Technik contemporalisiert und modifiziert. Der Deutlichkeit halber ist der Roman kurz zu skizzieren.

Aus dem Nachlaß der Begum Gokool von Ragginahra werden der deutsche Professor Schultze (Fach: Chemie, Universität: Jena) und der französische Doktor und Hygiene-Forscher Sarrasin, auf verschlungenen Wegen einander verwandt, Erben von 500 Millionen, die sie teilen müssen. Mit seinem Anteil plant und baut Sarrasin in Nordamerika (Oregon) die Musterstadt »France-Ville« mit begrünten Straßenzügen, licht- und luftdurchfluteten Wohnungen, herrlich riesigen Hochschulen für die Jugend und Generation der Zukunft, mit garantierter Freiheit des Handels und der Industrie, mit einem gut funktionierenden Denunziations- und Prangersystem, in dem jeder »Volksvergifter« (das ist z. B. ein Kaufmann, der schlechte Lebensmittel vertreibt) sogleich entdeckt und bestraft wird; das Ganze, more geometrico angelegt, gibt in jeder Hinsicht zu den schönsten Hoffnungen Anlaß. Jeder Bürger dieser Stadt der Zukunft, die 1873 bereits 6000 Häuser zählt, erhält, gleichsam als Katechismus des Fort-

[2] Als Verfasser dieses Manuskripts kommt P. Grousset oder auch André Laurie in Frage; zu Verne-Hetzel auch Reinhold R. Grimm, Der »wissenschaftliche Roman« als Paradigma des Populärromans. Zu Jules Vernes ›Cinq semaines en ballon‹. – In: Peter Brockmeier / Hermann H. Wetzel, Frz. Literatur in Einzeldarstellungen. Bd. 2. Stuttgart 1982, S. 171–207.

schritts, ein Buch, »in dem die wichtigsten Bestimmungen für ein geregeltes Leben auf wissenschaftlicher Grundlage in leichtverständlicher Sprache aufgeführt sind.«[3]

Anders Schultze; er entwirft und baut um 1876 ebenfalls im Staate Oregon »Stahlstadt«, »eine Agglomeration von architektonisch regelmäßigen Gebäuden mit symmetrisch angeordneten Fenstern und roten Dächern, über die hinaus ein ganzer Wald von Hochkaminen ragt. Aus ihren tausend Schlünden strömen unaufhörlich schwarze Rauchwolken, die den weiten Himmel mit einem finsteren Schleier überziehen, durch den ab und zu feurige Blitze zucken.«[4] »Stahlstadt« ist ein militärisch organisiertes, hermetisch abgeriegeltes Zentrum der Stahlproduktion sowie der Waffen- und Kriegstechnologie; im geometrischen Mittelpunkt des ausgeklügelten Labyrinths sinnt und forscht Schultze, mittlerweile größter Stahlproduzent der Welt, der die Kapazität von »Herrn Krupp in Essen« übertrifft, über die Möglichkeit, »France-Ville« mit einem Vernichtungsschlag auszulöschen, um im Anschluß daran die ganze Welt mit Hilfe einer perfekten militärischen Beherrschung zu germanisieren. Ein Ziel, das die Einlösung eines Plans bedeuten würde, den Schultze schon weiland zur Universitätszeit in Jena hegte und publizistisch zu verbreiten gedachte, war er doch nicht nur Chemiker, sondern auch Rassenforscher: seine geplante Veröffentlichung für die »Annalen für Physiologie« lautete: »Warum werden alle Franzosen in höherem oder geringerem Ausmaß von hereditären Degenerationserscheinungen befallen?« Sarrasin hingegen sann sintemal über die roten Blutkörperchen.

Die böse Absicht Schultzes, das gute Werk Sarrasins zu vernichten, scheitert am mutigen und selbstlosen Einsatz Marcel Bruckmanns, eines intelligenten und kräftigen Elsässers (das Elsaß war nach der

---

[3] Jules Verne, Die fünfhundert Millionen der Begum. Übers. v. Erich Fivian. Zürich 1977, S. 210; frz.: Les Cinq Cents Millions de la Bégum. – In: Les Œuvres de Jules Verne. Bd. XV. Lausanne: Ed. Rencontre 1966, S. 155: »òu les principes les plus importants d'une vie réglée selon la science sont exposés dans un langage simple et clair.«

[4] J. Verne, dt., S. 87; frz., S. 60/62: »une agglomération de bâtiments réguliers percés de fenêtres symétriques, couverts de toits rouges, surmontés d'une forêt de cheminées cylindriques, et qui vomissent par ces milles bouches des torrents continus de vapeurs fuligineuses. Le ciel en est voilé d'un rideau noir, sur lequel passent par instants de rapides éclairs rouges.«

französischen Niederlage bis auf das territoire de Belfort von Frankreich abgetrennt und dem Deutschen Reich einverleibt worden), der, der Familie Sarrasins durch Freundschaft und Liebe verbunden, sich scheinbar in den Dienst Schultzes stellt, welcher seinen hochentwickelten technischen Verstand und sein know-how schätzt. Bruckmann lüftet das Geheimnis der in »Stahlstadt« betriebenen Forschungen und Konstruktionen Schultzes, die von der internationalen Finanzwelt (Börse von San Francisco) unterstützt werden. Unter Einsatz seines Lebens vereitelt der Elsässer die Machenschaften des megalomanen Deutschen gegen das inzwischen in Alarm versetzte »France-Ville« des Franzosen. Die Stadt wird in letzter Minute gerettet, Schultze stirbt bei der Explosion seiner eigenen Vernichtungswaffen den Kältetod: mit ihm endet nach einem Zweikampf mit Bruckmann einer seiner beiden Leibwächter, zwei riesenwüchsige, bärenstarke und bis an die Zähne bewaffnete Halbidioten namens Arminius und Sigimer, die nur über einen Basiswortschatz verfügen und lediglich an Bier und Tabak Gefallen finden. Mit ihnen karikiert Verne den Cheruskerfürsten Arminius und seinen Vater Sigimer, historische Symbolfiguren germanischen Freiheitswillens und deutscher Geschichte; die Errichtung des Hermannsdenkmals im Teutoburger Wald durch Ernst von Bandel begann 1838 und dauerte bis 1878, 1879 erschien Vernes Buch.

»France-Ville« blüht weiter auf und entwickelt sich zu einer »glückliche[n] Stadt«; »Stahlstadt«, einst »eine gefürchtete Zerstörungsmaschine unter der eisernen Hand des Herrn Schultze«, wird, vom Tyrannen befreit, dank der Tatkraft Marcel Bruckmanns »ein für alle friedlichen Industrien unentbehrliches Produktionszentrum«.[5] Bruckmann heiratet Sarrasins Tochter, wird Vater, und selbst der leicht mißratene Sohn des Gründers von »France-Ville«, vielleicht eine Projektion von Vernes eigener Vater-Sohn-Misere, mausert sich unter dem Druck der glücklichen Umstände zu einem nützlichen Mitglied der neuen real existierenden Gesellschaft.

So weit, so deutlich.

Es wurde gesagt, daß Verne Geschichte, eigene Erfahrung (= Zeitgeschichte) und Technik, die auch unter zeitgeschichtliche Erfahrung zu subsumieren ist, unter Zuhilfenahme vorhandener Clichés und Stereotypen kombiniert, sie aber mittels neuer Wirklichkeit, von der

[5] J. Verne, dt., S. 317.

Technik geliefert, modifiziert. In den Rahmen der groben Konstruktion, die auf direkte Wirkung angelegt und deshalb auf Wiedererkennen angewiesen ist, sind sozialtheoretische und literarische Versatzstücke eingearbeitet.

Nordamerika als Theoriegelände; der ästhetische Vorteil der natürlichen Leere

Es beginnt mit der Wahl des Schauplatzes. Demonstrationskontinent ist, wie für manche Gesellschaftstheorie des 19. Jahrhunderts, Nordamerika;[6] seine Eignung als Projektionsfläche beruht darauf, daß es eine historisch unbesetzte tabula rasa bietet, auf der sich frei konstruieren und demonstrieren läßt; es bietet zudem den ästhetischen Vorteil der natürlichen Leere. Hinzu kommt die Anschauung, die sich aus der Geschichte des Staates seit dem 18. Jahrhundert, seiner Gründung durch europäische Auswanderer, für das 19. Jahrhundert gewinnen ließ. Chateaubriand, Tocqueville, Chevalier als Reisende, Owen mit seiner Gründung von »New Harmony« 1825 und indigene Theoretiker wie Thoreau offerieren Amerika unter mannigfachen Aspekten als ideales Theoriegelände. Es wird zum natürlichen Prüfstein anthropologischer und historischer Wahrheitsansprüche, die im Fall Jules Vernes unter dem Eindruck der Technik zu einer neuen Mixtur verbunden werden. Verne begnügt sich aber nicht mit einer allgemeinen Plazierung seiner 'Geschichte' in Nordamerika. Er wird noch konkreter, indem er Oregon zum Ort der Haupthandlung macht. Oregon bildete bis zur Fertigstellung der nördlichen Route der transkontinentalen Eisenbahn 1883 eine von den übrigen Staaten relativ isolierte Region, die sich für Minoritäten sowie für ungestörtes soziales Experimentieren besonders eignete; eine Eignung, die es bis heute nicht gänzlich verloren zu haben scheint, wurde es doch noch vor nicht langer Zeit von der Baghwan-Sekte zum bevorzugten Objekt territorialer Landnahme erkoren.

Theorien und Thesen brauchen störungsfreie Wirklichkeiten – für Verne USA und Oregon.

---

[6] Cf. dazu Gisela Schlüter, Demokratische Literatur. Studien zur Geschichte des Begriffs von der Französischen Revolution bis Tocqueville. Frankfurt a. M. 1986, S. 131 ff.

Kain und Abel

Auf diese tabula rasa transplantiert er europäische Wirklichkeit, die sich einem Zeitgenossen des deutsch-französischen Krieges als Antagonismus Frankreich – Deutschland ausnimmt; ein Antagonismus, der das kursierende französische Zeitbewußtsein so beherrscht wie das deutsche. Damit schreibt Verne unter dem kommerziell-pragmatischen Diktat seines ehemals sozialrevolutionär gesonnenen Verlegers Hetzel zielbewußt in die Disposition seines verlegerisch wohlkalkulierten Publikums hinein. Er bedient sich dabei nun nicht der allseitig bekannten aktuellen politischen Wirklichkeit der 'débâcle', sondern vermittelt sie durch Protagonisten, deren ahistorische Schablone von zweierlei Stereotypen gebildet wird: dem heterostereotypen Bild des Deutschen und dem autostereotypen Bild des Franzosen; sie erscheinen gleich zu Beginn des Romans und versorgen den Leser mit der vertrauten Gewißheit, bekannten Identitäten zu begegnen. Doktor Sarrasin, 'der tüchtige Arzt':

Er war ein Mann von fünfzig Jahren. Aus einem feingeschnittenen Gesicht blitzten lebhafte Augen hinter einer in Stahl gefaßten Brille. Es war ein gutes Gesicht: ernst zwar, und doch liebenswürdig. Der ganze Mann flößte einem auf den ersten Blick Vertrauen ein. Trotz der frühen Morgenstunde war der Arzt bereits frisch rasiert und trug eine makellos weiße Krawatte, ohne daß er deswegen übertrieben aufgeputzt wirkte.[7]

Er ist pflichtbewußt, bescheiden, ein ausgewiesener Fachmann, glücklicher Familienvater, zurückhaltend und doch immer kommunikativ – ein Muster an Soziabilität, die sich Franzosen so gerne als Distinguens zuschreiben.[8] Dagegen Professor Schultze: ihm wird die Nachricht, in deren Folge er Miterbe wird, durch »die Würstchenfinger

---

[7] J. Verne, dt., S. 6; frz., S. 2: »C'était un homme de cinquante ans, aux traits fins, aux yeux vifs et purs sous leurs lunettes d'acier, de physionomie à la fois grave et aimable, un de ces individus dont on se dit à première vue: voilà un brave homme. A cette heure matinale, bien que sa tenue ne trahît aucune recherche, le docteur était déjà rasé de frais et cravaté de blanc.«

[8] Bereits Montesquieu sah in der 'sociabilité' eine französische Besonderheit; er schrieb unter Rekurs auf Aristoteles in den ›Lettres Persanes‹ (OC I, Paris 1949, S. 261): »On dit que l'homme est un animal sociable. Sur ce pied-là il me parait que le français est plus homme qu'un autre, c'est l'homme par excellence; car il semble fait uniquement pour la société.«

eines dicken sächsischen Hausdieners« überbracht; der unsoziale Professor lebt offenbar vornehmlich in einem Universitätsraum, der zugleich Arbeits-, Empfangs- und Eßzimmer ist.

So hoch eine derartige Persönlichkeit auf der gesellschaftlichen Leiter auch stehen mochte, diesem Professor war auf den ersten Blick nichts Besonderes anzusehen. Er mochte so um die fünf-, sechsundvierzig sein, war wohlbeleibt und – seinen vierschrötigen Schultern nach zu urteilen – ein Mann von robuster körperlicher Verfassung. Er wies eine große Stirnglatze auf, und die spärliche Behaarung an Schläfen und Hinterkopf war von flachsgelber Farbe. Seine Augen waren von jenem hellen Wasserblau, aus dem nie herauszulesen ist, welche Gedanken sich hinter diesen Augen verbergen. Kein Funke sprühte aus ihnen, und wenn sie einen musterten, war man peinlich berührt. Professor Schultzes großer Mund wies zwei Reihen furchteinflößender Zähne auf, denen man ansah, daß sie ihre Beute – war die einmal gepackt – nie mehr losließen; glücklicherweise versteckten sie sich meistens hinter schmalen Lippen, deren Hauptaufgabe es zu sein schien, die Worte zu numerieren, die aus ihnen hervorbrechen wollten. Alles in allem genommen wirkte der Professor auf alle Leute irgendwie beunruhigend und unangenehm, was jedoch zu seiner Zufriedenheit beizutragen schien.[9]

Noch Mensch, fast Tier, physiognomisch kaum verhohlen in die Nähe zur reißenden Bestie gerückt, militärischer Habitus, zackig geschnauzte Anweisungen, bar jeder Alltagskultur in lediglich einem Raum lebend, Bier, Sauerkraut und Würstchen als tägliche Grundnahrungsmittel, allein, ohne Familie, Kommunikation nur als die soziale Leiter herunter gebrüllte Kommandos, und last but not least,

---

[9] J. Verne, dt., S. 59; frz., S. 40: »Si haut placé que fût un tel personnage dans l'échelle des êtres, il ne présentait à première vue rien d'extraordinaire. C'était un homme de quarante-cinq ou six ans, d'assez forte taille; ses épaules carrées indiquaient une constitution robuste; son front était chauve, et le peu de cheveux qu'il avait gardés à l'occiput et aux tempes rappelaient le blond filasse. Ses yeux étaient bleus, de ce bleu vague qui ne trahit jamais la pensée. Aucune lueur ne s'en échappe, et cependant on se sent comme gêné sitôt qu'ils vous regardent. La bouche du professeur Schultze était grande, garnie d'une de ces doubles rangées de dents formidables qui ne lâchent jamais leur proie, mais enfermées dans des lèvres minces, dont le principal emploi devait être de numéroter les paroles qui pouvaient en sortir. Tout cela composait un ensemble inquiétant et désobligeant pour les autres, dont le professeur était visiblement très satisfait pour lui-même.«

xenophob auf der Basis rassistisch selektiver Hybris – das Ganze in Gestalt eines intelligenten und besessenen deutschen Wissenschaftlers, an einer deutschen Universität, die schon für Mme de Staël in ›De l'Allemagne‹ Inbegriff deutschen Gelehrtentums war: Jena.[10] Isoliert, aggressiv, genial und verschlagen – diesem universitären Dschingis-Khan steht nun nicht nur der weltoffene Sarrasin gegenüber, sondern auch Marcel Bruckmann, der Elsässer, dem die zeitgenössische Geschichte das politische Leid ins Gesicht geschrieben hat: »Frankreichs Niederlage und die daraus resultierende Abtrennung von Elsaß und Lothringen hatten den Zügen Marcels eine ganz besondere männliche Reife verliehen«; er hatte sich 1870 sogleich »voll patriotischen Schmerzes über die Bedrohung Straßburgs und des Elsasses dem 31. Jägerbataillon der Infanterie« angeschlossen.[11]

Verne zeigt sich, was Amerika angeht, versiert in Kenntnis und Handhabung sozial-utopischer Clichés, und er nutzt historisch determinierte Stereotypen betreffs Frankreich – Deutschland zur groben Fixierung von Identität und Alterität. Das Ganze wird plaziert in erfahrener zeitgenössischer französisch-deutscher Wirklichkeit: Diese geschickte und unverstellte Kombination bildet die Struktur des Textes, das Gefüge von Ort, Zeit, Handlung und Personen, deren Typologie zusätzlich zur historischen Ableitung von Verne auch noch archaisiert wird, indem er die historische Differenz gleichsam zum Distinguens der frühen Schöpfung weiterentwickelt; Verne durchwirkt den Schultze-Sarrasin-Antagonismus mit dem alttestamentlichen Kain-Abel-Muster und stabilisiert die (zeit-)geschichtliche Konstella-

---

[10] Cf. Mme de Staël, De l'Allemagne, chap. 15 (dt. Stuttgart 1963, S. 120).

[11] J. Verne, dt., S. 28 f.; frz., S. 17 f.: »Marcel, plein d'une douleur patriotique que ce qui menaçait Strasbourg et l'Alsace avait exaspérée, était allé s'engager au 31e bataillon chasseurs à pied.«
Wie sich am Elsaß/Straßburg-Problem im 19. Jahrhundert völlig unterschiedliche Temperamente und Intelligenzen erhitzten, zeigt ein Vergleich von Vernes Haltung nach dem dt.-frz. Krieg mit der eines Leopold v. Ranke, der schon 40 Jahre früher in der ›Historischen Zeitschrift‹ innerlich entrüstet schrieb (zu Louis XIV. Politik): »Welch ein Zustand des Deutschen Reichs, daß es sich Strassburg so gewaltsam, so wider die Natur der Dinge entreissen liess.« Im Anschluß daran zitiert er Young, der sein Befremden über ein französisches Elsaß äußerte. Ranke kommentiert: »Und eine solche Beleidigung nahm Deutschland hin ...« (in: Die Grossen Mächte. Göttingen 1963, S. 8).

tion Frankreich – Deutschland zu einer schon fast transhistorischen Dichotomie zwischen dem Reich des Guten und dem des Bösen; die contemporalisierte Nutzung des gemeinsamen Erbes, die gute und die böse Technik, offeriert der Autor den Lesern in Gestalt des ewigen Abel und seiner Nachkommen als Träger der Heilsverheißung und des ewigen Kain und seiner Brut, gezeichnet von Hochmut, Rachgier, Neid, Gewalt und Herrschsucht.

Der solchermaßen festverstrebte Antagonismus, versehen mit Stabilisatoren und Verstärkern, ist von Verne geschickt gesteigert, verläuft er doch von der Historisierung über die Archaisierung zur ethnischen Anthropologisierung der Differenz, die bis ins Groteske durchgehalten und ausgestaltet wird. So offenkundig die auf mehreren Ebenen plazierte stereotype Konfrontation ist, die sich vieler Mittel bedient, um das kursierende Bewußtsein und die Disposition der Zeitgenossen auf direktem Wege zu erreichen, so wenig erschöpft sich Vernes Text in der leicht konsumierbaren Präsentation der Clichés und ihrer unterhaltenden Aufbereitung.

Die dreifache Besetzung der Stereotypen, historisch, archaisch, ethnisch-anthropologisch, und ihre Gegenüberstellung erreicht eine neue Dimension durch Krieg und Technik und die Verbindung beider im technisierten Krieg. Funktionierende Stereotypen, historisch konditioniert und ins Wesenhafte verlängert, werden unter dem Druck der Erfahrung der säkularen Innovationen des 19. Jahrhunderts, von Naturwissenschaft und Technik szientifisch besetzt. Vernes ›Les Cinq Cents Millions de la Bégum‹ repräsentiert damit im letzten Drittel des 19. Jahrhunderts neuerlich paradigmatisch jenen Vorgang, der als entscheidend für das 19. Jahrhundert und seine Entwicklung ausgemacht werden konnte: Übergang und Ablösung historisch-gesellschaftlicher und politischer Erklärens- und Verstehensmodelle durch (natur-)wissenschaftlich-szientifische.[12] Französische und deutsche

[12] Dirk Hoeges, Literatur und Evolution. Studien zur frz. Literaturkritik im 19. Jahrhundert (Taine – Brunetière – Hennequin – Guyau). Heidelberg 1980. – Zu dem Thema Verne und die Technik cf. Hans-Jörg Neuschäfer, Verne und der Fortschritt. – In: Interferenzen. Deutschland und Frankreich. Literatur, Wissenschaft, Sprache. Hrsg. v. Lothar Jordan u. a. Düsseldorf 1983; Jacques Noiray, Le romancier et la machine. L'image de la machine dans le roman français II, Jules Verne – Villiers de l'Isle-Adam. Paris 1982; Ross Chambers, Cultural and Ideological Determinations in narrative. A

Identitäten werden vermittelt und erkennbar in der Handhabung von Naturwissenschaft und Technik; der Grundriß dieser Identitäten bleibt dabei erhalten, anders ausgedrückt: die Clichés werden szientifisch ausgegossen, doch unter Einmischung tradierter historischer Hetero- und Autostereotypen.

Konkret: »Stahlstadt« in Oregon, diese 'Pseudoschweiz':

Sollte sich ein Tourist in diese verlassene Gegend verirren, dann vernimmt er andere Laute und Geräusche, als wenn er auf einsamen Pfaden im Berner Oberland der Natur lauschen würde: nicht das harmonische Rauschen der Bergwelt, vermischt mit der großen Stille. Nein, er vernimmt hier die dumpfen Schläge des Eisenhammers, und tief aus der Erde herauf dröhnen rumpelnde Laute von Sprengungen. Fast sieht es so aus, als sei dieses Stück Erde mit unterirdischen Maschinen ausgestattet wie die Versenkung eines Theaters, als seien diese gigantischen Felsen ausgehöhlt [...].
Den Berghängen entlang ziehen sich asphaltierte Straßen. Unter gelblichen Grasbüscheln schimmern in allen Farben des Prismas kleine Schlackenhäufchen, als wären es Basiliskenaugen. Da und dort reißt ein verlassener Bergwerksschacht seinen gähnenden Schlund auf [...], ein bodenloser Schlund, der an den Krater eines erloschenen Vulkans gemahnt. Die Luft ist rauchgeschwängert und liegt wie ein erstickender Mantel über allem. Kein Vogel läßt sich blicken, nicht einmal Insekten gibt es hier mehr, und es scheint undenkbar lange her, seit man einen Schmetterling sah. [...]
Wir müssen uns ein Hochplateau von fünf bis sechs Quadratmeilen denken: sandiger, mit Geröll durchsetzter Boden, öde und unfruchtbar [...]. Zur Belebung dieser Steppe hat die Natur selbst nichts beigetragen; nun aber hat der Mensch hier plötzlich mit einer Kraft und Energie sondergleichen eingegriffen.

[...] die deutsche Stadt, das persönliche Eigentum des Herrn Schultze, Exprofessor aus Jena. Er ist nicht mehr Chemiker, sondern – dank der Millionen der Begum – der größte Stahlproduzent, der größte Kanonengießer der Alten und der Neuen Welt.
Er gießt Kanonen jeden Kalibers, jeder Variation, mit glatten und gezogenen Rohren, mit beweglichen und fixierten Bodenstücken, bestimmt für

---

note on Verne, ›Les cinq cents millions de la Bégum‹. – In: L'esprit créateur XXI, 3. Minneapolis 1981, S. 69–78; Michel Butor, Hommage to Verne. – In: The Jules Verne Companion. Ed. Peter Haining. London 1978; N. Wagner, Le soliloque utopiste des ›Cinq cents millions de la Bégum‹. – In: Europe 595/596, 1978, S. 117–126; zu einer 'politischen Lektüre' Vernes: Jean Chesneaux, Une lecture politique de Verne. Paris 1971.

Rußland und für die Türkei, für Rumänien und Japan, für Italien und China, aber vor allem natürlich für Deutschland.
[...] Was keinem seiner Konkurrenten gelingt, das bringt er fertig. [...] Herr Schultze aber kennt keine [...]Grenze.[13]

Eine hochgelegene Einöde, von Natur aus unfruchtbar, Flora und Fauna durch rücksichtslose technische Nutzung zusätzlich erstickt und vertrieben; Leben existiert nicht, wo der Deutsche wirkt, ist Tod, Isolation. Keine Verbindung nach außen, im Innern plant und organisiert, waltet und wütet eine megalomane Hochintelligenz, ein Willensriese, tüchtig, diszipliniert, einsam; er bleibt unsichtbar, doch allgegenwärtig regiert er von seinem tauromorphen Bunker aus durch

[13] J. Verne, dt., S. 85 ff.; frz. S. 59 ff.: »Si le touriste, arrêté dans ces solitudes, prête l'oreille aux bruits de la nature, il n'entend pas, comme dans les sentiers de l'Oberland, le murmure harmonieux de la vie mêlé au grand silence de la montagne. Mais il saisit au loin les coups sourds du marteau-pilon, et, sous ses pieds, les détonations étouffées de la poudre. Il semble que le sol soit machiné comme les dessous d'un théâtre, que ces roches gigantesques sonnent creux [...].

Les chemins, macadamisés de cendres et de coke, s'enroulent aux flancs des montagnes. Sous les touffes d'herbes jaunâtres, de petits tas de scories, diaprées de toutes les couleurs du prisme, brillent comme des yeux de basilic. Çà et là, un vieux puits de mine abandonné, [...] ouvre sa gueule béante, gouffre sans fond, pareil au cratère d'un volcan éteint. L'air est chargé de fumée et pèse comme un manteau sombre sur la terre. Pas un oiseau ne le traverse, les insectes mêmes semblent le fuir, et de mémoire d'homme on n'y a vu un papillon. [...]

Qu'on imagine un plateau de cinq à six lieues carrées, au sol sablonneux, parsemé de galets, aride et désolé [...] Pour animer cette lande, lui donner la vie et le mouvement, la nature n'avait rien fait; mais l'homme a déployé tout à coup une énergie et une vigueur sans égales.

[...] la ville allemande, la propriété personnelle de Herr Schultze, l'ex-professeur de chimie d'Iéna, devenu, de par les millions de la Bégum, le plus grand travailleur du fer et, spécialement, le plus grand fondeur de canons des deux mondes.

Il en fond, en vérité, de toutes formes et de tout calibre, à âme lisse et à raies, à culasse mobile et à culasse fixe, pour la Russie et pour la Turquie, pour la Roumanie et pour le Japon, pour l'Italie et pour la Chine, mais surtout pour l'Allemagne. [...]

Ce qu'aucun de ses concurrents ne peut faire, il arrive, lui, à le réaliser. [...] Herr Schultze ne connaît pas de limites«.

ein Heer untergebener Industriesoldaten; er weiß alles, alle fürchten ihn und gehorchen, ihn kennt niemand. Der geographischen Isolation von »Stahlstadt« entspricht die lebensfeindliche Isolation Schultzes im Innern des von ihm geschaffenen Konstrukts, das jedem Gemeinwesen Hohn spricht; es ist der Mittelpunkt des Reichs des Bösen, das Verne mit mythologischen Fabelwesen, Zyklopen, eingängig assoziiert: das Zentrum des Spinnennetzes war der »Turm des Stiers«, »eine Zyklopenkonstruktion, die alle umliegenden Gebäude weit überragte«. Das große Auge, der große Bruder, Orwells ›1984‹ avant la lettre.

Marcel Bruckmann hatte erfahren,

daß sich die Privatwohnung von Herrn Schultze im Erdgeschoß dieses Turmes befinde und daß das berühmte Geheimzimmer genau in dessen Mitte liege. Es wurde ferner erzählt, jener gewölbte Saal sei absolut feuersicher und im Innern gepanzert wie ein Kriegsschiff von außen. Ferner sei der Raum durch ein ausgeklügeltes System von Panzertüren mit Maschinengewehrschlössern so gut abgesichert wie die mißtrauischste Bank. Die allgemeine Überzeugung aber ging dahin, Herr Schultze arbeite an der Vollendung einer schrecklichen Kriegsmaschine mit einer nie vorher dagewesenen Durchschlagskraft, welche der deutschen Vorherrschaft über den Rest der Welt den Weg ebnen solle.[14]

Dieses Leben antizipiert als sozialer Tod das spätere physische Ende.

[14] J. Verne, dt., S. 140; frz., S. 102: »que l'habitation personnelle de Herr Schultze se trouvait à la base de cette tour, et que le fameux cabinet secret en occupait le centre. On ajoutait que cette salle voûtée, garantie contre tout danger d'incendie et blindée intérieurement comme un monitor l'est à l'extérieur, était fermée par un système de portes d'acier à serrures mitrailleuses, dignes de la banque la plus soupçonneuse. L'opinion générale était d'ailleurs que Herr Schultze travaillait à l'achèvement d'un engin de guerre terrible, d'un effet sans précédent et destiné à assurer bientôt à l'Allemagne la domination universelle.«

Das Ende des technomanischen Dämons – Schultzes Tod und die Hibernalisierung des Bösen

Literarische Eiszeiten, kristalline Apokalypsen, Aufbrüche in die Antarktis, weiße und eisige Visionen sind zahlreich und mannigfaltig seit der Romantik,[15] seit C. D. Friedrichs ›Die gescheiterte ›Hoffnung‹ ‹, seit Poes ›Narrative of Arthur Gordon Pym‹, Rimbauds ›Being beautious‹ bis zur Zeit Jules Vernes. So fügt sich der dem Herrn des Bösen, dem technomanen Dämon Schultze vom Autor zugedachte Tod wieder in literarische Traditionen ein, die Verne offenbar kennt und nutzt.

Das Leben Schultzes von der frühen Phase als Jenenser Professor, bar jeder Soziabilität, über seine geographische und architektonische Isolation in einer Wüstenei Oregons und innerhalb »Stahlstadts« führt endlich, im Überschlag technizistisch angetriebener Megalomanie mit dem Ziel der Eroberung und Germanisierung des Planeten, in den physischen Kältetod als Endpunkt einer folgerichtigen dynamischen Entwicklung; sie steht von Anfang bis Ende im Zeichen solipsistischer Einsamkeit, deren moderne Figur im technisch hochgerüsteten und technologisch versierten Subjekt besteht. Das solipsistische Subjekt der szientifisch-technischen Moderne konstituiert sich über souveräne Handhabung und Beherrschung von Wissenschaft und Technik. Das Komplementärverhältnis von Weltflucht und Weltbeherrschung funktioniert in seiner modernen Variante nur über diese technisch-technologische Souveränität; die atavistische Doppelfigur von Eremit und Diktator kann erst in dieser modernen Erscheinungsform zur planetarischen Gefahr werden; nur durch Technik rückt ein planetarisch orientierter Beherrschungswille in den Bereich des Möglichen, während er zuvor, trotz aller 'Weltreiche' in der Geschichte, immer nur regionale Dimensionen haben konnte.

Die Figur Schultzes erweist Verne, ungeachtet aller immer wieder bemerkten traditionellen Erzählformen und über die eifrige Suche seiner Interpreten nach Belegen für seine prognostische Kraft hinaus, als solchermaßen hellsichtig, daß das Aufrechnen seiner diversen 'Uto-

[15] Einen wichtigen Hinweis in diesem Zusammenhang erhielt ich während des Marbacher Kolloquiums von Helmut Lethen; dazu auch sein Aufsatz: Geschichten zur 'kristallinen Zeit'. – In: Die sterbende Zeit. Hrsg. v. Dietmar Kamper/Christoph Wulf. Darmstadt u. Neuwied 1987, S. 83–99.

pien' gegen spätere Realitäten als literaturwissenschaftliche Katasterarbeit von naiver Harmlosigkeit erscheint. Der szientifisch-technische megalomane Schultze universalisiert sich selbst, indem diesem Typus alles, was anders, fremd, alles, was fremd, feindlich, alles, was feindlich, zu zerstören ist. Isolation, Arbeitswut, hohe Intelligenz, bornierter Militarismus, Kulturfeindlichkeit, Rassenwahn, allein oder in Kombination das Stereotyp des Deutschen darstellend, erhalten erst durch die Technik umfassende Vernichtungspotenz.

Schultze, durch sein Wissen und Können in die Situation versetzt, seinen Alleingang mit Unterstützung internationalen Spekulantentums zu inszenieren und mit Aussicht auf Erfolg zu verwirklichen, hat »seine Sach« in Wahrheit auf nichts gestellt als auf sein Ich,[16] doch selbst dieser triviale Lebensentwurf bliebe ohne die Technik bar wesentlicher Folgen; dieser ›Einzige und sein Eigentum‹, ein stirnersches Monstrum modernster Art, endet durch Selbstzerstörung. Das liegt einmal in der clichierten moralischen Logik des Romans, enthebt es doch den guten Menschen von »France-Ville«, Dr .Sarrasin, der Notwendigkeit zu töten, wodurch das humanitäre Zivilisationssyndrom unbefleckt bleibt; zum anderen jedoch, über die epochalen Befangenheiten der Zeit Vernes hinaus, liegt in der Selbstzerstörung die einzige Hoffnung, daß ein solcher Machtwille am Ende nur sich und nicht den 'besseren' Teil der Menschheit ins Verderben reißt. Mit der trivialen Simplizität des Frankreich-Deutschland-Clichés geht offenkundig Vernes Einsicht in das kaum faßbare Zerstörungspotential der technischen Moderne einher; hinter der sich um keine literarische Qualität scherenden provozierenden Aufbereitung kursierender nationalistischer Antagonismen und ihrer grotesken Überhöhung, die einer chauvinistischen Disposition in Frankreich durchaus entgegenkam, wird eine Einschätzung eben dieser technischen Moderne erkennbar, die Verne diesbezüglich auf die Ebene eines Emile Zola von ›La bête humaine‹ stellt; Zola schrieb zu seiner Schreckensparabel des 'neuen Bundes' zwischen Mensch und Technik, dieser Hochzeit des Primaten mit der Moderne: er habe vor dem Hintergrund des Fortschritts den status quo des Empfindens, die Wildheit, die in der Tiefe des Menschen liegt, zeigen wollen.[17]

Schultzes Selbstzerstörung mündet in kristalline Erstarrung:

---

[16] Max Stirner, Der Einzige und sein Eigentum. Stuttgart 1972, S. 3 ff.

[17] Dazu Dirk Hoeges, Alles veloziferisch. Die Eisenbahn – Vom schönen

Da lag es, das Geheimlaboratorium des Herrn Schultze. Das intensive Licht [...] kam von einer elektrischen Doppellampe, die noch immer in ihrer luftleeren Glasglocke weiterbrannte, gespeist von dem Voltstrom einer galvanischen Säule, die scheinbar immer noch funktionierte. Und mitten im Zimmer, in diesem betäubend hellen Licht, ins Riesenhafte vergrößert durch die Glaslinse, saß eine menschliche Figur – bewegungslos wie eine Sphinx aus der Libyschen Wüste – sitzend mit der Leblosigkeit eines Marmorblocks.
Und rings um dieses Gespenst ... Mantelteile eines explodierten Geschosses.
Kein Zweifel möglich: Schultze! Unverkennbar Herr Schultze mit dem schrecklichen Grinsen um seinen Mund, mit seinen überweißen Zähnen ... aber ein ins Gigantische angeschwollener Schultze, den die Explosion eines seiner selbstgemachten Geschosse erstickt und im gleichen Augenblick auch noch eingefroren hatte.
Dort saß der Stahlkönig an seinem Schreibtisch, eine gewaltige Feder in der Riesenfaust, in der sie sich ausnahm wie eine kleinere Lanze ... und, schrecklich! er schien noch immer zu schreiben! – Wären nicht der starre Blick seiner Pupillen und der bewegungslose Mund gewesen, man hätte geschworen, er sei noch am Leben. Wie die im ewigen Eise eingefrorenen Mammuttiere der Polarzone saß die Leiche dort seit einem Monat, allen Augen verborgen. Um ihn herum war noch alles gefroren: die Reagenzien in ihren Gläsern, das Wasser in den Behältern, sogar das Quecksilber im Barometer!
[...] Die Kohlensäure hatte durch die plötzliche Befreiung wieder ihren gasförmigen Zustand angenommen – und eine entsetzliche Kälte war das Resultat gewesen.[18]

Ungeheuer zur Ästhetik der Geschwindigkeit. Rheinbach-Merzbach 1985, S. 65 ff.; Zolas Geringschätzung Vernes ist bekannt, ihre Qualifizierung erübrigt sich. Zu Zola über Verne siehe: Le Figaro littéraire vom 22. 12. 1878.

[18] J. Verne, dt., S. 300 ff.; frz., S. 226 ff.: »Là était le laboratoire secret de Herr Schultze. L'intense lumière [...] venait d'une double lampe électrique brûlant encore dans sa cloche vide d'air, que le courant voltaïque d'une pile puissante n'avait pas cessé d'alimenter. Au milieu de la chambre, dans cette atmosphère éblouissante, une forme humaine, énormément agrandie par la réfraction de la lentille – quelque chose comme un des sphinx du désert libyque –, était assise dans une immobilité de marbre.

Autour de ce spectre, des éclats d'obus ...

Plus de doute! ... C'était Herr Schultze, reconnaissable au rictus effrayant de sa mâchoire, à ses dents éclatantes, mais un Herr Schultze gigantes-

Mit Schultzes Ende wird die Zeit 'kaltgestellt', Geschichte vereist in zeitloser Präsenz, die Gegenwart des Todes ist auf Dauer gestellt. Es ist das Ende der Zeit, die kristalline Arretierung jeder Regung, jeden Wollens in der höchsten Exzessivität, die Hibernalisierung des Bösen.

Vom »Stierturm« zum 'Führerbunker' oder der kurze Weg vom Möglichen zum Wirklichen

Das Ende Schultzes und »Stahlstadts« bildet die negative, apokalyptische Entsprechung zum glücklichen Gedeihen Sarrasins und »France-Villes«. Das schier unerschöpfliche Maß planenden Humanitarismus des Sarrasin repräsentiert den französischen Anspruch universeller Kultur- und Glücksverheißung, den die Französische Revolution mit Worten und Waffen geschichtsverändernd reklamierte. Hier die milde Entschiedenheit und organisierte 'Chasse au bonheur', die nun endlich durch die kluge und weitblickende Nutzung der neuen Technik und des technologischen Wissens in die ihr gemäße Wirklichkeit überführt wird – dort das obsessionelle Sich-Loslassen eines gesellschaftsfeindlichen Egomanen mit dem Ziel der universellen Zwangsherrschaft auf der nämlichen Basis von Technik und Technologie. Verne hält in ›Les Cinq Cents Millions de la Bégum‹ die Symmetrie von Gut und Böse exakt ein; das Werk ist ein perfektes Cliché; Einzelheiten wie auch die Makrostruktur des Textes reflektieren diese Symmetrie der Fakten und der Moral; bis zur Grenze der durchschaubaren Groteske, die in der abgeschwächten, sich fast verflüchtigenden Form leiser Ironie auch die 'Stadt der Zukunft', die französische

---

que, que l'explosion de l'un de ses terribles engins avait à la fois asphyxié et congelé sous l'action d'un froid terrible!

Le Roi de l'Acier était devant sa table, tenant une plume de géant, grande comme une lance, et il semblait écrire encore! N'eût été le regard atone de ses pupilles dilatées, l'immobilité de sa bouche, on l'aurait cru vivant. Comme ces mammouths que l'on retrouve enfouis dans les glaçons des régions polaires, ce cadavre était là, depuis un mois, caché à tous les yeux. Autour de lui tout était encore gelé, les réactifs dans leurs bocaux, l'eau dans ses récipients, le mercure dans sa cuvette!

[...] L'acide carbonique, subitement décomprimé, avait alors déterminé, en retournant à l'état gazeux, un effroyable abaissement de la température ambiante.«

Menschheitsidylle »France-Ville«, in die Zone gewisser Termiten-Organisationen rückt. Technizistischem Planungs- und Vernichtungswahn steht in präziser Balance eine technizistische Bukolik gegenüber, die den Geruch eines faden Glücks-Gettos verströmt. Diesem rechtwinkligen Gesundheits- und Arbeitsparadies, in dem die Konstruktion, die Einrichtung, die Materialien der Häuser bis ins Detail vorgeschrieben sind, wo in allen Winkeln die Erkenntnisse moderner persönlicher und kollektiver Hygiene umgesetzt wurden, wo das 'Ein-jeder-überwacht-jeden' zum Wohle eines jeden und aller herrscht, wo jedermann zum Wächter über den anderen wird und schönster Wirtschaftsliberalismus wirkt, entspricht der 'neue Mensch', dem in einem schon erwähnten Buch besagte »Bestimmungen für ein geregeltes Leben auf wissenschaftlicher Grundlage in leicht verständlicher Sprache« beigegeben werden.

Er kann darin lesen, daß ein vollkommenes Gleichgewicht seiner Funktionen die Grundforderung für eine gute Gesundheit darstellt; daß für seine Organe eine Wechselwirkung von Arbeit und Rast wichtig ist; daß nicht nur seine Muskeln, sondern auch sein Gehirn der täglichen Übung bedarf; daß neun Zehntel der Krankheiten von der Luftverpestung oder von verdorbenen Lebensmitteln herrühren. Er könnte also um seine Wohnung und um seinen Körper herum nicht genug sanitäre Schutzzonen errichten. Das ABC der Gesundheit heißt in diesem Büchlein: Vermeide den Gebrauch von aufpeitschenden Giften! / Mache täglich deine Körperübungen! / Erledige jeden Tag gewissenhaft eine geistig anspruchsvolle Arbeit! / Trinke nur gutes, sauberes Wasser! / Iß Fleisch und unverdorbenes, einfach zubereitetes Gemüse! / Schlafe regelmäßig deine sieben bis acht Stunden nächtlich! [19]

---

[19] J. Verne, dt., S. 210 f.; frz., S. 156: »Il y voit que l'équilibre parfait de toutes ses fonctions est une des nécessités de la santé; que le travail et le repos sont également indispensables à ses organes; que la fatigue est nécessaire à son cerveau comme à ses muscles; que les neuf dixièmes des maladies sont dues à la contagion transmise par l'air ou les aliments. Il ne saurait donc entourer sa demeure et sa personne de trop de ›quarantaines‹ sanitaires. Éviter l'usage des poisons excitants, pratiquer les exercices du corps, accomplir consciencieusement tous les jours une tâche fonctionnelle, boire de bonne eau pure, manger des viandes et des légumes sains et simplement préparés, dormir régulièrement sept à huit heures par nuit, tel est l'ABC de la santé.« Anmerkung zur Übersetzung: »fatique« ist mit 'Entspannung' oder 'Erholung' zu übersetzen.

In einem solchen Staat tut Rundum-Kontrolle not; doch so fließend die Grenzen zwischen Paradies »France-Ville« und Konzentrationslager »Stahlstadt« sein mögen, Vernes Botschaft ist klar: Grün ist der Franzose und eisern der Deutsche.

Der technizistisch aufbereitete Manichäismus Vernes, sein gezieltes Hineinschreiben in eine epochale chauvinistische Disposition seines Publikums zur Zeit nach dem Krieg von 1870/71, seine souveräne Verknüpfung von historischer Situation, zuhandenem technischem Wissen und literarischen Traditionen, verdeckt nicht seine eigentliche Erkenntnis, die in der Gewißheit besteht, daß die moderne Technik und Wissenschaft das Menschheitsschicksal bestimmen wird; Technik ist das Menetekel der Moderne. Ihre negative Möglichkeit ist in Schultze personalisiert und in Deutschland kollektiviert, in toto dämonisiert. Sie ist es, die hinter der geschichtlichen und stereotypen zweiteiligen Aufbereitung nach dem Muster Frankreich – Deutschland von Verne in ihrer Möglichkeit und in ihrer Wirklichkeit vor Augen geführt wird.

Glücks-Getto oder diktatorischer Zwangsstaat – die beiden Seiten der Medaille 'Technik'; angesichts der suggestiven Alternative konnte die Entscheidung des Lesers nicht fraglich sein; was jedoch für Verne eigentlich zur Debatte stand, war die Ambivalenz der Technik, die hinter der vordergründigen Aufbereitung so präzise wie luzide vorgestellt und beschworen wird.

Nur ca. 50 Jahre später ist die ins Groteske gesteigerte megalomane Figur Schultzes zum Beherrscher deutscher und weltweiter Wirklichkeit geworden, die jede literarische Kulturphantasie hinter sich ließ. Es führt ein direkter Weg von Vernes literarischer Möglichkeitsfigur Schultze, von »Stahlstadt« und dem »Stierturm«, zur deutschen Wirklichkeit des Dritten Reiches,[20] seinem pseudo-vitalen und technomanisch lebensfeindlichen Herrschaftswillen und letztlich zum 'Führerbunker'; insbesondere die solipsistische Dämonie, petrifiziert in der hermetischen Abriegelung von der Welt, rückt in der zentral inszenierten Vernichtungsorgie, die proportional dem Schwinden des eige-

[20] Dazu Arno Schmidt, Trommler beim Zaren. Karlsruhe 1966, S. 333: »Ein vom Stoff her besonders gewichtiges Buch«; Schmidt spricht vom »finsteren Panorama einer Hitler-Landschaft« und fährt fort: »Alles 'Gehabte' ist erschütternd vorhanden: der tauromorphe Diktator in seinem 'Stierturm'; die wahnwitzige Aufrüstung«.

nen Lebens zunimmt, das Mögliche des Romans an spätere Wirklichkeit heran. Der Weg vom »Stierturm« zum 'Führerbunker', beide Ausdruck von Weltflucht und Weltbeherrschung, ist der kurze Weg vom Möglichen zum Wirklichen, den in diesen Dimensionen, unvergleichlich in der Geschichte der Menschheit, nur die moderne Technik eröffnen und bewältigen kann, wie sie auch ein »France-Ville« literarisch ermöglichte. Die Hibernalisierung des Bösen treibt den technomanischen Dämon in die letzte Konsequenz seiner Möglichkeiten; Vernes groteske Verfratzung des 'Großen Diktators' antizipiert mehr als eine chaplineske Ridikülisierung es kann; er läßt die Banalität des Bösen in der Ekstase aufgetriebener Gedunsenheit erstarren; in diesem Zustand ist das Wesen des Diktators ins Äußerste getrieben.

Georg Maag

DIE INDUSTRIELLEN FEERIEN DES 19. JAHRHUNDERTS UND DAS PROBLEM IHRER LITERARISCHEN REPRÄSENTATION

Mit einem Postscriptum über die Maschine

Das 1856 auf dem neuen ›Salon der Industrie und Künste‹ im Kristallpalast von New York ausgestellte und beim zeitgenössischen Publikum einiges Aufsehen erregende Bild ›Clair-Obscur‹ des französischen Malers Jérôme Béranger zeigt vier (als eine semantische Einheit konzipierte) Personen in einer Theaterloge, deren Halbdunkel nur der äußere und materielle Widerschein der aus den Physiognomien sprechenden Ambiguität der Gefühle ist, auf die sich die eigentliche Ausdrucksintention Bérangers richtet. Dem bis zu diesem Zeitpunkt noch weitgehend unbekannten Künstler ist mit ›Clair-Obscur‹ ohne Zweifel ein Meisterwerk gelungen. Lassen sich, so unsere Frage, die vier Personen des Bildes identifizieren und der Biographie Bérangers Hinweise darauf entnehmen, welche Begebenheiten am Ursprung dieser singulären Konfiguration gestanden haben könnten?

Der noch junge, an der Seite Edouard Manets studierende Künstler, der die Académie suisse besucht und der Diktatur des offiziellen Stils ebenso wie der Unnatur von Coutures Klassizismus zu entrinnen versucht, macht zu Beginn des Jahres 1851 im Café Tortoni die wichtige Bekanntschaft des englischen Kunstliebhabers und Handelsmagnaten Lord Lewis Robinson. Dieser stößt bei der Besichtigung des Ateliers auf ein heimlich angefertigtes Porträt der Comtesse Clara de Mazenau, das zu erwerben er nicht widerstehen kann. Wenige Monate später, am Tag, exakt gesagt, der Einweihung der ›Great Exhibition of the Works of Industry of all Nations‹ in London, sehen sich – inmitten der Märchenwelt der Exponate der Ostindischen Kompanie – Modell und Besitzer des Porträts persönlich einander konfrontiert. Die Poesie der Weltausstellung und der Glas-Eisen-Konstruktion Paxtons, deren transparente Hülle eine kosmische Fülle von Objekten umfaßt, welche – in vereinigter Wirkung mit dem Meer des verströmten Parfüms – die Sinne der Besucher schier zum Schwinden bringt (»Assaillie par les effluves de parfums capiteux, Clara se sentait gagnée par un doux vertige.«), die Poesie, kurzum, der anbrechenden Moderne erscheint hier mit der sich kristallisierenden Liebe zwischen Clara de Mazenau und Lewis Robinson aufs engste verwoben. Dem Impuls dieser Liebe zu gehorchen, fällt der bereits vergebenen Clara um so leichter, als sie für ihren Gatten – einen jener ökonomischen Freibeuter, von denen die Epoche nur so wimmelt – nur Indifferenz empfindet und als sie auch den einzigen Mann, der ihr wirklich etwas bedeutet hat, Edouard Forget, nicht mehr am Leben weiß.

Noch im selben Jahr 1851 gibt Jérôme Béranger seiner Maitresse Clotilde Janson den Laufpaß und entdeckt seine Leidenschaft für deren Tochter Alix, die Claras Nichte ist. Alix beginnt die Leidenschaft Bérangers nach einer ersten Woge des Hasses auf den 'infamen' Liebhaber ihrer Mutter zu erwidern. Überaus emanzipiert, wenngleich vom Format George Sands weit entfernt, bringt sie nicht nur dem Freiheitsverlangen des Malers ein eminentes Verständnis entgegen, sondern wählt auch selbst den Weg einer künstlerischen Karriere. Ihr Traum, ein zweiter Alexandre Dumas zu werden, rückt der Verwirklichung näher, als ihr der Direktor der ›Illustration parisienne‹ nach einer strengen Kritik ihres Romanentwurfs schließlich doch noch die Spalten seines Feuilletons öffnet. Freilich könnte sich die Liebe nicht als eine alles transzendierende Macht beweisen, wenn es in der parallelen Geschichte beider Beziehungen nicht auch die Drohung einer Peripetie gäbe, welche die Erfüllung des Glücksanspruchs der vier Protagonisten allenfalls zu retardieren, nicht aber definitiv zu verhindern mag: Alix projiziert die eingebildete Schuld am Tod ihrer Mutter zunächst auf ihre Verbindung mit Jérôme Béranger. Lewis Robinson, andererseits, entdeckt kurz vor der Übersiedlung Claras nach New York, wo er ein Flottenimperium aufgebaut hat, daß sein Teilhaber Ralph Sutherland in Wirklichkeit der gar nicht bei der Schlacht von Isny gefallene, sondern aus den Reihen der Armee desertierte frühere Geliebte der Comtesse ist.

Der Leser hat natürlich längst erraten, daß ich ihm keine wahre Geschichte präsentiere. Was zunächst nach einem – durch das Faktum des historischen Rahmens beglaubigten – authentischen Vorgang aussieht, ist nicht einmal ein authentischer Roman des 19. Jahrhunderts, wohl aber einer, der dessen populäre Muster in vollendeter

Weise reproduziert. Daß die Reproduktion dabei schwerlich über das Niveau des Reproduzierten hinausgelangt, vielmehr den trivialen Niederungen der Literatur verhaftet bleibt, die sie sich zum Vorbild nimmt, versteht sich von selbst. Dennoch gibt es gute Gründe, den hier resümierten, 1985 erschienenen Roman ›Crystal Palace‹ von Dominique Marny zum Ausgangspunkt der weiteren Erörterungen zu machen. Erstens handelt es sich um den meines Wissens einzigen neueren Versuch der literarischen Repräsentation einer Weltausstellung. An ihm enthüllt sich exemplarisch, was nur allzu sehr in der Logik der Verkettung von Theorie und Praxis liegt: die Möglichkeit, die historische Aufarbeitung des 19. Jahrhunderts mit der literarischen Aktualisierung (oder Re-aktualisierung) seiner 'industriellen Ästhetik' zusammenfallen zu lassen. Wäre der Roman mit seinen flexiblen formalen Mitteln besonders prädisponiert, der Totalität einer Erscheinung Gestalt zu geben, die par excellence 'Welt' zusammenführt und in sich zusammenfaßt, so lehrt uns ein Blick auf seine Geschichte, daß er sich an der ästhetischen Komplexität des Gegenstands »Weltausstellungen« kaum erprobt hat.[1] Dabei fiele einem solchen Text fraglos auch die Chance zu, in der ungeheueren Maschinerie des Imaginären, die die Weltausstellungen in Gang setzen, das Prinzip der eigenen Erzeugung reflektieren zu können.

Wenn nun im Universum des Tauschwerts freilich nicht mehr Menschen, sondern die Waren selbst als Akteure figurieren, bleibt dem mit konventionellen Techniken arbeitenden Romancier – soll sein Werk nicht in einer bloßen Beschreibung der 'leçon des choses' aufgehen – kein anderer Ausweg, als vom Zentrum an die Peripherie der Ereignisse zu flüchten. Genau dies geschieht in Dominique Marnys Roman, der übrigens kaum ein Thema der Epoche – vom Krimkrieg über die Tuberkulose bis hin zur Konkurrenz zwischen Photographie und Malerei und zur Zerstörung der »Bains chinois« durch den Präfekten Haussmann – ausspart. Da die Deskription gegenüber den anderen diskursiven Elementen, Narration und Dialog, von untergeordneter Bedeutung bleibt, erhält der Leser nicht einmal einen vagen Eindruck von der Materialität des Ausgestellten. Dafür darf er

[1] Erwähnt seien der 1890 erschienene satirische Roman von Franz Held ›Eine Afrikareise durchs Marsfeld‹, und der 1933 erschienene Roman von Hugh Walpole ›The Fortress‹, aus dem Walter Benjamin im Passagenwerk zitiert.

gleichsam voyeuristisch an den an sich marginalen Vorgängen der mondänen Gesellschaft partizipieren, die durch die diversen Rahmenveranstaltungen der ›Great Exhibition‹ zusammengeführt wird. Diese bildet nur eine von vielen Episoden innerhalb der sentimentalen Liebeshandlung, die allerdings an zwei entscheidenden Stellen der Topographie des Romans – London und New York – durch das Erlebnis des »univers mystérieux et poétique« eines Kristallpalastes punktuiert wird. Was Clara auf dem Weg zu ihrer zukünftigen gemeinsamen Wohnung in New York ihrem Geliebten Lewis zuflüstert, zeigt, in welcher Weise das Signum der heraufdämmernden Moderne hier dichterisch funktionalisiert wird:

Un gigantesque bâtiment de verre et d'acier, surmonté d'une coupole byzantine, se détachait des ténèbres telle une nef surnaturelle. Hymne à l'intrépidité, défi à l'espace, nébuleuse galactique surgie des rêves les plus fous.

– Crystal Palace, murmura-t-elle dans un souffle. [...] Crystal Palace est un repère dans notre vie sentimentale [...] Il en marque chaque phase décisive. Et toujours d'une façon positive.

– Dieu vous entende, se contenta-t-il de répondre.[2]

Bei der literarischen Repräsentation der Industrieausstellung in London aber nimmt eine 'wahre' Erotik den Platz der 'Erotik' der Ware ein. Ihre gleichzeitige Bindung an das Moment der Exotik manifestiert sich da, wo die Gegenständlichkeit der indischen Produkte in assoziative Bewußtseinsinhalte aufgelöst und die Wirklichkeit des Kolonialismus in die heroische Phantasie hinübergeführt wird:

Caroline mis fin à cet étrange examen en entraînant Lewis par le bras vers une vitrine contenant des armes blanches.

– Elles vous appartiennent, n'est-ce pas?

– Oui, je les ai ramenées du Cachemire.

Clara était restée en retrait. Des bribes de conversation où Lewis parlait de son séjour aux Indes lui parvenaient, assourdies par la rumeur de la foule. Une odeur d'encens flottait, insidieuse. Elle s'éventait doucement. Son imagination voguait vers des contrées lointaines, s'immisçait dans des palais de marbre blanc où des princes mollement étendus sur des sofas offraient leur hospitalité à cet Anglais fascinant.[3]

---

[2] Dominique Marny, Crystal Palace. Paris 1985, S. 367.

[3] Ebd., S. 75. – Allgemein zu den Mythologemen der Kunstgeschichte, die Marny unwissentlich reproduziert: Pierre Vaisse, L'esthétique XIXe

Ein zweiter Grund für den kurzen Exkurs in die Romanwelt Dominique Marnys wäre daher die Frage nach anderen Lösungen der mit dem Weltausstellungsthema verbundenen Darstellungsproblematik. Ehe ich mich dieser Frage am Beispiel des erst postum von Tristan Tzara veröffentlichten Vaudevilles ›Une visite à l'Exposition de 1889‹ des 'Douanier' Henri Rousseau zuwende, möchte ich noch einmal vergegenwärtigen, in welcher Hinsicht die Weltausstellungen des 19. Jahrhunderts auch für die Geschichte der ästhetischen Erfahrung den Charakter einer Epochenschwelle angenommen haben.[4]

Während der Einfluß der 'Expositions universelles' auf die musikalische Entwicklung Debussys und Ravels oder auch auf die architektonischen Phantasmagorien Ludwigs II. seit langem bekannt ist,[5] sie als »schöpferische Exponenten des Baubetriebs« und »Geburtsstellen der heutigen Reklame« bereits von Giedion gewürdigt wurden,[6] blieb ihre Bedeutung für die Literatur bis heute so gut wie unentdeckt. Man ist deshalb einigermaßen überrascht, wenn man auf das Ausmaß stößt, in dem sie auch die poetische Einbildungskraft ansprachen.

---

siècle: de la légende aux hypothèses. – In: Débat 44 (1987), S. 90–105. Insoweit Marny die Kunstgeschichte der Moderne thematisiert, liefert ihr Roman den besten Beweis für die These von P. Vaisse, daß die meisten Darstellungen der kunstgeschichtlichen Entwicklung des 19. Jahrhunderts, vornehmlich des Impressionismus, sich – trotz ihrer wissenschaftlichen Prätention – der Form eines historischen Romans annähern.

[4] Im folgenden Abschnitt greife ich auf Materialien zurück, die – leider ohne Angabe der genauen Quelle – von Ph. Bouin und Chr.-Ph. Chanut in ihrer Darstellung ›Histoire française des foires et des expositions universelles‹, Paris 1980, aufgeführt werden.

[5] Debussy und Ravel kamen erstmals bei Gelegenheit der Weltausstellung von 1889 mit exotischer Musik, die im offiziellen Lehrplan des Conservatoire nicht vertreten war, in Berührung. Der maurische Pavillon im Park von Schloß Linderhof stand ursprünglich im orientalischen Viertel der Weltausstellung von 1867; vgl. Hippolyte Gautier, Les curiosités de l'exposition universelle de 1867. Paris 1867, S. 52. Ludwig II., der unter dem falschen Namen Comte de Berg im Hôtel du Rhin, Place Vendôme, abgestiegen war, nutzte die Weltausstellung von 1867 zugleich zu einem Besuch von Versailles und Pierrefonds, wo Viollet-le-Duc gerade seine Restaurationsarbeiten durchführte.

[6] Sigfried Giedion, Bauen in Frankreich. Eisen. Eisenbeton. Leipzig u. Berlin 1918, S. 36 f.

Obwohl die im Zusammenhang verschiedener Weltausstellungen ausgeschriebenen halb literarischen, halb musikalischen Wettbewerbe noch auf eine historische Analyse warten, lassen die bekannten Fakten bereits einige Rückschlüsse zu. So forderte ein offizielles Dekret von 1867 die Komposition und Kreation »d'une ›Cantate de l'Exposition‹ et d'un ›Hymne à la paix‹ destinés à célébrer l'Exposition de 1867 et la paix qui en assure la réussite«. Der aus 700 Mitgliedern bestehenden Jury, welcher auch Rossini, Verdi, Berlioz und Théodore de Banville angehörten, wurden insgesamt 936 Werke eingesandt. Prämiert wurden die Texte der Dichter Gustave Chouquet und François Coppée sowie die Partitur von Camille Saint-Saëns. Bei der Weltausstellung von 1889 griff der literarisch ambitionierte Minister für Industrie und Handel, Lucien Dautresme, die Idee eines künstlerischen Wettbewerbs erneut auf. Die Gutachterkommission unter Vorsitz Théodore de Banvilles, der 170 eingereichte Gedichte zur Auswahl vorlagen, verteilte den mit 3000 Francs dotierten ersten Preis an Gabriel Vicaire, den zweiten Preis an Claude Couturier. Stärkere Resonanz fand der Wettbewerb, den die französischen Zeitungen am 15. Oktober 1899 ankündigten und der gleichfalls wieder eine ›Cantate de l'Exposition‹ zum Gegenstand hatte: »Les paroles de cette cantate sont mises au concours; dès aujourd'hui, tous les poètes français peuvent y prendre part: l'oeuvre ne devra pas dépasser soixante vers. Le prix unique de deux cents francs sera décerné à la valeur réelle et non à la valeur relative.« Sieger war der bretonische Chansonnier Théodore Botrel, dessen Text aus 300 Einsendungen ausgewählt wurde.

Diese Fakten demonstrieren nicht nur die offiziellen Gattungspräferenzen und das auffällige Interesse der 'Parnassiens' (bzw. ehemaliger Parnassiens) am ideologischen Überbau der Weltausstellungen. Sie sind hauptsächlich überraschend, weil sie Ernest Renans berühmte, 1855 formulierte These von der poetischen Infertilität der Weltausstellungen widerlegen, dann aber – mit dem Wechsel von einer quantitativen zu einer qualitativen Ebene der Beweisführung – doch zuletzt bestätigen. Renan hatte ja keineswegs in Abrede stellen wollen, daß es von den Inszenierungen der bürgerlichen Industriegesellschaft inspirierte Gedichte gäbe. Was er in ›La poésie de l'exposition‹ betonte, geht vielmehr aus dem Satz hervor: »Je me hâte de faire réparation aux poètes inconnus dont les vers ne sont pas venus jusqu'à moi, il me suffit qu'aucune de leurs oeuvres n'ait été acceptée du public, et n'ait reçu cette consécration qui fait une partie essentielle d'un poème.«[7] Renans ästhetisches Kriterium – une strophe digne de mémoire – haben auch die späteren Versuche auf diesem Gebiet offensichtlich nicht erfüllt!

Ex negativo enthält die Kritik Ernest Renans allerdings bereits die mögliche (seinen Zeitgenossen mögliche) Antwort auf das, was sich ihm in seiner Perspektive als 'Poesieschwund der Epoche' zu erkennen gibt. Die Entwicklung, die ich skizzieren möchte, stellt logisch, wenn auch nicht unbedingt chronologisch betrachtet, einen Dreischritt dar. Zunächst konnte man, bei einer differenten Bewertung der Gegenstände, wie etwa der Journalist Du Pays bei seiner Apotheose des 'industrialisme' zu einem im Hinblick auf die Position Renans identischen Ergebnis gelangen: »on comprend que d'autres aspirations sublimes [als die der Industrie; G. M.] perdent momentanément de leur attrait; que ce grand mouvement des intérêts matériels *refoule la poésie*«[8]. Dies ist die andere Variation der These vom Ende der Kunst: daß die Industrie – als höchstes, nun aber nicht geistiges, sondern materielles Bedürfnis – der Kunst keinen Platz läßt. Nicht mit dem, daß der »Gedanke und die Reflexion [...] die schöne Kunst überflügelt« (Hegel) und höhere Bewußtseinsformen die Kunst als sinnliches Wissen des Absoluten abgelöst haben, sondern mit der Dominanz der industriellen Produktion und der darauf bezogenen Interessen wäre erklärt, warum die Gegenwart und ihre Verhältnisse – vom Horizont eines damaligen Betrachters aus gesehen – dem Zustand der Poesie ungünstig sein müssen.

Nun, das Fortschrittsbewußtsein der Moderne brauchte in der Positivierung dieses »grand mouvement des intérêts matériels [qui] refoule la poésie« nur noch etwas weiterzugehen, um zu dem zu gelangen, was erfahrungsgeschichtlich eine Bruchstelle markiert: die ästhetische Besetzung der Industrie. Diese wird im Zeitalter der ersten Weltausstellungen als neue Kunst vereinnahmt und Poesie in solchem Kontext wieder identisch mit dem, was das Wort etymologisch

[7] Ernest Renan, La poésie de l'exposition. – In: E. R., Œuvres complètes. Hrsg. v. H. Psichari. Bd. 2, S. 239. Im folgenden resümiere ich zunächst einige Ergebnisse meiner Arbeit über ›Kunst und Industrie im Zeitalter der ersten Weltausstellungen‹ (München 1986).

[8] Vgl. L'Illustration vom 27. Juni 1857, S. 403 (Hervorhebung von mir; G. M.).

bedeutet: ein Herstellen und Machen. In der inventio, der bloß abstrakten Form der imitatio ohnehin überlegen, übertrifft das Werk der Technik, in welchem sich das produktive Vermögen der Menschheit geradezu versinnbildlicht, das der Kunst. Was die Lebenswelt wieder poetisch macht, beruht nun auf der Emanzipation der Gesellschaft von der Natur. Die Tatsache aber, daß Technik und Industrie als Sich-ins-Werk-Setzen des Menschen bei den Zeitgenossen den Eindruck der Verwandlung der Wirklichkeit in Poesie erzeugte, hat zur latenten und gleichsam ideologischen Voraussetzung die Heroisierung derer, die, an das Kapital als substantiellem Zweck gebunden, 'individuelle Selbständigkeit' nur dem Schein nach behaupten können.

Wenn der preußische Gesandte von Bunsen die Londoner Weltausstellung von 1851 in einem Brief an Max Müller als »das poetischste und weltgeschichtlichste Ereignis der Zeit«[9] charakterisiert, so macht er vom Poesiebegriff einen ganz spezifischen Gebrauch: Poesie realisiert sich hier nicht innerhalb einer literarischen Gattung und als solche, sondern ist vielmehr Metapher für eine punktuell hervortretende Qualität der erlebten Gegenwart – eine Metapher, die – wie ich an anderer Stelle gezeigt habe – nach und nach auf den von Technik, Industrie und Wissenschaft geprägten Weltzustand insgesamt ausgedehnt wird. Welche Konsequenzen resultieren daraus für die Literatur?

Auf seiner Fahrt zur ›Great Exhibition‹ in der englischen Metropole stellt der französische Berichterstatter Alexis de Valon in geradezu lapidarer Weise fest:

La poésie de la nature est morte à tout jamais. [...] *La poésie a changé de mobile, elle s'est déplacée;* [...] réunir dans une pensée commune tous les peuples de la terre, faire un appel à leur génie, stimuler leurs efforts, les instruire les uns par les autres, confondre leurs intérêts, leur ouvrir un concours universel et préparer ainsi par cette fusion génêrale la solidarité future de toutes les races de la terre, *n'est-ce pas là de la poésie?* Qui, *c'est la grande poésie de l'ère qui commence.*[10]

Auch hier ist von Poesie nicht als von einer literarischen Kreation die Rede, doch hängt die Zuständlichkeit oder Sphäre der Wirklichkeit,

[9] Zit. nach Utz Haltern, Die Londoner Weltausstellung von 1851. Ein Beitrag zur Geschichte der bürgerlich-industriellen Gesellschaft im 19. Jahrhundert. Münster 1971, S. 349.

die der Begriff meint, damit fraglos zusammen. Die Ära der Naturpoesie ist zu Ende. Es liegt nun gewissermaßen nur noch an der Literatur, den dritten Schritt zu vollziehen, nämlich den Abstand, der sie von der Industrie als der avanciertesten Kunst der Epoche trennt, aufzuholen. Die Dichtung des 19. Jahrhunderts ist nicht allein dadurch modern geworden, daß sie versucht hat, dem Fortgang der industriellen Zivilisation eine poetische Seite abzugewinnen, sondern eher umgekehrt: Statt – wie beispielsweise Maxime du Camp – die Industrie als möglichen und neuen Gegenstand der Poesie zu begreifen, mußte die Poesie vielmehr sich das 'Prinzip der Industrie' selbst aneignen. Besteht es nach Hegels Bemerkung in der ›Philosophie der Geschichte‹ darin, die Natur »als ein Unterworfenes« zu behandeln, dem der Mensch »das Siegel seiner Tätigkeit aufdrückt«, so findet es seinen prägnantesten ästhetischen Ausdruck im ›Rêve parisien‹ eines Dichters, der die Absage an die Natur paradoxerweise mit der Absage an die Industrie verbunden und zugleich auch schon über die Moderne hinaus- und hinter die Postmoderne zurückgeträumt hat. Denn, wenn es an der Wahrheit von Benjamins Diktum, daß jede Epoche die nächste träumt, keinen Zweifel gibt, so gilt auch für Baudelaire zu Recht, daß er sich im ›Rêve parisien‹ nach dem Erwachen in der Postmoderne sehnt. Der Gehalt dieser Sehnsucht aber erschiene in der äußerlichen Form eines adversativen Asyndetons: Tout pour l'oeil, rien pour les oreilles!, in dem die Idee, mit dem Phonozentrismus der abendländischen Metaphysik aufzuräumen, gleichsam kondensiert ist. Andererseits wendet sich dieser Traum – als Traum von der Aufhebung subjektiver Dezentriertheit – auch nach rückwärts. So daß die Ironie beim Erwachen der lyrischen Instanz darin bestünde, daß der Pendelschlag der Uhr – zentrale Metapher, seit Descartes, für die Maschine des Weltgebäudes – jenes subjektphilosophische Wissen re-installiert, zu dem die Erfahrung doch in äußerstem Widerspruch steht.

Nicht nur das Ende der Naturpoesie macht die Weltausstellung von 1851 bewußt. Angesichts der 'realen' Erscheinung des in seiner Traumhaftigkeit alle Metaphern und Fiktionen der Literatur überbietenden Orients registrieren – unabhängig voneinander – Lothar Bucher in Deutschland und Théophile Gautier in Frankreich das Ende

[10] Le tour du monde à l'exposition de Londres. – In: Revue des deux mondes, 15. Juli 1851, S. 196 (Hervorhebungen von mir; G. M.).

exotischer Poesie in ihrer bisherigen Form: »Von dem ersten flüchtigen Blick auf die Abtheilung Indien nimmt man eine verwirrende Mannichfaltigkeit von Bildern, aber nur Einen klaren Gedanken mit – daß es mit einer gewissen Klasse von Dichtung, in Versen und Prosa, jetzt zu Ende ist.« [11] Wiederum blieb es Baudelaire vorbehalten, die Erfahrung der orientalischen Alterität für die ästhetische Theorie fruchtbar zu machen. Wenn ich im folgenden kurz auf Baudelaires Schrift über die ›Exposition universelle de 1855‹ und Mallarmés ›Trois lettres sur l'exposition internationale de Londres‹ von 1871 eingehe, so geschieht das nicht nur in der Absicht, die Ablösung des chinesischen Paradigmas (bei Baudelaire) durch das japanische Paradigma der Kunst (bei Mallarmé) sichtbar zu machen. Der Wechsel dieser Paradigmen läßt sich unschwer aus historischen Zusammenhängen erklären: Japan konnte im Orient Baudelaires [12] schon deshalb nicht vertreten sein, weil es die seit 1640 verfolgte Politik der Selbstisolation erst um die Mitte des vorigen Jahrhunderts – unter dem Druck imperialistischer Staaten – aufzugeben begann. Erst 1859 kam ein Handelsvertrag mit Frankreich zustande, und erst auf der Pariser Weltausstellung von 1867 präsentierte sich Japan der Welt offiziell: mit Beispielen japanischer Architektur und Folklore sowie mit einer Sammlung von Porzellanwaren und Bronzearbeiten.[13] Vor diesem Zeitpunkt vermochten lediglich die Weltausstellung von 1853 in New York und die von 1862 in London einen Einblick in den fremden Kulturausschnitt zu vermitteln. In beiden Fällen verdankte sich die Präsentation japanischer Kunstsammlungen, deren Einfluß auf Whistler und Rossetti nicht übersehen werden kann, der privaten Initiative. Der Begriff 'japonisme', eine Neuprägung Philippe Burtys, beginnt nach 1872 analoge Wortschöpfungen wie 'japonnerie' oder 'japonaiserie' zu verdrängen.

---

[11] Lothar Bucher, Kulturhistorische Skizzen aus der Industrieausstellung aller Völker. Frankfurt a. M. 1851, S. 104.

[12] Vgl. Les fleurs du mal: »– Mais le vert paradis des amours enfantines, / L'innocent paradis, plein de plaisirs furtifs, / Est-il déjà plus loin que l'Inde et que la Chine?« (Moesta et Errabunda). Ich verweise außerdem auf den anregenden Beitrag von Geneviève Lacambre, Japonisme. – In: Le livre des expositions universelles 1851–1889, S. 297–304, dem ich vor allem meine begriffsgeschichtlichen Informationen verdanke.

[13] Dazu u. a. H. Gautier, Les curiosités (wie Anm. 5), S. 59.

Auf der anderen Seite galt die Dekadenz Chinas seit der spektakulären Plünderung und Zerstörung des kaiserlichen Sommerpalastes in Peking – im Jahre 1860 – als besiegelt. Auch dieser Tatbestand ist vielleicht nicht ganz ohne Belang, wenn man bedenkt, daß Baudelaire sich in seinem nur wenige Jahre zuvor geschriebenen Text über die Weltausstellung von 1855 die Revitalisierung der europäischen, im klassischen Normenkanon erstarrten Kunst gerade von der Rezeption des chinesischen Paradigmas erhofft hatte: »que ferait, que dirait un Winckelmann moderne [...], que dirait-il en face d'un produit chinois, produit étrange, bizarre, contourné dans sa forme, intense par sa couleur, et quelquefois délicat jusqu'à l'évanouissement? Cependant c'est un échantillon de la beauté universelle«[14]. Von dieser Frage aus gelangt Baudelaire bekanntlich zu einer neuen Definition des Schönen als »toujours bizarre«, mit der Pointe indes, daß das, was anfänglich wie ein Innovationsversprechen der chinesischen Kunst aussieht, sich am Ende als von genuiner Kunst immer schon Eingelöstes erweist: in Form, wenn man so will, einer kontinuierlichen Reihe erzeugter Differenzqualitäten: »Tant il est vrai qu'il y a dans les productions multiples de l'art quelque chose de toujours nouveau qui échappera éternellement à la règle et aux analyses de l'école.«[15]

Ich bin daher nicht ganz sicher, ob der von H. Lemaître an das erste Baudelaire-Zitat, genauer gesagt: an den ersten Satz dieses Zitats angeschlossene Kommentar – »Découverte de la relativité du Beau« – überhaupt Sinn besitzt. Er würde ja auch durch die nachfolgende Aussage Baudelaires (»un échantillon de la beauté universelle«) unmittelbar dementiert werden. Doch braucht uns dies hier nicht zu beschäftigen, ebensowenig wie die Bewußtseinsdisposition, die der Zugang zum Fremden und Individuellen nach Baudelaire voraussetzt: jene zum Einspruch gegen alle theoretische Systematik erhobene 'naïveté', für die die Welt neu wie am ersten Tage bleibt und die das wahrnehmungsästhetische Äquivalent dessen ist, was die Kunst im produktiven Vorgang leistet, wenn sie die Welt stets aufs neue erstehen läßt. Vielmehr kommt es nun darauf an, in der Fortsetzung

---

[14] Charles Baudelaire: Exposition universelle de 1855. – In: Curiosités esthétiques. L'art romantique. Hrsg. v. H. Lemaître. Paris 1962, S. 211. Dort auch der weiter unten zitierte Kommentar Lemaîtres.

[15] Ebd., S. 215.

des Zitats einer Spur nachzugehen, die bislang zwar nicht unbemerkt, in letzter Konsequenz jedoch unverstanden geblieben ist:

mais il faut, pour qu'il soit compris, que le critique, le spectateur opère en lui-même une transformation qui tient du mystère, et que, par un phénomène de la volonté agissant sur l'imagination, il apprenne de lui-même à participer au milieu qui a donné naissance à cette floraison insolite. [...] Les mieux doués à cet égard sont ces voyageurs solitaires qui ont vécu pendant des années au fond des bois, au milieu des vertigineuses prairies, sans autre compagnon que leur fusil [...]. *Ils savent l'admirable, l'immortel, l'inévitable rapport entre la forme et la fonction.*[16]

Wie läßt sich der von Baudelaire artikulierte gedankliche Zusammenhang verstehen?

Hätte man versucht, die beiden, scheinbar einander so verwandten Perspektiven Baudelaires und Renans auf das Weltausstellungsereignis von 1855 auch unter dem Gesichtspunkt des Paradigmas 'China' zusammenzuhalten, so hätte man nicht nur einen fulminanten Gegensatz der Bewertungen bemerken können. Es wäre auch möglich gewesen, Baudelaire auf der Folie von Renans Text zu lesen: »La Chine offre ce phénomène remarquable d'un peuple qui [...] a eu tout d'abord [...], au lieu de poèmes, des traités de technologie; eh bien! la Chine n'a rien qui puisse mériter le nom d'art. [...] elle n'est jamais arrivée à l'expression de la beauté.«[17] Präsentiert sich China als Inbegriff industrieller Kultur, kommt der Verdacht zustande, daß Baudelaire insgeheim vom 'art industriel' spricht. Und für diesen Verdacht liefert die zeitgenössische Diskussion um den 'art industriel' selbst den besten Rechtfertigungsgrund. In der Argumentation Léon de Labordes und seiner Anhänger taucht der Orient (»où l'on ne trouve pas un objet de l'industrie la plus usuelle qui ne soit empreint d'un sentiment si vrai, si fin, de la nature appliquée à l'usage, que le coeur de l'artiste tressaille de joie«)[18] sowohl als Modell der postulierten Allianz von Industrie und Kunst, als auch als Modell einer funktionsorientierten Ästhetik auf. Hätte aber Baudelaire statt des chinesischen

[16] Ebd., S. 211 f. (Hervorhebungen von mir; G. M.).

[17] E. Renan, La poésie (wie Anm. 7), S. 244.

[18] Adalbert de Beaumont, De l'union des arts et de l'industrie. – In: L'Illustration vom 18. April 1857, S. 247. Zur Argumentation Léon de Labordes siehe G. Maag, Kunst und Industrie (wie Anm. 7), S. 152 ff.

ein japanisches Exponat in den Mittelpunkt seiner Frage gestellt, hätte sich unser Verdacht erst gar nicht aufgedrängt: Die Anziehungskraft und Bedeutung Japans für die moderne Ästhetik lag genau umgekehrt in der Abwesenheit industrieller Signaturen seiner Kunst begründet. Die Politik konsequenter Abkapselung, die Japan von der Berührung mit der technologischen Expansion der übrigen Welt ferngehalten hatte, ließ die japanische Kunst zu einem Muster der Geschmacksautonomie avancieren. Ihre extreme Raffinesse verbot es zugleich, sie als ‘primitiv’ zu (dis-)qualifizieren.

Anders bei Mallarmé, der sich – ebenfalls wider Erwarten, um so mehr wider Erwarten, als das japanische Paradigma, das er favorisiert, eine Verneinung des Industriellen involviert – ausdrücklich zum ‘art industriel’ und zur modernen »fusion de l’art et de l’industrie« bekennt: »N’est-ce pas un réciproque devoir, que l’art décore les produits requis par nos besoins, en même temps que l’industrie multiplie par ses procédés hâtifs et économiques ces objets embellis autrefois par leur seule rareté?«[19] Dieser Gedanke aus der Feder eines hermetischen Dichters mag überraschen, wüßte man nicht, daß er in ›La Dernière Mode‹ noch überboten wird, indem Mallarmé auch die Literatur an die Industrie (der Mode) auszuliefern beabsichtigt.[20] Ist es aber tatsächlich Mallarmé, der hier spricht? Oder anders gefragt: läßt Mallarmé, indem er unter einem falschen Namen spricht und den Text mit L. S. Price unterzeichnet, seinem Gedanken nicht sogleich die Zensur nachfolgen, um die Einheit seiner ästhetischen Botschaft zu retten?[21] Und wenn es nun gerade die tiefsten und wahrsten Über-

---

[19] Stéphane Mallarmé, Trois letters sur l’exposition internationale de Londres (1871). – In: S. M., Œuvres complètes. Hrsg. v. H. Mondor und G. Jean-Aubry. Ed. de la Pléiade. Paris 1984, S. 666 f.

[20] Dazu Gerhard Goebel, Mode und Moderne. Der Modejournalist Mallarmé. – In: Germanisch-Romanische Monatsschrift 28 (1978), S. 41: »vielmehr unterstellt er bewußt und affirmativ (wenn auch nicht ohne Ironie) die damalige literarische Avantgarde, die er in seinen Heften präsentiert, und damit implicit auch seine eigene poetische Produktion, dem Gesetz der Mode. Er sieht nur nicht, oder sagt höflicherweise nicht, daß das Gesetz der Mode das des Marktes ist.«

[21] Man könnte unter Hinweis auf den zweiten Weltausstellungsbericht Mallarmés (›Exposition de Londres. Deuxième Saison‹), der durchaus analoge Gedanken enthält und trotzdem mit dem wahren Namen des Verfassers signiert ist, gegen meinen Gedanken einwenden, daß es sich um keine

zeugungen wären, die nach dem Schutz eines Pseudonyms riefen? Sicher ist, daß das Pseudonym auch dazu dient, das Andere der eigenen Stimme in Gestalt der Stimme eines Anderen zu objektivieren und unter dem Anschein der Selbstdistanzierung Inhalte zu propagieren, die sich in einem gewissenhaften, auch gewissenhaften ästhetischen Bewußtsein nicht einfinden dürften. Das Skandalöse der Inhalte von Mallarmés Botschaft liegt auf der Hand: Ähnlich wie die Kunst der Moderne die Industrie der Mode zum notwendigen Korrelat hat, bedarf der Ästhetizismus des Industrialismus, um er selbst sein zu können.

Für Mallarmé ist die Industrie nicht das Böse, sondern das Gute. Er begreift sie vorweg als Supplement (als – über den Ersatz hinaus – Ergänzung von etwas), das einen fundamentalen Mangel der Kunst und ihrer Gegenstände – embellis autrefois par leur seule rareté –, einen, wenn man so will, fundamentalen Mangel an Kunst zu beheben aufgerufen ist. »Embellis autrefois par leur seule rareté [einst nur durch ihre Seltenheit verschönert; G. M.]«: diese kuriose und für sich genommen schon beinahe unmögliche Aussage macht es übrigens erst recht unmöglich, die Schlußfolgerung nachzuvollziehen, die sich aus ihr ergibt (und lauten müßte: »encore plus embellis aujourd'hui

Selbstzensur handelt. In Wirklichkeit wurde auch der zweite Text einer Zensur unterworfen – nur von anderer Seite: Erschienen 1872 in ›L'Illustration‹ und unterschrieben »Mallarmé«, existierte dieser Artikel bis zur Veröffentlichung der Pléiade-Ausgabe »dans aucune des bibliographies publiées à la suite des différents ouvrages consacrés à Mallarmé« (H. Mondor / G. Jean-Aubry [Hrsg.], Mallarmé, Œuvres complètes [wie Anm. 19], S. 1612). Price ist übrigens ein passendes Pseudonym für das, was vielleicht eine Lohnarbeit war. Da der vollständige Text der Unterschrift aber L. S. Price lautet und wir es mit einem englischen Namen zu tun haben, wird der beste Weg ihrer Entschlüsselung die ›Petite Philologie‹, also Mallarmés Abhandlung über »Les mots anglais« sein. Um so mehr, als sie der Exegese der einzelnen Buchstaben – in unserem Fall: L und S – vorzügliche Möglichkeiten eröffnet. Die Suche nach dem Signifikat des Pseudonyms mit Hilfe der durch die ›Petite Philologie‹ vorgegebenen Dekodierungsstrategien sei jedem selbst überlassen. Meine Neigung, aus Mallarmés Unterschrift eine Art Dreistufenmodell herauszulesen: Mangel (Stagnation, Infertilität) / Suche (SALE, *vente;* SHEET, *feuille,* étendue, de papier) / Gewinn (Produktivität, Fertilität, Reichtum), verpflichtet niemanden, sich ihr anzuschließen.

par leur fréquence«); es sei denn, daß man die Quantität als eine Qualität denkt, die sich der Qualität der ästhetischen Gegenstände hinzufügt. Daß die Kunst aufgrund eines doppelten Mangels, der an ihr herrscht und sie beherrscht, der Industrie als Supplement bedarf, bildet immerhin nur einen Aspekt dieser Position. Hinzu kommt, daß auch Mallarmé auf einer Epochenschwelle insistiert und das Ende der Ära des Originären anbrechen sieht. Fügen wir vorsichtshalber hinzu, daß es sich für ihn um das Ende des Originären der dekorativen Kunst – des 'art industriel' im alten Sinne des Wortes – handelt. Verschieden von der Bedeutung, die man mehr oder weniger unbefangen dem Modell der chinesischen Ästhetik in Baudelaires Text verleihen möchte, wo es um Revitalisierungsfragen geht, repräsentiert die japanische Kunst im Kontext Mallarmés daher nicht eine Instanz der ästhetischen Erneuerung, sondern einfach die – im Importbetrieb des Kunstmarkts – letzte mögliche Neuheit:

nous sommes à même de poser, presque absolument, cet axiome: que toute invention ayant cessé, dans les arts décoratifs, à la fin du siècle dernier, le rôle critique de notre siècle est de collectionner les formes usuelles et curieuses nées de la Fantaisie de chaque peuple et de chaque époque. Quant à l'Industrie, qui est la préoccupation visible de ce temps, son but, actif et généreux, sera la multiplication populaire de ces merveilles, célèbres ou uniques, enfouies longtemps dans quelques résidences héréditaires. Tout est rétrospectif: et la nouveauté, ce sont les importations maritimes, celles du Japon, notamment, que nous imitons maintenant de main de maître. Vous retrouverez partout ce double courant archaïque et exotique.[22]

Nicht von Regeneration, vielmehr von der Praxis der Imitation ist die Rede! Und weit davon entfernt, das Ende der Kunst zu bedeuten, ist es in Mallarmés Ausblick auf das imaginäre Museum die Industrie, die – weil die Geschichte der (dekorativen) Kunst abgeschlossen erscheint – nun die neue Funktion übernimmt, sie zu repetieren und in gewisser Weise auch zu perpetuieren.

Mit Recht könnte man sich fragen, ob die Einschränkung unserer Perspektive auf die dekorative Kunst nicht doch zu vorsichtig war. Mallarmé wäre nicht Mallarmé ohne die Brüche, die seinen Text durchziehen. Seine Theorie gelangt insofern nicht zur völligen Dekkung mit der Empirie, als er unter dem Eindruck einiger Exponate der Fabrikanten Deck und Rousseau zugeben muß, sie hätten »renou-

[22] S. Mallarmé, Exposition de Londres (wie Anm. 21), S. 683 f.

velé, totalement, la céramique française«: »Leurs oeuvres inspirées, selon le double courant archaïque et exotique reconnu, [...] portent, toutefois, *un cachet indéfinissable auquel convient seul le nom de: moderne qui exprime quelque chose, également, d'occidental.*«[23] Was sich hier als relativ harmloser Vorgang einer Selbstkorrektur zu erkennen gibt, nimmt an anderer Stelle problematischere Züge an. Es empfiehlt sich in diesem Zusammenhang, die von uns erhobene Frage noch einmal zu reformulieren: Muß man nicht auch die Möglichkeit der Umkehrung erwägen, nämlich daß, wenn die (hohe) Kunst ihr Ende erlangt hat, die Geburtsstunde des Dekorativen – »bien plutôt un hommage que nous rendons aux choses«[24] – erst eigentlich schlägt? Die Genugtuung, mit der Mallarmé die Rückkehr des – wenn man genau hinsieht – bereits zum 'art industriel' umfunktionierten 'Grand Art' in die Museen erfüllt, zeigt mit einem Mal den deutlichen Vorbehalt, den er gegen die universale Reproduzierbarkeit hegt. Die Phantasmen jedoch, denen der 'Grand Art' seinen Platz überlassen muß, bestätigen das zutiefst Originäre der scheinbar nur reproduktiven dekorativen Kunst der Moderne. Schauplatz dieses ästhetischen Umbruchs ist für Mallarmé das bürgerliche Intérieur:

> le Grand Art est banni de nos appartements intimes par la vertu irrésistible de la seule Décoration. Les réductions d'après l'antique retournent aux ateliers et aux musées, qu'elles n'auraient pas dû abandonner: et si nous accueillons auprès de nous des statues, ce sont, maintenant, celles d'esclaves portant sur leur tête l'urne de la lampe, ou relevant d'un geste familier la lourdeur des rideaux de velours qui forment une portière; enfin si nous préférons le bronze, c'est parce qu'il revêt de sa patine sombre le corps de ces Nubiennes ou de ces Mauresques, avivé par la parure multiple de l'argenture, de la dorure, ou des fausses pierreries et drapé dans le sayon diaphane et rayé de jaune qu'imite l'onyx algérien [...].[25]

Nicht ohne Stolz fügt Mallarmé hinzu: »J'éprouve un véritable bonheur à constater ce mouvement, je crois, l'un des premiers.«[26]

Nicht zuletzt gebührt Mallarmé das Verdienst, eine besondere semantische Auswirkung der Praxis des 'art industriel' erkannt zu ha-

---

[23] Ebd., S. 685 (Hervorhebung von mir; G. M.).

[24] Paul Souriau, La beauté rationelle. Paris 1904, S. 200.

[25] S. Mallarmé, Exposition de Londres (wie Anm. 21), S. 684.

[26] Ebd., S. 685.

ben. In den ›Trois lettres sur l'exposition internationale de Londres‹, die – nebenbei bemerkt – auch von der Faszination des Blicks in eine »glace sans tain« (in Derridas Theorie später eine zentrale Metapher [27]) zu berichten wissen, folgert er aus dem Erlebnis der vollkommenen Identität von Reproduktion und Original, daß der Geschichte des Begriffs 'authentisch' eine eklatante Wende bevorstehe: »Les Faïences nous initient à une véritable renaissance de la fabrication ancienne. [. . .] Tous les poissons, épineux et contournés, requis pour les soupes de poisson remarquables, se retrouvent, mêlés à des salamandres chimériques et à des blasons; mais, ressemblance difficile, c'est le relief et c'est la couleur même des plats originaux. J'avoue que, devant ces reproductions admirables, le mot d'*authentique* [. . .] perd singulièrement de sa valeur à nos yeux.« [28] Schärfer und zwingender klingt die spätere Formulierung: »Je le prédis: le mot d'*authentique* [. . .] avant peu n'aura plus de sens.« [29] Weniger, daß die Nachahmung damit wieder ihre Rechtfertigungsgründe erneuert, wäre daraus zu schließen; vielmehr wäre sie auch nicht mehr als solche zu erkennen. Zwar diskreditiert die Kopie das Original nicht, doch bringt sie es indirekt zum Verschwinden: in der Masse des Gleichen läßt es sich (ähnlich wie für Faust unentscheidbar wird, mit welcher Helena er es zu tun hat) – theoretisch – nicht mehr ausfindig machen.

So ergäbe sich an diesem Punkt der Darstellung überraschend eine neue Perspektive auf ihren Anfang. Gibt es für das, was Mallarmé beschreibt, ein Analogon in der Literatur, und veranlaßt uns nicht gerade ein Roman wie ›Crystal Palace‹ von Dominique Marny, Mallarmés Prophezeiung des Verschwindens des Authentischen ernst zu nehmen? Gilt – mutatis mutandis – nicht auch für ihn: »c'est le relief et c'est la couleur même des plats originaux«? Marnys postmodernem Spiel mit der Authentizität und subtiler Reproduktion einer Romanform der Vergangenheit des 19. Jahrhunderts möchten wir nun jedenfalls ein historisch authentisches Theaterstück gegenüberhalten, das – umgekehrt – in die Zukunft gewiesen und die Medientechniken des 20. Jahrhunderts vorweggenommen hat: Henri Rousseaus 1889 oder kurz danach geschriebenes Vaudeville ›Une visite à l'exposition de 1889‹.

---

[27] Vgl. Jacques Derrida, La Dissemination. Paris 1982, S. 350.

[28] S. Mallarmé, Trois Lettres (wie Anm. 19), S. 674.

[29] Mallarmé, Exposition de Londres. Deuxième Saison, S. 684.

Das fremde Terrain, das Paris zumal für eine Familie aus der Provinz darstellt, will erst einmal vom Mann allein erkundet sein. Aus diesem – oder möglicherweise einem anderen – Grund reist Monsieur Lebozeck, der brave Bauer aus der Bretagne, seiner Frau voraus. Obwohl er sich im Hôtel de Bretagne niedergelassen hat, dessen Nomen doch nur ein vielversprechendes Omen bedeuten kann, lauert ihm hier – kaum daß er, von der langen Eisenbahnreise erschöpft, in den verdienten Schlaf gesunken ist – die Sünde in Person auf: in Person nämlich seiner Zimmernachbarin Georgette, deren Zudringlichkeiten er mit dem nicht auf Anhieb überzeugenden Argument abwehrt, er sei verheiratet und liebe seine Gattin. Bereits am nächsten Morgen schreibt er dieser einen Brief, in dem er mitteilt, er habe inzwischen ein Logis gefunden und bitte nun, eiligst nachzukommen. Der Antwortbrief trifft ein, als Monsieur Lebozeck, der den Vormittag mit einem Besuch des Louvre verbracht hat, gerade beim Mittagessen sitzt. Die Gattin selbst trifft einen Tag später ein. Sie befindet sich in Begleitung der Servante Mariette, vernünftigerweise insofern, als sie diese mit Rücksicht auf ihre Jugend ja nicht allein im Haus zurücklassen kann, unvernünftigerweise aber insofern, als sie nicht bedacht hat, daß die gemeinsame Übernachtung in ein und demselben Zimmer zu unschicklichen Situationen führen könnte. Im dritten Akt des Vaudevilles kommt der Besuch der Weltausstellung zustande. Die drei Protagonisten durchjagen zunächst den Champ de Mars, der natürlich dazu einlädt, Eiffels technischen Superlativ näher zu begutachten, den Trocadéro, die Esplanade des Invalides, dann jedoch auch noch den Rest der Stadt. Da sie die Restaurants entweder für zu teuer befinden oder hoffen, auf ein bretonisches Restaurant zu stoßen, wo es das gibt, was sie kennen, kehren sie ausgehungert von ihrer Tour zur Place de la Bastille zurück, aber bereichert um die Erkenntnis, daß es im Dôme des Invalides keinen Invaliden mit einem Holzkopf und statt der sagenhaften »fontaines bourrache«, die in Paris an vielen Straßenecken stehen sollen, lediglich sogenannte »fontaines Wallace« gibt, die allerdings Wasser spenden. Was die Komik der Personen anlangt, so erwähne ich nur noch, daß sie die auf der Weltausstellung zu sehenden Annamiten (»dinamites«, »amarmites«) wegen ihrer Zöpfe für Frauen halten, den Obelisken der Place de la Concorde mit der Bastille-Säule verwechseln und beim Anblick der Eglise de la Sainte-Madaleine glauben, es gäbe die Chambre des Députés zweimal.

Daß Henri Rousseau über sein Hervortreten als Maler, Poet, Komponist, »violoniste-flûtiste-clarinettiste« oder Organisator von Opern- und Operettenabenden hinaus sich auch als Theaterautor betätigte, blieb selbst seinen engsten Freunden lange Zeit verborgen. Die geheimgehaltene Seite seiner Produktivität wurde erst postum bekannt, wenngleich von der literarischen Öffentlichkeit nicht weiter zur Kenntnis genommen. Dabei befremdet das Schweigen des Douanier, wie N. Arnaud hervorgehoben hat, um so mehr, als er seinen Glauben, ein Genie zu sein, stets laut bekundet hat.[30] Auszüge aus ›Une visite à l'exposition de 1889‹ wurden erstmals 1922 durch Robert Delaunay veröffentlicht. 1929, 1932 und 1933 ließ Tristan Tzara in der Revue ›Orbes‹ Auszüge aus dem Drama ›La vengeance d'une orpheline russe‹ nachfolgen. Ein drittes Opus, die Komödie in zwei Akten und drei Tableaux ›L'Etudiant en goguette‹, von Tristan Tzara als nicht progressiv genug beurteilt, harrt noch heute der Veröffentlichung.[31] Die Bedingungen für eine Rezeption des Theaters von Rousseau waren geschaffen, als Tzara 1947 in Genf den vollständigen Text des Vaudevilles und Dramas in Verbindung mit einem Vorwort publizierte, dessen bahnbrechende Einsichten auch nach dreißig Jahren, soweit ich sehe, noch nicht überboten sind. Tzaras Préface gipfelt in der doppelten Erkenntnis, daß Rousseau die Probleme von Raum und Zeit auf den beiden Gebieten der Malerei und des Theaters in identischer Weise gelöst (besser: gestellt) habe, und die Erfordernisse der Bewegungssynthese und simultanen Aktion in seinen dramatischen Texten die Ökonomie des Films voraussetzten: »Il faut voir dans cette anticipation [des Kinos] une preuve supplémentaire que Rousseau participait avec toute la force de son être à l'esprit de son époque qui prévoyait la nécessité virtuelle de changer nos notions du temps en raison des facilités de déplacement et de la vitesse avec laquelle ils pouvaient

[30] Henri Rousseau, Théâtre. Une visite à l'exposition de 1889. La vengeance d'une orpheline russe. Préface de Noël Arnaud. Paris 1984, S. 12. Dem verdienstvollen Vorwort von N. Arnaud, auf das ich mich im folgenden mehrmals berufe, ist kaum etwas hinzuzufügen.

[31] »une pièce légère moins originale que les deux premières. Elle nous a paru ne pas apporter à notre essai de dégager de sa légende l'esprit du Douanier un élément d'information suffisamment fondé«, so Tristan Tzara, Le théâtre d'Henri Rousseau. – In: T. T., Œuvres complétes. Bd. 4 (1947–1963). Paris 1980, S. 355.

s'effectuer.«[32] Die Vorwegnahme des Mediums Film in den tatsächlich ja zur Bühnenaufführung bestimmten Werken resultiere dabei nicht »de la recherche d'une technique nouvelle, mais plutôt de celle de l'explication de la réalité au moyen d'une synthèse théâtrale qui, à certains moments, transgresse le cadre des indications scéniques et les possibilités de la réaliser.«[33]

Schauen wir uns Rousseaus ›Une visite à l'exposition de 1889‹ näher an. Allein das, was der Titel ankündigt, müßte stutzig machen. Die mit einem kontinuierlichen Wechsel der Schauplätze verbundene Promenade durch eine Weltausstellung entzieht sich der theatralischen Repräsentation (der Repräsentation durch den Theaterapparat, dem zur Ausführung der Bühnenmanöver noch keine Elektrizität zur Verfügung steht). Da Rousseau sie auf die großen Boulevards der Metropole ausdehnt, bis zur Place de la Bastille und wieder zurück zu dem in der Nähe der Gare Montparnasse gelegenen Hotel führen läßt, entsteht – innerhalb ein und desselben Akts! – ein Maximum an räumlicher Zerstreuung, das, zusammen mit den zeitlichen Diffundierungsstrategien, die der Autor anwendet, die Ordnung des Mediendiskurses zu sprengen droht. Hinzu kommt, daß Rousseau, wie in diverse seiner Bilder, auch in den dramatischen Text Embleme des Fortschritts einmontiert hat. Die Bühne zeigt zu Beginn des zweiten Akts eine Straßenbahn, mit der Lebozeck zum Jardin des Plantes fährt: ein 'Schnitt' wird notwendig. Der »Chemin de fer Decauville«, der zu den sensationellen Transportmitteln innerhalb des Weltausstellungsgeländes gehörte, eine Art Miniatureisenbahn, die Ermüdungserscheinungen verhindern sollte und dem Effekt nach eher die Gegenstände an den Besuchern als die Besucher an den einzelnen Attraktionen vorbeirollen ließ, müßte im dritten Akt zwar nur kurz, aber immerhin doch – und zwar in beweglicher Funktion – gezeigt werden.[34] Die Nachbildung des Eiffelturms auf der Bühne wäre bei verkleinertem Maßstab nicht unmöglich, aber es handelt sich darum, zugleich die Fahrt mit dem Aufzug bis an die Spitze zu simulieren. Inwiefern die herkömmliche Maschinerie des Theaters bei der Repräsentation des ganzen Tableau versagt, dies mag der folgende Passus

[32] Ebd., S. 349. Siehe auch Tristan Tzara, Le rôle du temps et de l'espace dans l'œuvre du Douanier Rousseau. – In: Ebd., S. 337–344.

[33] Ebd.

[34] H. Rousseau, Théâtre, S. 66.

illustrieren, der auch Auskunft über die ästhetische Wahrnehmung der Tour Eiffel und – ineins damit – einen wichtigen Hinweis auf das Symptom der Wahrnehmungsblockade gibt:

La scène représente un coin de l'Exposition de 1889, le Champ de Mars y compris la Tour Eiffel, etc.

MARIETTE, *apercevant la tour.*

Ah, Sainte Vierge Marie, qu'c'est donc beau qu'c'est donc beau et qué qu' c'est donc que c'te grrande échelle-là, qu'est ben pus haute que le clocher de l'église de cheux nous. Ah, par exemple c'est ben drôle, mais comment donc qu'l'on fait pour y monter, les barreaux ne sont point ronds, et pis y sont tous de travers. Tiens, mais j'voyons du monde tout de même qui y monte et qui sont tous dans le haut et qui ma fé sont gros comme des pucerons; par où donc qu'c'est qui sont rentrés. Ah, les inventeux d'une chose pareille ont eu une ben drôle d'idée pour c'que c'est biau: moi j'aurais voulu faire une chose ben plus belle que ça.

[...]

Tous les trois s'approchent de la tour.

LEBOZECK, *apercevant le gardien.*

[...] Pourriez-vous me dire comment qu'c'est qu'y faut s'y prendre pour monter jusqu'au haut de c'te grande échelle?

LE GARDIEN, *un peu froissé.*

Comment cette grande échelle dites-vous? Sachez, Monsieur, que c'est la tour Eiffel, la plus haute du monde entier [...].

LEBOZECK

Vous appelez ça une tour; il m'a toujours semblé qu'une tour était ronde et non faite comme une échelle remplie de barreaux. [...]

[...]

Ils montent à la tour, ensuite ils continuent leur visite en se dirigeant vers le Trocadéro.[35]

Die Äußerung Mariettes dürfte genügen, um die Geschwätzigkeit der Personen zu demonstrieren, die bisweilen bis zur – wie N. Arnaud sagt – »logorrhée«[36] geht. Diese Geschwätzigkeit ist hier freilich eine andere als bei den Protagonisten des Romans von Dominique Marny, wie überhaupt beide Texte sich in einer gewissen Beziehung zueinander umgekehrt verhalten: Im narrativen Text tritt die Deskription hinter den Dialog zurück, im Dialog des dramatischen Textes tritt hingegen ein episches Moment hervor. Während ihrer Promenade

---

[35] Ebd., S. 59–63.

[36] Ebd., S. 17.

durch die französische Metropole sind die Personen von Rousseaus Vaudeville fortlaufend damit befaßt, die Dinge, die in ihr Wahrnehmungsfeld geraten, nicht nur zu benennen, sondern ausführlicher zu beschreiben, *weil* und *damit* sie – so meine These – materiell von der Bühne abwesend bleiben können. Ich komme auf diesen Gesichtspunkt gleich zurück. Zunächst möchte ich festhalten, welche logischen Konsequenzen N. Arnaud in seinem Einleitungswort aus der Anreicherung der Dialoge mit Beschreibungen gezogen hat. Ihm nämlich verdankt sich die Erkenntnis, daß die Rolle des Regisseurs nunmehr darin bestehe, die Flut der deskriptiven Elemente durch einen beweglichen Dekor zu rechtfertigen: »Le décor doit bouger, se transformer, parfois insensiblement, à mesure que les héros parlent et tandis qu'ils parlent.«[37] Dazu sei zwar die Überblendungstechnik des Films wesentlich adäquater; im historischen Rahmen seiner Möglichkeiten habe Rousseau jedoch durchaus über ein Mittel verfügt, mit dem sich die Erfordernisse visueller Kontinuität einlösen ließen: das Pleorama, »à savoir un tableau mouvant qui se déroule devant le spectateur.«[38] Vor den an ihnen vorbeiziehenden Bildern der ›Exposition universelle‹, Boulevards und monumental ausgeschmückten Plätzen von Paris hätten die Schauspieler also nur gleichsam auf der Stelle zu treten brauchen, um die Illusion einer realen Promenade zu erzeugen!

Gegen diese Interpretation, die Literatur im Grunde auf Realismus verpflichtet, erheben sich Bedenken. Ob sie stichhaltig sind, wäre eine andere Frage. Das Problem liegt, wie mir scheint, ebenso in der geheimen Skepsis gegenüber der Suggestionskraft des Schauspielers, in dessen körperlichem und sprachlichem Ausdruck die Dinge bereits 'abgemalt' sind, wie in der Idee von Repräsentation, deren Macht doch darauf beruht, daß sie sich auch auf unsichtbare Weise vollziehen kann. Ein zeichenhaft organisiertes akustisches Feld vermag auf dem Theater eine Szene, darüber hinaus – in der »pièce radiophoni-

---

[37] Ebd., S. 18.

[38] Ebd. S. 15 f. (»On suppose que le Douanier se serait complu à peindre lui-même le long et haut ruban de toile«). Ausführliche Informationen über das in Europa zunächst wenig erfolgreiche Pleorama oder »Moving Panorama« bei Stephan Oettermann, Das Panorama. Die Geschichte eines Massenmediums. Frankfurt a. M. 1980; in Verbindung mit den Weltausstellungen von 1889 und 1900 speziell S. 135 ff.

que« – sämtliche Phänomene des Theaters selbst zu repräsentieren. Und wäre die »pièce radiophonique« nicht der einzige Ort, an dem die Deskription keiner nachträglichen Rechtfertigung mehr bedarf, weil sie vom Medium selbst erfordert wird?

Der räumlichen Zerstreuung korrespondiert in Rousseaus Vaudeville ein zeitlicher Beschleunigungseffekt. Die Raffung des zeitlichen Vorgangs am Ende des Stücks, das die drei Personen auf ihrem Rückweg zum Hotel vorführt, erinnert noch einmal an die Techniken des Films, ist aber zugleich durch ein »dépêchons-nous« oder »J'n'avons qu'à marcher vite« empirisch wahrscheinlich gemacht. Dagegen lesen sich einige andere Szenen wirklich wie eine futuristische Huldigung an die Schönheit der Geschwindigkeit. Als sich Lebozeck und sein Anhang entschließen, einen Blick in die Eglise de la Madeleine zu werfen, fällt die Ankündigung des Entschlusses gewissermaßen mit seiner Durchführung zusammen:

Lebozeck
Dépêchons-nous, cinq minutes seront assez.
Mariette
Maintenant qu'j'avons vu c'te église j'n'avons pu qu'à suivre tout droit et pis on va manger, j'commençons à avoir ben faim.[39]

Der für die Protagonisten charakteristische, auch im nächsten Zitat wiederkehrende Imperativ »dépêchons-nous«, der, wirkungspsychologisch betrachtet, nicht zuletzt den Leser zu einer schnelleren Lektüre antreibt, läßt hier aufgrund der Präzisierung der zeitlichen Dauer (»cinq minutes«) alles andere als den Umschlag sukzessiver Bewegung in Simultaneität erwarten. Eine Verschiebung der linearen Zeitachse illustriert zudem die nachfolgende Restaurant-Szene:

Lebozeck
Apportez-nous du potage, du poulet au cresson, de la salade et du dessert, ensuite du café [...].
Le Garçon
Je vous sers tout de suite.
Mme Lebozeck
Oui, dépêchons-nous, j'allons manger ben vite, et puis nous coucher, j'en avons besoin.
Le Garçon
Voilà, voilà, vous êtes servis.[40]

---

[39] H. Rousseau, Théâtre, S. 85.
[40] Ebd., S. 102.

Nichts bleibt in der Epoche der industriellen Umwälzung vom Rausch des Veloziferischen verschont. Er erfaßt auch die Telekommunikation. Das Imaginäre besitzt dabei, wie immer, einen deutlichen Vorsprung gegenüber der Realität. Zugegebenermaßen ist die Beobachtung des Postverkehrs im Vaudeville ungleich weniger ergiebig als im Fall der ›Vengeance d'une orpheline russe‹, doch führt sie immerhin zu einer Entdeckung, die den wenigen Interpreten bislang entgangen ist. Den Briefen, die Lebozeck und seine Gattin miteinander austauschen, eignet zunächst eine Besonderheit, die sich in ihrer vollen Tragweite freilich nur dem zu erkennen gibt, der – wie Tristan Tzara – das Manuskript des Textes vor Augen hat:

Dans le manuscrit de cette pièce, les lettres que le protagoniste reçoit sont toutes écrites comme de véritables lettres datées et suivies d'une signature paraphée. Instinctive, la vérité de ces lettres pour Rousseau n'est ni ébranlée ni troublée par la fiction du théâtre. On songe aux premiers collages cubistes de Picasso et de Braque où le problème de la réalité objective et de la réalité construite du tableau est également posé, quoique d'une manière plus théorique.[41]

Von Rousseau mithin als in den Rahmen der Fiktionswelt eingelassene Realitätspartikel intendiert, überraschen die Briefe, die glücklicherweise auch noch im gedruckten Text ein Datum tragen, ferner durch das allen realistischen Erwartungen widerstreitende Tempo ihrer Übermittlung. Lebozeck, der erst am Morgen seiner Gattin geschrieben hat, erhält deren Rückantwort bereits beim Mittagessen. So erscheint N. Arnauds Feststellung völlig legitim: »Une lettre mise à la poste arrive aussitôt à son destinataire si loin qu'il soit. Même en 1889, ou en 1899, quand les postes françaises remportent les records de vitesse, une transmission aussi rapide et en fait immédiate n'était pas concevable.«[42]

Glücklicherweise, haben wir gesagt, tragen die Briefe auch in der publizierten Fassung ein Datum. Auf diese Weise und mit Hilfe der übrigen temporalen Bestimmungen, deren Frequenz signifikant für den Text ist, können wir uns überzeugen, daß es, in Rousseaus Vaudeville wenigstens, wenn auch nicht in seinem Drama, mit rechten Dingen zugeht und der Eindruck einer Deformation der linearen Zeitstruktur in Wahrheit aus einem illusionistischen Trick resultiert. Lebo-

[41] T. Tzara, Le théâtre d'Henri Rousseau (wie Anm. 31), S. 350.

[42] H. Rousseau, Théâtre, S. 18.

zeck, der nach einer zweiundzwanzig Stunden dauernden Bahnfahrt um »trois heures et demi du matin« in Paris eintrifft, schreibt seinen Brief noch am Tag der Ankunft, nämlich am 20. Juni 1889. Der beim Mittagessen übergebene Brief, in dem seine Gemahlin ankündigt, sie folge in zwei Tagen nach, datiert hingegen vom 22. Juni. Als Lebozeck ihn liest, ist – wie aus der Bemerkung hervorgeht: »Ma Zéphyrine arrive demain au soir« – bereits der 23. Juni. Mit anderen Worten: Rousseau hat die Geschehnisse des 21. und 22. Juni kurzerhand unterschlagen, sie fallen in die Pause zwischen den ersten beiden Akten, die so den einen Brief vom andern objektiv durch einen größeren Zeitraum trennt, als es dem Rezipienten, der nicht nachrechnet, subjektiv erscheinen mag. Zwischen der Niederschrift des ersten Briefs (am Ende von Akt I) und der Lektüre des Antwortbriefs (am Beginn von Akt II), Frühstück und Mittagessen sind unbemerkt zwei Tage verflossen. Offensichtlich vermag Rousseau das Gesetz der dramatischen Wahrscheinlichkeit nur zu erfüllen, indem er es zugleich verletzt. Unwahrscheinlich wirkt – genau besehen –, daß der Text sich über die allerersten Unternehmungen des Besuchers aus der Provinz ausschweigt, von denen gerade ein Maximum an amüsanten Aufregungen und damit an dramatischen Gelegenheiten zu erwarten gewesen wäre. Aber schließlich ist es dieses Spiel mit der Erwartungsnorm, welches im Rezipienten erfolgreich den Glauben an die zauberhafte Geschwindigkeit der Post hervorruft.

Sieht man ab von der Möglichkeit, literarische Fiktionen als Mitteilungen *über* Wirklichkeit zu lesen, so wäre noch zu bemerken, daß das vielleicht auffälligste Merkmal des Vaudevilles von Henri Rousseau und des Romans von Dominique Marny in der Wahl des Personals besteht. Es siedelt sich paradoxerweise außerhalb jener bürgerlichen Industriegesellschaft an, zu deren Repräsentation die Expositions universelles doch ins Leben gerufen worden sind. Die unsichtbaren Mächte des Geldes widerstehen der Erzählung. Die Mimesis gesellschaftlicher Abstraktion ist Sache einer allegorischen Praxis, die das Dramatische freilich auf eine bloße Schwundstufe zu reduzieren droht.[43]

[43] Vgl. Heinz Schlaffer, Faust zweiter Teil. Die Allegorie des 19. Jahrhunderts. Stuttgart 1981.

Postscriptum über die Maschine

1. »*Du moment où j'y comprendrai quelque chose, il n'y aura plus de télégraphe*« – *oder: Das Imaginäre der Maschine*

Bekanntlich funktionieren Maschinen meistens nicht lange, oft länger, als man denkt, oft überhaupt nicht oder zu vollkommen – sie verselbständigen sich. Ihre Vollkommenheit macht dann ihre Unvollkommenheit aus. Die Situation, daß die Maschine der Kontrolle ihres Urhebers entgleitet, gehört – als fast klassisch zu nennende – ins Repertoire einer bestimmten Gattung von Horrorfiktionen à la Frankenstein. Ihr Exempel scheint mir besonders interessant zu sein: Das Imaginäre kristallisiert sich hier um den Berührungspunkt zweier Grundeinstellungen zur Technik, nämlich Faszination und Angst. Nicht minder als das Faszinosum des Vollkommenen fungiert die Angst als Katalysator des Imaginären. Sie bezwingt sich, indem sie sich in eine Geschichte kleidet und erzählt. Aber welche zeitlichen Verbindungen unterhalten die Faktoren miteinander? Ist die Angst wirklich das chronologisch Vorgeordnete, ihre imaginäre Verarbeitung das chronologisch Nachgeordnete? Oder sucht umgekehrt das Imaginäre, als Ursprünglicheres, in der Repräsentation von Angst einen – aus vielen Möglichkeiten ausgewählten – Ausdruckskanal? Eine andere Formulierung gibt vielleicht deutlicher zu erkennen, um welche Frage es mir geht: Existiert das Vollkommene, welches das Imaginäre so außerordentlich fasziniert und stimuliert, überhaupt? Ist es nicht vielmehr selbst schon imaginiert, vom Imaginären auf listige Weise inszeniert, um sich besser in Szene setzen zu können – das erste zugleich, womit es sich in Szene zu setzen begonnen hat? Die Frage ist kompliziert, wenn nicht unentscheidbar, und ich weiß auch in der Tat nicht, ob ich etwa sagen soll: Das Imaginäre der Maschine setzt genau bei der Auflösung jener Grenzen, die ihr zur Natur oder zum Menschen hin gesteckt sind, ein, oder ob ich sagen soll, es führt diese Auflösung vielmehr allererst herbei. Und dann: Ist Angst von Faszination überhaupt zu trennen? Was fasziniert mehr als das, wovor ich mich ängstige?! Und was könnte mich mehr ängstigen, als die Kraft der Faszination, von der man nicht umsonst erzählt, daß man ihr – wie der Seefahrer dem Gesang der Sirenen – leicht erliege?! Die Angst im übrigen (und das gibt so etwas wie eine Kette an die Hand, an der man sich entlangtasten könnte), wenn sie – wie nicht anders die Faszination – der rationalen Unbegreiflichkeit eines Phänomens entspringt, läßt dank der Effizienz der unteren Erkenntnisvermögen ihrerseits wiederum etwas entspringen: den Mythos, der – nach der Theorie Vicos – eine kleine Metapher verkörpert.

Ein illustratives Muster der imaginären Erfahrung der Maschine liefert uns Alexandre Dumas mit seiner Beschreibung des Telegraphen:

J'ai vu parfois au bout d'un chemin, sur un tertre, par un beau soleil, se lever ces bras noirs et pliants pareils aux pattes d'un immense coléoptère, et jamais ce ne fut sans émotion, je vous jure, car je pensais que ces signes bizarres fendant l'air avec précision et portant à trois cents lieues la volonté inconnue d'un homme assis devant une table, à un autre homme assis à l'extrémité de la ligne devant une autre table, se dessinaient sur le gris du nuage ou sur l'azur du ciel, par la seule force du vouloir de ce chef tout-puissant: je croyais alors aux génies, aux sylphes, aux gnomes, aux pouvoirs occultes enfin, et je riais. Or, jamais l'envie ne m'était venue de voir de près ces gros insectes au ventre blanc, aux pattes noires et maigres, car je craignais de trouver sous leurs ailes de pierre le petit génie humain [...].[44]

Die poetische Deutung der Maschine als Natur scheint im 19. Jahrhundert jene philosophische Deutung abzulösen, die – umgekehrt – in der Natur eine Maschine sieht.

Descartes bleibt noch bei der Identifikation von Tier und Maschine stehen.[45] La Mettrie geht über ein Jahrhundert später mit der Identifikation von Mensch und Maschine über Descartes hinaus, dessen Unterscheidung der beiden Substanzen, der res extensa und der res cogitans, er als »eine stilistische List« auslegt, die Descartes angewandt habe, »um die Theologen ein verborgenes Gift schlucken zu lassen«. Dieser Konzeption der Überbietung von Descartes' 'animaux-machines' durch den 'homme-machine' geht als begünstigendes Moment bekanntlich das epochale Erlebnis der technischen Innovationen des Automatenerfinders Jacques Vaucanson voraus.

Den *Flötenspieler* Vaucansons begrüßte La Mettrie als Vorstufe der Konstruktion eines Mechanismus, der die menschliche Sprache reproduziert. Die

---

[44] Alexandre Dumas, Le Comte de Monte-Cristo. Bibl. de la Pléiade. Paris 1981, S. 754. Das im Titel des vorliegenden Abschnitts verwendete Dumas-Zitat befindet sich ebd., S. 755.

[45] Descartes, Discours de la méthode. Philosophische Bibliothek. Hamburg 1960, S. 90 ff.

Konstruktion eines sprechenden Mechanismus müsse möglich sein, da der menschliche Körper eine Art Uhrwerk höchster Kunstfertigkeit darstellt. Damit hatte La Mettrie Descartes' Hypothese über den Nachbau des Mechanismus der menschlichen Lautproduktion, als eine bloße Angelegenheit des Körpers, in ihrer philosophischen Auslegung diametral umfunktioniert, indem er sie zum Argument für die Existenz fühlender und denkfähiger Materie machte. Als Ende des 18. Jahrhunderts tatsächlich der Bau einer 'Sprechmaschine' gelang, bekannte sich der Erfinder allerdings nicht zu La Mettries Philosophie.[46]

Wir fügen hinzu, daß von Kempelens sprechende Maschine (bei der die Lautproduktion keineswegs rein mechanisch determiniert war![47]) durch die von Rivarol an sie geknüpften Erwartungen (Konservierung des Ausspradhestandards für spätere Generationen [48]) auch in den Bereich einer Archäologie des Phonographen gehört, mit dessen technischem Prinzip sie gleichwohl nichts gemein hat.

La Mettries Theorie, der Mensch sei eine Maschine, wird ihrerseits durch die als »Theorie der möglichen Verhaltensweisen von Maschinen« definierte Kybernetik überboten. Traum und Trauma des kybernetischen Zeitalters konvergieren in der Möglichkeit, daß die Maschine ein Mensch sein könne. Die Gründe für unser Insistieren auf der mechanistischen Philosophie erscheinen zweifellos verständlicher, wenn wir im folgenden den Typus der 'machina sapiens' mit einigen Sätzen Schmidt-Biggemanns beschreiben, die in eine höchst interessante Frage einmünden:

Diese Maschinen funktionieren nicht mehr starr nach *einer* Vorschrift. Sie sind in ihrer 'höchsten Form' »*adaptative kybernetische Maschinen, die nicht* nur in der Lage sind, sich veränderten Umweltbedingungen anzupassen,

---

46 Ulrich Ricken, Sprache, Anthropologie, Philosophie in der französischen Aufklärung. Berlin 1984, S. 276.

47 Wolfgang von Kempelen: Mechanismus der menschlichen Sprache nebst Beschreibung einer sprechenden Maschine (1791). Reprint Stuttgart-Bad Canstatt 1970. Einleitung von H. E. Brekle/W. Wildgen, S. XXXV.

48 Rivarol, Lettre à M. le Président de ***, sur le globe aérostatique, sur les têtes parlantes et sur l'état présent de l'opinion publique à Paris (1783): »Il n'y a, j'ose le dire, que les têtes parlantes qui puissent conserver cette honorable universalité à la langue française et la rassurer contre l'instabilité des choses humaines.« Zit. nach A. Chapuis/E. Gélis, Le monde des automates. Bd. 2. Paris 1928, S. 206.

sondern auch ihre Wirkungsweise so lange zu verbessern, bis ein Optimum des Funktionierens erreicht ist«. Kybernetische Maschinen sind durch ihre Reaktionsfähigkeit auf Umwelteinflüsse sozusagen in Grenzen bildsam und bieten die Möglichkeit, Organismen mindestens *isomorph* zu beschreiben. Daß im Zusammenhang solcher Gedankengänge auch Spekulationen über das *Bewußtsein von Maschinen* entstanden, scheint seinerseits fast eine Rückkoppelung auf einen cartesianischen Regelkreis zu sein: Ist aus dem 'cogito ergo sum' und der folgenden Mathematisierung der Physik und Biologie die Vorstellung entstanden, daß 'mathematice fungere' auch ein 'cogito' beinhalte? [49]

Der Frage nach der Rückkoppelung auf einen cartesianischen Regelkreis muß freilich eine weitere nachgeschoben werden: Was geschieht wenn man gegen Descartes' »Cogito«, das nichts anderes als »eine Formulierung unserer grammatischen Gewöhnung, welche zu einem Tun einen Täter setzt« [50], zu sein scheint, Nietzsches Bewußtseinskritik hält, das Bewußtsein als den »Kern des Menschen; sein Bleibendes, Ewiges, Letztes, Ursprünglichstes« [51] in Frage stellt und erklärt, es handle »sich nicht um 'Subjekt und Objekt', sondern um eine bestimmte Tierart, welche nur unter einer gewissen relativen *Richtigkeit*, vor allem *Regelmäßigkeit* ihrer Wahrnehmungen (so daß sie Erfahrungen kapitalisieren kann) gedeiht«? [52] Wäre damit die erste Frage erledigt? Das Bewußtsein, so Nietzsche, »fast indifferent, überflüssig, bestimmt vielleicht zu verschwinden und« – ich hebe hervor – *»einem vollkommenen Automatismus Platz zu machen«*! [53]

2. *Telephonie und Theater*

Die Beobachtungen, die ich unter diesem Titel zusammenfassen möchte, haben (entgegen dem, was ein historisch gebildeter Leser berechtigterweise erwarten würde) nichts mit dem sonderbaren Gebrauch des Telephons zu tun, mit dem die Société des Téléphones auf der Weltausstellung von 1889 die neuen Möglichkeiten von Präsenz zu demonstrieren versuchte, nichts mit der – telephonischen Über-

---

[49] Art. »Maschine«. In: Historisches Wörterbuch der Philosophie.
[50] Friedrich Nietzsche, Der Wille zur Macht. Stuttgart 1964, S. 338.
[51] Ders., Die Fröhliche Wissenschaft. Stuttgart 1976, S. 42.
[52] F. Nietzsche, Wille zur Macht, S. 336.
[53] Ebd., S. 359.

tragung von Theateraufführungen und der für den Empfänger in der Ferne verblüffenden, weil unmittelbaren »sensation du déplacement de l'acteur sur la scène«:

Ce sont les téléphones Ader qui servent à ces auditions. A cet effet, un certain nombre de téléphones sont disposés sur le devant de la scène parallèlement à la rampe, et de chaque côté du trou du souffleur. Supposons qu'il y ait dix téléphones le long de la rampe, de chaque côté du souffleur. Prenons par exemple le dernier téléphone de gauche près des décors, et le premier téléphone de droite, près du souffleur, et supposons que ces deux téléphones soient reliés de telle façon que le téléphone de droite arrive à l'oreille droite. Si l'acteur est au milieu de la scène, le téléphone de droite plus proche, sera plus influencé que celui de gauche et les sons seront plus intenses dans l'oreille droite que dans l'oreille gauche. Si l'acteur s'éloigne, le son s'affaiblit naturellement, s'il approche à gauche, c'est l'oreille gauche qui entendra le mieux.[54]

Vielmehr möchte ich zunächst noch einmal an Walter Benjamins Definition der Aura als »einmalige Erscheinung einer Ferne, so nah sie sein mag«, erinnern. Denn die modernen Kommunikationsmedien erfüllen, wie es scheint, genau die entgegengesetzte Funktion: etwas in die Nähe zu bringen, auch wenn es noch so fern sei. So betrachtet, gliedert sich das Telephon einer Reihe technischer Erfindungen ein, deren Namen – wie z. B. Teleskop oder Television – durch das gleiche Präfix verbunden sind. Es erscheint mir nun wichtig, auch im Hinblick auf die Geschichte der Aura, daß die historische Realität des telephonischen Verkehrs entscheidend von den uns selbstverständlich gewordenen Gegebenheiten abweicht. Die Insistenz auf der historischen Realität ist um so notwendiger, als sich erst von diesem Horizont aus die Leistung des Imaginären begreifen läßt, die das 1899 entstandene Theaterstück ›La vengeance d'une orpheline russe‹ des Douanier Rousseau dokumentiert. Kurz gesagt: Das Telephon, das der Douanier für die Zwecke der dramatischen Aktion erfunden hat, funktionierte besser als alle bis dahin bekannten Apparaturen des telephonischen Fernmeldesystems, es funktionierte geradezu optimal. Die Effizienz seines technischen Prinzips stellte die Großtaten der Fernmeldeingenieure des 19. Jahrhunderts in den Schatten. Um eine geeignete Vergleichsbasis zu gewinnen, sehe ich keinen anderen Weg

[54] Le Pavillon des Téléphones. – In: Livre d'or de l'exposition. Bd. 2. Paris 1889, S. 474.

als den, das prominente Zeugnis Marcel Prousts ein weiteres Mal zu strapazieren. Aus ihm erhellt überdies, daß von einer Destruktion der Aura zunächst keine Rede sein kann. Proust berichtet,

daß ich, als die Verbindung nicht sofort zustande kam, einzig den Gedanken, die Sache sei sehr langwierig und sehr unbequem, sowie beinahe die Absicht hegte, mich deshalb zu beschweren. Wie wir alle jetzt, fand ich, daß der an Überraschungen reiche Vorgang nicht rasch genug funktioniere, obwohl nur Minuten notwendig sind, um das Wesen, mit dem wir sprechen wollen [...], dicht vor unser Ohr zu bringen [...]. Sie ist es, die Stimme erreicht uns, ist da. Aber wie fern sie gleichzeitig ist! [55]

Auf der Folie dieser Defizite betrachtet, nimmt sich der Rousseausche Telephonapparat wie ein Wunder aus; die Transmission gelingt auf Anhieb, unbequem ist die Sache allenfalls – wie man noch merken wird – für den Apparat (oder die Leitung) selbst.

Ich weiß, was Kenner des Textes sofort einwenden werden, nämlich: daß die expliziten und impliziten Regieanweisungen an keiner Stelle ein Telephon erwähnen. Sie haben recht. Die Telekommunikation bedient sich hier durchaus eines konventionellen Mediums, des Briefes, über den – Freuden und leidvolles Schicksal der schriftlichen Saat, Semination und Dissemination beschreibend – Jean Paul im ›Titan‹ treffend aussagt, oft komme, »was als Same abging, schon keimend und mit Wurzeln an nach dem langen Wege und umgekehrt Blüten als trockner Same«. Denn jedes Blatt sei »eine Doppelgeburt von zwei fernen Zeiten, der schreibenden und der lesenden.« [56] Was aber, wenn die Briefe mit einer solchen Geschwindigkeit ausgetauscht werden und beim Adressaten eintreffen, daß in ihrem Schoß diese bizarre Frucht der zwei fernen Zeiten nicht zu sprießen vermag? In Rousseaus Text fallen schreibende und lesende Zeit tendenziell zusammen, das Ideal der Gleichzeitigkeit ist approximativ verwirklicht. Ein einziges Beispiel für die Anverwandlung des schriftlichen Verkehrs an den telephonischen Kontakt mag hier genügen; ohnehin ist es das fulminanteste:

Mme Yadwigha quitte Sophie qui écrit une lettre vivement, la met à la poste. Quelques secondes après le facteur donne la lettre à Henri qui se promène

[55] Marcel Proust, Die Welt der Guermantes. Frankfurt a. M. 1964, S. 173 ff.

[56] Jean Paul, Titan. – In: Werke. Hrsg. v. Norbert Miller. Bd. 6. München–Wien 1975, S. 608.

dans son jardin contigu à celui de Sophie. Henri lit [...] Henri rentre chez lui faire réponse, Yvan le domestique observe. Quelques instants après il s'approche du treillage pour remettre à Sophie la lettre qu'il vient de recevoir.[57]

Der Szenenausschnitt entstammt dem zweiten Akt des Dramas ›La vengeance d'une orpheline russe‹. Vergegenwärtigen wir uns nun den inhaltlichen Zusammenhang.

Die in der Gegend von Petersburg gelegenen Anwesen der beiden Protagonisten grenzen aneinander. Henri, der ein Auge auf die achtzehnjährige Sophie geworfen hat, schreibt ihr einen – wohlwollend aufgenommenen – Liebesbrief. Auf Anraten einer Freundin gibt Sophie diesen ihrer Pflegetante, Madame Yadwigha, zu lesen, die, Schlimmes ahnend, dem Waisenkind die Einwilligung in die Heirat verweigert und ihm den weiteren Kontakt mit Henri untersagt. Unmittelbar nach der Unterredung mit der Tante (»Mme Yadwigha quitte Sophie qui écrit une lettre vivement [...]«) ergreift Sophie selbst die Initiative und ersucht Henri brieflich um taktischen Beistand (»Ma tante va se reposer un instant, nous ne serons donc pas vus, je me promènerai dans mon jardin et verrai venir Yvan«). Henri plädiert in seinem Antwortschreiben für gemeinsame Flucht. Es kommt zu einer Beschleunigung der militärischen Depeschen, die nun nur noch ganz kurz ausfallen. Denkt man sich den Text der Didaskalien hinweg, erscheint die Differenz zur telephonischen Kommunikation in den nachfolgend zitierten Repliken bis auf die letzte Spur getilgt:

Après avoir terminé cette lecture, Sophie remet un bout de billet par Yvan à Henri avec ces mots:

C'est convenu, j'accepte de grand coeur!

Henri fait remettre de suite un autre billet à Sophie de la teneur suivante:

Ce soir, chère Sophie; je vous attends à onze heures avec un fiacre au coin de la rue. Je vous enlève, nous filerons vivement, ne vous embarrassez de rien. A ce soir onze heures.

Sophie renvoie une réponse:

C'est bien, à ce soir onze heures.[58]

Und welche Rolle kommt dabei dem Diener, Yvan, zu? Er, der am Gartenzaun zwischen den beiden Territorien post-iert, Posten und

[57] H. Rousseau, Théâtre (wie Anm. 30), S. 132 f.

[58] Ebd., S. 135.

Telephonpfosten ineins bezogen hat, übernimmt eine multiple Funktion: er ist Apparat, Kabel und technische Vorrichtung für die Verplombung der Nachricht zusammengenommen. Dazu verurteilt, atemlos zwischen Sender und Empfänger hin- und herzustürzen, hindert ihn sein Analphabetismus an der Versuchung, die transportierten Botschaften zu dekodieren und das intime Geheimnis öffentlich auszuplaudern:

Depuis l'temps qu'ils m'font marcher avec leurs amourettes, ça n'm' amuse pas du tout non du tout. Est c'qu'j'allons tout l'temps faire la navette comm'ça regardez à droite, regardez à gauche, devant z'et derrière comm' si qu'l'on cherchait les quat' points originaux ou cardinaux j'n'savons point z'au juste. C'te lette m'en fait-elle des tours et des retours. C'te p'tiote elle brûle d'envie de la lire, si j'osions j'verrions ben c'qu'y a d'ssus, mais j'n'sommes point z' éduqué, j'avons passé derrière l'école.[59]

Nun, wir haben uns die Situation vergegenwärtigt, wie sollen wir sie kommentieren? Der zurückhaltendste Kommentar, der sich im Hinblick auf ›La vengeance d'une orpheline russe‹ vorbringen ließe, wäre der, daß die Literatur die technische Verbesserung des Telephons antizipiert, der radikalste, daß sie das Telephon schlechterdings erfunden hat. (Denn Rousseaus erstes Drama bewegt sich punktuell innerhalb einer fremden Gattungstradition: der Gattungstradition der Farce, die mit der Absage an die Metaphysik der Repräsentation längst die Voraussetzungen für das geschaffen hatte, was wir zu beschreiben versucht haben.[60]) Wenn ich mich nicht täusche, steckt in dem Text jedoch etwas viel Verblüffenderes: Was die Supposition eines telephonischen Fernsprechsystems überhaupt erst rechtfertigt, geht aus dem Umstand hervor, daß in Rousseaus Drama Brief und Brief nicht dasselbe ist. Henris Liebesbrief entspricht der herkömmlichen Gestalt des Mediums. Die Kriegserklärung, die er impliziert, und der Kriegszustand zwischen den beiden angrenzenden Territorien, den er effektiv heraufbeschwört, erfordern indessen die Entwicklung einer neuen Medientechnik. Der Antagonismus bedingt eine Art technische Explosion. Transmission koinzidiert mit einem Akt der Transgression, räumlicher und moralischer Natur. Wenn man so will, antizipiert Rousseau daher auch eine Theorie: die der Affinität zwischen Mas-

---

[59] Ebd., S. 134.

[60] Wir versuchen damit, die These N. Arnauds zu modifizieren, der behauptet: »Henri Rousseau inventait le téléphone; pour le moins il tissait en

senkommunikations- und Kriegsmedien. Muß ich hinzufügen, daß sich der Rousseau von Alfred Jarry gegebene Beiname »Douanier« endlich auf neue Weise erklärt hat? Douanier: der an der Grenze operiert – an der Grenze zwischen den Medien.

3. »Une idylle traversée par la machine«[61]

Ein Blatt verändert gründlich sein Aussehen, sobald man es in die Maschine einspannt und durch die Walze den (aufklappbaren) Halter hochwandern läßt: Es ähnelt dann in etwa dem gekrümmten Magneten mit seinen zwei unabhängigen Enden, dessen Bild Manfred Frank evoziert, um zu erklären, was Derrida unter Falte und Fältelung des Textes versteht.[62] Der Kriegszug gegen die Metaphysik braucht den Trommelfeuerlärm der Schreibmaschine zur rhythmischen Einstimmung. Das Subjekt verschwindet hinter der in ihrer vollen Reinheit hervortretenden Schrift, die eine graphologische Ausdeutung nicht mehr zuläßt. Mit ihm zugleich verschwinden die beiden von Chlebnikov so positiv bewerteten Situationen, daß »die Stimmung die Handschrift beim Schreiben ändert« und »die Handschrift, eigentümlich verändert durch die Stimmung, diese Stimmung dem Leser übermittelt, unabhängig von den Wörtern.«[63] Warum aber erkennt sich's mit der Schreibmaschine so gut und was macht diese

1889 un réseau téléphonique serré couvrant la totalité du territoire à l'heure où le téléphone était encore balbutiant et d'usage extrêmement restreint. Que les échanges de correspondance entre les personnages impliquassent la téléphonie ressort également du fait que le texte des lettres est reproduit en entier dans les dialogues. Si Rousseau ne s'était abstenu de les désigner ainsi, ces 'dialogues' feraient d'honorables monologues intérieurs, une intériorité qui au demeurant ne faciliterait pas leur translation en images, en dehors des techniques cinématographiques«. – In: H. Rousseau, Théâtre, S. 18 f.

61 In leichter Abwandlung der Textdefinition von Roland Barthes: »le texte, c'est cela: une idylle traversée par quelque machine«. Roland Barthes, Sollers écrivain. Paris 1979, S. 83 f.

62 Manfred Frank, Vom unausdeutbaren zum undeutbaren Text. – In: M. F., Was ist Neostrukturalismus? Frankfurt a. M. 1984, S. 587.

63 Velimir Chlebnikov, Der Buchstabe als solcher. – In: V. Ch., Werke. Hrsg. v. Peter Urban. Reinbek bei Hamburg 1985. Bd. 2, S. 116.

Erkenntnis zur fröhlichen Wissenschaft? Es erkennt sich so gut, lautet die Antwort, weil es sich so gut dekodieren läßt. Und fröhlich ist diese Wissenschaft, weil sie spielt. Sie sammelt auf der Maschine die Buchstaben, wie Spaziergänger die Blumen auf der Wiese. Sie spielt natürlich, weil die Schreibmaschine im Zuge ihrer unaufhörlichen Perfektionierung immer mehr zu einer Spielerei geworden ist. Die hier aufgestellten Behauptungen über den Zusammenhang von Maschine und Imaginärem ließen sich daher in einer letzten aufgipfeln: Kaum jemand erwirbt eine Schreibmaschine, weil er mit ihr schreiben muß. Er erwirbt sie, weil ihm an ihr die vielen Hebel, Tasten und Knöpfe ins Auge springen, von denen er gutgläubig meint, sie seien zum Spielen ersonnen. Noch während er so spielt, entdeckt er plötzlich, daß sich mit dieser Maschine auch schreiben läßt, und aus der Erprobung dieser Möglichkeit ist die moderne und postmoderne Kultur der Gegenwart entstanden, die dann also, nicht anders als die Kultur der Vergangenheit, im Spiel ihren Ursprung genommen hätte![64]

---

[64] Unabhängig von diesem fingierten Zusammenhang möchte ich hier auf France Husers neuen Roman hinweisen, in dem die Schreibmaschine ein obstinat wiederkehrendes Motiv ist. Die prekäre Beziehung der Protagonistin zu dem Schriftsteller Antoine verdeutlich sich über die Repräsentation von dessen Arbeitsinstrument. Die Maschine erscheint zum Teil als Fetisch: »La machine à écrire trônait, royale. Massive et verte, son apparence était particulière. Elle venait d'Allemagne et son clavier différait aussi des autres. C'est elle qu'Antoine avait utilisée pour écrire ses livres. Louise reconnaissait ses caractères. Car elle avait feuilleté ses manuscrits, aimant s'attarder sur les hésitations, les ratures, les tâtonnements qui bientôt devinrent plus essentiels que le texte« (France Huser, La chambre ouverte. Paris 1986, S. 113). Zum anderen gibt es unübersehbare sexuelle Konnotationen: »Cette machine n'est-elle pas le chat? [...] Et, quand les touches crépitaient sous les doigts d'Antoine, ce bruit – crissant et sauvage – n'était autre que les griffes du chat qui poussaient. Il s'exerçait, les affûtait« (ebd., S. 137). Die genaue Untersuchung von Symbolik und Metaphorik der Repräsentation der Schreibmaschine in ›La chambre ouverte‹ muß einer anderen Gelegenheit vorbehalten bleiben; einen komplementären Aspekt behandelt Friedrich Wolfzettel in der anregenden Skizze: *Ecriture* als 'Maschine': Zur Kontinuität einer Metaphorik der Prozeßhaftigkeit in der französischen Moderne. – In: Literatur und Wissenschaft. Festschrift für Rudolf Baehr. Hrsg. v. G. Winklehner. Tübingen 1987, S. 221–230.

Karl Riha

SCIENCE FICTION UND PHANTASTIK

Zur unterschiedlichen literarischen Reaktion auf den technischen Prozeß um die Jahrhundertwende

Bekanntlich kam es nach dem deutsch-französischen Krieg von 1870/71 und der in Versailles erfolgten Gründung des deutschen Kaiserreichs – nicht zuletzt dank der Reparationszahlungen, zu denen Frankreich gezwungen wurde – auch in Deutschland zu einem enormen Wirtschafts- und Technikboom. Die Städte – allen voran Berlin – eskalierten in ihrem Wachstum, Industriebetriebe schossen allenthalben aus dem Boden, Aktien brachten das notwendige Kapital bei und ermöglichten massive Gewinne: man sprach und spricht von der 'Gründerzeit'. Gleichzeitig war dieser Fortschritt, der sich so sichtbar in Fabriken, Verkehrsmitteln und neuer Architektur dokumentierte, doch nichts weiter als eine Fassade, hinter der sich spezifischer Ruin und soziales Elend verbargen; manch einer, der eben noch aus der Börse einen Riesengewinn gezogen hatte, fand sich am nächsten Tag unter den Armen und Niedergeschlagenenen wieder. Der Wiener Journalist Ferdinand Kürnberger reflektiert in einem seiner zeitkritischen Feuilletons diese irrationale Struktur der kapitalistischen Aufbruchsphase und faßt sie – anläßlich des ersten großen Börsenkrachs von 1873 – in einprägsam ironische Formulierungen:

> Da liegt sie, die schöne, weiße Leiche der erschlagenen Diva [. . .], das Götterkind, die Börse [. . .]. Wunderliche Menschen! Sie glauben zu »realisieren«, und sie phantasieren, sie glauben Papiere zu haben, und sie haben Phantasie. Aber mit einer Art Selbstquälerei nehmen sie sich das noch übel, schimpfen es Schwindel, Korruption, »materielles« Treiben, da es doch reinstes Phantasietreiben ist, Leben in Visionen, asketische Bußübung, Spiel im stofflosesten Stoffe, der nichts ist als Phantasie, nackte, blanke, in ihrer wahren Gestalt enthüllte Phantasie, ein diaphaner, ätherischer Körper, aus den Kurszettel-Ziffermoden herausgetreten, wie ein Schneeflöckchen aus der Schneewolke, ein weißes Nichts – ein weißes Papier, woran gar nichts zu »realisieren«, dem keine Faser von grober materieller Wirklichkeit anhaftet, das durch und durch Phantasie! [1]

[1] Ferdinand Kürnberger, Feuilletons. Ausgew. u. eingel. v. Karl Riha. Frankfurt a. M. 1967, S. 85 ff.

Die unmittelbare Gegenwart des fortgeschrittenen 19. Jahrhunderts, die sich so nüchtern und praktisch gebe, fährt Kürnberger fort und präzisiert, sei in Wirklichkeit nicht weniger wunderbar und verwunderlich als das seiner Phantastik wegen so diskreditierte 18. Jahrhundert, man müsse nur den rechten Ansatz finden:

Überblickt die lebenstrotzende Heraklidenbrut dieser Phantasie-Riesen und Imaginationsgebietiger, überblickt die unabsehbaren Schwärme jener Adepten, Alchimisten, Schatzgräber, Geisterbeschwörer, Therapeuten, Thaumaturgen, Kabbalisten, Magnetiseure, Mystagogen, Swedenborgianer, Illuminaten und Rosenkreuzer, wovon das 18. Jahrhundert wimmelt. Wo wären sie denn im neunzehnten? Beim Teufel, sagt ihr. Zugestanden; aber was fängt der Teufel mit ihrer Substanz an, mit dem dichten, soliden Phantasie-Stoff, woraus sie gewebt, da ja kein Stoff zu vernichten, sondern nur zu verwandeln? Ei, er macht im 19. Jahrhundert Gründer, Syndikate, Bankdirektoren, Verwaltungsräte, Aktionäre, Generalversammlungen, Regierungs-Kommissäre, beteiligte Journalisten, Börsenwölfe und Börsengimpel, überhaupt »sonderbare Schwärmer« aus ihnen. Das läßt sich hören! Aber so sprecht mir dann doch nicht länger von eurem »nüchternen« 19. Jahrhundert – im Jahrhundert der Rumänier, der Türkenlose und der Dachauerbanken! Muß man euch denn ausdrücklich versichern, daß ihr große Romantiker seid? Muß man es euch schwarz auf weiß geben, daß ihr Phantasie habt, sogar eine recht starke Phantasie?

»Phantasie« hat hier den Charakter einer unterströmigen – verdrängten – Realität und bezeichnet den Schwindelgeist der Epoche. Anders der offizielle Einsatz des Begriffs und seine Anwendung in der zeitgenössischen Literatur. Parallel zu den so zahlreichen Erfindungen der Naturwissenschaften und technischen Künste, die mit einer eigenen Dynamik eskalierten und die Qualitäten von Arbeit und Leben entscheidend modifizierten, entwickelte sich in der zweiten Hälfte des 19. Jahrhunderts eine eigene Publizistik, die unter dem Etikett der 'Zukunftsliteratur' den Fortschritt selbst zum Thema nehmen sollte. Ihr populärster Vertreter wurde der Franzose Jules Verne, dessen einschlägige Romane bis heute – und nach ihrer Buchveröffentlichung noch einmal per Film – unbestritten einen solchen Glanz behalten haben, daß der Name des Autors stellvertretend für das ganze Genre steht. »Wer kennt nicht die unsterblichen Werke des großen Jules Verne«, lesen wir in der Einleitung zu Alfred de Valmys (d. i. Julius Stindes) 1877 erstveröffentlichtem satirischen Roman ›Die Opfer der Wissenschaft‹, »in denen die Wissenschaft mit der pikanten Sauce der Phantasie auf das schmackhafteste servirt wird? Macht die Wissenschaft pikant und das Volk wird sie mit Appetit zu sich nehmen! Das ist das große Geheimniß des neunzehnten Jahrhunderts«. Speziell in Deutschland, heißt es weiter, hätten die Werke Jules Vernes bislang einen Riesenerfolg gehabt: »Man reißt sich um dieselben, denn die Zeitungen empfehlen sie als bildend und belehrend. Man dramatisirt sie, um von der Bühne herab ethnographische, physikalische, astronomische, zoologische, chemische, kulturhistorische Kenntnisse zu verbreiten.«[2]

Zusätzlich bestätigt wird diese Auslassung durch eine eigene Mode deutschsprachiger Zukunftsromane, die bereits in den siebziger Jahren des 19. Jahrhunderts einsetzt und sich über die Jahrhundertwende hin zu einem richtigen Boom auswächst; als Autoren zu nennen sind Kurd Laßwitz, Robert Kraft, Oscar Hoffmann, Hans Dominik und Bernhard Kellermann. Wie bei Jules Verne – bzw. noch weiter zurück, in Rückbindung an Traditionen der utopischen Literatur – verbindet sich der Griff in die Zukunft mit Vorstellungen eskalierter Technik, gebunden an romanträchtige Modelle unterhaltsamer Reisen, die ins Innere der Erde, rund um die Welt und zu den auf ihr noch unerforschten Regionen sowie ins Weltall hinaus, zum Mond, zu anderen Planeten und Sternen führen, oder aber verknüpft mit der Diskussion um neue Vorstellungen vom Menschen, von menschlicher Politik und Gesellschaft, sei es mit, sei es ohne Kriege.

Aufschlußreich für das in dieser Literatur vorwaltende Technik-Verständnis ist eine Reaktion, wie sie für den veritablen Raketen-Konstrukteur Wernher von Braun bezeugt ist; in seinem Vorwort zu einer Neuausgabe von Kurd Laßwitz' ›Auf zwei Planeten‹ – erstgedruckt 1897 – schrieb er:

> Die technische Phantasie des Verfassers, dem Funkverkehr, Auto und Flugzeug noch völlig fremd sind, ist überraschend und geradezu visionär. Er erahnt und beschreibt Dinge, die seine Zeitgenossen zwar noch als wilde Spekulationen ansehen müssen, die spätere Generationen aber tatsächlich verwirklichen werden [...].
>
> Ich werde nie vergessen, mit welcher Neugierde und Spannung ich in meiner Jugend diesen Roman verschlang. Und ich glaube, daß seine Lek-

---

[2] Julius Stinde, Die Opfer der Wissenschaft oder Die Folgen der angewandten Naturphilosophie. Drei Bücher aus dem Leben des Professor Desens. Mitgeteilt von Alfred de Valmy. Leipzig 1879, S. 6.

türe auch heute, wo Elektronen- und Menschenaugen bereits die ersten direkten Eindrücke vom Mond und unseren Nachbarplaneten gesammelt haben, von ganz besonderem Interesse ist.[3]

In der Tat gilt Laßwitz als Erzähl-Erfinder der Raumstation, jenes Vehikels also, das allein extraterristische Explorationen der Menschen – wie umgekehrt: Besuche fremder Wesen aus dem All, Einflüge von weit entfernten Sternen – zu ermöglichen scheint. Laßwitz läßt es zur Begegnung von Bewohnern unserer Erde und Marsianern kommen, wobei der Mars-Planet als »technologisches Utopia« agiert:

»Hauptverkehrsmittel« sind dort die rollenden Straßen, bestehend aus Fahrstreifen, die sich mit unterschiedlicher Geschwindigkeit bewegen, von außen nach innen zunehmend, mit 200 km/h im Zentrum. Es existiert auch eine Kabineneisenbahn. Die Marsbewohner leben entweder in riesigen Wolkenkratzern, die ohne Stadtbildung über den Kanälen sich erheben, oder in kleinen transportablen Häusern, die sie über Nacht, ohne daß die Bewohner das Haus verlassen müßten, anderswohin bringen lassen und dort anschließen lassen können. Aus Sonnenzellen gewonnene Elektrizität versorgt den Mars mit Energie; diese dient auch als Zahlungsmittel. Die Nahrungsmittel werden synthetisch aus anorganischen Stoffen hergestellt; Photozellen öffnen die Haustüren, ein Lichttelegraph bewerkstelligt die Verständigung im Weltall; und eine Pille stellt im Nu, ohne schädliche Nebenwirkung, bei Erschöpfung die volle geistige Frische wieder her.

Es gibt Filme und eine neue Kunstart, die 'Fühlkunst'. Die sozialen Kämpfe des 'Kohlenzeitalters' haben die Martier überwunden, da sie künstliche Produktion von Nahrung das Hauptübel, den Hunger, aus der Welt geschafft hat.[4]

Offensichtlich bereitet es – damals wie heute – ein eigenes literarisches Vergnügen, einen Blick in die Zukunft zu werfen und so die engen Grenzen der Zeit zu überschreiten, in die man hineingeboren ist. In der dargestellten Weise bestätigt dieser Zukunftsblick die Gegenwart insofern, als er ja ein generelles Einverständnis mit dem technischen Prozeß voraussetzt und bestätigt: Erfindungen, die eben erst als vage Idee am Horizont der wissenschaftlichen Vorstellung auftauchen, werden als bereits realisiert vorgestellt und noch dazu

[3] Zitiert bei: Franz Rottensteiner, Ordnungsliebend im Weltraum: Kurd Laßwitz. – In: Polaris I. Ein Science Fiction Almanach. Hrsg. v. F. Rottensteiner. Frankfurt a. M. 1975, S. 133 f.

[4] Ebd., S. 138 f.

eingebunden in unterhaltsame romanhafte Handlungen, die ihre spezifische Attraktion ausüben und auf das Sujet übertragen. Bezogen auf die noch begrenzten technischen Möglichkeiten der Gegenwart agiert dieser Blick in die Zukunft als Freistellung einer eigenen technisch-naturwissenschaftlichen Imaginationskraft, die eine eigene – vorwärtsdrängende – Energie entbindet und damit dem Fortschrittsprozeß unmittelbar zugeführt werden kann.

Doch gilt das nicht ohne Einschränkung! Die geschilderte technische Utopie realisierte sich ja – so will es Laßwitz – nicht am terrestrischen, sondern am außerirdischen Ort: auf dem Mars – und dort unter völlig anderen staatlichen Voraussetzungen, als sie auf der Erde zu beobachten sind. Aus diesem Kontrast leitet sich die eigentliche Romanhaltung ab. Auf dem Mars konstituierte sich – unter freier Selbstbestimmung der individuellen Persönlichkeit nach den Maximen von 'Pflicht' und 'Neigung' der Philosophie Kants –

eine pluralistische Gesellschaft, ein loser Staatenbund, dessen einzelne Glieder Monarchien und Republiken, Oligarchien, auch sozialistische und kommunistische Staaten sind; Kapitalismus und Sozialismus koexistieren friedlich. Jeder Bürger kann formlos in jeden anderen Staat übersiedeln, und die Regierungsformen können jederzeit durch einfache Willensbekundung der Staatsbürger geändert werden. Die demokratische Grundhaltung auf dem Mars geht so weit, daß der Martier, will er seines Wahlrechts nicht verlustig gehen, gehalten ist, am Tage mindestens zwei Zeitungen zu lesen, darunter eine oppositionelle. Laßwitz erwartet sich das Heil nicht von einer bestimmten Staats- oder Regierungsform, sondern war der festen Überzeugung, die Läuterung jedes einzelnen Individuums, die Herausbildung autonomer sittlicher Persönlichkeiten, würde automatisch die Gemeinwesen verbessern.[5]

Wie anders dagegen der Zustand auf der Erde und insbesondere im deutschen Kaiserreich, dessen Bürger Laßwitz und seine Primärleser ja waren. Hier befehden sich, heißt es, »Rassen, Staaten und Stände in heißem Konkurrenzkampfe um Lebensunterhalt und Genuß«[6] und diktieren das allenthalben zu beobachtende gewalttätige Geschehen. Anders als in zahlreichen anderen Zukunftsschilderungen der Zeit wird der technische Fortschritt also nicht chauvinistisch an die eigene Nation gebunden, sondern gerade von dieser abgetrennt und

[5] Ebd., S. 139 f.

[6] Ebd., S. 140.

in dieser abgetrennten Form aufs engste mit Vorstellungen einer sozialethisch vorangeschrittenen und vorbildlich gesetzten Gesellschaft verknüpft, die sich außerhalb unserer Welt ausgebildet hat und nun dazu berufen ist, hier durch unmittelbares Eingreifen auf Besserung hinzuwirken. Nach zum Teil heftigen kämpferischen Auseinandersetzungen, einer Luftschiff-Attacke auf die Polarstationen und den Satelliten der Marsianer und einem gewaltigen Bombardement dieser als Antwort, endet die Handlung in einem Friedensvertrag und dem Beschluß der Kombattanten, künftig in einem ‘irdischen Weltstaat’ eng miteinander zu kooperieren.

Die technische Utopie wird auf diese Weise an die politisch-gesellschaftliche Utopie gebunden und mit dieser verquickt, und hier, wie gesagt, liegt der Hauptunterschied zur Masse all jener Zukunftsschilderungen der Zeit, die zwar den technischen Prozeß eskalieren, die politischen und gesellschaftlichen Verhältnisse aber auf sich beruhen lassen und lediglich fortschreiben. Kurz nach der Jahrhundertwende bildet sich so im deutschen Kaiserreich – und als unmittelbarer Ausdruck jener imperialistischen Gelüste, die auf koloniale Erwerbungen spekulieren und damit notgedrungen in Konflikt mit den bereits etablierten Kolonialmächten geraten müssen – eine eigene politisch-militärische Zukunftsliteratur aus, in der kriegerische Auseinandersetzungen in naher Zukunft als notwendiger Schritt zur deutschen Weltherrschaft propagiert werden. Ein besonders eklatantes Beispiel in dieser Hinsicht stellt Oscar Hoffmanns 1908 veröffentlichter Roman ›Die Eroberung der Luft‹ dar, der im Jahre 1940 spielen soll: dank genial gezeichneter Techniker und Ingenieure kommt es zwar zu einem sprunghaften Entwicklungsschub in der Flugtechnik, in seiner Folge zur Ausbildung veritabler Luftflotten bei den rivalisierenden Großmächten und schließlich zum großen Krieg, in dem die Deutschen die Oberhand behalten – »Am 1. Juli 1941 hielten es sämtliche Kulturstaaten der Erde für dringend geraten, mit Deutschland einen ewigen Weltfrieden zu schließen. Stolz kreiste jetzt der teutonische Adler um des Erdballs Runde, ihm war alles Lebendige fortan untertan«[7] –, mit von der Partie ist als Regent aber immer noch ein inzwischen greiser Kaiser Wilhelm II., sozusagen ein stehen gebliebenes Requisit der Gründerzeit-Ära, deren Phantasien der Roman auf diese Weise verpflichtet bleibt.

Daß man vermerkt, ob und wie rasch die Vorausgriffe auf eine technische Zukunft, die ein Autor darzustellen vermag, auch tatsächlich eingeholt worden sind oder erst noch eingeholt werden müssen, gehört zu den Erwartungs- und Reaktionsstereotypen der Leser und Kritiker dieser Art von früher Science-Fiction-Literatur. Dabei verhält man sich meist selektiv und isoliert das entsprechende Detail gegenüber dem Romanganzen: vom technischen Prozeß eingeholte und überholte Fakten führen nicht schlichtweg zur Relegation der betreffenden Werke, sondern halten sie unter einem nostalgischen Leseanreiz lebendig (so der Fall etwa bei den utopistisch-modernen Luftballon-Reisen, deren sensationeller Charakter rasch verloren ging), umgekehrt garantieren bestimmte innovative Momente, die in eine noch uneingelöste Zukunft weisen, daß Werke in der Erinnerung bleiben, die ansonsten aufgrund ihrer insgesamt literarischen Qualität längst in Vergessenheit geraten wären, und sichern ihnen bei der einschlägigen Leserschaft einen geradezu herausragenden Stellenwert.

Fast durchweg gehören jene deutschen Autoren, die um die Jahrhundertwende in die Fußstapfen Jules Vernes traten, der technischen Intelligenz an, absolvierten eine naturwissenschaftlich-technische Ausbildung und übten entsprechende Berufe aus. Laßwitz studierte Mathematik und Physik und promovierte mit einem naturwissenschaftlichen Thema zum Doktor der Philosophie; seine Hochschullehrer-Ambitionen erfüllten sich nicht, obwohl er ein Standardwerk zur ›Geschichte der Atomistik vom Mittelalter bis Newton‹ verfaßte, und so unterrichtete er zeit seines Lebens als Gymnasiallehrer die Fächer Mathematik und Physik: unter seinen späteren Schülern – der Zufall will es – Hans Dominik, der nach seiner Schulzeit Maschinenbau an der TH Berlin studierte, als Elektroingenieur berufstätig war und um die Jahrhundertwende in die Abteilung für Öffentlichkeitsarbeit bei der Firma Siemens und Halske wechselte, ab den zwanziger Jahren bis in die Hitlerzeit hinein der führende Zukunftsautor der deutschen Literatur. Ähnliches gilt auch für die 'Herkunft' der anderen bereits genannten Autoren: Oscar Hoffmann veröffentlichte populärwissenschaftliche Lehrbücher, Robert Kraft schloß eine Lehre als Maschinenbauer ab und besuchte die Technische Lehranstalt in Leipzig, Kellermann studierte an der Technischen Hochschule in Fürth.

---

[7] Oscar Hoffmann, Die Eroberung der Luft. Kulturroman vom Jahr 1940. Berlin u. Leipzig 1908, S. 236.

Diese autorsoziologischen Hinweise dürften marginal bleiben, wenn sie nicht den Schluß auf eine spezifisch technisch orientierte Phantasie erlaubten, die mit eben diesen Autoren in die deutsche Literatur gekommen ist. Dabei greifen sie die technischen Neuerungen, die allenthalben die Realität zu transformieren beginnen, nicht im Zustand ihrer gegenwärtigen Realisierung auf, sondern widmen sich der inneren Motorik dieses Umgestaltungsprozesses und seiner in die Ferne weisenden Dynamik: in ihrer Prognostik zielen sie bald weiter, bald weniger weit in die Zukunft, werden durch die rasch voranschreitende Entwicklung bald bestätigt, bald widerlegt, bewegen sich in unterschiedlichen Sektoren dieser Entwicklung und splitten auf diese Weise das leserträchtige Genre der Zukunftsliteratur in unterschiedliche Themen-Sparten auf, tendieren wohl auch zu differenten Bewertungen im Sinne der positiven bzw. negativen Utopie. Während Hoffmann ganz auf die Karte der mehr und mehr eskalierenden Flugtechnik setzt und darüber – gegen den tatsächlichen Trend, der sich doch zu seinen Lebzeiten schon abzeichnete – den zumindest ebenso rapiden Ausbau der Fortbewegung auf der Erde per Eisenbahn und Auto stark aus dem Auge verliert, basiert – umgekehrt – Kellermanns Roman ›Der Tunnel‹ von 1913 auf der Ignorierung der revolutionären Vorgänge in der Luft und kommt auf diesem Weg zu einer bereits im Zeitpunkt ihres Entwurfs leicht anachronistischen Projektierung unterirdischer Verkehrswege zwischen der 'alten' und der 'neuen Welt', zwischen Europa und Amerika. Die Innenausstattung der Rakete, mit der die Romanhelden Jules Vernes zum Mond fliegen, zeigt starke Parallelen zum Reisekomfort der damaligen Eisenbahnen; da sollte sich die Raumstation, die Laßwitz entwirft, als ein kühnerer Vorstellungsentwurf erweisen: vereinzelt gegen eine Masse literarischer Dokumente, in denen die zukünftige Lösung aller Menschenprobleme der Technik anheim gegeben wird, steht er auch mit seiner punktuellen Befürchtung, der ganze sogenannte technische Fortschritt laufe zuletzt doch nur auf die Selbstvernichtung des Menschen hinaus ...

Von literarischer bzw. literaturwissenschaftlicher Seite her ist auffällig, daß alle diese Autoren, so sehr sie dem Prozeß technischer Neuerungen verpflichtet sind, dem eigentlichen Innovationsprozeß der Literatur fernstehen und einer älteren Ästhetik verpflichtet bleiben. Durch das große französische Vorbild angeregt, wenden sie sich der Reise- und Abenteuerliteratur zu, wie sie sich im 18. und 19. Jahrhundert herausgebildet hat, und versuchen, sie mit neuen Themata und Motiven zu besetzen, sprich: zu modernisieren; die übernommenen Strukturen dieser Romanmodelle zeigen jedoch ihre eigene Beharrlichkeit und setzen sich mit ihren in der Tiefe festgelegten Spannungsmustern gegen die thematischen Neuerungen an der Oberfläche durch. Aus diesem Widerspruch schlägt Julius Stinde, auf dessen ›Opfer der Wissenschaft‹ ich einleitend bereits hingewiesen habe, satirisches Kapital: in gleich mehreren Anläufen führt er vor, daß es sich lediglich um das Einbringen neuer Chemikalien, neuer medizinischer Erkenntnisse und technischer Apparate in sonst recht herkömmliche Romanhandlungen handelt, die durch derlei Zubereitungen im übrigen kaum tangiert oder gar transformiert werden. Im Kapitel »Wissenschaft und Romantik« decouvriert sich die neue literarische Programmatik unter dem Stichwort 'neue Poesie' wie folgt:

Man wird nicht mehr singen: »Wie schön leucht't uns der Morgenstern«, sondern »Wie schon leucht't uns das Natrium«; man wird rationell dichten, die Hydrostatik in Verse bringen, die Fallgeschwindigkeit, wenn es sich um Lyrik handelt; der Weltschmerz findet seine Stoffe in den Scrofeln, dem Gelenkrheumatismus, der Schwindsucht; der Epiker wendet sich an die Geologie, an den Granit, den Basalt, die Krystallisation; zu Dithyramben begeistern die Erdbeben, die Vulkane, das Nitroglycerin, der Dampfhammer; zu Dramen eignen sich der Stoffwechsel, die Pockenimpfung, das mechanische Wärmeäquivalent, die Zuchtwahl. Die Romantik hat der Wissenschaft lange genug den empfindlichsten Schaden zugefügt. Fort daher mit den sogenannten Klassikern und ihrem poetischen Aberglauben, wir wollen die unverfälschte Natur [...]! [8]

Einem Diktum Walter Benjamins folgend, hat man Paul Scheerbart, der von den Lebensdaten und seinen Veröffentlichungen her einen unmittelbaren literarischen Zeitgenossen der deutschen Jules Vernes der Jahrhundertwende abgibt, als Antizipator moderner 'Glasarchitektur' apostrophiert und hat ihn auf diese Weise in eine sehr bestimmte Analogie zu jener Art von Zukunftsliteratur gebracht, auf die ich bislang fast ausschließlich zu sprechen gekommen bin. In einer Neuausgabe der ›Dichterischen Hauptwerke‹ stand 1962 zu lesen: »Scheerbart nimmt hier die Erfindung der globalen drahtlosen Nachrichtenübermittlung durch Guglielmo Marconi vorweg«, oder »vor-

[8] J. Stinde, Opfer der Wissenschaft (wie Anm. 2), S. 94 f.

zeitiger Hinweis auf Albert Einsteins Relativitätstheorie«[9]. Das ist jedoch in dieser Verkürzung auf ein spezifisches Detail technisch inspirierter – zukünftiger – Architekturentwicklung bzw. physikalischer Praxis und Theorie mehr falsch als richtig und bringt den Autor überhaupt unter eine falsche Perspektive, denn: bei jener Phantastik, die seine Werke konstituiert und zu einem bizarren Oeuvre verbindet, handelt es sich ja gerade um einen Gegenentwurf zur Phantasietätigkeit jener technischen Intelligenz, die ihr fortgeschrittenes Wissen und Ahnen in herkömmliche Abenteuerromane gießt und unter deren Spannung auflädt: innerhalb der deutschen Literaturgeschichte zählt er, von Expressionisten und Dadaisten geschätzt, zu den Vorläufern der Moderne, die er auf unterschiedliche Weise – bis hin zur Idee von abstrakten Lautgedichten – inspiriert hat. Er ist deshalb für unsere Thematik – die Konfrontation von Science Fiction und Phantastik als unterschiedlich geprägten Formen der Zukunftsliteratur um die Jahrhundertwende in Deutschland – eine notwendige Kontrastfigur!

Sicher liegt die Vorausahnung wissenschaftlich-technischer Daten und Prozesse, die erst in späteren Jahren und Jahrzehnten Realität werden sollen, nicht außerhalb, sondern mit im Zuge der Scheerbartschen Phantastik, aber der Autor ist nicht darauf aus, ein akkurates Modell einer späteren Wirklichkeit vorauszuentwerfen und also gemessen zu werden am Prozentsatz dessen, was er als richtig angekündigt, getroffen oder nicht getroffen hat. Sähe man ihn von dieser Seite, stellte man ihn auf den Kopf: seine Phantastik, sein grotesker Humor und seine komisch-irrealen Beschreibungen von Bildkaleidoskopen entzünden sich nämlich nicht, wie es die Charakterisierung Scheerbarts als Wahrsager technischer Revolutionen von morgen und übermorgen nahelegt, an einem aus der optimistischen Gegenwart in die Zukunft verlängerten Fortschrittsdenken, das aus dem Jetzt die Karten kommender Entwicklungen schlägt, sondern entspringt – im Gegenteil – einem radikalen Mißvergnügen an der Welt, das gerade auch Technik und Wissenschaft miteinbegreift. In dem See-Roman ›Die Seeschlange‹ von 1901 heißt es – aus dem Munde des Helden, eines alten Mannes, der sich an den Rand der Welt, in einen Tempel mit selbstgebastelten Glasgöttern für Wasser, Luft und Land, deren mystische Vereinigung er erwartet, zurückgezogen hat –: »Die Erde

[9] Else Harke in den Anmerkungen zu: Paul Scheerbart, Dichterische Hauptwerke. Stuttgart 1962, S. 749 f.

ist wie ein verhauenes Kunstwerk, in dem die Verhältnisse der einzelnen Teile untereinander nicht die richtigen sind. Die Disharmonie scheint von der Erde garnicht mehr ablösbar zu sein«[10]. »Was begreifen wir denn«, heißt es an anderer Stelle, »mit den Wissenschaften? Die geben uns überall nur die äußere Schale der Dinge und verraten vom inneren Wesen der Dinge grundsätzlich nicht das Geringste. Gibt uns etwa die Wissenschaft die Fähigkeit, das Lebendige vom Nichtlebendigen ganz sicher zu unterscheiden?«[11]

Scheerbarts Werke sind zuallernächst von literarischer und weniger von abgelöst technisch-wissenschaftlicher oder auch politisch-gesellschaftlicher Kompetenz – denn: mit zahlreichen Belegstellen könnte man den Dichter auch als einen Sozialutopisten oder als einen vorzeitigen Hellseher des Ersten Weltkriegs in Anspruch nehmen, gegen den er dann, als er ausbrach, durch freiwilliges Hungern bis zum Tode protestierte. Auf ein richtiges ›System‹ stieße man dabei freilich kaum: eher schon auf einen Torso versponnener Mystik und grotesker Kombinationen. Mögen sie auch in den Folgerungen, die sie aus ihren Anschauungen ziehen, stark voneinander abweichen, in der Basis seines Protests zeigt Paul Scheerbart zahlreiche Affinitäten zu den späteren Surrealisten. In ›Les Manifests du Surréalisme‹ formulierte André Breton 1924: »Noch leben wir unter der Herrschaft der Logik. – Aber sie läuft in einem Käfig auf und ab, aus dem es immer schwerer wird, sie herauszubekommen. Unter der Flagge des Fortschritts, unter dem Vorwand der Zivilisation ist es gelungen, aus dem Geist alles zu verbannen, was mit Recht oder Unrecht als Aberglaube oder Hirngespinst verurteilt werden kann.«[12] Während jedoch Breton über Sigmund Freud zum Glauben an eine »Lösung des scheinbaren Widerspruchs zwischen Traum und Wirklichkeit in einer Art absoluter Wirklichkeit« vorstößt und zusammen mit Soupault Versuche im automatischen Niederschreiben aus dem Unterbewußtsein aufsteigender Sätze vornimmt, verbleibt Paul Scheerbart – darin zurückgebunden an die realistischen Erzähltraditionen des Jahrhunderts und die Kunst der Jahrhundertwende – im Luziden und Taghellen. Trotz aller

[10] P. Scheerbart, Dichterische Hauptwerke, S. 281.

[11] Ebd., S. 299.

[12] André Breton, Erstes Manifest des Surrealismus. Zit. nach: Walter Hess, Dokumente zum Verständnis der modernen Malerei. Hamburg 1956, S. 116.

chaotischen Phantastik und trotz aller visionären Bildenthemmung funktioniert seine Sprache weiter in ihrer grammatikalisch ererbten Ordnung und bleibt vom Wuchern irrealer Bildmaschinen und imaginärer Wirklichkeitskonstruktionen, die sein Werk durchziehen, seltsam unberührt. Bezeichnend für den Dichter ist die Tatsache, daß er seine Schriften fast durchweg aus dem Dialog heraus konzipiert, wobei jeweils der eine Gesprächspartner – Satire auf den herkömmlichen Unterhaltungsroman – als Fremdenführer und Wegweiser in eine Welt auftritt, die merkwürdig aus den Bestandteilen einer bekannten zusammengesetzt und doch dieser wiederum kurios zu widersprechen scheint. Unmittelbar auf diese Bildphantastik reflektiert Scheerbart, wenn er in seinem Roman ›Münchhausen und Clarissa. Ein Berliner Roman‹ von 1906 den Lügenbaron, der einer Teegesellschaft über sieben Abende hin Nachricht von den alles Bekannte übersteigenden Dimensionen der Weltausstellung in Melbourne vorträgt, auf folgende Schilderung verfallen läßt: »Der australische Maler glaubt, daß er hinter das Wesentliche der Natur viel schneller kommt, wenn er die einzelnen Stücke der Natur voneinander trennt und sie nachher wieder in andrer Art zusammenbringt. Schaffen heißt für den Australier: Neues schaffen! Und Neues schaffen kann er nach seiner Meinung nur, wenn er die vorhandenen Naturbilder zerlegt – und mit den zerlegten Stücken neue – ganz neue – Bilder schafft. Schaffen ist eben 'komponieren'.«[13]

»Neue – ganz neue – Bilder«: Scheerbart stellt allenthalben in seinem Werk diesen Prozeß von Demontage, Zertrümmerung und Neubau der Natur, den er durch Münchhausen an die antipodischen Künstler in Australien bindet, unter Beweis, am anschaulichsten vielleicht in seinem Roman ›Die Seeschlange‹ anhand der 'tatsächlichen' Malereien eines Triptychons. Das Mittelbild zeigt nach der Schilderung des Autors eine Pyramide von Zwergen, unter ihr einen Elefanten, der den Vorderfuß auf ein Lamm gestellt hat, ein Krokodil im Rüssel, eine Ziege zwischen zwei Schweinen, die einen Tintenfisch hochhalten. Vom linken Seitenbild, der ersten Variation, aber heißt es: hier befanden sich zwar »dieselben Tiere und Zwerge wie auf dem Mittelbilde, aber nicht mehr an denselben Stellen – alle ihre Gliedmaßen waren sämtlich vertauscht, so daß Krokodilsleiber Zwergköpfe und Zwergleiber Krokodilsköpfe besaßen – und so weiter!« Eben um

[13] P. Scheerbart, Dichterische Hauptwerke (wie Anm. 9), S. 466 f.

dieses »und so weiter« geht es – in gestalterischer Hinsicht! Scheerbart bleibt eben nicht bei solchen Tranchierbildern stehen, die gar nicht so exorbitant wirken, wie es dem ersten Anschein nach der Fall zu sein scheint, wenn man sie gegen die Traditionen der Groteskkunst seit dem Mittelalter hält und etwa an den Arabesken Agostino Venezianos, am ›Garten der Lüste‹ des Hieronymus Bosch oder an den Details der ›Sprichwörter‹ Pieter Bruegels mißt. Immerhin: zu einem Zeitpunkt, zu dem in der deutschen Romanliteratur Ausläufer des poetischen Realismus des 19. Jahrhunderts, Umbrüche in den Naturalismus und erste Ansätze der Neuromantik die vorherrschenden Trends abgaben, hatte eine solche Prosapartie allein schon ihrer antinaturalistischen, jedem geläufigen Realismus widerstreitenden Gestik wegen eine große Auffälligkeit. Und nun erst das rechte Seitenbild des Triptychons, die zweite Variation! Hier, heißt es, »sah alles noch toller aus, denn die Gliedmaßen, die links so willkürlich aneinandergesetzt erschienen, hatten sich rechts wieder getrennt und schwebten überall umher [...], sodaß in vielen Zwergschädeln Frösche, Schweinsfüße, Elephantenzähne und ähnliche Dinge sichtbar wurden«.[14]

Abermals schließt die Passage mit einem das Ganze noch einmal übersteigernden »und so weiter!«. Daß Scheerbart bei seinen phantastischen Kombinationen von Versatzstücken der Natur – ganz wörtlich genommen – am Bilde bleibt, ist in mehrfacher Hinsicht für ihn kennzeichnend: seine Darstellungen bleiben vordergründig und faktischnüchtern trotz ihrer Phantastik. Das Überdimensionale wird in enge Rahmen gezwängt und sprengt diese durch seine Sujets: der Autor baut vor dem Auge des Betrachters Objekte musealer Konvenienz auf, schüttet ihnen aber Sprengpulver ins Herz und zündet es, so daß sie in die Luft fliegen und sich dort, aufgelöst in ihre einzelnen Bestandteile, zu Konstellationen verbinden, die einem raschen Wechsel unterliegen. Solch ein flüchtiges Gebilde ist in ›Münchhausen und Clarissa‹ festgehalten und wird dort wie folgt beschrieben: »So sah ich«, heißt es, wieder im Bericht des Lügenbarons über die Melbourner Weltausstellung,

einen Brunnengott, der zwanzig dickknochige krebsscherenartige Beine hatte, deren Füße komplizierte feine Luftballons waren, die zusammengedrückt erschienen und aus denen ellipsoidartige Blasen mit grätenartigen

[14] Ebd., S. 293 f.

Kämmen heraustraten. Die Beine selbst hatten in den krebsscherenartigen Auswüchsen so viele gelenkige Stacheln und Rüsselbildungen, daß ein Floh im Mikroskop ein ganz einfaches Tierchen dagegen sein würde. Und nun denken Sie sich jedes Bein und jeden Ballonfuß anders als den danebenstehenden. Und dann denken Sie sich bunte Wasserstrahlen aus jeder Rüsselbildung hervorspritzen. Und denken Sie sich die Rüsselbildungen an den äußeren Seiten der Krebsscheren – und denken Sie sich die Hauptglieder der Beine immer mit einem Dutzend von verschiedenartigsten Kniebildungen. Und über diesen Beinkompositionen müssen Sie sich nun einen ganz abenteuerlichen Riesenrumpf denken mit Ballons und Spiralschrauben – und oben an Stelle der Arme müssen Sie elegante blattartige Flügelbildungen denken mit trauerweidenhaft niederhängenden Flügelspitzen, aus denen ganz dünne Wasserstrahlen herunterschießen – dann haben Sie eine ungefähre Vorstellung von diesem australischen Brunnengott, der vielleicht auf der Rückseite des Sirius ein lebendiges Dasein führen dürfte.[15]

Scheerbart steht im Erbe der deutschen Romantik, wenn er »die Dinge reden lassen« möchte oder »ins Innere der Welt« beschreibend vorzudringen sucht – und tatsächlich hat er seine grotesk erfundenen Wesen, Figuren, Plastiken, Bilder und Räume, wenn nicht wie in dem Asteroiden-Roman ›Lesabéndio‹ auf einem anderen Stern, unter der »Rinde der Erde« und in den damals noch so gut wie gar nicht erforschten Tiefen des Meeres angesiedelt. Und hier erst ist der Ort, an dem sich zeigt, daß der Autor sehr konkret gerade auch auf die Herausforderung des technischen Prozesses reagiert, Momente des technischen Zukunftsdenkens in seine Utopie integriert. Seine Weltausstellung in Melbourne – und mit dem Stichwort 'Weltausstellung' greift er auf die wohl glänzendsten industriellen Schaustellungen zurück, welche seine Zeit kannte – ist ein riesiges unterirdisches Unternehmen, das jedoch gleichzeitig, scheinbar paradox, aus seinen Glashallen und Türmen den Blick in die abgrundlosen Tiefen des Himmels zu öffnen vermag.

Ähnlich wie der Jugendstil in der malerisch und plastisch gestaltenden Kunst durch seine Auflösung ins Ornament das Bild von seinem Stoff- und Inhaltsballast befreien wollte und damit – das Prinzip des Abstrakten vorwegnehmend – die Selbstbesinnung der Kunst auf ihre eigenen, immer wieder neu ins Spiel zu setzenden Mittel vorbereitete, dieser Selbstbesinnung, die durch idealistische, realistische und natu-

[15] Ebd., S. 418.

ralistische Programme geknebelt war, den Weg ebnete, entwickelt auch Scheerbart in seinen Beschreibungen nach der Art des australischen Brunnengottes von Melbourne eine Kunst der Arabeske, deren extraordinäre Resultate nicht als Ergebnis von Rausch und Droge, sondern als Konstrukte des hellen Bewußtseins verstanden sein wollen. Mit ihrer Hilfe intendiert der Autor die Irritation und Veränderung des menschlichen Bewußtseins: durch »besondere Gerüche und Luftkompositionen«, heißt es, sollen den Menschen »ganz neue Empfindungssphären geöffnet werden«. »Neue – ganz neue – Bilder«: das ist nach Scheerbart der schmale Saumpfad, auf dem es möglich sein müßte, die fatale Kette »Erde – verhauenes Kunstwerk – Disharmonie« zu sprengen, um damit dem 'neuen Menschen', wie ihn später die Expressionisten fordern sollten, auf die Beine zu helfen. Das ganze gigantische Unternehmen des Dichters zielt dahin, eine neue »weltgestaltende Phantasie« zu entbinden. Diese Phantasie zerlegt – rein spielerisch scheint es – die bekannte Welt und Natur in ihre Elemente, um die dann frei schwebenden Versatzstücke zu immer neuen, einander übersteigernden Ornamenten des Phantastischen zu 'komponieren': ... »und so weiter!« Die einzelnen Romane Scheerbarts finden eigentlich nie zu einem rechten Ende, sondern verhaken sich untereinander im gleichen, sie verbinden den Prozeß entfesselter Bildwelten. In diesem wuchernden Ornamentalstil, der sich ins Endlose fortzuspinnen scheint, der Uranfänglichstes mit Zukünftigstem, Stern Erde mit Stern Pallas, Reales mit Irrealem verquickt, verharrt Scheerbart – und doch: freilich nicht mehr gestaltend, sondern nur noch sein Gestaltetes selbst interpretierend, hat er auch den Schritt, der über diesen Ornamentalstil hinausführt, gerade noch andeuten können, wenn er mit der Weltausstellung von Melbourne seine eigene Dichtung so kennzeichnet: »Die Kaleidoskopornamentik übertrumpfte die symbolische, und die kecke Linienornamentik übertrumpfte die kaleidoskopische! Und« – heißt es – »in Schluchten sahen wir öfters hinein – in Schluchten, die einfach ins veritable Jenseits zu führen schienen.« [16]

Ich halte hier ein – und lenke den Blick zurück! In den aufgezeigten literarischen Positionen bricht sich der technisch-industrielle Prozeß in unterschiedlicher Weise, der um die Jahrhundertwende noch einmal so rapide fortschritt, daß er sich zur dominanten Allegoriefigur des epochalen Bewußtseins aufbauen konnte, die dem Übergang vom

[16] P. Scheerbart, Dichterische Hauptwerke (wie Anm. 9), S. 400.

verflossenen ins neue Jahrhundert ihren Stempel aufdrückte. Ferdinand Kürnberger – ein kritischer Philosoph im Zeitungsgewande – gab dieser Entwicklung in seiner essayistischen Reflexion den Blick auf jene ökonomischen Basisvorgänge vor, die das Voranschreiten der Technik überhaupt erst ermöglichten, aber eben auch zurückbanden an ein seltsam halluzinatorisches Bewußtsein, dem sich 'realisieren' und 'phantasieren' in merkwürdiger Weise verwirrten. Die auf französische und englische Anstöße hin sich auch in Deutschland ausbreitende moderne Science-Fiction-Literatur nahm das Fortschreiten der Technik, wie es sich allenthalben in der Gegenwart beobachten ließ, auf und projizierte es als sich noch beschleunigende Energie in die Zukunft: dabei band sie die vordergründige Vorwegnahme technischer Neuerungen an unterschiedliche gesellschaftliche und politische Erwartungshorizonte, die jedoch – wie die Erzählmodelle des Abenteuer-, Reise- und Kriminalromans, denen die meisten Autoren folgten – im Bekannten verharrten und vielfach nur auf eine simple Eskalation des Bestehenden bzw. auf seine Vexierbild-Umkehrung hinausliefen. Hier genau setzt Paul Scheerbart ein, wenn er – dem technischen Prozeß assoziiert und doch durch ihn unbefriedigt – die Frage der Kreativität der Moderne selbst aufwirft und sie auf ein 'Neues' fixiert, das alles bislang Bekannte wirklich überschreitet; es genügt, seine »Weltausstellung von Melbourne« gegen jene realen Weltausstellungen zu halten, wie sie sich seit der Mitte des 19. Jahrhunderts als »Wallfahrtsstätten zum Fetisch Ware«[17] entwickelten, oder darauf hinzuweisen, daß die einzige 'reale' Erfindung, an die sich Scheerbart als Schriftsteller hängte – der er sogar eine eigene Schrift widmete –, eben das ganz und gar 'irreale' Perpetuum mobile war ...

Die aufgezeigten Auffassungen von 'Science Fiction', 'Phantasie' und 'Phantastik' bilden ein kontrastreiches – und in ihrem Kontrast zeitsignifikantes – Ensemble. Spiegelt man sie nicht nur innerhalb der engeren Beispielkette, sondern übersteigt das literarische Feld, lassen sie sich als eine Art Vorspiel zu einer anspruchsvollen philosophisch-kulturkritischen Diskussion auffassen, die um 1900 unter dem Stichwort 'Philosophie der Technik' anhebt und sich von der Jahrhundertwende weit in unser Jahrhundert hineinzieht. Ein frühes

[17] Walter Benjamin, Gesammelte Schriften. Bd. V, 1: Das Passagen-Werk. Frankfurt a. M. 1982, S. 50 f. u. 267.

Dokument dieser Diskussion stellt der Vortrag ›Die Philosophie des Erfindens‹ dar, den Max Eyth, der gemeinhin als der erste deutsche Ingenieurdichter gilt, im Jahre 1903 in Stuttgart gehalten hat. Die Ausführungen decken sich weithin mit jenem Ingenieursdenken, wie ich es anhand der frühen technikorientierten Science-Fiction-Paradigmata zu skizzieren suchte: es waltet durchgehend ein vorwärtsweisender Technikoptimismus vor, der sich aus den elementaren Erfindungen der frühen Menschheitsgeschichte abzuleiten und als anthropologische Konstante zu definieren sucht: »Der Mensch selbst ist ein Produkt des Erfindens. Sein Wesen, seine Existenz in jenem Urzustande, durch den er sich Tausende von Jahren durchzukämpfen hatte, wäre völlig unmöglich gewesen ohne Erfindungen.«[18] Was den Phantasie-Begriff angeht, so zeigt sich freilich sofort folgendes Dilemma: auf der einen Seite setzt der Autor das erfinderische Innovationspotential direkt ineins mit dem »schöpferischen Drang im Geist des Menschen«, der »Lust am Zeugen«, der »Freude am Erschaffen«, und kommt zur Gleichsetzung mit jener Kraft, die den Künstler »unwiderstehlich zu seinem Schaffen« zwingt, definiert als »der Prometheusfunke, der im Menschen lebt, das Göttliche in uns, das das Tier zum Menschen macht und dem Menschen seine Gottähnlichkeit gegeben hat«; zum anderen wehrt er aber 'Zufall' und 'Spieltrieb' als entscheidende Stimulatoren dieser Schöpferkraft ab und engt damit den Begriff in charakteristischer Weise – nämlich unmittelbar proportional zu seiner rhetorischen Leere – ein.

Gerade die von Eyth abgewehrten Kategorien des Zufälligen und des Spielerischen gewinnen aber in den unterschiedlichen Bewegungen der Kunst-Moderne, die bereits kurz nach der Jahrhundertwende einsetzen und in rascher Folge eskalieren, entscheidend an Gewicht. Natürlich verändert sich mit ihnen der Ansatz der Phantasie-Tätigkeit und löst sich aus den Fesseln einer allzu engen Bindung an den aktuellen Stand der Technik und lediglich seiner Verlängerung in eine mehr oder weniger ferne Zukunft. Dies kann man selbst dort beobachten, wo – wie es bei den italienischen Futuristen der Fall ist, die ihre ersten Manifeste um 1910 publizierten – eine geradezu hymnische Begeisterung für die fortgeschrittensten technischen Neuerungen der Stunde das neue Kunstprogramm herauszufordern und zu

[18] Max Eyth, Lebendige Kräfte. Sieben Vorträge aus dem Gebiete der Technik. 4. Aufl. Berlin 1924, S. 229 ff.

stimulieren scheint. In einem Flugzeug sitzend, von der Kraft der Propellermotoren durch die Luft getrieben, formulierte Marinetti als Grundforderung seiner futuristischen Revolution die Anwendung der neuen Wirklichkeitserfahrungen – etwa der der Geschwindigkeit – auf die Künste und propagierte deshalb die Zerstörung aller herkömmlichen Syntax und, so der Titel seines Manifests, die ›Befreiung des Wortes‹. Gleichzeitig schießt er aber auch darüber noch hinaus und rekurriert generell auf die »intuitive Psychologie der Materie«, »alles Flüchtige und Unfaßbare in der Materie« und läßt damit die eben noch so gefeierten technischen Großtaten als unzureichende Vehikel hinter sich: »Befreiung der Worte, ausgebreitete Flügel der Phantasie, analoge Synthese der mit einem Blick umfaßten, in ihrer Gesamtheit in essentiellen Worten enthaltenen Erde. [...] Wir betreten das grenzenlose Reich der freien Intuition. Nach dem freien Vers, nun endlich DIE BEFREITEN WORTE.« Und unter dem Stichwort »drahtlose Phantasie« notierte Marinetti: »Eines Tages werden wir zu einer noch essentielleren Kunst gelangen, wenn wir erst die ersten Glieder unserer Analogien zu unterdrücken wagen und nur noch die ununterbrochene Folge der zweiten Glieder geben. Wir müssen zu diesem Zweck darauf verzichten, verstanden zu werden. Verstanden zu werden, ist unnötig.« [19]

Scheerbarts Adaption des technischen Impulses seiner Zeit steht zu den dezidiert modernen Programmansätzen des Futurismus, Dadaismus, Surrealismus etc. im Verhältnis einer losen – nicht zwingenden, aber doch auch nicht zufälligen – Vorläuferschaft. Der merkwürdige Autor verblüfft durch keine technikinspirierten und in dieser Inspiration noch einmal weitergedrehten Manifestsätze, mit denen die Kunst neu organisiert werden soll, sondern fasziniert durch die verfitzten Lineamente seiner Bilder-Ornamente, deren Bedeutung gerade nicht in ihrem Nutzen und einer wie immer begründeten Zweckmäßigkeit, sondern in ihrer Irritation zu suchen ist. Als ein solcher Irritations-Erfinder stand Scheerbart in seiner Zeit nicht allein da! Ich schließe mit einem Hinweis auf Christian Morgenstern, der auf seine Weise nach einem ähnlichen »Lugaus ins Rings« Ausschau hielt, wie er im Vorwort seiner ›Galgenlieder‹ formulierte, und mit einem Text-Zitat aus seinen ›Palmström‹-Gedichten, in denen es in vielfacher Hinsicht

[19] Der Futurismus. Manifeste und Dokumente einer künstlerischen Revolution 1909–1918. Hrsg. v. Umbro Apollonio. Köln 1972, S. 74 ff.

um ganz ähnliche Ausweitungen des Erfinderischen ins 'wahre Phantastische', 'Groteske', 'Satirische', 'Absurde', 'scheinbar Widersinnige' und doch 'in sich höchst Stimmige' geht:

Korf erfindet eine Tagnachtlampe,
die, sobald sie angedreht,
selbst den hellsten Tag
in Nacht verwandelt.

Als er sie vor des Kongresses Rampe
demonstriert, vermag
niemand, der sein Fach versteht,
zu verkennen, daß es sich hier handelt –

(Finster wird's am hellerlichten Tag,
Und ein Beifallssturm das Haus durchweht)
(Und man ruft dem Dichter Mampe;
'Licht anzünden!') – daß es sich hier handelt

um das Faktum: daß gedachte Lampe,
in der Tat, wenn angedreht,
selbst den hellsten Tag
in Nacht verwandelt.[20]

[20] Christian Morgenstern, Palmström. Berlin 1910, S. 21.

IV

IDYLLE UND KATASTROPHE

Hermann Glaser

PSYCHODROM UND VER-RÜCKTER GARTEN

Zwei Topoi industrieller Umbruchszeit

Der Versuch, Materialien zur Seelen- bzw. Mentalitätsgeschichte des 19. Jahrhunderts unter erkenntnisleitenden, auch für die aktuelle Situation relevanten Aspekten zu ordnen, rekurriert auf sozial(tiefen)-psychologische Topoi, in denen kollektive Deutungs- und Erfahrungsmuster verdichtet in Erscheinung treten. Es geht darum, industriekulturelle 'Archetypen' zu orten – wobei solcher Topographie, neben ihrer allgemein heuristischen Bedeutung, für das 19. Jahrhundert besondere Bedeutung zukommt: geht es doch bei der Industrialisierung vor allem um die Dimensionen von Raum und Zeit.[1] Innerhalb einer Reihe dominanter Topoi, die den Ambivalenzcharakter der Epoche lokalisieren, spielen 'Psychodrom' und 'ver-rückter Garten' eine große Rolle; es handelt sich bei 'Garten' um eine abendländisch-traditionale Konstellation, die jedoch erheblich abgewandelt und uminterpretiert wird; 'Psychodrom' vereint neue Elemente, die sich aus der allgemeinen Veränderung des Zeitgeistes ergeben.

Während in der Anfangsphase der Industrialisierung ein starkes Beharrungsvermögen festzustellen ist – z. B. hinsichtlich der Entwicklung der Fabriken, die oft aus Werkstätten hervorgehen und als Produktionsinseln in ländliche Umgebung eingesprengt, dort 'arretiert', manchmal auch integriert werden –, rücken mit dem nächsten Modernisierungsschub, vor allem aufgrund des Eisenbahnwesens, Bewegung und Geschwindigkeit in den Mittelpunkt des Bewußtseins. Am 5. Mai 1843 berichtet Heinrich Heine aus Paris:

Die Eröffnung der beiden neuen Eisenbahnen, wovon die eine nach Orléans, die andere nach Rouen führt, verursacht hier eine Erschütterung, die jeder mitempfindet, wenn er nicht etwa auf einem sozialen Isolierschemel steht. Die ganze Bevölkerung von Paris bildet in diesem Augenblick gleichsam

[1] Vgl. auch Hermann Glaser, Die Kultur der Wilhelminischen Epoche. Topographie einer Epoche. Frankfurt a. M. 1984.

eine Kette, wo einer dem andern den elektrischen Schlag mitteilt. Während aber die große Menge verdutzt und betäubt die äußere Erscheinung der großen Bewegungsmächte anstarrt, erfaßt den Denker ein unheimliches Grauen, wie wir es immer empfinden, wenn das Ungeheuerste, das Unerhörteste geschieht, dessen Folgen unabsehbar und unberechenbar sind. Wir merken bloß, daß unsre ganze Existenz in neue Gleise fortgerissen, fortgeschleudert wird, daß neue Verhältnisse, Freuden und Drangsale uns erwarten, und das Unbekannte übt seinen schauerlichen Reiz, verlockend und zugleich beängstigend. So muß unsern Vätern zumute gewesen sein, als Amerika entdeckt wurde, als die Erfindung des Pulvers sich durch ihre ersten Schüsse ankündigte, als die Buchdruckerei die ersten Aushängebogen des göttlichen Wortes in die Welt schickte. Die Eisenbahnen sind wieder ein solches providentielles Ereignis, das der Menschheit einen neuen Umschwung gibt, das die Farbe und Gestalt des Lebens verändert; es beginnt ein neuer Abschnitt in der Weltgeschichte, und unsre Generation darf sich rühmen, daß sie dabeigewesen. Welche Veränderungen müssen jetzt eintreten in unsrer Anschauungsweise und in unsern Vorstellungen! Sogar die Elementarbegriffe von Zeit und Raum sind schwankend geworden. Durch die Eisenbahnen wird der Raum getötet, und es bleibt uns nur noch die Zeit übrig. Hätten wir nur Geld genug, um auch letztere anständig zu töten! In vierthalb Stunden reist man jetzt nach Orléans, in ebensoviel Stunden nach Rouen. Was wird das erst geben, wenn die Linien nach Belgien und Deutschland ausgeführt und mit den dortigen Bahnen verbunden sein werden! Mir ist, als kämen die Berge und Wälder aller Länder auf Paris angerückt. Ich rieche schon den Duft der deutschen Linden: vor meiner Türe brandet die Nordsee.[2]

Gegenüber der im Mittelalter vorherrschenden 'vertikalen' Lebenshaltung und Weltanschauung, wird seit Anbruch der Neuzeit die 'Horizontale' (perspektivistisches Sehen, Denken und Handeln) zum eigentlichen Bestimmungsfaktor. Die Welt, die es zu erforschen und zu erobern gilt, scheint unendlich. Aber der Mut zur Expansion, sich des technischen Mediums bedienend, macht diese erfahrbar.

Quer durch Europa von Westen nach Osten
Rüttert und rattert die Bahnmelodie.
Gilt es die Seligkeit schneller zu kosten?
Kommt er zu spät an im Himmelslogis?

[2] Heinrich Heine, Lutetia. – In: H. H., Werke und Briefe in zehn Bänden. Hrsg. v. Hans Kaufmann. Bd. 6. Berlin 1962, S. 478 f.

FortfortfortFortfortfort drehn sich die Räder
Rasend dahin auf dem Schienengeäder,
Rauch ist der Bestie verschwindender Schweif,
Schaffnerpfiff, Lokomotivengepfeif.

Länder verfliegen und Städte versinken,
Stunden und Tage verflattern im Flug,
Täler und Berge, vorbei, wenn sie winken,
Traumbilder, Sehnsucht und Sinnenbetrug.

Mondschein und Sonne, noch einmal die Sterne,
Bald ist erreicht die beglückende Ferne,
Dämmerung, Abend und Nebel und Nacht,
Stürmisch erwartet, was glühend gedacht.[3]

Doch auch die Vertikale verliert ihre 'festgelegten' Endpunkte. Vor allem hinsichtlich der 'Zielpunkte' tun sich Abgründe auf, die um so dunkler wirken, je mehr die religiöse Sicherheit verloren geht.

Das Veloziferische Prinzip[4], artikuliert etwa im Gleichnis vom Pfeilflug, bewirkt Angstlust. Man ist fasziniert von der Möglichkeit rasanter Bewegung und befürchtet, daß man dabei scheitert. In der Tat zeigen die technischen Unglücke – kulminierend im Untergang des schnellsten Luxusdampfers der Welt, der ›Titanic‹, die 1912 an einem Eisberg zerschellt (1503 Menschen kamen dabei um) –, daß man sich die Welt als Theodizee nicht mehr vorstellen darf. In der ›Geschichte einer Jugend‹ ›Die gerettete Zunge‹ erzählt Elias Canetti von den persönlichen Erschütterungen und der Massentrauer, die der Untergang der ›Titanic‹ hervorrief.

Ich kann mich nicht erinnern, wer zuerst vom Untergang der ›Titanic‹ sprach. Aber unsere Gouvernante weinte beim Frühstück, ich hatte sie noch nie weinen gesehen, und Edith, das Hausmädchen, kam zu uns ins Kinderzimmer, wo wir sie sonst nie sahen, und weinte mit ihr zusammen. Ich erfuhr vom Eisberg, von den furchtbar vielen Menschen, die ertranken, und was mir am meisten Eindruck machte, von der Musikkapelle, die weiterspielte, als das Schiff versank. Ich wollte wissen, was sie gespielt hatten, und bekam eine grobe Antwort. Ich begriff, daß ich etwas Unpassendes

[3] Detlev von Liliencron, Der Blitzzug. – In: D. v. L., Ausgewählte Gedichte. Berlin – Leipzig 1907, S. 11.

[4] Vgl. Dirk Hoeges, Alles veloziferisch. Die Eisenbahn – Vom schönen Ungeheuer zur Ästhetik der Geschwindigkeit. Rheinbach-Merzbach 1985.

gefragt hatte und begann nun mitzuweinen. So weinten wir eigentlich zu dritt zusammen, als die Mutter von unten nach Edith rief, vielleicht hatte sie es eben erst selber erfahren. Dann gingen wir auch hinunter, die Gouvernante und ich, und da standen schon die Mutter und Edith weinend zusammen.
Wir müssen aber dann doch ausgegangen sein, denn ich sehe die Menschen auf der Straße vor mir, es war alles sehr verändert. Die Leute standen in Gruppen beisammen und sprachen aufgeregt, andere traten dazu und hatten etwas zu sagen, mein kleiner Bruder im Kinderwagen, der sonst seiner Schönheit wegen von allen Passanten ein bewunderndes Wort bekam, wurde von niemand beachtet. Wir Kinder waren vergessen, und doch sprach man auch von Kindern, die auf dem Schiff gewesen waren und wie sie und die Frauen zuerst gerettet wurden. Immer wieder war die Rede vom Kapitän, der sich geweigert hatte, das Schiff zu verlassen. Aber das häufigste Wort, das ich hörte, war »iceberg«. Es prägte sich mir ein wie »meadow« und »island«, obwohl ich es nicht vom Vater hatte, das dritte englische Wort, das mir geladen blieb, das vierte war »captain«.
Ich weiß nicht, wann genau die ›Titanic‹ unterging. Aber in der Aufregung jener Tage, die sich nicht so bald legte, suche ich vergeblich nach meinem Vater. Er hätte doch darüber zu mir gesprochen, er hätte ein beruhigendes Wort für mich gefunden. Er hätte mich vor der Katastrophe geschützt, die mit aller Kraft in mich einsank. Jede seiner Regungen ist mir teuer geblieben, aber wenn ich ›Titanic‹ denke, sehe ich ihn nicht, höre ich ihn nicht und fühle nackt die Angst, die mich überkam, als mitten in der Nacht das Schiff auf den Eisberg stieß und im kalten Wasser versank, währen die Musikkapelle spielte.[5]

Auch andere 'Bewegungsformen', etwa die Migration der großen Arbeiterheere in Zusammenhang mit dem Eisenbahnbau, die Landflucht als Folge der (Arbeit und Brot, auch Vergnügen verheißenden) Verstädterung, erweisen sich als ambivalent, wobei zunehmend die Licht- von den Schattenseiten überlagert sind. Sucht man nach einem Prinzip, das die Fülle der vor allem in der zweiten Hälfte des 19. Jahrhunderts anzutreffenden Phänomene zu gliedern vermag, so stößt man immer wieder auf das der 'Doppelwertigkeit'. Die Epoche war 'hintergründig', aber ständig in Gefahr, der Eindeutigkeit zu verfallen. So auch ihr Ende: Die Offenheit des Aufbruchs endet im ausweglosen Scheitern, im Ersten Weltkrieg.

---

[5] Elias Canetti, Die gerettete Zunge. Geschichte einer Jugend. München 1977. S. 70 f.

Die Ambivalenz des späten 19. und des beginnenden 20. Jahrhunderts läßt sich in Begriffen einfangen, die durch die Vorsilbe *Ver-* gekennzeichnet sind. Mit einer gewissen, die Alltagsnormalität außer acht lassenden Übertreibung kann man sagen, daß die Zeit charakterisiert war durch: Verwirrung, Verängstigung, Versprechung, Verheerung, Verfehlung, Versuchung, Verrechnung, Versicherung, Veränderung, Verbesserung, Verformung, Vereitelung, Verdrängung, Verachtung, Verführung, Verfeinerung, Vergewaltigung, Verheimlichung, Verinnerlichung, Verirrung, Verkrampfung, Verzweiflung, Verantwortung, Veräußerlichung, Verfinsterung, Verwüstung, Vergeltung, Verfall ... Fast jeder dieser Begriffe ist in sich selbst wiederum ambivalent; sie alle führen in sublime Regionen, wie sie auch ganz materialiter verstanden werden können.

Verwirrung: Der einzelne leidet unter dem Sinnverlust; das soziale Gefüge der Schichten und Stände gerät in Unordnung. Verängstigung: Die religiöse Sicherheit ist verlorengegangen; der Fortschritt der Zeit mit der Komplexität neuer Systeme läßt der Geborgenheit keinen Raum; dieser stellt auch ein Versprechen dar; neue Perspektiven eröffnen sich, sowohl fürs kleine Glück wie fürs kollektive Bewußtsein. Zugleich künden die kulturellen Signale von Verblendung, Regression, gescheiterten Utopien. Aber der Vor-Schein revolutionärer Ideen versetzt in Verzückung: die Fahnen drehen sich im Wind; erfrischende Stürme: abgelöst von der Dumpfheit verheerender Stagnation. Die Veränderungen der Zeit werden verharmlost: sie werden als Verbesserungen propagiert: viele spüren solche Verlogenheit. Die Welt wird verrechnet: die Ängste, die sich aus dem Sieg des Realitätsprinzips ergeben, lassen nach Versicherung rufen (und tatsächlich ist der Aufstieg des Versicherungswesens nichts anderes als die verdinglichte Beruhigung existentieller Gefährdung). Innerhalb hektischen Gewinnstrebens waltet die Verdrängung der Anfechtungen; die Verachtung der höheren Werte im Lebenskampf hat zum kompensatorischen Pendant die Sehnsucht nach Verfeinerung und Verinnerlichung; die ästhetischen Fluchtbewegungen in ihrer mentalen Verkrampfung zielen auf den Umzug in esoterische Regionen, nicht zuletzt in solche geschichtlicher Verklärung. Das Bild einer anderen, besseren, höheren, erhabeneren Welt wird vorgespiegelt. Die Verantwortung gegenüber der Realität, das Bemühen, der Wahrheit ins Auge zu schauen, ist suspendiert durch Ver-rückung. Die Schwerkraft erfaßt auch den Überbau, man ahnt den Verfall; Verzweiflung grassiert; triebdynamische Staus werden abreagiert. Verfinsterung eines utopisch aufgehellten Horizonts.

Der Bewegungsdrang der Epoche ist zunächst auf 'Progression' ausgerichtet. Die Orientierung mag vage sein, aber der Glaube an den Fortschritt, bestimmt durch ein starkes utopisches Potential, bestimmt die Bewegung in Raum und Zeit – als Aufbruch zu neuen Ufern bzw. in Antizipation bevorstehender 'herrlicher Zeiten'. Bald jedoch wird die lineare Entwicklungslinie umgebogen, in sich zurückgebogen, pervertiert. Es entsteht ein Bewegungsablauf, dessen Kreislauf keinen Sinn gibt. Circulus vitiosus. Das Schwungrad des Fortschritts läuft leer. Die Kraftanstrengung bleibt umsonst; die Hoffnung weiterzukommen, erstirbt. Die Ich-Stärke nimmt ab. Der Sprung in die Freiheit scheint unmöglich. Traumatische Verletzungen sind die Folge. Jörg Bopps Charakterisierung allgemeiner kollektiver Bewußtseins- und Unterbewußtseinszustände – 'Psychodrom' – kann zur Beschreibung der damaligen Zeitsituation ohne große Veränderung übernommen werden:

In seinem rituellen Charakter hat der Psychodrom Ähnlichkeit mit einem Hippodrom. Gibt es dort die Show der Tiere und Athleten, so hier die Revue der Seelen und derer, die sie trainieren. Dort das Dressurreiten, hier die hohe Schule der psychischen Selbstdarstellung. Die Akteure zeigen eingeübte Bewegungen und äußern sich in einer einstudierten Sprache, beides in einem festgelegten Programm. Es vollzieht sich ein profaner Kult, nach dem Rhythmus einer ausgearbeiteten Liturgie. Hoffnungen und Ängste, Kräfte und Bedürfnisse, Leidenschaften und Phantasien können sich nicht frei äußern, sondern werden durch eine Regie domestiziert. Die Dressur der Seelen ist zugleich eine Dressur der Libido, freiwillig und gezwungen in einem. Der Psychodrom umfaßt Gruppen mit mehr oder weniger stark ritualisierten Formen von Kommunikation, Sinnlichkeit und Erfahrung. In einer fast sektenhaften Ausgrenzung aus der Alltagserfahrung werden Erlebnisinhalte umgedeutet, Wünsche deformiert und rigide Abwehrstrategien aufgebaut [...]. Es ist oft nicht klar auszumachen, wer noch dazugehört und wer nicht mehr, da die einzelnen Strukturmerkmale bei den Individuen und Gruppen jeweils unterschiedlich scharf ausgearbeitet sein können.[6]

Die 'geschlossene Rennstrecke' des Kapitalismus, wobei Besitzgier und Gewinnstreben den Circulus vitiosus auf immer höhere Geschwindig-

[6] Jörg Bopp, Wir wollen keine neuen Herren. Streitschriften zur Jugend- und Psycho-Szene. Frankfurt a. M. 1982, S. 106 f.

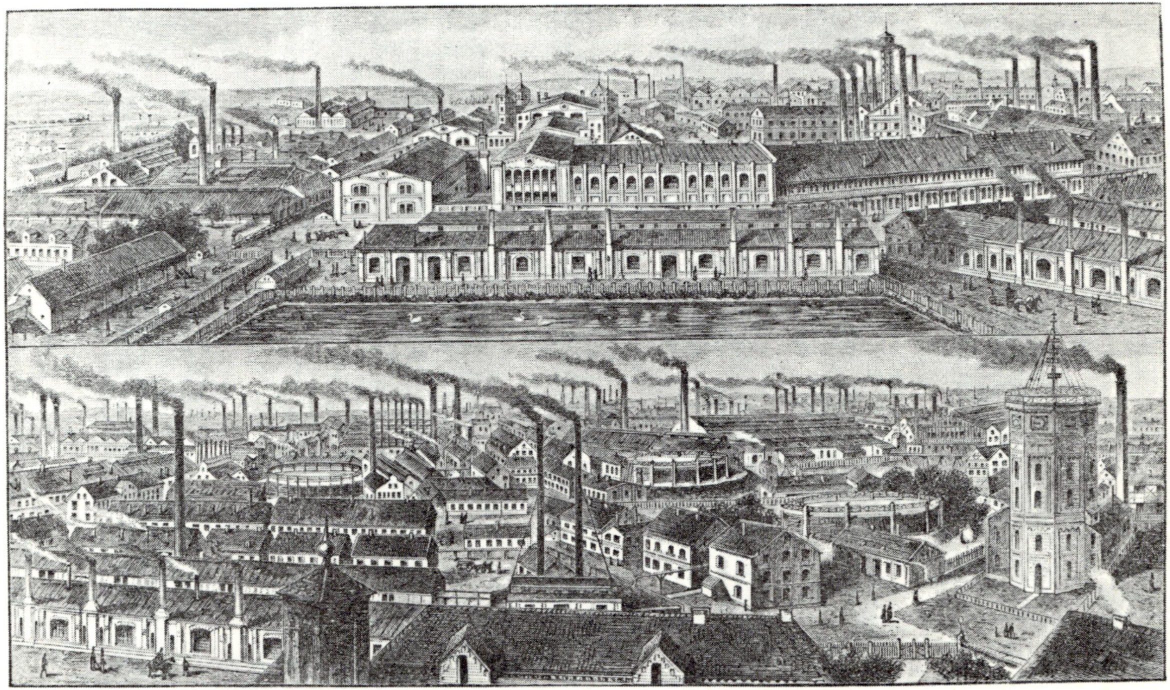

»Etablissement« von Krupp (1886)

Friedrich von Thiersch: Entwurf für die Ausstellungs- und Festhalle der Stadt Frankfurt am Main (1906)

keit brachten, bewirkte eine 'psychodromatische' (neurotische, psychotische) Kultursituation, rief aber auch Ausbruchsversuche vielfältiger, gelingender und mißlingender, einseitiger und offener Art hervor. Bei Karl May etwa (um ein Beispiel aus der für gesellschaftliche Psychogramme stets aufschlußreichen Trivialliteratur zu nehmen) befinden wir uns mitten im Psychodrom des Kapitalismus; er erleidet stellvertretend die Qualen des Materialismus. Und er macht sich auf in eine höhere geistige Welt, die allen Niederungen mit ihrer Wirrnis enthoben ist. Ein Umhergetriebener ergreift die Flucht zum Wesentlichen. Sitara und der Weg dorthin.[7]

Psychodrom des Kapitalismus: Man hetzt die Strecke entlang, will das Ziel erreichen, als erster ankommen, angetrieben durch die Hektik einer expandierenden materialistischen Welt. Obsessionen der Gier, des Erraffenwollens; geschlossene Rennbahn, aus der die Seele jedoch auszubrechen sucht. Sind wir, die Menschen dieses industriellen Zeitalters, nur Körper, menschliche Maschinen, dazu bestimmt, immer mehr und immer Neues zu produzieren? Sind wir wirklich nur zu Hause in einer Welt, die durch Kraft und Stoff bestimmt ist? Soll-

[7] Vgl. Arno Schmidt, Sitara und der Weg dorthin. Karlsruhe 1963.

ten wir nicht ins Reich des Geistes uns aufmachen? Die hetzenden und gehetzten Menschen proben den Aufschwung. Abstreifen wollen sie die Schwerkraft des Daseins, der sie sich freilich mit Lust überantwortet haben. Wenn Old Shatterhand und Kara Ben Nemsi auf ihren Pferden durch Ebenen, Wälder, Täler und auf Höhen dahinrasen, gewinnt ihr Ritt eine metaphysische Dimension; die Grenze des Irdischen soll im Rausch der Geschwindigkeit durchbrochen werden. Rhi, Syrr: Edle Pferde, die ihren Herren lieben, wenn er sich, ohne Zwang auszuüben, von ihnen in die Ferne dahintragen läßt.

Des Menschen wahrer Fortschritt ist ein Weg, der vom Tiefland ins Hochland führt, von Ardistan nach Dschinnistan. Im gleichnamigen Roman Karl Mays (1909) zerfällt der symbolisch für die Erde stehende Planet Sitara (Stern) in zwei Bereiche: in das Tiefland Ardistan (Ard = Erde, niedriger Stoff), von den Gewaltmenschen bewohnt, und das Bergland Dschinnistan (Dschinn = Geist), in dem die 'Edelmenschen' leben. Kara Ben Nemsi, der Erzähler des Romans, die 'Menschheitsfrage', nämlich die geistige Suche verkörpernd, wird mit seinem Begleiter Hadschi Halef Omar, einer triebhaft-erdgebundenen Natur, von der in Sitara residierenden Herrscherin Marah Durimeh, Inbegriff der 'Menschheitsseele', zum Mir von Ardistan, einem Gewaltmenschen par excellence, gesandt, um den Ausbruch eines Krieges zu verhindern, der beide Länder zu vernichten droht. Zu Schiff gelangen sie ins Land der Ussûl (der 'Ursprünge') und von dort, nach Kämpfen am Engpaß Chatár (Gefahr), durch das Gebiet der Tschobân (mündig gewordener Menschen) in die Hauptstadt Ard, die für die Zivilisation steht. Der Mir wird vom 'Panther' seiner Leidenschaften befreit; das Tier ertrinkt im Fluß Sulh (Friede), der über seine Ufer getreten war, aber nun in sein Bett zurückkehrt und die Wüsten Ardistans bewässert. »Die Erde sehnt sich nach Ruhe, die Menschheit nach Frieden, und die Geschichte will nicht mehr Taten der Gewalt und des Hasses, sondern Taten der Liebe verzeichnen.«[8]

Die symbolischen Eckwerte dieses gleichermaßen durch kuriose wie kühne, konstruierte wie bildkräftige Topoi geprägten Romans können zur Charakterisierung zeitgenössischen Bewußtseins herangezogen werden. Im Psychodrom des Kapitalismus, inmitten einer Zivilisation, die eine gewaltige Faszination ausübt, herrscht die Furcht vor der Dominanz niedriger Leidenschaften. Angst inmitten der Wüste.

[8] Vgl. Kindlers Literatur Lexikon. Bd. I. Zürich 1965, S. 893.

Eine neue Natürlichkeit soll zum Frieden des Hochlandes hinführen. Im ›Reiche des silbernen Löwen‹ (1897) meint der Ustad, den Weg vom Gefängnis des Leibes ins Paradies des Geistes weisend: »Gott ist ein Geist! Ich suchte diesen Geist.«[9] Wo wird dieser Geist gefunden? Im Tiefland, in der Wüste wird man ihn nicht antreffen. Dort kann sich kein Gedanke erheben. Nach oben geht das Streben. Per aspera ad astra! (Auf rauhen Wegen zu den Sternen!) Der Psychodrom des Kapitalismus ist durch die Horizontale bestimmt; Karl May erweist sich als Lehrmeister der Nation, da er, mit trivialliterarischem Raffinement, statt dessen vertikale Sinnhaftigkeit verkündet – die Sehnsüchte der von der Ressource Sinn abgeschnittenen Massen dergestalt auf sich ziehend.

Im Psychodrom des Materialismus wie Kapitalismus wird der Berg (Monte Verità) zum faszinierenden, oft ideologisch-visionär verklärten Sehnsuchtstopos. Wer sich freilich oben einfindet, zumindest im Geiste, hat die 'psychodromatischen' Verformungen nicht ablegen können; er tut nur so. Der Zauberberg erweist sich als 'Versammlungsort' der am Realitäts- wie Idealitätsprinzip Gescheiterten. Der Weltkrieg macht deutlich: die Enthebung war ein leerer Wahn.

Aus grauer Städte Mauern flüchtet man auf den 'Berg der Wahrheit': er war ein Topos höchst unterschiedlicher Ausprägung. Karl May und die Trivialliteratur der Zeit boten Gipfel der Fiktion an; auf den Wegen dorthin konnte man sich abenteuerlich-unterhaltsam tummeln. Die Propheten des Nationalismus und vieler anderer ideologisch-sektiererischer Bewegungen verführten zum Aufstieg mit Hilfe eines aus Zivilisationskritik, Neuheidentum und Kulturpessimismus amalgamierten romantischen Weltschmerzes; Vorankommen bedeutete 'Innerlichkeitsarbeit'.

Ein realer Ort, wenn auch Teil einer sakralen Topographie, war der Monte Verità für diejenigen, die sich den Ausstieg und Aufstieg konkret leisten konnten, weil sie entweder auf dem Rennplatz des Lebens genügend Geld und Kapital fürs 'Abheben' angesammelt hatten oder weil sie als Bohemiens und Aussteiger, Anarchisten und Exzentriker zur alternativen einfachen Lebensform (mit vielfältigen Schmarotzermöglichkeiten) bereit und befähigt waren. Einer aus der langen Kette der 'Wahrheitsberge', auf den seelensüchtige Lebensart abwanderte, einer der bedeutendsten und eigenartigsten, lag bei As-

[9] Karl May, Im Reiche des silbernen Löwen. Bd. 4. Freiburg o. J., S. 15.

Hermann Hesse (zweiter v. l.) auf dem Monte Verità (1907)

cona. Seit dem letzten Viertel des 19. Jahrhunderts, so Harald Szeemann in seinem umfassenden Ausstellungskatalog ›Monte Verità/Ascona‹, wurde in der ahistorischen, pädagogischen Landschaft des oberen Lago Maggiore ein ungeheueres Potential an Utopien und neuen Lebensentwürfen proklamiert, erprobt, durchlebt und durchlitten.

Alle diese Modelle zwischen den Polen des sozialen Engagements für die klassenlose Gesellschaft und der beispielhaften Ichverwirklichung und Ichverjüngung stehen hier unter dem Leitstern des Glaubens, daß nur über die Absonderung und da durch das erneute Trittfassen mit der Natur ›Gemeinschaft‹ wieder möglich sein könne. Die Summe dieser intendierten, gelungenen und mißlungenen Sprünge vom Ich zum Wir schwebt wie eine unsichtbare Wolke über dem Berg der Wahrheit, einem landschaftlich und klimatischen Mikroparadies, das Teil einer umfassenden Reformkulturlandschaft ist. Industrialisierung, Urbanisierung, Technisierung, und damit verbunden die Konfrontation von Kapitalismus mit einer erstarkenden Arbeiterbewegung, riefen sehr früh im 19. Jahrhundert Reformbewegungen auf den Plan, die die unumgänglich gewordene proletarische Revolution verhindern wollten. Lebensreform hieß die Möglichkeit eines dritten Weges zwischen Kapitalismus und Kommunismus und implizierte die freie Entfaltung des Individuums zwischen den Blöcken. Als Antipode zur Stadt entstand die Gegenwelt des 'Zurück zur Natur' und die Ausbildung einer sakralen Topographie, vor allem im noch wenig industrialisierten Süden Europas und in den Vereinigten Staaten, und zusätzlich oft inspiriert durch die Erschließung des Orients. Neben Capri und Taormina in Italien ist Ascona zu einer Stätte geworden für die wiederentdeckten Kulte des Jünglings, der Frau und Großen Mutter, des weisen alten Mannes, der Elemente und der Gestirne, zu einem Brennpunkt für die Projektion von Wunschvorstellungen der Nordländer. Ascona ist um 1900 die extrem-südlichste Position der umfassenden, nordischen Lebensreformbewegung. Und nimmt dann die unvermeidliche Entwicklung zum Künstlernest, zum Villenplatz, zum Emigrationsziel, zum heutigen Luxuskurort und damit säkularisierten Touristendorf.[10]

Auf dieser »Landkrone über Europa« gilt das Prinzip: Von der Unkultur der Kultur zur Natur als Gegenkultur – wobei eben die Natur nicht wirkliche Natur, sondern Alternativkultur darstellte. Angesichts des naturwissenschaftlichen und industriellen Aufstiegs, des Überhandnehmens von Kapitalismus, Materialismus, Imperialismus, Utilitarismus und Positivismus, ging man daran, Gegenwelten zu etablieren, in denen anstelle von Zweckhaftigkeit Sinnhaftigkeit walten sollte. Solche kulturkritischen Strömungen durchzogen alle politischen Lager und sozialen Schichten.

---

[10] Monte Verità. Berg der Wahrheit. Lokale Anthropologie als Beitrag zur Wiederentdeckung einer neuzeitlichen sakralen Topographie. Ausstellungskatalog d. Akademie der Künste. Berlin 1979, S. 5.

Eduard von Steinle: Gralstempel aus dem Parsifal-Zyklus (1884)

Im Psychodrom des Kapitalismus herrschten Prüderie und verklemmte Sexualität, Angst vor wirtschaftlichem Scheitern, der stets gleichbleibende Trott der täglichen Arbeit, die phantasielose Routine von Schule und Elternhaus. Die Jugend wollte statt dessen das 'wirkliche Leben' kennenlernen. Abgestützt durch kulturkritische und kulturpessimistische Einsichten wagte man die Loslösung; man wandte sich ab von den antiquierten Lebens- und Verkehrsformen der Väter und Eltern (Verein, Stammtisch, Familienspaziergang, Familienfest). Aber die bürgerliche 'Wertetafel' als Ausdruck gesellschaftlicher Hierarchie wurde durch die Jugendbewegung nicht wesentlich in Frage gestellt; sie sollte allerdings 'abgestaubt', die dort geforderten Tugenden sollten vital vorgelebt werden; das dabei entwickelte neue Pathos stand dem alten nicht viel nach. Die Accessoires der jugendlichen Subkultur (Kluft, Klampfe, Geige, Zeltlager, Gruppentanz, gemeinsamer Gesang, Lagerfeuer) waren Verdinglichungen des neuen Identitätsbewußtseins, das, antizivilisatorisch, antitechnisch, apolitisch ausgerichtet, eine von Bruderschaftsgesinnung getragene 'Menschheitskultur' anstrebte. Das Streben nach dionysischer Gemeinschaftserfahrung, der Widerstand gegen die Perversionen von Luxus und Zivilisation, die Sorge um unabhängiges Denken und das Bekenntnis zu den großen Geistern der Nation traf, wenn auch nur von einer Minderheit propagiert, Grundfragen der Zeit. Im Psychodrom des Kapitalismus war der 'gerade Gang' durch Anpassungsdruck erschwert, waren Körper, Geist, Seele im Konkurrenzkampf deformiert worden. Die Jugendbewegten orientierten sich am Sternenhimmel; Gipfelglück war höchstes Lebensglück. Vom Hohen Meißner konnte man aufs überwundene Flachland zurückblicken; noch ahnte man nicht, daß der kulturellen Freisetzung der Abgrund ganz nahe war.

Sitara und der Weg dorthin: Da begibt sich einer sehr gelassen nach oben. Dschinnistan lockt nicht; die Ortsveränderung (Höhenlage) hat medizinische Gründe. Ein einfacher junger Mann reist im Hochsommer von Hamburg, seiner Vaterstadt, nach Davos-Platz im Graubündischen. Er fährt auf Besuch für drei Wochen. Hans Castorp besucht seinen lungenkranken Vetter Joachim Ziemßen. »Zwei Reisetage entfernen den Menschen – und gar den jungen, im Leben noch wenig fest wurzelnden Menschen – seiner Alltagswelt, all dem, was er seine Pflichten, Interessen, Sorgen, Aussichten nannte«. Hans Castorp (in Thomas Manns Roman ›Der Zauberberg‹) nimmt die Reise nicht sonderlich wichtig; seine Gedanken weilen mehr bei dem, was ihn auf

SPD-Maizeitung, 1905 (Titelblatt)

der Rennstrecke des Lebens erwartet. Nach abgeschlossenem Ingenieursexamen steht sein Eintritt in die Praxis bei Tunder & Wilms (Schiffswerft, Maschinenfabrik und Kesselschmiede) unmittelbar bevor. Allerdings fängt dieses »Emporgehobenwerden in Regionen, wo er noch nie geatmet und wo, wie er wußte, völlig ungewohnte, eigentümlich dünne und spärliche Lebensbedingungen herrschten« an, ihn zu erregen, ihn mit einer gewissen Ängstlichkeit zu erfüllen. Heimat und Ordnung liegen nicht nur weit zurück, sie liegen auch klaftertief unter ihm; und noch immer steigt er darüber hinaus. Schwebend zwischen ihnen und dem Unbekannten, fragt er sich, wie es ihm dort oben ergehen werde. »Vielleicht war es unklug und unzuträglich, daß er, geboren und gewohnt, nur ein paar Meter über dem Meeresspiegel zu atmen, sich plötzlich in diese extremen Gegenden befördern ließ, ohne wenigstens einige Tage an einem Platze von mittlerer Lage verweilt zu haben?«[11] Bald hat der hermetische Ort, der Zauberberg, den Flachlandbewohner in seinen Bann geschlagen. Er erkrankt selbst und bleibt über die Besuchszeit hinaus sieben Jahre lang in der Heilstätte. Als er sie verläßt, bricht der Weltkrieg aus. Der Weg zurück verliert sich in der Industrielandschaft des Krieges. »Ost oder West? Es ist das Flachland, es ist der Krieg. Und wir sind scheue Schatten am Wege, schamhaft in Schattensicherheit, und keineswegs gesonnen, uns in Prahlerei und Jägerlatein zu ergehen, aber dahergeführt vom Geist der Erzählung, um von den grauen, laufenden, stürzenden, vorwärts getrommelten Kameraden, die aus dem Walde schwärmen, einem, den wir kennen, dem Weggenossen so vieler Jährchen, dem gutmütigen Sünder, dessen Stimme wir so oft vernahmen, noch einmal ins einfache Angesicht zu blicken, bevor wir ihn aus den Augen verlieren.«[12] Das 'zeitlose' Dasein auf dem Zauberberg, in das sich Hans Castorp aus der Realität des Lebens zurückzog, ist wieder 'angefüllte Zeit' geworden, bestimmt vom Stakkato einer Vernichtungsorgie. »Sie werfen sich nieder vor anheulenden Projektilen, um wieder aufzuspringen und weiterzuhasten, mit jungsprödem Mutgeschrei, weil es sie nicht getroffen hat. Sie werden getroffen, sie fallen, mit den Armen fechtend, in die Stirn, in das Herz, ins Gedärm geschossen. Sie liegen, die Gesichter im Kot, und rühren sich nicht mehr. Sie liegen, den Rücken vom Tornister gehoben, den Hinterkopf in den Grund gebohrt, und greifen krallend mit ihren Händen hinten in die Luft. Aber der Wald sendet neue, die sich hinwerfen und springen und schreiend oder stumm zwischen den Ausgefallenen vorwärts stolpern.«[13]

Der Dichter als ironischer Mythenbewahrer macht deutlich: Im kul-

---

[11] Thomas Mann, Der Zauberberg (1924). – In: Th. M., Gesammelte Werke (Frankfurter Ausgabe). Frankfurt a. M. 1981, S. 10 f.

[12] Ebd., S. 1002.

[13] Ebd., S. 1004.

Heft 45 (II. Jahrgang Heft 21)
30 Pfennig
Der Krieg
Illustrierte Chronik des Krieges
1914–16
Franckh'sche Verlagshandlung, Stuttgart
Monatlich zwei Hefte

turellen Überbau standen die Wegweiser genauso falsch wie auf dem Boden der Tatsachen; die bürgerliche Gesellschaft zerfiel 'droben' wie 'drunten', als diese betäubende Detonation eines lang angesammelten Unheilsgemenges von Stumpfsinn und Gereiztheit [14] sich ereignete – »ein historischer Donnerschlag, mit gedämpftem Respekt zu sagen, der die Grundfesten der Erde erschütterte, für uns aber der Donnerschlag, der den Zauberberg sprengt und den Siebenschläfer unsanft vor seine Tore setzt. Verdutzt sitzt er im Grase und reibt sich die Augen, wie ein Mann, der es trotz mancher Ermahnung versäumt hat, die Presse zu lesen.« [15]

Sowohl das Veloziferische wie das 'psychodromatische' Prinzip verhindern Beharrung. Heimat als Territorium für Seinsgewißheit geht verloren. Um so stärker wird der Versuch gemacht, fiktive Nischen konjunktivischer bzw. optativischer Art (als ob diese möglich wären ...) zu schaffen, die das Glück augenblicklicher Beruhigung geben, in denen man sich erholen und Kräfte sammeln kann.

Um sich vor dem Anblick der »Beinhäuser« zu schützen, empfiehlt schon Jean Paul in der ›Vorrede zum Quintus Fixlein‹, sich in der Furche einzunisten: »Ich dringe darauf, daß der Mensch ein Schneidervogel werde, der nicht zwischen den schlagenden Ästen des brausenden, von Stürmen hin- und hergebogenen unermeßlichen Lebensbaumes, sondern auf eines seiner Blätter sich ein Nest aufnähet und sich darin warm macht. – Die nötigste Predigt, die man unserm Jahrhundert halten kann, ist die, zu Hause zu bleiben.« [16] Biedermeier und Biedermeierin versuchten solchen Maximen zu folgen: sie zeigten Heiterkeit auf dem Grunde der Schwermut. Mit dem überhandnehmenden Maschinenwesen werden die Enklaven idyllischer Hoffnung immer gefährdeter; dementsprechend werden die Optionen aufs Gartenglück immer wirklichkeitsfremder. Vor allem die Wilhelminische Epoche war eine Zeit ver-rückter Gärten.

Am Karfreitag 1857 im »Asyl«, in der Nähe des Zürcher Sees in einem ländlichen Haus neben der Wesendonk-Villa, habe er die ent-

---

[14] Ebd., S. 997.

[15] Ebd.

[16] Jean Paul, Leben des Quintus Fixlein. Billett an meine Freunde anstatt einer Vorrede. – In: Sämtliche Werke. Hrsg. v. Norbert Miller. Abt. I, Bd. 4. München u. Wien 1975, S. 12.

scheidende Begegnung mit dem ›Parsifal‹-Stoff gehabt – berichtet Richard Wagner in seiner Autobiographie ›Mein Leben‹:

Nun brach auch schönes Frühlingswetter herein; am Karfreitag erwachte ich zum ersten Male in diesem Hause bei vollem Sonnenschein: das Gärtchen war ergrünt, die Vögel sangen und endlich konnte ich mich auf die Zinne des Häuschens setzen, um der langersehnten, verheißungsvollen Stille mich zu erfreuen. Hiervon erfüllt, sagte ich mir plötzlich, daß heute ja Karfreitag sei, und ich entsann mich, wie bedeutungsvoll diese Mahnung mir schon einmal in Wolframs ›Parsifal‹ aufgefallen war. Seit jenem Aufenthalte in Marienbad, wo ich die ›Meistersinger‹ und ›Lohengrin‹ konzipierte, hatte ich mich nie wieder mit jenem Gedichte beschäftigt; jetzt trat sein idealer Gehalt in überwältigender Form an mich heran, und vom Karfreitags-Gedanken aus konzipierte ich schnell ein ganzes Drama, welches ich, in drei Akte geteilt, sofort mit wenigen Zügen flüchtig skizzierte.[17]

Die idyllische Stimmungslage ist ausschlaggebend: Frühlingsmorgen mit Glockengeläut, Vogelgesang, Blumenpracht – »da war, nach tiefer Entrückung, der Parzifal empfangen«, so in einem Brief an Ludwig II. am 14. April 1865.[18] Die Örtlichkeit wird aufs Werk hin stilisiert, geht als mythisches Element in die Vorgeschichte des ›Parsifal‹ ein: Das große Erlösungswerk sollte auch einen quasiheiligen Ursprung haben: da war der warme, sonnige Karfreitag mit seiner 'heiligen Stimmung' gerade recht. In Wirklichkeit klafften Einfall und Kalender auseinander. Cosimas ›Tagebüchern‹ ist zu entnehmen, und zwar unter dem 22. April 1879, daß Wagner seine mystifizierende Empfängnis-Legende selbst als Manipulation entlarvte: »R. gedachte heute des Eindruckes, welcher ihm den Karfreitags-Zauber eingegeben; er lacht, und ›eigentlich alles bei den Haaren herbeigezogen wie meine Liebschaften, denn es war kein Karfreitag, nichts, nur eine hübsche Stimmung in der Natur, von welcher ich mir sagte: So müßte es sein am Karfreitag‹, habe er gedacht.«[19]

Wäre es der Karfreitag wirklich gewesen, könnte man über solchen

[17] Richard Wagner, Mein Leben. Einzige vollständige Ausgabe. Hrsg. v. Martin Gregor-Dellin. Bd. II. München 1969, S. 561.

[18] Zit. nach Peter Wapnewski, Der traurige Gott. Richard Wagner in seinen Helden. München 1982, S. 208.

[19] Cosima Wagner, Die Tagebücher. Bd. II: 1878–1883. Ed. und komm. v. Martin Gregor-Dellin und Dietrich Mack. München u. Zürich 1977, S. 335.

'Zufall' hinwegsehen; die im Sinne von 'Dichtung und Wahrheit' aufgewertete Entstehungsszene ist jedoch in einem psychotopischen, die 'Seelenwirkung' der Örtlichkeit betreffenden Sinne von großer Bedeutung: da Wagner ihr selbst einen großen illusionären Stellenwert einräumt, kann sie auch bei der Deutung der Konfiguration, aus der der ›Parsifal‹ erwächst, herangezogen werden. Ein wichtiger Erlebniskomplex im Bewußtsein, noch mehr im Unterbewußtsein des 19. Jahrhunderts wird durch sie markiert: Die Immanenz des Idylls schlägt um – die Unruhe des Daseins und Soseins bedarf wieder der Transzendenz; das 'In-sich-selbst-Ruhen' hält man nicht aus; die Sehnsucht nach Erlösung tritt an die Stelle der 'Bescheidung'. In der Epoche des Realismus gründet das Idyll auf der Heiterkeit der Schwermut; die Kultur des Biedermeier hat solchen Grundzug gewissermaßen verdinglicht; die innere Gestimmtheit wie die äußeren Verhältnisse lassen nur den Augen-Blick zu; es ist ein panischer Augenblick: Die Ruhe ist umstellt von Schrecknissen; der Gott Pan wird, wenn sein Mittagsschlaf zu Ende ist, in und zu seiner Gefährlichkeit erwachen. Die Exorbitanz, das 'Aus-der-Welt-Hinaustreten', ist dann vorüber; die Schwerkraft hat den Menschen wieder. »Ach wir armen Menschen, ist nicht das ganze Leben ein solcher Gang zum Richtplatz? Und doch freuen wir uns und jubeln über die Blumen am Wege und sehen in jedem Tautropfen, der in ihnen hängt, Himmel und Erde! Armes glückliches Menschenherz!« [20] Das Gefühl der Krise war für die meisten Angehörigen der Biedermeiergeneration unausweichlich, auch dann, wenn man die Überzeugung vertrat, daß die alte Ordnung nur vorübergehend gestört werden könne. Die Unruhe, die Zerrissenheit, die Hamletstimmung des Restaurationsmenschen waren hervorgerufen durch nationale Enttäuschung, innere Unfreiheit, allgemeine Armut, verstärkten Kollektivismus und den Verlust religiöser Sicherheit. Da suchte man Halt im Idyll, Ausdruck des Bemühens, der Schwerkraft des Daseins auf Zeit entfliehen zu können – ein oftmals verzweifelter Versuch, der eigenen dämonischen Kräfte Herr zu werden, die dunklen Triebe im eigenen Ich zu bändigen.

Der Sommer, als die eine Hälfte des Lebens, ist aufgewogen durch den Winter mit seinem Grauen. Augen-Blicke des Glücks auf der einen Seite, Schatten des Leides auf der anderen. Ehe die dunkle

[20] Wilhelm Raabe, Die Chronik der Sperlingsgasse. Sämtliche Werke. Erste Serie. Bd. I. Berlin-Grunewald o. J., S. 23.

Nacht hereinbricht, erblüht allerdings in der »Abendphantasie« Geborgenheit. Das Idyll als Ort einer für kurze Zeit aufgehobenen Vergänglichkeit ist ein 'grüner Ort'. Grün ist die Leit- und Leidfarbe des Realismus: über allem wächst Gras. »Wenn sich das Ewige und Unendliche immer so still hält und verbirgt«, heißt es in Gottfried Kellers ›Verlorenem Lachen‹, »warum sollten wir uns nicht auch einmal eine

Zeit ganz vergnügt und friedlich still halten können? [...] Aber die gewonnene Stille und Ruhe ist nicht der Tod, sondern das Leben, das fortblüht und leuchtet, wie dieser Sonntagsmorgen, und guten Gewissens wandeln wir hindurch, der Dinge gewärtig, die kommen oder nicht kommen werden.«[21] Das Idyll ist eingebettet im chthonischen, d. h. 'der Erde angehörenden' Bewußtsein – in dem Bewußtsein, daß wir, letztlich in Erde übergehend, auf ihr eine ganze Zeit vergnügt und friedlich leben können; voller Bescheidung mit dem, was innerhalb der 'Grenzen' noch bleibt. Doch die Zeit hält nur einen Augen-Blick still; die Vergänglichkeit verbirgt sich nicht lange, fordert wieder als drängende, unbegreifliche, schauererweckende Macht ihren Tribut. – Adolf Muschg hat Gottfried Kellers Leben und Werk unter dem Titel ›Vom Grauen und Grünen‹ resümiert; das vermag auch die Weltgesinnung und Weltgesittung des Realismus insgesamt zusammenfassen: Der Tod wird ganz ins Leben hereingenommen, er wird gleichsam zur Beschwörungsformel gegen die Todesangst. Im Namen des Todes gibt man sich ganz dem Leben hin; indem man dessen Endlichkeit wahrnimmt, nimmt man Lebensfreude ernst, die Todesgewißheit heiter. Agnostische Gefaßtheit und Gelassenheit walten:

Nun haben wird das Blatt gewendet
Und frisch dem Tod ins Aug geschaut;
Kein ungewisses Ziel mehr blendet,
Doch grüner scheint uns Busch und Kraut!

Und grüner wards in unserm Herzen,
Es zeugts der frohgewordne Mund;
Doch unsern Liedern, unsern Scherzen
Liegt fest ein edler Ernst zu Grund.[22]

Richard Wagners Karfreitagsmorgen, der die Heiterkeit des Idylls zu vermitteln trachtet, ist – wenn man die philosophische Konstellation des ›Parsifal‹ dazusieht – ein ganz anderer: Er ruht nicht in sich selbst; er bedeutet Aufbruch: Das 'Begrenzte' wird nicht ausgehalten; man bedarf des 'Sinns'; dieser liegt nicht im Grünen (und Grauen) der Natur; er liegt in künstlichen Paradiesen, in die man sich zu flüchten trachtet. Waren die Weltenwürfe auch längst nicht mehr 'geschlossen' – der religiöse Glaube erschüttert, die großen philosophischen

[21] Zit. nach Adolf Muschg, Gottfried Keller. München 1977, S. 387 f.
[22] Zit. ebd., S. 349.

Denksysteme in ihrer Überzeugungskraft verblaßt –, die Suche nach der Einheit alles Lebenden macht Wagners innere 'Motorik' aus: die große Illusion, als ob Erlösung von den Leiden der Modernität möglich sei, eine neue Sinngebung im Mythos gefunden werden könne.

Wagners 'Karfreitagsgarten' als Ursprungsort des ›Parsifal‹ ist – im Sinne kultureller Psychotopographie – der 'Ort', da das Idyll panischer Provenienz in ein solches der Transzendenz ver-rückt wird. Das künstliche Paradies, das an seine Stelle tritt, wird auf der Bühne inszeniert; es ist abgeschottet vom Licht des Tages und der Wirklichkeit. Indem Wagner im Bühnenweihspiel als säkularisierter Kirche sich von den Niederungen der Realität absetzt, eröffnet er seiner Gemeinde, einer Gemeinde der Verwirrten, das Erlebnis eines neuen Mysteriums; es wird nicht allerorten, sondern nur an *einem* Ort, im Festspielhaus zu Bayreuth, vermittelt.

Die Szenerie eines derart auf faszinierende, verführerische Weise ver-rückten Theaters ist der ver-rückte Garten – ein Garten, in dem nicht Natürlichkeit, sondern Künstlichkeit waltet. Parsifal, von draußen in die Gralswelt eintretend, verfehlt zunächst deren Sinn. (Er erlegt einen Schwan und bekennt voller Naivität: »Im Fluge treff' ich, was fliegt.«) Gurnemanz tadelt Parsifal entsprechend: »Unerhörtes Werk! / Du konntest morden, hier im heil'gen Walde, / des stiller Friede dich umfing? / Des Haines Tiere nahten dir nicht zahm? / Grüßten dich freundlich und fromm? / Aus den Zweigen, was sangen die Vöglein dir? / Was tat dir der treue Schwan? / Sein Weibchen zu suchen flog der auf, / mit ihm zu kreisen über dem See, / den so er herrlich weihte zum heilenden Bad.«[23] Das ist ganz anders als das wirkliche Leben, in dem jeder hetzt und gehetzt wird; in dem jeder erlegt, was er trifft; in dem jeder sich durchsetzen will. Die Gralslandschaft verheißt den Gehetzten – den gehetzten Individuen wie der gehetzten Masse – die Totalität des Friedens.

Im ›Parsifal‹ ist der entrückte »Heil'ge Hain« kontrastiert mit dem fremden Lustgarten, in dem keine wertvollen Güter, sondern nur gauklerisch-trügerische verwahrt werden: Klingsors Garten ist Zaubergarten. »Tropische Vegetation, üppigste Blumenpracht [...]. Von allen Seiten her, zuerst aus dem Garten, dann aus dem Palaste, stürzen wirr durcheinander, einzeln, dann zugleich immer mehr schöne

[23] Richard Wagner, Parsifal. Ein Bühnenweihspiel in drei Aufzügen. Hrsg. und eingel. v. Wilhelm Zentner. Stuttgart 1980, S. 19 f.

Mädchen herein: sie sind mit flüchtig übergeworfenen, zartfarbigen Schleiern verhüllt, wie soeben aus dem Schlafe aufgeschreckt.«[24] Klingsors ver-rückter Garten ist ein solcher der Verführung. Wagner, der im Bühnenweihspiel Theater und Kunst hinter sich läßt, verdammt in solchem Topos den luxuriös-raffinierten, orientalisch-teuflischen Ästhetizismus. Das Werben der Mädchen um Parsifal – »Laß mich dir blühen! / Dir zu Wonn' und Labe / gilt mein minniges Mühen.«[25] – ist Blendwerk; auch Kundry (inmitten des Blumenhags als »jugendliches Weib von höchster Schönheit [. . .] auf einem Blumenlager, in leicht verhüllender, phantastischer Kleidung, annähernd arabischen Stiles« in Erscheinung tretend) vermag den »reinen Toren« nicht zu betören: »Vergeh, unseliges Weib!«[26] Das ist eine Szene wie von Makart, von dem Wagner Kulissen gemalt haben wollte. Theater, Maskerade, Künstlerfest. Klingsors Schloß verheißt Verführung ins Fremdartig-Exotische, das 'Ausleben' ermöglicht. »Ist es nicht das Wonnevolle, das Sinnlich-Zehrende, Sinnlich-Verzehrende, das Schwerberauschende, Hypnotisch-Streichende, das dick und üppig Abgesteppte, mit einem Worte das höchst Luxuriöse seiner Musik, was ihr die bürgerlichen Massen in die Arme trieb?« (Thomas Mann)[27]

Der sentimentalische Versuch, Dasein durch Gestaltung zu bewältigen, macht den Garten zum Projektionsfeld der Option auf Heimat. Hatte Stifter, so Carl E. Schorske, seine Utopie entworfen als Modell für eine Gesellschaft, die sich vervollkommnen sollte, so schufen die neuen Künstler einen Garten, wohin der Erwählte sich zurückziehen konnte in die Abgeschiedenheit vor einer ungemäßen Wirklichkeit. Für Stifter war die Kunst eine Krone, zu erlangen durch sittliche Reinheit und bürgerliche Redlichkeit als Belohnung für edles Streben. »Für seine geistigen Enkelkinder war die Kunst ein Erbe zu ihrem Genusse: edle Einfalt wich der Eleganz und 'Vornehmheit'. Die Sittlichkeit verlor ihren Vorrang an die Ästhetik, das Recht an die Grazie, die Weltkenntnis an das Bewußtsein der eigenen Empfindun-

[24] Ebd., S. 35.

[25] Ebd., S. 38.

[26] Ebd., S. 47.

[27] Thomas Mann, Leiden und Größe Richard Wagners (1933). – In: Th. M., Ausgewählte Essays. Bd. 3: Schriften über Musik und Philosophie. Ausgewählt, eingel. und erl. v. Hermann Kurzke. Frankfurt a. M. 1978, S. 104.

Innenansicht des Wintergartens der Münchner Residenz von Ludwig II. (um 1870).

gen. Eine hedonistische Selbstvollendung wurde zum Ziel allen Strebens, und Stifters 'Garten der Tugend' wurde verwandelt in einen 'Garten des Narziß'.«[28] Leopold von Andrian zu Werburg, ein Freund Hugo von Hofmannsthals, stellte seiner Erzählung ›Der Garten der Erkenntnis‹ (1895), welche die Identitätskrise des Fin de siècle zum Thema hat, das Motto voraus: »Ego Narcissus«. Bei Stifter dient der Garten als Vorbild fürs Leben; bei Andrian ist der Garten eine Zufluchtsstätte vor dem Leben. Der Narziß, der sich durch den Garten treiben läßt, ist selbstbezogen; er ist unfähig, andere zu lieben und Illusion von Wirklichkeit zu trennen. Als Stifter vier Jahrzehnte zuvor den Bildungsweg Heinrich Drendorfs im ›Nachsommer‹ zeichnete, ätzte er die Elemente der Wirklichkeit, auf welche sein Held stieß, in den schärfsten Konturen ein. Häuslichkeit, Landschaft, das »Rosenhaus«, die Arbeiter, Kunst und Geschichte: All das war im Geiste des

[28] Carl E. Schorske, Wien. Geist und Gesellschaft im Fin de siècle. Frankfurt a. M. 1982, S. 286 f.

gegenständlichen Realismus als Teil einer geordneten Welt behandelt, an welche das Individuum sich selbst anpassen mußte. Die richtig geordnete Welt liefert den Schlüssel und das Vorbild für eine wohlgeordnete Seele.[29]

Andrians ›Garten der Erkenntnis‹ bringt keine gesellschaftliche Erkenntnis hervor. Die Außenwelt der sozialen und geschichtlichen Realität ist dem inneren Schauplatz des Seelenlebens gewichen. Erwin, der Held von Andrians Erzählung, empfindet die Welt als ein Fließen, bald zähflüssig, bald stürzend; solches Strömen ist nirgends greifbar. Heinrich Drendorf meistert die Welt, die sich ihm als überschaubar, begreifbar darbietet, Schritt um Schritt; vor allem durch Arbeit ist die Dissonanz zu beseitigen. »Hofmannsthal sprach das Gefühl einer fließenden Beziehung zwischen 'Ich' und Welt gültiger aus als Andrian: ›Und drei sind Eins: ein Mensch, ein Ding, ein Traum.‹ Derartiger Panpsychismus war die vollständige Umkehrung von Stifters individualisiertem und definiertem Universum: ›Jedes Ding und jeder Mensch, pflegte er [Heinrichs Vater] zu sagen, könne nur eins sein, dieses aber muß er ganz sein.‹«[30]

In seinem Aufsatz ›Der Garten als literarisches Motiv: Ausblick auf die Jahrhundertwende‹, der minutiös die Wandlung des 'Garten' in seinen vielfältigen Varianten verfolgt, zitiert Thomas Koebner eine Stelle aus Robert Musils Roman ›Der Mann ohne Eigenschaften‹; dieses Zitat kann die in diesem Topos zutage tretende Antinomie des industriellen 19. Jahrhunderts komprimiert 'lokalisieren': »Man träumte von alten Schloßalleen, herbstlichen Gärten, gläsernen Weihern, Edelsteinen, Haschisch, Krankheit, Dämonien, aber auch von Prärien, gewaltigen Horizonten, von Schmiede- und Walzwerken, nackten Kämpfern, Aufständen der Arbeitssklaven, menschlichen Urpaaren und Zertrümmerung der Gesellschaft. Dies waren freilich Widersprüche und höchst verschiedene Schlachtrufe, aber sie hatten einen gemeinsamen Atem.«[31]

---

29 Vgl. ebd., S. 292.

30 Ebd., S. 293.

31 Thomas Koebner, Der Garten als literarisches Motiv: Ausblick auf die Jahrhundertwende. – In: Park und Garten im 18. Jahrhundert. Colloquium der Arbeitsstelle 18. Jahrhundert. Gesamthochschule Wuppertal. Heidelberg 1978, S. 141.
Robert Musil, Der Mann ohne Eigenschaften. Hamburg 1965, S. 55.

Albert Welti: Landschaft

Richard Riemerschmidt: Titelblatt der Zeitschrift ›Jugend‹,
farbiger Andruck (1897)

Der »Karfreitagszauber« des ver-rückten Gartens ist bei Wagner wie beim Jugendstil aus dem angstvollen Bewußtsein entwickelt, daß in der realen Gesellschaft die Klingsors nicht scheiterten, sondern reüssierten, die Parsifals nicht Erlösung bewirkten, sondern im Dikkicht der Großstädte mit ihrem Maschinenwesen untergingen – was Wagner auf denunziatorische Weise vor allem dem Judentum anlastete. Die Enttäuschung über solchen Weltverlauf wird in der Kunstutopie des ver-rückten Gartens überwunden. 'Vegetabilität' beruhigt moderne Nervosität; das künstliche Paradies täuscht vor, daß die Quellen des Sinns sprudeln. Wagners Heilslandschaft ist freilich, wie die meisten anderen Truggebilde der Epoche, kein sich öffnender, sondern ein sich abkapselnder Raum. Die Vision, die Erlösung verheißt, führt ins uterinare Dunkel: bedeutet ein Untertauchen im Fruchtwasser regressiver Denkungsart. Zurück will man zu einer frühen Stufe der menschlichen Entwicklung, zum Paradies. Es lag nahe, daß die Epigonen und Ideologen, als die vorletzten Tage der Menschheit angebrochen waren, die gesellschaftspolitische Abstinenz schöner Seelen zu nutzen vermochten. Keine Verführung, keine Versuchung, keine Verrückung, keine Doppelwertigkeit dann mehr, sondern ein Kahlschlag der Ambivalenz! Aus dem auf solche Weise 'bereinigten' Boden machte man ein Exerzierfeld für Weltuntergänge. Der verrückte Garten der ideologischen Verblendung ist 'eindeutig'. Eigenartig, erschreckend, wie sich inmitten der furchtbaren Erfahrungen des Krieges von 1914 der Topos 'Garten' eine Zeitlang weiter erhält, obwohl doch die grausige Realität jede Vorstellung von 'Garten' hätte hinwegfegen müssen. So wie in Thomas Manns ›Zauberberg‹ die höchste Höhe der Enthebung, zugleich die weiteste Entfremdung vom »Flachland«, als pathologisches Phänomen zu deuten ist, muß auch diese tiefste Tiefe der Verrückung als Krankheitsphänomen diagnostiziert werden. Man war offensichtlich nicht mehr in der Lage, geblendet von der Vision eines wie auch immer gearteten Paradieses, den Blick auf die wahre Situation zu richten. Mitten in der von Granaten aufgewühlten, in Morast versinkenden Kriegslandschaft, angesichts gegenseitiger blutiger Vernichtung und Zerstörung, eines blinden Enthusiasmus und menschenfeindlichen Zynismus, erscheint der Garten – zwar hoffnungslos pervertiert, aber immer noch bestimmt von der Sehnsucht nach Erlösung: als Ort des Idylls im martialischen Opfergang.

Zeichnung von FIDUS (eig. Hugo Höppener)

In der autobiographischen Erzählung ›Der Wanderer zwischen beiden Welten‹ zeichnet Walter Flex, der 1917, im Jahr des Erscheinens seines Buches, fiel, das Bild eines ephebenhaften Kriegers von patriotischer Schönheit. »Er war Andacht und Freude. Wie der schlanke, schöne Mensch in dem abgetragenen grauen Rock wie ein Pilger den Berg hinabzog, die lichten Augen ganz voll Glanz und zielsicherer Sehnsucht, war er wie Zarathustra, der von den Höhen kommt, oder der Goethesche Wandrer.«[32] Der Rhapsodie auf den heldischen Jüngling entspricht der Hymnus auf die vom Kriegsgeschehen noch nicht zerstörte Natur, die in Keuschheit die Berührung des Krieges erwartet, so als ob sie dadurch nicht vergewaltigt, sondern befruchtet würde.

Die Sonne badete im tiefsten Blau des vom Nachtgewitter erfrischten Himmels und überspiegelte mit feuchtem Glanze die hellschimmernden Flußwindungen und den fern in stählernem Blau aufblendenden Schild des Sajno-Sees. Das Licht troff durch das vollsaftige Grün der strotzenden Pappeln und Weiden, und über dem wuchernden Gras der weiten Koppeln flimmerte die Luft und zitterte unter dem Atem der erwärmten Erde. Wir warfen die Kleider am Netta-Ufer ab und badeten. Mit dem Strome trieben wir in langen Stößen hinab, schwammen gegen den Strom zurück, daß sich uns das Wasser in frischem Anprall über die Schultern warf, und stürzten uns immer aufs neue von der sonnenheißen Holzbrücke, die gegen die Sohlen brannte, kopfüber in weitem Sprung in den Fluß. Auf dem Rücken trieben wir geruhig stromab und liefen auf dem lauen Sande am Schilfufer zurück. Im buntwuchernden Wiesenkraut ließen wir uns von Sonne und Wind trocknen, und die leisen, zitternden Sonnenwellen rannen gleichmäßig durch Luft und Sand und Menschenleib und durchgluteten alles Lebendige mit trunkener Kraft und erschlaffender Freude. [...] Im Wasser und an den grünen Ufern des Flusses wimmelte es von den hellen Leibern badender Soldaten, die lichten Breiten der Netta schäumten von Wasser, Sonne und ausgelassenem Lachen. Die ewige Schönheit Gottes prangte über dem weiten Gottesgarten und leuchtete als Sonne und Schild über dem hellen Bilde des Jünglings ...

Über den Lärm und Glanz aller Kämpfe und Siege hin glänzt das Bild dieser Stunde in mir nach als der stärkste Eindruck, den ich mit Seele und Sinnen im Leben empfangen habe.

Aber am Abend des Tages stand derselbe Mensch im grauen Waffenrock neben mir auf dem dunklen Hochstand im Wipfel einer Doppelfichte, von wo tagüber unsre Baumposten das Kampfgelände mit Ferngläsern absuch-

[32] Walter Flex, Der Wanderer zwischen beiden Welten. Ein Kriegserlebnis. Heusenstamm 1977, S. 12.

Weltkriegslandschaft (1916)

ten, und ließ spielend den roten Mond im hellen Stahl seines breiten Seitengewehrs spiegeln. Seine rechte Hand glitt in leiser Unruhe prüfend an der Schneide entlang, und Auge und Hand freuten sich, wie so oft, an der römischen Form der blanken Waffe. Mit leicht vorgestrecktem Kopfe horchte er nach dem Dunkel der russischen Gräben hinüber, über denen die wachsamen Leuchtkugeln stiegen und sanken. Hinter den schwarzen Holzhütten von Obuchowizna glomm die rote Glut eines Torfbrandes, und schwarzer Ruß flockte in Wolken über den fackelhellen Himmel. Wir sprachen, ins Dunkel der Riesenfichte geschmiegt, von den Kämpfen, denen wir entgegengingen. »Einen echten und rechten Sturmangriff zu erleben«, sagte der junge Leutnant neben mir, »das muß schön sein. Man erlebt vielleicht nur einen. Es muß *doch* schön sein.« Und schwieg wieder und blickte auf den breiten Stahl in seinen Händen nieder. Mit einmal legte er mir den Arm um die Schulter und rückte das helle Schwert vor meine Augen: »Das ist *schön* mein Freund! Ja?« Etwas wie Ungeduld riß an den Worten, und ich fühlte, wie sein heißes Herz den großen Kämpfen entgegenhoffte. Lange noch stand er so, ohne sich zu rühren, mit leicht geöffneten Lippen im heller werdenden Mondlicht, das über die breite Klinge in seinen hellen Händen floß, und schien auf etwas Fremdartiges, Großes und Feindseliges zu lauschen, das im Dunkel verhohlen war. Wie er so wach und durstig in eine nahe, waffenklirrende Zukunft hineinhorchte, schien er mir wie das lebendig gewordene Bild des jungen Knappen, der in der Nacht vor der Schwertleite ritterliche Wacht vor seinen Waffen hält.[33]

Auch ein Karfreitagszauber. Materialschlacht als Ostern. Aufgehen im Stahlgewitter. Zerstörung des Gartens im Zeichen des Gartens. Ästhetisierung der Barbarei. Im Nationalsozialismus sollte sie eineinhalb Jahrzehnte später zur Selbstverständlichkeit werden.

[33] Ebd., S. 49 f., 53 f.

Harro Segeberg

SIMULIERTE APOKALYPSEN

Georg Kaisers ›Gas‹-Dramen im Kontext expressionistischer Technik-Debatten

1.

Die imponierende Materialfülle der Marbacher Ausstellung ›Literatur im Industriezeitalter‹ könnte fast vergessen lassen, wie sehr bis in die literaturwissenschaftliche Forschung der 70er Jahre hinein das Verhältnis der Literatur zu den technisch-industriellen Revolutionen der Neuzeit nur als ein vermeintliches Randthema der Literaturgeschichte Beachtung finden konnte. Es galt als sicher, daß sich Literaten in der Regel gar nicht oder bestenfalls nur sehr mißverständlich über Technik und Industrie äußern könnten.[1] Insbesondere Wortführer der technischen Intelligenz wollen darin bis heute ein Modernisierungsdefizit der modernen Literatur erkennen.[2]

Für die hier nicht im einzelnen zu analysierenden Störungen in den Beziehungen zwischen schöngeistiger und technisch-naturwissenschaftlicher Intelligenz[3] ist sicherlich nicht zuletzt die Fülle literarischer Technik-Apokalypsen mit verantwortlich, die von Anfang an im ebenso vielfältigen wie kontroversen Meinungsstreit der Literaten nicht fehlten. Daß Technik-Euphorie stets von neuem und dann zumeist sehr schnell in Technik-Kritik umschlug, darin konnten zumal die professionellen Betreiber des technischen Fortschritts nur die Ur-

[1] Zur Herkunft und Geschichte dieser Denkfigur vgl. jetzt: Helmut Kreuzer (Hrsg.), Die zwei Kulturen. Literarische und naturwissenschaftliche Intelligenz. C. P. Snows These in der Diskussion. (Zuerst 1967 u. 1969.) München 1987.

[2] Vgl. Harro Segeberg: Literaturwissenschaft und interdisziplinäre Technikforschung. – In: Technik in der Literatur. Ein Forschungsüberblick und zwölf Aufsätze. Hrsg. v. H. S. Frankfurt a. M. 1987, S. 13–21.

[3] Vgl. z. B. (mit Einführung einer dritten soziologischen Kultur): Wolf Lepenies, Die drei Kulturen. Soziologie zwischen Literatur und Wissenschaft. München 1985.

teilsunsicherheit des Nichtfachmanns erblicken. Die Neubewertung literarischer Technik-Diskussionen müßte sich demzufolge darum bemühen, genauer darauf zu achten, wovor die vielgeschmähten literarischen Schreckensvisionen eigentlich warnen wollen und wie sie dabei vorgehen. Die Phase des Expressionismus und hier insbesondere Georg Kaisers ›Gas‹-Dramen eignen sich für ein solches Vorhaben vorzüglich als Anschauungsbeispiel.

2.

Warum das so ist, wird deutlich, wenn man sich an den Ausgangspunkt expressionistischer Technik-Debatten erinnert: denn entgegen vielen landläufigen Urteilen über das antimoderne Pathos expressionistischer Dichtung sahen deren Autoren in der Technik keineswegs von vornherein eine feindliche Größe.[4] Am Anfang des Expressionismus stand vielmehr eine futuristisch gesteigerte Technik-Euphorie, deren Wortführer im Auto und im Flugzeug ein Mittel zur rauschhaften Erhöhung eines vitalistisch geprägten dynamischen Lebensgefühls erblickten.[5] In der Eroberung der Luft und im Geschwindigkeitsrekord der ersten Autorennen feierte man die Befreiung des Ausnahmemenschen, der sich gegen alle Bedenklichkeiten des sozialen Durchschnitts souverän durchsetze.[6]

Diese gelegentlich extrem elitäre Technik-Euphorie des Expressionismus erlebte spätestens in den Materialschlachten des Ersten Weltkrieges ihre radikale Enttäuschung. Die anfangs durchaus kriegs-

---

4 Vgl. als epochengeschichtlichen Überblick: Karlheinz Daniels, Expressionismus und Technik. (Zuerst 1969.) – In: Technik in der Literatur (wie Anm. 2), S. 351–386.

5 Zur Geschichte der Auto-Dichtung vgl. genauer: Siegfried Reinecke, Mobile Zeiten. Eine Geschichte der Auto-Dichtung. Bochum 1986. Vgl. weiter Felix Philipp Ingold, Literatur und Aviatik. Europäische Flugdichtung 1909 bis 1927. Mit einem Exkurs über die Flugidee in der modernen Malerei und Architektur. (Zuerst 1978). Frankfurt a. M. 1980. Beide Autoren haben auch in: Technik in der Literatur (wie Anm. 2) Aufsätze zu ihrem Thema vorgelegt (S. Reinecke zusammen mit Jürgen Link).

6 Vgl. Marie Holzer, Das Automobil. (Zuerst 1912.) – In: Das Autobuch. Geschichten und Ansichten. Hrsg. v. Klaus Roehler. Darmstadt u. Neuwied 1983, S. 13 f.

begeisterten vitalistischen Heroismus-Konzepte der expressionistischen Kriegslyrik konnten der Erfahrung massenvernichtender Materialschlachten auf Dauer nicht standhalten.[7] Mit dem Kriegserlebnis wurde vielmehr ein Maschinenerlebnis vorherrschend, das sich schon vor 1914 in den Großstadtgedichten der expressionistischen Dichter angekündigt hatte: insbesondere Massenverkehrsmittel wie Eisenbahn, Untergrundbahn oder Omnibus verdichteten sich für viele Autoren zu einem aggressiven Universum unzähliger Einzelmaschinen, in dem sich für sie der maschinenhafte Rhythmus einer Großstadt und damit einer anonymisierten Massenexistenz versinnbildlichte. Aus schrillem »Maschinenkreischen« entstand der schwarze »Moloch« Stadt (G. Heym) [8]. Die stets drohende Gefahr des Unfalls führte zu Visionen, die den Untergang, die Selbstvernichtung als unvermeidliches Resultat eines von jeglicher Sozialkontrolle befreiten Industrialisierungsprozesses prophezeiten.[9]

Der Erste Weltkrieg hat also deshalb als Industrialisierungschoc so gravierend wirken können, weil er die zuvor schon erkennbaren destruktiven Züge im Doppel-Antlitz moderner Technik zur Kenntlichkeit entstellt hatte. Die Beiträge der spätexpressionistischen Technik-Debatte, zu der Georg Kaisers Dramen ›Gas‹ (1918) und ›Gas Zweiter Teil‹ (1920) gehören, sind nur vor diesem Hintergrund erklärbar.[10] Sie sind Versuche, ein literarisches Erklärungsmodell zu erproben, das sich jenseits eines blindwütigen Maschinenhasses entfaltet. Die Spätexpressionisten wollen Choc-Erfahrung und rationale Erklärung zusammenbringen.

---

[7] Vgl. genauer: Hermann Korte, Der Krieg in der Lyrik des Expressionismus. Studien zur Evolution eines literarischen Themas. Bonn 1981 (Abhandlungen zur Kunst-, Musik- und Literaturwissenschaft. Bd. 315).

[8] Georg Heym, Ophelia (1910). – In: G. H., Das lyrische Werk. Aufgrund der Gesamtausg. hrsg. v. Karl Ludwig Schneider. München 1977, S. 161.

[9] Vgl. etwa Jakob van Hoddis, Weltende (1911). – In: Menschheitsdämmerung. Ein Dokument des Expressionismus. Hrsg. v. Kurt Pinthus. (Zuerst 1920.) Reinbek 1959, S. 39. Zu den dabei wirksamen Wahrnehmungsformen vgl. genauer: Silvio Vietta, Großstadtwahrnehmung und ihre literarische Darstellung. Expressionistischer Reihungsstil und Collage. – In: Deutsche Vierteljahrsschrift 48 (1974), S. 354–373.

[10] Weiter wären zu nennen: Ernst Tollers Dramen ›Die Wandlung‹ (1919), ›Masse Mensch‹ (1921), ›Die Maschinenstürmer‹ (1922) sowie Alfred Döblins ›Berge Meere und Giganten‹ (1924).

3.

Ob dieses Vorhaben bei Kaiser gelingt, wird man nur beurteilen können, wenn man sich zuvor auf die eigentümliche Form-Struktur seiner Dramatik einläßt. Am wichtigsten ist es dabei, die provozierend zugespitzten Behauptungen Kaisers zur Bedeutung der Abstraktion in seiner Dramatik richtig einzuschätzen.

Denn: wenn Kaiser einerseits sein Desinteresse an der exakten Widerspiegelung der Realgeschichte in ihrer Vielfalt bekräftigt, so heißt das anderseits nicht, daß er an der Erkenntnis von »Welt- und Naturgeschichte« in einem universalen Sinn nicht interessiert sei.[11] Kaiser sagt lediglich, worin ihm auch der strenge Wissenschaftstheoretiker auf seine Weise zustimmen müßte: der naive Blick auf die empirischen Kontingenzen der Realhistorie offenbart keinerlei weiterreichende Einsichten; mit ihm nimmt man – so jedenfalls Kaiser – nichts anderes als »wahllos vorgeworfenes Material« wahr. Erst der Dichter »konstruiert das Gesetz« und »schichtet den Krimskrams«; aus dem »hingeschmissenen Steinhaufen« wird nur auf diese Weise ein Haus.[12]

Des Dichters »Gesetze« sind also – wie auch die Hypothesen des Natur- oder Gesellschaftswissenschaftlers – zunächst einmal lediglich Denk-Gesetze, deren Gültigkeit der Dichter, darin anders als der empiriegeleitete Forscher, dann anhand fiktiver Verläufe vorführt. Erst dadurch entsteht für Kaiser »ein klares Bild aller unsinnigen Irrtümer der Menschheit«[13], und der Leser oder Zuschauer kann Übereinstimmungen mit seiner eigenen Situation nur dann feststellen, wenn er überlegt, ob sich für seine empirische Geschichte ein ähnlicher Verlauf als denkbar abzeichnet. Vergleichbar ist diese Fiktion im Kopf des Zuschauers mit der Fiktion des Autors. Die Frage eines verschreckten Betrachters aus dem Jahre 1958: »Was ist anders?«[14] ist die Frage danach, ob die Voraussetzungen für Kaisers Denk-Experiment noch stimmen.

---

[11] Georg Kaiser, Historientreue. Am Beispiel der Flucht nach Venedig (1923). – In: G. K., Werke. Hrsg. v. Walther Huder. Bd. 4: Filme, Romane, Erzählungen, Aufsätze, Gedichte. Frankfurt a. M., Berlin u. Wien 1971, S. 576–579 (Zitat S. 576).

[12] Ebd., S. 577.

[13] Ebd., S. 576.

Seine für unser Thema entscheidende Brisanz erhält dieses Abstraktionsmodell nun dadurch, daß es im Falle der beiden ›Gas‹-Dramen die innere Denk-Struktur spezifisch technischer Kalküle nachahmt. Oder anders: Kaiser abstrahiert nicht nur, sondern seine Abstraktionen haben – wie das technische Denken der Neuzeit – einen ausgeprägt finalen Charakter.[15] Bei Kaiser wird nicht kausal erklärt, sondern unter Verwendung kausaler Gesetzmäßigkeiten zielgerichtet neu konstruiert.

Kaiser schaltet also die »Determinationen und Kausalitätsgesetze der realen Wirklichkeit« nicht einfach aus,[16] sondern er wählt aus, spitzt zu und konstruiert ein »szenisches Experiment«, das die realen Verläufe nicht nachahmt, sondern durch die versuchsweise Isolierung und Radikalisierung der ihnen unterlegten Bewegungsgesetze im künstlich konstruierten Modellbeispiel noch überbietet. Kaisers ›Gas‹-Dramen beruhen auf der Auswahl, Radikalisierung und Anwendung hypothetischer Denkgesetzlichkeiten im Interesse dichterisch gesetzter Zwecke. Wie der Ingenieur die Naturverläufe, so isoliert der Dichter die Gesellschaftsverläufe im Experiment, um sie dort in seinem Sinne umlenken zu können. Kaisers Dichtung ist darin wie jeder ʽArtefaktʼ des Technikers eine »gegennatürliche« Schöpfung [17]. In der Künstlichkeit des Experiments wird auch bei Kaiser die Natürlichkeit der empirischen Realität nicht einfach nachgeahmt, sondern überboten. Simulation meint demzufolge nicht Imitation, sondern Antizipation mit Hilfe eines Denkmodells, das mögliche Entwicklungsgesetze aussondert, radikalisiert und in eine fiktive Zukunft fortschreibt.

---

[14] Alexander von Cube, »Das rechnet sich selbst weiter« [...] (zur Piscator-Inszenierung des Jahres 1958, vgl. dazu unten S. 298 ff. – In: Vorwärts v. 10. 10. 1958. Georg-Kaiser-Archiv im Archiv der Akademie der Künste, Berlin (West). Fortan zit.: GKA.

[15] Zum Selbstverständnis neuzeitlicher Technik als finaler Naturwissenschaft vgl. Simon Moser, Kritik der traditionellen Technikphilosophie. – In: Techne, Technik, Technologie. Philosophische Perspektiven. Hrsg. v. Hans Lenk u. S. M. Pullach bei München 1978, S. 80: Abgewendet werden soll damit die Auffassung, Technik sei lediglich angewandte Naturwissenschaft und daher keine eigenständige Disziplin.

[16] So die etwas mißverständliche Formulierung Denklers, der ansonsten am weitesten in die hier skizzierte Richtung vorgedacht hat (Horst Denkler, Drama des Expressionismus. Programm – Spieltext – Theater. München 1967 [2. Aufl. 1979], S. 78 u. 79).

4.

Worauf es Kaiser dabei ankommt, das wird deutlich, wenn der Betrachter auf die interne Logik seines dramatischen »Denk-Spiels«[18] achtet. Kaisers ›Gas‹-Dramen führen in abstrahierender Zuspitzung vor, was geschehen müßte, wenn sich jeglicher sozialer Fortschritt nur ein Ziel setzte: die Entfesselung eines stetig gesteigerten technischen Fortschritts. Denn, die Übereignung des Gas-Werks an die Arbeiter (›Gas I‹) und die Verstaatlichung der Profitrate (›Gas II‹) verfolgen beide die soziale Idee einer radikalen Entgrenzung des technischen Fortschritts. Die Produktivität Technik wird von allen denkbaren Fesseln befreit, und diese Entgrenzung erlaubt die alles überbietende Energieproduktion; »die Raserei der Arbeit war entfesselt« (S. 198).[19]

Kaiser gestaltet exakt die Fallhöhe einer entsprechend hochgezüchteten Apparatur. Katastrophen sind hier kein Rest-, sondern ein von Anfang an einkalkuliertes Normal-Risiko. Denn: je gewaltiger die künstliche Energieballung in der Kalkül-Natur der Maschine anwächst, desto größer ist die Gefahr einer gar nicht mehr berechenbaren Explosion: »die Formel stimmt – und das Gas fliegt auf! [...] Der Fehler wird von jenseits diktiert« (S. 184). Berechenbar ist daran

---

[17] Vgl. Günter Ropohl, Technik als Gegennatur. – In: Natur als Gegenwelt. Beiträge zur Kulturgeschichte der Natur. Hrsg. v. Götz Großklaus u. Ernst Oldemeyer. Karlsruhe 1983, S. 87–100 (S. 89 u. ö).

[18] Dieser Ausdruck stammt von Kaiser selbst, vgl. G. K., Das Drama Platons oder Der gerettete Alkibiades; Der platonische Dialog (1917). – In: G. K., Werke (wie Anm. 11), S. 544 f. Dieser Begriff ist durch die polemische Verwendung bei Bernhard Diebold, Der Denkspieler Georg Kaiser. Frankfurt a. M. 1924, sicherlich vorbelastet; ich halte ihn gleichwohl für geeignet, um in einem empirisch-beschreibenden Sinne die formale Struktur der Kaiserschen Dramatik zu kennzeichnen. Wer an einer genaueren Auseinandersetzung mit der Kaiser-Literatur interessiert ist, sei verwiesen auf das Kaiser-Kapitel in: Harro Segeberg, Literarische Technikbilder. Studien zum Verhältnis von Technik- und Literaturgeschichte im 19. und frühen 20. Jahrhundert. Tübingen 1987 (Studien und Texte zur Sozialgeschichte der Literatur. Bd. 17), S. 224–258.

[19] Die beiden ›Gas‹-Dramen werden im Text mit bloßer Seitenzahl zitiert nach: Georg Kaiser, Stücke, Erzählungen, Aufsätze, Gedichte. Hrsg. v. Walther Huder. Köln, Berlin u. Wien 1966.

nur noch der Ertrag für die Produktionsmitteleigner: »Auf – Menschenopfer« sind sie in Zukunft »eingerichtet« – der »Turnus ist ja dann bekannt« (S. 197 f.).

Die Formel von den schlechthin »unkontrollierbaren Gewalten«, die die Forschungsliteratur vielfältig variiert,[20] verdeckt also die entscheidende Spitze des von Kaiser mit suggestiver Logik entfalteten Denkspiels: daß hinter dem »Hirn des Ingenieurs« »Gewalten ohne Kontrolle« regieren, gehört von vornherein zur sozialen Versuchsanordnung einer Technik, die den von allen Naturinhalten abstrahierenden Denkzugriff »über Menschenmaß [...] hinaus« perfektioniert hat. »Das Hirn des Ingenieurs hat das Äußerste berechnet« (S. 184) .»Kein Hirn rechnet straffer« (S. 179). »Die Explosion geschah. [...] Nach ihrem Gesetz. Nicht nach seinem« (S. 183).

Kaisers ›Gas‹-Dramen sind also keine Abrechnung mit ʽder Technik'; der Dichter thematisiert vielmehr eine sehr spezifische Radikalisierung und Zuspitzung technischen Denkens. Denn, daß die Energieproduktion außer Kontrolle gerät, heißt, wie gezeigt, eben gerade nicht, daß sie sich von jeder sozialen Außensteuerung befreit hat. Obschon der Einzel-Explosion »wehrlos ausgeliefert« (S. 179), kann man, wie Kaisers Kapitalvertreter – die »Schwarzen Herren« – es vorführen, die vorhersehbare Wiederkehr solcher Katastrophen wie einen äußerst normalen Kostenfaktor »buchen« (S. 196). Kaisers Katastrophen fügen sich jedenfalls sehr wohl in ein Herrschaftskonzept, das den Kosten-Nutzen-Kalkül streng ökonomisch auslegt: der Umbau des Werks zugunsten einer schwächeren Energieproduktion sei – so Kaisers »Schwarze Herren« – zu teuer und bringe zudem »die Produktion der Welt« ins Wanken (S. 198). Am Ende sehen sie dadurch den Aufbau einer staatlicherseits gewünschten Rüstungsproduktion behindert (S. 218). Die finanzielle und emotionale Abfindung der Unfallopfer und ihrer Hinterbliebenen erscheint demgegenüber als kostengünstiger. »Die Regierung bereitet im Reichstage eine dahingehende Kundgebung vor« (S. 217).

In unsere heutige Sprache übersetzt, heißt diese Fiktion: der GAU ist kalkulierbar und damit beherrschbar. Schon für Kaisers ›Gas‹-Dramen gilt, was heute zur Charakterisierung ʽpostmoderner' Be-

[20] Vgl. Ernst Schürer, Georg Kaiser. New York 1971 (Twayne's World Authors Series 196), S. 105.

findlichkeit gesagt wird: »Die Herstellbarkeit der Katastrophe *ist* die Katastrophe«[21]. Auch wodurch jedwede Form der Gegenwehr so sehr erschwert wird, beschäftigt bereits den ›Gas‹-Dichter.

5.

Für Kaiser werden bei der Konstruktion der Katastrophe zwei Zwangsgesetze wirksam. Der Dichter der ›Gas‹-Dramen entfaltet eine materielle und eine immaterielle Erklärungslinie. Sie werden im folgenden kurz skizziert.

Ich beginne mit dem ersten und bereits auf den ersten Blick problematischen Deutungsansatz: Kaisers ›Gas‹-Dramen lassen sich lesen als dramatisch inszenierte Machtergreifung eines totalitären Maschinen-Apparats, der mit automatenhafter Gesetzmäßigkeit auf den Industriearbeiter einwirkt. Kaiser erfindet für diesen Zweck eine mechanistische Maschinentechnik, die schon zur Zeit ihrer literarischen Konstruktion nur noch sehr bedingt den technischen Fortschritt verkörpern konnte.[22] Für den ›Gas‹-Dichter verhindert gleichwohl die auf die Erzwingung allerkleinster Hand- und Kontrolltätigkeiten spezialisierte Arbeitsmaschine jedwede Rebellion und Umkehr.

Kaisers Schreckbild ist der von der Monotonie einer Maschine lebenslang gefesselte Arbeiter (S. 201–206). Denn die dadurch unwiderruflich durchgesetzte Funktionalisierung des Menschen zum bewußtlosen Maschinenteil führt dazu, daß die in den Streik-Szenen von ›Gas I‹ und ›Gas II‹ auftretenden Arbeiter-Sprecher einerseits ihre Maschinisierung beklagen und anderseits – trotz aller Anläufe (S. 207 ff.) – sich von einem Denken nicht lösen können, das die Existenz des einzelnen mit seiner 'Rädchen'-Existenz als totes Maschinenanhängsel gleichsetzt. Der Appell des Milliardärsohnes »Du Bruder bist mehr als eine Hand!! – – Du Sohn bist mehr als Augen!! — Du Mann lebst mehr als *einen* Tag!! – –« (S. 214) scheitert daran, daß der Ingenieur die Siedler-Utopie des Milliardärsohnes zur Bauern-

[21] Klaus R. Scherpe, Dramatisierung und Entdramatisierung des Untergangs – zum ästhetischen Bewußtsein von Moderne und Post-Moderne. – In: Postmoderne. Zeichen eines kulturellen Wandels. Hrsg. v. Andreas Huyssen u. K. R. S. Reinbek 1986, S. 271.

[22] Vgl. dazu genauer: H. Segeberg, Literarische Technik-Bilder (wie Anm. 18), S. 237 ff.

Wirtschaft verkürzt und dagegen den Arbeitsstolz der ohne ihre Teilexistenzen nicht mehr lebensfähigen Energie-Arbeiter erneut anstachelt (S. 212–214). Das Gegenbild einer naturhaften Lebensform als vielfältiges »Wunderwesen« (S. 185) und »Bruder«-Mensch (S. 210) hat dort keine Chance mehr, wo die Widerstandskraft des einzelnen von der »Ewigkeit« (S. 188) einer mechanisierten Apparate-Existenz gleichsam ausgezehrt ist. »Noch saust das Rad in euch« (S. 186), erkennt der Milliardärsohn erschrocken. Seine Utopie einer radikal entindustrialisierten Landkommune soll demzufolge ohne jede Maschinentechnik auskommen.[23]

Der dichterischen Prognose liegt also eine Vermutung über die Auswirkung der Maschinenarbeit auf den Menschen zugrunde, die deren Zwangsgewalt absolut setzt und ihr damit eine totalitäre Allmacht zuschreibt: durch Apparate »verstümmelt« (S. 214), vermag sich der einzelne nicht mehr wirksam zur Wehr zu setzen. *All*mächtig ist der Apparat und *ohn*mächtig der Arbeiter, weil der Produktionsablauf wie ein »Automat« (S. 232) auf ihn wirkt. Nur wenn er stockt, gibt es »Sekunden – [. . .] zur Besinnung« (S. 232), eine Umkehr gelingt jedoch nicht. Technik erhält, obschon sozialer Prozeß, die Qualität einer historischen Invariante.

Den dadurch zum irreversiblen Zwangsgesetz ver*ding*lichten Geschichtsprozeß von Vernichtung und »Selbstvernichtung« (S. 254) kann man entweder – wie Kaisers Ingenieure und Destruktionstechniker – ebenso fanatisch wie lustvoll vorantreiben oder aber – wie der Milliardärarbeiter aus ›Gas II‹ – abrupt abkürzen: durch den Wurf einer Kapsel mit »Giftgas« (S. 253) löst er den allgemeinen Weltuntergang aus. Dem gegen jedweden Aufruf zur Wandlung »ertaubten« Menschen sei anders nicht zu helfen (S. 253).

6.

Kaisers Denkvorstoß ist also damit belastet, daß er im Bild einer verdinglichten Technik eine Entwicklung sichtbar machen will, die sich gerade dadurch auszeichnet, daß sie über materielle Zwangsmittel weit hinausgreift. Denn, schon die dramatische Inszenierung der er-

[23] Zum historischen Hintergrund vgl. Ulrich Linse, Zurück, o Mensch, zur Mutter Erde. Landkommunen in Deutschland 1890–1933. München 1983.

Der weiße Herr und der Schreiber, im Hintergrund die Silhouetten der Gasfabrik. Skizze zur Uraufführung im Neuen Theater, Frankfurt (28. 11. 1918, Regie: A. Hellmer). Nach: Weltstimmen Nr. 3 (Juli 1927), S. 99.

sten Gas-Explosion (S. 173–180) zeigt, wie sehr es Kaiser eben auch auf die Erhellung immaterieller Zwangsmittel ankam: Kaisers Schrekken wirkt von Anfang an deshalb so verheerend, weil die Gas-Energie erst im Augenblick ihrer Explosion aus dem Kunst-Gehäuse ihrer apparativen Produktion heraustritt (S. 179 f.). Weder Produkt noch Produktion sind zuvor direkt sichtbar. Auch die herannahende Gefahr teilt sich allein in der Färbung von »Gas im Sichtglas« mit (S. 175).

Daß die Katastrophe in der Figur des »weißen Herren« ebenso »lautlos« wie gesichtslos herannaht (S. 173 f.), gehört also zur Bedingung ihrer Herstellung. Oder anders: Nur der Schrecken, den man erst bemerkt, wenn er nicht mehr abgewendet werden kann, vermag seine Zerstörungsenergie um so mehr zu entfalten, je weniger man seine Produktion wahrnimmt. Der Fallhöhe seiner Konstruktion (s. o. S. 290) entspricht eine Fallhöhe seiner Wahrnehmung. Je plötzlicher er hereinbricht, desto sicherer stürzt er nicht nur die Arbeiter, sondern auch seine Hersteller in den Wahnsinn (S. 253 f.).

Denn: der abstrakte Kalkül-Charakter dieser Energie-Produktion kollabiert erst in dem Augenblick, als – so eine Szenenanweisung – »ein Arbeiter – nackt, von Explosion gefärbt – [herein-]taumelt« (S. 179). In ›Gas II‹ bereitet sich die »Selbstvernichtung« der Kriegsgegner (S. 254) in einer Kontroll- und Befehlsstation vor, in der das Inferno eines totalen Krieges mit Hilfe abstrakter Daten- und Zeichensysteme inszeniert wird (S. 225 ff.; 243 ff.). Krieg wird hier wie ein Schachspiel betrieben (S. 228), dessen Destruktionsgewalt erst am Ende mit der Zerstörung des gesamten Werkes in die abgeschirmte Befehlsstation der Spielführer hineinbricht (S. 253 f.). Die Explosion zerreißt die Abstraktheit einer künstlich instrumentierten Schein-Realität, deren ins Gespenstische gesteigerte Unwirklichkeit allenfalls als Alptraum 'realistisch' wirken konnte.

Das aber heißt: Kaisers Theater-'Ästhetik des Schreckens' vermag sich nur dann wirklich zu entfalten, wenn die dramatische Welt seiner ›Gas‹-Dramen auf dem Höhepunkt ihrer fortschreitenden Entfesselung wie ein Traumbild zerreißt und ein Schreckbild zurückläßt. Für die Inszenierung solcher ins Sinnlich-Übersinnliche ver-rückten 'Zwischenwelten' setzte nicht das Theater, sondern der dem dramatischen Expressionismus vorausgeeilte expressionistische Film den Maßstab.[24]

[24] Vgl. Lotte H. Eisner, Die dämonische Leinwand. (Zuerst 1955.) Hrsg. v. Hilmar Hoffmann u. Walter Schobert. Frankfurt a. M. 1980, S. 21 f.

»Die Erhitzung und Aufstachelung der Bilder« mußte daher so weit wie möglich der »Raserei« eines »Kinema-Stils«[25] nachgebildet werden, der schon für die Zeitgenossen auf die Simulation von »Massenbewegungen und Katastrophen« spezialisiert schien[26]. Der Kinogänger und Filmautor Kaiser[27] hat aus diesem Grund filmische Darstellungsmittel in sein expressionistisches ›Gesamtkunstwerk‹ aufgenommen und damit den Regisseuren die Möglichkeit gegeben, die Wahrnehmung der Technik als technische Wahrnehmung zu gestalten. Ein kurzer Blick auf einige ausgewählte Zeugnisse zur Inszenierungs- und Rezeptionsgeschichte soll zeigen, daß Kaisers zumal in ›Gas II‹ gelegentlich ins Unerträgliche gesteigerte Radikalität der Abstraktion am ehesten in einer 'filmischen' Inszenierung vor dem Absturz ins schlechthin Groteske bewahrt werden konnte.[28]

7.

Sogar die schärfsten Kritiker Kaisers haben genau erkannt, wie sehr die Annäherung an Ausdrucksmittel des »Kinostücks«[29] dafür verantwortlich war, daß Kaiser die für das expressionistische Theater kennzeichnenden Charakterzüge der Abstraktion und Stilisierung in

[25] So die Charakterisierung des frühen Stummfilms bei Max Brod, Kinematograph in Paris (1912). Zit. nach: Kein Tag ohne Kino. Schriftsteller über den Stummfilm. Hrsg. v. Fritz Güttinger. Frankfurt a. M. 1984, S. 35 bis 38 (Zitat S. 36).

[26] Kurt Pinthus, Das Kinostück (1913). Zit. nach: Expressionismus. Manifeste und Dokumente zur deutschen Literatur 1910–1920. Hrsg. v. Thomas Anz u. Michael Stark. Stuttgart 1982, S. 481–487 (Zitat S. 481).

[27] So jedenfalls Walther Huder – nach einem zeitgenössischen Zeugnis – im Nachwort zu G. Kaiser, Werke (wie Anm. 11), S. 740. Zum Verhältnis Kaisers zum Kino vgl. Anton Kaes (Hrsg.), Kino-Debatte. Texte zum Verhältnis von Literatur und Film 1909–1929. Tübingen u. München 1987, S. 1–33 (S. 30 f., mit weiteren Literaturangaben).

[28] Eine ausführliche Dokumentation findet sich bei H. Segeberg, Literarische Technik-Bilder (wie Anm. 18), S. 242–258. Vgl. weiter die entsprechenden Kapitel aus: Peter K. Tyson, The Reception of Georg Kaiser (1915–1945). Texts and Analysis. Vol. 1,2. New York, Berne, Frankfurt a. M., Nancy 1984 (Canadian Studies in German Language and Literature. Vol. 32).

[29] So Kurt Pinthus in: Expressionismus (wie Anm. 26), S. 481, zur Ab-

einer äußersten Zuspitzung darbietet.[30] So führen »Rapidität« und »Konzentration der Handlung«[31] auch bei Kaiser dazu, daß seine ›Gas‹-Dramen keine psychologisch wahrscheinlichen Entwicklungsgeschichten mit vielfältig differenzierten Charakteren vorstellen. Ähnlich wie der Stummfilm der Zeit »auf die Psychologie, auf die Einfühlung in die Nuance« verzichtet,[32] so sind Kaisers Figuren nichts anderes als stilisierte Typisierungen, die stets nur das tun, was die dramatische Kollision radikalisiert und vorantreibt. Deshalb verlangt der Milliardärsohn von sich selber und von seinen Arbeitern den radikalen und sofortigen Ausstieg aus einer Gas-Produktion, die er zuvor mit Hilfe gezielter materieller und sozialer Anreize entfesselt hatte. Ein Kritiker hat dies Prinzip plötzlicher »Umkehr« (S. 185) ohne jede Vorausmotivierung auf die einprägsame Formel gebracht: »Stinnes als Tolstoj«[33]. Kaisers Ingenieur ist zuerst vom Choc der Katastrophe gezeichnet, um sich dann sehr schnell in den fanatischen Erzeuger einer Destruktionsenergie zu verwandeln (S. 178 ff.). Die Blau- und Gelbfiguren aus ›Gas II‹ präsentieren sich als Kriegstechniker, denen jedwede menschliche Regung abgeht. Solche psychologischen »Unmöglichkeiten von Fabel und Begründung« waren in der Tat für den Zuschauer am ehesten akzeptabel, wenn er sich in das Kino seiner Zeit mit seiner auf das »Elementarste« verknappten »alleinfachsten Gefühlsmechanik«[34] versetzt glaubte.

Nicht die empirische, sondern die Kino-Realität setzte also den Rezeptionsmaßstab. Nur wenn Kaisers »gespenstig-unwirkliche« Gas-Welt wie eine »filmisch wirkliche [...] Trickwelt« inszeniert wurde,

---

grenzung vom »Kinodrama« als einem bloß verfilmten »Theaterdrama« (ebd.). Zur Geschichte der Wechselwirkungen zwischen Film und Literatur vgl. jetzt genauer Joachim Paech, Literatur und Film. Stuttgart 1988.

[30] H. Segeberg, Literarische Technik-Bilder (wie Anm. 18), S. 244.

[31] Ferdinand Hardekopf, Der Kinematograph (1910). – In: Kein Tag ohne Kino (wie Anm. 25), S. 45 f. (Zitat S. 45).

[32] Rudolf Kurtz, Expressionismus und Film. (Zuerst 1926.) Zürich 1965 (Filmwissenschaftliche Studientexte. Bd. 1), S. 19.

[33] Franz Graetzer in: Blätter für Kunst. Konstanz 1920, S. 32 f. (Zitat S. 32).

[34] Hamburger Fremdenblatt v. 30. 1. 1920, zit. nach: Theatermuseum Köln (Schloß Wahn), Mappe ›Kaiser – Gas Wien 1924 [etc.]‹. Zitat im Text gesperrt. Zum Stummfilm: Alfred Polgar, Das Drama im Kinematograph (1911). – In: Kein Tag ohne Kino (wie Anm. 25), S. 57–61.

Bühnenbild zur Inszenierung Peter Schlapps am Marburger Schauspiel (Spielzeit 1978/79). Nach einer Fotografie im Programmheft.

akzeptierte – wie bereits vermutet – sogar der skeptische Betrachter eine solche wie von einer künstlichen Apparatur imaginierte Szenerie zumindest für die Dauer einer Aufführung als 'realistisch'.[35] Kaisers Schauspiel wurde dann nicht wie herkömmliches Theater »gespielt, (sondern) fast möchte man sagen: gefilmt«[36].

Kaisers Kunst der »mathematischen Auflösung, der schematisierenden Berechnung« (H. Ihering) brauchte also zur Entfaltung ihrer expressiven Dynamik das von allen vordergründigen empirischen Schlacken so weit wie möglich gereinigte szenische Umfeld. Nur dann wirkte »alles leicht, frei, geistig«[37]. »Das unpersönliche Fluidum, das alle lenkt und beherrscht, die Übermacht der Technik« kam dann »stark zur Geltung«[38]. Fabriklandschaften wurden daher in vielen

---

[35] F. Junghans, ›Gas‹. – In: Neue Preußische Kreuzzeitung v. 9. 9. 1928. Theatermuseum Köln (Schloß Wahn), Mappe ›Kaiser – Gas Wien 1924 [etc.]‹.

[36] R. A. über eine Inszenierung am Deutschen Volkstheater Wien o. O., o. J., [1920], Theatermuseum Köln (Schloß Wahn), Mappe ›Kaiser – Gas Wien 1924 [etc.]‹.

[37] Herbert Ihering in: Berliner Börsen-Courier v. 26. 2. 1919. Zit. nach: Theater für die Republik. 1917–1933. Im Spiegel der Kritik. Hrsg. v. Jürgen Rühle. Frankfurt a. M. 1967, S. 129.

[38] K. H. Döscher o. O., o. J. [1919], Theatermuseum Köln (Schloß Wahn), Mappe ›Kaiser – Gas Berlin 1919‹.

Inszenierungen nur wie im Schattenriß sichtbar. Zu den Streik-Szenen reichte die Palette der Realisationen von der Plazierung der Arbeitermassen auf kahlen »Gitterträgern« inmitten einer in ihren 'wirklichen' Konturen nur angedeuteten »Betonhalle«[39] bis hin zum Versuch, »die Eisenkuppel der Fabrikhalle lediglich durch (Licht-)Projektion [...] vorzutäuschen«[40].

Präsentiert mit Hilfe einer »bestrickenden Raum- und Lichtwirkung«[41], vereinigte sich solche Bühnentechnik sogar auf mancher Provinzbühne zur perfekten Simulation einer gigantischen Theatermaschinerie, die, wie von einem unsichtbaren Willen gelenkt, mit automatischer Zwanghaftigkeit abläuft.[42] Entfaltete sich in dieser Szenerie auch noch eine perfekt inszenierte Massenregie, die aus vielen »Einzelpersonen *eine* Masse mit *einer* Bewegung, *einer* Geste, *einem* Laut zu formen« wußte[43], so fand die zur Destruktionstechnik radikalisierte Katastrophentechnik ihre kongeniale szenische Zuspitzung: es entstand das Bild einer Masse, die mit ihrer entindividualisierten Rhythmik und Gestik »das groteske Leben eines Tanks« annahm.[44] »In Bewegung und Minenspiel« wurde der »Maschine gewordene Mensch«[45] sichtbar, und die lebenden und die toten Bühnenmaschinen entfalteten eine Dynamik, die mit atemlosen Tempo zur explosiven Selbstvernichtung hindrang.

---

[39] M. in: Düsseldorfer Generalanzeiger v. 29. 11. 1919. – In: Theater für die Republik (wie Anm. 37), S. 124 f. Illustratives Bildmaterial wie Szenenfotos, Szenenentwürfe findet sich in: Moloch »Technik« – Die Gesellschaft auf dem Theater des Expressionismus. – In: Theater in der Weimarer Republik. Hrsg. v. Kunstamt Kreuzberg u. dem Institut f. Theaterwissenschaft d. Universität Köln. Berlin u. Hamburg 1977, S. 763–782.

[40] Bayrischer Kurier v. 10. 11. 1919 (ohne Verf.), zit. nach: Die Kritik. Zeitschrift und Sammelwerk für Theaterinteressenten. Ausg. A: Schauspiel 1 (1919), Nr. 14, S. 371.

[41] Geraer Zeitung v. 23. 9. 1919 (ohne Verf.), zit. nach: ebd., Nr. 6, S. 140 f. (Zitat S. 141).

[42] Vgl. Willi Handl, Volksbühne. Erstaufführung ›Gas‹ von Georg Kaiser. – In: Berliner Lokalanzeiger v. 26. 2. 1919. GKA. In Gera wurde eine ähnliche Wirkung vermerkt (vgl. Anm. 41).

[43] erka: Kammerspiele. ›Gas, 2. Teil‹. – In: Hamburger Echo v. 29. 11. 1920. Theatersammlung der Freien und Hansestadt Hamburg.

[44] Ebd.

[45] Hanns Walther Schneider in: Barmer Zeitung v. 4. 10. 1919, zit. nach: Die Kritik (wie Anm. 40), Nr. 7, S. 154.

Gas I (Amsterdamer Erstaufführung) 18. 3. 1928: Der Ingenieur und die Arbeitermasse. Nach einer Vorlage aus dem Georg-Kaiser-Archiv (Berlin/West).

8.

Daß Georg Kaiser »einen Zusammenbruch statt eines Aufbaus« (F. Zimmermann) gibt, hat Erwin Piscators monumentale Bochumer Inszenierung von 1958 gerade mit Hilfe eines kühnen Texteingriffs so konsequent wie keine Aufführung zuvor beherzigt.[46] »Piscator inszenierte werkgetreu«[47], obwohl er die beiden Teile der ›Gas‹-Dramatik so zusammenstrich, daß er sie wie ein Drama in einer Aufführung darbieten konnte.[48] Dadurch, daß ›Gas II‹ direkt an den ersten Teil anschloß, war die im 5. Akt von der Tochter des Milliardärsohnes angekündigte Geburt des neuen Menschen unmißverständlich als illusionäre Zwischenlösung gekennzeichnet. Daß aus den Denkprämissen der ›Gas‹-Dramen nur die Selbstvernichtung folgen konnte, machte Piscators Inszenierung, unterstützt vom Bühnenbild Max Fritzsches, mit einer die Zuschauer mitunter überfordernden Härte sichtbar.

»Wie er [dabei] die Szene ins Optische reißt«,[49] hat die Kritik gleichwohl immer wieder begeistert. Einer »eisernen Wortregie«,[50] einer perfekten Massenchoreographie[51] und einer trotz aller Typisierung je nach Rollenfunktion der Darsteller differenzierenden Schauspielerführung gelang es – so jedenfalls Piscators Bewunderer –, Kaisers mitunter »skeletthaft reduziertes Menschenbild«[52] so weit als irgend möglich auf einer knapp, aber beziehungsreich ausgestatteten Bühne zu verleiblichen. Max Fritzsches »technoide Kugelkalotte«[53] wurde

---

[46] Felix Zimmermann, ›Gas‹, o. O., o. J. [Dresdner Nachrichten v. 27. 2. 1920]. GKA.

[47] A. v. Cube, »Das rechnet« (wie Anm. 14).

[48] Für die Überlassung einer Kopie vom Duplikat des Regiebuches habe ich dem Staatsarchiv der Stadt Bochum zu danken.

[49] Arthur van Dyck, Obgleich die Formel stimmt. Piscator inszenierte Georg Kaisers expressives Schauspiel ›Gas‹. In: Westdeutsche, Allgemeine, Duisburger Stadtanzeiger v. 27. 10. 1958. GKA.

[50] A. v. Cube, »Das rechnet« (wie Anm. 14).

[51] A. v. Dyck, Formel (wie Anm. 49). Ähnlich Gerd Vielhaber, Menetekel der Katastrophe: Kaisers ›Gas‹ in Bochum. – In: Hamburger Abendblatt v. 14. 10. 1958. Theatersammlung der Freien und Hansestadt Hamburg.

[52] A. v. Dyck, Formel (wie Anm. 49), spricht von Kaisers »Skelettierung des Menschen«.

[53] A. v. Cube, »Das rechnet« (wie Anm. 14).

bald als Gasometer,[54] bald als Atommeiler [55] oder auch als Globus und Golgatha zugleich gedeutet.[56] Am Ende türmten sich hier die vom Giftgas skelettierten Leichen [57] – eine perfekt inszenierte Lichtregie hatte die Arbeitermassen mit Hilfe einer raffinierten optischen Täuschung und einer geräuschvoll eingeblendeten Film- und Fotomontage dazu deformiert.[58]

An diesem expressionistischen »Inferno, Piscators Hiroshima« [59] schieden sich die Geister. Schrieben die einen: »Darüber hinaus kann auch Cinerama nicht«,[60] so bemängelten die anderen ein antiquiert wirkendes Bühnenspektakel. »Die Bombenteppiche des Zweiten Weltkrieges« hätten »ein anderes Muster« verlangt.[61] Der Zuschauer des Atomzeitalters sei für Kaisers Angstbilder »auf unsagbare Weise abgebrüht«.[62]

Wer davon absehen wollte, registrierte an sich selber und den Zuschauern das Erlebnis einer Schrecksekunde, wie sie sonst nur im Angesicht einer realen Katastrophe eintritt: »gelähmt, gebannt [...] sitzt das Publikum geduckt, hockt und starrt und begreift« [63]. Piscators »Warnung« wirke wie ein »Schock [...]. Aber was ist der Aus-

---

[54] Helmuth de Haas, Piscator gewann ein gewagtes Spiel [...]. Georg Kaisers ›Gas‹ im Atomzeitalter. – In: Die Welt v. 10. 10. 1958. GKA.

[55] Willy H. Thiem, Piscator inszenierte in Bochum ›Gas‹ [...]. In: Frankfurter Abendpost v. 2. 10. 1958. Theatersammlung der Freien und Hansestadt Hamburg.

[56] G. Vielhaber, Menetekel (wie Anm. 51).

[57] H. de Haas, Piscator (wie Anm. 54).

[58] Friedhelm Baukloh, Vision vom Endspiel. Georg Kaisers ›Gas‹ in Bochum vergegenwärtigt. – In: Echo der Zeit v. 16. 11. 1958. GKA. Paul Hoffmann, Erwin Piscator-Inszenierung in Duisburg. Kaisers ‹Gas‹ – ein Stück von heute. o. O. 27. 10. 1958. GKA. A. v. Cube, »Das rechnet« (wie Anm. 14).

[59] H. de Haas, Piscator (wie Anm. 54).

[60] A. v. Cube, »Das rechnet« (wie Anm. 14).

[61] Bert Markus, »Maschinen kann man anhalten. Menschen nicht«. Piscator inszenierte Kaisers ›Gas‹ in Bochum. – In: Düsseldorfer Nachrichten v. 30. 9. 1958. GKA.

[62] Hannes Schmidt, Es gibt nur Tapferkeit. [...] Georg Kaisers ›Gas‹ in Bochum. – In: Neue Rhein-Zeitung v. 11. 12. 1958. GKA.

[63] H. de Haas, Piscator (wie Anm. 54).

weg?«[64] Immer innerhalb der Prämissen des Stücks gedacht, blieb für manche der Eindruck eines »unfaßbaren, entsetzlichen, vernichtenden Menetekels«[65]. Zum inständigen Wunsch: »Möchte [das Stück] doch klärend und wachrüttelnd wirken«[66], kontrastiert die Erkenntnis, gerade der 'normale' Abonnementzuschauer verlasse das Theater »verstört«[67] und »ratlos«[68]. Piscators – wie auch die Skeptiker zugeben mußten[69] – kongeniale Inszenierung verkörperte darin Reichweite und Grenze expressionistischer Technik-Erkenntnis.

9.

Ich fasse zusammen: Die ›Gas‹-Dramen sind – als Fiktion genommen – ein Experiment, in dem mögliche Konsequenzen im Umgang mit Technik und Industrie gerade dadurch herausgestellt werden, daß der Autor die Denkprämissen einer zu allem bereiten Katastrophentechnik nicht nur als äußere Bühnenwirklichkeit darbietet. Der Zuschauer soll vielmehr selber an sich erleben, wie die mit den Mitteln der Abstraktion hergestellte Katastrophe sich als gespenstig-unwirkliche Über-Realität vorbereitet und auf ihn einstürzt. Kaisers Apokalypse zündet daher nur dann, wenn die Explosion wie ein sinnlich-übersinnliches Choc-Erlebnis auf den Betrachter einwirkt. Die Technik-Apokalypse wird dadurch selber zum technisch-apokalyptischen Ereignis.

Kaisers ›Gas‹-Dramen nehmen darin in ihrer Formstruktur ein Bauprinzip vorweg, das nur wenig später die Kriegsprosa Ernst Jüngers – auf andere Weise – anstrebt: beide reden nicht nur über Geschosse, sondern »beabsichtigen [selber] die Wirkung eines Geschos-

---

[64] Willi Fetz, Hiroshima – expressionistisch gesehen. [. . .] – In: Deutsche Woche v. 29. 10. 1958. GKA.

[65] A. v. Cube, »Das rechnet« (wie Anm. 14).

[66] A. v. Dyck, Formel (wie Anm. 49).

[67] Günther Hahn, ›Gas‹ oder: Die tödlichen Formeln. Bochum gastierte mit Kaisers ›Gas‹ [. . .]. – In: Recklinghäuser Zeitung o. J. [1958]. GKA.

[68] W. Fetz, Hiroshima (wie Anm. 64).

[69] Hier vor allem G. Schön in der Süddeutschen Zeitung v. 3. 10. 1958 (und nahezu textidentisch in 10 weiteren z. T. überregionalen Blättern). Weiter Albert Schulze-Vellinghausen in der Frankfurter Allgemeinen Zeitung v. 16. 10. 1958. Alles GKA.

ses«[70]. Bei Kaiser fehlt jedoch – anders als bei Jünger – jeder Versuch, der Dramatisierung des Untergangs durch den Aufbau eines zweiten entdramatisierenden Bewußtseins entgegenzuwirken.[71] Wer – wie Kaiser – von allen realen Prämissen so lange abstrahiert, bis ein Denk-Spiel übrig bleibt, das mit höchster Bewußtheit bis zur explosiven Selbstvernichtung erhitzt wird, braucht dieselbe »kalte Glut«[72], die auch seine Ingenieure und Destruktionstechniker vorantreibt. An die Stelle ästhetischer Distanz tritt die Lust an der Entfesselung einer ohnehin als unvermeidlich geltenden Apokalypse. Ob diese Fiktion plausibel erscheint, darüber wäre – im Lichte der vorgelegten Interpretation – vielleicht neu nachzudenken.

---

[70] Ernst Jünger, Blätter und Steine. Hamburg 1934, S. 154–213 (Zitat S. 155).

[71] Zu Jünger und anderen Beispielen vgl. K. R. Scherpe, Dramatisierung (wie Anm. 21), S. 276 ff. Allerdings darf man die retrospektive Selbststilisierung des Autors Jünger nicht mit der tatsächlichen Geschichte seiner Kriegsprosa verwechseln. Vgl. dazu im Jünger-Kapitel: Hans-Harald Müller, Der Krieg und die Schriftsteller. Der Kriegsroman der Weimarer Republik. Stuttgart 1986. Wie Jünger die Haltung ästhetischer Indifferenz in die Fassung seiner Kriegstagebücher und Essays hineinschreibt, damit beschäftigt sich ein von der DFG gefördertes Forschungsprojekt ›Arbeit und Technik im Frühwerk Ernst Jüngers‹ in Hamburg. Ob die Ästhetisierung des Kriegserlebnisses dessen Choc-Wirkung entschärft oder radikalisiert, darüber wird in diesem Zusammenhang zu handeln sein.

[72] Badeblatt Baden-Baden (ohne Vf.) v. 27. 9. 1919. Zit. nach: Die Kritik (wie Anm. 40), Nr. 7, S. 154.

Dietrich Harth

LANDSCHAFTEN MIT MÜLL

Zur Ikonografie der Zerstörung in der bundesdeutschen Lyrik der 70er Jahre

Bin ich noch Natur?
Stamme ich von Landschaften ab?
Ludwig Fels

Anmerkungen zum Wandel der sozialen und ästhetischen Wahrnehmung

Die Entwicklung der Industriegesellschaften seit Beginn des 20. Jahrhunderts hat, wenn den Soziologen Glauben zu schenken ist, in einen paradoxen Zustand geführt.[1] Denn einerseits machen heute ausnahmslos alle Sektoren der Kultur Gebrauch von technischen Geräten und industriellen Produktionsformen, andererseits läßt sich aber eine Abkoppelung der avancierten kulturellen Äußerungsformen – vor allem in Literatur und Künsten – von den an technische Funktionen angepaßten sozioökonomischen Entscheidungen beobachten. Avancierte Kunst und soziales Handeln erscheinen als einander konstituierende Gegenkräfte, deren Vektoren ein überraschend flexibles Parallelogramm auseinanderstrebender Zielvorstellungen bilden. Die noch Ende der 60er Jahre von Linksintellektuellen ausgerufene Kulturrevolution, deren Ziel es war, die Kluft zwischen sozialer und ästhetischer Erfahrung zu schließen, hat weder die fortschreitende Technisierung der Lebenswelt aufgehalten noch die illusionären Funktionen der »ästhetischen Soziodizee«[2] geschwächt.

Und doch stellt sich die Frage, ob nach den Chemie- und Atomunfällen von Bhopal und Tschernobyl das angedeutete paradoxe

[1] Vgl. Daniel Bell, Die Zukunft der westlichen Welt. Kultur und Technologie im Widerstreit. Frankfurt a. M. 1979.

[2] Pierre Bourdieu, Die feinen Unterschiede. Kritik der gesellschaftlichen Urteilskraft. Frankfurt a. M. 1987.

Kräfteparallelogramm nicht zugunsten der stärkeren Seite ins Schwanken gerät. Die von der Industrie zu verantwortende Überflußproduktion lebensgefährdender Risiken und Schadstoffe hat neue Abhängigkeiten geschaffen, die, gerade weil sie mit dem fortschreitenden Avancement neuer Techniken und Technologien universell werden, keine Antworten mehr im Diskurs der sinnstiftenden kulturellen Idiome finden und gegen Kritik eine unheimliche Immunität entwickeln. Durch die übernationalen und klassenübergreifenden Auswirkungen dieser Gefährdungen entsteht ein scheinhafter Systemzwang, dem weder der Rückzug auf ein autonomes Selbst noch der Ausblick auf Utopien etwas entgegenzusetzen vermag. Alle bekannten Oppositionen – Kultur vs. Technik, Natur vs. Gesellschaft usw. – versagen angesichts dieser Entwicklung als Interpretationshilfen. Wandelt sich aber die legitime Kultur nicht nur nach dem Muster einer rücksichtslos funktionierenden 'Kulturindustrie', sondern wird zur 'industriellen Kultur' im Sinne einer von technisch und industriell erzeugten Risiken bedrohten Systemkomponente, so verliert sowohl diese 'Kultur' als auch ihr traditionelles Pendant 'Natur' alle gegenbildlichen Qualitäten. »Natur ist«, so behauptet schon heute der Soziologe der 'Risikogesellschaft', »*weil* und insofern sie systemintern zirkulierende und verwertete Natur ist, auch unter den sachlichen Händen der (Natur-)Wissenschaftler *politisch* geworden«.[3] Die Verleugnung des Gesellschaftlichen im ästhetischen Genuß wäre bei einem solchen Stand der Dinge nicht einmal mehr ideologisch gerechtfertigt, sondern schlichte Torheit.

Bei diesem Stand der Dinge müssen auch die Bestimmungskriterien der sozialen und ästhetischen Wahrnehmung neu bedacht werden. Unter welchem Bild erscheint uns heute denn die Natur? Als vergesellschaftete ist sie weder unschuldig noch wild. Seit dem Ereignis von Tschernobyl ist es wohl endgültig an der Zeit, das Bild von der mit blutigen Lippen lächelnden 'Mutter Natur' ad acta zu legen. Der Schrecken, in den sie uns heute versetzt, ist industrieller Herkunft, die Folge einer bewußten Risikoplanung. Das aber muß unsere Wahrnehmung auf radikale Weise verändern. Das Bild der Landschaft im Abendlicht bekommt jetzt etwas endgültig Illusionäres: Die Ahnung

[3] Ulrich Beck, Risikogesellschaft. Auf dem Weg in eine andere Moderne. Frankfurt a. M. 1986, S. 109.

trübt den Blick, daß sich das Farbenspiel der untergehenden Sonne Chemikalien verdankt und die vorzeitig abgeernteten Felder von der plötzlich einfallenden Radioaktivität herrühren, ganz zu schweigen von der in der Silhouette der Wälder versteckten facies hippocratica entlaubter Bäume. Die freie Projektion einer anderen (besseren) Möglichkeit wird durch eine latent schwelende, selbsterzeugte Kausalkette verwehrt, deren lebensbedrohender Schluß in der Zukunft liegt. So lockt das Naturbild unsere Fantasie nicht mehr in eine idealisierte Vergangenheit entbehrter Naivität zurück, sondern mahnt uns, hier und jetzt an die Abwendung zukünftiger Schadensfälle zu denken. Aber damit nicht genug: Auch die ästhetische Wahrnehmung macht im Licht dieser Erfahrung einen qualitativen Sprung. Die Bilder des »fern verstrahlenden Weinbergs« und der »kahlen Bäume am Hügel« im expressionistischen Gedicht (Georg Trakl: ›Abendland‹) entfalten vor unsern Augen neue Neben- ja vielleicht sogar Hauptbedeutungen. Die ‘zweite Wirklichkeit’ der technisch-industriellen Risikoproduktion frißt sich durch die Metaphern wie die säurehaltige Luft durch die Steinskulpturen der städtischen Architektur.

Wenn diese Erfahrungen, was abzusehen ist, zur ‘Normalität’ werden, so hat das einen gesellschaftlich egalisierenden Effekt, da jeder – unabhängig von seiner Stellung in der sozialen Hierarchie – betroffen ist. Für die Opposition von einerseits elitärer und andererseits populärer Ästhetik bedeutet das: Die Unterscheidung wird bedeutungslos, da es keine risikofreie Nische mehr für jene pure ästhetische Wahrnehmung geben wird, die mehr Gewicht auf die Form als auf die Funktion legt. Denn die gestörte bzw. zerstörte Form lenkt den Blick auf die Ursachen und insofern auch von der sich immanent entfaltenden Autonomie des Gehalts ab. Auf diesen Effekt hat sich bereits das Programm einer Ästhetik der Postmoderne eingestellt. Ganz bewußt strebt sie danach, den Gegensatz zwischen Kunst und Kitsch einzuebnen und nimmt ausdrücklich ohne anklagenden Gestus die gestalterische Kraft der Formgebung zurück.[4]

[4] Vgl. Leslie A. Fiedler, Überquert die Grenze, schließt den Graben! Über die Postmoderne (1969). – In: Mammut. Hrsg. v. J. Schröder. Herbstein 1984, S. 673–697.

Landschaft als Metapher und Container im Gedicht

Wo die ästhetische Wahrnehmung sich eine prägnante sprachliche Form sucht, im lyrischen Text, dort sollten sich die skizzierten Veränderungen – das ist die hier vorausgesetzte Annahme – gleichsam in nuce studieren lassen. Die schnelle Durchsicht einer großen Zahl der seit etwa 1970 in der BRD erschienenen Lyrik-Anthologien und Einzelwerke hat jedoch kein überwältigendes Material zutage gefördert. Die Sensibilität für allenthalben *sichtbare* Zerstörungen ist in unterschiedlichem Maß ausgeprägt, während erst seit dem Frühjahr 1986 die Empfindlichkeit gegenüber den *unsichtbaren* Zerstörungen eine träge ansteigende Konjunktur verzeichnet.

Natürlich gilt das nicht für die Lyrik der Gegenwart im ganzen. Noch findet sich im Gedicht die Pinie als Zeichen literarischer Melancholie und das Ried als Zufluchtsort für eine andere als die Erfahrung der Städtebewohner. Die Variationen landschaftsästhetischer Bilder sind immer noch auf beunruhigende Weise reichhaltig, so daß sich keine bloß anti-ästhetische Tendenz an ihrem Gebrauch ablesen läßt. Doch eines ist gewiß nicht zu übersehen: Der Grad an Reflektiertheit, ja an Verzweiflung über das Unzulängliche einer esoterischen Form angesichts der vor Augen liegenden und der latenten, noch drohenden Zerstörungen nimmt zu. Es ist heute nicht nur die Sprache, die nach dem berühmten Wort des Lord Chandos dem Subjekt im Munde modrig zerfällt, es ist der Sprecher selbst, ja es ist der Autor, der mitsamt seinem Publikum von den industriell und technisch produzierten Schadensfolgen bedroht wird. Und diese Gefährdung fügt sich nicht mehr den Bildern natürlicher Verwesungsprozesse.

'Zerstörung' ist das Schlüsselwort und Leitmotiv für die folgende exemplarische Lektüre. Auch hier richtet sich der Blick nicht auf die durch Naturkatastrophen verursachten Zerstörungen, sondern auf jene Zerstörungen an und in der Natur, die gesellschaftlich, also technisch und industriell, erzeugt worden sind. Von der Lyrik erwartet man, da sie das esoterische Genre par excellence ist, keine unvermittelten Aussagen über das Gesellschaftliche. Um so interessanter ist die Frage, welche Wege sie geht, wenn dieses Gesellschaftliche einen ihrer prominentesten Gegenstände – Natur – in Besitz nimmt.

Beginnen wir mit zwei Autoren, deren Texte Extreme bezeichnen:

Im Sommer

Dünnbesiedelt das Land,
Trotz riesiger Felder und Maschinen
Liegen die Dörfer schläfrig
In Buchsbaumgärten; die Katzen
Trifft selten ein Steinwurf.

Im August fallen Sterne,
Im September bläst man die Jagd an.
Noch fliegt die Graugans, spaziert der Storch
Durch unvergiftete Wiesen. Ach, die Wolken
Wie Berge fliegen sie über die Wälder.

Wenn man hier keine Zeitung hält
Ist die Welt in Ordnung.
In Pflaumenmuskesseln
Spiegelt sich schön das eigne Gesicht und
Feuerrot leuchten die Felder.

In diesem Jahreszeiten-Gedicht von Sarah Kirsch [5] scheint sich der Flurbereinigung zum Trotz (»Trotz riesiger Felder und Maschinen«) eine ungestörte Idylle zu entfalten: Hier folgt die Kontemplation noch jenem Rhythmus der Jahreszeiten, den (in den industriellen und nachindustriellen Gesellschaften) Mechanisierung, synthetischer Fruchtanbau und multilaterale Handelsvernetzungen als ländliche Lebensform längst aufgehoben haben. Aber im adverbialen »Noch« steckt schon der Keim der Zerstörung, und das konditionale »Wenn« enthüllt das ruhige Bild als einen Ort vergeblicher Zuflucht. In diesem Text werden vor einem nur angedeuteten Hintergrund latenter Gefährdung konventionelle Muster der Landschaftslyrik beschworen, als gehe es darum, erinnernd zu retten, was morgen schon nicht mehr ist.

Ganz anders lesen sich die Texte Rolf Dieter Brinkmanns,[6] in denen mit geradezu schmerzhafter Insistenz am Landschaftsmotiv festgehalten wird. Doch nehmen diese Texte sich wie jene Container aus, in denen die zufälligen Bruchstücke der Konsumwelt beliebig und sinnlos übereinander liegen.

---

[5] In: Tintenfisch 12 (1977), S. 63.

[6] In: Rolf Dieter Brinkmann, Westwärts 1 & 2. Gedichte. Mit Fotos des Autors. Reinbek 1975; das folgende ebd., S. 99.

Landschaft

1 verrußter Baum,
nicht mehr zu bestimmen
1 Autowrack, Glasscherben
1 künstliche Wand, schallschluckend

verschiedene kaputte Schuhe
im blätterlosen Gestrüpp

»was suchen Sie da?«

1 Essay, ein Ausflug in die Biologie
das Suchen nach Köcherfliegenlarven, das gelbe

Licht 6 Uhr nachmittags

1 paar Steine

1 Warnschild »Privat«
1 hingekarrtes verfaultes Sofa
1 Sportflugzeug

mehrere flüchtende Tiere,
der Rest einer Strumpfhose an
einem Ast, daneben

1 rostiges Fahrradgestell

1 Erinnerung an
1 Zenwitz

Die zitierten Texte von Kirsch und Brinkmann stecken eine breite Skala von Möglichkeiten ab: Auf der einen Seite Trauer über den drohenden Verlust landschaftlicher Natur, auf der anderen Seite das unbarmherzige Vorzeigen einer anderen Landschaft, einer Landschaft des Mülls. Kirschs panoramatischer Blick hält sich an das Repertoire alter Lyrik: Felder, Dörfer, Sterne, Wiesen, Berge, Wolken und Wälder. Unter der Bedingung, den erschreckenden Stand der Dinge nicht wahrhaben zu wollen, erkennt sich das Subjekt noch im Wahrgenommenen wieder und verhält sich syntaktisch regelrecht. Brinkmanns Blick hingegen schweift über zerstreute Einzeldinge – den kaputten Baum, schalldämpfende Mauern, ausgediente Klamotten und andere Abfälle –, neben denen die Assoziationen eines Essays oder eines Zen-Witzes (als reflexive Anspielung auf die löchrige, additive Struktur des Textes) ebenso Platz haben wie das Zitat des Fragesatzes: »was suchen Sie da?« Weder unterscheidet diese Redeweise zwischen innen und außen, noch versucht sie das Zufällige der wahrgenommenen Dinge syntaktisch auf eine harmonisierende Interpretationslogik zu beziehen. Im Gegenteil: Die Frage »was suchen Sie da?« richtet sich auch an den notorischen Interpreten, an den Leser. Die Substitution des unbestimmten Artikels durch die Ziffer 1 läßt eine graphische Textstruktur entstehen, die die Zusammenhanglosigkeit des Aufgezählten verstärkt. Der Müll hat die Natur eingeholt: Unbestimmbarer Baum, blätterloses Gestrüpp und flüchtende Tiere erscheinen als ihre Negativa. Der Blick des Suchenden ist nicht interesselos und nicht aufs Panorama, sondern wissenschaftlich aufs Kleinste gerichtet: Biologie der Köcherfliegenlarven. Das Weglassen von Sprechersubjekt und Prädikat macht den von Einzelding zu Einzelding wandernden Blick selbst zum Subjekt. Er ist kein Medium der Selbsterkenntnis, sondern eine unordentliche Registratur. Wie der Wortschatz belegt, liegen die Erinnerungen auf derselben banalen Ebene wie die Abfälle. Was hier an syntaktischer Distinktion fehlt, das berührt auch den ästhetischen Blick: Er unterscheidet nicht mehr zwischen Bedeutendem und Unbedeutendem. Insofern erklärt der Text für ungültig, was der Titel ›Landschaft‹ signalisiert: die überschaubare, wohlgegliederte Totalität eines Stücks kultivierter Erde, das stellvertretend für die gezähmte, ästhetisch erfahrbare Natur steht. Brinkmanns Blick fährt, ohne bildsynthetische Absicht, durch eine industrialisierte Natur, die weitaus abstoßender ist als es die unkultivierten Naturwildnisse der vorindustriellen Welt je waren.

Macht man den Versuch, die Zerstörungsbilder in der bundesdeutschen Lyrik der 70er Jahre zwischen Kirsch und Brinkmann zu sammeln und zu ordnen, so überrascht die sprachliche Hilflosigkeit vieler Texte. Ich deute diesen Befund aus der Verlegenheit, die uns meist dann überwältigt, wenn uns etwas bedroht, das augenblicklich unabwendbar erscheint. Hinzu kommt: Die durch Kernspaltung und chemische Vergiftung verursachten Gefährdungen haben etwas Abstraktes. Wir nehmen sie nicht unmittelbar sinnlich wahr. Und die Grenzenlosigkeit der langfristig wirkenden Strahlungen und Infiltrationen sprengt unsere gewohnten Vorstellungen von Raum und Zeit. Dieser Erfahrung ist ästhetisch nicht beizukommen, und wo es dennoch versucht wird, dort wird das Ergebnis weniger gefallen als irritieren.

In einigen Gedichten aus dem untersuchten Jahrzehnt kommt der Begriff der »Zerstörung« als beschreibender Ausdruck vor. Von Zerstörung der Luft ist zum Beispiel die Rede (Ursula Krechel: ›Vorspiel zu wärmeren Feierabenden‹), von der Zerstörung des Fürwahrgehaltenen (Günter Kunert: passim), vom Nachlaß der Verwüstung (Christoph Meckel: ›Der Schiffsbaumeister‹), vom Verlust der Identität und dem kapitalistischen Ursprung der Zerstörung (Bodo Morshäuser: ›Am Rand der Wälder‹) oder von der durch unsere 'Werke' zerstörten Kunst (Jürgen Theobaldy: ›Ohne Blumen‹). Häufiger suchen die Schriftsteller im expressionistischen Archiv nach bildlichen Äquivalenten und stoßen auf Apokalypse-Visionen: Schrecken ohne Ende, ein Ende des Dichtens (Nicolas Born), verlassene Städte, einstürzende Häuser (Michael Krüger), eine allesverschlingende Müllabfuhr und blinde, blutige Vögel unterwegs nach Utopia (Kunert) oder von Gas und Chemie ruinierte Kontinente (Meckel). Lyrik treibt keine Ursachenforschung und sperrt sich noch – wohl aus ästhetischen Gründen – gegen naturwissenschaftliche Terminologien. Eine Ausnahme macht Nicolas Born in ›Entsorgt‹: »Das sorgend Schöne fehlt mir an *Krypton* und *Jod 129*«.[7] Von Industrie ist – selten genug! – wenigstens hier und da die Rede: »Am Kehlkopf / spürst du den Industrieherbst / als leichten Druck.« heißt es mit Anspielung auf die durch die Lebensumstände erzwungene Heiserkeit des zeitgenössischen Dichters bei Krolow.[8] Andere schreiben unverhüllt politisch, klagen die selbsternannten Verwalter der Erde an (Fels) oder den Kapitalismus (Morshäuser). Wieder andere beziehen sich, früher Gesagtes umkehrend, auf den Verdacht, über Natur dichten, sei ein sicheres Zeichen repressiver Gesinnung. »Inzwischen ist es fast / zu einem Verbrechen geworden, / nicht über Bäume zu sprechen,« korrigiert Walter Helmut Fritz das bekannte Urteil Brechts.[9] Was wie ein Echo jener Anklage gegen die Atomindustrie wirkt, die Günter Kunert bereits zehn Jahre früher mit dem »Schweigen über die Bäume« verband.[10]

Die Zerstörung der Landschaft ist, wie schon angedeutet, nicht nur ein lyrikbedrohendes factum brutum. Sie betrifft das registrierende

---

[7] Nicolas Born, Gedichte 1967–1978. Reinbek 1978, S. 221.

[8] Karl Krolow, Der Einfachheit halber. Frankfurt a. M. 1977, S. 46.

[9] Walter Helmut Fritz, Schwierige Überfahrt. Hamburg 1976, S. 64.

[10] Günter Kunert, Der ungebetene Gast. Berlin u. Weimar 1965, S. 62.

Subjekt selbst. In den Betrachtungen dieser Wahrheit variieren die metaphorischen Anklänge freilich stark. Die Variationen reichen von der Versinnbildlichung zerstörter sozialer Beziehungen bis zur Zerstörung des Metapherngrundes in reflektierender Rede.

Ich zitiere wieder einige Beispiele: Die uralte Klage über jene zwei Königskinder, die nicht zueinander finden können, sättigt ihre Traurigkeit nun an den grämlichen Abfällen vergifteter Parklandschaften:

Kähne ankern an haltlosen Stegen
geh nur weiter, weiter, schnurgerade
ins Graue, in den Nebel versunken
in dem auch Blei ist, Teer
unkenntliches Gift zur Ruhigstellung
der Nachwelt. Verkrüppelte Weiden
stippen in die Brühe, eine Plastiktüte
bläht sich auf, voll fauliger Luft.

An diesem metaphorischen Gebrauch in Ursula Krechels ›Klage am Kanal‹ [11] stört die Vermischung inkompatibler Probleme. Die vergiftete Natur taugt nicht zum Klagespiegel für eine zerstörte Liebesbeziehung, da sie nicht nur als etwas Zerstörtes *erscheint*, sondern es wirklich *ist*. Hier wird die Grenze der lyrischen Bilderrede sichtbar, die sich nur dann mit Witz überschreiten läßt, werden Ironiesignale hinzugefügt.

Beliebt ist in den Fällen, wo solches geschieht, die rhetorische Figur des verfügten und zugleich übertretenen Redeverbots. Zum Beispiel in einem ›Gedicht‹ überschriebenen Text von Rolf Haufs, der sich zwar nicht auf Natur bezieht, aber einen Gegenstand zitiert, der zeichenhaft die Bedeutung der Überflußgesellschaft komprimiert:

Ist es erlaubt von sich selbst zu reden in dieser
Stillen Zeit. Es ist nicht erlaubt und darum
Rede ich über alles mögliche andere, über ein Gesicht
[...]
über den Gestank des Mülls in den Straßen, der [sic!]
Nachts aus den Fenstern geworfen, übergeht in dunkle

[11] In: Ursula Krechel, Verwundbar wie in den besten Zeiten. Neuwied 1979, S. 27.

Pfützen. Hier wäre eine chemische Formel angebracht oder
Gerede über Menschen wie du und ich.
Oder wir sprechen über den Profit, ein Wort das
In einem Gedicht nicht erlaubt ist.[12]

Die Zeit, so will es die Ironie, verbietet die – traditionelle Domäne der Lyrik! – subjektzentrierte lyrische Rede, während die Gattungsregeln den Wortschatz zensieren. Von der ironischen Aussparung ermuntert, beschreibt das Ich seine Lebensbedingungen und damit die materialistisch begriffenen Elemente seiner Sozialexistenz. Die Ironie betrifft die esoterischen Regeln des Genres, die zugleich zitiert und überschritten werden. Zugegebenermaßen sind diese Regeln veraltet, denn auch der »Müll«, dessen Gebrauch in diesem Text keiner Zensur unterliegt, hat, wie uns zwinkernd Altmeister Krolow versichert, im Gedicht keine legitime Bleibe.

Am Laub der Bäume
tauchen gelbe Flecken auf –
eine unkorrigierbare
Warnung des Sommers.
Man geht im Regenmantel geradeaus
durch eine Gegend mit Falläpfeln
und vergessener Müllabfuhr,
die man nicht zitieren kann
in richtigen Landschaftsgedichten.
Manche Leute wollen alles haben,
sagt man. Sie bekommen
die Unfreundlichkeit der Welt umsonst,
mit Schnee im Rücken,
der morgen fallen wird.[13]

Die Koketterie der rhetorischen Figur liegt hier darin, daß man den ›Warnung des Sommers‹ überschriebenen Text nicht als Landschaftsgedicht mißverstehen soll. Es ist vielmehr ein Gedicht über das Altern, in dem der Müll (in sprachlich schiefer Wendung: »Müllabfuhr«) nun allerdings reine Metapher ist: ein Bild dessen, was der Alternde vergessend hinter sich läßt, ohne dafür belohnt zu werden.

---

[12] In: Rolf Haufs, Die Geschwindigkeit eines einzigen Tages. Reinbek 1976, S. 56.

[13] K. Krolow, Der Einfachheit halber (wie Anm. 8), S. 45.

Krolows Gebrauch der Natur- und Landschaftsmetaphern ist jedoch reflektiert genug, um vor den Veränderungen der Natur- und Naturwahrnehmung nicht die Augen zu verschließen:

Es wird immer windiger

Das kommt nicht nur vom Luftwirbel,
den ein Hubschrauber
in Baumkronen hinterläßt.
Manches stimmt nicht mehr wie
der gleichmäßige Wind
im stinkenden Sommer.
Das ist jetzt anders. Du mußt dich
vornüber halten. Das riecht nun
nach anderem Abfall, nassem Getreide
und verbranntem Grasboden.
Das Realitätsprinzip setzt sich durch –
ein Himmel aus feinem Ruß
wird bewegt. Man atmet
nicht besser. Am Kehlkopf
spürst du den Industrieherbst
als leichten Druck.
Wie schön sich Bild an Bildchen reiht.
Trakls Jahreszeit des Todestriebs
wurde von repressiver Ordnung abgelöst.[14]

In diesem Text wird die Natur schon als bedrohlich verändertes Artefakt wahrgenommen. Weder Wind noch Himmel noch Jahreszeit gelten als 'natürliche' Phänomene. Der von den Veränderungen ausgehende Druck macht die poetische Stimme beklommen: Ihr kommen die Fahnenwörter der Gesellschaftskritik (»Realitätsprinzip«, »repressive Ordnung«) dazwischen und verwandeln die konventionelle lyrische Regel »Wie schön sich Bild an Bildchen reiht« – ein Zitat aus Trakls Gedicht ›Verklärter Herbst‹ – in einen Sarkasmus. »Repressive Ordnung« läßt sich gewiß auch als Anspielung auf bestimmte innenpolitische Ereignisse im Herbst 1977 (Entführung des Präsidenten des BDI durch die RAF) verstehen. Doch reicht eine andere Lesart weiter: Das allgegenwärtige System der Gesellschaft entwertet die metaphorische Beziehung zwischen Naturrhythmus und Lebensalter. »Gewaltig endet so das Jahr / Mit goldnem Wein und Frucht der Gär-

[14] Ebd., S. 46.

ten.« begann Trakls Herbst-Gedicht. Die zeitgemäße Gegenrede lautet: »Es wird immer windiger«.

Die Illusionslosigkeit von Krolows lyrischer Rede findet im Werk Kunerts, das sich mit großer Leidenschaft der technisch und politisch verschuldeten Zerstörungen annimmt, ihr angemessenes Pendant. »Durch meinen Halbschlaf / ziehen morgens die Müllmänner« – so beginnt das Gedicht ›Früher Morgen‹, um wenige Zeilen weiter fortzufahren:

> Vielleicht erstreckt sich schon
> bis zum Horizont Leere
> bestreut mit verlorenen Kartoffelschalen
> grünen Scherben Asche und Schlacke
> Zeitungsfetzen Monatsbinden und
> anderen entfärbten Emblemen
> trostloser Feiern: vollkommene Ödnis [15]

Die Vorstellung einer alles abräumenden, eine Abfall-Landschaft hinterlassenden Müllabfuhr ist indessen eine Entäußerung des Ichbewußtseins, »dein Abbild«, wie das Sprechersubjekt sich am Ende versichert. Insofern bleibt das Bild dem Muster einer sprachlich durchstilisierten Metaphorik treu, die Form von Zerstörungen unangetastet.

Ende der Geschichte – Neue Wildnisse

Das ändert sich dort, wo der ästhetische Blick versagt, wo nicht der pittoreske Müll, sondern der technisch ermöglichte Suizid der Gattung zum Thema wird. Mir sind nur wenige Gedichte aus den 70er Jahren bekannt, die sich an dieses Thema gewagt haben. Unter diesen ragen die beklemmenden Texte Nicolas Borns hervor. Borns Gedichte enthalten die pathetische Substanz existenzphilosophischer Aussagen. Sie sind aus dem Bewußtsein geschrieben, daß die Grenze zum Nichts unmittelbar vor unseren Füßen liegt, daß wir selbst sie dahin verlegt haben. Sie gehören, um ein modisches Schlagwort hier einzusetzen, zur Reflexion der 'Posthistoire'. »Früher war der rote Faden eine Blutspur« – so beginnt das Gedicht ›Fortsetzungsgeschichte‹. Angespielt wird auf den »Faden« der Geschichte, einer Geschichte, die zwar

---

[15] Günter Kunert, Die Schreie der Fledermäuse. Geschichten, Gedichte, Aufsätze. Hrsg. v. D. E. Zimmer. München 1979, S. 297.

seit eh und je von Gewalt erzählte, in der jedoch der Tod, eben weil ihn die Überlebenden noch erzählen konnten, einen Sinn zugesprochen erhielt. Heute ist das anders:

> Inzwischen ist der Tod vorgedrungen bis zu uns
> aber wir sind weniger gewarnt
> – keine Witterung mehr.
> [...]
> An der Geschichte ist das beste daß sie genau
> bei uns aufhört
> obwohl viele noch mitschreiben.
> Ich muß immer die Welt ohne mich vorstellen
> es muß sein
> und wie unverschämt ich oft den Nachkommen
> zuvorkomme.[16]

Das Ende der Geschichte ist das Ende der Gattung, ist das selbstverfertigte Ende der auf Nachkommenschaft bauenden Zukunft, ist das Ende aller sinngebenden Akte, das lyrische Sprechen eingeschlossen.

In dem Gedicht ›Entsorgt‹ [17], dessen Titel sarkastisch mit dem Sprachgebaren administrativer Endlagerungstheorien spielt und es konsequenterweise auf »die Zukunft der Zukunft« bezieht, versteht sich die lyrische Rede selbst als versiegende Spur der Zerstörung:

> So wird der Schrecken ohne Ende langsam
> normales Leben
> [...]
> und am Schreibtisch ist jetzt gering
> der persönliche Tod

An die Stelle einer lebensgeschichtlichen Erfahrungskontinuität – »lange Sommer am Wasser / harte Winter, Wolle und Arbeit« – treten Wortfolgen, die keine lebenswichtigen Bedeutungen mehr signalisieren: »Folgen starker Wörter / die leblos sind«. Die Anklage verweist auf einen gewaltsamen Tod, der den »guten [alten] Tod« ausmerzt. Anders gesagt: Die Semantik stimmt nicht mehr, vergleicht man den bisher erfahrenen Tod mit der Drohung eines globalen Suizids. Dieses absolute Ende ist etwas Unvorstellbares, etwas, von dessen vorausgedachtem Ort aus alle Konventionen zusammenbrechen.

---

[16] N. Born, Gedichte (wie Anm. 7), S. 202.

[17] Ebd., S. 221 f.

Was schändet ihr die Gräber meiner Kindeskinder
was plündert ihr den Traum der Materie,
den Traum der Bilder, des Gewebs, der Bücher
Knochen.

Es zerstört zugleich mit diesen das Glücksversprechen der Traumbilder, der in Fantasieräume wuchernden Organismen (»Materie«, »Gewebe«), der künstlerisch-geistigen Werke (»Bilder«, »Bücher«), also auch die literarischen Utopien. Zwischen Entfremdungs- und Vernunftkritik dementiert das Gedicht als Medium sinnvoller Rede sich selbst: »Kein Gedicht, höchstens das Ende davon.« Es schließt mit dem Gestammel einer veralteten Menschensprache, veraltet weil die Menschen im Begriff sind, sich selbst aufzugeben:

Gekippte Wiesenböschung, Engel, ungewisse,
warmer Menschenkörper und Verstehn
Gärten hingebreitet, unter Zweigen Bänke ...
... Schatten ... Laub ... im Wind gesprochen
.... Samen

Bezeichnend ist, daß in diesem Gestammel die bruchstückhaften Elemente einer Garten- und Parklandschaft (Wiesenböschung, Gärten, Zweige, Bänke, Schatten, Laub, Wind) wie ein Abgesang noch einmal zu Wort kommen. Das letzte Wort – »Samen« – legt die Lesart nahe, es sollten die gestammelten Worte – ähnlich der ökologischen Vorsorge für einst wieder aufzuforstende Wälder – für eine im Dunkel liegende Zeit 'danach' aufbewahrt werden.

Born teilt mit Kunert die Angst vor der negativen Utopie des Maschinenmenschen. Beider Gedichte drücken Trauer über den Verlust aufgeklärter Utopien aus und engagieren sich für ein ethisches Dennoch ohne programmatische Ziele. Kunerts ›Lagebericht‹ [18] sucht die Schuld für diese Ziellosigkeit in den verblendeten Omnipotenzphantasien der Moderne; aber ...

Alles ist möglich und
gleichzeitig ist alles unmöglich.
[...]
[...] Wir sitzen
im schwarzen Licht
essen Gift trinken Säure

[18] Günter Kunert, Unruhiger Schlaf. Gedichte. München 1979, S. 231.

wir denken wir leben
und verschieben die Folgen
auf Morgen

Die lakonische Wahrheit dieser lyrischen Aussage enthält die Lebenslüge der entwickelten Industriegesellschaften: »wir denken wir leben« und arbeiten zugleich an der Vernichtung unserer Lebensressourcen.

Das Industriesystem, bemerkte einmal ein Kritiker, ist »die Option des Menschen gegen das Leben und für die Wüste«.[19] Es scheint, als habe Rolf Dieter Brinkmanns Werk der 70er Jahre diesen Satz als Devise gewählt. Hier ist nicht der Ort, um auf die amerikanischen Anreger – William S. Burroughs, Allen Ginsberg, Jack Kerouac u. a. – zu sprechen zu kommen. Es geht vielmehr, getreu der Ausgangsfrage, um die Funktion der Zerstörungsbilder in Brinkmanns Texten. Diese Bilder ließen sich leicht mit Hilfe der zahlreichen Müllfotografien illustrieren, die der Autor in seinen Büchern veröffentlicht hat.

In dem postum herausgegebenen Typoskript ›Erkundungen für die Präzisierung des *Gefühls* für einen Aufstand‹ (Aufzeichnungen aus den Jahren 1971–73) findet sich neben einer solchen Fotografie eine Beschreibung der im Vorbeifahren wahrgenommenen »Müllhalden und wilden Abfallgruben mit verschimmelten Matratzen, rostigen Konservendosen, Autobleche[n], Holz«; daneben die Anmerkung: »und ich denke, warum das weinerliche Jammern? Die verseuchte Umwelt ist doch bloß ein anderer Ausdruck für den Grad der inneren Verseuchung, eh?«.[20] Mit diesen Worten scheint Brinkmann andeuten zu wollen, daß sich die äußere Realität (»verseuchte Umwelt«) und die Bewußtseinswelt (»innere Verseuchung«) in einem homologen Verhältnis befinden. Ihr gemeinsames Drittes, so könnte man zugespitzt sagen, ist die vergesellschaftete, die industriell produzierte Natur. Was das Auge sieht, die Industrie-, Städte- und Müll-Landschaften, das ist nach dieser Ansicht nichts anderes als eine objektive Zeichenwelt, deren Selbstdestruktivität entschieden ihrer zur Schau gestellten rationalen Oberfläche widerspricht. Brinkmanns Texte, die oft

---

[19] Carl Amery, Elf Thesen zum ökologischen Materialismus. – In: Tintenfisch 12 (1977), S. 101.

[20] Rolf Dieter Brinkmann, Erkundungen für die Präzisierung des *Gefühls* für einen Aufstand: Träume/Aufstände/Gewalt/Morde. Reise Zeit Magazin. Reinbek 1987, S. 42 f.

nur von fern noch an Gedichte erinnern, kommentieren diese Wahrnehmung in selbstreferenzieller Weise durch Brüche, harte Schnitte, simultane Textfelder oder -flächen, cut-up-Techniken und Bild-Schrift-Mixturen wie sie die Collagekunst entwickelt hat. Mit diesen Formzerstörungen stellen sie bewußt provozierend die Erwartungen an rhetorische Spielregeln, kohärente Diskurspraktiken und grammatische Kontinuität in Frage. Der »Gedichtraum« – so liest man im dritten Teil von ›Rolltreppen im August‹ aus ›Westwärts 1 & 2‹ – besitzt keine Fenster; eine Stimme »träumt« dort, aber »was sie sagt, ist nicht / in den Wörtern. Die Stimme zerbröckelt, / zerfällt in die einzelnen Buch / Staben«.[21] Unvermittelt zwischen beschreibenden Sätzen oder Satzfragmenten steht die Frage »Was hat das mit Gedichten zu tun?«, oder es wird dekretiert: »Die Poesie hat nichts mit den Gedichten zu tun. Die Poesie / ist manchmal ein wüster, alltäglicher Albtraum«.[22] Als fensterlose Monade, in der sich eine andere Ordnung spiegelt, hat das Gedicht ausgedient. Es löst sich in die Materialien der Sprache auf und zerfällt im Innern wie auch an den Rändern, wo es sich mit anderen Sprachen und mit den Wahrnehmungen einer filzigen Welt des alltäglichen Schreckens überlappt, deren Bilder stärker sind als der poetische Tagtraum und jene Konventionen lyrischer Rede, die heute – nach dem kurzen Sommer politischer Alltagslyrik – wieder aus der Verlegenheit helfen sollen. Das Subjekt kann nach Brinkmann den Wahrnehmungen des alltäglichen Schreckens nicht mit der Suche nach einer authentischen Wahrheit und autonomen Sprache standhalten. Vielmehr öffnet es sich dem Durcheinander der variierenden Sprach- und Wahrnehmungsmedien, um scheinbar widerstandslos zu einem Teil der industriell produzierten, dauernd sich umwälzenden kulturellen Oberfläche zu werden: ein »Film aus Worten« (Kerouac/Brinkmann), dessen bewegte Bilder im Text zu beliebigen Standfotos erstarren.

Brinkmann hat einen Simultanstil entwickelt, der, typographisch sichtbar gemacht, die Gleichzeitigkeit erinnerter, gesehener, gehörter oder gelesener Eindrücke, Bilder, Sätze wiedergeben soll. Die eingeklebten Fotos und Bildausschnitte illustrieren nicht das Geschriebene, sie setzen vielmehr die Beliebigkeit der Aus-Schnitte fort, ohne dies

[21] R. D. Brinkmann, Westwärts 1 & 2 (wie Anm. 6), S. 70; das folgende Zitat ebd., S. 71.

[22] Ebd., S. 62.

ästhetisch zu kaschieren. Allein die Um-Welt in des Worts genauer Bedeutung, vor allem die Topografie bestimmter Reiserouten und Städte, läßt ein äußerliches Netz von vagen Orientierungspunkten entstehen, ein Netz, dessen Ordnung durch das ungeregelte Einschalten von Erinnerungen, Reflexionen, Zitaten und anderen Materialien dauernd gestört wird. Diese Formensprache, die den im Leben erfahrenen Modus der Zerstörung an sich selbst erprobt, verwehrt dem Interpreten den Einstieg über die am konventionellen Gedicht gewonnenen Decodierungstechniken. Doch verschließt sie ihre Semantik nicht in hermetischen Bildern, sondern hält sich an die nebeneinander liegenden, den Raum der Um-Welt konstituierenden Dinge. »Je weniger ich in der Sprache verstanden habe«, notiert Brinkmann zwischen den lyrischen Texten, »desto klarer sind mir die vorhandenen Dinge in das Bewußtsein getreten, als wären sie lebendige Personen. Erinnerte ich mich in einer Situation, die lange Zeit zurücklag, so sah ich in der Erinnerung nur Dinge. Die Dinge sollten oder hatten das Gefühl ersetzt. Jedes Empfinden war besetzt mit Details von Sachen.«[23]

Im lyrischen Text liest sich das so:

Gedicht

Zerstörte Landschaft mit
Konservendosen, die Hauseingänge
leer, was ist darin? Hier kam ich

mit dem Zug nachmittags an,
zwei Töpfe an der Reisetasche
festgebunden. Jetzt bin ich aus

den Träumen raus, die über eine
Kreuzung wehn. Und Staub,
zerstückelte Pavane, aus totem

Neon, Zeitungen und Schienen
dieser Tag, was krieg ich jetzt,
einen Tag älter, tiefer und tot?

Wer hat gesagt, daß sowas Leben
ist? Ich gehe in ein
anderes Blau.[24]

[23] Ebd., S. 52.
[24] Ebd., S. 41.

Auffallend an diesem Text ist die Persistenz der Ersten Person Singular: »Hier kam *ich* [...] an«, »Jetzt bin *ich* [...] raus«, »was krieg *ich* jetzt«, »*Ich* gehe«. Nach konventioneller Semantik steht die Ankunft für eine zu erfüllende Erwartung. Die Töpfe an der Reisetasche wären in diesem Kontext ein Zeichen des zu befriedigenden Erwartungshungers. Doch lassen die zerstörte Landschaft, die leeren Hauseingänge und Konservendosen keine Illusionen aufkommen. Das Ich wird leer ausgehen, es wird die Träume – entäußert an die Wahrnehmung »toter« (sinnleerer) Dinge (Neon, Zeitungen, Schienen) – durchqueren. Die Frage, wer sowas Leben nennt, ist im Grunde überflüssig. Denn der Weg ins »andere Blau« sagt schon genug: Er führt nicht an ein bestimmtes Ziel, sondern in ein zeichen-, bild- und dingloses Nichts. Es ist kein Zufall, daß auch Brinkmanns Text mit seinem letzten Wort (das »andere Blau«) eine Trakl-Reminiszenz aufgreift. Die bekannten Schreckens- und Zerstörungsvisionen der Expressionisten (Gottfried Benn nicht zu vergessen), die als Antworten auf einen schockartigen, nicht zuletzt durch Technik und Industrie hervorgerufenen Erfahrungswandel zu verstehen sind, gehören nun einmal zu den traditionsbildenden Komponenten jener Ikonografie der Zerstörung, die mit literarischen Mitteln auf diesen Wandel antwortet.

Brinkmanns zerstörte Landschaften – es sind auch zerstörte Kunstlandschaften (»zerstückelte Pavane«) – fügen sich nicht zu überschaubaren Bildern. Sie öffnen keine gepflegten Wege in metaphorische Gärten oder in seelische Spiegelkabinette. Sie brüskieren den Leser – ich sagte es schon – mit einer anderen, mit einer verrotteten Wildnis, in der das Subjekt sich ganz bewußt an einen randständigen Ort begibt. Dort löst sich, wie in einer dämmrigen Zwischenwelt, die bestimmte Grenze zwischen vergesellschafteter Natur und besinnungslos produzierender Überfluß-Zivilisation auf. Beides vermischt sich in einem Chaos lebensfeindlicher Überbleibsel: ein Verhau aus stachligem Gestrüpp und sperrigem Müll. Auf die Frage, *wo* und *wie* du lebst, lautet die Antwort: in der Wildnis. Mit den Worten eines ›Variation ohne Thema‹ betitelten Textes:

Ein Gedicht die Grenze, danach
das Niemandsland. Wo lebst du
und wie?
Du atmest etwas Wildnis an der Stelle, am
Stadtrand, wo oder in einem Vorort,
die Gärten eingerissen sind,
umgekippte Zäune, ein Fahrradgestell
im Brennesselwald, Brombeergewucher, für
eine Saison.[25]

»Rand« und »Grenze« sind nur andere Wörter für das Heraustreten aus dem Zentrum – was durchaus metaphorisch zu verstehen ist. Im Zentrum wird das Subjekt für »Katastrophen [von] morgen« *konditioniert,* wie Brinkmann im Vorwort zu seinem Hörspiel ›Besuch in einer sterbenden Stadt‹ notiert.[26] An der Peripherie hingegen, in einer »Landschaft letzter Entropie« lösen sich die festgefügten Begriffe der Macht sowie des Subjektzentrismus auf und setzen eine schockierende Mimesis an die Zerstörung selbst frei. Mit Brinkmanns Worten:

Verstaubte Emotionen. Alles von gestern. Lasse den inneren Bildschirm leerlaufen. Höchste Form des Bewußtseins die Verneinung. Wörter sind nicht die Dinge, die sie bezeichnen. Gehe weiter. Jetzt träumen. Ohne Wörter. Durch die verseuchte Gegenwart. »He!« Und ein Stoß in die Musikbox, Diskotheken, Gaskammern voll Musik, wirst drinnen verheizt. Nimm eine Brechstange, Fahrradkette, Tango, kaputt, hier nix mehr los, schnell weg.[27]

In diesem Nebeneinander von provozierenden Behauptungen und Handlungsfragmenten ist das Ich nicht mehr anwesend. Es ist in der von maschinenerzeugten Bildern und Geräuschen (Fernseher, Musikbox) »verseuchte[n] Gegenwart« bestenfalls dem Relais vergleichbar, das die durcheinanderschießenden Folgen partikulärer Wahrnehmungen an- und abschaltet. Brinkmanns Bemerkungen legen es daher auch nahe, den wilden, eingerissenen, stachligen Stadtrand mit der widerborstigen Form der lyrischen Rede in Beziehung zu setzen. Eine Lesart, in deren Licht der Text als Rand und Grenze – aus dem

---

[25] Ebd., S. 148.

[26] Rolf Dieter Brinkmann, Der Film in Worten. Prosa, Erzählungen, Essays, Hörspiele, Fotos, Collagen – 1965–1974. Reinbek 1982, S. 153; das folgende Zitat ebd., S. 194.

[27] Ebd., S. 152.

Müll der Bilder, Wörter und sinnlichen Eindrücke zusammengesetzt – erscheint. Die bis auf den Grund vergesellschaftete Natur und Um-Welt hat sich auch das Subjekt einverleibt. Es produziert nicht mehr selbst, sondern wird produziert und reagiert darauf mit Gewaltfantasien.

Brinkmanns Texte bieten mehr als nur eine radikalisierte Häßlichkeits-Ästhetik. Wollte das Gedicht, vor allem in der Tradition der Moderne, als ein Akt ästhetischer, d. h. wahrnehmungsgesättigter und dennoch reflektierter Individuierung verstanden werden, so bezeichnen die hier besprochenen Texte einen harten Bruch mit dieser Tradition. Schon Nicolas Borns Schriften – nicht nur die lyrischen – thematisieren die Schwierigkeit, innerhalb einer Lebensform, die alle gewohnten Kategorien umwertet, selbstbewußt ICH zu sagen. »Individualisierung bedeutet Marktabhängigkeit in allen Dimensionen der Lebensführung«, heißt es in einer soziologischen Analyse jener Vergesellschaftungsprozesse, denen wir heute ausgesetzt sind.[28] Es ist kein heiteres Bild, das diese Analyse entwirft. Ich resümiere, die soziologischen Hypothesen vom Anfang wieder aufgreifend, ihre wichtigsten Aussagen:

- Die Evolution industriegesellschaftlicher Strukturen incl. aller negativen Folgen für die Umwelt wird langfristig die Grundlagen personaler, auf Privatheit angewiesener Lebensführung zerstören.
- Die industrielle Zerstörung der Lebensressourcen ist im Begriff, sowohl klassenspezifische als auch nationale Grenzen zu überschreiten und wird auf diesem Weg neue soziale und politische Betroffenheiten auslösen.
- Die technische Ubiquität der Medien fördert die Verbreitung standardisierter, kommerziell verwertbarer Kulturmuster und birgt die Gefahr, daß kulturelle Differenzen, die für die Maßstabsbildung der Kritik essentiell sind, eingeebnet werden.
- Eine zunehmende Abhängigkeit von öffentlichen Institutionen wird noch wirksamer den Wert gewachsener Traditionen schmälern und so den fruchtbaren Widerspruch zwischen Individuum und Gesellschaftssystem zugunsten des letzteren zunichte machen.

Brinkmanns Texte können als Antworten auf diese Veränderungen verstanden werden. Sie entdecken überall, in den Städten und Landschaften, durch die das ruhelose, immer wieder unter die Dinge gera-

[28] U. Beck, Risikogesellschaft (wie Anm. 3), S. 212.

tende Ich zieht, die gleichen Müllkippen, Wildnisse und Rattenparadiese. Und an diesen zerfetzten Rändern der Kultur gräbt sich jenes Analogon des Individuums, das Gedicht, in die Abfälle eines synthetischen Lebens wie in das tote Gedächtnis einer unfruchtbaren Vergangenheit ein. Die Texte, die an diesen Rändern entstehen, protestieren nicht mehr im Namen eines unverbesserlichen Idealismus gegen Zerstörung. Sie machen vielmehr auf eine Weise von ihr Gebrauch, in der die Erregung über den Mangel an Vernünftigkeit in der Welt die konservierende Form der lyrischen Zeilenschrift über Gegenstände legt, die zur Dreckschicht der Konsumgesellschaft gehören.

V

INDUSTRIALISIERUNG DER ARBEITSWELT

Keith Bullivant

BÜRGERLICHE LITERATUR UND ARBEITSWELT

»Was hilft es mir, gutes Eisen zu produzieren, wenn mein eigenes Inneres voller Schlacken ist?«[1] Mit diesen Worten – die zweifellos zu den bekanntesten in der deutschen Literatur gehören – nimmt Wilhelm Meister Abschied von der Welt der Produktion und der Verteilung von Gütern, mit der Absicht, sein wahres Ich in der Welt der Künste zu suchen. Zwar hat er die Rückversicherung, daß das Familienvermögen in Werners guten Händen ist, so daß er sich gar nicht darum zu bekümmern braucht, die Arbeit, auf der dieses Vermögen beruht, darf für ihn aber nie zum Selbstzweck werden, wie es bei dem »arbeitsamen Hypochrondristen« Werner der Fall ist.[2] Diese Suche nach Selbstverwirklichung jenseits der Arbeitswelt wurde im Laufe des 19. Jahrhunderts zu einem Zentralbegriff einer Reihe von theoretischen Erörterungen, die zur Entwicklung des spezifisch deutschen Bildungsromans beitrugen.

Für uns gelten Hegels Überlegungen zum Roman, »der modernen bürgerlichen Epopöe«, als die ersten maßgebenden Formulierungen dieser deutschen Romanästhetik. Das bürgerliche Zeitalter war für Hegel gekennzeichnet durch das Fehlen »des ursprünglich poetischen Weltzustands, aus welchem das eigentliche Epos hervorgeht«; dieser habe in der Neuzeit »einer fest eingerichteten bürgerlichen Ordnung und einem prosaischen Weltlauf« weichen müssen. Um weiterhin seinem poetischen Erbe treu bleiben zu können, müsse der Roman von den Handlungen der Charaktere »die prosaische Gestalt abstreifen und dadurch eine der Schönheit und Kunst verwandte und befreundete Wirklichkeit an die Stelle der vorgefundenen Prosa setzen«. Träger dieser poetischen, der prosaischen überlegenen Wirklichkeit sei »die lebendige Besonderheit der Individuen«, und »der Konflikt zwi-

[1] Johann Wolfgang von Goethe, Wilhelm Meisters Lehrjahre. – In: J. W. v. G., Sämtliche Werke. Bd. 7. Zürich u. München 1977, S. 311.

[2] Zit. nach Martin Walser, Goethe hat ein Programm, Jean Paul eine Existenz. – In: Literaturmagazin 2 (1974), S. 109.

schen der Poesie des Herzens und der entgegenstehenden Prosa der Verhältisse« sei eine der »für den Roman passenden Kollisionen«.[3] Deutlich wird also der Vorrang des Innenlebens, im Gegensatz zum äußeren, es fragt sich aber, worin das Prosaisch-Gewordene des bürgerlichen Lebens besteht. Der in der Gefolgschaft Hegels stehende Fr. Th. Vischer, dessen Romanästhetik auch von der prosaischen Einrichtung der Dinge ausgeht, führt diese auf die »Erkältung der Umgangsformen«, auf »den allgemeinen Zug zur Mechanisierung der technischen Produkte« zurück. Angesichts einer solchen Drohung der aufkommenden Industrie habe der Roman den Zweck, »der Poesie auf diesem Boden der Prosa ihr verlorenes Recht« zurückzuerringen; »das eigentliche Thema des Romans«, wie bei Hegel, liege in dem Konflikt der »innern Lebendigkeit mit der Härte der äußern Welt«.[4]

Selbst wenn wir von ›Wilhelm Meisters Lehrjahre‹ absehen, hinkte diese Romantheorie der literarischen Praxis hinterher; schon 1836 hatte Immermann eben diese Reaktion auf die neue Industrialisierung Deutschlands in seinen ›Epigonen‹ mitthematisiert. Die Fabrik des Oheims Hermanns, des Helden des Romans, wird als häßlich, natur- und menschenschädlich dargestellt, darüber hinaus wird die industrielle Produktion dafür verdammt, daß sie »künstliche Bedürfnisse künstlich« befriedigt; die Gegenwart eile »einem trockenen Mechanismus zu«, dessen Lauf nicht zu hemmen sei,[5] die Nachgeborenen – die Erben Goethes – seien aber nicht zu schelten, wenn sie sich davor zurückzögen, um ihr Selbst vor der die Industrialisierung begleitenden »Trocknis der Seelenkräfte« zu schützen, von der Immermann in seinen ›Memorabilien‹ (1840–43) sprach. Die individuelle Persönlichkeit war nur im gesunden und natürlichen Milieu des Agrarlebens zu entdecken und zu pflegen. Impliziert wird das, was Otto Ludwig, der den theoretischen Standpunkt Hegels und Vischers fortsetzte, in seinen ästhetischen Schriften auch hervorhob, nämlich, daß »die wahre Poesie«, als Platzhalter einer mit der neuen Wirklichkeit nie zu versöhnenden Idealität, »sich ganz von der äußern Wirk-

[3] Georg Wilhelm Friedrich Hegel, Werke. Bd. 15. Frankfurt a. M. 1970, S. 393.

[4] Siehe Friedrich Theodor Vischer, Aesthetik. Stuttgart 1857, 3. Teil, 2. Abschnitt, S. 1304–1308.

[5] Karl Leberecht Immermann, Die Epigonen. Familienmemoiren in neun Büchern. Bd. 3. Leipzig u. Berlin 1856, S. 265 f.

lichkeit [...], sozusagen von der wirklichen Wirklichkeit« loslösen solle.[6] Hierin liegt der Kern einer Auffassung des Romans, die die soziale Wirklichkeit des industriellen Zeitalters ablehnte und die Vorrangigkeit eines Innenlebens betonte und damit den gehobenen bürgerlichen Roman des späteren 19. und auch des 20. Jahrhunderts prägte. Auch nach dem Zweiten Weltkrieg vertrat z. B. Ernst Jünger immer noch die Ansicht, daß die Literatur eine höhere Wirklichkeit zu behandeln habe als die »platten Realitäten der bürgerlichen Welt«,[7] und für Frank Thieß, in den 50er Jahren Präsident der Mainzer Akademie für Sprache und Dichtung, repräsentierte die Literatur »die *eigentliche* Wirklichkeitsschicht« jenseits des »Tatsachenbereichs der bürgerlichen Existenz«. Die Romane Gerd Gaisers, zu dieser Zeit einer der in konservativen literaturkritischen Kreisen angesehensten Autoren, reflektieren deutlich eine solche Haltung und diese in der Formulierung von Frank Thieß implizierte Verachtung der modernen Welt der Arbeit.

Ein solches Verständnis der deutschen Romantradition läßt natürlich die ganze Reihe von sozialen Romanen außer acht, die – obwohl sie schon längst der Trivialliteratur zugeordnet worden sind – im 19. Jahrhundert ein wichtiger Bestandteil der bürgerlichen Literatur waren. Es ist ein Verdienst der Germanistik, daß sie uns seit Anfang der 70er Jahre auf die Fülle früher vernachlässigter Literatur aus jener Zeit aufmerksam gemacht hat, zu oft wird aber vergessen, daß mit der oft kritisierten bürgerlichen Literaturtradition eigentlich eine Literatur gemeint ist, wie sie uns überliefert wurde. Frühere Literaturgeschichten und der Marbacher Katalog zur Ausstellung ›Literatur im Industriezeitalter‹ zeigen deutlich, wie viele Autoren bürgerlicher Literatur – im wahren Sinne des Wortes – sich im Roman und in der Lyrik mit dem neuen Zeitalter und dessen Folgen für die Kunst beschäftigen. Die Romane Ernst Willkomms – ›Eisen, Gold und Geist‹ (1843) und ›Weiße Sklaven‹ (1845) –, von Georg Weerth (›Fragment eines Romans‹, 1846/47), Robert Prutz (›Das Engelchen‹, 1851), Johannes Scherr (›Michel‹, 1858), Karl Gutzkow (›Die Ritter vom Geiste‹, 1851), Gustav Freytag (›Soll und Haben‹, 1855) und Friedrich Spielhagen (›Hammer und Amboß‹, 1869, ›Sturmflut‹, 1877 u. a. m.) bilden die erste Phase eines bis in die 70er Jahre dieses Jahr-

[6] Otto Ludwig, Gesammelte Schriften. Bd. 5. Leipzig 1891, S. 411.
[7] Ernst Jünger, Gesammelte Werke. Bd. 9. Stuttgart 1979, S. 173.
[8] Frank Thieß, Dichtung und Wirklichkeit. Wiesbaden 1952. S. 8–12.

hunderts vernachlässigten Sozialromans, der – wie sich an bürgerlichen Zeitschriften jener Epoche ablesen läßt – sowohl bei der Literaturkritik als auch beim Publikum für wichtig erachtet wurde. Aber selbst der wohlwollendste Rückblick auf diese Romane kann ihre Einstufung in die Kategorie der Trivialliteratur nicht anzweifeln: Nicht nur wird in den meisten Fällen die neue industrielle Zeit einfach abgelehnt, sondern diese wird auch entweder durch eine krasse Schwarzweißmalerei in der Porträtierung der Charaktere dargestellt oder durch eine Mystifizierung eines als urdeutsch aufgefaßten ländlichen Lebens konterkariert. Es muß fairerweise gesagt werden, daß ähnliche Schwächen an den ersten englischen Sozialromanen abzulesen sind. Was diese deutschen Romane angeht, scheint die vorherrschende idealistische Auffassung der Literatur eine wichtige Rolle gespielt zu haben. Unreflektiert wird von einer Reihe dieser Autoren die Form des Bildungsromans übernommen, vor allem aber eine von der Goethezeit und der deutschen Romantik hergeleitete Auffassung von Literatur, für die, in der Suche nach dem 'Wahren', dem 'Schönen' oder gar dem 'Unendlichen', die unmittelbare soziale Wirklichkeit nur zweitrangig war. So stellen wir bei Robert Prutz, seinerzeit auch ein nicht unbedeutender Literaturhistoriker, die Ablehnung jeder politischen oder gar sozialen Tendenz im Roman fest. Aber selbst Fontane, der außerhalb der idealistischen Romantradition stand und fest davon überzeugt war, daß alles Interesse beim vierten Stand, d. h. bei den Arbeitern, ruhte, gelang es nicht, die neue Arbeitswelt zu zeigen. Die kleinbürgerliche Welt von Lene und Frau Dörr in ›Irrungen, Wirrungen‹ liegt abseits der neuen Stadt Berlin, und Gideon Franke, der spießige, verklemmte Bräutigam Lenes, ist wesentlich unsympathischer gezeichnet als ihr adeliger Liebhaber Botho. In ›Frau Jenny Treibel‹ wird nur die Freizeit der Treibels geschildert; von der Fabrik, in der der Reichtum dieser Arrivierten erarbeitet wird, sehen wir nichts. Daß dem so ist, rührt sicherlich z. T. daher, daß Fontane, bei allem Interesse für die neue Welt, diese nicht kannte und aus diesem Grunde in einem ihm mehr oder weniger vertrauten Milieu blieb; er kommt also über die Kritik des Adels und der Bourgeoisie nicht hinaus. In dieser Hinsicht ähnelt sein Standpunkt dem von Wilhelm Raabe, der sich auch der alles verändernden neuen Arbeitswelt bewußt war. In seinem Spätwerk geht es zwar um die Spannungen zwischen dem alten Bürgertum und der neuen Bourgeoisie, zwischen den Überbleibseln einer ständischen Welt und der neuen Gesellschaftsordnung des Industriezeitalters. Die neue Welt aber sehen wir nur von der Peripherie: Adam Asche in ›Pfisters Mühle‹ ist mit seiner Reinigungs- und Färbfabrik ein reicher Mann geworden, im Roman geht es letzten Endes um die Aufrechterhaltung überlieferter kultureller Werte; Stopfkuchens müßiges Leben in der Roten Schanze, das mit der tätigen Welt seines Freundes Eduard aus Südafrika kontrastiert, wird durch die Verpachtung seiner Felder an eine Zuckerrübenfabrik ermöglicht. Mit durchdringender Ironie läßt Raabe seine Protagonisten ein parasitäres Leben am Rande der Gesellschaft führen; impliziert wird die Notwendigkeit der neuen tätigen Welt, der Philister kann aber mit deren Werten gar nichts anfangen und zieht sich in eine heile geistige Welt zurück.

Es gibt aber doch andere ernsthafte Versuche, die sich entwickelnde industrielle Gesellschaft zu zeigen, was – wie Karl Gutzkow einzusehen vermochte – einem angestrebten Bruch mit der Literaturtradition der Zeit gleich kam: »Den Roman an die Welt der Arbeit zu verweisen«, schrieb er, »heißt ihn in seiner ganzen Natur aufheben, denn es ist gerade das Wesen des Romans, die Wochentagexistenz des Menschen gleichsam beiseite liegen zu lassen und seinen Sonntag zu erörtern«.[9] Gutzkows Beschreibungen der neuen Fabriken und der Wohnverhältnisse der Berliner Arbeiter in ›Die Ritter vom Geiste‹ und Georg Weerths Schilderung der neuen Arbeitswelt in seinem Romanfragment zählen zu den wenigen mehr oder minder gelungenen Behandlungen der Arbeitswelt dieser Zeit; Freytags ›Soll und Haben‹, der auch von dem Wunsch ausgeht, »das deutsche Volk [. . .] bei seiner Arbeit« zu suchen, und Spielhagens ›Hammer und Amboß‹ zeigen dagegen, wie der Versuch, etablierte literarische Formen (den Bildungs- oder Entwicklungsroman) einfach zu übernehmen, sich im Sozialroman oft desaströs auswirkte. In beiden Fällen lenken lange Ausschweifungen im Handlungsablauf vom eigentlichen Thema ab, unglaubwürdige Koinzidenzen begünstigen das Leben der Helden, vor allem aber überzeugt weder die Porträtierung von Anton Wohlfahrt in ›Soll und Haben‹, noch die von Georg Hartwig in ›Hammer und Amboß‹, die eher Wunschbilder der Autoren als typische Figuren ihrer Zeit sind. Darüber hinaus wird die Repräsentanz von ›Soll und Haben‹, in dem die industrielle Erschließung des Landes als gemeinschaftsstörend und chaoserzeugend dargestellt wird, dadurch be-

[9] In: Unterhaltungen am häuslichen Herd 44 (1855), S. 702.

einträchtigt, daß die merkantile Arbeitswelt, die Freytag schildert, abseits vom industriellen Zeitalter steht, während Spielhagens Bild der Arbeitsverhältnisse und der Beziehungen zwischen Arbeitgeber und Arbeitnehmer nur als eine weltfremde Verklärung der Realität zu betrachten ist.

Zu den Merkmalen des deutschen Naturalismus gehört ein deutliches Bewußtsein des Ungenügens am Sozialroman des 19. Jahrhunderts; vielfach wurde die Notwendigkeit hervorgehoben, »das ganze, breite, bunte Leben, das sich in den kleinbürgerlichen, in den Schichten der Arbeiter, des Proletariats« entrolle, literarisch zu bearbeiten.[10] Obwohl Max Kretzer seinerzeit von Adalbert von Hanstein über Zola gestellt wurde, sind seine Berliner und sonstigen sozialen Romane, so oft sie auch literarisches Neuland erschließen mögen, durch die gleichen Schwächen gekennzeichnet, die wir schon am Sozialroman der 40er/50er Jahre des 19. Jahrhunderts festgestellt haben, und der Hauptstrom des Naturalismus weist nur in Hauptmanns ›Die Weber‹ und in der Lyrik von Arno Holz eine literarische Bearbeitung der Arbeitswelt von längerfristigem Belang auf. Die eigentliche Leistung des Naturalismus liegt, was den Roman betrifft, ironischerweise im Grablied auf den alten, freien Bauernstand, in Wilhelm von Polenz' ›Der Büttnerbauer‹ (1895), und es fragt sich, warum – trotz der programmatischen Forderungen der Naturalisten – dem so ist. Eine Erklärung, aber keineswegs die einzige, dürfte die verblüffende Treue der naturalistischen Schriftsteller zum idealistischen Kanon sein, die Fortsetzung einer Ästhetik bei den Brüdern Hart, bei Wilhelm Bölsche, Fritz Lienhard und anderen, die eine höhere Realität als die Welt der Erscheinung zum Thema hatte.[11]

Etwa gleichzeitig mit dem deutschen Naturalismus, zu einer Zeit, als die Arbeiterbewegung an Kraft gewann, kommt es aber zu einem für die deutsche Literatur des 20. Jahrhunderts wichtigen neuen Ansatz in der Bearbeitung der Arbeitswelt. Mag Franz Mehring auch die Werke Lessings und Schillers als wichtige Instrumente im Befreiungskampf des Bürgertums betrachtet und ihnen daher eine exemplarische Funktion für eine proletarische Literatur zugesprochen haben, er

---

[10] Heinrich und Julius Hart, Kritische Waffengänge. Bd. 6. Berlin 1884, S. 48.

[11] Siehe: Industrie und deutsche Literatur 1830–1914. Hrsg. v. Keith Bullivant u. Hugh Ridley. München 1976, S. 34 f.

betonte doch – wie Liebknecht und Eduard Bernstein – den Vorrang des gegenwärtigen politischen Kampfes der Arbeiter; Literatur könne zwar als Gebrauchsliteratur, d. h. als für die politischen Bedürfnisse des Tages geschaffene, hilfreich sein, eine neue Kunstepoche im Sinne des Proletariats sei aber erst nach einem politischen Sieg zu erwarten. Hier liegen die Wurzeln einer literarischen Aneignung der Arbeitswelt abseits von der bürgerlichen Literatur durch sozialistische und kommunistische Schriftsteller in den Jahrzehnten bis 1933, die einen Strang der früheren Arbeiterliteratur darstellt. Ebenfalls vor dem Ersten Weltkrieg kam es mit dem lyrischen Schaffen der 'Werkleute auf Haus Nyland' zu den Anfängen einer verklärenden, mystifizierenden Schilderung der Arbeitswelt, die – gleichfalls abseits von der bürgerlichen Literatur – in den 20er Jahren in der Arbeiterdichtung zum Ausdruck kam und die sich z. T. in der nationalsozialistischen Literatur fortsetzte.

Nach dem Zweiten Weltkrieg blieb das Thema Arbeitswelt in der Literatur der Bundesrepublik lange mehr oder weniger ausgespart, was z. T. auf die geschickte Instrumentalisierung der Arbeiterdichtung durch die Nazis und das Konformgehen ehemaliger Arbeiterdichter mit der Reichsschrifttumskammer zurückzuführen ist. Der Ideologieverdacht der 40er und 50er Jahre wird eine solche Ablehnung nur gefördert haben, und dieser führte sicherlich auch dazu, daß sozialistische Literatur der Arbeitswelt nach dem Modell z. B. des Bundes proletarisch-revolutionärer Schriftsteller der Weimarer Republik, die zu den Vorläufern der offiziellen Literatur der DDR gezählt wurde, im Adenauer-Deutschland nicht entstand. In einer frühen Erzählung Max von der Grüns wird ein kritischer Text des Ich-Erzählers von einem Verlagslektor mit der Begründung abgelehnt, »der Osten wird jubeln« [12], und sogar in den späten 60er Jahren mußte Dieter Wellershoff darüber klagen, daß seine Ideen zum Realismus wegen der Nähe zum Sozialistischen Realismus auf besonders starken Widerstand stießen.[13]

Das Fehlen der literarischen Behandlung der Arbeitswelt in der bundesdeutschen Literatur wurde erst Ende der 50er Jahre zum The-

---

12 Max von der Grün, Etwas außerhalb der Legalität. – In: M. v. d. G., Fahrtunterbrechung und andere Erzählungen. Frankfurt a. M. 1965, S. 74.

13 Dieter Wellershoff, Literatur und Veränderung (1969). München 1971, S. 64.

ma: eine Reihe von inzwischen bekannten Artikeln von Alfred Andersch, Wolfgang Rothe und, vor allem, Walter Jens machte auf dieses Manko aufmerksam. Mehrmals betonte Jens das, was Karl Gutzkow schon hundert Jahre vorher gesagt hatte, daß nämlich die Literatur nur den Freizeitmenschen, nicht den arbeitenden zeige. In die Literaturgeschichte der Bundesrepublik ist eingegangen, daß diese Polemiken die Gründung der Dortmunder Gruppe 61 stimulierten. Sie ist aber in ihren Anfangsjahren eher als eine Fortsetzung der schon früher starken Tradition der Bergbaudichtung denn als eine bewußte Erweiterung des Spektrums der bürgerlichen Literatur zu verstehen. Mögen Fritz Hüser und Max von der Grün, die treibenden Kräfte der Gruppe in den ersten Jahren, sich bemüht haben, die Gruppe von der früheren Arbeiterdichtung zu distanzieren, viele der ersten Publikationen, vor allem die Lyrik, weisen in ihrer Metaphorik eine erstaunliche Nähe zu Vorläufern aus den 20er Jahren auf. Relativ lange blieb die Gruppe außerhalb der eigentlichen Literaturszene; selbst von der Grüns zweiter Roman, ›Irrlicht und Feuer‹ (1963), der in einem kleinen Recklinghausener Kinderbuchverlag erschien, erregte erst wegen eines spektakulären Prozesses breiteres Interesse. 1966 kam es insofern für die Gruppe zu einem Durchbruch, als ihr ›Almanach‹ bei einem sogenannten bürgerlichen Verleger, Luchterhand, erschien, aber selbst die wohlwollendsten Rezensionen waren sehr kritisch: Dieter Wellershoff machte auf die »naive Klischeebildung, eher im Stil der Legendendichtung« aufmerksam und Hans-Albert Walter auf »abgegriffene Metaphern, schiefe Bilder, ausgelaugte Sprache und schwache[n] Sprachrhythmus« [14]. »Die Kluft [...] zwischen dem ästhetischen Niveau der Industriedichtung und der 'normalen' Literatur« – wie er sie bezeichnete – sei aber »im Aufbau der Gesellschaft begründet«, der Hauptantrieb des Schreibens der Gruppe 61 sei sogar »das Unbehagen an diesen Verhältnissen«. An Walters Analyse der Beiträge zum ›Almanach der Gruppe 61 und ihrer Gäste‹ läßt sich im Nachhinein eine Polarisierung innerhalb der Gruppe feststellen – zwischen Mitgliedern, denen es nach wie vor um eine literarische Beschäftigung mit der Arbeitswelt ging, und anderen, die, unter dem Einfluß der allgemeinen Politisierung in der zweiten Hälfte der 60er Jahre, eine Gebrauchsliteratur im Interesse der

[14] Hans-Albert Walter, Die Literatur und die Welt der Arbeit. – In: Die Zeit v. 10. 3. 1967.

Arbeiter entwickeln wollten. Schon zwei Jahre später kündigte Peter Schütt in ›Die Zeit‹ eine Sezession an, die »nach dem Vorbild der Arbeiterkorrespondentenbewegung in den zwanziger Jahren [...] die Basis der proletarischen Literatur erweitern« wollte; Musterbeispiele aus der Gegenwartspraxis seien Texte von Günter Wallraff und Erika Runge, von denen er »einen konkreteren Praxisbezug als alle bisherigen Versuche zur poetischen Überhöhung des Fließbandes« erwartete, die »den Autoren den Einfluß auf das öffentliche Bewußtsein« sichere, »um den sich die Dortmunder Gruppe 61 bisher vergeblich bemüht hat«.[15]

Hier, in dieser Abkehr von einer angestrebten Integration in den Literaturbetrieb und der Hervorhebung der Brauchbarkeit der Literatur im Rahmen eines breiteren politischen Kampfes um Menschenrechte, konvergiert ein Strang der Literatur der Arbeitswelt mit den Gedanken führender bürgerlicher Autoren und Kritiker. Vielfach wurde die bürgerliche Literatur angegriffen, sie sei schlimmstenfalls ein Vehikel der Unterdrückung, bestenfalls ein dekoratives, müßiges Abschweifen in »pures Sprachspiel« (Martin Walser). Enzensberger, Heißenbüttel und andere lobten Wallraff, Walser setzte sich für die Publikation von Tonbandprotokollen von Arbeiterlebensläufen ein und unterstützte die Arbeit des aus der Sezession von der Gruppe 61 entstandenen Werkkreises Literatur der Arbeitswelt. Für ihn war die revolutionäre Dynamik der frühen bürgerlichen Schriftsteller – ihre Artikulation der »wichtigste[n] Tendenz der Literatur«, d. h. die »Behauptung des Menschenrechts« – »zur Nebensächlichkeit« geschrumpft, sie sei aber potentiell von den Publikationen des Werkkreises übernommen worden, durch die »die sogenannte Arbeitswelt [...] nicht mehr exterritorial sein« werde.[16]

Was die 70er Jahre angeht, wird Walsers Zuversicht bestätigt, daß die Arbeitswelt ein zentrales Thema der Literatur werden würde: abgesehen von den hohen Auflagen der Reihe von Werkkreispublikationen in der Fischer-Bücherei, wurden die Sozialromane Max von der Grüns ein wichtiger Programmbestandteil des Luchterhand-Verlages, der auch die ›O-Ton‹-Hörspiele Michael Scharangs aus der Arbeits-

---

[15] Peter Schütt, Tagung der Gruppe 61. – In: Die Zeit v. 29. 11. 1968.

[16] Martin Walser, Wie und wovon handelt Literatur. – In: M. W., Wie und wovon handelt Literatur. Aufsätze und Reden. Frankfurt a. M. 1973, S. 119, 121 u. 125.

welt und seine Romane ›Charly Traktor‹ (1973) und ›Sohn eines Landarbeiters‹ (1976) herausbrachte. Sowohl die Bühnenstücke der 70er Jahre von Franz Xaver Kroetz und dessen zweibändiger Roman ›Ein Mondscheinknecht‹ als auch Romane von Franz Innerhofer, Ludwig Fels (›Ein Unding der Liebe‹), Gernot Wolfgruber u. a. m. greifen Themen aus der Arbeitswelt auf, so daß dieses Gebiet nicht mehr als »das Stiefkind der deutschen Literatur« (Wolfgang Rothe) betrachtet werden konnte. August Kühn (›Zeit zum Aufstehn‹, 1975), Peter O. Chotjewitz (›Der dreißigjährige Friede‹, 1977) und Hans Dieter Baroth (›Aber es waren schöne Zeiten‹, 1978) stellten mit ihren Romanen ganz bewußt den Anspruch, antibürgerliche Romane mit Gebrauchswert zu sein, die der mangelhaften Bildung der Arbeiter entgegenwirken sollten, und innerhalb von Gewerkschafts- und anderen politischen Kreisen dürfen diese Werke eine informative oder solidarisierende Funktion gehabt haben: Kühns Roman, der eine Art alternativer Sozialgeschichte Deutschlands seit Mitte des 19. Jahrhunderts ist, erreichte in der Büchergilde Gutenberg einen breiten Leserkreis, und Hermann Spix' ›Elephteria oder die Reise ins Paradies‹ (1975) erwies sich auf Gewerkschaftsschulen als eine so brauchbare Lektüre, daß der Roman 1984 neu aufgelegt wurde. War es ein romantisches oder sogar politisches Überbleibsel der Studentenbewegung, war es Ausdruck eines schlechten Gewissens oder war es lediglich das Exotische, Neue, jedenfalls war in den 70er Jahren in etablierten literarischen Kreisen, sogar unter Germanisten, ein stärkeres Interesse an Arbeiterliteratur zu spüren. Das ist in den 80er Jahren nicht mehr der Fall: Nicht nur sind Arbeiterromane und -lebensberichte nicht mehr gefragt, so daß die Fischer-Bücherei die Werkkreisreihe einstellen mußte, sondern man merkt auch eine allgemeinere Ablehnung der operativen Literatur. Selbst ein marxistischer Autor wie Michael Schneider nimmt gegen die Degradierung der Literatur zur »Dienstmagd der Tagespolitik« Stellung, und Gerd Fuchs, dessen ›Beringer und die lange Wut‹ (1973) u. a. die Erschließung der industriellen Arbeitswelt durch einen bürgerlichen Intellektuellen thematisiert, lehnt ausdrücklich »die krude Inhaltsästhetik« des Werkkreises als den falschen Versuch ab, »die Kunst für politische Zwecke zu instrumentalisieren«.[17]

[17] Siehe Matthias Altenburg (Hrsg.) Fremde Mütter, fremde Väter, fremdes Land. Hamburg 1985, S. 72, 26.

An dieser Stelle ist zu fragen, worauf dieser Standpunkt zurückzuführen ist. Weder darf der Modeeffekt ignoriert werden, noch sind die Auswirkungen einer in allen Ländern Europas und Nordamerikas festzustellenden konservativen Tendenz, auch unter Arbeitern, zu übersehen. Ein wichtiger Faktor für Autoren und Kritiker dürfte u. a. eine gewisse Ernüchterung sein, eine Korrektur der überhöhten Erwartungen an die sogenannte Effizienz des literarischen Produktes. Zum einen wurde das politische Verständnis der 68er Generation weitgehend durch ein vereinfachtes Bild der Konstellationen geprägt, das von dem Resistenzpotential der bestehenden Gesellschaft und dem Bewußtsein der Bevölkerung absah und der Literatur eine völlig unrealistische Kraft zur Veränderung zumaß. Die kürzlich wiederentdeckten Texte des BPRS, die Kontroverse zwischen Lukács und Willi Bredel und die Beiträge zur 'Expressionismusdebatte' der 30er Jahre schienen Muster anzubieten, die den bevorstehenden radikalen Änderungen der Gesellschaft Vorschub leisten würden. Völlig unreflektiert wurde eine relativ einfache Ästhetik übernommen, die sich auf eine Situation bezog, in der es nur einen Hauptfeind, den Faschismus, gab. Außer acht gelassen wurden nicht nur die inhärente Zähigkeit eines zunehmend multinationalen kapitalistischen Systems, sondern auch andere wichtige Faktoren, die das Bewußtsein des Lesers und daher die Rezeption eines literarischen Werks mitbestimmen. Die Propagandaindustrie Goebbels' erzielte durch ihren Einsatz im audiovisuellen Bereich eine Bewußtseinsbeeinflussung, die weit größer war als die der 'Rote-Eine-Mark-Romane'. Das informative Potential der Literatur ist nach den 50er Jahren abermals geschwächt worden. Nicht zu Unrecht wurde in einigen Kreisen der Studentenbewegung das Bedürfnis nach 'Gegenmedien' ausgedrückt, und in dieser Hinsicht ist die literarische Entwicklung von Günter Wallraff in den 70er und 80er Jahren aufschlußreich, des einzigen 'Gegenliteraten' der Arbeitswelt, dem eine öffentliche Wirksamkeit durch Literatur zugesprochen werden kann.

Um 1970 läßt sich in den Reportagen Wallraffs eine Änderung insofern feststellen, als er, statt der Erlebnisberichte, die in einer Reihe mit Paul Göhres Pionierarbeit ›Drei Monate Fabrikarbeiter und Handwerksbursche‹ (1891) stehen, sprachliche und schriftliche Aussagen und Berichte anderer zusammenmontiert (vgl. ›Neue Reportagen‹, 1972). Sie sind viel 'literarischer' als die früheren Industriereportagen und wurden entsprechend rezipiert; ihm ging es aber nie darum, »Literatur zu machen«, sondern um »Wirkungen in der Praxis«. Zwar sind uns die Gründe für die Rückkehr zum Erlebnisbericht in seiner ersten ›Bild‹-Reportage, ›Der Aufmacher‹ (1977), nicht bekannt, das öffentliche Aufsehen war aber groß. Seine neuesten Reportagen, ›Ganz unten‹ (1985), in denen er von seinen Erfahrungen als türkischer Gastarbeiter berichtet, waren eine Sensation: sehr schnell erreichte der Band, der auch auf Türkisch erschienen ist, eine Auflage von zwei Millionen, während eine Reihe von Prozessen und die Filmfassung für weitere Aufregung sorgten. Diese Reportagen haben eindeutig die weit höhere Wirksamkeit einer schon in der Konzeption als multimedial-operativ aufgefaßten Aktion gezeigt. Sie stellen damit die Prämissen der didaktischen literarischen Fiktion radikal in Frage und stellen in ihrer Wirksamkeit selbst die erfolgreichsten Titel der Werkkreis-Reihe in den Schatten. Die Reportagen Wallraffs haben also das bestätigt, was Theodor W. Adorno, Walter Jens und andere schon vor über zwanzig Jahren vielleicht etwas verfrüht meinten – daß nämlich der erzählenden Literatur ihre alte Aufgabe des Berichtens, der Vermittlung von faktischen Informationen, »durch die Reportage und die Medien der Kulturindustrie« endgültig entzogen worden ist.[18] Trotzdem fragt sich, ob nicht auch die Zukunft der Reportage durch die moderne Informationsindustrie gefährdet ist. Es ist durchaus denkbar, daß eine mit Fernsehen und Video großgewordene Generation von Arbeitnehmern nur durch die plastische Evokation ihres Arbeitsalltags in vertrauten Medien zum kritischen Nachdenken zu bringen ist.

Das abnehmende Interesse an operativer Literatur der Arbeitswelt dürfte aber nicht nur vom Problem der Medienwahl herrühren. Es stellt sich hier auch zwangsläufig die Frage, ob sich der lesende Arbeiter – wenn es diesen noch gibt! – mit den Figuren der seit den 60er Jahren produzierten Texten der Gruppe 61, des Werkkreises und von anderen noch identifizieren kann, ob er sich durch die angeschnittenen Themen angesprochen fühlt. Schon in den 60er Jahren betonte Fritz Hüser, Sprecher der Gruppe 61, mit Recht: »Im Zeitalter der Mitbestimmung und der Automation, der Kybernetik und Atom-

[18] Siehe: Theodor W. Adorno, Standort des Erzählers im zeitgenössischen Roman. – In: Th. W. A., Noten zur Literatur I. Frankfurt a. M. 1969, S. 62, sowie Walter Jens, Deutsche Literatur der Gegenwart (1961).München 1966, S. 118 f.

kräfte, der Volksaktie und der 40-Stunden Woche stehen andere Fragen und Probleme im Vordergrund als die der früheren Arbeiterdichtung und sozialen Kampfdichtung«[19]; trotzdem waren viele Texte aus der Gruppe altmodischen, nicht mehr typischen Arbeitsbedingungen, vor allem einer unzeitgemäßen Arbeitermentalität, verhaftet. Die Politisierung der 60er Jahre, die ein vereinfachtes politisches und soziales Bild mit sich brachte, förderte bei vielen bürgerlichen Überläufern zum sozialistischen Lager eine unkritische Übernahme von Leitbildern aus den 20er Jahren wie auch einer vorgeprägten Rhetorik bei Sprechern des Werkkreises und, noch schlimmer, ästhetischer Vorstellungen, die aus einer anderen Zeit mit qualitativ anderen gesellschaftlichen Verhältnissen stammten. Vielfach wurde ein Anknüpfen an die Arbeiterkorrespondentenbewegung und die Romane des BPRS verlangt; von Peter Schütt, der schon 1968 zur Gründung von Schulen für schreibende Arbeiter zur Erweiterung der Basis der »proletarischen Literatur« aufgerufen hatte, wurden sogar die »Erfolge« des Bitterfelder Wegs in der DDR als nachahmenswerte Modelle empfohlen. Eine wohlwollende Besprechung der ersten Textsammlung aus dem Werkkreis (›Ein Baukran stürzt um‹, 1970) mußte wehmütig feststellen, daß der Stoff »bereits bekannt« war: »Da werden die verschiedenen Formen der Entfremdung beschrieben, die Absorbierung des Menschen durch eine sinnentleerte Arbeit.«[20] Vom dritten Band, ›Lauter Arbeitgeber‹ (1972), berichtete Heinrich Vormweg, man könne »in den Zeitungen manchmal Skandalöseres lesen«, und »daß es so viele miese Chefs gibt, daran hat sowieso keiner gezweifelt«; sie seien nur »in einem bestätigenden Sinn [...] aufschlußreich«.[21] Es stellt sich hier nicht nur nochmals die Frage nach der Wahl des effektivsten Mediums für solche Berichterstattung, sondern auch die, ob nicht im Rausch der politischen Atmosphäre um und nach 1968 die rapide sich ändernde Arbeitswelt, auf die Fritz Hüser aufmerksam gemacht hatte, kaum mehr wahrgenommen wurde. In mehreren der ersten Werkkreistexte, wie auch in den frühen Stücken von Kroetz, seinem ›Der Mondscheinknecht‹, Ludwig Fels' ›Ein Unding der Liebe‹ und anderen literarischen Bearbeitungen der Arbeitswelt scheint diese seit

[19] Fritz Hüser und Max von der Grün (Hrsg.), Aus der Welt der Arbeit. Almanach der Gruppe 61 und ihrer Gäste. Neuwied u. Berlin 1966, S. 24 f.

[20] Hans Albert Walter, Das Einfache, das schwer zu machen ist. – In: Die Zeit v. 10. 4. 1970.

der Zeit der Arbeiterkorrespondentenberichte der 20er Jahre unverändert: wer sich z. B. nach Josef Ippers Werkkreisroman ›Am Kanthaken‹ (1974) »ein Bild der westdeutschen Arbeiter machen würde, der müßte sich bewußtlose, primitive, zotenreißende und stumpf vor sich hin schuftende Säufer vorstellen« – so die Kritik in einer kommunistischen Zeitung.[22] Zu solchen unzeitgemäßen Darstellungen der Arbeiter und der Arbeitswelt kommen hinzu Schilderungen aus Unter- und Nebenbereichen der Arbeit, die – wie Wallraffs ›Ganz unten‹ deutlich zeigt – zunehmend nur Gastarbeitern zugemutet werden; mit Recht wird auf skandalöse Arbeits- und Lebensbedingungen hingewiesen, solche Berichte und erzählende Texte berühren aber allgemeine radikale Änderungen am Arbeitsplatz und im Arbeiteralltag nicht, vor allem nicht jene Nivellierung zur Mittelstandsgesellschaft, die Helmut Schelsky schon Ende der 50er Jahre erkannte und die sich seitdem nur verstärkt hat. Wohl durch solche Analysen beeinflußt, behauptete Walter Jens am Anfang der 60er Jahre – lediglich in bezug auf die Bundesrepublik –: »unsere Gesellschaft ist nicht mehr sichtbar in Klassen zerteilt. Angestellte und Vertreter, Industrielle und Kommis, Studenten und Arbeiter sprechen die gleiche Sprache, kleiden sich gleich, haben die gleichen Gewohnheiten«.[23] Da dem Arbeiter in der modernen verwalteten Welt »die Devise ›Proletarier aller Länder, vereinigt euch‹ so fern [...] wie eine Parole der Metternich-Ära« sei,[24] wirken die «Verschlüsselungen und Umschreibungen politischer Phänomene« in der Literatur – die für ihn sowieso als »Tendenzdichtung«, im Gegensatz zur echten »Poesie« wären – »am Ende simpel und rüde«. Bei entsprechender Berücksichtigung der Vorteile der audio-visuellen Medien und der sozialwissenschaftlichen Disziplinen gegenüber der erzählenden Literatur könne die Poesie aber doch ein wichtiges Thema für sich in Anspruch nehmen: »Monotone Provokation und individuelle Replik, die Herausforderung der Apparate und die menschliche Antwort: das gilt's zu beschreiben«.

---

21 Heinrich Vormweg, Im Interesse der Arbeiter. – In: H. V., Eine andere Leseart. Neuwied u. Berlin 1972, S. 51.

22 H. Hensel, Nur bedingt brauchbar. – In: die tat v. 30. 11. 1974.

23 Walter Jens, in: Schwierigkeiten heute die Wahrheit zu schreiben. Hrsg. v. Heinz Friedrich. München 1964, S. 70.

24 Walter Jens, Literatur und Politik. Pfullingen 1963, S. 23. Die folgenden Zitate ebd., S. 19 u. 21.

Auf die von Jens identifizierte Thematik der »Behauptung des Menschen im Alltag und in der Uniformität«, die den sonst sehr enggefaßten Begriff der Arbeitswelt wesentlich erweiterte, gab es lange nur sporadische Antworten, wie Ruth Rehmanns ›Illusionen‹ (schon 1959) und Wolfgang Körners ›Versetzung‹ (1966). Erst in den späteren 70er Jahren kann von einem Wiederanknüpfen an die Tradition der auch zum Großteil vergessenen Angestelltenliteratur die Rede sein. Eine etwas beschränkte aber unterhaltsam-kritische Möglichkeit, den immer größer werdenden sogenannten tertiären Sektor zum Stoff der Literatur zu machen, stellen die Werke W. E. Richartz' dar (›Büroroman‹, 1976, ›Der Aussteiger‹, 1979). Die erstmals von Kafka hervorgehobene Kluft zwischen Individuum und Apparat kommt bei ihm vor allem in der Sprachkritik zum Ausdruck, die die entpersonalisierende Tendenz der Büroordnungen und die Verselbständigung des Apparats herausarbeitet, es wird sogar eine Intensivierung der damit verbundenen menschlichen Probleme verdeutlicht, da – wie Richartz meint – die technische Umwelt sich immer schneller, und wesentlich schneller als der Mensch, ändert.[25] Wilhelm Genazinos Romantrilogie ›Abschaffel‹ (1977–79) wie auch seine späteren Romane ›Die Ausschweifung‹ (1981) und ›Fremde Kämpfe‹ (1984) – die vielfach als Musterbeispiele dieses neuen Ansatzes betrachtet werden – weist dagegen die gleichen literarischen Schwächen auf wie viel frühere Literatur der industriellen Arbeitswelt: Bei allem neuen Was, bleibt es beim alten Problem mit dem Wie: gekennzeichnet sind fast alle erwähnten Romane Genazinos durch langatmige Beschreibungen von Oberflächenphänomenen, »eine fast manische Fixierung auf die Trivialitäten des Alltags«[26], die über die Arbeitsbedingungen wenig informiert. Zwar werden in ›Falsche Jahre‹, dem Abschlußband der ›Abschaffel‹-Trilogie, im Laufe einer psychiatrischen Behandlung Abschaffels familiäre Einflüsse auf sein Bewußtsein mutmaßlich identifiziert, es wird darin genausowenig über die Wirkung des Arbeitsmilieus auf den Betroffenen ausgesagt wie in den beiden ersten Bänden der Trilogie und den anderen Romanen Genazinos. Der Leser wird mit der durch die Arbeit hervorgerufenen Entfremdung konfrontiert, die der Angestellte mit anderen Arbeitnehmern gemeinsam

[25] W. E. Richartz, Büroroman. Zürich 1976, S. 256.

[26] Thomas Reschke, Art. ›Wilhelm Genazino‹. – In: Kritisches Lexikon zur deutschsprachigen Gegenwartsliteratur, S. 2.

hat und die sich in der Freizeit in einem dumpfen Vor-sich-hin-leben oder dem gefühllosen Abreagieren durch Sex manifestiert, er lernt aber nichts über die Ursachen der Unzufriedenheit der Protagonisten oder die menschliche, d. h. seelische Reaktion auf die Probleme bei der Arbeit und in der Freizeit. Daß es in seinem Werk bei höchst individuellen Problemen bleibt, führt Genazino selbst darauf zurück, daß »eine schichtenbeschreibende Anschaulichkeit im Sinne Kracauers [...] zur Zeit nicht möglich« sei; »das Bild ist zu unklar« dazu, meint er.[27] Hier bestätigt Genazino die durch Jens vertretene Argumentation, die moderne Arbeitswelt sei zunehmend durch Vereinheitlichung charakterisiert, die eine Schichtenspezifizität innerhalb der Arbeiterschaft sehr fragwürdig mache. Schwer- und Dreckarbeit ist zu einer zwar nicht zu übersehenden Randerscheinung geworden, für den Großteil der Arbeiter, einschließlich der Angestellten, ist ihre Tätigkeit eher ein ihnen sinnlos erscheinender Bruchteil eines unüberschaubaren Ganzen, das sie am Arbeitsplatz nur als statistische Größe unter dem Gesichtspunkt der Effizienz und der Rentabilität subsumiert. Die Arbeitswelt setzt sie also unter einen starken Leistungs- und Konkurrenzdruck, der sie auch in ihrer Freizeit, sei es durch die Bearbeitung von seelischen Schäden, sei es in ihrer Rolle als Konsumenten, nicht freiläßt.

Wenn wir dieses Verständnis der modernen Arbeitswelt akzeptieren, fragt sich, wie die Literatur auf diese Situation reagieren kann, was sie zu veranschaulichen vermag. Außer Ideen von Marcuse, Adorno und Jens, die in diesem Zusammenhang relevant sind, können Arnold Gehlens Überlegungen zur Antwort der Malerei uns an dieser Stelle eventuell auch weiterhelfen: die Welt des industriellen Zeitalters – »die Maschinen und Maschinenprodukte, die Wohnaggregate, Autostraßen, Verkehrsmittel, Fabriken, Büros und Waren« – ist für ihn »eine *Zwischenwelt*, deren Zusammenhänge niemand mehr übersieht, weil sie sich zwar durch unser aller Bewußtsein und Handeln hindurch, aber gerade deswegen hinter unserem Rükken abwickeln. *Es ist für die Kunst unergiebig, diese Maschine direkt ins Wort zu bringen*«.[28] Vor allem die neueren Versuche, in mehr oder

---

[27] Wilhelm Genazino, Spekulieren, Spintisieren, Illusionieren. – In: Graffiti 3 (1979), S. 2 f.

[28] Arnold Gehlen, Zur Soziologie und Ästhetik der modernen Malerei. Frankfurt u. Bonn 1965, S. 190 (Hervorhebungen von mir).

minder naturalistischer Manier die Arbeitswelt in der Literatur zu schildern, unterstützen Gehlens These insofern, als sie nur Fassaden dieser Zwischenwelt ableuchten, nur Bekanntes auf eine Art und Weise zu wiederholen pflegen, die auch eine Gebrauchsliteratur eher visuellen Medien unterlegen macht. Gehlens Kommentar impliziert aber, daß es die Rolle der Kunst ist, die Wirkungen dieser Zwischenwelt auf den Menschen zu zeigen, und es gibt neben Richartz gelungene Beispiele in der neueren Literatur für eine Auseinandersetzung mit solchen Problemen. Zu den Opfern der Leistungsgesellschaft gehören die in den Romanen Gernot Wolfgrubers mit genau beobachtender Sprachkritik porträtierten gescheiterten Aufsteiger, die in einer alles auf Erfolg setzenden Gesellschaft mit ihrem enttäuschten Glücksverlangen und beschädigten Selbstbewußtsein fertigzuwerden versuchen. Ein anderes, heute besonders gravierendes menschliches Problem sind die von Margot Schroeder (›Ich stehe meine Frau‹, 1975) und Gerd Fuchs (›Ein Mann fürs Leben‹, 1978) thematisierten Folgen der Arbeitslosigkeit; gleichzeitig handeln beide Romane von der durch die neue homogenisierte Arbeitswelt geförderten Infragestellung einer tradierten sexuellen Rollenverteilung in der Familie und den damit verbundenen individuellen und zwischenmenschlichen Krisen, die die Freizeit belasten. Obwohl beide Romane in erster Linie einem industriellen Arbeitsmilieu verhaftet sind, ist die Thematik dieser Romane für die zeitgenössische Welt der Arbeit eindeutig von allgemeiner Relevanz.

Besonders das Werk eines westdeutschen Autors nimmt mit seismographischer Feinfühligkeit die durch die Arbeitswelt – im erweiterten Sinne – verursachten psychischen Schäden unter die Lupe: Während die ersten beiden Bände von Martin Walsers Anselm Kristlein-Trilogie das Angestelltenleben vorwiegend sprachspielerisch und mit zunehmender Betonung des Selbstverteidigungspotentials im Rollenspiel behandelt hatten, zeigen seine Romane der 70er Jahre, als er dem Werkkreis nahestand, eine tiefe, mitleidvolle Beschäftigung mit den menschlichen Konsequenzen eines Lebens in der Leistungsgesellschaft. Diese erstmals in ›Die Gallistl'sche Krankheit‹ (1972) angeschnittene Thematik hat Walser in ›Jenseits der Liebe‹ (1976) und einer Reihe von darauffolgenden Prosawerken mehrmals variiert. Sein prototypischer Protagonist ist der höhere Angestellte Franz Horn (›Jenseits der Liebe‹ und ›Brief an Lord Liszt‹, 1982), die psychischen Probleme, mit denen der Privatunternehmer Gottlieb Zürn (›Das

Schwanenhaus‹, 1981), der Beamte Helmut Halm (›Ein fliehendes Pferd‹, 1977 und ›Brandung‹, 1985) und der Fahrer Xaver Zürn (›Seelenarbeit‹, 1979) konfrontiert werden, sind durchaus ähnlich. Die Forderungen des Alltags, egal in welcher Sphäre der Leistungsgesellschaft, einschließlich der Privatsphäre, sind derart, daß der Mensch sich nur durch Verweigerung, durch Einkapselung seiner selbst retten kann. Eben dieser Rettungsversuch führt aber zu einer oft neurotischen Umsetzung von Außenwelt in Innenwelt, d. h. zu »Seelenarbeit«, die seine persönlichen Beziehungen aushöhlt. Der literaturwissenschaftlich bewanderte Walser sieht sich selbst mit Recht in der Tradition dessen, was er als »die Kleinbürgertendenz« bezeichnet (»der Weg nach innen. Die Herabwürdigung der Erscheinung zugunsten der Seele«), die den künstlerisch so fruchtbaren Hauptstrom des deutschen bürgerlichen Romans des 19. Jahrhunderts ausmacht.[29] Im Zusammenhang mit dem Ausgangspunkt dieses Beitrages ist interessant Walsers Erklärung dieser Tendenz als Antwort des deutschen Kleinbürgers darauf, daß er keine Stelle gewahren konnte, »die ihm den Eintritt in die wirkliche Geschichte erlaubte«, und daß er daher nach innen flüchten mußte, »um seine Menschenwürde zu retten«. Das hieße also, daß die »Intensität« des deutschen Romans, wie Otto Ludwig sie bezeichnete, von der generellen Unfähigkeit des deutschen Bürgertums herrührte, sich einen führenden Platz in der ihm immer fremder werdenden deutschen Industriegesellschaft zu sichern. Die 'Extensität' des englischen Bürgertums reflektierte dagegen die dominante Rolle dieser selbstbewußten viktorianischen Klasse, als sie am Steuer des menschlichen Fortschritts zu sitzen glaubte. Ohne daß wir hier auf die strittige Frage der Richtigkeit früherer Thesen Brechts, Adornos und anderer über die Undurchdringlichkeit moderner industrieller Gesellschaften einzugehen brauchen, ist die sogenannte entwickelte Welt in den letzten zwanzig Jahren eindeutig eine radikal andere als die des 19. Jahrhunderts geworden: Ein Gesellschaftssystem, in dem Nettoprodukte bei zurückgehendem Output der Industrie und steigender, anscheinend nicht zu dämmender Arbeitslosigkeit gestiegen sind, ist sogar durch den informierten Laien überhaupt nicht mehr zu verstehen, geschweige denn zu kontrollieren. Darüber hinaus wird der Kleinbürger, im Sinne Walsers, mit immer mehr Freizeit konfrontiert, die ihm aber kaum die Möglichkeit bietet, das

[29] Martin Walser in: Literaturmagazin 2 (1974), S. 108 f.

durch die alltägliche Tätigkeit beschädigte Selbst psychisch zu regenerieren, da auch hier der Druck der Leistungsgesellschaft spürbar ist. Weniger denn je sind also mit der objektiven Darstellung der Probleme der Arbeitswelt in der Literatur Einsichten in die Wechselwirkung zwischen Individuum und Gesellschaft zu erwarten. Eine subjektzentrische Literatur kann dagegen die individuelle Beschäftigung mit den durch das Leben in der Gesellschaft aufgeworfenen existenziellen Fragen in der Sprache erhellen, und gleichzeitig nimmt sie an einem durch die Literatur hergestellten transindividuellen Diskurs teil. Dieser sorgt u. a. dafür, daß die Isolation des Individuums als Leser – wenn auch nur kurzfristig – aufgehoben wird, indem er auf die Bedrohung von lebenswichtigen Werten bei anderen aufmerksam gemacht wird.

Ein solches utopisches Verständnis der Literatur schließt ironischerweise den mit der Analyse der deutschen Romanästhetik begonnenen Kreis: Während aber damals die Konzentration auf Freizeit und Privatleben abseits von der gesellschaftlichen Realität lag, werden diese Komponenten heute zu einem immer wichtigeren Teil der Arbeitswelt, im erweiterten Sinne. Eine literarische Ästhetik, die sich im 19. Jahrhundert außerhalb des Hauptstroms der Weltliteratur befand, scheint heute das Potential zu haben, neue Impulse für die moderne Dichtung zu geben.

Peter Zimmermann

PRODUKTIONSLITERATUR DER DDR IM TRANSFORMATIONSPROZESS VON DER KAPITALISTISCHEN ZUR SOZIALISTISCHEN INDUSTRIEGESELLSCHAFT UND BEIM AUFBAU DES SOZIALISMUS

In meinem Beitrag geht es mir darum, das Verhältnis von Produktionsliteratur (insbesondere Industrie- und Landliteratur), Kultur- und Literaturpolitik und sozioökonomischer Entwicklung neu zu überdenken, die vielfach unterstellte Dominanz der Literaturpolitik der SED und damit auch die Achsenstellung der Ersten Bitterfelder Konferenz (1959) in Frage zu stellen und auf diese Weise zu einer neuen Periodisierung der DDR-Literatur zu gelangen, die sich eher an der Wechselwirkung literarischer, kultureller, sozialer und industrieller Prozesse und an den in der sozialistischen Industriegesellschaft neu sich entwickelnden Interessengegensätzen orientiert als an den literaturpolitischen Leitlinien der Partei.

Bis heute gilt die Erste Bitterfelder Konferenz von 1959 in der Literaturgeschichtsschreibung als entscheidende literaturpolitische Initiative der SED, die die DDR-Literatur zumindest der 60er Jahre maßgeblich beeinflußt und eine neue literarische Entwicklungsphase eingeleitet hat. Diese von den Literaturpolitikern der SED lancierte Stilisierung der Ersten Bitterfelder Konferenz zur Gelenkstelle der literarischen Entwicklung wurde von der Literaturgeschichtsschreibung vor allem deshalb so bereitwillig übernommen, weil sie die Möglichkeit bot, die großen Etappen der literarischen mit denen der kulturpolitischen und gesellschaftlichen Entwicklung zu synchronisieren. Das daraus resultierende Periodisierungsschema, das eine Gliederung nicht nur der Produktionsliteratur, sondern der gesamten DDR-Literatur in 'Vorbitterfelder', 'Bitterfelder' und 'Nachbitterfelder' Literatur nahelegte, läßt sich in groben Zügen folgendermaßen charakterisieren:

- zweite Hälfte der 40er Jahre: antifaschistisch-demokratisch orientierte Literaturpolitik und Literatur in der SBZ;

- 50er Jahre: Übergangsperiode vom Kapitalismus zum Sozialismus, Propagierung des sozialistischen Realismus nach dem Vorbild der sowjetischen Kulturpolitik und Aufbauliteratur;
- 60er Jahre: Beginn der sozialistischen Entwicklungsphase, Literatur- und Kulturpolitik des Bitterfelder Weges sowie 'Ankunftsliteratur' und 'NÖS-Literatur' oder 'Planer-und-Leiter-Literatur';
- 70er und 80er Jahre: Verzicht auf den Bitterfelder Weg und Liberalisierung der Kulturpolitik mit Beginn der Honecker-Ära und Dominanz einer seit Mitte der 60er Jahre sich ankündigenden literarischen Entwicklung, die sich stärker den Privat- und Alltagsproblemen und den individuellen Ansprüchen im »real existierenden Sozialismus« zuwendet ('Anspruchsliteratur').

Dieses in der Literaturgeschichtsschreibung bei allen Modifikationen dominante Darstellungs- und Erklärungsmuster ist vor allem deshalb problematisch, weil es die Bedeutung der Ersten Bitterfelder Konferenz bei weitem überschätzt, den Eindruck erweckt, die Entwicklung der Produktionsliteratur sei in ihren wesentlichen Zügen den literaturpolitischen Vorgaben der SED gefolgt, und damit gerade die entscheidenden Umbruchphasen in der Geschichte der Produktionsliteratur – und wohl auch der gesamten DDR-Literatur – und die Ursachen des literarischen Wandels verdeckt.[1] Wo diese meines Erachtens liegen, soll im folgenden dargelegt und mit einem Vorschlag zu einer neuen Periodisierung zumindest der Produktionsliteratur der DDR verbunden werden.[2]

Zu diesem Zweck gilt es zunächst einmal, die Bedeutung der Ersten

[1] Die vollständigen Literaturangaben finden sich im Literaturverzeichnis auf S. 371 ff.

Vgl. Horst Haase u. a. (Hrsg.), Geschichte der deutschen Literatur. Bd. 11: Literatur der Deutschen Demokratischen Republik; Konrad Franke, Die Literatur der Deutschen Demokratischen Republik; Jan Berg u. a., Sozialgeschichte der deutschen Literatur von 1918 bis zur Gegenwart; Wolfgang Emmerich, Kleine Literaturgeschichte der DDR; Wolfgang Beutin u. a., Deutsche Literaturgeschichte; Hans-Jürgen Schmitt (Hrsg.), Die Literatur der DDR. – Die Literaturgeschichtsschreibung orientiert sich selbst dann an diesem Periodisierungsschema, wenn sie die Bedeutung der Ersten Bitterfelder Konferenz relativiert und die Zäsur in das Jahr des Mauerbaus (1961) verlegt, wie das etwa bei Franke und Emmerich der Fall ist.

[2] Die folgenden Ausführungen stützen sich im wesentlichen auf meine Untersuchung ›Industrieliteratur der DDR‹.

Bitterfelder Konferenz zu relativieren, die in ihrer Programmatik wenig Neues gebracht hat.[3] Denn was als literaturpolitische Konzeption des Bitterfelder Weges bekannt geworden ist, begann nicht erst mit der Ersten Bitterfelder Konferenz im Jahre 1959, sondern stammt aus den Jahren 1948/49, als die SED mit dem ersten Zweijahresplan zur Planwirtschaft überging, die DDR als Staat konstituierte und entschlossener als zuvor die Transformation der kapitalistischen in eine sozialistische Industriegesellschaft in Angriff nahm. Die SED konzentrierte sich im Jahre 1948 zur »Abwehr der amerikanischen Kapitaloffensive des Marshall-Plans« auf eine Propagandakampagne, durch die die Bevölkerung für den »Aufbau aus eigener Kraft« und insbesondere den Aufbau einer eigenen Schwerindustrie gewonnen werden sollte. Die Ablehnung des Marshallplans zugunsten dieses Planziels war um so schwieriger, als der Marshall-Plan auf eine rasche Verbesserung der Versorgungslage der hungernden Bevölkerung hoffen ließ, während der vorrangige Aufbau der Schwerindustrie die Anhebung des Lebensstandards auf spätere Jahre verschob.

In dieser Situation entwickelte die SED gemeinsam mit Massenorganisationen wie FDGB und FDJ, dem Kulturbund und dem Schriftstellerverband auf einer Reihe von Konferenzen eine literaturpolitische Konzeption, die den gesellschaftlichen Transformationsprozeß begleiten und fördern sollte.[4] Walter Ulbricht konstatierte Ungleichzeitigkeiten zwischen gesellschaftlicher und literarischer Entwicklung und warf den Schriftstellern vor, sie seien nicht auf der Höhe der Zeit, weil sie immer noch mit der Aufarbeitung der faschistischen Vergangenheit beschäftigt seien statt mit dem Aufbau des Sozialismus:

Warum kann ein Schriftsteller nicht das Thema wählen, wie der Kampf um den Aufbau eines Betriebes geführt wurde? Es ist doch ein sehr interessantes Thema, zu zeigen, wie man den Unternehmer und einige andere Leute hinausexpediert und unter riesigen Anstrengungen den Kampf um den Neuaufbau geführt hat, welche menschlichen Schicksale sich dabei offenbarten, wie Ingenieure, die zunächst mit der neuen Ordnung nicht einverstanden waren, langsam begannen mitzuarbeiten. [...] Warum gibt es diese

[3] Zum Bitterfelder Weg vgl.: Gottfried Pareigis, Realitätsdarstellung in ausgewählten Werken des »Bitterfelder Weges«; Ingeborg Gerlach, Bitterfeld; Manfred Behn, DDR-Literatur in der Bundesrepublik Deutschland.

[4] Vgl. P. Zimmermann: Industrieliteratur der DDR, S. 48 ff.

Literatur nicht? Der Stoff ist doch da. Aber als der Kampf geführt wurde, waren wir allein. Unsere Genossen Schriftsteller haben in dieser Zeit Emigrationsromane geschrieben, und so ist ein großer Teil zurückgeblieben. Inzwischen ist der Kampf um eine neue gesellschaftliche Ordnung geführt worden, aber ihr hinkt drei Jahre hinterher und fangt an, jetzt Probleme zu gestalten, die längst gestaltet sein sollten. Das ist augenblicklich die reale Lage.[5]

Mit diesen Ausführungen gab Ulbricht den Schriftstellern nicht nur das Thema vor, sondern auch die Art der Durchführung: Antagonistische Widersprüche gab es nicht mehr, und die noch vorhandenen Konflikte sollten von der Literatur im Prozeß ihrer Aufhebung gezeigt werden. An der literaturpolitischen Konzeption, die in diesen Jahren entwickelt wurde, hat die SED mit gelegentlichen Modifikationen bis Anfang der 70er Jahre festgehalten. Folgende Züge sind für diese Konzeption von besonderer Bedeutung:
- Thema der Literatur ist die Arbeit für den sozialistischen Aufbau.
- Die Darstellungsmethode orientiert sich an den Regeln des sozialistischen Realismus (Realismus, Parteilichkeit, Volksverbundenheit, Typik, sozialistische Perspektive usw.).
- Als Vorbild gilt die Aufbauliteratur der Sowjetunion.
- Ziel dieser Literatur ist die Propaganda für den Plan und die sozialistische Umgestaltung.
- Die Werktätigen sollen in Lesezirkeln oder Arbeitsgruppen für Nachwuchsautoren zu Schriftstellern ausgebildet werden.
- Die Schriftsteller sollen in die Betriebe und auf das Land gehen und die Probleme der arbeitenden Bevölkerung und den Aufbau des Sozialismus zum Thema machen.
- Und auch die »Höhen der Kultur« sollen schon in dieser Zeit »gestürmt« werden. Die Auseinandersetzung mit dem humanistisch-kritischen bürgerlichen Erbe gilt unter dem Einfluß der antifaschistisch-demokratischen Kulturpolitik als Selbstverständlichkeit.

Dies waren in etwa die Forderungen, die ein Jahrzehnt später von der Ersten Bitterfelder Konferenz bekräftigt und unter dem Schlagwort »Greif zur Feder Kumpel!« zu einem bündigen literaturpolitischen Programm zusammengefaßt wurden.[6] Abgeschlossen wurde die Reihe

---

[5] Walter Ulbricht, Der Künstler im Zweijahresplan, S. 313 f.

[6] Vgl. Greif zur Feder Kumpel (Protokoll der Ersten Bitterfelder Konferenz).

literaturpolitischer Tagungen und Konferenzen, auf denen diese Konzeption entwickelt wurde, im November 1948 mit der Bitterfelder Tagung des FDGB, auf der auch die Förderung der Aktivistenbewegung beschlossen wurde. Mit seinem Aufruf zu einem Kulturwettstreit unter dem Motto ›Kultur und Arbeit‹ legte der FDGB Richtlinien für die künftige gewerkschaftliche Arbeit in den Betrieben fest:

> Der sich bei uns abspielende wirtschaftliche Umbildungs- und Aufbauprozeß findet bisher zu wenig seinen geistigen und künstlerischen Niederschlag in den Werken und im Schaffen der deutschen Kunst und Literatur. [...] Deshalb ruft der Bundesvorstand des FDGB die deutschen Dichter, Schriftsteller, Autoren, Maler, Bildhauer, Musiker und Komponisten zu einem großen Kulturwettstreit unter dem Motto ›Kultur und Arbeit‹ auf. Aus dem Leben der Arbeiter und Arbeiterinnen, vor allem der Grundstoff- und Schlüsselindustrien, wie Kohle, Stahl und Eisen, Chemie, Transport und Verkehr, sollen echte, blutvolle, aus dem Erlebnis gestaltete, die Gegenwart schildernde Zeugnisse geschaffen werden.[7]

Auf diese Weise wollte der FDGB »stärker als bisher von der kulturellen Seite her für die Verwirklichung der Wirtschaftspläne« aktiv werden.[8]

Mit dieser breit angelegten literaturpolitischen Kampagne begann eines der größten Experimente in der Geschichte der deutschen Literatur: Bei Abgrenzung gegen imperialistische Massenliteratur und elitäre Kunstproduktion sollte der bürgerlichen Literatur der westlichen Besatzungszonen unter der Devise »Die Kunst gehört dem Volk« eine Literatur gegenübergestellt werden, die die Probleme und Interessen der werktätigen Bevölkerung – insbesondere der Arbeiter und Bauern – artikuliert und dem Aufbau des Sozialismus dient. Es war ein Experiment, das von Anfang an von den Widersprüchen der neuen Gesellschaft belastet war: Widersprüche etwa zwischen Proletariat und Bürokratie, planwirtschaftlichen und marktwirtschaftlichen Organisationsformen oder dem sowjetischen Gesellschaftsmodell und der Suche nach einem besonderen deutschen Weg zum Sozialismus.

Die frühe Aufbauliteratur, die sich trotz aller Bemühungen nur zögernd entwickelte, griff diese Widersprüche auf und versuchte sie

---

[7] Bitterfelder Zonenkonferenz des FDGB, S. 100 f.

[8] Kulturarbeit im Zweijahresplan (Referat Herbert Warnkes, des 1. Vorsitzenden des FDGB).

gleichzeitig im Sinne der SED-Strategie zu harmonisieren. So schilderte etwa Eduard Claudius in seinem Roman ›Menschen an unserer Seite‹ (1951), wie der Maureraktivist Hans Aehre gegen den Widerstand vieler Kollegen und einzelner Funktionäre die defekte Kammer eines Ringofens in Hochleistungsschichten repariert, ohne den Brennvorgang des Ofens zu unterbrechen – Symbol für den Umbau der Gesellschaft bei laufender Produktion. Unterstützt von dem kommunistischen Betriebsleiter gelingt es Aehre, den Widerstand der auf der mittleren Leitungsebene agierenden Saboteure (einzelne Partei- und Gewerkschaftsfunktionäre und Westagenten) auszuschalten und auch die Kollegen, die ihn anfangs als Normbrecher beschimpft haben, von seiner vorbildlichen Leistung zu überzeugen. Dieses Handlungsmodell, das die auftretenden Konflikte im glücklichen Zusammenspiel von Aktivistenbasis und sozialistischer Betriebsleitung löst und solchermaßen Vorbilder für den Aufbau einer sozialistischen Gesellschaft entwirft, erwies sich bald als realitätsfernes Wunschbild.[9]

Damit komme ich zur ersten großen Umbruchphase in der Geschichte der Produktionsliteratur der DDR, die für deren weitere Entwicklung weitaus wichtiger geworden ist als die Erste Bitterfelder Konferenz von 1959: die sogenannte Tauwetter-Periode der Jahre 1953–1956.

Der Arbeiteraufstand vom 17. Juni 1953, der sich zunächst vor allem gegen Normerhöhungen und Aktivistenbewegung richtete, machte deutlich, daß die frühe Aufbauliteratur sowohl als Instrument der Propaganda als auch als Seismograph kommender Ereignisse versagt hatte. Unter dem Eindruck des Aufstandes von 1953 und der Stalin-Kritik des XX. Parteitages der KPdSU im Jahre 1956 wurde

[9] Zur frühen Aufbauliteratur, die aufgrund ihres exemplarischen Schematismus vielfach als 'allegorisch' charakterisiert worden ist, vgl. Bernhard Greiner, Von der Allegorie zur Idylle. Der entscheidende Umbruch in der Industrieliteratur der DDR von der Arbeiter- zur Planer-und-Leiter-Literatur wird in dieser 1974 erschienenen Untersuchung in seiner Bedeutung nicht erkannt. Um so genauer erkennt Greiner die Bedeutung der Zeit von 1953 bis 1956 für den Wandlungsprozeß der Arbeiterliteratur, bleibt aber trotzdem bei der gängigen Periodisierung, die die Arbeiterliteratur der 50er gegen die Literatur des Bitterfelder Weges in den 60er Jahren abgrenzt. Das dialektische Theater erscheint dann als Präludium des Bitterfelder Weges.

der Trend zur literarischen Illustration von Parteitagsbeschlüssen kritisiert und im Zeichen des Neuen Kurses gefordert, den realen Interessen der Bevölkerung stärker Rechnung zu tragen. Dabei fungierte die literarische Kritik an Schönfärberei und Schematismus nicht zuletzt als Ersatzöffentlichkeit für die Entstalinisierungsdebatte, die angesichts der Zensur nicht offen geführt werden konnte. Die Opposition gegen den stalinistischen Kurs Ulbrichts, die sich zunächst auf kulturellem und wirtschaftlichem Sektor äußerte – von den Wirtschaftswissenschaftlern wurden angesichts der von Liberman initiierten sowjetischen Reformdiskussion erste Ansätze eines Neuen ökonomischen Systems diskutiert –, reichte bis ins Zentralkomitee der SED hinein. Ihr Exponent auf kulturellem Gebiet war der Minister für Kultur, Johannes R. Becher, der den Neuen Kurs in Form einer neuen toleranten Literaturpolitik realisierte und die neuerlich aufbrechende Diskussion um einen besonderen deutschen Weg zum Sozialismus begünstigte (Harich-Kreis).

In den Diskussionen dieser Zeit, nicht auf der Ersten Bitterfelder Konferenz, wurden die Weichen für die weitere literarische Entwicklung gestellt. Hier liegt der erste große Wendepunkt nicht nur der Geschichte der Produktionsliteratur, für deren weitere Entwicklung das Vorbild etwa des dialektischen Theaters Brechts weitaus wichtiger geworden ist als die literaturpolitischen Richtlinien Ulbrichts und Kurellas auf der Ersten Bitterfelder Konferenz. Heiner Müller, der in einem seiner ersten Dramen denselben Stoff aufgriff wie Eduard Claudius, entwickelte ein Gegenmodell zum harmonisierenden Schema der frühen Betriebsromane. Der einst vorbildliche Aktivist erscheint schon im Titel seines 1958 aufgeführten Dramas als ›Der Lohndrücker‹. Darin äußerte sich ein von vielen Schriftstellern vollzogener Perspektivenwechsel, der die in der frühen Aufbauliteratur vorherrschende Betrachtungsweise der Partei durch die Sicht von unten konterkarierte und sich der proletarischen Perspektive annäherte.

Der Versuch der stalinistischen Fraktion um Ulbricht, diese kritischen Tendenzen nach Niederschlagung der Aufstände in Ungarn und Polen in einer großen Kampagne gegen den Revisionismus rückgängig zu machen, scheiterte. Mit der Ersten Bitterfelder Konferenz, die der 1948 entwickelten literaturpolitischen Konzeption zu neuerlicher Popularität verhalf, den nunmehr forcierten Übergang zu sozialistischen Produktionsverhältnissen durch eine große »proletarische

Literaturoffensive« flankieren und den Einfluß staatlicher Literaturpolitik wieder stärker zur Geltung bringen sollte, förderte die SED eine Arbeiter- und Landliteratur, die weitaus kritischer war, als von der Partei beabsichtigt. In den Werken von Müller, Hacks, Lange, Braun, Wolf, Strittmatter, Fühmann, Heym, Biermann u. a. und selbst in den Romanen von Kant und Neutsch wurden trotz weitreichender Orientierung am harmonisierenden Wandlungsschema der 'Ankunftsliteratur' – der sich wandelnde Held kommt schließlich im Sozialismus an – gesellschaftliche Widersprüche in einer Offenheit und Radikalität zur Darstellung gebracht wie selten zuvor.

Diese gesellschaftskritische Arbeiter- und Landliteratur wurde nach Konsolidierung sozialistischer Produktionsverhältnisse in der ersten Hälfte der 60er Jahre (Verstaatlichung von Industrie und Handel und Vollkollektivierung der Landwirtschaft) aus verschiedenen Gründen für die Literaturpolitik disfunktional. Zum einen war diese Literatur mit ihrer Parteinahme für Arbeiterinteressen und der Darstellung von Interessengegensätzen zwischen Bürokratie und Arbeiterklasse zu kritisch geworden und erinnerte ständig an Widersprüche, die die SED-Führung nach der proklamierten Aufhebung der Klassengegensätze in der »sozialistischen Menschengemeinschaft« – so die Terminologie der späten Ulbricht-Ära – für überwunden erklärte. Zum anderen sah auch die allmählich in die Schlüsselpositionen einrückende neue sozialistische Intelligenz, die ihre Ausbildung bereits in der SBZ/DDR erfahren hatte, nicht in den Arbeitern, sondern in den technischen Spezialisten die entscheidende Kraft der weiteren industriellen Entwicklung in der Phase der durch zunehmende Automatisierung gekennzeichneten dritten technisch-industriellen Revolution.

Mit der raschen Ausarbeitung eines Neuen ökonomischen Systems der Planung und Leitung (NÖSPL 1963), das den Betriebsleitungen gegenüber den Planungsinstanzen erweiterte Rechte und Handlungsspielräume zugestand und die marktwirtschaftlichen auf Kosten der planwirtschaftlichen Elemente stärkte, und mit der entschlossenen Förderung der Wissenschaftlich-technischen Revolution (WTR) setzte sich die SED an die Spitze einer Bewegung, die durch die sowjetischen Wirtschaftsreformen Ende der 50er Jahre initiiert worden war. Nicht von einem revolutionären Umgestaltungsprozeß, der die gesellschaftlichen Entscheidungen über rätedemokratische Strukturen an die Basis verlagerte, sondern von der Beschleunigung der industriell-technischen Entwicklung erhoffte sich die SED die Aufhebung noch bestehender sozialer Unterschiede und die Weiterentwicklung in Richtung klassenlose Gesellschaft. Weitaus flexibler als von westlichen Beobachtern lange Zeit angenommen, setzte sich die SED unter Ulbricht damit an die Spitze einer Reformpolitik, die sie wenige Jahre zuvor noch als Revisionismus bekämpft hatte, und wurde damit zum Schrittmacher für ähnliche Reformen in anderen sozialistischen Ländern.

Von dem Parteiflügel um Dubček und Ota Šik aufgegriffen, führte diese Entwicklung in der ČSSR Mitte der 60er Jahre zu einer Reformdiskussion, die mit ihren Forderungen nach weitreichender Demokratisierung, Stärkung der marktwirtschaftlichen Strukturen, aber auch nach Konstituierung von Arbeiterräten bürgerliche wie revolutionäre Implikationen enthielt und die Führungsschicht der Partei-, Staats- und Wirtschaftsbürokratie zu spalten drohte – ein Prozeß, der von westlichen Beobachtern unter Vernachlässigung der revolutionären Implikationen dieser Entwicklung als Kampf der Manager gegen die Ideologen charakterisiert wurde. Über die von der Prager Kafka-Konferenz im Jahre 1963 ausgelöste Entfremdungsdebatte, die den einzelnen vielfach auch im Sozialismus übermächtigen und undurchschaubaren bürokratischen Institutionen ausgeliefert sah – wieder einmal fungierte die literarische Diskussion zunächst als Ersatzöffentlichkeit für die Diskussion tabuisierter gesellschaftlicher Probleme –, drohte diese Reformdiskussion zudem auf die DDR überzugreifen.

Damit komme ich zur zweiten großen Umbruchphase in der Geschichte der Produktionsliteratur der DDR: zu der unter dem Eindruck der ökonomischen Reformen und der ČSSR-Krise forcierten Umstellung der Industrieliteratur von der Arbeiterliteratur auf die Planer-und-Leiter-Literatur in der zweiten Hälfte der 60er Jahre: Um ihre begrenzten ökonomischen Reformen fortsetzen zu können, ohne in den Sog einer allzu weitreichenden sozialistischen Reformdiskussion zu geraten, reagierte die SED Mitte der 60er Jahre hart und restriktiv. Auf der Zweiten Bitterfelder Konferenz im Jahre 1964 wurden die Arbeiterliteratur und die Bewegung schreibender Arbeiter stillschweigend verabschiedet, und als neu zu entwickelnde Darstellungsperspektive wurde die »Sicht des Planers und Leiters« gefordert. »Ein Künstler«, so führte Ulbricht auf dieser Konferenz aus, »der die Wahrheit und das Ganze im Auge hat, kann nicht vom Blickpunkt eines empirischen Beobachters all dieser Erscheinungen schaffen, auch nicht vom Blickpunkt eines einfachen Mitarbeiters. Er braucht unbedingt auch den Blickwinkel des Planers und Leiters. Das fordern wir von ihm.«[10] Wenn Ulbricht die dort versammelten Schriftsteller darauf hinwies, daß die wichtigsten Widersprüche der sozialistischen Entwicklungsperiode nicht in Erscheinungen des Dogmatismus und Bürokratismus oder in Konflikten zwischen Arbeitern und Funktionären zu finden seien, sondern im »Zurückbleiben des subjektiven Faktors« hinter den »gesetzmäßigen, objektiv notwendigen Anforderungen an die Entwicklung der Produktivkräfte« ihre Ursache hätten, so hieß das mit anderen Worten: die Schriftsteller sollten fortan die Rückständigkeit von Werktätigen und Planungs- und Leitungsinstanzen aufdecken, die mit dem Neuen ökonomischen System und der Wissenschaftlich-technischen Revolution nicht Schritt zu halten vermochten.[11] Dabei lag die Lösung bereits auf der Hand: die 'rückständigen Elemente' mußten einen Qualifizierungsprozeß durchlaufen, um den Anschluß an die modernsten ökonomischen und technischen Planungs- und Produktionsmethoden zu erreichen.

Kritik an dieser literaturpolitischen Wende wurde unter dem Eindruck der sich anbahnenden ČSSR-Krise seit dem 11. Plenum des ZK der SED im Jahre 1965, auf dem Honecker mit unerwünschten Tendenzen verschiedenster Art scharf ins Gericht ging, durch eine rigide Zensur unterbunden. Kritisiert wurden die Beat-Musik ebenso wie Werke von Schriftstellern wie Müller, Heym, Biermann, Bieler, Kirsch und Kunert, einzelne Filme sowie Rundfunk- und Fernsehproduktionen. Gefördert wurde hingegen eine Literatur, für die Erik Neutsch (›Spur der Steine‹, 1964) und Hermann Kant (›Die Aula‹, 1965) mit ihrer Schilderung des Aufstiegs qualifizierter Arbeiter in die Leitungsebene schon das Terrain bereitet hatten: die vielfach auch als NÖS- oder Optimierungs-Belletristik bezeichnete Planer-und-Leiter-Literatur, die ihre größte Popularität bezeichnenderweise über Filme und Fernsehspiele gefunden hat.[12] Denn dieser Bereich war leichter kontrollierbar und lenkbar als die schriftstellerische Produktion. Der Schriftsteller Karl-Heinz Jakobs charakterisierte diesen Wandlungsprozeß so:

[10] Walter Ulbricht, Über die Entwicklung einer volksverbundenen sozialistischen Nationalkultur, S. 81; vgl. auch: Bericht des Politbüros an das 11. Plenum des ZK der SED im Jahre 1965, S. 1076 ff.

[11] W. Ulbricht, ebd., S. 83.

Hermann Kant führte mit seinen Arbeiterstudenten Geschichtsbewußtsein ein in unsere Literatur. Da die inzwischen zu den Kommandohöhen unseres Landes vorgestoßenen Vierzigjährigen in der Literatur bis zu dem Zeitpunkt keine Widerspiegelung gefunden hatten, füllte dies Buch mit Charme und Brisanz eine beträchtliche Lücke aus. Von da an wimmelte es in Romanen, Dramen und Balladen von Direktoren, Industriekapitänen und Durchreißern, wie der Fachausdruck heißt. Wer täglich Zeitung las, mußte bald zu der Auffassung gelangen, daß wir ein Volk von sozialistischen Leitern geworden seien. Qualifizierungseuphorie grassierte. Es schien im Arbeiter-und-Bauern-Staat kunstunwürdig zu werden, Persönlichkeiten darzustellen, die ein Leben lang in der materiellen Produktion tätig sind.[13]

Damit war der tiefgreifendste Wandlungsprozeß in der Geschichte der Produktionsliteratur der DDR bezeichnet. Der Bitterfelder Weg wurde zwar nicht aufgegeben, wie viele westliche Beobachter vermuteten, er wurde aber entscheidend modifiziert. Die Arbeiterliteratur wurde in relativ kurzer Zeit durch die Planer-und Leiter-Literatur verdrängt, die die Darstellung politischer Widersprüche etwa zwischen Basis und Leitung durch technokratische Konflikte auf Leitungsebene ersetzte (Suche nach der optimalen Variante / Differenzen zwischen Planungsstab und Betriebsleitung / Zurückbleiben unzureichend qualifizierter Betriebsleiter hinter den Anforderungen der Produktion usw.).

Dieser scheinbare Erfolg der Literaturpolitik war jedoch von kurzer Dauer. Es zeigte sich nämlich bald, daß das Gros der Schriftsteller nicht bereit war, den Technokraten des Neuen ökonomischen Systems und der Wissenschaftlich-technischen Revolution mit der Planer-und Leiter-Literatur unter Verzicht auf die Darstellung der entscheidenden Widersprüche der Gesellschaft eine ästhetisch verklärte Repräsentationskunst zu liefern. Dieser Widerstand gegen die neuerliche literaturpolitische Wende äußerte sich in zweierlei Hinsicht: Zum einen entwickelten sich innerhalb der Planer-und-Leiter-Literatur kritisch-mittelständische Varianten, deren Helden auf der mittleren Leitungsebene angesiedelt waren, der Führungsschicht und deren Glauben an die humanisierende Kraft des technischen und industriellen Fortschritts mit Skepsis und Distanz gegenüberstanden und zwi-

[12] Vgl. Film- und Fernsehkunst der DDR, S. 266 ff.; Film in der DDR, S. 46 ff.; Ingeborg Münz-Koenen, Fernsehdramatik, S. 170 ff.

[13] Karl-Heinz Jakobs, Über den Arbeiter in unserer Literatur, S. 157.

schen Arbeiterklasse und Oberschicht eine prekäre Balance zu wahren versuchten (z. B. Jakobs: ›Die Interviewer‹, 1973, Erich Loest: ›Es geht seinen Gang oder Mühen in unserer Ebene‹, 1978). Zum anderen wandten sich viele Schriftsteller unter dem Druck der Zensur, die im Zeichen des Prager Frühlings weiter verschärft wurde, von der direkten Thematisierung der großen politischen Gegenwartsthemen ab und zogen sich auf historische Camouflage oder auf den Bereich des Privat- und Alltagslebens zurück – ein Prozeß, der im Gegensatz zu dem von der SED weiterhin propagierten Bitterfelder Weg 'vom Ich zum Wir' vielfach als Rückweg der Schriftsteller 'vom Wir zum Ich', neue Subjektivität oder 'Anspruchsliteratur' bezeichnet worden ist. Nicht die Probleme der Arbeiter und Bauern, auch nicht die der Planer und Leiter, sondern die der sozialistischen Intelligenz rückten damit in den Mittelpunkt literarischen Interesses. Literatur wurde damit auch in der DDR vorzugsweise zum Medium der Selbstverständigung einer neuen Mittelschicht.

Unter dem Eindruck des Prager Frühlings war dieser Wandlungsprozeß auf dem VI. Schriftstellerkongreß im Jahre 1969 noch als 'Literatur des Dritten Weges' verdächtigt worden, weil diese Literatur den sozialistischen Alltag vielfach in Bildern der Entfremdung schilderte. Die Kritik richtete sich vor allem gegen Christa Wolfs ›Nachdenken über Christa T.‹ und Reiner Kunzes Gedichte. Nach dem Regierungswechsel von Ulbricht zu Honecker und dem VIII. Parteitag der SED im Jahre 1971 wurde dieser literarische Wandel jedoch von der Literaturpolitik der SED nachträglich akzeptiert. Die als Bitterfelder Weg bekannt gewordene literaturpolitische Konzeption, die die SED seit 1948 propagiert hatte, wurde stillschweigend aufgegeben. Nach den Ereignissen in der ČSSR war sie als 'nationaler Sonderweg' ähnlich suspekt geworden wie das Neue ökonomische System, das unter Honecker im Sinne einer Rezentralisierung der Entscheidungsbefugnisse revidiert wurde. Die Literatur wurde den Schriftstellern überlassen, denen die SED einen breiten Spielraum zugestand. Als legitim galt nunmehr auch die Darstellung bislang tabuisierter Entfremdungserscheinungen im Berufs- und Privatleben. Nachdem sowohl das zentralistische als auch das Neue ökonomische Planungssystem die sozialen Interessengegensätze nicht aufzuheben vermocht hatten, konzentrierte sich die SED auf eine neue Strategie, die die in den Jahren 1953, 1956 und 1969 in der DDR, Ungarn, Polen und der ČSSR offen aufgebrochenen Widersprüche zwischen Arbeitern und

Bürokratie entschärfen und die Unzufriedenheit weiter Bevölkerungskreise vermindern sollte: Die auf dem VIII. Parteitag beschlossene »neue ökonomische Hauptaufgabe« stellte die Verbesserung des materiellen und kulturellen Lebensstandards der Bevölkerung und damit erstmals nicht die Leistungssteigerung des Produktions-, sondern des Konsumgütersektors als oberstes Planziel auf. In kultur- und literaturpolitischer Hinsicht bedeutete das, daß die SED sich im Sinne eines weit gefaßten Kulturbegriffs seither vornehmlich um eine Verbesserung des Freizeitangebots, zu dem als wichtigstes Medium der Massenkommunikation auch das Fernsehen gehört, bemüht. Eine neue literaturpolitische Konzeption hat sie seither nicht mehr entwickelt, sondern sich darauf beschränkt, der literarischen Diskussion in politisch brisanten Fällen deutliche Grenzen zu setzen (Plenzdorf-Debatte / Ausweisung Biermanns).

Die westliche Literaturwissenschaft hat den Wandlungsprozeß der Produktionsliteratur Mitte der 60er Jahre lange Zeit ignoriert oder die Planer-und-Leiter-Literatur wegen ihres angeblich minderen ästhetischen Ranges als zu vernachlässigende Größe behandelt.[14] Um so schärfer registrierte man die sich in der zweiten Hälfte der 60er Jahre vollziehende Abwendung der Schriftsteller von der Produktionsliteratur und die verstärkte Gestaltung von Problemen des Privat- und Alltagslebens.[15] Die Literaturgeschichtsschreibung hat daraus aber selten die nötigen Konsequenzen gezogen. Welche Konsequenzen ergeben sich aus den genannten Beobachtungen?

Meines Erachtens sollte das in der Literaturgeschichtsschreibung der DDR und der Bundesrepublik bzw. den westlichen Ländern bislang dominierende Periodisierungsschema, das die literarische Ent-

---

[14] Vgl. die einschlägigen Untersuchungen von Greiner, Pareigis, Gerlach, Silberman, Knipp u. a. Manfred Behn registriert in seinem Forschungsbericht angesichts dieses Umbruchs noch Mitte der 70er Jahre eine allgemeine Verwirrung. Deutlicher erkennen Röhner, Crips und Staadt den Wandlungsprozeß, der in neueren Literaturgeschichten von Emmerich und Schmidt auch dargestellt ist, ohne daß daraus die meines Erachtens notwendigen Konsequenzen für die Periodisierung gezogen werden. Vgl. Zimmermann, Industrieliteratur, S. 20 ff.

[15] Vgl. M. Behn, DDR-Literatur in der Bundesrepublik Deutschland. Aus diesem Wandlungsprozeß leitet auch Jürgen Scharfschwerdt in seiner Einführung die Notwendigkeit einer neuen Periodisierung ab (J. S., Literatur und Literaturwissenschaft in der DDR, S. 139 f.).

wicklung mit der literaturpolitischen und gesellschaftlichen parallelisiert und die Aufbauliteratur der 50er Jahre gegen die Literatur des Bitterfelder Weges in den 60er Jahren abgrenzt, aufgegeben werden. Denn die entscheidenden Umbruchphasen in der Entwicklung der Produktionsliteratur liegen nicht zwischen, sondern innerhalb der genannten Jahrzehnte Mitte der 50er und Mitte der 60er Jahre und sind maßgeblich geprägt von politischen, sozialen und kulturellen Interessengegensätzen zwischen Ober-, Mittel- und Unterschicht, den daraus resultierenden Konflikten und dem jeweiligen Stand der Auseinandersetzung.

Dabei übernahm die literarische Diskussion vielfach die Funktion einer Ersatzöffentlichkeit für eine politische Auseinandersetzung, die aufgrund der Zensur nur in verschleierter Form geführt werden konnte. So äußerte sich der Widerstand der Schriftsteller gegen die offizielle Literaturpolitik unter dem Eindruck des Arbeiteraufstandes von 1953 und der Stalin-Kritik von 1956 in der Kritik an Schematismus und Schönfärberei und brachte gegenüber der offiziellen Betrachtungsweise die proletarische Perspektive stärker zur Geltung. Mitte der 60er Jahre unterliefen die Schriftsteller den Versuch der SED, die im Zeichen der ČSSR-Krise aktuelle Diskussion reformkommunistischer Vorstellungen zu unterbinden und mit der Planer-und-Leiter-Literatur eine Repräsentationsliteratur der Bürokratie zu etablieren, durch die seit der Kafka-Konferenz virulente Entfremdungsdebatte und durch den Rückzug auf ihre eigenen und damit auf die Reflexion mittelständischer Problemlagen, was auch zu einer kritisch-mittelständischen Variante der Planer-und-Leiter-Literatur geführt hat.

Durchgesetzt haben sich die Literaturpolitiker der SED mit ihrer Konzeption lediglich zweimal: Ende der 40er Jahre, als es darum ging, eine Arbeiterliteratur ins Leben zu rufen, die der Propaganda für den Plan diente, und Mitte der 60er Jahre, als die Arbeiterliteratur durch die Planer-und-Leiter-Literatur ersetzt werden sollte. Insofern kommt der Literaturpolitik der SED in beiden Fällen eine Initialfunktion zu. In beiden Fällen haben sich jedoch die Schriftsteller – unter dem Eindruck neu sich entwickelnder Interessengegensätze und Kräftekonstellationen zu einer verstärkten Berücksichtigung proletarischer oder mittelschichtspezifischer Gesichtspunkte veranlaßt – anschließend sowohl in der Literatur des dialektischen Theaters und des Bitterfelder Weges als auch in der Hinwendung zu Themen des

Privat- und Alltagslebens seit Mitte der 60er Jahre mit divergierenden literarischen Vorstellungen durchgesetzt, so daß die SED auf ihre seit 1948 mit den verschiedensten Maßnahmen betriebene Förderung der Produktionsliteratur schließlich Anfang der 70er Jahre ganz verzichtet hat.

Die verschiedenen Versuche der SED, die Produktionsliteratur im Sinne einer Propaganda für die jeweils aktuellen wirtschaftlichen Planziele einzusetzen, auf diese Weise die Arbeitsproduktivität zu erhöhen und die Werktätigen für den Aufbau des Sozialismus nach sowjetischem Muster zu gewinnen, sind gescheitert. Die Produktionsliteratur hat jeweils nur kurzfristig die Planvorgaben in idealisierende und harmonisierende Handlungsmuster umgesetzt. Viel wichtiger als die gesellschaftlichen und literaturpolitischen Zielsetzungen der SED sind für die Entwicklung der Produktionsliteratur die Krisen im Transformationsprozeß von der kapitalistischen zur sozialistischen Industriegesellschaft und beim Aufbau des Sozialismus geworden. In diesen Krisenzeiten brachen Mitte der 50er und in der zweiten Hälfte der 60er Jahre in den politischen Aktionen und Reformdiskussionen über den richtigen Weg zum Sozialismus und Kommunismus die latenten Interessengegensätze der Übergangsgesellschaft offen aus. Für die Literatur sind diese Transformationskrisen, die sich auch als offen oder verdeckt ausgetragene klassen- oder schichtspezifische Interessenkämpfe charakterisieren lassen, vor allem dann bedeutsam geworden, wenn sie auf literarische Prädispositionen und Traditionen trafen, die sich zur Artikulation der jeweils neuen Betrachtungsweise besonders gut eigneten. Das war etwa beim dialektischen Theater der Fall, das seit den 50er Jahren geradezu darauf drängte, für die Reflexion neu entstandener Widersprüche der Übergangsgesellschaft und die Artikulation proletarischer Interessen genutzt zu werden. Aber auch mit ihrer Rückwendung zu »subjektiver Authentizität« (Christa Wolf) griffen die Schriftsteller auf Traditionen zurück, die zu den bedeutendsten Hinterlassenschaften des bürgerlichen Erbes gehören. Bei Abwendung von einer propagandistischen Produktionsliteratur wurde die Literatur wieder verstärkt als Medium individueller und kollektiver Selbstreflexion genutzt – zur Selbstreflexion allerdings in erster Linie der im real existierenden Sozialismus neu entstandenen Mittelschicht. Dieser im Westen allgemein begrüßte Wandlungsprozeß der DDR-Literatur ist durchaus zwiespältigen Charakters: Er hat zwar zu einem Zugewinn an psychologischem

Realismus und differenzierten Schreibweisen geführt, hat aber auch zur Folge gehabt, daß die Darstellung der Lebensverhältnisse der Arbeiter sowie die Thematisierung des Berufslebens und des industriellen Produktionsprozesses in der Literatur der 70er und 80er Jahre zunehmend in eine Randstellung geraten sind. Nach Konsolidierung des Sozialismus haben sich seit Mitte der 60er Jahre auch in literarischer Hinsicht jene Kräfte durchgesetzt, denen bei aller Kritik an einzelnen Mißständen an einer revolutionären Umgestaltung der Gesellschaft im Interesse der Arbeiterklasse ebensowenig gelegen ist wie der Partei, die diesen Anspruch immerhin noch deklamatorisch vertritt. Für die Periodisierung und Charakterisierung der Literaturgeschichte der DDR sollten aus solchen Beobachtungen deutlicher als bisher die nötigen Konsequenzen gezogen werden.

Literaturverzeichnis

Manfred Behn, DDR-Literatur in der Bundesrepublik Deutschland. Die Rezeption der epischen DDR-Literatur in der BRD 1961 bis 1975. Meisenheim am Glan 1977.

Jan Berg u. a., Sozialgeschichte der deutschen Literatur von 1918 bis zur Gegenwart. Frankfurt a. M. 1981.

Bericht des Politbüros an das 11. Plenum des ZK der SED. Berichterstatter Erich Honecker. 16. bis 18. 12. 1965. In: E. Schubbe, Dokumente.

Wolfgang Beutin u. a., Deutsche Literaturgeschichte. Von den Anfängen bis zur Gegenwart. Stuttgart 1979.

Bitterfelder Zonenkonferenz des Freien Deutschen Gewerkschaftsbundes am 25. und 26. 11. 1948: Durch politische Klarheit zu schnellen Erfolgen der Gewerkschaften. Berlin 1948.

Stephan Bock, Literatur Gesellschaft Nation. Materielle und ideelle Rahmenbedingungen der frühen DDR-Literatur (1949–1956). Stuttgart 1980.

Liliane Crips, Darstellung von sozialen Konflikten in der Romanliteratur der DDR. – In: Deutschland Archiv. Sonderheft 1975.

Dokumente der SED. Beschlüsse und Erklärungen des ZK sowie seines Politbüros und seines Sekretariats. Berlin (DDR) 1948 ff.

Wolfgang Emmerich, Kleine Literaturgeschichte der DDR. Darmstadt, Neuwied 1981.

Film- und Fernsehkunst der DDR. Traditionen, Beispiele, Tendenzen. Berlin (DDR) 1979.

Film in der DDR. München, Wien 1977.

Konrad Franke, Die Literatur der Deutschen Demokratischen Republik. Zürich, München 1974.

Ingeborg Gerlach, Bitterfeld. Arbeiterliteratur und Literatur der Arbeitswelt in der DDR. Kronberg 1974.

Dies., Der schwierige Fortschritt. Gegenwartsdeutung und Zukunftserwartung im DDR-Roman. Königstein 1979.

Volker Gransow, Kulturpolitik in der DDR. Berlin 1975.

Greif zur Feder Kumpel. Protokoll der Autorenkonferenz des Mitteldeutschen Verlages Halle am 24. April 1959 im Kulturpalast des Elektrochemischen Kombinats in Bitterfeld. Halle 1959.

Bernhard Greiner, Von der Allegorie zur Idylle: Die Literatur der Arbeitswelt in der DDR. Heidelberg 1974.

Horst Haase u. a. (Hrsg.), Geschichte der deutschen Literatur. Bd. 11: Literatur der Deutschen Demokratischen Republik. Berlin (DDR) 1976.

Manfred Jäger, Kultur und Politik in der DDR. Ein historischer Abriß. Köln 1982.

Karl-Heinz Jakobs, Über den Arbeiter in unserer Literatur. – In: Neue Deutsche Literatur 10 (1972).

Wolfgang Knipp, Zum Verhältnis von Individuum und Gesellschaft in ausgewählten Romanen der DDR-Literatur. Köln 1980.

Reinhild Köhler-Hausmann, Literaturbetrieb in der DDR. Stuttgart 1984.

Kulturarbeit im Zweijahresplan. Erste Tagung des Zentralausschusses für kulturelle Betriebsarbeit. – In: Tribüne vom 27. 11. 1948.

Ingeborg Münz-Koenen, Fernsehdramatik. Experimente – Methoden – Tendenzen. Berlin (DDR) 1974.

Gottfried Pareigis, Realitätsdarstellung in ausgewählten Werken des »Bitterfelder Weges«. Kronberg 1974.

Eberhard Röhner, Arbeiter in der Gegenwartsliteratur. Berlin (DDR) 1967.

Hans-Dietrich Sander, Geschichte der Schönen Literatur in der DDR. Freiburg 1972.

Jürgen Scharfschwerdt, Literatur und Literaturwissenschaft in der DDR. Stuttgart 1982.

Wolfram Schlenker, Das »Kulturelle Erbe« in der DDR. Gesellschaftliche Entwicklung und Kulturpolitik 1945 bis 1965. Stuttgart 1977.

Hans-Jürgen Schmitt (Hrsg.), Die Literatur der DDR. München 1983.

Elimar Schubbe (Hrsg.), Dokumente zur Kunst-, Literatur- und Kulturpolitik der SED. Stuttgart 1972.

Marc D. Silberman, Literature of the Working World. A Study of the Industrial Novel in East Germany. Bern, Frankfurt a. M. 1976.

Jochen Staadt, Konfliktbewußtsein und sozialistischer Anspruch in der DDR-Literatur. Zur Darstellung gesellschaftlicher Widersprüche in Romanen nach dem VIII. Parteitag der SED 1971. Berlin 1977.

Frank Trommler, Sozialistische Literatur in Deutschland. Ein historischer Überblick. Stuttgart 1976.

Walter Ulbricht, Der Künstler im Zweijahresplan. Rede auf einer Arbeitstagung von Kunstschaffenden der SED in Kleinmachnow am 2. 9. 1948. In: W. U., Zur Geschichte der deutschen Arbeiterbewegung. Bd. 3. Berlin (DDR) 1954.

Ders., Über die Entwicklung einer volksverbundenen sozialistischen Nationalkultur. Rede auf der Zweiten Bitterfelder Konferenz. – In: Zweite Bitterfelder Konferenz 1964. Protokoll. Berlin (DDR) 1964.

Peter Weisbrod, Literarischer Wandel in der DDR. Untersuchungen zur Entwicklung der Erzählliteratur in den 70er Jahren. Heidelberg 1980.

Peter Zimmermann, Industrieliteratur der DDR. Vom Helden der Arbeit zum Planer und Leiter. Stuttgart 1984.

Ders., Literaturpolitik in der DDR. – In: Tendenzen der deutschen Gegenwartsliteratur. Hrsg. v. Thomas Koebner. 2. Aufl. Stuttgart 1984.

Zweite Bitterfelder Konferenz 1964. Protokoll der von der Ideologischen Kommission beim Politbüro des ZK der SED und dem Ministerium für Kultur am 24. und 25. April im Kulturpalast des Elektrochemischen Kombinats Bitterfeld abgehaltenen Konferenz. Berlin (DDR) 1964.

Peter Pütz

VOM BLEISATZ ZUM COMPUTER-GESTEUERTEN FOTOSATZ: OPPOSITION UND DEKONSTRUKTION IN KROETZENS ›NICHT FISCH NICHT FLEISCH‹

Im Jahre 1981 erschien das dreiaktige Stück ›Nicht Fisch nicht Fleisch‹ von Franz Xaver Kroetz, das im Juni desselben Jahres gleichzeitig in Düsseldorf und an der Berliner Schaubühne uraufgeführt wurde. Laut dramaturgischer Anweisung spielt die Handlung des Dramas 1980 in München. Die Liste der dramatis personae besteht lediglich aus zwei Ehepaaren und aus zwei kleinen Kindern, von denen gesagt wird, daß sie nicht auftreten müssen. Somit bleiben die vier Personen allein unter sich aufeinander fixiert.

Die beiden Ehepaare stehen untereinander sowohl im Verhältnis betonter Analogie als auch in dem deutlich konturierter Andersartigkeit, so daß sich latente Überkreuzbeziehungen jeweils zum Partner des anderen Ehepaares ergeben. Doch diese bleiben latent und entfalten keine Eigendynamik, wie wir sie als verhängnisvolle aus Goethes ›Wahlverwandtschaften‹ kennen. Die Partner beider Paare, die bei Kroetz in zwei übereinanderliegenden, doch unterschiedlich eingerichteten Wohnungen leben, scheinen sich, wie wir bald sehen und hören, lediglich im gemeinsamen Anfangsbuchstaben ihrer Vornamen zu gleichen. Sie heißen Helga und Hermann auf der einen Etage und Emmi und Edgar auf der anderen. Doch mit der namentlichen Alliteration will es dann auch schon sein Bewenden haben, wenn Nähe und Gemeinsamkeit der Ehepartner zur Debatte stehen. Bereits in ihrem Äußeren lassen sie eher Trennendes als Verbindendes erkennen: Während Helga eine »fesche, rundliche Dreißigerin« genannt wird, erscheint die gleichaltrige Emmi als »weniger rund, etwas größer, dunkler«. Zur rundlichen Helga gehört der schlanke und unruhige Hermann, und der Mann der schlanken, großen und dunklen

Emmi ist der im Unterschied zu Hermann kleinere, recht gepflegte Edgar – »mit Bäuchlein«, wie es heißt (S. 8).[1]

Den Unterschieden, ja Gegensätzen im äußeren Erscheinungsbild entsprechen auch die Dissenzen und Divergenzen in den Haltungen der beiden Paare. Während sich Hermanns Gedanken und Gefühle fast ausschließlich um seine Arbeit als Schriftsetzer, um Betriebsklima und Betriebsrat drehen, konzentriert sich seine rundliche Helga ganz auf die Familie, vor allem auf die Pflege ihrer beiden Kinder; später erwartet sie ein drittes. Aus Angst vor dem Verlust des Arbeitsplatzes betrachtet sie Hermanns gewerkschaftliches Engagement mit Skepsis, ja mit Widerwillen. Auf der Gegenseite, das heißt im anderen Stockwerk, nimmt Emmi das Heft in die Hand; sie lehnt es ab, Kinder zu haben, und sie setzt als Berufstätige alles daran, Leiterin einer Filiale zu werden, was ihr am Ende auch gelingt. Die Hausarbeit ist ihr zuwider, was ihrem Edgar die emanzipationswidrige Äußerung entlockt: »Ist die Frau nicht mehr am Herd, läuft die Ehe schon verkehrt!« (S. 10). Von Edgar erwartet Emmi ein größeres Engagement am Arbeitsplatz, auch in Fragen der Arbeitnehmer, wie sie beispielsweise Hermann vertritt. Doch Edgar denkt nicht daran, sein Einvernehmen mit den bestehenden Verhältnissen aufzugeben. Nach der Devise »Weß Brot ich ess, des Lied ich sing« (S. 26), ist er mit seinem Stundenlohn zufrieden, und er wäre es auch in seiner Ehe mit Emmi, wenn diese sich seinem Begehren entgegenkommender zeigte oder gar ein Kind gebären wollte. So gibt es auch hinsichtlich der Sexualität zwischen den Partnern wenig Stimmendes: Auf der einen Seite sehen wir Helga mehrfach vergeblich um mehr Zärtlichkeit bemüht, auf der anderen entzieht sich Emmi immer wieder dem direkteren Griff Edgars, der in seinen verzweifelten Anstrengungen schließlich sogar ihre Antibabypillen heimlich mit appetithemmenden Tabletten vertauscht.

Wir sehen jetzt schon ein ganzes System von Angleichungen und Kontrastierungen, und zwar sowohl zwischen den einzelnen Partnern als auch zwischen den beiden Paaren mit ihren latenten Überkreuzbeziehungen zwischen den häuslichen, kinderliebenden und rundlichen Personen Helga und Edgar und den unruhigen, agilen und

[1] Die in Klammern gesetzten Seitenzahlen beziehen sich auf die Ausgabe: edition suhrkamp 1094. N. F. Bd. 94. Frankfurt a. M. 1981.

schlanken Figuren Emmi und Hermann. Räumlicher Ausdruck der finanziellen und familiären Gegensätzlichkeit ist die Verschiedenheit der beiden Wohnzimmer. Bei den kinderlosen Doppelverdienern Emmi und Edgar ist es »säuberlich, teuer« (S. 22); Helga und Hermann bewohnen im »Gegensatz« zu Emmi und Edgar einen »Vielzweckraum« (S. 28). So wollen es ausdrücklich die Regieanweisungen.

Die kontrastiven Abgrenzungen zeigen sich also in der körperlichen Verfassung, im Habitus der Charaktere, in der gegensätzlichen Auffassung von beruflicher Arbeit und Zu-Hause, im Gegensatz von Arbeitskampf (Hermann) und Angepaßtheit (Edgar), von Hausfrau und Mutter (Helga) und berufstätiger Emanzipierter (Emmi). Die Kontraste werden weiterhin erkennbar in der verschiedenen Ausstattung der Wohnzimmer, das eine benutzt von einer vier-, bald fünfköpfigen Familie, das andere in gepflegtem Zustand und mit einem Aquarium, in dem sich zur Freude Edgars über zwanzig Sorten exotischer Fische bewegen. Kontrastiv sind ebenso die erotisch-sexuellen Beziehungen beider Paare: Emmi weist Edgar stets schroff zurück; zwischen Helga und Hermann gibt es Augenblicke der Zärtlichkeit und sogar Vereinigung. Angesichts dieser systematisch durchgeführten Kontrastierung, die wir auch noch bei der szenischen Fügung beobachten werden, scheint es, als wäre hier ein Strukturalist klassischer Prägung, d. h. zwischen Saussure, Levi-Strauss und Roland Barthes, am Werk, so exakt und präzise wird auf den verschiedenen Ebenen die jeweils spezifische 'difference' herausgearbeitet. Durch dieses ständige Aufspalten in Gegensätze tritt immer dem einen *der* oder *das* andere gegenüber, tritt zu ihm in Opposition. Die Ehepartner haben zwar denselben Anfangsbuchstaben, beide Männer haben den gleichen Beruf, beide Familien wohnen in räumlich einander entsprechenden Wohnungen, doch die Gemeinsamkeiten dienen lediglich dazu, um die Gegensätze um so deutlicher zu profilieren. Durch die systematische Differenzierung in Gegensätze könnte sich die Möglichkeit der Alternative ergeben. Wenn Emmis emanzipiertes Berufsverständnis scheiterte, dann böte sich Helgas Häuslichkeit und Mütterlichkeit als der richtigere Weg an – oder umgekehrt. Wenn Edgars gemütvolles Einvernehmen mit dem Bestehenden sich als falsch erweisen sollte, dann wiese vielleicht Hermanns Arbeitskampf einen besseren Weg – oder umgekehrt. *Eine* von beiden Seiten dürfte doch recht behalten, so könnte die Vermutung lauten; auf *eine* Seite sollte man sich doch festlegen und alternativ bestimmen können: Fisch *oder* Fleisch. Das Stück aber trägt den Titel: ›Nicht Fisch nicht Fleisch‹.

Bevor wir diesen Gedanken weiter verfolgen, wollen wir das dem Strukturalismus gleichende binäre Verfahren der Differenzierung genauer beobachten, und zwar an der Sukzession der szenischen Fügung. Der erste Akt hat acht Szenen, deren Aufeinanderfolge sich räumlich und personell stets am Prinzip der Differenz und Gegenüberstellung orientiert. Dabei werden die einzelnen Figuren in regelmäßig wechselnde Konfigurationen versetzt, in denen sie mal mit dieser, mal mit jener Person konfrontiert werden, so daß bei der Kombination der jeweils Auftretenden ein ganzes Netzwerk von Beziehungen und Abgrenzungen entsteht, zunächst noch bilateral und erst allmählich multilateral. Bilateral sind Auftritte und Dialoge in den ersten vier Szenen, in denen stets zwei Personen miteinander zu tun haben. In den beiden ersten Auftritten sind jeweils beide Paare allein. Beide liegen (zunächst Edgar und Emmi, danach Hermann und Helga) in ihren Ehebetten; in beiden Szenen drehen sich die Gespräche, alle übrigens mit bayerischem Dialektanklang, um die zentralen Themen des ganzen Stücks, um Arbeit und Liebe, Maloche und Sexualität; beide Themen hängen auf das engste miteinander zusammen, so daß sich am Ende mit der Arbeitslosigkeit auch die Sexualität verändert, worauf die emanzipierte Emmi (Stichwort: »Emma«) ihren Edgar mit der Nase (aber auch nur mit dieser) stößt.

Außer den formalen Gemeinsamkeiten der Bettsituation und der Gespräche über Liebe und Arbeit gibt es zwischen den beiden Szenen im Inhaltlichen nur Kontraste: Bei Edgar und Emmi denkt sie nur an Arbeit, er nur an das, was er mit stolzem Potenzbewußtsein hervorhebt. Er will sich ihr nähern, sie weist ihn ab; er distanziert sich im Gespräch über Streik vom Arbeitskampf, sie wirft ihm mangelndes »Klassenbewußtsein« vor (S. 11). Im anderen Stockwerk dagegen will Helga Hermann näher bei sich haben, doch dieser bewegt sich nicht von der Stelle, sondern redet über Betriebsrat und dergleichen, während Helga nur Angst vor der Arbeitslosigkeit hat. Hermann ist damit nicht nur zu Helga hin abgegrenzt, sondern er setzt sich auch von Edgar ab, dem er zwar seine jetzige Stellung verdankt, den er jedoch als einen angepaßten Feigling verachtet, während er sich selbst als Streiter für die gute Sache betrachtet.

In den beiden darauf folgenden Szenen wechseln die Konfigurationen der auftretenden Personen, doch es bleibt zunächst noch bei den bilateralen Abgrenzungen. Im dritten Auftritt treffen sich nun nicht mehr die Partner der einzelnen Paare, sondern deren männliche Vertreter: Der Zuschauer sieht Edgar und Hermann bei gemeinsamen Karateübungen in einem Sportverein; doch das gemeinsame sportliche Training dient nur dazu, die unterschiedlichen, ja gegensätzlichen Auffassungen von Arbeit und Verdienst zum Ausdruck zu bringen. Während der rundliche Edgar Beruf und Zuhause trennt und damit zufrieden ist, seinen draußen verdienten Lohn drinnen genießen zu können, ist Hermann als Kämpfer für die Arbeiter so lange unzufrieden (auch im privaten Bereich), bis die totale Lohngleichheit errungen ist. Das führt dazu, daß Edgar trotz ehelicher Schwierigkeiten ausgeglichen wirkt, während der ständig um Solidarität kämpfende Hermann als nachdenklich, mürrisch und zerquält erscheint.

In der vierten Szene erfolgt eine neue Kombination der vier Angehörigen zweier Gruppen: Diesmal treffen sich die beiden Frauen Helga und Emmi, doch nicht wie ihre Männer an einem Ort sportlicher Selbstertüchtigung, sondern, wie es dem traditionellen Hausfrauen-Rollen-Verständnis entspricht, in einem Kaufhaus. Analog zu den gegenseitigen Abgrenzungen der Männer polarisieren sich auch die Auffassungen der beiden Frauen: so über Vor- und Nachteile von Hausfrauentätigkeit und Beruf außer Hause, über Schwächen und Stärken ihrer Männer sowie über ihre Einschätzungen der Arbeitswelt, insbesondere der Betriebsleitung. Vor allem aber treten beide Frauen in völlig verschiedenen Funktionen in Erscheinung: Emmi im weißen Kittel, also als Verkäuferin, und Helga mit Warenkorb und Kinderwagen, d. h. als berufsuntätige Käuferin und für Emmi erkennbar Schwangere.

Die fünfte Szene führt dann bei der Versammlung aller vier Personen zu einer multilateralen Abgrenzung. Helga und Hermann sind zu Gast bei Emmi und Edgar; von der Unterschiedlichkeit der Wohnungseinrichtungen war bereits die Rede. Auf den ersten Blick sind in dieser Szene Frauen und Männer getrennt; diese halten sich im Wohnzimmer auf und lassen beim Anblick des schon erwähnten Aquariums ihre gegensätzlichen Konzeptionen des Menschen- und Gesellschaftsbildes durchblicken. Die Frauen sind weitgehend in die Küche verbannt, doch beim anschließenden Auftragen des Essens werden auch ihre gegensätzlichen Rollen sichtbar: Emmi hat nur die Küche zur Verfügung gestellt, doch Helga hat gekocht, die ihrerseits in ihrem hausfraulichen Bescheidenheitsritual behauptet, nur die »Soß abgschmeckt« (S. 27) zu haben.

Nach den Szenen der Ehepartner, dann nach denen der Männer und Frauen und nach der gemeinsamen Versammlung aller vier Personen trennen sich die Gruppen wieder, und es kommt erneut zu Auftritten zu zweit, zunächst zwischen Edgar und Emmi und danach zwischen Hermann und Helga. In beiden Szenen wird ersichtlich, wie wenig tragfähig beide Ehebeziehungen sind. Während Emmi immer mehr zu der Ansicht gelangt, daß ihr Mann besser zu Helga passen würde, geraten auf der Gegenseite Helga und Hermann in Streit darüber, ob sie ein drittes Kind haben wollen oder nicht. Helga, die in Hermanns Augen angepaßt wie Edgar ist, wirft ihrem Mann ein übersteigertes Selbstbewußtsein vor und beharrt darauf, ihr drittes Kind zu behalten. Am Ende schreien sie sich ihre Gegensätzlichkeiten ins Gesicht.

Nun steht nur noch die achte und letzte Szene des ersten Aktes aus: In ihr finden sich zum zweiten Male alle vier Personen zusammen, und zwar auf dem Münchener Oktoberfest. Hier, wo gefeiert, gelacht und getrunken wird, wo zum letzten Male die alten Konfigurationen herrschen, da platzt am Ende des ersten Aktes eine Nachricht herein, welche die gesamte Konstellation und Konfiguration aus den Fugen geraten läßt. Hier, wo alle ausgelassen sein wollen und wo Edgar seiner Emmi einen Teddybären schießt, da ereignet sich das Unerhörte: Die Firma, für die Edgar und Hermann als Schriftsetzer arbeiten, soll verkauft werden, was technische Modernisierungen und somit Entlassungen zur Folge haben kann, zumal die bisherige Firmenleitung es an Anschluß an den maschinellen Fortschritt hat fehlen lassen, worauf vor allem Hermann immer wieder hinweist. Mit düsteren Erwartungen sieht der Zuschauer dem zweiten Akt entgegen.

Die Szenenfügung des ersten Aktes hat die Struktur der systematischen Abgrenzung bestätigt. Die wechselnde Kombination der auftretenden Personen an regelmäßig wechselnden Orten hat die Ehepartner sowohl untereinander als auch in Opposition zu dem anderen Paar kontrastiv differenziert. Die Abfolge der Auftritte spielt dabei fast alle Möglichkeiten der Kombination von vier Figuren durch, doch nur fast; denn was nicht vorkommt, ist ein gemeinsames Auftreten der Ehepartner überkreuz, etwa Edgar und Helga oder Emmi und Hermann – nur in der dritten Szene des dritten Aktes wird ein derartiges Zusammentreffen angedeutet. Ansonsten kommt eine solche

Konstellation nicht vor, so daß ein möglicher Partnertausch als Alternative nicht realisierbar erscheint. Es kommt vielmehr darauf an, daß beide so gegensätzliche Paare im eigenen Safte weiterschmoren.

Zwischen dem ersten und dem zweiten Akt erfolgt die vorausgesagte Fusion der Firma; denn schon in der ersten Szene des kommenden Aktes sehen wir Edgar und Hermann in einem Umschulungszentrum, in dem sie lernen sollen, vom Bleisatz auf computergesteuerten Fotosatz umzuschalten. Diese Szene ist nicht nur wegen ihrer größeren Länge (mehr als 16 Druckseiten) das Zentrum des gesamten Stückes. Der Verkauf der Firma und die damit zusammenhängende Technisierung sind dem vergleichbar, was man in der Novelle die 'unerhörte Begebenheit' oder den 'Wendepunkt' nennt. Danach wird alles schlagartig anders, und so ist es auch in dem Theaterstück. Wie bei den vorausgegangenen Auftritten sind auch in der zentralen Langszene die Positionen Edgars und Hermanns kontrastiv gegeneinander abgegrenzt; auch hier sind beide in der Situation von Kontrahenten. Aber sie haben nunmehr ihre Positionen vertauscht. Präsentierte sich Hermann bisher immer als den Nachdenklich-Unzufriedenen, der die bestehenden Verhältnisse bekämpft, und sahen wir Edgar bislang stets im Einvernehmen mit dem, was der Fall ist, solange er nur seinen wohlverdienten Lohn empfängt, so ist es nun Hermann, der sich den neuen Aufgaben anpaßt und lernwillig die von oben verordnete Methode aufgreift, weil er meint, sie nicht allein in den Händen der Arbeitgeber belassen zu dürfen, sondern sie auch für die Arbeitnehmer nutzbar machen zu sollen. Edgar dagegen, der rundliche Zufriedene, lehnt sich erstmals auf, leistet Widerstand; vor den verhaßten Bildschirmen sitzend, lernt er nichts, weil er nichts lernen will. Warnte man früher die Bleisetzer vor den Wirkungen des schädlichen Metalls, so prangert der unfreiwillige Lehrling nun die Schäden der Strahlen an, die von dem vermaledeiten Kasten ausgehen. In immer eindringlicheren und beschwörenderen Worten malt Edgar ein Inferno der technisierten Arbeit, die ihm seine Freiheit nimmt, die ihn nicht mehr erkennen und erleben läßt, daß und wie er selbst etwas macht, wie er mit eigenen Händen schafft und Zeile um Zeile erschafft. Er hat in dieser Szene die weitaus längeren und sprachlich elaborierteren Repliken, während sich Hermanns Anteile auf kürzere Statements beschränken, oder es heißt einfach von ihm: »lacht« oder »schaut«. Edgar dagegen trauert in bewegenden Worten seiner früheren Satzarbeit nach, und zwar in einer Sprache, die von der ansonsten in Klischees und trivialen redensartlichen Phrasen sich erschöpfenden Redeweise der Figuren abweicht. Es ist, als würde durch seinen Widerstand gegen die neue Technik und durch seinen Kampf um die Befreiung von der Maschine auch seine Sprache von den Fesseln der sprachlichen Mechanismen befreit. Auf der anderen Seite ist es Hermann, der weiterhin solche Allerweltssätze von sich gibt, wie: »Man kann alles lernen« oder »Da müssen mir durch« (S. 39). Bei dem klagenden und anklagenden Edgar dagegen hört sich das so an:

Ich will meine Buchstaben wieder. Ich will sehen, wie sie aus dem Magazin herausfallen und wieder hinein wandern. Ich will Worte setzen, das hab ich gelernt. Ich will keinen Bildschirm, ich will keinen Fotosatz, ich will kein Typografieprogramm. Ich will es selber machen. Ich will kein T2 drückn für die Kursivschrift, ich will das Magazin aushängen, wie es sich gehört. Ich will meine Arbeit sehen, das is mein gutes Recht. Ich will keine Computerschrift, die man nicht anfassen kann, weil sie nicht existiert und nicht stimmt, weil das Satzbild ein symbolisches Geheimnis is, bis es abfotografiert is. (S. 38).

Die emphatische Betonung des Wollens und Nichtwollens macht sich wenig später auf folgende Weise Luft: »Mir fehlt das Blei. Ich will mich nicht entscheiden, wo ich meine Information hinschick, auf ein anderes Flocki oder die Cassette. Ich will sie haben, meine hundert As, meine zweihundert M und T und die 16 Ypsilon. Ich will ein Führungsband und ich will die Matrizen. Ich will mein Blei. Ich will es hören, wie sie hinunter fallen, meine fertign Zeiln.« (S. 39)

Doch es bleibt nicht bei dem Gegensatz zwischen Blei- und Fotosatz, zwischen Manufaktur und hochtechnisierter Computerarbeit, sondern der Graben vertieft sich zur Kluft zwischen urtümlich-primitiver Lebens- und Arbeitsform auf der einen Seite und zivilisatorischem Fortschritt auf der anderen. Während sich Hermann den unbefriedigten Sehnsüchten Edgars nach dem Ursprünglichen mit Sätzen entgegenstemmt wie »Die Arbeiterbewegung ist keine Chronik von Niederlagen« (S. 47), vertieft sein Kontrahent die Spannung um die grundsätzliche Dimension des Gegensatzes zwischen Kultur- und Naturgesellschaft, zwischen gesamtmenschlicher Anstrengung um die Verbesserung der Verhältnisse und individualistisch-heroischem Kampf ums Überleben, um wildbahnhafte Freiheit. Hermanns Programm kämpferischer Solidarität setzt Edgar den Selbstbestimmungswillen des Einzelnen, dem Rudel den Einsamen entgegen, der in der Wildnis Bäume fällen, eine Hütte bauen und jagen möchte, um nicht in Abhängigkeit von der Maschine zu geraten. Der Traum gilt der handwerklichen Herstellung eines Stuhles, der Bearbeitung eines Baumstamms zum Brunnengefäß, der Schaffung eines der urtümlichsten Errungenschaften menschlicher Erfindungskunst: des Rades. Die Trauer um die verlorene Schönheit des Bleigießens und Bleisatzes führt Edgar zu einer ganz neuen Qualität des Arbeitsbewußtseins: Im Vordergrund stehen nicht mehr Arbeitskampf gegen die herrschende Klasse oder Eintreten für höhere Löhne, sondern das Bemühen um eine bessere, schönere Form der Arbeit selbst; denn Arbeit – so Edgar – unterscheide den Menschen vom Affen, woraus zu folgern ist, daß die Qualität der Arbeit auch den Grad des Menschseins qualifiziert. Nicht mehr der Wohlstand als Lohn der Arbeit, sondern der Lustgewinn des Arbeitens selbst, das sinnliche Erlebnis ihrer Gestaltung wird zum Kriterium der Befriedigung. Edgars unbändiger Wille zur Nicht-Maschine führt ihn schließlich in die affektive Nähe zum Animalischen, und sein Wille zum Tier macht sich schließlich auch in tierischen Lauten Luft. Er möchte brüllen wie ein Tiger, nur um nicht abgerichtet zu werden. Erzfeind ist dabei nicht mehr die Betriebsleitung, mit der er sich arrangieren konnte, sondern die ebenso unmenschliche wie untierische Maschine.

Die wortgewaltige Emphase von Edgars Ausbrüchen deutet auf eine besondere Affinität zum Autor Kroetz, der sich mit seinem Protagonisten nicht identifizieren muß, aber gleichwohl Verständnis für ihn zeigt – und das aufgrund der sprachlichen Wucht von Edgars Redepassagen nicht einmal verdeckt. Kroetz hat auf eine Zeitungsumfrage nach der politischen Haltung des Schriftstellers geantwortet, er sei ein »kommunistischer Konservativer«[2]. Dieses im Bewußtsein vieler als Oxymoron erscheinende Diktum wird im Drama durchaus bestätigt. Er ist, wie auch die Kritiker Arnold und Töteberg bestätigen, »ein konservativer Autor« in dem Sinne, daß er »traditionsgebundene Werte (Heimat, Familie, Handwerk) gegen moderne Gesellschaftsstrukturen und technologischen Fortschritt verteidigt«. Und weiter heißt es: »Der technisch-rationalisierte Arbeitsalltag und die Entpersönlichung der Sozialbeziehungen zwingen den Menschen der Industriegesellschaft eine fragmentarische Existenzweise auf, deren

[2] In: Die Zeit vom 16. 10. 1981.

Defizite an Sinngebung und Selbstverwirklichung Kroetz wie kaum ein anderer Dramatiker der Gegenwart im Kleine-Leute-Milieu aufgespürt hat«.[3]

Der langen und zentralen Szene zu Beginn des zweiten Aktes, in der, verkörpert durch Hermann und Edgar, Sozialismus und Individualismus, technischer Fortschritt und Regression zur Primitivstufe bis an die Grenze des Animalischen kontrastiv zur Darstellung kommen, folgen wiederum Szenen, in denen im zweimaligen Wechsel die Ehepartner unter sich zu sehen sind, erst Hermann und Helga und dann Edgar und Emmi; danach wiederholt sich die Abfolge der gleichen Konstellation. Helga scheint nach längerer Abwesenheit ihres Mannes, der im Gegensatz zu Edgar aus dem Umschulungszentrum Gewinn gezogen hat, bereit, das von ihm ungewollte dritte Kind abtreiben zu lassen. Emmi schwadroniert in einer Bettszene, in der Edgar kein einziges Wort sagt, sondern immer nur seine ihm fremd und fremder werdende Frau anschaut, über ihren Beruf und ihre Karriere als Filialleiterin in fachkundigem Geschäftsdeutsch. Worte wie »Warenauswahl«, »Sortiment« und »Verkaufsumfeld« perlen wie Tautropfen aus ihrem merkantilen Wortschatz, und als sie im Überschwang ihrer kapitalistischen Begeisterung von einer »nicht repressiven« Verkaufsstrategie zu reden beginnt, da heißt es im Text unter dem Namen Edgars: »schaut bei dem Wort« (S. 54). Selber nun zur Chefin geworden, überlegt sie sich bereits, welche von den bisherigen Mitarbeiterinnen sie weiterbeschäftigen und welche sie feuern will. Auf der Gegenseite sehen wir Hermann und Helga in einer Intimszene; während der Arbeitskämpfer sich bisher den Annäherungsversuchen seiner Frau entzog, scheint das Umschulungszentrum ihm nun auf die Sprünge zu helfen. Nach eigener Aussage hat ihn der Computer fasziniert und hat, so dürfen wir hinzufügen, offensichtlich seine Potenz beflügelt, während der maschinengeschädigte Edgar auf der Gegenseite nicht einmal zu Wort, geschweige denn zu etwas anderem kommt.

Im dritten und letzten Akt nimmt Edgars fortschreitende Isolation zu, und zwar nicht nur hinsichtlich seiner immer feindseliger werdenden Beziehung zu Emmi, sondern auch im Verhältnis zu seinem Freund Hermann, dem er den Arbeitsplatz bei seiner Firma beschafft

[3] Heinz Ludwig Arnold / Michael Töteberg, Franz Xaver Kroetz. – In: Kritisches Lexikon zur deutschsprachigen Gegenwartsliteratur, S. 8 f.

hat. Besonders eindringlich, ja ergreifend ist die Szene, in der Edgar von Emmi nachts beim Kühlschrank überrascht wird, wo er heimlich zu essen sucht, heimlich, weil der Arbeitslose sich schämt, von ihrem Geld zu leben. Zu seinen regressiven Vorstellungen gehören auch seine uns schon bekannten Animositäten gegen emanzipatorische Bestrebungen der Frau. Er hat selbst gekündigt, was Emmi inzwischen weiß, weil er es nicht erträgt, als Überflüssiger Unterhalt statt wohlverdienten Lohn zu erhalten. Er verteidigt sich gegen Angriffe Emmis, da ihm das soziale Netz ebenso zuwider ist wie die Maschine, in der er den schlimmsten Feind des Menschen erblickt. Herrschte in der vorangehenden Szene mit Emmi und Edgar Sprachlosigkeit, so endet die jetzige mit äußerster Aggressivität: Beide schlagen sich, Edgar zieht auch hier den Kürzeren, und nachdem sie ihre Herrschaft, sowohl im Finanziellen als auch im Sexuellen, noch einmal bekräftigt hat, schreit er ihr, fast irre vor Wut und Armseligkeit, ein dreimaliges »Sau« und »Drecksau« nach (S. 65).

Die vierte und fünfte Szene des letzten Aktes ist laut Regieanweisung simultan zu spielen, d. h. wir blicken gleichzeitig in die übereinanderliegenden Wohnungen, sehen, wie Hermann sich von den schlafenden Kindern und Helga verabschiedet und mit einem sorgfältig gepackten Koffer die Wohnung verläßt. In der anderen Etage werden wir Zeugen eines grausigen Vorgangs, bei dem der alleingelassene Edgar an dem für Emmi geschossenen Bären gleichsam in effigie eine Art Vergewaltigung und für sich, in Gestalt einer verstümmelten Möhre, eine Selbstkastration vornimmt, eine durch Rotwein versinnbildlichte Bluttat, die sowohl von Gewalt gegen andere als auch von der gegen sich selber spricht; denn das Blut wird Zeichen des von anderen vergossenen, aber auch Ausdruck der eigenen Verletzung. Der Vorgang, der von seiten Edgars ohne ein einziges Wort abläuft, wird somit nicht dialogisch, sondern narrativ vermittelt. Er ist ein Symbol sexueller Wünsche und zugleich eines ihrer Zerstörung. Die Verbindung der Manipulation an Teddybär und Möhre signalisiert das äußerste Ende einer von Anfang an dem Tode geweihten ehelichen Beziehung.

Die sechste und vorletzte Szene ist von der Kritik gerne als Indiz dafür aufgenommen worden, daß Kroetz sehr wohl die von Gerhart Hauptmann und anderen gesteckten und erreichten Grenzen des naturalistischen Theaters überschreitet. Die fast surrealistische Situation ist so absurd wie im Theater von Beckett und Ionesco, von denen sich

Kroetz in den 70er Jahren noch entschieden abwandte. Auf der leeren Bühne, in deren Hintergrund Wasser sein soll, erscheinen Edgar, der sich auszieht, und Hermann – mit Nachnamen übrigens »Zwiebel« –, den die Kollegen mit Hilfe einer Luftpumpe derart aufgeblasen haben, daß er sich nun schmerzgeplagt dahinschleppt, Blut spuckend, sich den Bauch haltend und lautstark, wenn auch nicht lauthals Luft lassend, was alles mit derb-analfixierten Verlautbarungen verbunden ist. Edgar geht ins Wasser, um sein ersehntes Land des urtümlichen Lebens zu finden, doch der prall mit Luft gefüllte Hermann, nunmehr personifizierte Blase seiner arbeitskämpferischen Propaganda, kriecht wieder an Land. Während Edgar seinen Luftschlössern vergeblich hinterherschwimmt, lösen sich Hermanns Ideen selber in Luft auf. Der eine ist weder eine Alternative zum anderen, noch der andere zum einen: Nicht Fisch, nicht Fleisch. Der Übergang von einem Kontrahenten zum anderen ist gleitend; zwischen »Nicht Fisch« und »Nicht Fleisch« steht nicht einmal ein Komma. Das über weite Strekken systematische, an den Strukturalismus erinnernde Verfahren der binären Kontrastierung weicht mehr und mehr dem Prinzip einer Aufweichung. Gegensätze geraten ins Wanken, weil das in Opposition Gesetzte kein eigentliches Sinnzentrum mehr behält und somit in Bewegung gerät. Darin liegt eine Art von Dezentralisierung, die nicht nur deswegen an Kroetzens Stück den Übergang vom klassischen Strukturalismus zum Neostrukturalismus erkennen lassen könnte. Das Drama vollzieht spätestens seit der Mitte, seit der Szene im Umschulungszentrum, den Prozeß von der Sinn-Entgegensetzung zur Sinn-Entleerung, von der Opposition zur Dekonstruktion. Daß dabei der Computer als Maschine eine auslösende Funktion übernimmt, ist nicht ohne Sinnbezug auf Theorieansätze von Deleuze und Guattari. Je mehr sich die Maschine zum perfekt funktionierenden Instrument der Zeichen etabliert, um so radikaler verlieren die Menschen den Zusammenhang zwischen Zeichen und Bezeichnetem. Das Gemeinte und Gesuchte ist nicht Fisch und nicht Fleisch; es fällt in die Lücke zwischen beiden oder in den Abgrund jenseits der Ränder von beiden.

Um die Unentschiedenheit und heillose Oppositionslosigkeit zu unterstreichen, läßt das Stück in einer letzten, überaus wortkargen Szene alle vier Personen sich noch einmal versammeln. Helga ist inzwischen hochschwanger, Emmi frißt in sich hinein, Hermann ist immer noch voller Luft, Edgar tritt nackt und naß herein; seine letzten Worte sind: »Frieren tut mich«. Die fürsorgliche Helga verteilt Tasse und Teller; das letzte Wort gebührt ihr, wenn sie Edgar die Suppe reicht mit der Aufforderung »Iß« (S. 78 f.).

Was Kroetzens Drama über den Rahmen des naturalistischen Theaters hinausführt, ist vor allem seine nicht verdeckte, sondern geradezu hervorgekehrte Konstruktivität nach dem besprochenen Prinzip binärer Kontrastierung. Figuren werden gleichsam wie gegensätzliche, sich anziehende und abstoßende Elemente ins Labor geschickt oder in den Computer gespeist, damit sich zeigt, wie sie sich verhalten. Und wie verhalten sie sich? Sie vereinen sich nicht, und sie vernichten sich nicht, sondern sie neutralisieren sich im dezentralisierenden Prozeß der Auflösung von Oppositionen. Was sie am Ende verbindet, ist nur die kreatürliche Tatsache, daß sie frieren, essen und trinken.

Der Übergang vom Bleisatz zum computergesteuerten Fotosatz entspricht der Dekonstruktion der binären Oppositionen, da selbst auf Gegensätze kein Verlaß mehr ist. Damit korrespondiert die technische Neuerung zugleich der Ablösung des klassischen Strukturalismus durch den Neostrukturalismus. Vor der Umstellung auf den Computersatz bekämpften sich die Akteure noch mit ihren aggressiven Entgegensetzungen. Danach lösen sich allmählich die Zeichen einer ohnehin mehr und mehr schwindenden Sprache buchstäblich in Luft auf, wodurch der Sprach-Leib eines Menschen zur Blase degradiert wird.

Günther Fetzer

LITERATUR ALS INDUSTRIE

Carl Friedrich von Weizsäcker hat bei seinem Vortrag ›Technik als Menschheitsproblem‹ zur Eröffnung der Marbacher Ausstellung ›Literatur im Industriezeitalter‹ am 9. Mai 1987 eher beiläufig einen Satz gesagt, von dem ich ausgehen will: »Literatur im Industriezeitalter ist ökonomisch ein Kind der Industrie.«[1] »Ökonomisch« heißt hier nicht nur, daß damit – man wagt diese vor rund zwanzig Jahren aufgekommene gebetsmühlenhafte Formulierung kaum mehr auszusprechen – Literatur zur Ware wird, sondern es bedeutet auch, daß sich Literatur und Literaturproduktion als Kind der Industrie strukturell wie diese verhalten, strukturell wie diese funktionieren.

Das ist sicher überpointiert formuliert, denn es ist offenkundig, daß ›Zettels Traum‹ von Arno Schmidt kein Werk ist, daß sich in Kategorien industrieller Produktion beschreiben ließe, aber es ist ebenso offenkundig, daß im Gesamt der Buchproduktion dieses Werk eine ebenso exotische Pflanze ist, wie sich das Auto mit der individuellen Karosserie, die der Hobbybastler zusammengebaut hat, neben den Fließbandprodukten der großen Automobilkonzerne ausnimmt.

Meine These, die ich im folgenden an Beispielen belegen will, heißt, daß Literatur und Literaturproduktion industrialisiert sind und es in weiter steigendem Maß sein werden. Zeigen will ich das am Beispiel der heutigen Taschenbuch-Produktion, die ich als Extrem der Industrialisierung von Literatur ansehe, wobei die Klage selbst ziemlich alt ist. Jacob Burckhardt notierte in der Einleitung zu einer geplanten ›Geschichte des Revolutionszeitalters‹: »Nur ist leider die Literatur meist ebenfalls eine Industrie geworden. Die Literatur des 18. Jahrhunderts nimmt sich daneben wie lauter primäre Herzenssache aus. Heute geht das wenigste noch aus innerer Nötigung her-

[1] Carl Friedrich von Weizsäcker, Technik als Menschheitsproblem. Marbach 1987. (Beilage zum Katalog der Ausstellung ›Literatur im Industriezeitalter‹.) Wiederabgedruckt in: Das Heyne Jubiläums-Lesebuch. München 1988, S. 451–466 (Zitat S. 452).

vor. Das Weitmeiste hat seinen Daseinsgrund entweder im Honorar oder in der Hoffnung auf eine äußere Stellung.«[2]

Vorab noch eine terminologische Erklärung: Ich verstehe im folgenden 'Literatur' nicht nur als 'Belletristik' im weitesten Sinn, sondern verwende den Begriff für die Gesamtheit schriftlicher Äußerungen, also auch für non-fiction-Texte.

Der Strukturwandel im Verlagswesen ist offensichtlich: Der klassische Buchverlag, in der Regel ein Verleger-Verlag, war geprägt durch gleichsam handwerkliche Formen des Produzierens. Die Titelzahl pro Jahr war gering, die Ausdifferenzierung der Funktionen im Vergleich zu heute kaum entwickelt. Der Verleger war oft sein eigener Lektor, Pressemann, Vertriebschef etc., die Zahl der Interagierenden gering. Durch diesen kleinen personellen Apparat hielten sich die fixen Kosten für Löhne und Gehälter, für Miete etc. im überschaubaren Rahmen: Es gab keinen Zwang zum Größenwachstum.

Der Buchverlag heutigen Typs – und insbesondere der Taschenbuchverlag – ist ein auf Rationalität ausgerichteter Betrieb industrieller Prägung. Zur Abdeckung der Fixkosten bedarf es einer weitgehend konstanten Produktion mit entsprechenden Umsatzerwartungen; zur Reduzierung der Lagerhaltungskosten müssen sich die Titel schnell umschlagen. Wie bei industriellen Großprojekten wird die Vorfinanzierung zunehmend zum Problem: Woher nehme ich das Geld, fragt sich der Verleger, um die ständig steigenden Garantiehonorare zu finanzieren, die ich zu einem Zeitpunkt leisten muß, da das Manuskript noch nicht einmal in Sicht ist? Jüngstes Beispiel: Die deutschen Rechte an den Memoiren des FIAT-Bosses Agnelli wurden für 200 000 Mark verkauft. Zu sehen war nur eine anderthalbseitige Outline.

Ausgenommen bleiben nur die Kleinverlage: Ökonomisch basieren sie auf der Selbstausbeutung der Inhaber bzw. weniger Mitarbeiter. Die Gemeinkosten sind niedrig, da der Schreibtisch in der Regel der häusliche Schreibtisch ist. Mit einem Buch wird das nächste finanziert. Und ein Verlag kommt dann manchmal in Schwierigkeiten, wenn ein Buch so erfolgreich ist, daß eine weitere Auflage gedruckt werden

---

[2] Zit. nach Heinz Friedrich, Das große Geschäft? – In: H. F., Aufräumarbeiten. Berichte, Kommentare, Reden, Gedichte und Glossen aus vierzig Jahren. München 1987, S. 208.

sollte: Wie kann man diese vorfinanzieren? Ist das Käuferpotential nicht bereits abgedeckt?, muß sich der Kleinverleger fragen.

Welche Schwierigkeiten expandierende Kleinverlage haben, zeigt das Beispiel Greno: Die Wachstumsschwierigkeiten dieses bewundernswerten Verlagsexperiments (Welcher Großverlag hätte sich eine Karl Philipp Moritz-Gesamtausgabe zugetraut?) führten dazu, daß der personelle Apparat reduziert, die Titelzahl pro Jahr zurückgenommen werden mußten, um so das Überleben des Verlags zu sichern. Auf unser Thema angewandt heißt das: Greno mußte den Sprung von der handwerklichen Produktionsweise (bei ihm gilt das ja zum Teil im wörtlichen Sinn, denn dort wird u. a. noch mit Handsatz gearbeitet) zum industriellen Produzieren abbrechen.

Daß der Kleinverlag, das sei hier ergänzend noch angeführt, nicht zwangsweise zum Größenwachstum verurteilt ist, zeigt das Beispiel des Lucy Körner Verlags: Hier werden sehr wenige Titel pro Jahr herausgebracht, etwa drei bis fünf, jeder aber hochrentabel: Bei geschätzten Produktionskosten von rund einer Mark je Exemplar und einem Verkaufspreis von zwölf Mark sind der Erlös und auch die Rendite bei Verkaufszahlen von kaum unter 50 000 bis zu mehreren Hunderttausend je Buch ansehnlich: Die Mittel zur Expansion wären gegeben; der Verlag aber hält am Motto 'Klein, aber fein' fest.

Der knapp skizzierte Strukturwandel im Verlagswesen ist auch bei literarischen Verlagen vom Typus Kiepenheuer & Witsch / Luchterhand / Hanser festzustellen, doch bei der Produktion von Taschenbüchern tritt er sozusagen nackt zutage: Die Kapazitätsauslastung muß noch genauer geplant, die Standardisierung noch weiter vorangetrieben werden, die Lagerumschlagsgeschwindigkeit noch höher sein, die Titel-Stückzahlen noch größer, um bei niedrigsten Verdienstmargen (kleinere oder größere) Gewinne zu erzielen.

Bevor ich nun zeige, wie diese ökonomischen Grundprinzipien auf die Einzelbereiche des Geschäfts mit den Taschenbüchern durchschlagen, will ich eine kulturkritische Diskussion ums Taschenbuch einfügen, nämlich zwischen Hans Magnus Enzensberger und Heinz Friedrich, dem Verleger des Deutschen Taschenbuch Verlags (dtv).

Enzensbergers Aufsatz ›Bildung als Konsumgut. Analyse der Taschenbuch-Produktion‹ erschien zunächst 1958 und wurde vier Jahre später ergänzt, u. a. um eine Anmerkung zur inzwischen erfolgten Gründung des dtv. Sein kritischer Ansatz geht letztlich auf den von

Habermas[3] entwickelten Begriff der Öffentlichkeit zurück. Diese räsonierende literarische Öffentlichkeit ist für das Taschenbuch funktionslos geworden; das neue Massenmedium funktioniert in einem selbstgesteuerten Regelkreis. Unmittelbar damit verknüpft ist die inhaltliche Kritik von Enzensberger: Wenn es keine Selektionsinstanzen mehr gibt, ist alles verfügbar: »Auch die modernen Taschenbuch-Reihen benutzen zuweilen den Begriff der Universalität als Wappenspruch und Werbeslogan, doch handelt es sich dabei um eine durchaus schlechte Universalität, die eher das endlose Wachstum der Reihen und den sich steigernden Konsum im Sinn hat, als eine Erweiterung des Blickfeldes.«[4] Und ein paar Zeilen weiter heißt es: »In einem nie zuvor gekannten Ausmaß ist uns heute alles, was war, verfügbar und zuhanden. Das 'imaginäre Museum' des zwanzigsten Jahrhunderts kennt keine epochalen oder nationalen Schranken mehr. Alles ist reproduzierbar und läßt sich massenhaft vergegenwärtigen.«[5]

Heinz Friedrichs Aufsatz ›Das große Geschäft?‹ (mit einem Fragezeichen!) stammt aus dem Jahr 1963, zwei Jahre nach Start des dtv. Er nennt zwar Enzensberger nicht, antwortet aber meines Erachtens ganz offenkundig auf ihn:

Seit der revolutionären Tat des Verlegers Reclam hat sich der Aktionsraum des Buches in ungeahnter Weise erweitert. Jedermann zugänglich, wird heute das gewaltige Pandämonium der Kunst, der Literatur, der Wissenschaft, der Philosophie, des technischen und historischen Wissens aller Zeiten aufgefächert. [...] Wer den Taschenbuch-Verlag als einen Supermarkt des Geistes betrachtet, in dem von Courths-Mahler bis Plato, vom billigen Unterhaltungsroman bis zu Goethes ›Wahlverwandtschaften‹ die sehr unterschiedlichen Geistesgüter der Nation feilgeboten werden, verkennt Sinn und Funktion dieser billigen Ausgaben.[6]

Friedrich fordert dann – in einer Situation, in der die Kommerziali-

---

[3] Jürgen Habermas, Strukturwandel der Öffentlichkeit. Untersuchungen zu einer Kategorie der bürgerlichen Gesellschaft. 5. Aufl. Neuwied/Berlin 1971.

[4] Hans Magnus Enzensberger, Bildung als Konsumgut. Analyse der Taschenbuch-Produktion. – In: H. M. E., Einzelheiten I. Bewußtseins-Industrie. 7. Aufl. Frankfurt a. M. 1971, S. 146.

[5] Ebd., S. 147.

[6] H. Friedrich, Das große Geschäft?, S. 206 u. 207 f.

sierung des Taschenbuchs längst Tatsache war –, dieses dürfe nicht »zu einem Gegenstand geschäftlicher Ausbeutung« werden. Das Taschenbuch-Geschäft habe vielmehr »seinen Sinn *nur* in der Bereitstellung *wertvoller* Bücher zu einem niedrigen Preis«[7].

Aus einem Abstand von fast 25 Jahren wird die Doppeldeutigkeit der Formulierung *wert*voll erst richtig klar: In der Tat ist es Friedrichs geniale verlegerische Leistung, die tiefsten Täler der Trivialität gemieden und viel Geld mit wertvoller Literatur verdient zu haben: Seien dies die hunderttausend Exemplare des ›Ulysses‹ von Joyce, seien es Böll und Lenz, seien es ›Kindlers Literatur Lexikon‹, ›Grimms Wörterbuch‹ und die ›Weimarer Ausgabe‹ von Goethes Werken. Heute ist diese kulturkritische Diskussion ums Taschenbuch verstummt. Auch der dtv pokert heute bei Lizenzen mit, wenn es um Hunderttausende von Mark geht.

Wie sieht der Taschenbuchmarkt derzeit aus, wie hat er sich entwickelt?

Das im Verlag der Schillerbuchhandlung in Köln erscheinende ›Halbjährliche Verzeichnis Taschenbücher‹, das alle lieferbaren Titel nennt, führt 101 Reihen auf, wobei hier der Reihenbegriff sehr diffus gebraucht ist, denn z. B. treten die großen Taschenbuch-Verlage als *eine* Reihe auf. Wenn ich im folgenden daher von 'Taschenbuch-Verlag' spreche, meine ich die sogenannten 'Publikumsverlage', für die kennzeichnend ist:

1. ein breites, in Reihen und Subreihen aufgefächertes Programm von der Belletristik incl. diverser Genre-Reihen über Kochbuch, Ratgeber, Geschenkbücher bis zu Wirtschaftsbüchern,
2. nicht ausgerichtet auf eine bestimmte Zielgruppe, sondern auf ein breites Leserpublikum mit unterschiedlichsten Interessen,
3. eine entsprechend hohe Titelproduktion,
4. ein regelmäßiges, monatliches Erscheinen der neuen Titel.

Außer Betracht bleiben daher Verlage wie der Econ-Taschenbuchverlag, ein reiner Ratgeber-Verlag, die UTB-Taschenbücher mit ihrem ausschließlich wissenschaftlichen Programm oder Suhrkamp mit einem Programm aus Literatur und Wissenschaft.

Die Herausbildung reiner Taschenbuchverlage, zum Teil als Er-

[7] Ebd., S. 211. Hervorhebungen durch den Verf.

gänzung bestehender Verlage (Rowohlt, Fischer), zum Teil als Neugründungen (dtv, Heyne) ist in Deutschland eine Entwicklung der Nachkriegszeit: Rowohlt 1950, Fischer und Goldmann 1952, Ullstein 1955, Heyne 1958, dtv 1961, Bastei-Lübbe und Knaur 1963. Innerhalb von dreizehn Jahren also entstanden die Taschenbuchverlage, die heute am Markt konkurrieren. Das sind, geordnet nach der Backlist, also der Zahl der lieferbaren Bücher:

Rowohlt	3800 Titel
Fischer	3600 Titel
Heyne	3600 Titel
dtv	2600 Titel
Ullstein	2400 Titel
Goldmann	2200 Titel
Bastei-Lübbe	1900 Titel
Knaur	1600 Titel

Zwei Zahlen noch zum Produktionsvolumen von Verlagen: Der dtv hat 1985 bei 315 Neuerscheinungen und 556 Nachauflagen fast 10 Millionen Exemplare ausgestoßen, Heyne in 30 Jahren Verlagsgeschichte bei mehr als 11 500 Titeln fast 350 Millionen.

In der jährlich vom Börsenverein des Deutschen Buchhandels herausgegebenen Broschüre ›Buch und Buchhandel in Zahlen‹ beginnt die Taschenbuchstatistik mit dem Jahr 1961. Damals wurden 1070 Titel (Erstauflagen und Nachdrucke) verlegt, das waren 4,6 Prozent des gesamten Titelaufkommens. Sowohl die absolute als auch die relative Zahl stiegen kontinuierlich bis in die 80er Jahre. Der Höchststand in absoluten Zahlen wurde 1983 mit über 8800 Titeln erreicht, der größte prozentuelle Anteil an allen Titeln ein Jahr später mit 16,3 Prozent. Im Durchschnitt der letzten Jahre kann man sagen, daß etwa ein Siebtel aller verlegten Titel Taschenbücher sind. Absoluter thematischer Schwerpunkt ist mit etwa 45 Prozent die sogenannte 'Schöne Literatur', wobei wir hier realisieren müssen, daß darunter Siegfried Lenz und Heinrich Böll, James Joyce im Suhrkamp-Taschenbuch und Else Lasker-Schüler bei dtv genauso gerechnet werden wie die Simmels, Konsaliks, die Fischers, die Zimmer Bradleys.

Im Oktober 1987 erschienen 564 Titel neu. Das sind fast so viel, wie Goldmann in den ersten zehn Jahren seines Bestehens herausgebracht hat. Ziemlich genau zwei Drittel werden allein von den vorhin genannten großen 'Acht' auf den Markt geworfen, nämlich 329 Neuerscheinungen.

Goldmann	55
Rowohlt	51
Heyne	51
Fischer	45
Ullstein	37
Bastei-Lübbe	34
dtv	32
Knaur	24

Betrachten wir den Markt nach geschätzten Umsatzanteilen, so steht das Taschenbuch an zweiter Stelle hinter der umfassenden Rubrik 'Allgemeines, Belletristik, Kinder- und Jugendbuch'. Etwas mehr als zehn Prozent des Umsatzes entfallen auf Taschenbücher, in Zahlen für 1985: 855 Millionen. Zum Gesamtvolumen des Buchmarkts von etwas mehr als 8,2 Milliarden Mark zu Endverbraucherpreisen noch zwei interessante Vergleichszahlen, die rein ökonomisch gesehen die marginale Rolle des Buchhandels im gesamten Wirtschaftsleben dokumentieren. Der Bertelsmann-Konzern erreichte nach den Zukäufen in USA einen Umsatz von 9,2 Milliarden Mark, wobei auf das reine Verlagsgeschäft 'nur' 1,2 Milliarden Mark entfallen. Das heißt, der größte Medienkonzern der Welt hat einen größeren Umsatz als die gesamte Buchbranche der Republik.

Und dann noch ein Vergleich mit der Großindustrie: Der größte bundesdeutsche Konzern, Daimler-Benz, setzte 1986 ca. 65 Milliarden Mark um. Verlage, die wir alle kennen, unter anderem auch alle genannten Taschenbuchverlage, haben Umsätze im zweistelligen Millionenbereich.

Diese Zahlen zur ökonomischen Marginalität des herstellenden und verbreitenden Buchhandels werden nicht nur um der reinen Fakten willen genannt; sie sollen auch klarstellen, daß die folgenden pointiert herausgearbeiteten Strukturen industrieller Produktion von Literatur nicht in unmittelbarer Parallelität zu Produktionsweisen, Managementmethoden und Strategien von Marketing und Verkauf in der Großindustrie gesetzt werden können. Ein Verlag arbeitet nicht nach dem strengen Fließband-System, wendet keine Netzplantechnik an, kann keine Werbekampagnen für Millionen von Mark starten, aber – und das sei noch einmal betont – der Strukturwandel der Branche zielt deutlich in diese Richtung der Industrialisierung.

Bezeichnenderweise läuft auch der Konzentrationsprozeß nicht mehr national ab, weil das Kartellamt dagegen ist. Der Holtzbrinck-Konzern, nach Bertelsmann an zweiter Stelle stehend, besitzt bereits drei hundertprozentige Taschenbuch-Töchter, nämlich Rowohlt, Fischer und Knaur. Der Prozeß nimmt vielmehr internationale Dimensionen an: Bertelsmann hat vor einigen Jahren den größten Taschenbuch-Verlag der Welt, Bantam, übernommen und 1986 Doubleday mit 220 Millionen Mark Umsatz aufgekauft. Zum Vergleich: Bastei-Lübbe peilt für 1988 im Taschenbuch-Bereich einen Umsatz von 40 Millionen an.

Die Industrialisierung will ich in den folgenden vier Bereichen an Beispielen verdeutlichen:

I. am äußeren Erscheinungsbild,
II. im Bereich der Herstellung der Bücher,
III. beim Vertrieb,
IV. bei den Autoren, den Literaturproduzenten.

I. Das äußere Erscheinungsbild

Beginnen wir bei einigen Charakteristika der Produkte. Hillers ›Wörterbuch des Buches‹ nennt in der vierten Auflage von 1980 folgende Merkmale für Taschenbücher:
- Taschenformat,
- werbewirksamer Kartoneinband,
- niedriger Preis,
- hohe Auflagen,
- Reiheneinbindung der einzelnen Titel,
- Reihen-Bücher mit einheitlicher Grundausstattung,
- Lizenzausgaben anderweitig erschienener Hardcover-Ausgaben.[8]

Herbert G. Göpfert hat in seinen ›Bemerkungen zum Taschenbuch‹ aus dem Jahr 1961 das Medium wie folgt definiert:

---

[8] Vgl. Helmut Hiller, Wörterbuch des Buches. 4. Aufl. Frankfurt a. M. 1980, S. 291.

Unter einem Taschenbuch versteht man im heutigen buchhändlerischen Sprachgebrauch im Gegensatz zum Gebrauch dieses Wortes in früheren Zeiten einen ganz bestimmten Buchtyp: nämlich ein kartoniertes, meist mit Glanzfolie versehenes, in Großauflage hergestelltes, 100 Seiten kaum unterschreitendes, meist aber viel umfangreicheres Buch kleineren Formats, das innerhalb einer äußerlich erkennbaren Reihe zu einem niedrigen Standardpreis erscheint [...], jedoch handelt es sich immer nach Inhalt und Umfang um ein regelrechtes Buch, nur die Ausstattung ist, bedingt durch den niedrigen Preis, wesentlich einfacher.[9]

Beiden Definitionen sind meines Erachtens noch zwei wichtige Kriterien hinzuzufügen, nämlich das des regelmäßigen (monatlichen) Erscheinens und das des Fortsetzungssystems der Reihen.

Sicher wird man heute nicht mehr so einfach wie Enzensberger vor fast 30 Jahren sagen können: »Ezra Pound oder Daphne Du Maurier, die Bibel oder das ›Einmaleins für junge Mütter‹: fast sieht eines wie's andere aus«[10], doch bei aller Differenzierung in Reihen (es ist daran zu erinnern, daß die Taschenbuchverlage ursprünglich ja nur *eine* Reihe als Sammelbecken für alle möglichen Genres und Sachgebiete hatten, nämlich die bis heute so genannte 'Allgemeine Reihe') ist die Parallele zum Markenartikel in der Konsumgüterindustrie deutlich. Noch einmal Göpfert: »Nationalökonomisch gesehen nähert sich das Taschenbuch, soweit das bei einem Buch überhaupt möglich ist, dem Markenartikel: es dominiert zunächst der Begriff, nicht der Einzeltitel.«[11]

'Markenartikel' heißt, daß ein *Produktname* ständig beworben wird, optisch unmittelbar verknüpft mit einem immer wiederkehrenden Erscheinungsbild. Nehmen wir das Beispiel Maggi: Gleichgültig, ob es sich um ein Soßenpulver oder um eine Würzflüssigkeit aus diesem Hause handelt, immer sind es der unverwechselbare Schriftzug im Rahmen und die Farbkombination rot auf gelb, die an die Marke erinnern.

---

[9] Herbert G. Göpfert, Bemerkungen zum Taschenbuch. – In: Der deutsche Buchhandel in unserer Zeit. Göttingen 1961 (zit. nach Sigrid Gent, Die Taschenbuch-Fibel. Über 100 Stichwörter rund ums Taschenbuch. Düsseldorf 1982, S. 13).

[10] H. M. Enzensberger, Bildung, S. 136.

[11] H. G. Göpfert, Bemerkungen, S. 13.

Nun wissen wir nicht, ob Käufer – bewußt oder unbewußt – auch unter dem Gesichtspunkt ein Taschenbuch kaufen, in welchem Verlag dieses erschienen ist, doch bezeichnenderweise gehen alle Verlage davon aus. Zwar haben sie keine Corporate Identity im strengen marketing-technischen Sinn, doch gibt es bei allen Büchern (und das trifft hier auch für die Spezialtaschenbuchreihen wie UTB oder Suhrkamp Taschenbuch Wissenschaft zu) optische Signale, die die Verlagszugehörigkeit demonstrieren. Die Verlage haben Logos, die auf allen Büchern erscheinen: bei Heyne die Fahne links oben, bei Goldmann an der gleichen Stelle ein 'G' im Kreis, bei Ullstein die Eule, bei Bastei-Lübbe die stilisierte Burg, bei Knaur der Schriftzug mit dem hochgestellten 'K', bei Fischer die Fische und bei Rowohlt die dreifach untereinandergestellte Silbe 'ro'. Das Logo taucht sowohl auf der Vorderseite als auch auf dem Rücken des Buches auf. Letzteres deshalb, weil damit erkennbar wird, aus welchem Verlag das Buch stammt, wenn es in der endlosen Reihe im Regal steht, also nicht frontal präsentiert wird, was durch die enorme Titelzahl bei Taschenbüchern selbstverständlich die Ausnahme ist.

Nur dtv und Suhrkamp machen eine Ausnahme. Das dtv-Logo – die drei Buchstaben jeweils in einem Linienrahmen – erscheint nur auf dem Rücken. Suhrkamp verzichtet völlig auf ein Logo. Das verbindende grafische Element bei der edition suhrkamp ist die Abfolge der Spektralfarben, wenn man die Bücher numerisch nebeneinander stellt und die sich nach 48 Bänden wiederholen. Die Suhrkamp Taschenbücher (Belletristik und Wissenschaft) werden optisch durch eine durchgehende Umschlagschrift zusammengehalten.

Die Tendenz der Taschenbuch-Branche, hier industrielle Formen eines einheitlichen Erscheinungsbildes aufzunehmen, ist klar, doch »im Vergleich zu der Konsumgüterwerbung, die auf einem hohen Standard mit massenpsychologischen und wirkungsunabhängigen Methoden arbeitet, nimmt sich die Verlagswerbung pauschal gesehen immer noch hilflos aus« – so eine jüngere Studie mit dem Titel ›Buch und Umschlag im Test‹ [12].

[12] Heinz F. Kroehl, Buch und Umschlag im Test. Dortmund 1984, S. 35.

II. Die Herstellung

Die Buchproduktion im engen, nämlich herstellerischen Sinn ist naturgemäß der Bereich, in dem sich das Taschenbuch industriellen Maßstäben und Formen am weitesten annähert.

Ich will zunächst ein paar Zahlen von zwei führenden Taschenbuchherstellern in der Bundesrepublik nennen. Die Firma Pressedruck in Augsburg hatte wegen der Wiederholung der gleichnamigen Fernsehserie den Auftrag, den Roman ›Dornenvögel‹ von Colleen McCoullough mit 260 000 Exemplaren nachzudrucken. Der Roman hat einen Umfang von 664 Seiten. Aus drucktechnischen Gründen mußte das in elf Schüben, sogenannten Druckformen zu 64 Seiten, verarbeitet werden. Inklusive der Rüstzeiten, also der Zeiten, innerhalb derer die Maschine umgebaut wurde, wurde 288 Stunden gedruckt, das sind 18 Arbeitstage im Zwei-Schichten-Betrieb. Die buchbinderische Verarbeitung dauerte – bei 5000 Exemplaren pro Stunde – 52 Stunden, so daß die Gesamtauflage in knapp 22 Arbeitstagen produziert war. Die Firma Pressedruck hat Verarbeitungssysteme, bei denen Druck und Bindung getrennt laufen.

Die Firma Ebner in Ulm dagegen hat 1983 ein System installiert, das beide Bereiche integriert: Die Maschine produziert in einem Arbeitsgang von der leeren Papierrolle bis zum fertigen – oft in Folie eingeschweißten – Buch. Diese 'Cameron' – benannt nach der amerikanischen Lieferfirma – arbeitet ähnlich wie ein Fließband: Sie hat eine Produktionsgeschwindigkeit von 300 Metern in der Minute. Bei einem normalen Taschenbuchformat werden auf der Papierbahn immer acht Blatt nebeneinander im Hochdruck bedruckt, und zwar gleichzeitig die untere und die obere Seite der Papierbahn, der Schön- und Widerdruck. Damit braucht man für ein Taschenbuch mit dem Umfang von 160 Seiten zehn Abschnitte à acht Blatt. Insgesamt sind also die 160 Seiten des Taschenbuches auf einer Länge von 1,80 Meter 'ausgebreitet'. Bei der genannten Fließgeschwindigkeit der Maschine von 300 Metern pro Minute sind das 166 Bücher pro Minute oder knapp 10 000 Bücher pro Stunde. Das heißt, bei einer 'normalen' Auflage von 25 000 Exemplaren läuft die Maschine ganze zweieinhalb Stunden. Das auf einem solchen Fließband natürlich keine Taschenbücher mit 'nur' 10 000 Auflage von geringem Umfang gedruckt werden – eine Größenordnung, die für viele Verlage heute schon zur Regel geworden ist –, ist selbstverständlich. Die Rüstzeiten und der Papierverbrauch wären zu groß; man könnte die Maschine gleichsam gar nicht schnell genug abstellen. Theoretisch kann die Cameron ein Taschenbuch im Normalformat von 11,5 cm Breite und 18 cm Höhe bis zu einem Gesamtumfang von 1296 Seiten in einem einzigen Arbeitsgang produzieren.

Daß innerhalb dieser Produktionsabläufe nicht nur die maschinelle Kapazität genau berechenbar ist, sondern auch die menschliche, zeigt eine letzte Zahl: Die Texterfassung, wie man eine erste Stufe der Satzherstellung am Bildschirm nennt, dauert pro Normalmanuskriptseite mit 30 Zeilen à 60 Anschlägen zwölf Minuten. Das heißt für ein 200-Seiten-Manuskript sind 40 Mann- oder besser gesagt Frauen-Stunden notwendig: Entweder arbeitet eine Person rund eine Arbeitswoche daran oder 5 Personen einen Tag.

Daß bei solchen Systemen die Auslastung der Maschinenkapazität (bei der Texterfassung ist das nicht so entscheidend, da das häufig mit freien Mitarbeitern in der vorindustriellen Heimarbeit gemacht wird) für ein Unternehmen überlebensentscheidend ist, liegt auf der Hand: Das Cameron-System hat die Firma Ebner die Summe von 12 Millionen Mark gekostet.

Dieser Kapazitätsauslastungsdruck und der Zwang zu hohen Auflagenzahlen haben eindeutig ihre Entsprechung im verlegerischen Bereich: Heinz Friedrich, der sicherlich nicht im Verdacht steht, seinen Verlag ausschließlich unter ökonomischen Gesichtspunkten zu führen, schreibt dazu in seinem Artikel von 1963, zu einem Zeitpunkt also, zu dem die Markt- und Konkurrenzsituation bei weitem nicht so zugespitzt war wie heute:

Je mehr Taschenbücher auf den Markt kommen, um so geringer werden die Chancen für den einzelnen Titel. Die Großauflage, die einst den geringen Preis garantierte, birgt ein immer größeres Risiko, das zur Auflagenreduzierung zwingt. Die Auflagenreduzierung aber drückt die Kalkulation – und der Verleger sieht sich vor der unangenehmen Aufgabe, seine Preise überprüfen zu müssen. Aber auch die Lizenzkäufe machen ihm angesichts konkurrierender Angebote bedeutende Sorgen. Gelegentlich werden Unsummen für Titel geboten, die kalkulatorisch überhaupt nicht mehr einzubringen sind. Der Run auf die Bestseller beginnt, und die wertvollen Titel, die früher im Mittelfeld eines Taschenbuch-Programms lagen und das Gesicht einer Reihe prägten, geraten ins Hintertreffen. Trotzdem muß der Taschenbuch-Verleger eine möglichst große Anzahl neuer Titel pro Monat auf den Markt bringen, um in der Flut der Neuerscheinungen nicht unterzugehen.

Wer nur zwei Titel im Monat verlegt, wird bald übersehen und verurteilt seine eigene Produktion zur Bedeutungslosigkeit. Jeder Band aber verursacht Investitionen, die auf die Liquidität des Unternehmens drücken und den Gewinn mindern. Nur die Steigerung des Umsatzvolumens kann, so scheint es, aus dieser Zwangslage herausführen. Aber auch die Umsatzsteigerung ist – wenn sie gelingt – eine fragwürdige Sache, denn eine Umsatzsteigerung kann durchaus mit einer Liquiditätsverschlechterung parallel laufen. In der Not des Konkurrenzkampfes scheut mancher Verleger auch nicht vor Praktiken zurück, die wir aus anderen Wirtschaftszweigen kennen. Die Ideen der Konkurrenten, die Erfolg versprechen, werden mit leichten Abwandlungen kopiert und für die eigene Produktion verwendet.[13]

Was hier gesamtunternehmerisch gesehen ist, setzt sich strukturell bis in die Einzelplanungen fort. Enzensberger hat den treffenden Vergleich mit dem Rundfunk angestellt: Ein Redakteur dort hat »seinen *vorweg* gegebenen Programmrahmen *unbedingt* zu erfüllen [...]. Verstiege er sich zu dem Vorschlag, man möge Funkstille eintreten lassen, da etwas Brauchbares zur Sendung nicht vorliege, so verfiele er augenblicklich der Rache des Apparats.«[14]

Um dieser Rache des Apparats oder des Verlegers nicht zu verfallen, ist der Lektor gezwungen, seine Reihen Monat für Monat mit der vorgegebenen Titelzahl zu füllen. Diese Zahl der Titel je Reihe sowie die Zahl der Reihen im Gesamtprogramm sind verlegerische Entscheidungen. Wiederum am Beispiel des Heyne Verlags heißt das: Der angestrebte Programm-Umfang beträgt 50 Neuerscheinungen pro Monat. Es existieren derzeit 25 Reihen. Neben Kleinstreihen wie Heyne Lyrik mit einem Titel in jedem dritten Monat reicht der Titelumfang je Reihe von einem Titel im Monat bis zu oft sechzehn Titeln in der 'Allgemeinen Reihe'. Diese Reihe wiederum, Hauptträgerin des Umsatzes, gliedert sich in Subreihen. So hat nach Möglichkeit in jedem Monat ein heiterer Roman, ein erotischer, ein unheimlicher, ein Frauen- und Liebesroman zu erscheinen, ferner eine Anthologie und natürlich Thriller- und Action-Romane wegen ihrer hohen Verkäuflichkeit. Außerhalb dieses Subreihenkorsetts stehen die sogenannten Spitzentitel, die die ersten Programmplätze in jedem Monat einnehmen. Diese Spitzentitel sind genre- und themenunabhängig. Das können ein neuer Konsalik oder eine neue Danella sein, das

[13] H. Friedrich, Das große Geschäft?, S. 213 f.

[14] H. M. Enzensberger, Bildung, S. 143. Hervorhebungen durch den Verf.

›Taschenbuch Otto‹, ein Sachbuch wie Scholl-Latours ›Tod im Reisfeld‹ oder ›Terra X‹, das Buch zu einer Fernsehserie.

Man bietet also eine Produktionspalette an, so wie das eine Automobilfirma auch tut. Je nach persönlichem Geschmack und Portemonnaie entscheidet sich der Kunde für einen Golf mit mehr PS, mit Schiebedach und Spoiler, mit Metallic-Lackierung und fünftem Gang – oder eben für das Standardmodell.

III. Der Vertrieb

Die vielen produzierten Bücher müssen verteilt und verkauft werden. Der Golf von VW, um das Beispiel aus der Automobil-Industrie fortzuführen, ist sicherlich nicht nur wegen seiner herstellerischen Qualität und des günstigen Preis-Leistungs-Verhältnisses das meistgekaufte Auto in Europa, sondern auch wegen der großen Vertriebsleistung des Konzerns, im besonderen die vielen Niederlassungen in kleineren und kleinsten Städten.

Taschenbuchverlage sind längst über das Sortiment als einzigen Vertriebspartners hinausgegangen. Je nach Struktur des Programms spielen andere Vertriebswege eine mehr oder weniger gewichtige Rolle. Die vorhin aufgezählten großen Taschenbuchverlage kann man auch nach ihren Vertriebswegen klassifizieren. Sortiments-Taschenbuchverlage, wenn es diesen Begriff gäbe, sind vor allem dtv und Fischer. Die Verlage mit dem differenziertesten Vertriebssystem sind Bastei-Lübbe, Goldmann und Heyne. Heyne beispielsweise erreicht über die rund 2000 Sortimentsbuchhandlungen, den eigentlichen Buchhandel, hinaus weitere 4000 Buchverkaufsstellen. Das sind

- die Warenhäuser, die ihr Taschenbuchangebot bis hin zu reinen Taschenbuchläden stark ausgeweitet haben;
- das Presse-Grosso, das buchferne Verkaufsstellen bedient; Supermärkte, SB-Warenhäuser, Kioske, Papier- und Schreibwarenhandlungen, Tabakläden. Die Bücher werden hier wie Presseerzeugnisse behandelt. Dabei werden zwei Formen praktiziert: Die 'Bandauslieferung' mit vollem Remissionsrecht (und entsprechenden Quoten!) und das Rack-Jobbing: Hier überläßt der Inhaber dem Lieferanten eine bestimmte Stellfläche ('rack') und dieser übernimmt Auswahl der Titel, Lieferung, Ein- und Ausräumen, Abholen nicht verkaufter Ware.

- der Bahnhofsbuchhandel, der Pionier auf dem Taschenbuchsektor ist und der vor dem Sortiment auf den Handel mit Taschenbüchern setzte;
- das nicht deutschsprachige Ausland und die Urlaubsgebiete;
- der Versandbuchhandel für ausgewählte thematische Titel;
- Fachgeschäfte (z. B. Gartencenter mit entsprechenden Ratgebern).

Die hier aufgeführten Vertriebswege beziehen bis auf wenige Ausnahmen die Taschenbücher nicht durch die 'Fortsetzung'. Diese Bezugsart gibt es nur im Sortiment und für die Barsortimente. Sie basiert auf der periodischen Erscheinungsweise der Novitäten und bedeutet, daß der Handel von jedem neuen Reihentitel eine bestimmte, gleich große Menge von Exemplaren bestellt, die dann – ohne weiteren Bestellvorgang – geliefert werden. Über die Fortsetzung hinaus wird für jeden einzelnen Titel der vermutliche Zusatzbedarf eingekauft. Diese Zusatzzahlen sind für den Verlag während des Vorverkaufs durch die Vertreter eine entscheidende Größe bei der Festlegung der Auflage und ein Indikator des mutmaßlichen Erfolgs. Das Sortiment mit dem Fortsetzungsbezug der Reihen ist und bleibt der Eckpfeiler des Taschenbuchvertriebs. Gleichwohl ist die fast vierzigjährige Geschichte des Taschenbuchs durch die wachsende Bedeutung der aufgelisteten Nebenmärkte charakterisiert.

Welchen Weg der Industrialisierung das Buch und sein Vertrieb zurückgelegt haben, macht ein Zitat von Göschen deutlich: »Sind aber Bücher die Geistesprodukte der vorzüglichen Männer ihres Zeitalters, welche fähig sind, die Menschen zu unterrichten und zu bessern, oder das Leben zu verschönern: So ist der Buchhändler ein Kaufmann, der mit den edelsten Waren handelt, und wenn er seinen Beruf mit Würde betreibt, so gebührt ihm unter Handelsleuten der erste Rang.« [15]

Die Ausdifferenzierung der Vertriebswege ist eine unmittelbare Folge der Entwicklung des Taschenbuchmarktes vom Angebots- zum Käufermarkt, eine Entwicklung, bei der das Wirtschaftssystem Literatur wiederum dem gesamtwirtschaftlichen Entwicklungstrend gefolgt ist bzw. folgen mußte. Dementsprechend sind auch die Metho-

[15] Zitiert nach: H. Friedrich, Das große Geschäft?, S. 206.

den härter geworden, mit denen die Verlage um die Gunst der Taschenbuchverkäufer buhlen: Es wird um Rabatte gefeilscht, Vertriebswerbung intensiviert, es werden Sonderkonditionen angeboten, Verkaufshilfen zur Verfügung gestellt, Schaufensterwettbewerbe mit ansehnlichen Preisen durchgeführt, Skonti und Portoersatz gewährt, ja manchmal werden sogar Regalmeter angemietet.

IV. Die Autoren

Wie wirken sich diese Strukturverschiebungen im Taschenbuchverlagswesen nun auf den Autor aus, auf den 'Literaturproduzenten'? Was vor Jahren einmal als progressive Selbstbenennung gedacht war (die Regisseure hießen 'Filmemacher', die Sänger, die ihre eigenen Texte schrieben, 'Liedermacher'), offenbart in der Kulturindustrie den wahren Charakter, nämlich den Warencharakter. Seriell schreibende Autoren sind Zulieferer der Buchindustrie, den Zulieferfirmen in der Automobilindustrie vergleichbar, die Zündkabel oder Autoreifen herstellen. Es geht nicht ohne sie, aber sie sind nicht entscheidend. Der große Unterschied liegt darin, daß ein Streik in der Zulieferindustrie auf dem Kraftfahrzeugsektor die gesamte Branche in Schwierigkeiten bringt und zu Produktionsausfällen führt, während der Autor als Zulieferer in der Buchwelt substituierbar ist. Da wird es schon problematischer, wenn die Drucker einen Streik ankündigen: Dann werden in den Verlagen Strategien für diesen Notfall entworfen.

Enzensberger hat »die literarische Produktion« als »Appendix« der »finanziellen und technischen Apparatur« bezeichnet und dann die Anmerkungen von Brecht und Suhrkamp zur Mahagonny-Oper zitiert: »Ihre Produktion [gemeint ist die der Schriftsteller] gewinnt Lieferantencharakter. Es entsteht ein Wertbegriff, der die Verwertung zur Grundlage hat. Und dies ergibt allgemein den Usus, jedes Kunstwerk auf seine Eignung für den Apparat, niemals aber den Apparat auf seine Eignung für das Kunstwerk hin zu überprüfen.« [16]

Diese Funktion des Autors in Sektoren kultureller Produktion, in denen das Kriterium der ästhetischen Innovation keinerlei Rolle spielt,

[16] H. M. Enzensberger, Bildung, S. 143.

ja ästhetische Innovation sogar eher erfolgverhindernd sein könnte, ist ja nicht neu, wenn wir an die Schreiber der Kolportageromane oder an die Autoren von Illustriertenromanen denken, die solange fortgesetzt wurden, bis der Erfolg meßbar nachließ. Ähnliches gilt auch für die Zulieferer der Hollywood-Industrie und – mit zunehmender Bedeutung – für die Serienlieferanten bei den Fernsehanstalten.

Der Autor wird mehr und mehr zu einem Teil, das sich dem Takt der Maschinerie anpassen muß. Sei es, indem ihm genaue Richtlinien gegeben werden, wie das für Heftromanproduzenten der Fall ist (nicht mehr als sechs handlungstragende Personen, Alter bei Männern zwischen 30 und 50, bei Frauen zwischen 25 und 40 Jahren, die Hauptpersonen sind schöne Menschen, sie tragen edle Züge [17]). Sei es dadurch, daß der Autor die marktgängigen Muster internalisiert hat, die Marktadäquanz von Themen selbst einzuschätzen weiß und auch terminlich (fast) so zuverlässig arbeitet wie die Maschine, die sein Buch später drucken wird. Leider oder glücklicherweise arbeiten nicht alle Autoren so – etwas, was zum Beispiel Hersteller überhaupt nicht fassen können: Sie verstehen nicht, daß ein Autor das Manuskript nicht pünktlich abgibt, wenn doch im Vertrag ein genauer Abgabetermin vereinbart worden ist.

Der Autor ist eigentlich der letzte störende (menschliche) Faktor. Könnte man ihn durch Textgeneration per Computer ersetzen, liefe die Maschinerie perfekt. Als Mindestanforderung an den Autor, als Mindestqualifikation für diesen Beruf müßte man eigentlich verlangen, daß der Autor seinen Text am Personalcomputer schreibt, ihn mit den notwendigen Steuerzeichen versieht und ihn der Satzfirma zuschickt. Diese stellt die Filme her; die Druckerei setzt die Cameron in Bewegung: Das am Ende dieser Buchstraße zum Vorschein kommende Buch hätte möglichst wenig Berührung mit dem Faktor Mensch gehabt: Vor allem der Lektor, diese an Sätzen feilende, Komma setzende Spezies Buchmensch, wäre ausgeschaltet, der Verlag um einen wesentlichen Kostenfaktor entlastet.

[17] Vgl. Schöne Menschen, edle Züge. Anweisung für die Schreiber von Romanheftchen. – In: Projekt Deutschunterricht 5. Massenmedien und Trivialliteratur. Hrsg. von Heinz Ide in Verbindung mit dem Bremer Kollektiv. Stuttgart 1973, S. 223*–227*.

VI

WAHRNEHMUNG UND MASCHINE

Hans Ulrich Seeber

»THE COUNTRY SWIMS WITH MOTION«: POETISCHE EISENBAHNFAHRTEN IN ENGLAND*

I. Einleitung

Was die Erfindung der Eisenbahn für die wirtschaftliche und politische Geschichte Europas im 19. Jahrhundert bedeutete, ist von Historikern oft gesagt worden. Von dem raschen und zuverlässigen Verkehrsmittel gingen so zahlreiche Impulse aus, daß es als symbolisches Zeichen für die neue Zeit gewählt wurde. ›Railway Times‹ lautet der Titel eines Gedichtes von Martin Tupper. Dem erhebenden und erhabenen Naturschauspiel der Niagara-Wasserfälle vergleichbar, ist für Tupper das Merkmal der neuen Zeit die unablässige, sich ständig beschleunigende Bewegung. So gewinnträchtig war die Anlage des neuen Verkehrssystems, daß selbst eingefleischte Gegner des 'fauchenden Monsters' wie Wordsworth es sich nicht nehmen ließen, ihr Geld in Eisenbahnaktien anzulegen.

Die ersten Eisenbahnen waren aufsehenerregende Neuigkeiten. Eisenbahneröffnungen pflegten riesige Menschenmassen anzuziehen. Verglichen mit den Ängsten und Hoffnungen, welche durch das Erscheinen der Eisenbahnen ausgelöst wurden, war die Landung auf dem Mond nur das fast gelassen registrierte Eintreffen einer allgemein akzeptierten Prognose. Mittlerweile ist die beschleunigte Modernisierung so die Regel, daß auch umwälzende Neuerungen kaum noch

* Der Text wurde im Herbst 1985 als Antrittsvorlesung an der Universität Stuttgart und auf dem Anglistentag Paderborn vorgetragen. Während der Arbeit an dem Vortrag erschien Dirk Hoeges' anregende Studie ›Alles veloziferisch. Die Eisenbahn – Vom schönen Ungeheuer zur Ästhetik der Geschwindigkeit‹ (Reinbach 1985), die in eine ganz ähnliche Richtung argumentiert wie ich selbst. Da das englische Material bislang unaufgearbeitet ist und meine Darstellung wesentlich systematischer angelegt ist als die von Hoeges, mag sie als zusätzlicher Baustein für eine komparatistisch angelegte Geschichte und Ästhetik der Eisenbahnliteratur willkommen sein.

Überraschung auslösen. Diesem Sachverhalt entspricht der Befund, daß auch Poeten den wissenschaftlich-technologischen Bereich nicht mehr als existenzbedrohende Konkurrenz begreifen, der man mit angestrengten Ausgrenzungs- oder Anpassungshandlungen begegnet. Man hat sich, so scheint es, mit der Wissensdifferenzierung abgefunden und verwertet selbstbewußt, was genügend Konkretheit, Analogiefähigkeit und Suggestionskraft besitzt. Poesie will nicht (oder nicht mehr) Universalsprache in dem Sinne sein, daß sie sich anheischig machte, alle Wissensgebiete auf deren jeweiligem Sprach- und Erkenntnisniveau in sich aufzunehmen und zu integrieren. Die »poetische Assimilation industrieller Sachverhalte«,[1] von Wordsworth unter dem Einfluß des Chemikers Humphrey Davy[2] um 1800 als Forderung aufgestellt und in den 30er Jahren von Dichtern wie Auden, Spender und Lewis wohl am weitesten vorangetrieben, scheint an ihre Grenzen gestoßen und in der poetologischen Diskussion sozusagen aufs Abstellgleis geschoben zu sein. Das Technische wird etwa in ›The Penguin Book of Contemporary Verse‹, wenn überhaupt, auf fast spielerische, preziöse Weise imaginativ eingemeindet. Hier ein Auszug aus Craige Raines ›An Inquiry into Two Inches of Ivory‹:

> We live in the great indoors:
> the vacuum cleaner grazes
> its udder a swollen wobble
> [...]
>
> At night, the switches stare
> from every wall like flat-faced
> barn-owls, and light ripens
> the electric pear.

---

[1] Jeremy Warburg, ed., The Industrial Muse. London: Oxford University Press 1958 S. XXVIII: »the poetic assimilation of industrial things«. Vgl. zu diesem Problem Hans Ulrich Seeber, Der Ballonaufstieg als Spektakel und Metapher. Zur Assimilierung neuen Wissens in die englische Versdichtung des 19. Jahrhunderts. – In: Bewegung und Stillstand in Metaphern und Mythen. Fallstudien zum Verhältnis von elementarem Wissen und Literatur im 19. Jahrhundert. Hrsg. v. Jürgen Link u. Wulf Wülfing. Stuttgart: Klett-Cotta 1984, S. 165 ff.

[2] Zum Verhältnis zwischen Wordsworth und dem berühmten Chemiker Humphrey Davy cf. Roger Sharrock, The Chemist and the Poet: Sir Hum-

Esse is percipi-Berkeley knew
the gentle irony of objects, how
they told amusing lies and drew laughter,
if only we believed our eyes.[3]

Die subjektive Phantasie versöhnt in der überraschenden Analogie Natur und Technik – ein altes Verfahren, das auf die metaphorischen Identifizierungsakte der Eisenbahntexte des 19. Jahrhunderts zurückverweist, wo die fremdartige Lokomotive ja regelmäßig als eisernes Pferd oder als Dampfroß zur Sprache kommt. Aber hier geht es nicht lediglich um die Erläuterung des Fremdartigen durch seine Verkoppelung mit vertrauten Vorstellungen. Denn wir können nicht mit Bestimmtheit sagen, ob nun die euterschwere Kuh den Staubsauger witzig illuminiert oder umgekehrt. Das schöpferische Auge – so lautet wohl die Pointe des Textes – schafft sich seine eigene Kunstwelt, seine eigene Fiktion, seine eigene Spielwelt. Und insofern, könnte man fortfahren, ähnelt seine Tätigkeit derjenigen der wissenschaftlichen Phantasie, die nur plausible Hypothesen aufstellt, aber nicht mit dem Anspruch auftritt, Aussagen über die Wirklichkeit zu machen.

Der kleine Ausflug in die zeitgenössische Lyrik sollte u. a. verdeutlichen, daß es sowohl eine Darstellungs- und Problemkontinuität als auch Wandlungen bei der poetischen Behandlung technischer Sachverhalte gibt. Ich skizziere im folgenden zunächst, ohne Anspruch auf Vollständigkeit zu erheben, das Verhältnis von Poesie und Technik unter dem Gesichtspunkt, welche Verfahren und Vorgänge die Poesie benutzt oder voraussetzt, um das Neuartige einzugemeinden. Das kann nur als knapper Überblick geschehen. Und schon gar nicht können wir auf jene Formen des Hereinlachens eingehen, wie wir sie aus dem Lied von der schwäbischen Eisenbahn kennen. Vergleichbares, wenn auch nicht ganz so Überzeugendes, bietet auch die populäre Kultur Englands: das Unglück als komische Zugnummer. Captain Coshers Mißgeschick, mit seinem Wagen im unfertigen Eisenbahntunnel steckenzubleiben, beflügelte die sexuelle Phantasie der Volksdichter. – In einem zweiten Schritt frage ich dann umgekehrt danach, welche poetisch-strukturellen Impulse und Neuerungen möglicher-

phrey Davy and the Preface to the Lyrical Ballads. – In: Notes and Records of the Royal Society of London, vol. 17, No. 1, May 1962. Repr. 1964.

[3] The Penguin Book of Contemporary British Poetry. Ed. Blake Morrison and Andrew Motion. Harmondsworth: Penguin 1982, S. 170.

weise von der neuen Technik und den durch sie bekräftigten, vielleicht sogar ausgelösten Wahrnehmungsänderungen ausgingen.

II. Formen der poetischen 'Eingemeindung' der Eisenbahn

Zunächst ist natürlich daran zu erinnern, daß die großen englischen Dichter des 19. Jahrhunderts sich einer poetischen Eingemeindung der Eisenbahn widersetzten. Man beklagt die Entheroisierung und Entpoetisierung der Welt durch Großstadt und Dampfroß. William Morris berichtet über eine Eisenbahnreise nach Rouen:

> We had to [. . .] go to Rouen by a nasty, brimstone, noisy, shrieking railway train that cares not twopence for hill or valley, poplar tree or lime tree, corn poppy, or blue cornflower [. . .] that cares not twopence either for tower, or spire, or apse, or dome, [. . .] verily railways are ABOMINATIONS.[4]

Morris empfindet die Ankunft der kreischenden Eisenbahn in der stillen Schönheit der Natur als Mißton, als Einbruch der Scheußlichkeit, den er mit literarischen Fluchtbewegungen beantwortet. Morris' 'vorindustrielles Bewußtsein' vermißt offenbar ein Band der Sympathie zwischen technischem Apparat und Natur, einen organischen Bezug. Obwohl Wordsworth die Möglichkeit einer Versöhnung von Technik und Natur im Gedicht ›Steamboats, Viaducts, and Railways‹ nicht prinzipiell ausschließt, sieht auch er das Ende des »old poetic feeling« durch die neuen Fortbewegungsmittel: »motion and means, on land and sea at war / With old poetic feeling [. . .].«[5]

Die literarische Eingemeindung der Morris'schen »abominations« ist mittlerweile selbst schon Geschichte. Dabei brauchte die Bahn nicht erst Patina anzusetzen, um für die Literatur interessant zu werden. Eine ganze Reihe bemerkenswerter Gedichte, Reiseberichte und Erzählungen über Eisenbahnen stammt schon aus dem 19. Jahrhundert. Für John Mackail liegt etwa die Poesie der soeben erfundenen Eisenbahn in dem utopischen Versprechen einer befreiten und be-

---

[4] Zit. nach Ludovic Kennedy (Ed.), A Book of Railway Journeys. Bungay: Fontana 1983, S. 75.

[5] William Wordsworth, ›Steamboats, Viaducts, and Railways‹. – In: Wordworth's Poems. Ed. Philip Wayne, rev. ed. London: Dent 1955, vol. 2, S. 317.

friedeten Menschheit. Was Raum und Zeit besiegt, überwindet auch – so die stillschweigende Annahme der Optimisten – die durch räumliche und zeitliche Trennung hervorgerufene Fremdheit zwischen den Menschen:

> »No poetry in Railways!« Foolish thought
> Of a dull brain, to no fine music wrought
> [...]
>
> Lay down your rails, ye nations, near and far –
> Yoke your full train to Steam's triumphal car;
> Link town to town; unite in iron bands
> The long-estranged and oft-embattled lands
> [...]
>
> Blessings on Science, and her handmaid Steam!
> They make Utopia only half a dream;[6]

Der soziale und moralische Zweck des neuen Transportmittels begründet hier also seine Poesiewürdigkeit. Zunehmend genügt aber auch das bloße Erlebnis desselben als Anlaß für poetische Gestaltungsversuche. In beiden Fällen werden dabei nicht zuletzt dichterische Verfahren genutzt, um die Fremdheit des technischen Gegenstandes abzubauen und ihn in die Lebenswelt einzufügen, wie umgekehrt die Anschaulichkeit und große lebenspraktische Bedeutung des neuen Verkehrsmittels es rasch zum beliebten Motiv und Bildspender für Lyriker und Romanciers werden ließen.

1. Schon die Praktiker belegen den Gegenstand ihrer Zuwendung und Leidenschaft mit poetischen Namen. »Prince Albert«, »Albion«, »Mersey«, »Belted Will«, »Saddleback« wurden die auf dem Streckennetz der »London and Northwestern Railway« eingesetzten Lokomotiven 1845 genannt. Noch mehr poetische Sensibilität ließen die Namengeber bei der Taufe der Maschinen für die »Great Western«-Linie walten: »Flying Dutchman«, »White Horse«, »Westward Ho!«, »Lorna Doone«.[7] Die allerersten Loks der Great Western wurden gar

[6] John Mackey, ›Railways‹. – In: The Poetical Works, Chanders Classics. London: Warre n. d. (ca. 1876), S. 214 f.

[7] Angaben nach O. S. Nook, The Railways of Britain. London: Batsford 1962, S. 198.

mit den Namen der homerischen Helden (»Achilles« etc.) bedacht, was umgekehrt Bewunderern der Great Western wie T. Baker in seinem umfangreichen Dampfepos ›The Steam-Engine‹ oder ›The Power of Flame, an Original Poem, in Ten Cantos‹ (1857) folgende Verse entlockte:

Triumphant was the burst of rapt'rous joy
That hail'd our Hero's young victorious boy,
The great opponent of both time and space,
Brave young Achilles, chief of all his race,
When in the pride of his paternal strength,
With splendid train of more than civic length
He first by Thames in all his pomp was seen.[8]

2. Eingemeindung durch Personifizierung und Mythisierung ist auch, wie schon aus den erbärmlichen heroic couplets von Herrn Baker hervorgeht, das Rezept der Literaten. Typisch für frühe Texte sind auf den Gegenstand gerichtete poetische Definitionsversuche mit Hilfe eingängiger, dem menschlichen Körper, der Natur oder dem Mythos entnommener Analogien. Hier ein Auszug aus Bungays Gedicht ›The Locomotive‹ (1877):

With lungs of fire and ribs of steel,
With shrieking valve and groaning wheel,
With startling scream and giant stroke,
Swift showers of sparks and clouds of smoke,
The iron horse the train is bringing,
So look while the bell is ringing.[9]

Bungays metaphorische Verquickung des Natürlichen mit dem Künstlichen, des Organischen mit dem Maschinellen (»ribs of steel«, »shrieking valve«, »iron horse«) ist nach den Befunden von Dolf Sternberger zugleich als Merkmal eines für das 19. Jahrhundert typischen allegorischen Denkstils zu werten. Landschaft, technischer Apparat und Metaphorik der Zeit zeigen nämlich nicht die Entzweiung von Na-

[8] Zit. nach D. B. Wyndham Lewis and Charles Lee (eds.), The Stuffed Owl: An Anthology of Bad Verse. London: Dent 1963, S. 194.

[9] Zit. nach Kenneth Hopkins (ed.), The Poetry of Railways: An Anthology. London: Frewin 1966, S. 118.

türlichem und Künstlichem, sondern deren – in der Kunst gezielt gesuchte – Verkoppelung.

Ob nun Naturanalogien die Eisenbahn als Gegenstand definieren oder umgekehrt die Eisenbahn als Bildspender andere Sachverhalte wie die Fortschrittsidee, den Weg des Menschen zu Gott oder die Klassengesellschaft veranschaulicht: In beiden Fällen handelt es sich um grundsätzlich mögliche, also nicht epochenspezifische Verfahren, derer sich auch Spender in ›The Express‹ bedient. In der Regel treten beide kombiniert auf. Das gilt beispielsweise für die enthusiastischen Fortschritts- und Eisenbahngedichte des schottischen Streckenarbeiters und Dichters Alexander Anderson (1845–1909), die im 19. Jahrhundert einiges Aufsehen erregten. Der Autodidakt besang das neue Transportmittel emphatisch. In der Zeitung ›Labour News‹ konnte man lesen: »If there is a poet living who can sing of the throbbing impulses of this inquiring age, and who is likely to chant a paean over our victories as displayed in the triumphs of science in this eventful era of the world's history, that poet is 'Surfaceman'.«[10] An Andersons Gedichten ist die Tendenz der Bemühung aufschlußreicher als die dichterische Leistung: Fortschritt und Eisenbahn verhalten sich in seinen Eisenbahngedichten wie Bildempfänger und Bildspender. Der selbsternannte dichterische Prophet der zivilisatorischen Aufwärtsentwicklung setzt Tempo und Dynamik des 'railway age' in einen poetisch-rhetorischen Wasserfall aus Bewegungsverben, Naturvergleichen und mythischen Anspielungen um. Kraft und unerschöpfliche Energie der Titanen sind, gemäß der impliziten Geschichtstheorie des Verfassers, auf die vom Menschen geschaffenen Maschinen übergegangen. Aber die Personifikationen seiner mythisierenden Rede verwandeln den Apparat in einen rastlos arbeitenden und sich bewegenden Riesen zurück, einen Übermenschen, ein Geschöpf vorwissenschaftlicher Phantasie, dessen dämonisches Zerstörungspotential nie völlig aus dem Blickfeld gerät (»this smoke demon« in ›Song of the Engine‹).

[10] Abgedruckt in: Alexander Anderson, Ballads and Sonnets. London: Macmillan 1879. Eisenbahngedichte enthält vor allem der Band ›Songs of the Rail‹ (London: Simpkin, Marshall 1878).

The Engine

On fire-horses and wind-horses we career. – Carlyle.

Hurrah! for the mighty engine,
As he bounds along his track:
Hurrah! for the life that is in him,
And his breath so thick and black;
And hurrah for our fellows, who in their need
Could fashion a thing like him –
With a heart of fire, and a soul of steel,
And a Samson in every limb.[11]

Die Eisenbahn erweist sich in den enthusiastischen Texten von Anderson als veritabler Götterwagen, der Feuer und Dampf ausspeit:

And swift as thoughts fling arches over space
In some worn giant's dream,
He rushes, crown'd with flame, upon his race.
The God of fire and steam! [12]

Ohne Frage geht es bei den ständigen Anspielungen auf antike Mythen um die Zurschaustellung von Bildungswissen. Entscheidender ist aber deren Funktion, die Dynamik der ungewohnten Technologien und Systeme vertrauten und prestigereichen Vorstellungsschemata zuzuordnen, um den Assimilationsvorgang gezielt voranzutreiben und zu rechtfertigen. Andersons viktorianische Rhetorik heroisiert und mythisiert den Gegenstand. Von Ausnahmen abgesehen, steht in England die ins 20. Jahrhundert führende Entwicklung der poetischen Assimilation der Eisenbahn allerdings mehr im Zeichen von Kategorien wie 'Vergeschichtlichung', 'Familiarisierung' und 'Subjektivierung'.

3. Schon um 1900 begreift man die Eisenbahn als Symbol einer Epoche, die unwiderruflich ihrem Ende entgegengehe. In John Davidsons ›The Testament of Sir Simon Simplex concerning Automobilism‹ geschieht dies aus ironischer Distanz. Für den Snob Sir Simon Simplex

[11] Alexander Anderson, The Engine. – In: A Song of Labour and Other Poems. Dundee: Printed at the Advertiser Office 1873, S. 68 (erste Strophe).

[12] Aus Andersons ›Songs of the Rail‹ (1878): ›To my Readers‹, S. 68–71.

ist die Eisenbahn der vollkommenste Ausdruck der nivellierenden demokratisch-sozialistischen Tendenzen des 19. Jahrhunderts. Das Automobil als technische Neuheit und neues Symbol läute die Moderne ein – ein Zeitalter der individualistischen Eliten. Da das Automobil dem Willen des Individuums gehorche, sei es der Tyrannei des Eisenbahnfahrens überlegen:

For 'twas the freedom of the motor-car
That showed how tyrannous the railways are [...].[13]

Das Leben als Eisenbahnreise bedeutete nämlich, im gleichen Zug wie die Masse zu sitzen und ohne Möglichkeit des Eingreifens den Bedingungen des Apparats unterworfen zu sein. Eine solche Vorstellung ist nicht nur dem Sprecher des Gedichts, sondern wohl auch dem Elitedenken des modernistischen Kulturkritikers unsympathisch:

Class, mass and mob for fifty years and more
Had all to travel in the jangling roar
Of railways, the nomadic caravan
That stifled individual mind in man,
Till automobilism arose at last![14]

4. Der vertraute Umgang mit der Eisenbahn macht angestrengte Identifizierungsakte bald überflüssig. Schon in Edward Thomas' berühmten Gedicht ›Adlestrop‹ ist dieser Prozeß der Familiarisierung soweit abgeschlossen, daß die Eisenbahn nicht mehr, wie noch in Morris' Reisebericht, als störender Fremdkörper, sondern eher als ergänzender Bestandteil der Naturidylle aufgefaßt werden soll. Noch weiter geht ein Text wie MacNeices ›Trains in the Distance‹,[15] wo die Eisenbahn ausdrücklich zum wichtigsten Teilstück der kindlichen Idylle erklärt wird. Regelmäßige Wiederkehr und vertraute Geräusche der in einiger Entfernung vorüberfahrenden Eisenbahn tragen erheblich zur psychischen Stabilisierung des Kindes bei: »it brought us assurance and comfort.« Züge fädeln sich sanft in die »dahindö-

---

[13] John Davidson, ›The Testament of Sir Simon Simplex concerning Automobilism‹, zit. nach Hopkins, The Poetry of Railways (wie Anm. 9), S. 98 ff.

[14] Ebd.

[15] Louis MacNeice, ›Trains in the Distance‹. – In: The Collected Poems of Louis MacNeice. Ed. E. R. Dodds. London: Faber & Faber 1966.

sende Kindheit« des Sprechers ein und werden mit so viel Sympathie betrachtet, daß die kindliche Phantasie in den von der Lokomotive ausgestoßenen Rauchwölkchen »Segelschiffe in voller Takelung« erblickt. MacNeices Metaphern erläutern also nicht die Fremdheit einer technischen Erfindung. Sie versprachlichen vielmehr das subjektive Erleben und Wahrnehmen des Kindes. Dessen Erlebens- und Verstehenshorizont wird in das maschinelle Ensemble restlos eingefügt.

5. Hand in Hand mit dieser lebensweltlich und poetisch vorangetriebenen Eingemeindung verläuft der Vorgang der Partialisierung und Subjektivierung. In modernen Texten wird die Eisenbahn von den Bewußtseinsinhalten und Interessen des lyrischen Subjekts gleichsam verschluckt. Sie verliert in der Regel ihre beherrschende Stellung als strukturbestimmendes Konzept und lebt gerade in den ästhetisch gelungeneren Gedichten als Teilmotiv, narrativer Rahmen oder Bildspender weiter. In ›Adlestrop‹ stehen Erinnerungen und visonäres Erlebnis des Dichters im Mittelpunkt, in ›Not Adlestrop‹[16] die Frage der Kontaktaufnahme zwischen Mann und Frau.

Diese Verschiebung des Darstellungsschwerpunktes vom Objekt auf das Subjekt und seine besondere Anschauungsform verändert Bedeutung und Funktion gängiger Eisenbahnmotive auf einschneidende Weise. In V. Woolfs »prose poem« (V. Woolf) ›The Waves‹ werden beispielsweise sechs Eisenbahnfahrten jeweils so gestaltet, daß sie als Zeichen für die unterschiedlichen Neigungen, Interessen und damit korrespondierenden Wirklichkeitsbilder von sechs völlig verschiedenen Charakteren gelesen werden müssen.[17] Die Reisenden registrieren nicht bloß die Eindrücke der Außenwelt, sondern schaffen durch ihr Verhalten und ihre jeweilige Wahrnehmung gänzlich verschiedene Ansichten der Realität. Die sinnliche Großstädterin Jinny etwa ist im Einklang mit ihrem unruhigen, dynamischen Wesen nur auf die Geschwindigkeit des Zuges und Männerkontakte fixiert. Selbst beim Blick aus dem Abteilfenster nimmt Jinny nur Männliches wahr. Bei den anderen Charakteren spielt das im 19. Jahrhundert so dominierende Motiv der Geschwindigkeit keine Rolle. Indem Jinny die

---

[16] Dennie Abse, ›Not Adlestrop‹. – In: Penguin Poets 26: Abse, Enright, Longley. Harmondsworth 1975, S. 33.

[17] Virginia Woolf, The Waves. Harmondsworth: Granada 1977, S. 41 ff.

Geschwindigkeit und die Verflüchtigung der Wahrnehmung als auszeichnende Besonderheit ihrer Sehweise erkennen läßt, bestätigt sie im Umgang mit der Eisenbahn ihre großstädtischen Wahrnehmungsgewohnheiten. Was vormals Teil einer objektiven Gegebenheit von faszinierender Neuigkeit war, für die man angestrengt nach sprachlichen Bezeichnungen suchte, erweist sich jetzt als Zeichen eines ganz persönlichen Horizontes, der die Wirklichkeit strukturiert und den Außenraum in einen subjektiv gestimmten Innenraum verwandelt.

Indem die Eisenbahn durch die Subjektivierung ihre Eigenständigkeit als Raumkomponente verliert, nimmt sie die Funktion eines Stimmungs-, Bedeutungs- und Ausdrucksmediums an. Solche Ablösung von der Pflicht, solide Gegenständlichkeit realistisch zu repräsentieren, macht sie aber zumindest im Ansatz für freie Kombinationen und Konstruktionen verfügbar. Daraus folgt, daß es eine Übergangszone zwischen impressionistischer und expressionistischer Darstellungsform geben muß. Hierzu ein Beispiel. Im gleichen Jahr wie Pounds Metro-Gedicht erschien D. H. Lawrences Roman ›The Trespasser‹, die Geschichte eines Ehebruchs, der mit dem Selbstmord des Protagonisten endet. In einer entscheidenden Phase der Beziehungen zwischen Siegmund und Helena donnert ohne Vorankündigung eine mit impressionistischer Sinnlichkeit evozierte Eisenbahn auf die am Rande des Bahnsteigs wartenden Liebenden zu und verschwindet schließlich im Dunkel der Nacht. Die zahlreichen Warnleuchten schimmern rot und grün wie der funkelnde Regen einer explodierten Leuchtrakete: »farther off, like spangles shaking downwards from a burst sky-rocket, was a tangle of brilliant red and green signal-lamps settling. A train with the warm flare on its thick column of smoke came thundering upon the lovers.« [18]

Was hier plötzlich auf Siegmund zudonnert und ihn benommen macht, ist der – anschließend im Dialog konzeptualisierte – Moment der Einsicht in seine wahre Situation und die symbolische Vorwegnahme des Endes. Das impressionistische Bild ist voll ausgeführt und erschöpft sich doch nicht im Abtasten von Oberflächenreizen für den Gesichts-, Gehör- und den Tastsinn. Vielmehr schlägt der impressionistische Moment des kairos, wo das Subjekt in den vorüberhuschen-

[18] D. H. Lawrence, The Trespasser. London: Heinemann 1965, [1]1912, S. 150.

den Eindrücken eines Augenblicks der Wahrheit, seiner Wahrheit, ansichtig wird, dialektisch in die expressionistische Wesensschau um. Sinnliches und Seelisches verschränken sich im visionären Bild, ohne daß eine klare Scheidung zwischen Subjekt und Objekt noch möglich wäre.

III. Ästhetik der Geschwindigkeit

In dem Maße, wie die Eisenbahn als metaphorisches Interpretationsmodell und als subjektiver Bewußtseinsinhalt Verwendung findet, ist ihre poetische Eingemeindung vollzogen und abgeschlossen. Als wahrnehmungspsychologische Voraussetzung dieser Poetisierung sind leichte Anschließbarkeit an vertraute Vorstellungsmuster zu nennen.

Sehr viel schwieriger ist die Frage zu beantworten, welche ästhetischen Impulse von der neuen Technik auf die Dichtung und Literatur ausgingen: Unbestritten ist ja die Wirkung von Kamera und Film. Für die Eisenbahn ist zunächst von dem auch im Hinblick auf eine Kulturtypologie des 19. Jahrhunderts höchst aufschlußreichen Befund auszugehen, daß die hohe Lyrik des 19. Jahrhunderts vor allem die ästhetische Dimension der neuen Erfahrung fasziniert, während die populäre Kultur diesen Aspekt so gut wie ganz ausklammert. Im 19. Jahrhundert ist in der Versdichtung im weitesten Sinne der Blickpunkt, von dem aus die Eisenbahn zur Sprache kommt, also entweder pragmatisch oder ästhetisch. Populäre Kultur, der die 'broadsides' und Music Hall-Schlager entstammen, bevorzugt in der Regel eine pragmatische, oft komisch verzerrende Einstellung, die nach den praktischen Vorzügen und Nachteilen des neuen Transportmittels fragt. Unsentimentaler Lobpreis überwiegt. Sofern in Kunstdichtung nicht ein moralisch oder kulturkritisch getöntes Lamento über den Verlust der Muße, der organischen Einheit des Lebens oder über die überhandnehmende Häßlichkeit und Profitgier angestimmt wird, erkundet sie die Eisenbahn, insbesondere die Eisenbahnreise, als Quelle neuartiger ästhetischer Reize für den Wahrnehmenden. Die Straßenballaden betonen dagegen das Spektakel und die ökonomischen Fortschritt verheißenden Vorzüge des rascheren und billigeren Transportmittels. Die berauschende Erfahrung der Geschwindigkeit als Erlebnis eines Subjekts kommt ihnen indes nicht in den Blick. Die Geschwindigkeit ist für sie nicht ästhetischer Selbstzweck, sondern Mittel zum Zweck.

›Manchester's Improving Daily‹ [19] preist etwa aus der Perspektive des Einheimischen, der den Fremdenführer spielt und sozusagen das Lager der Fortschrittsfreunde vertritt, Errungenschaften und Dynamik der neuen Entwicklungen. Die Zeit ist der neue Gott, der in rascher Folge immer neue Fortschritte hervorbringt:

> Thus at improvement on we go,
> We're ever trying at invention;

Die von der Uhr beherrschte neue Zeit ist als linearer Verlauf konzipiert, der ständig utopische Antizipationen (»schemes«, »fancy's dreams«) in greifbare Realitäten verwandelt, in bessere Straßen z. B. und schnellere Beförderungsmittel (Eisenbahnen statt Kutschen, Strophe 5 u. 7). Die Auflösung organisch-zyklischer Statik in die atemlose Hast einer grenzenlosen Bewegung wird in dem Text ohne Bedauern als großartige Leistung gefeiert: »We' ve found the true perpetual motion.« Nach der Erfindung der Eisenbahn kann die Zukunft nur Verbesserungen bringen:

> Steam coaches soon will run from here
> To Liverpool and other places;
> And their quicker rate and cheaper fare
> Will make some folks pull curious faces:

Im Gegensatz zu solchen gereimten Erfolgsmeldungen tasten sich die Kunstdichter in die Richtung einer neuen Ästhetik der Geschwindigkeit vor. Seine für die damaligen Verhältnisse unerhörte Geschwindigkeit ist nämlich das ästhetische Faszinosum des neuen Verkehrsmittels.[20] Das Verhältnis von Mensch und Natur, bisher geprägt von Kontinuität, Beschaulichkeit und vertrauter Nähe, löst sich etwa beim Blick aus dem Wagenfenster in eine Folge diskontinuierlicher, rasch

[19] In: Martha Vicinus, The Industrial Muse: A Study of Nineteenth Century Working-Class Literature. London: Crown Helm 1974, S. 295–297.

[20] Geschwindigkeit ist natürlich ein relativer Begriff. Ob schon die mit dem verbesserten Postkutschenservice gemachten Reiseerfahrungen ähnliche Texte provozierten wie die Eisenbahn, müßte für den englischen Bereich noch untersucht werden. Für die deutsche Situation vgl. Klaus Beyrer, Die Postkutschenreise. Tübingen 1985.

wechselnder Augenblickseindrücke auf. Hatten schon die ungeheure Vielfalt der neu entstandenen Großstadt und die raschen politischen, technischen und ökonomischen Veränderungen eine allgemeine Dynamisierung des Lebensgefühls ausgelöst, dann kulminiert diese Erfahrung gleichsam handgreiflich im Erlebnis der rasenden Eisenbahnfahrt. Die Maler der impressionistischen Schule ändern nicht zuletzt unter dem Druck der Bewegungserfahrung den bislang gültigen Malstil. An die Stelle exakter Umrisse und Körper rücken schillernde, unruhige Farbflächen, die aufgrund ihres skizzenhaften Charakters Landschaften und Personen nicht mehr sorgfältig abbilden und mit historischer Tiefe versehen, sondern sie nur noch andeuten. Es entsteht eine Welt, die nicht mehr solide, betastbar und verfügbar vor den Beschauer tritt, sondern ihn mit Farb- und Lichteffekten überflutet. Die Wahrheit wohnt nicht mehr in der zeitlosen Idee, die formvollendet zur sinnlichen Erscheinung gebracht werden muß, sondern in der flüchtigen Impression, die unter veränderten Licht- und Stimmungsbedingungen sofort von einer anderen abgelöst wird. Wolfgang Drost bemerkt dazu:

Die Verneinung der Statik – und damit verbunden der platonischen Ideen, die Zuwendung zum Temporären und Akzidentiellen, brachte eine Poesie des Augenblicks in den Bildern der Impressionisten hervor, die Schilderung heiterer Landschaften und die Eindrücke der Großstadt mit dem Gewoge der Menschenmassen, wie sie Renoir und Monet in den Straßenbildern der frühen siebziger Jahre gestalteten.[21]

Diese epochalen Tendenzen verändern auch den philosophischen Wirklichkeitsbegriff fundamental. Seit der Jahrhundertwende zogen die Lebensphilosophen aus der Erfahrung der Dynamik der modernen Gesellschaft den Schluß, daß die der Interpretation von Wirklichkeit angemessenen Kategorien nicht Platons zeitlosem Ideenhimmel oder Kants apriorischen Begriffen entnommen werden dürfen, sondern dem geschichtlichen Leben selbst. Von nun an wird auch in der Philosophie das Begriffssystem radikal verzeitlicht. Leben bedeu-

---

[21] Wolfgang Drost, 'L'instantanéité'. Schönheit, Augenblick und Begung in der Malerei von David bis Duchamp und in der frühen Photographie. – In: Augenblick und Zeitpunkt: Studien zur Zeitstruktur und Zeitmetaphorik in Kunst und Wissenschaften. Hrsg. v. Christian W. Thomsen u. Hans Holländer. Darmstadt: Wiss. Buchgesellschaft 1984, S. 360.

tet jetzt ständiger Wandel, eine Manifestation von Energie und Kraft, eine Sequenz von ständig sich ändernden Augenblickseindrücken, die in der Erinnerungsarbeit des erlebenden Subjekts nach ihrer Bedeutung ausgewählt und zu einem Muster verbunden werden. Dabei soll der Erlebnis-Begriff die alte erkenntnistheoretische Dichotomie zwischen Subjekt und Objekt aufheben. Vor jeder Abstraktion ist der Mensch nämlich im Erleben mit der gesellschaftlichen und natürlichen Umwelt verbunden, und zwar auf eine Weise, in der Anschauung, Wertung und Zwecksetzung von vornherein aufeinander bezogen sind.

Vor diesem Hintergrund läßt sich vielleicht folgende Hypothese wagen: Der Blick aus dem Eisenbahnfenster fördert, ja erzeugt eine Struktur des poetischen Sehens, die in wesentlichen Zügen dem impressionistischen Weltzugriff der Maler entspricht. In beiden Fällen zielt die Kunstpraxis auf eine Ästhetik der Bewegung ab – und es spricht manches dafür, daß die Erfahrung der Eisenbahn in dieser Entwicklung einen wichtigen Impuls darstellte. Welche Folgen hat der Blick aus dem Eisenbahnfenster für die Sprachkunst? Zunächst: Folgen stellen sich nicht nicht zwangsläufig ein. Es besteht immer die Möglichkeit, an bisherigen Wahrnehmungsgewohnheiten festzuhalten oder das Gesehene Regeln der Darstellung zu unterwerfen, die nichts mit dem Charakter der Erfahrung zu tun haben. Im 19. Jahrhundert erschweren die realistische und die naturalistische Poetik solche freie Verfügbarkeit über lebensweltliche Situationen allerdings erheblich. Wenn aber die Illusion realer Reiseerfahrung hergestellt werden soll und muß, dann kann Landschaft auch nicht mehr den Darstellungsgepflogenheiten romantischer Dichtung unterworfen werden. Nicht die einzelne Blume und ihre emblematische Bedeutung für das gemächlich beobachtende und meditierende Dichter-Ich ist dann die verbindliche Darstellungsfigur, sondern eine rasche Folge von Bildern, die am wahrnehmenden Subjekt vorüberfliegen. Der Beobachter ist ihnen in gleicher Weise ausgeliefert wie der Filmzuschauer: Die vom Subjekt nicht kontrollierbare Bewegung, sei es des Beobachterstandpunktes, wie in der Eisenbahn, oder der auf Zelluloid festgehaltenen Bildsequenz wie im Film, schafft eine im Prinzip gänzlich unorganische Dynamik.[22] Die Logik des Blickes aus dem

[22] Dies muß natürlich differenziert werden. Obwohl Bewegung in bei-

fahrenden Abteilfenster, sofern dieser sich auf den Vordergrund konzentriert, gebietet es, organische Einheiten und ästhetische oder moralische Hierarchien in eine Reihe von zufälligen, fragmentarischen und unterschiedlichen Augenblickseindrücken aufzulösen. Er wirkt entgrenzend: »The country swims with motion« heißt es in dem poetischen Reisebericht ›A Trip to Paris and Belgium‹ [23] des Maler-Dichters Rossetti. Die Konturen lösen sich auf, Kontinuität wird von der Diskontinuität plötzlich auftretender und verschwindender Realitätsausschnitte zerstört, Fragmente ersetzen die organische Ganzheit; Argumentation, Erzählung und begriffliche Hierarchie weichen zumindest tendenziell der Reihung disparater, fragmentarischer Momenteindrücke.

Diese auf die Moderne vorausweisende ästhetische Logik des Blicks aus dem Eisenbahnfenster wird von der poetischen Praxis der Rossetti, Stevenson, Henley, Symons und Davidson allerdings nur ganz ansatzweise eingelöst, weil sie das Neue zwar begrifflich genau zu erfassen wissen, in der lyrischen Präsentation aber immer noch um Ordnung und Zusammenhang mit Hilfe von Adverbien (»here«, »there«, »sometimes«), Konjunktionen (»and«, »and«) und rationalen Satzkonstruktionen bemüht sind. Der strukturell naheliegende Schritt zur übergangslosen Überblendung, Reihung und Montage wird noch nicht getan, weil man zu sehr mimetischen Prinzipien verhaftet bleibt und die Zerreißung des organischen Zusammenhangs nicht als Voraussetzung für die Bildung autonomer Konstruktionen, Bildfolgen und Diskurssequenzen versteht. Noch präziser gesagt: weil man sich noch nicht am Vorbild der industriellen Fertigung und wissenschaftlicher Konstruktionsverfahren ausrichtet, die beide den Orientierungsrahmen der sinnlich erfahrbaren organischen Natur entschieden hinter sich lassen.

Hier ein Auszug aus Rossetti:

---

den Fällen die Wahrnehmung bestimmt, erzeugt im Film die Aufeinanderfolge von 25 Bildern pro Sekunde für das menschliche Auge gerade die Illusion natürlicher Bewegung. Der Blick aus dem Eisenbahnfenster erinnert deshalb mehr an die ruckartige Bewegungsform früher Filme oder an filmische Bildsequenzen, die mit raschen Schnittfolgen arbeiten.

[23] William M. Rossetti (ed.), The Works of Dante Gabriel Rossetti. Hildesheim: Olms 1972, S. 176–188, hier S. 186.

Brick walls we pass between, passed so at once
That for the suddenness I cannot know
Or what, or where begun, or where at end.
Sometimes a Station in grey quiet;[24]

Rossetti sieht sich noch genötigt, die Plötzlichkeit des Augenblickseindrucks und den damit einhergehenden Mangel an raumzeitlicher Orientierung in eine kausale Abfolge zu bringen. Dasselbe gilt für die Art und Weise, wie die durch die Bewegung des Beobachterstandpunktes bedingte Entgrenzung und Verflüchtigung des Vordergrundes dem Leser vermittelt wird:

We are upon the Scheldt. We know we move
Because there is a floating at our eyes
Whatso they seek; and because all the things
Which on our outset were distinct and large
Are smaller and much weaker and quite grey.
And at last gone from us. No motion else.

We are upon the road. The thin swift moon
Runs with the running clouds that are the sky.
And with the running water runs – at whiles
Weak 'neath the film and heavy growth of reeds.
The country swims with motion. Time itself
Is consciously beside us, and perceived.
Our speed is such the sparks our engine leaves
Are burning after the whole train has passed.[25]

Der Ästhet Henley beschränkt sich in ›We flash across the level‹ immerhin schon auf die bloße Feststellung und Reihung sich jagender Moment- und Gegenwartseindrücke – und zwar ohne das Korsett eines Prädikats:

A rush of streaming hedges,
Of jostling lights and shadows,
Of hurtling, hurrying stations,
Of racing woods and meadows.[26]

[24] Ebd., S. 177. Zur Plötzlichkeit vgl. Karl Heinz Bohrer, Plötzlichkeit: Zum Augenblick des ästhetischen Scheins. Frankfurt a. M.: Suhrkamp 1981.

[25] Ebd., S. 186.

[26] Zit. nach Jeremy Warburg (ed.), The Industrial Muse: The Industrial Revolution in English Poetry. London: O.U.P. 1958, S. 64.

Bewegung und Entgrenzung als kennzeichnende Momente der neuen Wahrnehmung finden den ihnen gemäßen Ausdruck in der Wassermetaphorik, die auch bei der Beschreibung der Großstadt in der Literatur des 19. Jahrhunderts immer wieder Verwendung findet. Der Blick aus dem fahrenden Zug setzt die Landschaft selbst in Bewegung (»racing woods and meadows« etc.), verwandelt sie in eine rasche Folge von Szenen und Bildern, die bei genügender Distanz einen Überblick gewährt. Wolfgang Schivelbusch hat in diesem Zusammenhang im Anschluß an Dolf Sternberger von panoramischem Sehen gesprochen,[27] aber es ist, zumindest was den Vordergrund betrifft, ebensogut ein impressionistisches. In Turners Meisterwerk ›Rain, Steam and Speed‹, das bei den französischen Impressionisten den größten Eindruck hinterläßt, verschwimmen die dahinrasende Eisenbahn, ihr Dampf und die regenverhangene Gewitterlandschaft zu einer höcht wirkungsvollen Gesamtvision aus Licht- und Dunkeleffekten, Natur und Maschine.

Turners geniale Bildkunst scheint Rossettis Einsicht vorwegzunehmen: »The country swims with motion«. Ist der Zusammenhang zwischen dem Impressionismus in Literatur und Kunst und dem Blick aus dem Eisenbahnfenster lediglich eine »stupende Analogie«?[28] Vielleicht nicht, bezeugen doch zeitgenössische Erlebnisberichte, wie sehr den Beobachtern die Verbindung zwischen beschleunigter Bewegung und Verwischung der Konturen zum Bewußtsein kam. Der Eisenbahnliebhaber Crabb Robinson trägt am 9. Juni 1833 folgendes in sein Tagebuch ein: »I should have observed before that the most remarkable movements [sic!] of the journey are those in which trains pass one another. The rapidity is such that there is no recognizing the features of a traveller. On several occasions the noise of the passing engine was like the whizzing of a rocket.«[29] Einem Brief von Mrs. John Simon an John Ruskin entnehmen wir, daß der Anlaß für Turners Bild ein Gewitter war, das er aus einem Abteil der Great Western

[27] Wolfgang Schivelbusch, Geschichte der Eisenbahnreise: Zur Industrialisierung von Raum und Zeit im 19. Jahrhundert. München 1977.

[28] Vgl. Werner Spies' Bericht über die Impressionisten-Schau im Pariser Grand Palais. – In: FAZ vom 02. 04. 1985, S. 25.

[29] Zit. nach Stuart Legg (ed.), The Railway Book. London: Hart-Davis 1952, S. 22.

heraus beobachtete. Im Gegensatz zum tatsächlichen Vorgang betont Turner aber die Geschwindigkeit, nicht jene von Frau Simon geschilderte Pause in Bristol, als er das Abteilfenster öffnete, um das Naturschauspiel genauer in Augenschein zu nehmen.[30]

Plötzlichkeit und Verflüchtigung sind ästhetische Kategorien, die in die Vorgeschichte der Moderne verweisen. In herkömmlichen ästhetischen Bahnen bewegen sich dagegen alle jene Versuche von Henley, Davidson und Stevenson, die rasche Bewegung der Eisenbahnfahrt auch rhythmisch zu versinnlichen. Hier ein Beispiel aus Davidsons ›Song of a Train‹:

O'er bosky dens
By marsh and mead,
Forests and fens
Embodied speed
It clanked and hurled
O'er rivers and runnels;
And into the earth
And out again
In death and birth
That know no pain
For the whole round world
Is a warren of railways tunnels.[31]

Solche rhythmischen Fingerübungen sind immerhin ein Beleg dafür, daß die Ästhetik der Geschwindigkeit schon vor dem Futurismus als Darstellungsproblem erkannt wurde. Aufschlußreicher sind freilich jene tastenden Versuche, das Neue der durch die technische Apparatur bedingten Wahrnehmung zu versprachlichen. Die metaphorische Ineinssetzung der Welt mit einem geschlossenen, jeglichen Realitätskontakt ausschließenden Kaninchengehege aus Eisenbahntunnels erinnert an Kulturkritisches und Surrealistisches. Für den Journalisten Henry Mayhew schließlich erzeugt der Blick aus dem dahinrasenden Eisenbahnfenster nicht nur eine Serie plötzlicher Momenteindrücke, die an den expressionistischen Zeilenstil erinnern, sondern vor allem auch eine merkwürdig verschobene, verfremdete Ansicht Londons:

---

[30] Der Brief ist zitiert ebd., S. 158.

[31] Zit. nach The Poems of John Davidson. Ed. Andrew Turnbull. Edinburgh & London: Scottish Academic Press 1973, vol I, S. 60 f.

> What an odd notion the stranger must acquire of the Metropolis as he enters it by the South-Western Railway! How curious is the flash of the passing Vauxhall Gardens, dreary with their big black trees, and the huge theatrical-looking summer-house . . .; and the momentary glimpse of the Tartarus-like gas-works, with their tall minaret chimnies, and the red mouth of some open retort there glowing like the crater of a burning volcano, and the sudden whisking by of the Lambeth potteries [. . .].
>
> In a minute or two the train turns the angle of the line, and then through what a bricken wilderness of roofs it seems to be ploughing its way, and how odd the people look, as they slide swiftly by, in their wretched garrets! [32]

Nach Mayhew erzeugt der Blick aus dem Abteilfenster Kurioses, wenn er nicht durch aus anderen Quellen erworbenes Wissen korrigiert wird. Dennoch betrachtet er diese verfremdende Perspektive als ein geeignetes Mittel, der Realität Londons habhaft zu werden.

Ich schließe meine Beobachtungen mit einem Blick auf eine frühe und ästhetisch doch schon avancierte Darstellung der Eisenbahnreise in der englischen Literatur, die sich im 20. Kapitel von Charles Dickens ›Dombey and Son‹ (1848) findet. Der Roman handelt von der Lebensgeschichte des stolzen Geschäftsmannes Dombey, dessen Kälte und Distanziertheit die Gefühlstemperatur eines Vertreters des Projektes der Moderne anzeigt. Der Mangel an Wärme [33] wird ihm indessen zum Problem. Der frühzeitige, rasche Tod des Sohnes ist gleichsam ein Akt des Liebesentzuges gegenüber dem Vater, eine schlichte Weigerung, in die rationale Machtregion der Erwachsenen einzutreten. Der junge Dombey ist 'old-fashioned', will ein Kind bleiben, lehnt es ab, seinen Rhythmus dem raschen Rhythmus der arithmetisierten Welt anzupassen.

Dombey befindet sich zusammen mit seinem Begleiter Bagstock auf der Reise von London nach Birmingham. Letzterer liest Zeitung. Dombey meditiert voller Erbitterung über den Tod seines Sohnes. Die strukturelle Bedeutung der bisher herausgearbeiteten Kategorien Subjektivität, Diskontinuität, Reihung disparater fragmentarischer

---

[32] Henry Mayhew, The Great World of London. London: David Bogue 1856, S. 20.

[33] Zur Bedeutung der Bildopposition 'Kälte' und 'Wärme' für Moderne und Postmoderne vgl. Helmut Lethen, Lob der Kälte: Ein Motiv der historischen Avantgarden, erscheint bei Suhrkamp.

Eindrücke, Plötzlichkeit und Einebnung von Hierarchien ist auch an diesem Text nachweisbar, nun aber deutlich im Horizont der bisher ausgeklammerten Dialektik von Modernisierung, Gewalt und Neukonstruktion, welche sowohl den lebensweltlichen als auch den ästhetischen Raum beherrscht.

Zunächst: Für den Autor von ›Dombey and Son‹ ist der Rhythmus der neuen Zeit nachdrücklich ein anderer als derjenige der Kutsche, mit der Dombey und sein Begleiter ihre Reise fortsetzen. Deshalb frönt Major Bagstock nicht zufällig erst dann seiner Fabulierlust, als er von gemächlich dahintrabenden Pferden gezogen wird, mithin vom psychischen Druck der hohen Geschwindigkeit und der künstlichen Apparatur befreit ist:

[...] he made an effort to listen to the Major's stories, as they trotted along the turnpike road; and the Major, finding both the pace and the road a great deal better adapted to his conversational powers than the mode of travelling they had just relinquished, came out of his entertainment.[34]

Diese Rückkehr zur entspannten Normalität vorindustriellen Alltags und Erzählens kontrastiert im Text inhaltlich und syntaktisch schärfstens mit dem Eindruck sturmartiger Bewegung (»the very speed at which the train was whirled along«, S. 54) und fragmentarisch-diskontinuierlicher Außenwahrnehmung, den die Beschreibung der Eisenbahnreise mit den Verfahren der kurztaktiken Reihung, Häufung und Wiederholung von Einzeleindrücken im Rahmen parataktischer, mitunter sogar prädikatloser Satzkonstruktionen erzeugt. Im Zusammenspiel von formalen und inhaltlichen Mitteln entsteht ein Bild unstrukturierter, aber auch energiegeladener Vielfalt, die der Vielfalt der Warenströme in der Großstadt (S. 290) und der chaotischen Wildnis einer im Bau befindlichen Eisenbahn (S. 121) entspricht:

Through the hollow, on the height, by the heath, by the orchard, by the park, by the garden, over the canal, across the river, where the sheep are feeding, where the mill is going, where the barge is floating, where the dead are lying, where the factory is smoking, [...] like as in the track of the remorseless monster, Death! (S. 354)

---

[34] Charles Dickens, Dombey and Son. Harmondsworth: Penguin 1984, S. 357. Nach dieser Ausgabe wird zitiert.

Es verwundert nicht, daß eine solche unter die Bedingungen der neuen Apparatur gestellte Wahrnehmung auch Schnappschüsse (»sometimes pausing for a minute where a crowd of faces are, that in a minute more are not«, S. 355) von Momenten angehaltener Bewegung erlaubt, die schon deutlich auf Ezra Pounds imagistisches Gedicht ›In a Station of the Metro‹ »The apparation of these faces in the crowd; Petals on a wet black bough«[35] vorausweisen. Schließlich: Schon bei Dickens ist die Außenwelt der subjektiven Wahrnehmungsgewalt des Betrachters unterworfen. Unter dem Druck der quälenden Todeserfahrung gerät Dombey seine Eisenbahnreise zum subjektiven Resonanz- und Reflexionsraum: »He found a likeness to his misfortune everywhere« (S. 355). Die grotesk verzerrten Gebäude und Menschen des Armenviertels, die er am Schluß durchfährt, sind vollendete Spiegelbilder seines eigenen Unglücks, seiner eigenen Kälte, Schwärze und tödlichen Leere: »All things looked black, and cold, and deadly upon him, and he on them« (S. 355).

Dickens typologisiert und mythisiert die Eisenbahnreise nach dem Muster der Lebensreise-Topik zur Reise in den Tod. Damit ist aber – *noch* – keine grundsätzliche Absage an das Fortschrittssymbol Eisenbahn verbunden. Gewiß: So wie die affektiv bestimmte Wahrnehmung des Subjekts gewalttätig in die Außenwelt eingreift (und seine soziale Gewalt Menschen und Städte entstellt), unterwerfen auch seine wissenschaftlichen Abstraktionen und die Technik Natur und Geschichte. Aber die Abstraktion der Trassenführung (wie die modellartige Reduktion moderner Kunst) vollführt einen Akt der Zerstörung, der Einebnung historischer und natürlicher Vielfalt, ohne die Kunst und Geschichte nicht 'konstruktiv' neu gestaltet werden könnten. Der »Sturm der Energie« (»storm of energy«, S. 355), der Industrialisierung und Eisenbahn antreibt und den sie entfesselt, durchstößt, in die pfeilgerade Eisenbahnlinie umgesetzt, alles, was sich an organisch oder historisch Gewachsenem ihm in den Weg stellt:

The power that forced itself upon its iron way – its own – defiant of all paths and roads, piercing through the heart of every obstacle, and dragging living creatures of all classes, ages, and degrees behind it, was a type of the triumphant monster, Death (S. 354).

[35] Zit. nach Ezra Pound, Collected Shorter Poems. 2nd. ed. London: Faber 1973, S. 119.

Im Lichte anderer Stellen erweist sich die zerstörerische Energie der rasenden Eisenbahn lediglich als Indiz eines – wie die Viktorianer ihr Zeitalter selbst bezeichneten – »age of transition«, welches der besseren oder zumindest anderen Zukunft vorausgeht:

In short, the yet unfinished und unopened Railroad was in Progress; and, from the very core of all this disorder, trailed smoothly away, upon its mighty course of civilisation and improvement. (S. 121)

Das Gedankenspiel mit dem apokalyptischen Ende aller Bewegung »it [. . .] might have been the end of everything; it was so ruinous and dreary« (S. 355) wird Dombey vom Erzähler deshalb als persönliche Schwarzmalerei vorgehalten, die den Text der Industrie- und Stadtlandschaft falsch deute:

[. . .] as he stood there, tinging the scene of transition before him with the morbid colours of his own mind, and making it a ruin and a picture of decay, instead of hopeful change, and promise of better things (S. 356).

Indem die Eisenbahn das »Herz jedes Gegenstands« durchstößt bzw. durchfährt, läßt sie eine Blutspur zurück, die an anderer Stelle zu »life's blood (S. 290), zur pulsierenden Quelle gesellschaftlicher Dynamik mutiert. Die schmerzhafte Trennung ist, anders gesagt, der Preis der Modernisierung.

Ich breche hier ab und fasse die Ergebnisse zusammen:

1. Technik wird für Poesie und Literatur dann verwendbar, wenn sie sich einem Familiarisierungs- und Subjektivierungsprozeß unterziehen läßt. Wie der Fall der Eisenbahn zeigt, gehören zu der Bedingung der Möglichkeit solcher poetischer Eingemeindung Konkretheit und Analogiefähigkeit.

2. Der zeitliche Längsschnitt ergibt eine Tendenz vom 'Objektpol' zum 'Subjektpol'. Als Ausdrucksmedium subjektiver Erfahrungen bedarf die Eisenbahn keiner – wie an den Gedichten von E. Thomas und L. MacNeice und an den Romantexten von D. H. Lawrence und V. Woolf gezeigt wird – erläuternden Metaphorik mehr wie noch zu Zeiten des Dampfrosses.[36]

[36] Zum Dampfroß vgl. den Aufsatz von Helmut Viebrock, Dickens und das Dampfroß. – In: Wirklichkeit und Dichtung: Studien zur englischen und amerikanischen Literatur. Hrsg. v. Ulrich Halfmann, Kurt Müller u. Klaus Weiss. Berlin: Duncker & Humblot 1984.

3. Der kulturtypologische Vergleich läßt bemerkenswerte Unterschiede in der Verwendung des Motivs erkennen. Während die volkstümliche Versdichtung (Straßenballaden) die praktischen Vorzüge des neuen Transportmittels hervorhebt und feiert, ästhetisiert die Kunstliteratur den Gegenstand in doppelter Weise. Einmal verwandelt sie ihn in ein metaphorisches Zeichen, das die Versinnlichung und Verschlüsselung zeittypischer Konzepte wie Fortschritt (Anderson) oder religiöser Lebenswandel (Tupper) erlaubt. Zum anderen entdeckt sie in ihm Möglichkeiten einer neuen Erlebnis- und Wahrnehmungsweise, die unter den Begriff einer 'Ästhetik der Geschwindigkeit' fallen.

4. Wenn die Eisenbahn zur subjektiv-ästhetischen Erfahrung, zum Erlebnis, wird, so bedeutet dies auch, daß die Bedingungen des neuen Apparats die Qualität der subjektiven Wahrnehmung tiefgreifend beeinflussen können. Wo dies geschieht, entsteht in der Tendenz ein impressionistischer Darstellungsmodus.

5. Die Texte des 19. Jahrhunderts stehen in der Regel zu sehr unter dem Darstellungszwang herkömmlicher Strukturen, um die modernistische Logik des Blicks aus dem Eisenbahnfenster – Plötzlichkeit, Verfremdung, Fragmentarisierung, Entgrenzung, Einebnung von Hierarchien, Reihung disparater Eindrücke – mit der nötigen ästhetischen Radikalität zur Darstellung zu bringen. Gleichwohl ist schon erkennbar, wie die Künstlichkeit des Apparats die modernistischen Prinzipien der Naturzergliederung und der Neukonstruktion freisetzt.

Hanno Möbius

RUHE UND BEWEGUNG

'Beobachtung' in Literatur und Wissenschaft im Prozeß der Technisierung des 19. Jahrhunderts

Dieser Beitrag thematisiert die zunehmende Präzisierung in der Beobachtung von bewegten Objekten (Menschen und Maschinen), die zunächst aus der Ruheposition, dann auch aus der Bewegung vorgenommen wird. Die vorzustellenden Methoden der Messung und Apperzeption von Bewegung sowie ihrer künstlerischen Verarbeitung müssen im gegebenen Rahmen an beispielhaften Interpretationen gezeigt werden.

Des Vetters Eckfenster, in E. T. A. Hoffmanns gleichnamiger Erzählung, ist eine Loge mit Blick auf den Berliner Gendarmenmarkt um ca. 1821/22.[1] Während das Marktgeschehen für den kurzfristigen Besucher »eine einzige, dicht zusammengedrängte Volksmasse« zu sein scheint, die auf ihn »den Eindruck eines großen, vom Winde bewegten, hin und her wogenden Tulpenbeets«[2] macht, unterscheidet der Vetter die einzelnen Marktfrauen und Käufer. Er hat seinem Besucher etwas Entscheidendes voraus: die *zeitliche Tiefe in der Beobachtung*.[3] Der Vetter kann die Wohnung krankheitshalber nicht verlas-

---

[1] Ernst Theodor Amadeus Hoffmann, Des Vetters Eckfenster. – In: Gesammelte Werke. Textrevision und Anmerkungen von Hans-Joachim Kruse. Bd. 8. Berlin und Weimar 1983, S. 441 ff.

[2] Ebd., S. 444.

[3] 'Beobachtung' und 'Beobachtungszeit' als Kriterium und Dimension der Erzählstrategie resultieren aus meinem Interesse, die Zusammenhänge von technischen und ästhetischen Veränderungen im 19. Jahrhundert zu erhellen. Weder eine vordergründig soziologische Literaturbetrachtung noch eine verengte literaturwissenschaftlich-philologische Interpretation haben diese Kriterien sehen können. Der Blick auf neue Wahrnehmungsformen und deren Einfluß auf die literarisch-künstlerische Erzeugung von Wahrnehmung führt zu neuen Erkenntnissen des Textes. Walter Benjamin hat im Flaneur-Abschnitt seiner Baudelaire-Arbeit ›Das Paris des Second Empire bei Baude-

sen, und so hat er Gelegenheit, an den Markttagen, d. h. in regelmäßigem Abstand, das Treiben zu studieren. Ein wichtiges Hilfsmittel dafür ist das Fernglas, mit dem er Ausschnitte des Marktgeschehens und dadurch einzelne Personen zur Identifizierung und zur blickhaften Verfolgung ihrer Bewegungen im Marktgeschehen ganz nah heranholen kann. Das zunächst chaotisch erscheinende Markttreiben wird durch die regelmäßig wiederkehrende Beobachtung von einem festen Ort aus zu Handlungen und Gewohnheiten von Individuen innerhalb eines überschaubaren Rahmens verdeutlicht. Die durch den Beobachtungsposten zwangsläufig entstehende Distanz zum Treiben wird durch die Regelmäßigkeit der Beobachtungen verstärkt. Sicher sind die beobachteten Szenen für den Erzähler Ausgangspunkte für ein 'wirkliches Schauen', in dem die Phantasie ihre Erkenntniskraft entfalten kann. Voraussetzung ist für den Vetter aber das »deutliche Schauen«[4]. Der Vetter hat die Geschichten zu den einzelnen Personen schon weitgehend fertig, als er seinen Besucher zum Fenster führt. Dieser kann das OperngIas bereits gezielt, nach Hinweisen des Vetters einsetzen.

Auch der Ich-Erzähler in Edgar Allen Poes ›The Man of the

---

laire‹ (in: Gesammelte Schriften. Hrsg. v. Rolf Tiedemann u. Hermann Schweppenhäuser. Bd. I, 2. Frankfurt a. M. 1980, S. 537 ff.) die technisch-ästhetische Dimension des Textes nicht hinreichend untersucht. U. a. deshalb unterschätzt er ihn und rückt ihn dem Biedermeier zu nahe. Peter von Matt (Die Augen der Automaten. Tübingen 1971) und Heinz Brüggemann (»Aber schickt keinen Poeten nach London«. Großstadt und literarische Wahrnehmung im 18. und 19. Jahrhundert. Reinbek 1985) haben bereits aus verschiedenen Blickwinkeln Korrekturen an dieser Einschätzung vorgenommen. Günter Oesterle (E. T. A. Hoffmann, Des Vetters Eckfenster. Zur Historisierung ästhetischer Wahrnehmung oder der kalkulierte romantische Rückgriff auf Sehmuster der Aufklärung. – In: Deutschunterricht 39 (1987), H. 1, S. 84 ff.) (und in seiner Folge: Helmut Lethen, Eckfenster der Moderne. Wahrnehmungsexperimente bei Musil und E. T. A. Hoffmann. – In: Robert Musils »Kakanien« – Subjekt und Geschichte. Festschrift für Karl Dinklage. Hrsg. v. Josef Strutz. München 1987, S. 195 ff.) hat die Bedeutung der Physiognomienlehren des 18. Jahrhunderts und die vorausgehende Technik der 'Rahmenschau' für die Wahrnehmungsart des Vetters in Hoffmanns Erzählung herausgestellt.

[4] E. T. A. Hoffmann, Eckfester, S. 445.

Crowd‹ [5], der gegen 1840 in einem Kaffeehaus der belebtesten Straße in der Londoner City sitzt, nimmt – wie des Vetters Besucher – die Passanten »erst nur mehr en masse«, als »Herde« wahr, geht aber dann zu den Einzelheiten über und betrachtet »with minute interest« [6] die Verschiedenheiten der Vorübergehenden. Minuziös kann hier nur heißen: kontinuierlich und auf das genaueste. Durch das dauerhafte und distanzierte Beobachten aus der Nähe (er ist durch eine Fensterscheibe von der Menge getrennt) kann der Ich-Erzähler die Veränderungen in der sozialen Zusammensetzung der passierenden Menge im Verlauf des Abends wahrnehmen. Sein analytisches, soziologisches Interesse ist auf Gleichförmigkeiten in Kleidung und Benehmen der Passanten [7] gerichtet. Seine Erkenntnisse gibt er uns als soziologisches Profil der Masse: geordnet nach Schichtzugehörigkeit werden uns die Passanten vorgestellt. Individuen können so nicht wahrgenommen werden. Dem Beobachter fehlt vor allem die Zeit, um von den einzelnen mehr als ihre sinnlich wahrnehmbaren, äußeren Kennzeichen aufzunehmen. Indem der Ich-Erzähler anschließend einem ruhelosen, faszinierenden alten Mann durch die Stadt folgt, erschließt sich die zeitliche Dimension im Leben eines einzelnen Passanten für etwa einen dreiviertel Tag, »bis zum Schatten des zweiten Abends«. Mehr noch: da der Erzähler am späten Nachmittag des Vortags begonnen hatte, die vorbeiziehenden Menschen zu mustern, führt uns Poe insgesamt einen Beobachtungszeitraum von 24 Stunden vor: einen Tag im 'Leben' von London. In dieser Zeit verändert sich die Zusammensetzung der Masse, so daß wir insgesamt einen Querschnitt der Londoner Bevölkerung Revue passieren sehen.

Indem wir dem Erzähler auf den Fersen des alten Mannes folgen, sind wir Zeugen einer bewegten Beobachtung und einer Beobachtung von Bewegung.[8] Sie stehen im Verhältnis 1:1 – der Beobachter ist im

---

[5] Edgar Allen Poe, Werke. Bd. 2. Olten u. Freiburg 1967, S. 706 ff.

[6] Edgar Allen Poe, The complete works. Hrsg. v. James A. Harrison. Bd. 4. New York 1965, S. 135.

[7] W. Benjamin, S. 555.

[8] Trotz des großen Verdienstes von Walter Benjamin um die Erkenntnis der sozialen Veränderungen in der Großstadt und deren Wahrnehmung in Poes Erzählung dringt seine Interpretation nur punktuell zu technischen Verfahren vor (sein Hinweis auf den Detektiv). Die Sekundärliteratur bleibt im Einzugsbereich von Benjamin, indem sie die Poe betreffenden Stich-

zeitlichen Rhythmus seines Objekts, *als Erzähler* berichtet er uns jedoch (wie auch Hoffmann) in komprimierter Form. Die Ruhelosigkeit und immerwährende Bewegung des alten Mannes, ja seine Flucht, lassen ihn unergründlich erscheinen. Sie machen ihn zur Allegorie der Massenseele, »die nicht allein sein kann«[9] und damit eine reduzierte Individualität besitzt. Gerade die Massenseele sucht und begründet den Zusammenhang der vielen Einzelnen. Sie ist als Antriebskraft in die Einzelnen hineinzudenken, die als Passanten dem Beobachter nur nach Maßgabe ihrer äußeren Merkmale erkennbar waren. Wenn wir Poes Verfahren folgen, setzen wir uns die Londoner Bevölkerung zusammen aus den äußeren Merkmalen ihrer Schichten, die entsprechend ihren Funktionen differenziert werden müssen, und ihrem rätselhaft bleibenden Antrieb. Wir werden zum analytischen Blick *und* zur Synthese geführt.

Poes Erzählung ist gegenüber Hoffmanns Text zunächst darin avancierter, daß sie eine Trennung vollzieht: die Beobachtung äußerer Merkmale von Menschen wird gesondert von der Erforschung ihres Inneren. Damit ist bereits die Trennung und Abgrenzung der späteren Disziplinen Soziologie und Psychologie angelegt. So wird z. B. Emile Durckheim 1897 seine soziologische Selbstmordstudie veröffentlichen, in der die Motivforschung für Suizid ausgegrenzt wird zugunsten einer empirisch-mathematischen Häufigkeitsverteilung von Merkmalen wie Familienstärke, Reichtum, Region usf. Der Blick Poes auf die äußeren Merkmale weist nicht nur auf ein soziologisches Interesse voraus, sondern – und das ist gleich wichtig – auch auf die Verselbständigung des Blicks von dem Bewegten zur Bewegung, zum 'minuziösen' Beobachten von Gleichförmigkeiten, Rhythmen der Bewegung selbst. Da bei Poe die Seele des geheimnisvollen Mannes für die Seele aller steht, damit implizit auf Massenhaftigkeit verwiesen wird (sie ist bereits im Titel präsent), ist Poes Studie schon 1840 ein Beitrag zur Massenpsychologie.

Eine Präzisierung in der Beobachtung von Bewegung wird vorerst nicht in der Literatur, sondern in der Bewegungsfotografie erreicht.[10]

---

worte nur als solche nochmals aufgreift, sie aber nicht aus ihrer Logik entwickelt und mit dem Text in Beziehung setzt. Siehe im übrigen Anm. 3.

[9] Das Wort von La Bruyère steht als Motto über der Erzählung.

[10] Die Bewegungsfotografie hat eine Vorläuferin in der graphischen Fixierung von Bewegung, v. a. in der Medizin.

Ab 1877 nimmt Eadweard Muybridge zunächst Pferde, dann auch Menschen in kurzem, regelmäßigem Abstand auf, so daß Phasenbilder ihrer Bewegung entstehen.[11] Muybridges Chronofotografie ist die Perfektionierung, aber auch Zuspitzung der Verfahren von Hoffmann und Poe. Entscheidend sind zum einen die exakt werdende Zeitnahme als Maßstab sowie die damit verbundene Verkleinerung der beobachteten Zeitintervalle. Während bei Hoffmann das Marktgeschehen mit seinem herkömmlichen, beschaulichen Rhythmus durch seine Wiederholung im Wechsel der Tage dem Beobachter seine Struktur offenbart, wird in Poes Erzählung bereits 'minuziös' im Rahmen der beispielhaft herausgegriffenen 24 Stunden beobachtet. Muybridge fertigt Momentaufnahmen im Abstand von *Sekundenbruchteilen.* Die verkürzter und exakter werdende zeitliche Beobachtung läßt die Objekte nicht unverändert. Während Hoffmanns Vetter auf der Suche nach der Individualität der Einzelnen ist, nimmt Poes Ich-Erzähler nur noch äußere Merkmale als Zeichen der durch Arbeit bestimmten Schichtzugehörigkeit wahr. Bei Muybridge werden nicht mehr umfassend äußere Kennzeichen, sondern lediglich ein Teilaspekt: die motorischen Bewegungen festgehalten. Das von ihm später eingeführte Raster als Bildhintergrund gibt den angemessenen Rahmen. Indem das Verfahren die Bewegung als solche untersucht, setzt sie die Austauschbarkeit der sich Bewegenden voraus. Deutlicher noch als bei Poe werden die *Gleichförmigkeiten* eines austauschbaren Menschen der Massengesellschaft thematisiert.

Dieser Massenmensch wird – zum zweiten – in einer Versuchsanordnung beobachtet, deren entscheidende Neuerung der aufnehmende Apparat ist. An die Stelle des Fernglases bzw. des Blickes durch die Scheibe – so wie sie uns literarisch vermittelt werden – ist die aufnahmebereite Apparatur getreten, die lediglich eingerichtet und bedient werden will. Die Neutralität ihrer Aufzeichnung beweist sich vor allem in der *Identität von Beobachtung und Wiedergabe*: Wahrnehmung und deren Aufzeichnung sind für den Apparat identisch. (Bewegung allerdings läßt sich von Muybridge nur erst in ihren Phasen festhalten.) Anders als in Poes Erzählung wird von Muybridge nur noch *ein* Mensch beobachtet, der aber stellvertretend für alle geht. Es ist der austauschbare Mensch, nicht nur der 'Massenmensch', der

[11] Friedrich von Zglinicki, Der Weg des Films. Berlin 1956, S. 164 ff.

durch ein bestimmtes Verhalten charakterisiert ist, sondern jedermann: die *Methode* der Beobachtung subsumiert jeden unter die Kategorie 'austauschbar'. Entsprechend leer ist der Gegenstand der Untersuchung: das Gehen oder die Bewegung an sich, ohne deren Anlaß und deren Ziel, ohne deren geistige oder seelische Verarbeitung. (In späteren Verfahren von Marey und Gilbreth werden Bewegungsdiagramme und Bewegungskurven aufgezeichnet bzw. rekonstruiert, die den bewegten Menschen nicht mehr zeigen – Bewegung wird abstrakt visualisiert.)

Der literarische Naturalismus versucht in seiner Orientierung an naturwissenschaftlicher Exaktheit – mehr in der Theorie als in der Praxis [12] – Prinzipien der Wissenschaft im Rahmen der durch Literatur gesetzten Möglichkeiten anzuwenden.[13] Die zunehmende Exaktheit in der Beobachtung von Menschen von E. T. A. Hoffmann bis zur Bewegungsfotografie fand ihren Maßstab in der exakten Zeitmessung. Im Naturalismus wird diese Tendenz vorangetrieben, sie findet im Begriff des »Sekundenstils« ihren adäquaten Ausdruck. »Sekunde für Sekunde Zeit und Raum« [14] benennen meint mehr als nur eine Verfeinerung der 'minuziösen' Beobachtung von Passanten bei Poe. Entscheidend ist nun, bei der vorausgesetzten exakten Beobachtung, ihre Wiedergabe im Verhältnis 1:1 – erzählte Zeit und Erzählzeit sollen zur Deckung kommen. Auch bei der zweiten Methode in Poes Erzählung folgt der beobachtende Ich-Erzähler dem auffälligen Mann im gleichen Bewegungsmaßstab 1:1. Der Erzähler jedoch gibt uns seine (subjektive) Erfahrung und Einschätzung jenes Mannes; er hält den Beobachtungsmaßstab in der Darstellung nicht ein. Im Naturalismus dagegen wird versucht, die subjektiv gefärbte Wiedergabe der Außenwelt zugunsten einer neutralen, 'objektiven' Re-

[12] Siehe v. a. Emile Zola, Le roman expérimental. – In: Oeuvres complètes. Hrsg. v. Henri Mitterand. Bd. 10. Paris 1968, sowie Arno Holz, Die Kunst. Ihr Wesen und ihre Gesetze. – In: Das Wert von Arno Holz. Hrsg. Hans Fischer. Bd. 10. Berlin 1925.

[13] Siehe die beiden Studien des Verf.: Der Positivismus in der Literatur des Naturalismus. Wissenschaft, Kunst und soziale Frage bei Arno Holz. München 1980; Der Naturalismus. Epochendarstellung und Werkanalyse. Heidelberg 1982.

[14] Adalbert von Hanstein, Das jüngste Deutschland. Zwei Jahrzehnte miterlebter Literaturgeschichte. Leipzig 1901, S. 157.

produktion zurückzudrängen. Die Annäherung der schriftstellerischen Arbeit an die des Apparats ist deutlich. Gegenüber den Reihenaufnahmen der Bewegungsfotografie hat die Literatur darstellungstechnisch den Vorteil der Kontinuität über ein Motiv hinaus: die Bewegung kann im Fluß erzählt werden. Wenige Jahre später wird dieser Vorsprung vom Film eingeholt. Bewegung wird durch ihn unmittelbar medial erzeugt, allerdings illusionshaft, da der Film, genau gesehen, aus einer Reihe von Einzelbildern besteht. Auch der Film nimmt eine Messung von Bewegung vor: die aufnehmende Kamera (der Apparat) übernimmt in regelmäßigem Abstand die Zeitmessung: (mittlerweile vereinheitlicht) 24 Bilder in einer Sekunde. Nur wegen des stroboskopischen Effekts bewegter Bilder werden uns weder die Einzelaufnahmen noch die gleiche Zeitspanne zwischen ihnen bewußt. Um die Leistungsfähigkeit des neuen Mediums Film zu demonstrieren, wählen seine Pioniere Le Prince, Lumière, Skladanowski bevorzugt Motive der Bewegung von Menschen und Maschinen, von Verkehr. Das neue Medium wird allerdings schon bald spezifische Gestaltungsmittel finden, die entscheidend über eine nur wirklichkeitsgetreue Wiedergabe von Bewegung hinausgehen (s. u.).

Zeitgleich zum deutschen Naturalismus perfektioniert Etienne Jules Marey die fotografische und graphische Aufzeichnung menschlicher Bewegung. Es ist vor allem (wiederum) der gehende Mensch, den Marey in der Nachfolge der Göttinger Brüder Wilhelm Eduard und Eduard Friedrich Weber [15] – der eine Physiker, der andere Anatom – mittels verschiedener Meßvorrichtungen in seinem Raum-Zeit-Verhältnis auf Geschwindigkeit, Schrittfolge, Beschleunigung, Druck untersucht.[16] Auf der kreisförmigen Teststrecke verlaufen vom gehenden Menschen elektrische Impulse zu einer Aufzeichnungsstation, die sich, durch Glas abgetrennt, in der Mitte des Kreises befindet. Hier wird ausschließlich eine äußerlich wahrnehmbare Eigenschaft untersucht. Aber auch schon Poes Erzähler war auf der Suche nach Gleichförmigkeiten in den äußeren Merkmalen, so interessiert er sich u. a. für die Ohren.[17] Die festgestellten Gleichförmigkeiten ließen den in-

[15] Mechanik der menschlichen Gehwerkzeuge. 1863 (vgl.: Rudolf Hackstein, Arbeitswissenschaft im Umriß. Bd. 2. Essen 1977, S. 378).

[16] Etienne Jules Marey, Le Mouvement. Paris 1894.

[17] Der forschende Blick auf dargestellte Einzelheiten in der Malerei (z. B.

neren Menschen nur um so rätselhafter erscheinen. Die bei Marey nun explizit naturwissenschaftliche Methode verbietet ihm jede Spekulation, z. B. über die Motive des Gehenden. Ausdruck der gewollten Objektivität ist der aufzeichnende, gegenüber Muybridge perfektionierte Apparat. Nicht mehr der »Sekundenstil« wird hier angewandt, sondern ein Verfahren nach Hundertstel Sekunden; im Wettstreit der Literatur mit der Technik um Exaktheit ist der Apparat weit überlegen.

Der gesellschaftliche Ort der Zeitstudien ist die Arbeitswissenschaft.[18] Sie ist die Erbin der Innovationen in der Erkenntnis und Wiedergabe von Bewegung, subsumiert sie unter ihr Interesse und nimmt die Bewegungsfotografie als Instrument, um Messungen von Bewegung an arbeitenden Menschen vorzunehmen.[19] Die von Muybridge und Marey entwickelte, verfügbare Methode wird zum Kernbereich einer neuen Wissenschaft. Mit dem industriellen Zusammenhang bekommen die Untersuchungsverfahren über die Erkenntnis hinaus ein Ziel: die Veränderung der Bewegung in der Arbeit. Die Bewegungsfotografie verliert mit ihrer Indienstnahme die ästhetische Selbstgenügsamkeit, wird praktisch; sie ist nicht mehr nur beobachtend, sondern trägt zur Umgestaltung, zur Modernisierung von Bewegung bei. Der Aspekt ist schon in frühen Arbeiten von Marey angelegt, der aus seiner naturwissenschaftlich exakten Kenntnis von Bewegung auch rückwirkend Kritik an ihrer künstlerischen Darstellung in der Antike übt.[20] Der unbefangene Maßstab seiner Kritik: 'Objektivität in der Wiedergabe von Bewegung' ist identisch mit der Ästhetik des Naturalismus.

Dem Ingenieur Taylor geht es in seinen Zeitstudien (ab 1880) um die Verknappung des Zeitaufwands für bestimmte Handlungen, also

---

Ohren, Hände) wird von Morelli – parallel zur Entwicklung polizeilicher Identifizierungsmethoden – am Ende des Jahrhunderts perfektioniert und zur Basis für die Zuordnung einzelner Gemälde zu ihren Malern genommen. Siehe Carlo Ginzburg, Spurensicherung. – In: Freibeuter (1980), Hefte 3 und 4.

[18] Siehe im Zusammenhang: R. Hackstein, Arbeitswissenschaft (wie Anm. 15).

[19] Später werden die Bildhauerei und die Malerei, besonders der Futuristen, Sichtweisen der Arbeitswissenschaft aufgreifen.

[20] Etienne Jules Marey, Die Chronophotographie. Berlin 1893, S. 51 ff.

um die Schnelligkeit des Arbeitens. Er erreicht sie, indem er mit der Stoppuhr vergleichende Zeitstudien menschlicher Arbeit anstellt und die kürzeste Zeit zur Norm erhebt. Der Gesamtvorgang des Arbeitens besteht für ihn in der Addition einzelner Handlungen bzw. der ihnen entsprechenden kurzen Zeiten.[21] Taylor betrachtet seine Arbeiter-Versuchspersonen unter dem Gesichtspunkt des Mechanismus, »der Mechanik des bewegten Körpersystems«[22]. Der kunstreiche Bau von Automaten war von Vaucanson in den 40er Jahren des 18. Jahrhunderts aufgegeben worden, um Kenntnisse und Fähigkeiten des Automatenbaus innovativ in die Industrie einbringen zu können. Die so mechanisierte Fabrik fordert gegen Ende des 19. Jahrhunderts die automatisierte menschliche Tätigkeit hinzu. Sowohl in den einzelnen Handlungen als auch insgesamt ergibt sich damit eine Intensität des Arbeitens, die vorher unbekannt war. Sie ist leer, sie wird psychisch nur durch starke Aufmerksamkeit und Abhetzen gefüllt. Sie wird später auch im Rahmen der Arbeitswissenschaft und Psychotechnik (besonders von Münsterberg) kritisiert.

Diese Intensität ist mit jener im Leben der expandierenden Großstädte und deren Verkehr verwandt. Die Verkürzung der Fahrzeiten etwa verringert nicht die Menge der Eindrücke, sondern nur die Zeit, in der sie verarbeitet werden können. Die dichte Rezeption hat ihren Reflex in der »Steigerung des Nervenlebens«[23] und in der bewußten Herstellung von Wahrnehmungsformen in der Kunst, am deutlichsten vielleicht im Film.

Durch die ersten künstlerisch motivierten Schnitte, d. h. allgemein durch die Montagetechnik, wird dem Zuschauer nun kein Kontinuum von Vorgängen mehr vermittelt, sondern es werden ihm nur noch die wichtigsten Szenen gezeigt.[24] Damit wird eine Verdichtung des Gegenstandes und eine Intensivierung in der Rezeption erreicht. Die Fortlassung unwichtiger und die künstlerische Verarbeitung der wich-

---

[21] Kurze Erholungspausen durchaus inbegriffen.

[22] Friedrich Sander, Arbeitsbewegungen. – In: J. Riedel: Arbeitskunde. Leipzig, Berlin 1925, S. 202. Zitiert nach: Georges Friedmann, Der Mensch in der mechanisierten Produktion. Köln 1952, S. 53.

[23] Georg Simmel, Die Großstädte und das Geistesleben. – In: Das Individuum und die Freiheit. Berlin 1984, S. 192.

[24] Siehe Rudolf Arnheim, Film als Kunst. Reprint Frankfurt a. M. 1979, S. 35 ff.

tigen Szenen in der Montage sind in ihrem Willen zur Konzentration und Intensivierung vergleichbar mit Marinettis Aufruf zur Zerstörung der Syntax [25]: konventionelle, als Füllwörter empfundene Satzpartikel, die bislang als unverzichtbares Sprachmaterial gegolten hatten, sollen weggelassen werden, die Verben als die Wörter der Bewegung in ihrer reinen Form herausgestellt werden. Vergleichbar auch die Telegrammgedichte von August Stramm. Gemeinsam ist diesen künstlerischen Reaktionen eine neue Ökonomie von Zeit und Handlung. Die verwandten Verfahren führen zur gleichen Folge: der *Beschleunigung* von Abläufen und der *Intensivierung* von Erfahrung. Sie hatten dem Naturalismus gefehlt. Seine auf Kontinuität angelegter Sekundenstil ist zwar dem Verfahren nach modern, weil apparativ, entspricht aber nicht der modernen Erfahrung und der avancierten Verarbeitung von Zeit und Bewegung.

Die neuen Verfahren bei Marinetti sind eine Reaktion auf die Selbstdisziplin, die sich ein Schriftsteller abverlangen muß, wenn er sich hingebend in den Dienst der Beobachtung stellen will. (Wie der anfangs unmontierte Film zeigt, ist es die Disziplin eines Apparates.) Die Technikbejahung v. a. der Futuristen kann jedoch nicht die genuin technischen Methoden der Beobachtung, so wenig wie die Selbstdisziplin in der technischen Welt der Arbeitsteilung und Leistungsorientierung allgemein, einfach nur ablehnen. Ihre emotionale Bejahung der Technik als Befreiung von bisheriger Gebundenheit findet ihre Vehikel in Auto und Flugzeug, die beide – im Gegensatz zu Postkutsche und Eisenbahn – selbst zu lenken sind und die von ihren Lenkern eine vergleichbare Selbstdisziplin fordern.[26] Mit der Aufgabe des ruhenden Beobachterstandorts, mit der Bewegung des Beobachters wird die Voraussetzung einer Urteilsbildung relativiert, tendenziell sogar zerstört. Reflexion und Erkenntnis sind nur möglich, wenn die

[25] Filippo Tommaso Marinetti, Technisches Manifest der futuristischen Literatur (1912). – In: Der Futurismus. Manifeste und Dokumente einer künstlerischen Revolution 1909–1918. Hrsg. v. Umbro Apollonio. Köln 1972, S. 74 ff.

[26] Es muß im gegebenen Rahmen darauf verzichtet werden, die Erfahrung von Bewegung in Postkutsche und Eisenbahn in die Darstellung einzubeziehen. Es sei verwiesen auf: Klaus Beyrer, Die Postkutschenreise. Tübingen 1985; Wolfgang Schivelbusch, Geschichte der Eisenbahnreise. München, Wien 1977; Claude Pichois, Littérature et Progrès. Vitesse et Vision du Monde. Neuchâtel 1973.

menschlichen Sinne als deren Voraussetzung in ihrer Aufnahmefähigkeit nicht überfordert werden. Die relative Ruhe als Bedingung der Erkenntnis kann sich bei einer bewegten Beobachtung nur einstellen, wenn sich das beobachtete Objekt, entsprechend seiner Größe, nicht zu nah am Beobachter befindet bzw. nicht zu schnell bewegt. Weil in Auto und Flugzeug paradoxerweise die Körper in der Ruhestellung verharren, können hier weiterhin Bewegung, Beschleunigung und Geschwindigkeit in der Bedienung des Apparats als Ausdruck eigener Entscheidung erfahren werden. Die Verstärkung der eigenen Kraft durch den Apparat ermöglicht jedoch nun den Reiz neuer Erfahrungen in der Wahrnehmung der Außenwelt und der eigenen Reaktion. Er überlagert das nüchterne Beobachten. Gesucht wird von den Futuristen der Rausch in der Bewegung.

Eine Zwischenstellung von traditionellem Blickpunkt der Ruhe und von avantgardistischem der Bewegung nimmt in Deutschland Otto Julius Bierbaum ein. In seiner ›Empfindsamen Reise‹ von 1903 führt der Verfasser die Belege seines Wahlspruchs »Lerne zu reisen ohne zu rasen« vor: er will in beschaulicher Weise fahren, anhalten oder auch durchfahren, »um möglichst viel und intim zu sehen«[27]. Trotzdem mag auch er »streckenweise recht gern den Reiz genießen [. . .], den es hat, im offenen Wagen auf schnurgerader, glatter Chaussee hast Du nicht gesehen dahinzurollen. Es ist ein ganz einzigartiges Gefühl, das fast etwas Berauschendes hat«[28], in seiner Intensität »wie ein Fliegen«[29] erscheint. Im Zeitroman ›Prinz Kuckuck‹ von 1906/07 fährt der Titelheld mit gesteigerter Geschwindigkeit, »wie verschlungen von dem immer aufs neue sich öffnenden, weitenden Trichter der weißen Landstraße« kann er keine Einzelheiten der Landschaft mehr wahrnehmen, verzichtet er »auf alle Eindrücke der Umwelt«[30]. Die Straßen sind nicht für hohe Geschwindigkeiten gebaut: Straße und Auto lassen keine unbegrenzte Geschwindigkeitserhöhung zu. Aber auch die – technisch gesehen – menschliche Aufnahmekapazität als

[27] Otto Julius Bierbaum, Eine empfindsame Reise im Automobil von Berlin nach Sorrent und zurück an den Rhein, in Briefen an Freunde geschildert. Berlin 1903, S. 10.

[28] Ebd.

[29] Ebd., S. 9.

[30] Otto Julius Bierbaum, Prinz Kuckuck. Leben, Taten, Meinungen und Höllenfahrt eines Wollüstlings. München o. J., S. 750.

Annex der Maschine scheint an ihre Grenze gekommen; Kuckuck glaubt in einer rauschhaften Intensität, beinahe zu fliegen. Seine folgende Gewöhnung zeigt jedoch, daß die Aufnahmekapazität keine nur technische, sondern zugleich eine historische Grenze hat: er kauft sich einen Rennwagen, um die Geschwindigkeit weiterhin steigern, um das Rauscherlebnis weiterhin erfahren zu können. Die immer weiter getriebene Steigerung, die allgemein die Geschichte der Geschwindigkeit charakterisiert,[31] wird hier konkret. Je introvertierter der Fahrer wird (sein Rasen wird zugleich als Ausdruck der inneren Leere und Getriebenheit gezeigt), desto deutlicher wird sein Gegensatz zu den Fußgängern, den einfachen Leuten. Die soziale Abgrenzung gegen untere Schichten, die Bierbaum in der ›Empfindsamen Reise‹ als Vorteil des Luxusfahrzeugs Auto gegen die Eisenbahn anführt, wird hier ins Extrem gesteigert: »Weg da, Gesindel! Zur Seite, Gewürm! brüllte die Hupe, heulte das Lärmrohr: ein Herr kommt«[32]. Dazu der Kommentar des Erzählers: Was er an Tieren »überrädern, überrasen, auslöschen, vertilgen, töten wollte, war die Fahrbahn seines Lebens selber [...]. Das niederzuwalzen war der Sinn des Zwanges, mit dem er sich zum *Sklaven der Sekunde* machte, von einer der anderen überliefert, immer nur den nächsten Augenblick *abmessend*«.[33]

Das Auto wird zur Waffe, der Fahrer zum Krieger. Konnte man in der ›Empfindsamen Reise‹ noch in Zivilkleidung, nur mit einer Schutzbrille gegen den Fahrtwind geschützt, im offenen Wagen reisen – er hatte nur acht PS –, so trägt der Fahrer nun einen Lederanzug wie eine Rüstung. Wer nicht überfahren werden will, muß in den Straßengraben flüchten.[34] Die *Objekte der Beobachtung*, die der Geschwindigkeit wegen nur schemenhaft wahrgenommen werden, *sind von der Vernichtung bedroht.* Diese wird möglich, weil dem Beobachter in der Maschine durch die Geschwindigkeit eine Potenzierung seiner Macht zuwächst. Seine innere Leere, sein Geschwindigkeitsrausch und seine Aggression gehen eine Synthese ein, die auf der

---

[31] Pierre Rousseau, Historie de la Vitesse. Paris 1946.

[32] O. J. Bierbaum, Prinz Kuckuck, S. 751.

[33] Ebd., S. 752 (Hervorhebungen von mir, d. Verf.).

[34] Derartiges Verhalten scheint damals in der Wirklichkeit nicht selten gewesen zu sein. Zumindest werden etliche Attentate gegen Automobilisten, seit etwa 1905 in Italien, später auch in Deutschland, gemeldet. Vgl. Hans Straßl, Das Henningsdorfer Automobilattentat. – In: Kultur und Technik. Jg. 1987, Heft 1, S. 62 ff.

engen Fahrbahn das Gleichgewicht des Fahrers endgültig zerstören: am Ende zerschellt der Wagen an einer Mauer. Wäre nicht Kuckucks innere Leere mit diesem Ende zu exekutieren gewesen, hätte ihn ein Umsteigen aufs Flugzeug fürs erste retten können.

Die implizite Steigerung hatte sogar in der ›Empfindsamen Reise‹, verstärkt dann in diesem Roman, dem Autofahrer das Gefühl des Fliegens vermittelt. Marinetti überführt zur gleichen Zeit in der ›Ode an das Automobil‹ die horizontale Bewegung in die Vertikale. Auch im Gründungsmanifest des Futurismus entwickelt er »die aviatische aus der automobilistischen Metapher«[35]. Das Umsteigen vom Auto ins Flugzeug ist nicht nur ein nachvollziehender Reflex der Technikentwicklung, sondern entspricht dem sozialen Bedürfnis nach weiterer Beschleunigung sowie nach *Synthese von Technikerfahrung und Emotion.* Im Gegensatz zu Bierbaum setzt Marinetti auf die Steigerung der Geschwindigkeit.

Da auf den engen Landstraßen eine weitere Beschleunigung die Wahrnehmung der Umgebung bis zur Unkenntlichkeit verzerrt hätte, gewinnt der Futurist im Flugzeug durch die große Distanz zur Erde einen neuen Überblick. Damit scheint sich nur ein Traum zu verwirklichen, der schon seit je her mit der Luftfahrt, besonders mit dem Ballonflug, verbunden war. Entscheidend für die Erfahrung und Phantasie bei Marinetti ist jedoch die mit dem Flugzeug verbundene Steigerung der Geschwindigkeit, die Intensivierung ihrer Erfahrung im Rausch sowie der Zuwachs an Macht durch die Beherrschung der Maschine, durch die Überlegenheit des Flugzeugs. Die Omnipotenz-Phantasien im zweiten Manifest von 1909 (›Tod dem Mondschein‹) resultieren aus der »Organverstärkung«[36], die der Flieger durch seine Maschine erfährt; sie setzt die Identifizierung und Verschmelzung mit der Maschine voraus. Aus dem paradoxen Zustand der Gleichzeitigkeit von Ruhe (im Flugzeug) und Bewegung (im Luftraum) erscheint die Geschwindigkeit folgerichtig als Ergebnis der Armbewegung: »flügelschlagend fliegen wir euch entgegen«[37]. Eine ‘passéistische’ Metaphorik, die aus innerer Logik hervorgebracht wird.

---

[35] Felix Philipp Ingold, Literatur und Aviatik. Europäische Flugdichtung 1909–1927. Frankfurt a. M. 1980, S. 66.

[36] Arnold Gehlen, Die Seele im technischen Zeitalter. Sozialpsychologische Probleme in der industriellen Gesellschaft. Reinbek 1957, S. 8.

[37] Filippo Tommaso Marinetti, Tod dem Mondschein. Zweites Manifest

Notwendigerweise verändert sich die Beobachtung der Erde und der Menschen. Liegt schon im Beobachtungsverfahren selbst eine Annäherung von Menschen und Dingen zum Objekt beschlossen, so werden nun für den Beobachter im Flugzeug durch die Entfernung zur Erde beide im Status einander angenähert. Während die Landschaft wie eine Reliefkarte erscheint, schrumpfen die Menschen zu Punkten, die visuell im Verhältnis zu Verkehrsmitteln noch zusätzlich an Bedeutung verlieren. Die im Verlauf der gezeigten Entwicklung zu beobachtende allmähliche Verlagerung von der Bewegung des Menschen zur Bewegung als solcher hat einen neuen Grad erreicht: die Bewegung von Punkten. Allgemein kann hier angemerkt werden, daß der veränderte Standpunkt der Beobachtung verschiedenartige Erkenntnisse hervorbringt: strukturierte Großstadtbilder (Poe), Zeitlupenbilder von Bewegung (Muybridge, Marey), Wischbilder in der Autofahrt (Bierbaum), Bewegung von Punkten. Die Beobachtungen sind alle gleich 'real', gleichermaßen beweisbar. *Die Methoden bestimmen wesentlich die Wahrnehmung und Erkenntnis des Gegenstandes.*

Die immer wieder hervorgehobene Kriegslüsternheit in den futuristischen Verlautbarungen ist – ungeachtet ihrer moralischen Bewertung – in der vorliegenden Form erst möglich auf der Basis der neuartigen Wahrnehmungsmodi im Flugzeug. Die Distanz zu den Objekten der Beobachtung, zur Masse, die instrumentell in der Beobachtung selbst, sozial in der Rolle des Schriftstellers begründet ist, wird im Flugzeug unter dem Eindruck des Geschwindigkeits- und Höhenrausches, der Omnipotenz, zum exponierten Kampf 'Mann gegen Mann' (im Luftkampf) und zum Krieg gegen die Masse. Das Auto als Waffe (in Bierbaums ›Kuckuck‹-Roman) wird durch das Flugzeug als Waffe bei weitem übertroffen. Die Explosion des Autos tötet im ›Kuckuck‹-Roman nur den Fahrer – die Explosionen der Flugzeuge im Ersten Weltkrieg vernichten mehr als nur die gegnerischen Maschinen und Soldaten. Sie tragen dazu bei, das alte Europa und seine Vorstellungswelt, aus der sie selbst hervorgegangen waren, grundlegend zu zerstören. Aus den Trümmern, die der Weltkrieg hinterläßt, versucht die gleichzeitige und die nachfolgende künstlerische Avantgarde, die Welt neu zusammenzusetzen.

---

des Futurismus. – In: Christa Baumgarth, Geschichte des Futurismus. Reinbek 1966, S. 246.

Marianne Schuller

HYSTERIE ALS ARTEFAKTUM

Zum literarischen und visuellen Archiv der Hysterie um 1900

> Dieser ganze Teil des Anfalls ist [...] wunderschön, und jede einzelne Phase würde verdienen, durch Verfahren der Instantanphotographie festgehalten zu werden.
>
> Jean-Martin Charcot

In seinem Aufsatz ›Erinnern, Wiederholen und Durcharbeiten‹ [1] von 1912 entwirft Freud eine Skizze der analytischen Situation im Hinblick auf das Problem der Übertragung. Dabei konturiert er einen Darstellungstyp der Krankheit, der aus der Wiederholung ihrer Merkmale hervorgeht. In dem Maße aber, in dem diese Darstellung alle Symptome sichtbar macht, ist sie doch nicht die Krankheit selbst, sondern ihre Darstellung als eines Artefaktums. Angesiedelt zwischen »Krankheit und Leben«, stellt dieser »Zwischenbereich« nach Freud eine »artifizielle Krankheit« dar, eine Simulation, die allererst die analytische Arbeit in Gang setzt.[2] Damit reagiert Freud auf eine überwundene Phase in seiner eigenen analytischen Praxis, die er im Rahmen seiner Hysterie-Analysen angewendet hatte: auf die Hypnose. Angesichts des neu gewonnenen theoretischen Standards ließe sich sagen, daß die Hypnose insofern eine Verkennung war, als sie eine Identifikation des Artefaktums mit der realen Krankheit vollzogen hat.

Damit aber ist ein Problem angesprochen, das sich, über Freud hinaus, in der Hysterie-Forschung um 1900 geradezu exemplarisch abzeichnet: welchen Status nehmen die Darstellungsweisen der Hyste-

---

[1] Sigmund Freud, Gesammelte Werke. Bd. 10. Frankfurt a. M. 1946, S. 125–136.

[2] Ebd., S. 135.

rie ein? Genauer: welche Darstellungsweisen müssen entworfen werden, damit sie einer medizinischen Semiotik zugänglich sind? Diese Fragen verschärfen sich in dem Maße, in dem die neue Reproduktionstechnik, die Fotografie, ins Spiel kommt. Während nämlich Freud, sozusagen traditioneller Weise, die literarische Archivierung privilegiert, wird die Hysterie, etwa bei Freuds Lehrer, dem Neurologen Jean-Martin Charcot, nicht nur schriftlich, sondern vor allem optisch aufgezeichnet: durch die Fotografie. Erst im Zuge dieser medial gefächerten Archivierung kann ein 'Bild' der Krankheit entstehen, das zugleich zum kulturell codierten Symptom einer Epoche wird. Denn in geradezu stereotyper Wiederholung hat sich die Epoche um 1900 selbst als »hysterisches Zeitalter« [3] bezeichnet. Das literarische und visuelle Archiv der Hysterie bildet gleichsam einen semiotischen Tresor, der seinerseits von Kunst und Literatur in Szene gesetzt und bereichert wird. Im Stichwort von der »Nervenkunst« [4] findet diese Verschränkung ihren Niederschlag.

Die medizinisch-neurologische Forschung war, wie man seit den Untersuchungen Foucaults sagen kann, für den Einsatz der Fotografie gewissermaßen empfänglich. In seiner ›Geburt der Klinik‹ [5] nämlich hat Foucault die Herausbildung der Dominanz des Blicks im diagnostischen Verfahren rekonstruiert. »Das Auge wird zum Hüter und zur Quelle der Wahrheit; [...]. Der Aufenthalt der Wahrheit im dunklen Kern der Dinge ist paradoxerweise an diese souveräne Macht des empirischen Blicks gebunden, der ihre Nacht an den Tag bringt. Das ganze Licht ist auf die Seite der winzigen Fackel des Auges übergegangen, das nun um die Körper kreist und auf diesem Wege ihren Ort und ihre Form beschreibt.«[6] Wird damit das Verhältnis zwischen Sichtbarkeit und Unsichtbarkeit zu einem virulenten Problem, so kündigt eine Devise um 1800 diese folgenschwere Umstrukturierung an: »Man muß, soweit es nur geht, der Wissenschaft Augen einsetzen.« [7]

[3] Belege bei: Marianne Schuller, »Weibliche Neurose« und Identität. Zur Diskussion der Hysterie um die Jahrhundertwende. – In: Die Wiederkehr des Körpers. Hrsg. v. D. Kamper u. Ch. Wulf. Frankfurt a. M. 1982.

[4] So Michael Worbs, Nervenkunst. Literatur und Psychoanalyse im Wien der Jahrhundertwende. Frankfurt a. M. 1983.

[5] Michel Foucault, Die Geburt der Klinik. Eine Archäologie des ärztlichen Blicks (1963). München 1973.

[6] Ebd., S. 11.

[7] Ebd., S. 102.

Diese Augen werden schließlich die der Kamera sein. Denn der tiefgreifende Wahrnehmungsschock, den die Fotografie ausgelöst hat, liegt darin, daß sie das dem natürlichen Auge Unsichtbare plötzlich, mit einem Schlage sichtbar machen konnte. Die Fotografie empfahl sich, wie Klaus Bartels formuliert, als »Medium des Unsichtbaren.«[8] Als Medium des Unsichtbaren führte die Fotografie in ihren Anfängen zu einem schöpfungsmythischen Rausch, dem sich etwa der Kunstkritiker Jules Janin schwärmerisch überläßt. »Es gibt«, so schreibt er 1839, »in der Bibel die schöne Stelle: *Gott sprach, es werde Licht und es ward Licht.* Jetzt kann man den Türmen von Notre-Dame befehlen: Werdet Bild! Und die Türme gehorchen [...]. Von den großartigen Fundamentsteinen, auf denen sie gründen, bis hin zu den zarten und leichten Spitzen, die sie in die Lüfte strecken und die noch niemand gesehen hat, außer Daguerre und der Sonne.«[9] Entsprechend vehement fällt auch die Gegenstimme aus. Ist es einzig dem göttlichen Auge vorbehalten, alles zu sehen, so bedeutet dessen Ersetzung durch die Kamera in letzter Konsequenz den technischen Tod Gottes. Mit ihm aber stürbe auch der Mensch, sofern dieser nach einem narzißtisch-imaginären Zeichenkonzept als sein Anderes, als sein Spiegelbild erscheint. »Flüchtige Spiegelbilder festhalten zu wollen«, so ist 1841 im ›Leipziger Stadtanzeiger‹ zu lesen, »dies ist nicht bloß ein Ding der Unmöglichkeit, wie es sich nach gründlicher deutscher Untersuchung herausgestellt hat, sondern schon der Wunsch, dies zu wollen, ist eine Gotteslästerung. Der Mensch ist nach dem Ebenbild Gottes geschaffen, und Gottes Bild kann durch keine menschliche Maschine festgehalten werden.«[10]

Unbeirrt von diesen Kontroversen aber zog die Fotografie ins Feld der Wissenschaft ein. Wurde ihr »Nutzen für die Wissenschaften«[11] von Anfang an betont, so feiert sie unter dieser Fahne auch in der

[8] Klaus Bartels, Held in einem Roman oder Star in einem Film. Über zwei Typen der familialen Archivierung von Kindheit. – In: Informationen Jugendliteratur und Medien/Jugendschriften-Warte 39 (1987), S. 2–9 (Zitat S. 5).

[9] Jules Janin, Der Daguerreotyp (1839). – In: Theorie der Fotografie 1839–1912. Hrsg. v. Wolfgang Kemp. München 1980, S. 46–51 (Zitat S. 47).

[10] In: Theorie der Fotografie (wie vorstehende Anm.), S. 68 f.

[11] So Dominique Francois Arago, Bericht über den Daguerreotyp (1839). – In: Theorie der Fotografie, S. 51–54 (Zitat S. 54).

Neuropathologie Jean-Martin Charcots ihre Triumphe. Als Charcot 1883, gerade zum Professor der Neurologie und Neuropathologie berufen, die Leitung der Salpêtrière übernahm, jener berühmt-berüchtigten Anstalt für Nervenkranke, konnte er stolz auf ein großes Fotolabor als Ausstattung verweisen. Unter der Ägide des Arztes und Fotografen Albert Londe wurde, über Jahre hin, ein Fotoarchiv der Hysterie erstellt, das keineswegs zufällig den Titel ›Fotografische Ikonographie‹ trägt. Endlich schienen die Grenzen der Sichtbarkeit unendlich verschiebbar, endlich schien der Traum der 'Klinik' des 19. Jahrhunderts in Erfüllung zu gehen: »daß es für die Beobachtung nichts Unsichtbares mehr [gibt], es gibt nur noch das unmittelbar Sichtbare.« [12]

Genau diesen für die 'Klinik' des 19. Jahrhunderts konstitutiven Zug hat Freud im Nachruf auf seinen ehemaligen Lehrmeister Charcot aus dem Jahre 1893 herausgearbeitet. Ohne allerdings auf die Fotografie einzugehen, heißt es bei Freud: »Man konnte ihn sagen hören, die größte Befriedigung, die ein Mensch erleben könne, sei, etwas Neues zu sehen, d. h. es als neu zu erkennen, und in immer wiederholten Bemerkungen kam er auf die Schwierigkeit und Verdienstlichkeit dieses »Sehens« zurück. Woher es denn komme, daß die Menschen in der Medizin immer nur sehen, was sie zu sehen bereits gelernt haben, wie wunderbar es sei, daß man plötzlich neue Dinge – neue Krankheitszustände – sehen könne, die doch wahrscheinlich so alt seien wie das Menschengeschlecht«.[13] Das Primat des Sehens also legitimiert sich dadurch, daß es ein bisher Ungewußtes, in keinem vorliegenden Text Verzeichnetes ans Licht bringt. Das ist aber nur möglich, sofern den Dingen selbst, den pathologischen Symptomen ein Zeichencharakter zugesprochen wird, der, sichtbar geworden, dann nachbuchstabiert werden kann. Umkreist Foucault die Herausbildung eines »sprechenden Blicks«,[14] so scheinen auch Freuds mythische Anspielungen diesem auf der Spur zu sein: aus dem sehenden Arzt wird die mythische Figur des 'vates', dessen Sprache im Mythos der adamitischen Namengebung gefaßt wird: »Er war kein Grübler, kein Denker, sondern eine künstlerisch begabte Natur, wie er es selbst

[12] M. Foucault, Geburt der Klinik (wie Anm. 5), S. 121.

[13] Sigmund Freud, Charcot. – In: Gesammelte Werke. Bd. 1. Frankfurt a. M. 1952, S. 21–35 (Zitat S. 23).

[14] M. Foucault, Geburt der Klinik (wie Anm. 5), S. 128.

nannte, ein *visuel*, ein Seher.« Und wer mit ihm, so fährt Freud fort, einen »Gang durch die Krankenzimmer der Salpêtrière, dieses Museums von klinischen Fakten, gemacht hatte, deren Namen und Besonderheit größtenteils von ihm selbst herrührten, [. . .] mußte an den Mythus von Adam denken, der jenen von Charcot gepriesenen intellektuellen Genuß im höchsten Ausmaß erlebt haben mochte, als ihm Gott die Lebewesen des Paradieses zur Sonderung und Benennung vorführte.«[15] Diesem Verfahren zufolge also gewinnt die Krankheit eine »alphabetische Struktur«: die einzelnen mit Zeichencharakter versehenen Symptome bilden die Signifikanten dieses Alphabetes, während deren Kombination den Text der Krankheit bildet. Und so heißt es denn auch bei Freud: »Er nannte diese Art der Geistesarbeit [. . .] »Nosographie treiben« und war stolz auf sie.«[16]

Wird man die mythischen Anspielungen auch als Anspielung darauf lesen können, daß Freud diesen Typ von »Nosographie« selbst für einen Mythos hält, so stellt sich in der Tat die Frage nach dem Statut der signifikanten pathologischen Elemente und ihrer Kombinatorik. Wie organisieren sich die 'Krankheitsbilder'? Welcher Ordnung sind sie ausgesetzt? Wenn Freud die Salpêtrière, die doch eher an die Hölle gemahnt, als ein paradiesisches »Museum von klinischen Fakten« bezeichnet, so wiederholt er damit nur Sprachregelungen von Charcot selbst. In seinen, von Freud übersetzten ›Neuen Vorlesungen‹ wird dieses Asyl, das weit über fünftausend Kranke beherbergt, folgendermaßen beschrieben:

Die klinischen Typen bieten sich dem Beobachter in zahlreichen Exemplaren, welche gestatten, das Krankheitsbild mit einem Blick in verschiedenen, gleichsam fixierten Stadien zu überschauen, denn die Lücken, welche die Zeit in diese oder jene Gruppe reißt, werden alsbald wieder ausgefüllt. Wir sind mit anderen Worten im Besitz eines reich ausgestatteten, lebenden pathologischen Museums ... Alles zusammen bildet ein innig verknüpftes Ganzes, welches durch einige andere Zuthaten vervollständigt wird. Wir besitzen ein pathologisch-anatomisches Museum nebst Ateliers für Ohotographie und Gipsabgüsse, ein Laboratorium für Anatomie und pathologische Physiologie [. . .].[17]

[15] S. Freud, Charcot (wie Anm. 13), S. 22 u. 23.

[16] Ebd.

[17] Jean-Martin Charcot, Neue Vorlesungen über die Krankheiten des Nervensystems insbesondere über Hysterie von J.-M. Charcot. Autorisierte deutsche Ausg. v. Dr. S. Freud. 2 Bde. Wien 1886, S. 3 u. 4.

In den Augen Charcots erscheint die Salpêtrière als ein Ort, an dem sich Kunst und Medizin ein Stelldichein geben. Er sieht sie als ein großartiges Museum, das einen ausgedehnten Panorama-Blick auf die pathologischen Exponate eröffnet. Wie in der Chronofotografie bilden die einzelnen fixierten Phasen in ihrer lückenlosen Reihung ein fortlaufendes Band, das den Gesamttext der Krankheit ergibt. In dieses Museum versetzt, werden alle pathologischen Gegenstände zu Exponaten mit mehr oder minder hohem, ästhetisch codierbarem Ausstellungswert. In diesen Zusammenhang gehört auch und wesentlich die Darbietung von »Originalszenen« der hysterischen Erkrankung, wie sie sich in den Vorlesungen Charcots ereigneten.

Nicht ganz ohne leicht süffisanten Zungenschlag hatte bereits Freud das »Theatralische«[18] der hochberühmten Vorlesungen erwähnt, die Charcot nicht nur vor ausschließlich männlichen Studenten, sondern auch vor einem größeren Publikum regelmäßig abhielt. Eine Aktennotiz aus den Archiven von Salpêtrière läßt die Dramaturgie dieses Theaters wenigstens erahnen.

Das Subjekt zeigt eine hysterische Lähmung; Charcot unterbricht eine Krise, indem er zunächst die Hände, dann das äußerste Ende eines Stabes auf die Eierstöcke legt. Er nimmt den Stab fort, und gleich setzt erneut die Krise ein, die er durch Einatmen von Amylnitrat beschleunigen läßt. Die Kranke verlangt nun den Sex-Stab mit Worten, die keinerlei Metaphern benutzen: »Man läßt G. verschwinden, deren Delirium anhält.«[19]

Zu einer Szene wird dieser Ablauf, weil es keineswegs nur um die Demonstration eines manifesten Symptoms geht. Vielmehr geht es um die Demonstration der Darstellbarkeit des hysterischen Körpers als einer szenischen Wiederholung. Gewinnt der Körper erst darüber seine decodierbare hysterische Signifikanz, so ist der Arzt ihr Regisseur und Techniker zugleich geworden. Denn er kennt die Berührungspunkte, die die hysterische Körpertheatralik in Gang setzen: sie entsteht sozusagen auf Knopfdruck, als handle es sich um eine ein- und abstellbare Maschine. Unter diesem Gesichtspunkt gewinnt auch die jahrtausendealte Verbindung von Hysterie und Weiblichkeit[20]

---

[18] S. Freud, Charcot (wie Anm. 13), S. 29.

[19] Michel Foucault, Sexualität und Wahrheit. Erster Band: Der Wille zum Wissen (1976). Frankfurt a. M. 1977, S. 74 (Anm.).

[20] Vgl. z. B.: Regina Schaps, Hysterie und Weiblichkeit. Wissenschafts-

Charcot in einer Vorlesung, aus: Georges Didi-Huberman

eine neue Qualität: während der weibliche Körper über seine technische Sexualisierung die imaginäre Körperganzheit überschreitet, bietet er dem begehrlichen Blick der zum Publikum versammelten Studenten und einer weiteren männlichen Öffentlichkeit das Schau-Spiel ihrer Lust. Oder anders: das Faszinosum besteht darin, die künstlich ausgelöste Sexualisierung als Originalszene zu sehen. Die faszinierenden Originalszenen aber erweisen sich ihrerseits als Wiederholungen oder Nachstellungen eines festgelegten hysterischen Zeichenkanons, der schließlich in der »Fotografischen Ikonografie« [21] des Arztes und Mitarbeiters Charcots bei Albert Londe seine Vollendung gefunden hat. In Anlehnung an die »Fotografische Flinte« und den »Chronophotographen« des Physiologen Etienne Jules Marey [22] konstruierte Albert Londe »eine Kamera mit 9 in Kreuzform angeordneten Objektiven, die auf einer feststehenden Negativplatte mittels elektrischer Auslösung nacheinander 9 Einzelbilder abzeichneten.« [23] Wie die Chronofotografie überhaupt, so untersteht auch diese Konstruktion dem Wunsch nach 'lebenden Fotografien'. Während zunächst, wegen der anfangs langen Belichtungszeiten, nur unbewegliche Sujets – menschenleere Straßen und Friedhöfe – in Frage kamen,[24] wurde durch die technischen Erfindungen von Muybridge und Marey die Aufzeichnung der Bewegung möglich. Es läßt sich denken, daß gerade die exzessive hysterische Körpertheatralik eine besondere Herausforderung für diese neue Aufgabe des Mediums darstellt.

Die chronofotografischen Aufzeichnungen der hysterischen Körperbewegungen unter Albert Londe zeichnen sich nun wesentlich durch ein Merkmal aus: es ist das der kontinuierlichen Abfolge oder narrativen Struktur. Faßt die Devise »Sehen und Ordnen« das wissen-

---

mythen über die Frau. Frankfurt a. M./New York 1982. – Über männliche Hysterie vgl. Ulla Link-Heer, Männliche Hysterie. – In: Kulturrevolution 9 (1985), S. 39–48.

[21] Georges Didi-Huberman, Invention de L'Hysterie. Charcot et l'iconographie photographique de la Salpêtrière. Paris 1982.

[22] Vgl. Friedrich von Zglinicki, Der Weg des Films (Textband). Hildesheim/New York 1979, S. 164–191.

[23] Ebd., S. 186.

[24] Vgl. Walter Benjamin, Kleine Geschichte der Photographie. – In: W. B., Gesammelte Schriften. Bd. II, 1. Frankfurt a. M. 1977, S. 368–385.

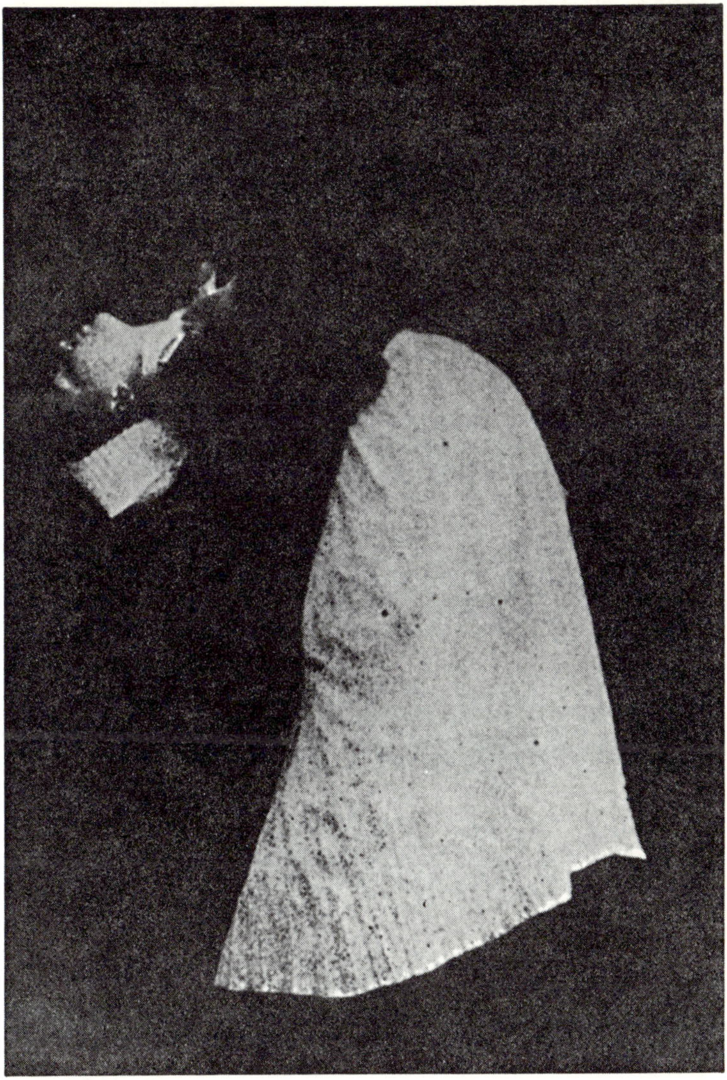

Hysterische Szene, aus: Georges Didi-Huberman

schaftliche Credo Charcots zusammen,[25] so schafft die ihrerseits Phase an Phase reihende fotografische Technik die Ordnung der Narration. Die immer wieder als chaotisch und damit als unlesbar beklagte hysterische Symptomatik wird zu einem narrativ kombinierbaren Text, dessen Buchstaben sozusagen die einzelnen Bilder darstellen. »Man versteht«, so heißt es bei Charcot, »zu welcher Mannigfaltigkeit der Bilder diese Kombinationen führen können; aber immer muß es dem, der im Besitz der Formel ist, leicht werden, alle Bilder auf den Grundtypus zurückzuführen [...]. [im hysterischen Anfall ist] nichts der Willkür des Zufalls überlassen; im Gegenteil, alles geht nach Regeln vor sich, die immer die nämlichen sind, für die Spital-, sowie für die Privatpraxis, für alle Länder, für alle Zeiten, für alle Racen, die also wirklich universelle Giltigkeit besitzen.«[26] Eine Grundregel, die eben deswegen auch schematisiert werden kann, ist die Einteilung des pathologischen Symptomverlaufs in vier Hauptphasen oder auch in vier Akte eines geschlossenen Dramas: 1. die epileptoide Phase, 2. Die Phase der Verrenkungen und großen Bewegungen oder Possen-Phase, 3. die Phase der leidenschaftlichen Gebärden, 4. die Endphase des großen hysterischen Anfalls.[27]

Es sind also nicht zuletzt die technischen Bedingungen der Chronofotografie, die die Verlaufsstruktur der hysterischen Symptomatik herstellen, indem sie sie darstellen. Diese Darstellung aber gewinnt an Autorität in dem Maße, als sie unter dem Signum der Selbstdarstellung der Realität steht. Wie die Fotografie als Erweiterung der Realität um den Bereich des Unsichtbaren verstanden wird, so auch die technische Apparatur als Erweiterung des Auges. »Die photographische Platte«, so heißt es bei Londe, »ist die wahre Netzhaut des Gelehrten«.[28] Unter diesem Signum aber verdoppeln sich die medialen Täuschungen. Ohne es zu wissen nämlich, wiederholt das neue Me-

---

[25] S. Freud, Charcot (wie Anm. 13), S. 23.

[26] J.-M. Charcot, Neue Vorlesungen (wie Anm. 17), S. 12 u. 13.

[27] Vgl. Jean-Martin Charcot u. Paul Richer, Die Besessenen in der Kunst. Hrsg. u. mit einem Nachwort versehen v. Manfred Schneider. In Zusammenarbeit mit Wolfgang Tietze. Aus dem Französischen v. Willi Hendrichs. Göttingen 1988, S. 118 ff.

[28] Zitiert nach: Manfred Schneider, Hysterie als Gesamtkunstwerk. Aufstieg und Verfall einer Semiotik der Weiblichkeit. – In: Merkur 39 (1985), S. 879–895, S. 164 (Anm. 19).

dium Elemente und Kombinationen aus dem visuellen Archiv der bildenden Künste, die nun ihrerseits als Selbstaussage der Dinge fungieren. Das Verhältnis zwischen der »Fotografischen Ikonografie« und Charcots Arbeit über ›Die Besessenen in der Kunst‹ spiegelt diese Täuschung.[29]

Die zusammen mit Paul Richer verfaßte Arbeit über ›Die Besessenen in der Kunst‹ erstellt eine »historische Klinik«.[30] Ihr Programm ist die Austreibung der 'Gespenster' durch das neuropathologische Wissen: Charcot zufolge nämlich sind die Bilder der Verzückten und mystisch Inspirierten nichts weiter als die Ahnengalerie der Hysterischen.

All diese hysterischen oder konvulsivisch Besessenen, für die sich die Ärzte nicht zuständig fühlten und die daher Priestern und Richtern in die Hände fielen, die dann nur von Dämonen gequälte Seelen wittern konnten: Heute verstehen wir sie als *Kranke*. Malstift, Pinsel und Fotografie mußten zur Notation aller jener Körperhaltungen und physiognomischen Differenzen der Schrift zur Hilfe kommen, die längst nicht mehr alle sichtbaren Effekte jener befremdlichen und grausamen Krankheit festhalten kann.[31]

Gemäß der Dominanz des Sehens knüpft Charcot den Standard des neuropathologischen Wissens an die Ausdifferenzierung der visuellen Aufzeichnungstechniken, die die Erkenntnismöglichkeiten der Schrift übersteigen. Zugleich aber bleibt er angesichts der von ihm wahrgenommenen Bilder blind. Denn diese stellen ja nicht zuletzt die Grenzen der Sichtbarkeit dar: die Verzückung *ist* die Überschreitung der Präsenz, des Spiegels, des Bildes. Während Charcot also darangeht, die 'Gespenster' zu vertreiben, kehren sie im Mythos der technisch erzeugten Sichtbarkeit wieder: als Fotografie. Wie sich mit der Fotografie eine regelrechte 'Geisterindustrie' entwickelt, die durch technische Tricks Tote und Geister sichtbar erstehen läßt,[32] so findet sich auch im Umkreis von Charcot eine gewisse Spielart der 'Geisterfotografie': es wird der Versuch unternommen, das Unsichtbare schlechthin, nämlich die Seele des Menschen fotografisch darzu-

[29] J.-M. Charcot/P. Richer, Die Besessenen (wie Anm. 27).

[30] Ebd., S. 6.

[31] Ebd., S. 11 u. 12.

[32] Paul Virilio, Krieg und Kino. Logistik der Wahrnehmung (1984). München 1986, S. 51 u. 52.

Augustine, aus: Georges Didi-Huberman

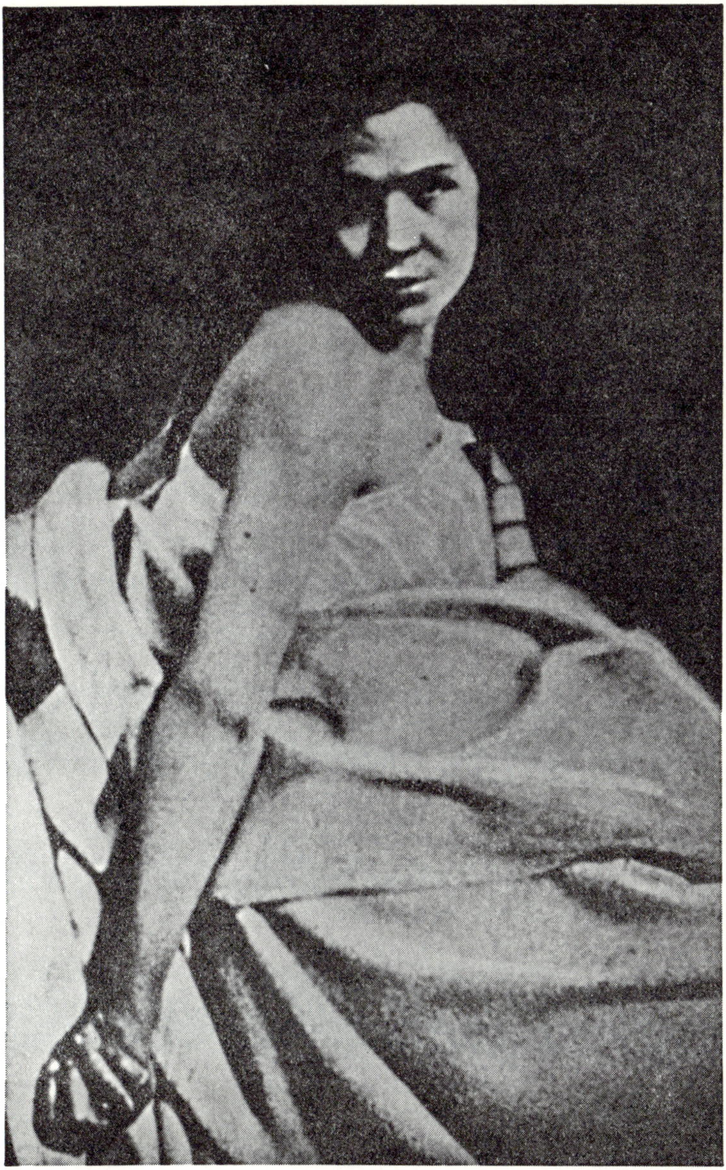

Augustine, aus: Georges Didi-Huberman

stellen und ihr somit, auf technischem Wege, endgültig den Garaus zu machen.[33]

Wenn nun Charcot die Arbeit über ›Die Besessenen in der Kunst‹ als »historische Klinik« entwirft, so gilt umgekehrt für die »Fotografische Ikonografie« der Hysterie von Salpêtrière: sie entwirft die neuropathologische Klinik als Kunst. Die Fotos der Kranken nämlich erweisen sich als präzise Reinszenierungen ästhetisch vorgeprägter Muster. Sind es vor allem weibliche Hysterikerinnen, so hat die ästhetische Überdeterminierung des visuellen Archivs von Salpêtrière auch einen 'Medien-Star' hervorgebracht: Augustine. Augustine nämlich avancierte zur meist fotografierten Hysterika, die alle Sequenzen und Variationen des hysterischen Anfalls darzustellen hatte. Von surrealistischer Seite ist ihr, ein halbes Jahrhundert später, noch einmal ein Denkmal gesetzt worden. So heißt es bei Aragon und Breton: »Wir Surrealisten möchten hier gerne das fünfzigjährige Jubiläum der Hysterie feiern, der größten poetischen Erfindung gegen Ende des 19. Jahrhunderts [...]. [Wir lieben] nichts mehr als jene jungen Hysterikerinnen, deren vollkommenste Gestalt uns durch die Untersuchungen an der zauberhaften X. L. (Augustine) überliefert worden ist, die am 21. Oktober 1875 fünfzehneinhalbjährig in den Dienst des Dr. Charcot an der Salpêtrière eingetreten ist.«[34] Das hier errichtete Denkmal betrifft nicht eine kranke Hysterika, die wie alle ihre zahllosen und namenlosen Schwestern ein unbeschriebenes und unerinnerbares Leben hinter den Anstaltsmauern verbracht hat, sondern dieses Denkmal gilt der Überführung der wirklichen Kranken in ein Zeichen. Insofern es ein ästhetisch codiertes Zeichen ist, ist es nicht nur für den ärztlichen Blick, sondern auch für den des Künstlers lesbar geworden. Und in der Tat: die Fotos wiederholen nicht nur das ganze Repertoire der in der Malerei und bildenden Kunst formulierten Körperhaltungen, sondern noch das Bettuch umrahmt den in einem

[33] Vgl. die Abbildungen bei G. Didi-Huberman, Invention (wie Anm. 21), S. 93–96.

[34] Hier zitiere ich das Nachwort von Manfred Schneider zu Charcots »historischer Klinik« (J.-M. Charcot/P. Richer, Die Besessenen, wie Anm. 27, S. 138); im Unterschied zu Schneiders Aufsatz ›Hysterie als Gesamtkunstwerk‹ (wie Anm. 28) läuft das Nachwort nicht Gefahr, die Ästhetisierung der Hysterie noch einmal zu wiederholen.

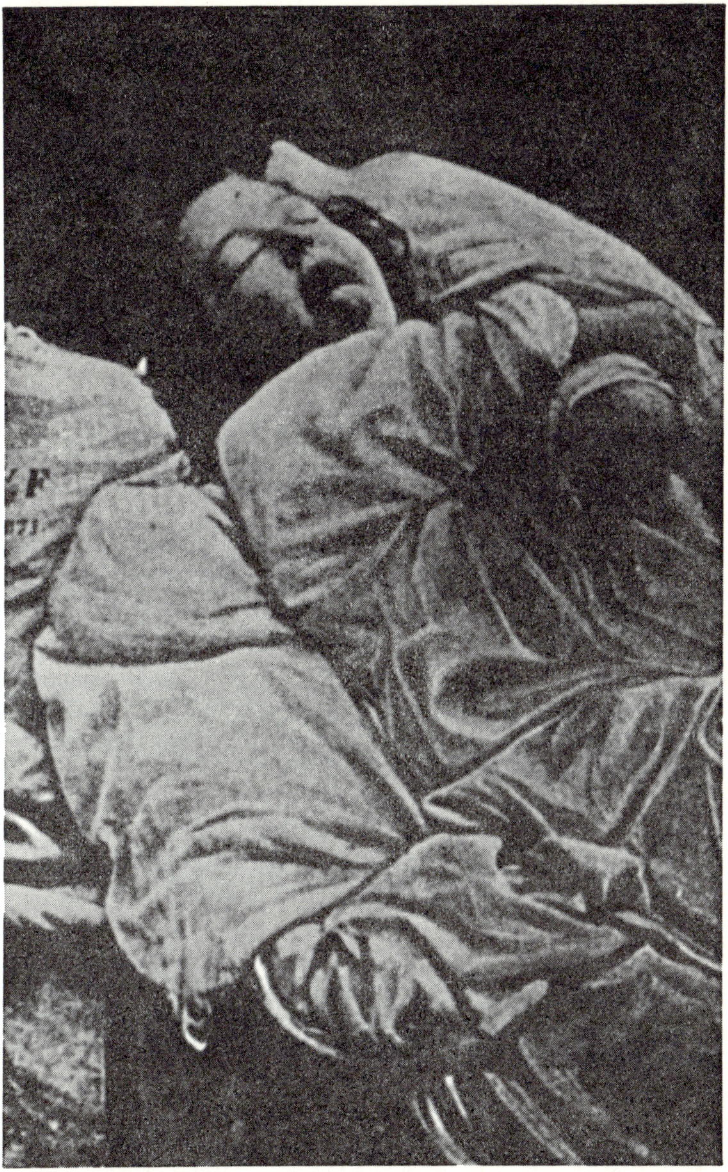

Hysterika in kunstvoll drapiertem Bettzeug, aus: Georges Didi-Huberman hysterischen Anfall begriffenen Körper der Augustine wie der Faltenwurf des Gewandes der Heiligen Theresa von Bernini.

Mit der medientechnischen Überführung des hysterischen Körpers in ein ästhetisch organisiertes pathologisches Zeichen aber findet die Hysterie auch Eingang in andere Bereiche. Nicht nur wird sie zur Fundgrube der Malerei der Jahrhundertwende, sondern sie steht auch am Beginn einer neuen Form der Unterhaltungskunst: am Beginn des Revuetheaters. Wie Klooss/Reuter zu Recht bemerken,[35] verändert das Revuetheater den Blick des Zuschauers: indem mit der Revuetreppe die Vertikale betont wird, wird der Blick von der Frontalansicht zur Aufsicht umgeleitet. Er fällt auf die Bühne wie auf eine Leinwand oder wie auf ein ausgestelltes Foto. Aus dieser Aufsicht tritt die Revue als Parade einer weiblichen Körperinszenierung hervor. Sie wiederholt das gesamte Repertoire des hysterischen Zeichenkanons. Entsprechend lautet etwa die Bildunterschrift zu einem Foto der seit 1890 existierenden Tiller-Girls: »Die Tillergirls beim Treppentanz, eine verschwenderische Motorik gestreckter Beine, eine sinnlose Mechanik angewinkelter Arme.«[36] Und angesichts der »Barrisons« hält ein begeisterter Zuschauer 1897 fest: »[Es sind Formen], die sie mit affenähnlicher Behendigkeit ihrer Glieder, mit den eckig-spitzen Ellenbogen, mit den gespreizten Fingern, mit dem fliegenden Lokkenhaar, mit den winkelig gestellten Beinen, mit Knien, Schultern, Armen und Waden ringsum in die Lüfte radieren.«[37] Taucht hier die Revue als Reinszenierung der chronografischen Aufzeichnung des hysterischen Körpers auf, der sich selbst als Zeichen im Raum einschreibt, so heißt im Hinblick auf den späteren Einzelstar Josefine Baker: »Ihre Stimme ist schrill, die ganze Person wird von ständigen Konvulsionen geschüttelt; sie grimassiert und windet sich, sie schielt, bläst die Backen auf, macht die unmöglichsten Verrenkungen, fällt in den Spagat und geht schließlich auf allen Vieren ab, steifbeinig, den Hintern höher als den Kopf, wie eine junge Giraffe.«[38] Hier nun wird die gesamte Skala der hysterischen Körpertheatralik vorgeführt.

---

[35] Reinhard Klooss u. Thomas Reuter, Körperbilder. Menschenornamente in Revuetheater und Revuefilm. Frankfurt a. M. 1980, S. 62.

[36] Ebd., S. 64.

[37] Ebd., S. 70.

[38] Ebd., S. 71. – Es geht bei diesen Äußerungen selbstverständlich auch um das (Wieder-)Entdecken des »Exotischen«, Wilden usw. Wichtig ist aber,

Der heilige Ignatius heilt die Besessenen. Ausschnitt aus dem Rubens-Gemälde in Wien; aus: J.-M. Charcot/P. Richer

Als sei die »Fotografische Ikonografie« durchgeblättert, als sei ein neuropathologisches Lehrbuch um 1900 aufgeschlagen worden: denn nicht nur das beschriebene Zeicheninventar, sondern auch die Beschreibung selbst könnte bis ins Einzelne dort wiedergefunden werden. Als sichtbares Zeichen des Weiblichen ist jetzt die Hysterie zur Unterhaltungskunst geworden.

Im Gegensatz zu Charcot ist Freud nicht der Privilegierung des Auges und seiner medientechnischen Aufrüstung qua Kamera gefolgt. Vielmehr wird das Ohr zum wesentlichen Speicherorgan im psychoanalytischen Prozeß. In der berühmten Formulierung der von Breuer analysierten Hysterika Anna O. wird dieser zu einer »talking cure«.[39] Der »talking cure« ist es gerade darum zu tun, daß die Bilder »abgesprochen« oder »wegerzählt«[40] werden. Damit bleibt Freud aber auch dem traditionellen Medium der Schrift verpflichtet. Die Verpflichtung auf das traditionelle Medium aber kann nicht umstandslos auf die mit der Alphabetisierung verbundene Bilderfeindlichkeit bezogen werden. Vielmehr signalisiert die Vernachlässigung der visuellen Aufzeichnungstechnik auch den Versuch, einem damit verbundenen Problem zu entgehen: nämlich dem, den simulativen Effekten der technisch produzierten Bilder aufzusitzen.[41] Dies wird in dem Maße deutlich, als Freud bereits in den ›Studien zur Hysterie‹ von 1895 auch die schriftliche Notation im Hinblick auf ihre Grenzen problematisiert.

Wie Freud hervorhebt, ist die Rede der stark »visuellen« Hysterikerinnen kaum zu notieren. So heißt es von Emmy v. N.: »Sie spricht wie mühselig, mit leiser Stimme, gelegentlich durch spastische Sprachstockung bis zum Stottern unterbrochen. Dabei hält sie die Finger ineinander verschränkt, die eine unaufhörliche athetoseartige Unruhe zeigen. Häufige ticartige Zuckungen im Gesichte und an den Halsmuskeln [...]. Ferner unterbricht sie sich häufig in der Rede, um

daß sich dieses mit dem Hysterischen als einer ästhetisch genießbaren Artikulation verbindet.

[39] Sigmund Freud u. Josef Breuer, Studien über Hysterie (1895). Frankfurt a. M. 1970, S. 27.

[40] Ebd., S. 30.

[41] Zum »Aufsitzen« vgl. Samuel Weber, Freud-Legende. Drei Studien zum psychoanalytischen Denken. Olten 1979, S. 126 ff.

ein eigentümliches Schnalzen hervorzubringen, das ich nicht nachahmen kann.«[42] Gerade die »Unfähigkeit der Kranken zur geordneten Darstellung ihrer Lebensgeschichte«[43] wird bei Freud zum Kriterium, das über Hysterie entscheidet. So heißt es einmal im Hinblick auf eine ihm als Hysterika annoncierte Patientin: »Ich ließ mir [...] von der Kranken selbst ihre Geschichte erzählen. Als diese Erzählung trotz der merkwürdigen Begebenheiten, auf die sie anspielte, vollkommen klar und ordentlich ausfiel, sagte ich mir, der Fall könne keine Hysterie sein«.[44]

Angesichts dieser hysterischen Symptomatik muß die schriftliche Notation zum Problem werden. Einerseits ist sie zu Lücken und Auslassungen verdammt, zum anderen muß sie die Lücken in der hysterischen Rede als bedeutungsvolles Symptom wahrnehmen, das sie buchstäblich ersetzt. Entsprechend heißt es bei Freud:

Ich kann mich nur verwundern, wie die glatten und exakten Krankengeschichten Hysterischer bei den Autoren entstanden sind. In Wirklichkeit sind die Kranken unfähig, derartige Berichte über sich zu geben. Sie können zwar über diese oder jene Lebenszeit den Arzt ausreichend und zusammenhängend informieren, dann aber folgt eine andere Periode, in der die Auskünfte seicht werden, Lücken und Rätsel lassen [...], die Zusammenhänge, auch die scheinbaren, sind meist zerrissen [...].[45]

Wie aber schreibt Freud angesichts dieser Darstellungsproblematik seine Fallgeschichten? Er schreibt sie, seiner Selbstaussage zufolge, nach einem literarischen Muster: als Novellen.

Ich bin nicht immer Psychotherapeut gewesen, sondern bin bei Lokaldiagnosen und Elektroprognostik erzogen worden wie andere Neuropathologen, und es berührt mich selbst noch eigentümlich, daß die Krankengeschichten, die ich schreibe, wie Novellen zu lesen sind, und daß sie sozusagen des ernsten Gepräges der Wissenschaftlichkeit entbehren [...]. Solche Krankengeschichten wollen beurteilt werden wie psychiatrische, haben aber vor letzteren *eines* voraus, nämlich die innige Beziehung zwischen Leidensgeschichte und Krankheitssymptomen [...].[46]

---

42 S. Freud u. J. Breuer, Studien (wie Anm. 39), S. 41.

43 Ebd., S. 173 u. 174.

44 Ebd.

45 Ebd.

46 Ebd., S. 131.

Freud also gibt das Programm einer objektiven Darstellbarkeit auf, sei sie visuell oder literarisch. Es geht ihm gerade um das, was nicht repräsentiert oder sichtbar ist, nämlich um die Beziehung zwischen der Leidensgeschichte und dem Symptom. Erst aus dieser Beziehung geht die »Darstellung der seelischen Vorgänge«[47] hervor. Indem Freud aber den Diskurs markiert, markiert er zugleich eine mit der Diskursivität konstituierte Grenze. Das heißt auch: die narrativ-novellistische Erzählung ist nicht die Wirklichkeit der Krankheit, sondern ein buchstäbliches Artefaktum, das in dem Maße als sie die Wirklichkeit der Krankheit verfehlt, zugleich die Frage nach ihr eröffnet. Gerade in der Absage an die Abbildfunktion des Diskurses, die ja in der Markierung seines als eines literarisch-fiktionalen Genres mitgesagt ist, konstituiert sich eine neue Problematik, die Derrida als grammatologische dekonstruiert hat: »Nicht, ob das Psychische tatsächlich eine Art von Text ist, sondern was ein Text ist und was das Psychische sein muß, um vermittels eines Textes dargestellt werden zu können.«[48]

Aufgrund ihres literarischen Charakters aber stellen die ›Studien zur Hysterie‹ wiederum ein gefundenes Fressen für die Literatur dar. Während das visuelle Archiv der Hysterie zur Unterhaltungskunst tendiert, tendiert ihre literarische Archivierung zum kulturell festgelegten hohen Standard der Literatur als Kunst. Dies gilt auch für Hofmannsthals Tragödie ›Elektra‹ von 1903. Wie schon von der zeitgenössischen Kritik bemerkt,[49] stellt diese Tragödie eine szenische Wiederholung der ›Studien‹ dar oder auch eine Dramatisierung der Novellenform.

Zugleich aber setzt diese Tragödie auch die mediale Konkurrenz des visuellen und des literarischen Entwurfs von Hysterie in Szene. So versehen die Regieanweisungen Elektra mit allen Zeichen der hysterischen Körpertheatralik. Sie schreit, grimassiert, bewegt sich konvulsivisch und mit eckigen Bewegungen. Sie hat die Augen wild

---

[47] Ebd. – Vgl. zur Darstellungsproblematik der Fallgeschichten bei Freud: M. Schuller, »Weibliche Neurose« (wie Anm. 3), S. 48–53.

[48] Jacques Derrida, Freud und der Schauplatz der Schrift. – In: J. D., Die Schrift und die Differenz (1967). Frankfurt a. M. 1972, S. 302–350 (Zitat S. 306).

[49] Bes. Maximilian Harden in: Hofmannsthal im Urteil seiner Kritiker. Hrsg. v. Gotthard Wunberg. Frankfurt a. M. 1972, S. 82–84.

aufgerissen und betritt die Bühne nur im wilden Sprung.[50] In ihren Monologen hingegen wird das ätiologische Repertoire, sofern es in den ›Studien‹ versammelt ist, weitläufig ausgebreitet. So wird die Fixierung an den Vater wiederholt oder auch die phantasmatische Imaginierung der Urszene: »Da mußte ich den Gräßlichen, der atmet / wie eine Viper, über mich in mein schlafloses Bette lassen, der mich zwang, / alles zu wissen, wie es zwischen Mann und Weib zugeht. Die Nächte, weh, die Nächte, / in denen ichs begriff! Da war mein Leib / eiskalt und doch verkohlt, im Innersten verbrannt.«[51] Ebenso fehlt der Hinweis auf ihre Unfähigkeit, eine 'weibliche Identität' auszubilden, wie die Anspielung an lesbische Tendenzen nicht. Schließlich verfällt sie, eine gute Schülerin Nietzsches, in einen mänadischen Tanz, an dessen Ende sie tot zusammenstürzt: »Sie hat den Kopf zurückgeworfen wie eine Mänade. Sie wirft die Kniee, sie reckt die Arme aus, es ist ein namenloser Tanz.« Sind ihre letzten Worte »schweigen und tanzen!«, so folgt die Regieanweisung: »Sie tut noch einige Schritte des angespanntesten Triumphes und stürzt zusammen.«[52]

Während Hermann Bahr in seinem 1904 entstandenen ›Dialog vom Tragischen‹,[53] dieser Mixtur aus Freud und Nietzsche, unter explizitem Bezug auf die ›Studien‹ die kathartische Wirkung der Wortsprache betont, führt Hofmannsthal über deren Grenze hinaus. Allerdings mit tödlichem Ausgang. Indem die ästhetische Codierung des pathologischen Zeichens noch einmal ausgespielt wird, legt der Tod der Frau das Zeichen selbst als Leiche dar.

Literaturliste

Dominique François Arago, Bericht über den Daguerreotyp. – In: Theorie der Fotografie I: 1839–1912. Hrsg. v. Wolfgang Kemp. München 1980, S. 51–54.

Hermann Bahr, Dialog über das Tragische. Berlin 1904.

---

[50] Vgl. die Regieanweisungen.

[51] Hugo von Hofmannsthal, Elektra. Trauerspiel in einem Aufzug frei nach Sophokles. – In: H. v. H., Dramen II. Frankfurt a. M. 1966, S. 7–75 (Zitat S. 63).

[52] Ebd., S. 74 u. 75.

[53] Hermann Bahr, Dialog über das Tragische. Berlin 1904, bes. S. 14–17.

Klaus Bartels, Held in einem Roman oder Star in einem Film. Über zwei Typen der familialen Archivierung von Kindheit. – In: Informationen Jugendliteratur und Medien/Jugendschriften-Warte 39 (1987), S. 2–9.

Walter Benjamin, Kleine Geschichte der Photographie. – In: W. B., Ges. Schriften. Bd. II, 1. Frankfurt a. M. 1977, S. 368–385.

Jean-Martin Charcot, Neue Vorlesungen über die Krankheiten des Nervensystems insbesondere über Hysterie von J.-M. Charcot. Autorisierte deutsche Ausgabe von Dr. S. Freud. 2 Bde. Wien 1886.

J.-M. Charcot/Paul Richer: Die Besessenen in der Kunst. Hrsg. u. mit einem Nachwort versehen v. Manfred Schneider. In Zusammenarbeit mit Wolfgang Tietze. Aus dem Französischen von Willi Hendrichs. Göttingen 1988.

Jacques Derrida, Freud und der Schauplatz der Schrift. – In: J. D., Die Schrift und die Differenz. 1967/1972, S. 302–350.

Georges Didi-Huberman, Invention de L'Hysterie. Charcot et l'Iconographie photographique de la Salpêtrière. Paris 1982.

Sigmund Freud/Josef Breuer, Studien über Hysterie (1895). Frankfurt a. M. 1970.

Ders., Charcot. – In: Ges. Werke. Bd. I. Frankfurt a. M. 1952, S. 21–35.

Ders., Erinnern, Wiederholen und Durcharbeiten. – In: Ebd., Bd. X. 1946, S. 127–136.

Michel Foucault: Die Geburt der Klinik. Eine Archäologie des ärztlichen Blicks (1963). München 1973.

Ders., Sexualität und Wahrheit. Erster Band: Der Wille zum Wissen (1976). Frankfurt a. M. 1977.

Hugo von Hofmannsthal, Elektra. Trauerspiel in einem Aufzug frei nach Sophokles. – In: Dramen II. Frankfurt a. M. 1966, S. 7–75.

Jules Janin, Der Daguerreotyp. 1839. – In: Theorie der Fotografie 1839–1912. Hrsg. v. Wolfgang Kemp. München 1980, S. 46–51.

Reinhard Klooss/Thomas Reuter, Körperbilder. Menschenornamente in Revuetheater und Revuefilm. Frankfurt a. M. 1980.

Ulla Link-Heer, »Männliche Hysterie.« – In: Kulturrevolution 9 (1985), S. 39–48.

Regina Schaps, Hysterie und Weiblichkeit. Wissenschaftsmythen über die Frau. Frankfurt/New York 1982.

Manfred Schneider, Hysterie als Gesamtkunstwerk. Aufstieg und Verfall einer Semiotik der Weiblichkeit. – In: Merkur 39 (1985), S. 879–895.

Marianne Schuller, »Weibliche Neurose« und Identität. Zur Diskussion der Hysterie um die Jahrhundertwende. – In: Die Wiederkehr des Körpers Hrsg. v. D. Kamper u. Ch. Wulf. Frankfurt a. M. 1982.

Dies., Literatur und Psychoanalyse: Zum Fall der hysterischen Krankengeschichte bei Sigmund Freud. – In: Kulturrevolution 9 (1985), S. 48–52.

Paul Virilio, Krieg und Kino. Logistik der Wahrnehmung (1984). München 1986.

Samuel Weber, Freud-Legende. Drei Studien zum psychoanalytischen Denken. Olten 1979.

Michael Worbs, Nervenkunst. Literatur und Psychoanalyse im Wien der Jahrhundertwende. Frankfurt a. M. 1983.

Friedrich von Zglinicki, Der Weg des Films (Textband). Hildesheim/New York 1979.

Erika Fischer-Lichte

DER KÖRPER DES SCHAUSPIELERS IM PROZESS DER INDUSTRIALISIERUNG

Zur Veränderung der Wahrnehmung im Theater des 20. Jahrhunderts

1. Theater und Technisierung

Das Theater der abendländischen Kultur hat immer wieder auf den jeweils neuesten Stand der Technik zurückgegriffen und ihn sich für seine besonderen Zwecke nutzbar zu machen gewußt: in früherer Zeit gilt dies für Ekkyklema und Hebekran im attischen Theater wie für Licht- und Lauteffekte der Barockbühne, in neuerer Zeit für die Einführung der Gasbeleuchtung in den 20er und 30er Jahren des 19. Jahrhunderts wie für die Verwendung der Drehbühne seit der Jahrhundertwende. Insofern können die unmittelbaren Auswirkungen der zweiten und dritten industriellen Revolution auf das Theater des 20. Jahrhunderts kaum überraschen: Edward Gordon Craig fordert bereits 1905 für das Theater der Zukunft eine perfekte Technisierung, und diese Forderung wird von den Futuristen, vom Bauhaus und von den russischen Konstruktivisten in Wirklichkeit umgesetzt. Das von Walter Gropius entworfene Totaltheater berücksichtigt beispielhaft die neuesten Entwicklungen der damaligen Technologie. Ein ähnlicher Transfer läßt sich im Theater der letzten zwanzig Jahre beobachten: Fernseh- und Videotechnik, computergesteuerter Lichteinsatz, Videosizing, Laser- und Holographie gehören inzwischen längst zum festen Bestand heutiger Bühnentechnik und Inszenierungspraxis.

In keiner anderen Epoche der Theatergeschichte jedoch findet die Technisierung des Theaters derartig signifikante Entsprechungen oder gar Manifestationen in der Entwicklung der Schauspielkunst wie im 20. Jahrhundert. Zwar gingen nicht alle Avantgardisten so weit wie Laszlo Moholy-Nagy, der vollkommen auf den Schauspieler und seinen lebendigen Körper verzichten wollte: sein 1924 projektiertes ›Theater der Totalität‹ war als ein rein mechanisch-dynamisches

Bewegungsspiel von Raumkörpern, Platten, Drähten, Spiralen in Verbindung mit abstrakten filmischen Mitteln und gezieltem Lichteinsatz konzipiert, das zentral von einem Spielleiter mobilisiert wurde. Aber auch wenn der Körper des Schauspielers nicht generell durch technische Einrichtungen ersetzt werden sollte, war man sich doch darin einig, daß er in den einer Kunstfigur umgestaltet werden müsse. Für solche Kunstfiguren liefern Oskar Schlemmers Bauhaustänze, vor allem sein ›Triadisches Ballett‹, eindrucksvolle Beispiele: die Mechanisierung des menschlichen Körpers bis hin zur Umwandlung in einen präzise funktionierenden Automaten wird zum Programm erhoben.

Bereits 1907 hatte Craig in seinem (1908 publizierten) Aufsatz ›Der Schauspieler und die Übermarionette‹ verlangt, daß »der Schauspieler [...] das Theater räumen« müsse »und seinen Platz die unbelebte Figur einnehmen« solle, die er »Übermarionette« nannte.[1] Craig begründet diese radikale Maßnahme allerdings nicht unter Hinweis auf Industrialisierung und Technisierung, der sich der lebende Körper des Schauspielers nicht anzupassen vermöge, sondern mit dem Anspruch des Theaters, eine Kunst sui generis darzustellen, welchem der Schauspieler nicht nachzukommen vermöchte. Denn »der Schauspieler betrachtet das Leben, wie es der Fotoapparat sieht, und er versucht, ein Bild zu schaffen, das einer Fotografie den Rang ablaufen kann [...]. Er versucht, Natur zu reproduzieren [...], niemals träumt er davon, etwas eigenes zu *schaffen* [...]. Das heißt Nachahmer nicht Künstler sein. Es bedeutet, daß man sich in die Verwandtschaft des Bauchredners begibt«.[2]

Der Schauspieler muß also vom Theater verschwinden, weil er nur sichtbare Wirklichkeit abzubilden versteht, nicht aber eine unsichtbare sichtbar machen und erschaffen kann; weil er den Menschen nur als Individuum, als Persönlichkeit darzustellen vermag, ohne das Unpersönliche in ihm zu offenbaren. Auf dies Unpersönliche aber zielt nach Craig das Theater als Kunst: »Ich glaube nicht an die Magie der Persönlichkeit, aber ich glaube an die Magie des Unpersönlichen im Menschen [...]. Denn das Unpersönliche im Menschen ist sein bester Teil, und seine Persönlichkeit kommt erst an zweiter Stelle«.[3]

---

[1] Edward Gordon Craig, Über die Kunst des Theaters. Berlin 1969, S. 66.

[2] Ebd., S. 55.

[3] Ebd., S. 47.

Gegenstand der schöpferischen Bemühungen des Theaters muß jene unpersönliche Kraft sein, die Craig in seinem Essay ›Der Künstler des Theaters der Zukunft‹ (1907) folgendermaßen beschreibt:

Es gibt etwas, worüber der Mensch noch nicht Herr geworden ist; etwas, von dessen Gegenwart er sich nichts träumen ließ und das doch darauf wartete, daß er sich ihm liebevoll näherte; etwas Unsichtbares und doch stets Gegenwärtiges; etwas von überwältigendem Zauber, schnell bereit, sich zurückzuziehen, und nur in der Erwartung verharrend, daß sich die rechten Menschen nähern, um mit ihnen sich emporzuschwingen über die Erde hinaus durch alle Sphären – die Bewegung.[4]

Das Theater der Zukunft, das Craig hier proklamiert, soll die unsichtbare Kraft der Bewegung sichtbar machen und zur Darstellung bringen; und da der Körper des Schauspielers hierfür nicht das geeignete Instrument zur Verfügung stellt, muß er das Theater der Über-Marionette überlassen. Nun liegt es natürlich nahe, Craigs Theater der Bewegung mit der maschinell erzeugten Geschwindigkeit in eine Beziehung zu setzen und insofern das Aufgeben des Schauspielers letztlich doch auf Prozesse der Technisierung zurückzuführen. Da Craig jedoch den »Geist der Bewegung« bereits von den »vergessenen Meistern Asiens, die die Tempel und alles, was in ihnen ist, schufen«, und von den »großen Meistern« in Afrika, die »nicht individuelle Künstler« waren, »die von der Idee der Selbstdarstellung besessen waren«,[5] in ihren Werken gestaltet findet, tritt ein solches Verständnis eher zurück. Es liegt insofern näher, das von Craig geforderte Theater der Bewegung und die Über-Marionette als Instrument seiner Realisierung in einen Zusammenhang mit den revolutionierenden Einsichten zu bringen, die zu Beginn unseres Jahrhunderts formuliert wurden und die bis dahin in Europa gültige Vorstellungen vom Menschen und von der Welt radikal außer Kraft gesetzt haben.

Bereits 1890 hatte James G. Frazer sein ethnologisch-soziologisch-religionsgeschichtliches Werk ›The Golden Bough. A Study in Comparative Religion‹ in zwei Bänden herausgegeben (das er bis 1936 auf dreizehn Bände erweiterte). Frazer versucht hier unter Rekurs auf ein höchst umfangreiches Material, den Nachweis zu führen, daß zwischen den Vorstellungen und Handlungen der sogenannten 'Primiti-

[4] Ebd., S. 45.

[5] Ebd., S. 68.

ven' und den im kollektiven Unbewußten wurzelnden Sitten und Institutionen der abendländischen Kultur auffallende Analogien bestehen. Die für das 19. Jahrhundert unbezweifelbare kulturelle Überlegenheit des Europäers, der als einziger eine individuelle Persönlichkeit auszubilden vermocht hatte, war damit als Illusion entlarvt. Im Jahre 1900 erschien Freuds ›Traumdeutung‹, der 1905 seine ›Vorlesungen zur Einführung in die Psychoanalyse‹ folgten; mit diesen Werken wurden die Grundüberzeugungen der klassischen Psychologie und damit die Vorstellung vom Menschen als einem autonomen Individuum radikal in Frage gestellt. Es bedurfte also nicht erst der in Industrialisierung und Technisierung vollzogenen Prozesse der Vermassung und Kollektivierung, um die Vorstellung vom autonomen Individuum und von der einzigartigen Persönlichkeit obsolet werden zu lassen.

In vergleichbarer Weise wurde ungefähr zur selben Zeit das seit Galilei gültige mechanische Weltbild der Physik außer Kraft gesetzt. Im Jahre 1900 stellte Max Planck seine Quantentheorie auf, und 1905 publizierte Albert Einstein seinen Aufsatz ›Zur Elektrodynamik bewegter Körper‹, mit dem er die Spezielle Relativitätstheorie begründete, indem er nachwies, daß die Zeit quasi als vierte Dimension in den Raum einbricht und ihn krümmt. (Lassen sich hier eventuell Beziehungen zu Craigs unsichtbarer Kraft der Bewegung auffinden?) In Malerei und Musik werden Wahrnehmungsweisen fragwürdig, die seit der Renaissance Hören und Sehen geprägt hatten. Bereits 1906 forderte Ferrucio Busoni in seinem ›Entwurf einer neuen Ästhetik der Tonkunst‹ vom Komponisten, zu ›tonlicher Unbegrenztheit‹ vorzustoßen, um die Einschränkungen der tonalen Musik zu überwinden, und 1908/9 schrieb Schönberg dann seine ersten atonalen Werke. Ungefähr ab 1907/8 (1907 malte Picasso die ›Mädchen von Avignon‹) hob der Kubismus die perspektivische Gliederung des Bildraumes auf. Wahrnehmungsweisen, die für die Mitglieder der westlichen Kultur ungefähr 300 Jahre lang als einzig mögliche gegolten und die Wahrnehmung des Menschen, der Welt und seiner Stellung in der Welt grundlegend bestimmt hatten, wurden nun in ihrer Gültigkeit wenn nicht aufgehoben, so doch entscheidend eingeschränkt.

Diese Entwicklungen, die parallel zu den ersten Auswirkungen der zweiten industriellen Revolution verliefen, lassen sich nun kaum direkt und monokausal auf Prozesse der Industrialisierung und Technisierung zurückführen. Es liegt vielmehr nahe, hier weit umfassendere Zusammenhänge anzunehmen, wie dies J. Gebser vorgeschlagen und ausgeführt hat.[6] Wenn nachfolgend potentielle enge Beziehungen zwischen dem Prozeß der Industrialisierung und Entwicklungen in der Schauspielkunst näher untersucht werden, sollte die Möglichkeit derartiger weitergehender Zusammenhänge nicht ganz aus dem Blick geraten. Denn sie vermag einer vorschnellen Verengung des Sichtwinkels bei der Beschreibung der entsprechenden Phänomene und Prozesse wirkungsvoll vorzubeugen. Die Beispiele sind so gewählt, daß mögliche Folgen einerseits der zweiten und andererseits der dritten industriellen Revolution berücksichtigt werden können. So sollen daher 1. Meyerholds Biomechanik, die er in den 20er Jahren entwickelt hat, und 2. Robert Wilsons ›Theater der Bilder‹, das er in den 60er Jahren kreiert und seitdem vielfach modifiziert hat, genauer untersucht werden.

2. *Meyerholds »Biomechanik«*

Vsevolod Meyerhold hatte seine Theaterlaufbahn als Schauspieler am Moskauer Künstlertheater, der Hochburg des psychologischen Realismus begonnen. Wegen grundsätzlicher Kritik am literarischen Illusionstheater schied er bald wieder aus dem Ensemble aus und entwickelte ab 1905 sein bedingtes Theater. Meyerhold suchte nach einer Schauspielkunst, die den Menschen nicht als Individuum, als einzigartige Persönlichkeit mimetisch darstellt, sondern die Beziehungen zwischen Menschen sichtbar zu machen vermöchte. In dem 1907 entstandenen Essay ›Zur Geschichte und Technik des Theaters‹ schreibt er:

> Gesten, Haltungen, Blicke, Schweigen bestimmen die *wahren* Beziehungen der Menschen. Worte sagen nicht alles. Also ist eine Struktur der Bewegungen auf der Bühne unentbehrlich, um aus dem Zuschauer einen scharfen Beobachter zu machen, um ihm das gleiche Material an die Hand zu geben, das die beiden Gesprächspartner dem beobachtenden Dritten gaben.[7]

---

[6] Jean Gebser, Ursprung und Gegenwart. München 1949–1953, 2. erg. Aufl. 1964 f.

[7] Vsevolod E. Meyerhold, Schriften, Aufsätze, Briefe, Reden, Gespräche. 2 Bde. Hrsg. v. A. W. Fewralski. Berlin (DDR) 1979, S. 129.

Um eine Schauspielkunst zu entwickeln, welche die geforderte Struktur der Bewegung auf der Bühne herzustellen vermöchte, experimentierte Meyerhold mit den verschiedensten Theatertraditionen: mit der der russischen Gaukler (Skomorochi) und des Puppentheaters, mit der des Maskentheaters der Antike und des mittelalterlichen Mysterienspiels, mit der Tradition des elisabethanischen Theaters und des spanischen Theaters des siglo d'oro, mit der der commedia dell'arte und der Molières, mit Konventionen des japanischen und des chinesischen Theaters. All diese Traditionen haben trotz ihrer großen Differenzen eines gemeinsam: sie stellen den Menschen nicht als Individuum, sondern als Typus, Rolle, Funktionsträger, soziale Maske o. ä. dar, und sie verlangen dem Schauspieler ein hohes Maß an Körperbeherrschung bis hin zu akrobatischen Fähigkeiten ab. Meyerholds Versuche führten jedoch nicht zu dem gewünschten Ziel. Erst die Oktoberrevolution lieferte ihm den Kontext, in dem er die Ergebnisse seiner bisherigen Experimente zusammenfassen und im Hinblick auf eine neue Zielsetzung fruchtbar machen konnte. Im Herbst 1920 proklamierte Meyerhold den »Theateroktober« und begann, seine Biomechanik auszuarbeiten.

Die linken Künstler in der Sowjetunion, zu denen auch Meyerhold gehörte, setzten sich das Ziel, die Kluft zwischen Kunst und Leben zu schließen, die für die bürgerlichen Verhältnisse charakteristisch war, und Leben und Kunst nach den gleichen Prinzipien neu zu gestalten. Die Entwicklung eines neuen Theaters sollte also auf der Grundlage derselben Prinzipien vorgenommen werden wie die Umgestaltung des rückständigen Landes in einen elektrifizierten Industriestaat. Entsprechend definiert der Theoretiker der Produktionskunst Boris Arvatov »Theater als Produktion«, als »Werkzeug zur Umgestaltung des Lebens«, als »Fabrik des qualifizierten Menschen und einer qualifizierten Lebensweise«.[8] Das Leben soll »zum experimentellen Laboratorium werden, das mit der sozialen Praxis kooperiert«, wobei sein »Material [...] der in der materiellen Umwelt handelnde Mensch« sein wird. Diese Prinzipien waren auch für Meyerhold verbindlich. Entsprechend entwickelte er seine Biomechanik auf der Grundlage von Techniken und Wissenschaften, die auch für die Neuorganisation anderer gesellschaftlicher Bereiche grund-

[8] Boris Arvatov, Kunst und Produktion. München 1972, S. 86 u. 94; das folgende Zitat S. 84.

legend waren: auf der Basis der von Bechterev ausgearbeiteten Reflexologie und auf der des Taylorismus. Der Taylorismus war ein System der wissenschaftlichen Arbeitsorganisation, das der amerikanische Ingenieur Frederick Taylor aufgestellt hatte, um aufgrund einer exakten Berechnung von Arbeitszeit und Erholungspause eine größtmögliche Steigerung der Arbeitseffizienz zu erreichen. Dies System wurde vom Zentralinstitut für Arbeit in Moskau seit 1920 propagiert und überall im Lande als Grundlage für eine neu zu schaffende »Kultur der Arbeit« verbreitet. Diese Kultur der Arbeit wurde als ein universales Instrument zu einer totalen Industrialisierung des Landes verstanden, welche nicht nur die westliche Entwicklung einholen, sondern möglichst noch überholen sollte. Eine »streng utilitäre 'taylorisierte' Lebensgestaltung«[9] wurde zum neuen Ideal. Auf der Grundlage des Taylorismus entwickelte Meyerhold seine Biomechanik. Er erläuterte den Zusammenhang folgendermaßen:

Aber in den Arbeitsprozessen kann man nicht nur die Zeit zur Erholung richtig aufteilen, sondern man muß auch unbedingt die Bewegungen in der Arbeit ausfindig machen, bei denen die gesamte Arbeitszeit maximal genützt werden kann. Wenn man einen erfahrenen Arbeiter bei seiner Arbeit beobachtet, merkt man in seinen Bewegungen folgendes: 1. das Fehlen überflüssiger, unproduktiver Bewegungen, 2. Rhythmik, 3. das richtige Finden des Schwerpunkts seines Körpers, 4. Ausdauer. Die auf diesen Grundlagen aufgebauten Bewegungen zeichnen sich durch 'tänzerische Leichtigkeit' aus, der Arbeitsprozeß eines erfahrenen Arbeiters erinnert immer an Tanz, hier erreicht die Arbeit die Grenze zur Kunst. Der Anblick eines richtig arbeitenden Menschen bereitet ein gewisses Vergnügen. Das betrifft in vollem Umfang auch die Arbeit des Schauspielers im Theater der Zukunft.

In der Kunst geht es immer um die Organisation von Material. Der Konstruktivismus hat vom Künstler gefordert, daß er auch zum Ingenieur wird. Die Kunst muß auf wissenschaftlichen Grundlagen basieren, das gesamte Schaffen des Künstlers muß ein bewußter Prozeß sein. Die Kunst des Schauspielers besteht in der Organisation seines Materials, d. h. in der Fähigkeit, die Ausdrucksmittel seines Körpers richtig auszunützen. In der Person des Schauspielers kongruieren der Organisator und das, was organisiert werden soll (d. h. der Künstler und sein Material). In einer Formel ausgedrückt sieht das so aus: $N = A1 + A2$, wobei N der Schauspieler ist, A1 der Konstrukteur, der eine bestimmte Absicht hat und Anweisungen zur Realisierung dieser Absicht gibt, A2 ist der Körper des Schauspielers, der die Aufgaben des Konstrukteurs (des ersten A) ausführt und realisiert.

[9] Ebd., S. 71.

Der Schauspieler muß sein Material – den Körper – so trainieren, daß er die von außen (vom Schauspieler bzw. vom Regisseur) aufgetragenen Aufgaben augenblicklich ausführen kann.

Da das Spiel des Schauspielers die Realisierung eines bestimmten Auftrages zur Aufgabe hat, wird von ihm ein ökonomischer Einsatz seiner Ausdrucksmittel gefordert, was die Genauigkeit der Bewegungen garantiert, die zur schnellstmöglichen Realisierung der Aufgabe beiträgt.

Die Methode der Taylorisierung ist auf die Arbeit des Schauspielers genauso anwendbar wie auf jede andere Arbeit, bei der man maximale Produktivität zu erreichen trachtet.[10]

Der Schauspieler muß folglich seinen Körper durch ein spezielles Training in eine ökonomisch und effizient zu handhabende »Arbeitsmaschine« umwandeln, die jede beliebige gewünschte Bewegung auf Nachfrage umstandslos zu produzieren imstande ist. Meyerhold hatte für dieses Training eine Reihe von Übungen entwickelt, die unterschiedliche Muskeln und Reflexe trainieren sollten, so z. B. den »Daktylus«, den Steinwurf, die Ohrfeige, den Dolchstoß, den Pyramidenbau, den Stoß mit dem Fuß, den Sprung auf die Brust, Gewichtfallenlassen, Pferd und Reiter, das Sack-Tragen, den Sprung vom Rücken, den Kreis.[11] Interessanterweise finden diese Übungen für Schauspieler eine Entsprechung in den Übungen, die Gastev, der Gründer und Leiter des Zentralinstituts für Arbeit, als »Katechismus der Arbeitsübungen« aufgelistet hat:

Aufnehmen von Lasten von der Erde, Heben von Lasten über den Kopf, Setzen schwerer Lasten auf die Schultern ohne Hilfe eines Handlangers, das Heben eines 50 Pud schweren Balkens zu viert, Druck aller Art mit der Übung zum Durchhalten auch längerer Belastung; Drehbewegungen in der Horizontale und Vertikale; Schläge – starke und schwache mit kleiner und großer Schwungweite; Sprünge und Würfe, die – auch unerwartet – sicher und schnell sein müssen.[12]

Die biomechanischen Übungen, die Meyerhold seine Schauspieler absolvieren ließ, waren nicht dazu gedacht, auf der Bühne reproduziert zu werden (auch wenn die eine oder andere gelegentlich in einer

[10] Vsevolod E. Meyerhold, Theaterarbeit 1917–1930. Hrsg. v. Rosemarie Tietze. München 1974, S. 73 f.

[11] Vgl. Mel Gordon, Meyerhold's Biomechanics. – In: The Drama Review 1974, Nr. 3, S. 73–88.

[12] Aleksej K. Gastev, Kak nado rabotat. Moskau 1966, S. 257.

Produktion Verwendung fand), sondern sollten den Schauspieler befähigen, auf Wunsch jede beliebige Bewegung hervorzubringen – so wie Gastevs Übungsprogramm den Arbeiter dazu qualifizieren sollte, jede für den Arbeitsprozeß notwendige Bewegung schnell, prompt und korrekt durchführen zu können. Meyerholds Schauspielkunst baute also auf denselben Prinzipien auf wie die allgemeine »Bewegungs- und Arbeitskultur«, welche die Industrialisierung des Landes zum Ziel hatte.

Meyerhold brachte diese neue Schauspielkunst zum ersten Mal in seiner Inszenierung des ›Großmütigen Hahnreis‹ von Crommelynck (1922) zur Anwendung. Für diese Inszenierung hatte die Konstruktivistin Ljubov Popova ein Gerüst auf die nackte Bühne gestellt, das aus zwei miteinander verbundenen Plattformen, aus Treppen, Leitern, Rutschen, Drehtüren, Rädern und einer Art Mühlenflügeln bestand und den szenischen Raum so organisierte, daß er von den Schauspielern als ein ‘Arbeitsapparat’ benutzt werden konnte. Wie Meyerhold nachträglich ausgeführt hat, sollte die Aufführung »die Grundlagen für eine neue Spieltechnik legen in einer neuen Bühnenausstattung, die mit der von Kulissen und Portalen umrahmten Spielfläche Schluß macht. Da sie das neue Prinzip begründen sollte, mußten in der Aufführung unbedingt alle Linien der Konstruktion aufgedeckt werden und dieses Verfahren bis zur äußersten Konsequenz des Schematismus getrieben werden.«[13] Die ungeschminkten, in einen einheitlich grauen oder blauen Arbeitsanzug gekleideten Schauspieler arbeiteten mit sorgfältig synchronisierten Bewegungen. Jede Bewegung war als Teil eines organisierten Musters entworfen und ausgeführt. Einzelne Bewegungen wurden dadurch strukturell unterstützt und verstärkt, daß sie auf die Struktur der Bühnenarchitektur bezogen wurden. So waren ein ausgestreckter Arm oder ein ausgestrecktes Bein nie als isolierte Geste zu sehen, sondern wiederholten Merkmale der Bühnenarchitektur: die Körper der Schauspieler und die Bühnenarchitektur sowie die Bewegungen der Schauspieler und der Bühnenarchitektur (der Mühlenflügel, Drehtüren, Räder) waren so aufeinander abgestimmt, daß sie zusammen eine sich ständig verändernde Struktur konstituierten bzw. eine arbeitende Maschine in ihrem Mechanismus offenlegten.

[13] V. E. Meyerhold, Theaterarbeit (wie Anm. 10), S. 76.

In ähnlicher Weise war das Spiel der drei Hauptdarsteller (Igor Il'insky, Boris Zaichikov, Maria Babanova) so aufeinander bezogen, daß sie gemeinsam eine kollektive, vollkommen synchronisierte Bewegung hervorbrachten. Jeder behielt zwar individuelle Eigenheiten in der Gestik bei, setzte sie jedoch als Teil eines übergeordneten Ganzen ein, in das er sich einfügte. Die Geste erfüllte auf diese Weise die Funktion, Beziehungen herzustellen: Beziehungen zwischen dem Schauspieler und der Bühnenarchitektur, zwischen dem Schauspieler und manipulierbaren Objekten, dem Schauspieler und anderen Schauspielern, zwischen dem Schauspieler und seiner Rollenfigur, zwischen der Rollenfigur und anderen Rollenfiguren, der Rollenfigur und Objekten, der Rollenfigur und der Bühnenarchitektur und nicht zuletzt zwischen dem Schauspieler und dem Publikum. Die Bewegungen der Schauspieler wurden nicht als Zeichen eingesetzt, denen eine bestimmte Bedeutung zugeordnet ist (wie Seelenzustand x des individuellen Charakters y), sondern als ein Zeichenträger, dem je nach der Beziehung, in die er eintritt, jeweils eine andere Bedeutung beigelegt werden kann. Während im psychologischen Realismus die Geste des Schauspielers prinzipiell nur eine Bedeutung haben konnte, die auf den Seelenzustand der Rollenfigur bezogen war, wurde es jetzt möglich, der in gleicher Weise ausgeführten Geste in verschiedenen Zusammenhängen verschiedene Bedeutungen zuzusprechen. Der Körper des Schauspielers, der bisher nur Zeichen für psychische Zustände und Prozesse einer Rollenfigur hervorgebracht hatte, erfuhr so einen ungeheueren Zuwachs an Semiotizität: er konnte nun Zeichen für beliebige Objekte, Personen, Beziehungen hervorbringen. Er war zum Material für beliebige Zeichenprozesse geworden.

Aus der besonderen Gestaltung und Verwendung der Geste resultierten zwei weitere wichtige Neuerungen:

1) Der Mensch (die Rollenfigur), der auf diese Weise auf der Bühne präsentiert wird, erscheint als ein Wesen, das sich ausschließlich aus den Beziehungen heraus definiert, in die es eintritt oder gestoßen wird. Da diese Beziehungen sich jedoch ständig ändern, ändert sich auch der Mensch: ihm eine individuelle, substantiell bestimmbare Identität zuzuschreiben, ist daher ganz unmöglich.

2) Der Zuschauer ist aufgefordert, laufend neue Bedeutungen für die Bewegungen der Schauspieler (sowie für die anderen szenischen Elemente wie das Einheitskostüm, seine Varianten, die Requisiten, die Bestandteile der Bühnenarchitektur) zu finden, und wird damit

in einen Zustand permanenter Aktivität versetzt. Der Zuschauer muß seine mitgebrachten Wahrnehmungsgewohnheiten grundlegend verändern: statt auf der Bühne die Bewegungen wiedererkennen zu können, die ihm aus seiner alltäglichen Wirklichkeit vertraut sind und denen er daher nahezu reflexhaft 'automatisch' eine Bedeutung beizulegen vermag, wird er genötigt, aktiv und kreativ völlig neue Prozesse der Wahrnehmung, Identifikation und Bedeutungsattribution zu vollziehen.

Meyerhold setzte seine auf der Biomechanik aufbauende Schauspielkunst also auf eine Weise ein, daß sowohl auf der Bühne als auch im Zuschauerraum ein 'neuer' Mensch geschaffen und vorausgesetzt wurde: »Denn durch das Spiel will er sich als Mithandelnder und *Schöpfer eines neuen Sinnes* definieren, weil für ihn als den lebendigen (als den neuen, im Kommunismus schon umgewandelten Menschen) das ganze Wesen des Theaters darin besteht, von Zeit zu Zeit in reflektorischer Erregbarkeit die *Freude am neuen Leben* zu verkünden.« [14]

Auf den gleichen Prinzipien beruhend wie die »Kultur der Arbeit«, die zur Industrialisierung des Landes führen sollte, zielte Meyerholds biomechanische Schauspielkunst darauf, im Schauspieler und im Zuschauer ihre »Produktivkraft« freizusetzen und sie in »Schöpfer eines neuen Sinnes« umzugestalten.

3. Wilsons »Theater der Bilder«

In den 60er Jahren (also im Zuge der dritten industriellen Revolution) entstand in den Vereinigten Staaten, wo Fernsehkultur und Computertechnik bereits weite Verbreitung gefunden hatten, eine heterogene Multimedia-Performance-Kultur, zu der so unterschiedliche Künstler wie Richard Foreman mit seinem ›Hysterico-Ontological Theatre‹, Richard Schechner, der das ›Environmental Theatre‹ proklamierte, Julian Beck und Judith Malina, die Gründer des ›Living Theatre‹, und Robert Wilson mit seinen »Byrds«, die mit der Entwicklung eines therapeutischen Theaters vor allem für hirngeschädigte Kinder begannen, einen Beitrag leisteten. Herbert Blau faßt

[14] Ebd., S. 71 f.

die Bemühungen des amerikanischen Performance-Theaters folgendermaßen zusammen:

In the sixties what we have tried to liberate was the actor's body, non-verbal, anti-verbal, in the aggressively asserted texts of collectively created events, where sound and movement dominated, with words as texture perhaps [...]. During this period we weren't performing dramas, but theatre pieces: montage, bricolage, action events [...]. They were certainly not productions in the old sense. That word was associated with the bourgeois production process, the institutional frame work of theatre.[15]

Es ist nicht zu übersehen, daß die Negation des Literaturtheaters und des bürgerlichen Illusionstheaters durch die amerikanische Performance-Kultur eine Parallele zu Entwicklungen innerhalb der historischen Theateravantgarde in den ersten Dekaden unseres Jahrhunderts darstellt. Ein deutlicher Unterschied wird allerdings durch den Anspruch markiert, den Körper 'befreien' zu wollen. Denn bei allen, zum Teil enormen Differenzen zwischen den Vertretern der historischen Avantgardebewegungen stimmten sie doch darin überein, den Körper des Schauspielers instrumentalisieren und semiotisieren zu wollen, um ihn so im Hinblick auf ein übergeordnetes Ziel funktionalisieren zu können. Dem setzte die amerikanische Performance-Kultur die Forderung nach Befreiung des Körpers entgegen, die sich auf die unterschiedlichsten Weisen realisieren konnte: als Befreiung des Körpers zu seiner sinnlichen Natur in Genuß und Schmerz wie im Living Theatre zum Beispiel oder auch als Befreiung von Bedeutung wie bei Robert Wilson.

Als Wilson 1971 in Paris mit einer Aufführung von ›Deafman Glance‹ zum ersten Mal eine seiner Produktionen in Europa zeigte, erschien wenig später in den ›Lettres françaises‹ ein »offener Brief« von Louis Aragon an den 1966 verstorbenen André Bréton, in dem Aragon Bréton davon Mitteilung machte, daß »das Wunder [...] sich ereignet« habe, »jenes, das wir erwarteten, von dem wir sprachen«, daß es »sich ereignet« habe, »als ich schon lange aufgehört hatte, daran zu glauben«. Aragon schildert dieses Wunder folgendermaßen:

Das Stück, das man spielte, aber war das ein Stück, und spielte man es? wer? hieß ›Der Blick des Tauben‹, mein Freund [...]. Die Welt eines tau-

[15] Herbert Blau, Blooded Thought. Occasions of Theatre. New York 1982, S. 2.

ben Kinds öffnete sich uns wie ein stummer Mund. Mehr als vier Stunden lang bewohnten wir dieses Universum, wo unterm Fehlen der Worte, der Töne, sechzig Personen als Wort nur die Bewegung zur Verfügung steht. Ich will es Dir sogleich sagen, André, denn selbst die, die dieses Spiel erfunden haben, wissen davon nichts: für Dich haben sie es gespielt, für Dich, der es wie ich wahnsinnig geliebt hätte. Denn ich bin verrückt davon. Hör, was ich denen sage, die, wie es scheint, nur Ohren haben, um nichts zu verstehen: Ich habe niemals, seit meiner Geburt auf dieser Welt etwas Schöneres gesehen, keines, kein einziges Schauspiel hat es gegeben, das diesem das Wasser reichen könnte, weil es zugleich das wache Leben und das Leben mit geschlossenen Augen ist, die mit dem Traum vermischte Wirklichkeit, das Unerklärliche aller Dinge im Blick des Tauben.[16]

Bereits in dieser frühen Produktion, die Aragon so in Begeisterung versetzte, sind im wesentlichen alle Mittel verwendet, die für Wilson bis zu seinen jüngsten Produktionen – seinem Hamburger ›Parzifal‹ vom September 1987 – charakteristisch und bestimmend geblieben sind. Dies gilt besonders für seine Verwendung von Sprache und Körper des Schauspielers.

In Wilsons Mammutprojekt ›the CIVIL warS‹ (1983/84), dessen einzelne Teile in Rotterdam, Marseille, Lyon, Nizza, Rom, Köln, Tokio, Milwaukee produziert und uraufgeführt wurden, werden verschiedene Arten der Sprachbehandlung realisiert und vorgeführt. Der Redetext der Personen kann z. B. aus vorgefertigten Phrasen der Alltagssprache bestehen (wie »gehts Dir gut«, »laß mich in Ruhe«, »ach komm«), die einerseits als sprachliche Versatzstücke dargeboten werden, deren Ablauf keinen zusammenhängenden Text oder sinnvollen Dialog ergibt, und andererseits in ihre Wort- und Lautelemente zerbrochen sind (wie »gehts«, »dir«, »gut«, »g«) und abwechselnd von den beteiligten dramatischen Figuren meist mehrfach wiederholt gesprochen werden (Akt I, Szene A der ›CIVIL warS‹).

Die hier zutage tretende Weigerung, Sprache so einzusetzen, daß die Abfolge von Lauten oder von Worten oder von Sätzen einen zusammenhängenden Dialog und damit Sinn ergibt, liegt auch einem anderen Verfahren zugrunde. Im IV. Akt der ›CIVIL warS‹ werden literarische ready mades miteinander montiert, Zitate aus der Weltliteratur (z. B. aus ›Hamlet‹, aus ›Phädra‹, aus ›Empedokles‹). Die

[16] Louis Aragon, An Open Letter to André Breton on Robert Wilson's ›Deafman Glance‹. – In: Performing Arts Journal 1 (1976), Nr. 1, S. 3–7.

einzelnen Textstellen werden aus ihren Kontexten herausgebrochen und beziehungslos nebeneinander gestellt. Wohl läßt sich den einzelnen Fragmenten eine Bedeutung, nicht aber ihrer Abfolge ein Sinn zusprechen. Ein weiteres auf einen vergleichbaren Zweck zielendes Verfahren besteht darin, die vom Schauspieler gesprochenen Texte als Elemente von Ton-Collagen einzusetzen, die sowohl aus verschiedenen gleichzeitig gesprochenen Texten bestehen können als auch aus Musik-, Laut- und Redefetzen. In diesem Kontext sind nun selbst die einzelnen Wörter und Reden nicht mehr zu verstehen, sondern lediglich als sprachliche Elemente identifizierbar. Im wesentlichen sind sie jedoch auf ihre Eigenschaft als Laute reduziert, die als ein Geräusch wahrgenommen werden. Damit werden die sprachlichen Zeichen nahezu vollständig als Zeichen dekonstruiert.

Dies mag zunächst als ein Verfahren erscheinen, wie es uns vergleichbar aus konstruktivistischen, dadaistischen und futuristischen Theaterexperimenten durchaus bekannt ist: die Sprache wird weitgehend desemantisiert und hört im Kontext der Aufführung auf, als Zeichen zu fungieren und zu funktionieren. Während dort die Desemantisierung der Sprache eine Konzentration auf ihre lautlichen Qualitäten bewirken sollte, läßt sie bei Wilson jedoch Sprache zum Geräusch verkommen, das wegen der vielen gleichzeitig transmittierten Laut-Ereignisse nicht mehr als bedeutungsvolles Zeichen wahrgenommen werden kann.

Die Desemantisierung der Sprache, wie sie alle drei genannten Verfahren – wenn auch in jeweils anderer Weise und anderer Hinsicht – bewirken, wird durch die Ablösung der gesprochenen Sprache einerseits von der 'Rollenfigur', andererseits vom Körper des Schauspielers noch weiter vorangetrieben. Die Laute, Worte oder Texte werden gleichzeitig vom Schauspieler gesprochen und von einem Band über einen Lautsprecher übermittelt. Sie lösen sich damit vom Körper des Schauspielers ab – die Sprache bildet einen eigenen Klangraum. Damit aber wird sie unfähig, als Zeichen für eine Rollenfigur zu fungieren: die Reden werden nicht nur als Teile eines sinnvollen Dialogs, sondern auch als Zeichen für eine Rollenfigur dekonstruiert. Sie stellen Lautereignisse und Textfragmente dar, die sich weder untereinander noch mit dem Körper des Schauspielers in einer sinnerzeugenden Semiose zusammenschließen lassen.

Der Desemantisierung der Sprache stellt Wilson eine Desemiotisierung des Körpers an die Seite. Auch hierfür hat er verschiedene

Verfahren entwickelt. Das wichtigste, das für Wilson besonders typisch ist, besteht darin, daß er den Schauspieler sich so langsam bewegen läßt, daß der Eindruck einer Zeitlupenaufnahme entsteht. Durch die prononcierte Form der slow motion wird die Aufmerksamkeit des Zuschauers auf den Vorgang der Bewegung selbst gerichtet. Er nimmt die Geste als Bewegung bzw. als Teil eines sich bewegenden Körpers wahr, ohne die Möglichkeit zu erhalten, sie als Zeichen für etwas anderes (z. B. für die Äußerung einer Rollenfigur) wahrnehmen und interpretieren zu können. Die slow motion stellt den Körper des Schauspielers auf eine Ebene mit den auf der Bühne präsentierten Objekten. Der Körper des Schauspielers hört auf, etwas zu repräsentieren und zu bedeuten, und findet sein Genügen darin, neben anderen Co-Objekten präsentiert zu werden. Ein anderes Verfahren stellt die besondere Verwendung von Kostüm und Maske dar. Sofern der Körper des Schauspielers durch Kostüm und Maske auf eine bestimmte Figur verweist – wie in dem deutschen Teil der ›CIVIL warS‹ zum Beispiel auf Friedrich den Großen, seine Mutter Sophie Dorothée, auf einen Engel, einen Soldaten, auf den Blechmann oder auf Lincoln und im amerikanischen Teil auf Admiral Perry oder einen japanischen Korbverkäufer –, wird er als ein Zitat eingesetzt, ohne daß die solcherart zitierten Figuren durch spezifische Verfahren auch nur im Ansatz als dramatische Figuren aufgebaut würden: die einzelnen vom Körper des Schauspielers präsentierten Elemente, wie Kostüm, Maske, Geste, Bewegung im Raum, Stimme, sind nicht aufeinander bezogen, so daß sie sich vom Zuschauer auch nicht untereinander zu bedeutungserzeugenden internen Relationen zusammenschließen lassen. Dagegen ermöglichen sie beliebig viele assoziativ zu erzeugende externe Relationen, die weitgehend vom universe of discourse des Zuschauers abhängen.

Ein weiteres Verfahren besteht darin, den Körper des Schauspielers lediglich dazu einzusetzen, auf der Bühne quasi als Träger oder Stütze ein Objekt zu präsentieren, wie z. B. den Vogel in den ›Knee Plays‹. Dies Verfahren hat Wilson zwar vom japanischen Theater übernommen, in dem der schwarzgekleidete Bühnendiener die Funktion hat, die für das Spiel des Schauspielers notwendigen Requisiten bereitzuhalten oder dem Schauspieler ein Glas Wasser zu reichen, wenn er heiser zu werden droht, oder sein Gesicht zu beleuchten, wenn die Mimik besonders wichtig wird. Wilson dagegen benutzt dies Verfahren jedoch, um eine Einheit zwischen dem vom

Schauspieler präsentierten Objekt und dem Körper des Schauspielers herzustellen und so demonstrativ sein Nicht-Bedeuten zu unterstreichen. Der Körper des Schauspielers wird Teil eines traumhaft vorbeiziehenden Bildes, das keine semantische Einheit darstellt.

Das einzelne Bild läßt sich nun auf zwei Ebenen rezipieren:

1) auf der syntagmatischen Ebene der Bühnenvorgänge, die wegen fehlender interner Relationen als zusammenhanglose Folge von zitierten sprachlichen und körperlichen ready mades oder bedeutungslosen Lauten und Bewegungen, bestenfalls als eine Kette von in bits übermittelten Informationen rezipiert werden, deren Abfolge eine zusammenhängende Bedeutung beizulegen, gänzlich unmöglich ist, oder

2) auf der paradigmatischen Ebene der subjektiv ausgelösten Assoziationsketten, welche die einzelnen Elemente in subjektiv vorgegebene und strukturierte Bedeutungsfelder eingliedern und sie so subjektiv in Bedeutungsträger zurückzuverwandeln vermögen.

Die erste Rezeptionsebene läßt sich auf die von den Massenmedien hervorgebrachte Flut von Kommunikationsereignissen beziehen, die Worte zu Geräusch verkommen läßt und Ereignisfolgen in zusammenhanglose Bilder auflöst, so daß sie nur noch als Informationen in bits wahrgenommen werden können, deren Abfolge keine Bedeutung beigelegt werden kann. Die zweite Rezeptionsebene dagegen eröffnet dem einzelnen Zuschauer die Möglichkeit, die Bühnenvorgänge – ähnlich wie seine eigenen Traumbilder – als eine eigenartige, zunächst fremde Welt staunend wahrzunehmen, deren einzelne Elemente wohl vertraut erscheinen, ohne sich jedoch miteinander zu einer übergeordneten Sinneinheit verbinden zu lassen. Wenn der Zuschauer sich auf die konkreten Gegebenheiten dieser Welt ohne Hast und ohne den Drang, allem sofort eine Bedeutung beilegen zu müssen, einläßt, können assoziative Verknüpfungen in ihm neue Erfahrungen auslösen und bisher unbekannte Sinnpotentiale aufschließen. Diese Rezeptionsebene vermag daher neue Arten der Wahrnehmung und der Sinnkonstitution zu initiieren, die den von den Massenmedien begünstigten 'Konsumgewohnheiten' diametral entgegenstehen.

4. Schlußfolgerungen

Sowohl bei Meyerhold als auch bei Wilson gründet ihre spezifische Art der Gestaltung, Verwendung und Präsentation des menschlichen Körpers auf der Bühne in der Erfahrung von Phänomenen und Entwicklungen, die erst durch die jeweils neu eingetretene Phase der Industrialisierung möglich geworden sind. Beide setzen jedoch den Körper des Schauspielers auf eine Weise ein, daß dem Zuschauer nicht nur seine alten, vor Eintritt dieser Phase erworbenen Wahrnehmungsmöglichkeiten problematisch werden (bei Meyerhold die Wahrnehmung der Geste als eines Zeichens für den Seelenzustand der Rollenfigur, bei Wilson die Wahrnehmung der Geste als Teil einer übergeordneten sinnerzeugenden Gesamtstruktur), sondern auch die in dieser Phase eben erst gelernten: Meyerholds Zuschauern wurde die ideologische Fixierung ihrer Wahrnehmung durch das Einüben in Prozesse ständig neuer Sinnproduktion erschwert, und Wilsons Zuschauer werden in ihrer Konsumhaltung, die den raschen Wechsel sich überstürzender Bilderfolgen verlangt, durch die prononcierte slow motion nachhaltig und empfindlich gestört. In beiden Fällen wird der Zuschauer dazu genötigt, radikal neue, in die Zukunft weisende Wahrnehmungsprozesse zu vollziehen.

Auf der Basis dieser Ergebnisse lassen sich nun die einleitend angestellten Überlegungen weiterführen. Denn die von Meyerholds und Wilsons Theater postulierten und initiierten neuen Wahrnehmungsweisen sind nicht nur durch den jeweiligen Stand der Industrialisierung und Technologie bedingt – auch wenn sie sich auf ihn beziehen –, sondern setzen vielmehr Entwicklungen fort, die zu Beginn des Jahrhunderts mit Kubismus und atonaler Musik eingesetzt haben, und radikalisieren sie weiter. Während Meyerholds Theater allerdings nur die perspektivisch gerichtete und kausal (bzw. psychologisch) verknüpfende Sicht auf den Menschen und die Welt außer Kraft setzt, ohne dabei die Möglichkeit zu verschließen, die Vielfalt der Elemente als eine harmonische, kohärente und rationale Ordnung wahrnehmen zu können, wird in Wilsons Theater auch dieser Schritt noch vollzogen: die einzelnen Elemente sind durch keine der überlieferten Verfahren der Wahrnehmung und Deutung mehr als ein Teil einer zusammenhängenden Ordnung wahrzunehmen.

Ob die seit Jahrhundertbeginn zu registrierende Veränderung der Wahrnehmungsweisen in Zukunft noch weiter radikalisiert wird, ob sie letztlich zur Etablierung einer neuen, langandauernden Form der Wahrnehmung führen wird (wie dies seinerzeit in der Renaissance der Fall war, in der sich perspektivische Sichtweise, rationale Begründung und logische Schlußfolgerung auch erst über einen längeren Zeitraum durchzusetzen und zu popularisieren vermochten), läßt sich heute nicht voraussagen. Es bleibt lediglich festzustellen, daß diese Entwicklung den einzelnen Rezipienten immer uneingeschränkter zum Herrscher über mögliche Semiosen erhebt: während er sich bei Meyerhold als »Schöpfer eines neuen Sinns« immerhin noch im Rahmen einer vorgegebenen Ordnung (hier der Inszenierung, dort der kommunistischen Gesellschaft) betätigt, gibt ihm Wilsons Theater die Freiheit, alles mit allem zu verknüpfen und unbegrenzt beliebige Semiosen zu vollziehen – oder auch auf Semiosen zu verzichten und die präsentierten Dinge einfach in ihrem konkreten Sein zu erfahren.

Weitere Literatur zu diesem Thema

Edward Braun, The Theatre of Meyerhold. London 1979.

Manfred Brauneck, Theater im 20. Jahrhundert. Programmschriften, Stilperioden, Reformmodelle. Reinbek 1982.

Stephan Brecht, The Theatre of Visions: Robert Wilson. Frankfurt a. M. 1979.

Ned Chaillet, Robert Wilson and the Language of Movement. – In: The Times Saturday Review v. 10. 6. 1978.

Erika Fischer-Lichte, Semiotik des Theaters. 3 Bde. Tübingen 1983.

Dies., Jenseits der Interpretation. Anmerkungen zum Text von Robert Wilsons/Heiner Müller ›CIVIL warS‹. – In: Kontroversen, alte und neue. Akten des VII. Internationalen Germanistenkongresses Göttingen 1985. Bd. 11. Hrsg. v. Wilhelm Voßkamp u. Eberhard Lämmert. 1986, S. 191–201.

Dies., Die Allegorie als Paradigma einer Ästhetik der Avantgarde. Eine semiotische re-lecture von Walter Benjamins ›Ursprung des deutschen Trauerspiels‹. – In: Modelle für eine semiotische Rekonstruktion der Geschichte der Ästhetik. Hrsg. v. Heinz Paetzold. Aachen 1986, S. 265–284.

Dies., Postmoderne Performance: Rückkehr zum rituellen Theater? – In: arcadia 22 (1987), S. 55–65.

Karla Hielscher, Was Meyerhold machte. Über Taylorismus, Kultur der Arbeit und Biomechanik in der Sowjetunion 1922. – In: Theater heute 1977, H. 10, S. 15–18.

Alma Law, Meyerhold's ›The Magnanimous Cuckold‹. – In: The Drama Review 26 (1982), Nr. 1, S. 61–86.

Bonnie Marranca, Robert Wilson, the Avant-Garde and the Audience. – In: New Yorks Arts Journal 1977.

Meyerhold, Tairow, Wachtangow: Theateroktober. Beiträge zur Entwicklung des sowjetischen Theaters. Hrsg. v. L. Hoffmann u. D. Wardetzky. Frankfurt a. M. 1972.

Craig Owens, Robert Wilson: Tableaux. – In: Art in America 1980.

Franco Quadri, Robert Wilson: It's about Time. – In: Artforum 1984.

Robert Wilson, Der deutsche Teil von the ›CIVIL warS‹. a tree is best measured when it is down. Köln 1984.

Ders., the ›Knee Plays‹. the American section from the ›CIVIL warS‹: a tree is best measured when it is down. Frankfurt a. M. 1985.

Nick Worall, Meyerhold's Production ›The Magnanimous Cuckold‹. – In: The Drama Review 17 (1973), Nr. 1, S. 14–34.

VII

ELEKTRONISCHE MODERNITÄT

Götz Grossklaus

NÄHE UND FERNE

Wahrnehmungswandel im Übergang zum elektronischen Zeitalter

I

Die höchste Blüte des deutschen Geistes: Philosophie und Lied – Die Zeit ist vorbei, es gehört dazu die idyllische Ruhe, Deutschland ist fortgerissen in die Bewegung – der Gedanke ist nicht mehr uneigennützig, in seine abstrakte Welt stürzt die rohe Tatsache – Der Dampfwagen der Eisenbahn gibt uns eine zittrige Gemütserschütterung, wobei kein Lied aufgehen kann, der Kohlendampf verscheucht die Sangesvögel, und der Gasbeleuchtungsgestank verdirbt die duftige Mondnacht.[1]

Sicherlich gehört dieses undatierte Aperçu Heines aus dem Nachlaß verstreuter Notate zu den frühsten Äußerungen eines deutschen Literaten über den geschichtlichen System-Zusammenhang von Modernisierung und Beschleunigung, von Technisierung und Naturverlust, von Industrialisierung und Wahrnehmungswandel. Die kognitiven und ästhetischen Konstrukte von Philosophie und Lyrik der vorindustriellen Epoche haben ihre Stützpunkte in einer veränderten Wirklichkeit verloren: der Prozeß beschleunigter Modernisierung hat ihnen das soziokulturelle Bezugsfeld entzogen; angesichts der neuen Materialität technischer Sachen und ökonomischer Interessen, angesichts zunehmender Denaturierung des 'alten' Raums und der 'alten' Zeit, angesichts der neuen Geschwindigkeitsverhältnisse erscheinen sie überholt und veraltet. Vergangenheit und Gegenwart, 'alte' Welt und 'neue' Welt werden bei Heine in semantischen Oppositionen scharf voneinander geschieden:

idyllische Ruhe vs. Bewegung
uneigennütziger Gedanke vs. eigennütziger Gedanke
abstrakte Welt vs. rohe Tatsache
Lied vs. Eisenbahn

[1] Heinrich Heine, Aufzeichnungen. In: H. H., Sämtliche Schriften. Bd. 6/I. Hrsg. v. K. Briegleb. München 1975, S. 649.

Sangesvögel vs. Kohlendampf
duftige Mondnacht vs. Gasbeleuchtungsgestank

Der in diesen Gegenüberstellungen zum Ausdruck kommende Bruch entsprach zeitgenössischen Gefühlen der Zerrissenheit. Möglicherweise war es diese Generation der um die Jahrhundertwende Geborenen, die geschichtlich zum ersten Mal die Erfahrung machte, daß die Welt ihrer Herkunft – eine in den deutschen Territorien überwiegend agrarische, vor-urbane, vorindustrielle Welt – noch zu ihren Lebzeiten vollkommen versank. Heines Wahrnehmung und Empfindung, in und von einer Bewegung fortgerissen zu sein, vom Sog geschichtlich beschleunigter Entfernung von der 'alten' Welt erfaßt zu sein, bleibt somit ambivalent. Einerseits verbindet sich für ihn Bewegung selbstverständlich mit Fortschritt und Aufbruch in die Zukunft; andererseits ist gerade diese Bewegung angst- und schmerzbesetzt, weil mit ihr unwiederbringlich etwas verloren geht.

Die neue Bewegungs-Maschine der Eisenbahn war auch für die Zeitgenossen Symbol des Fortschritts: an sie knüpfte sich der Gedanke – wie Koselleck es sagt –, »endlich Herr über die Naturgewalten zu werden«, und die Hoffnung, »mit zunehmender Geschwindigkeit das vermeintliche Ziel der Geschichte, den ewigen Frieden, zu erreichen«[2]. Auf der anderen Seite aber wurde dieser Einbruch des Neuen, dieses Fortgerissen-Werden in eine ungewisse Zukunft immer auch schon von Trennungs-Ängsten begleitet. Gegenüber dem Szenario des neuen technischen Zeitalters (Bewegung, rohe Tatsache, Eisenbahn, Kohlendampf, Gasbeleuchtung) erscheint der alte vorindustrielle Zustand unversehens im milden Licht nostalgisch-musealer Verklärung. In derartigen Romantisierungen der Vergangenheit, der vortechnischen Zeit verschlüsselt sich bei Heine sein Emanzipationsschmerz. Der geschichtliche Prozeß verläuft irreversibel zukünftig. Der Abschied von den quasi-naturalen Lebenswelten der alten Zeit ist für Heine verknüpft mit der Verabschiedung des »abgelebten, alten Regime[s]« und der ihm entsprechenden »Kunstperiode«. Als prototypisch für die klassisch-romantische 'Kunstperiode' nennt Heine hier Philosophie und Lied: ihre kognitive und ästhetische Strategie erweist sich im Sinne Heines als unfähig, der Dialektik des Fortschritts, dem Phänomen beschleunigter Innovation und beschleunigten Veraltens –

[2] Louis Bergeron/François Furet/Reinhart Koselleck, Das Zeitalter der europäischen Revolution 1780–1848. Frankfurt a. M. 1969, S. 303.

schließlich der revolutionären Dynamik der neuen Maschinen – auch nur annähernd reflexiv oder poetisch gerecht zu werden. Die kollektiven Schocks, ausgelöst durch Denaturalisierungs- und Entfremdungs-Schübe, lassen sich für Heine zumindest im traditionellen lyrischen Versmaß nicht mehr angemessen ausdrücken: »Ich habe überhaupt nicht viel Vertrauen mehr zu meiner Poesie – nämlich zur versifizierten. Mein Lebensalter, und vielleicht unsere ganze Zeit, ist den Versen nicht mehr günstig und verlangt Prosa.«[3] Schon 1831 schrieb er: »Indessen, die neue Zeit wird auch eine neue Kunst gebären, die mit ihr selbst in begeistertem Einklang sein wird [...] und die sogar eine neue Technik, die von der seitherigen verschieden, hervorbringen muß.«[4] Der von Heine postulierte Einklang von Zeit – Kunst und ästhetischer Technik zielt auf die Gleichzeitigkeit des in einer geschichtlichen Epoche etablierten Ensembles von Mustern der Wirklichkeits-Wahrnehmung, -aneignung und -interpretation; ungleichzeitige Muster – wie sie für das Lied und die Philosophie der 'Kunstperiode' vermutet werden – können die Erkenntnis der geschichtlichen Wahrheit auf der jeweils aktuellsten Stufe behindern. Die Prinzipien der ästhetischen Technik müßten in einem gleichzeitigen Ensemble wiederkehren als Prinzipien etwa der jeweils neusten maschinellen Technik oder als Prinzipien der Wahrnehmung, Selektion und Orientierung in technisch veränderten Kontexten der Lebenswelt etc.

Zur gesellschaftlichen Dynamik derartiger Ensembles allerdings scheint es zu gehören, die Abstände und Ungleichzeitigkeiten unterschiedlicher Aneignungsstrategien in produktiver Balance zu halten, wobei es im übrigen nicht nur um zurückgebliebene Strategien geht, sondern gerade auch um antizipatorische. So erweist sich die ästhetische Technik der Reisebilder-Prosa Heines als antizipatorisch insofern, als das moderne Prinzip der Bewegung und Mobilität im Vorfeld der neuen Verkehrs- und Kommunikationstechnik (Eisenbahn/Telegraf) seit ca. 1840 wiederkehrt als Prinzip schneller und komplexer Bedeutungsverknüpfung. Jenseits der 'alten' narrativen Technik ge-

[3] Heinrich Heine, Brief an Gustav Ferdinand Kühne vom 11. Oktober 1839. – In: H. H., Briefe. 2. Bde. Hrsg. v. F. Hirth. Mainz 1949/50. Bd. 2, S. 322.

[4] Heinrich Heine, Französische Maler. – In: H. H., Sämtliche Schriften. Bd. 3. Hrsg. v. K. Briegleb/K. Pörnbacher. München 1981. S. 72.

lang der artistischen Montage Heines die Vernetzung unterschiedlichster Bedeutungsfelder und eine erhebliche Beschleunigung der semantischen Flüsse. Die moderne Reisebilder-Prosa Heines nimmt strukturell die Montage-Prosa des neuen technischen Zeitalters vorweg.[5]

Prototypisch lassen sich am historischen Beispiel Heines Einstellungsveränderungen beobachten, die im Übergang zur eigentlich technisch bestimmten Moderne immer wieder die neuen Geschwindigkeitsverhältnisse betreffen. Heines Wahrnehmung der »maschinenhafte[n] Bewegung« der Menschenmassen im London von 1827 trägt schockhafte Züge. Das Tempo der massenhaften Eindrücke läßt dem Betrachter keine Verarbeitungszeiten; mit Beunruhigung registriert er, daß seine auf Identifikation von einzelner Form und Gestalt zielende Wahrnehmung versagt; aufgenommen werden lediglich unstrukturierte Mengen: »der drängende Strom lebendiger Menschengesichter«, »die tosende Straße«, »ein buntscheckiger Knäul von Männern, Weibern, Kindern, Pferden, Postkutschen«, der »steinerne Wald von Häusern«, die »kolossale Einförmigkeit«.[6] Wahrnehmungs- und Verarbeitungstempo und die neuen großstädtischen Tempi erscheinen noch nicht synchronisiert. Wohl aber schlagen sich die neuen maschinellen Geschwindigkeiten der Dampfmaschine – als Dampfschiff (seit 1811), Eisenbahn (seit 1825) und Aggregat (seit 1786) – in den Arbeits- und Lebensvollzügen hier der englischen Metropole nieder. Zur ästhetischen Technik der ›Reisebilder‹ gehört die Montage gegensätzlicher Bilder: so fügt Heine in seine London-Beschreibung Bilder der alten vorindustriellen Welt ein: »Wie viel heiterer und wohnlicher ist es dagegen in unserem lieben Deutschland! Wie traumhaft gemach, wie sabbatlich ruhig bewegen sich hier die Dinge!«[7]

---

[5] Götz Großklaus, Textstruktur und Textgeschichte. Die ›Reisebilder‹ Heinrich Heines. Frankfurt a. M. 1973, S. 147 ff. – Ich freue mich, in diesem Zusammenhang einer aktuellen Erforschung der Beziehungen von Literatur und Technik auf die Ergebnisse meiner Untersuchung aus dem Jahre 1973 zurückkommen zu können. Die traditionelle Heine-Forschung hat diesen Aspekt ästhetisch-industriell-technischer 'Osmose' kaum beachtet. Die wenig sachkundigen Besprechungen meines Buches von Hermand (1975) und Sammons (1975) haben die wissenschaftliche Diskussion dieser Fragestellung behindert.

[6] Heinrich Heine, Englische Fragmente. – In: H. H., Sämtliche Schriften. Bd. 2. Hrsg. v. G. Häntzschel. München 1969, S. 538 f.

[7] Ebd.,S. 539 f.

Ironisch wird der historische Abstand vermessen; die unterschiedlichen Tempi sind es, die die unterschiedlichen Entwicklungsstände im historischen Prozeß verdeutlichen, dessen bedrohlich beschleunigtes Tempo plötzlich selbst in den Blick gerät. Ab 1831 befindet sich Heine in Paris, der Hauptstadt des 19. Jahrhunderts; die Abstands-Vermessungen entfallen; seiner neuen großstädtischen Prosa (›Salon‹, ›Französische Zustände‹, ›Lutetia‹) sind die modernen Geschwindigkeitsverhältnisse implizit. Als Reisender benutzt Heine Dampfboot und Eisenbahn; das Dampfboot Le Havre–Hamburg beschleunigt den Brief- und Manuskript-Verkehr zwischen dem Autor und seinem Verleger Campe. Napoleon bescheinigt er Unverständnis gegenüber der neuen technischen Möglichkeit schneller, globaler Verkehrsflüsse: »Er stand auf dem Balkon seines Schlosses zu Saint-Cloud, als das erste Dampfschiff dort auf der Seine vorüberfuhr, und er merkte nicht im mindesten die weltumgestaltende Bedeutung dieses Phänomens!«[8] Anläßlich der Eröffnung der neuen Eisenbahnlinien Paris–Orléans, Paris–Rouen 1843 bezeichnet Heine die Eisenbahn als »providencielles Ereignis«. Die Daguerreotypie schließlich macht er zum Ausgangspunkt einer Überlegung zur Schreibweise und zum ästhetischen Verfahren seiner Berichte aus Paris. Auch hierbei geht es um die Verarbeitung von Geschwindigkeit. Das technische Prinzip des neuen Apparates, »die Natur durch reflektiertes Licht sich selbst zeichnen zu lassen«[9] und damit ein authentisches Abbild zu schaffen; das Prinzip, über stark verkürzte Belichtungszeiten (5–6 Minuten seit 1839)[10] im schnellen Zugriff auf die Wirklichkeit einen Ausschnitt festzuhalten, eine Phase zu arretieren, übersetzt Heine versuchsweise in sein Medium: Was könnte schneller Zugriff und Zergliederung in Ausschnitt und Phase für seine Prosa bedeuten? Vorstellbar wäre eine moderne Prosa, die einer schnelleren Wahrnehmungsbewegung Ausdruck verschafft in der Isolierung von Phasendetails und Tages-Signaturen. Wie der Daguerreotypie gelänge der Prosa, im beschleunigten Zeitfluß Ausschnitte zu arretieren. Die Zergliederung gäbe der Wahrnehmung inmitten des unheimlichen Bewegungstempos der Welt die Haltepunkte zurück, von denen aus übergenaue und ›authen-

---

[8] Heinrich Heine, Lutetia. – In: H. H., Sämtliche Schriften. Bd. 5. Hrsg. v. K. Briegleb/K. H. Stahl. München 1974, S. 403.

[9] Heinz Haberkorn, Anfänge der Fotografie. Hamburg 1981, S. 52.

[10] Ebd., S. 99.

tische' Ansichten zu gewinnen sind. Anders aber als die Daguerreotypie könnte ein 'daguerreotypisches Geschichtsbuch' nicht nur zergliedern, sondern auch wieder zusammensetzen. In der Aneinanderreihung der Tages-Phasen-Bilder entsteht ein bewegliches Panorama. In der Montage der Phasen kommt der geschichtliche Prozeß wieder zum Vorschein.[11]

> [...] meine Berichte sind ein daguerreotypisches Geschichtsbuch, worin jeder Tag sich selber abkonterfeite, und durch die Zusammenstellung solcher Bilder hat der ordnende Geist des Künstlers ein Werk geliefert, worin das Dargestellte seine Treue authentisch durch sich selbst dokumentiert.[12]

Heines bekannte, hellsichtige Eisenbahn-Analyse aus ›Lutetia‹ mit dem Tagesdatum des 5. Mai 1843 erfaßt exemplarisch die drei Verarbeitungsstufen:

- schockhafter, sozialer Wahrnehmung des neuen technischen Ereignisses,
- historisch-evolutiver Zuordnung,
- psychosozialer Folgen-Abschätzung.

Auf jeder der Stufen geht es um Einstellungsversuche gegenüber dem Phänomen neuer Geschwindigkeit und Beschleunigung. Das mehr oder weniger plötzliche Erscheinen der Dampfmaschine als mobiler und mobilisierender Apparat im Weichbild der Städte löst zunächst bei der großen Menge, die ja die Maschine erstmals außerhalb der Fabrik zu Gesicht bekam, Gefühle der Erschütterung aus, die sich augenblicklich allen – wie vom 'elektrischen Schlag' getroffen – mitteilen. Heine ist bemüht, dieses zeitliche Moment des Plötzlichen, Schlagartigen besonders zu betonen: in der Tat scheint im Schock der Zusammenbruch des 'alten' Codes raum-zeitlicher Wahrnehmung punktuell vorweggenommen.

> Während aber die große Menge verdutzt und betäubt die äußere Erscheinung der großen Bewegungsmächte anstarrt, erfaßt den Denker ein unheimliches Grauen, wie wir es immer empfinden, wenn das Ungeheuerste, das Unerhörteste geschieht [...].[13]

---

[11] Hierzu anders: Wolfgang Preisendanz, Heinrich Heine. München 1973, S. 72 ff.

[12] H. Heine, Lutetia (wie Anm. 8), S. 239.

[13] Ebd., S. 448 f.

Heine verknüpft – als 'Denker' – im zweiten Schritt die Erscheinung der neuesten 'Bewegungsmacht' mit drei historischen Ereignissen: der Erfindung des Pulvers (in Europa zwischen 1320 und 1330), der Entdeckung Amerikas (1492) und der Erfindung des Buchdrucks (um 1448). Folgerichtig wird die Eisenbahn evolutions-geschichtlich in die Reihe derjenigen 'providenciellen Ereignisse' gestellt, die auf unterschiedliche Weise zur Revolutionierung des jeweils historischen Raum-Zeit-Gefüges, der gesellschaftlich zugrundeliegenden Geschwindigkeits-Verhältisse beigetragen haben. Es geht um die Beschleunigung der Kriegsflüsse, der globalen Herrschaftsflüsse, der ökonomischen und kulturellen Tauschflüsse – der Kommunikations-, Verkehrs- und Reiseflüsse.[14]

Die Beschleunigung aller gesellschaftlichen Bewegungen führt tendenziell zur Aufzehrung raum-zeitlicher Distanzen; die soziale Auswirkung derartiger Aufzehrung aber läßt sich nur dialektisch fassen: indem die 'alte' Ferne nah wird, gerät die 'alte' Nähe in immer größere Ferne etc.

Was wird das erst geben, wenn die Linien nach Belgien und Deutschland ausgeführt und mit den dortigen Bahnen verbunden sein werden! Mir ist als kämen die Berge und Wälder aller Länder auf Paris angerückt. Ich rieche schon den Duft der deutschen Linden; vor meiner Türe brandet die Nordsee.[15]

Bei etwas besserer Gesundheit hätte Heine den europaweiten Verbund der nationalen Eisenbahn-Netze noch erleben können. Negt/Kluge sprechen von der »Gewalt des Zusammenhangs«.[16] Heine überdenkt in einem letzten Schritt die psychosozialen Implikationen der neuen raum-zeitlichen Zusammenhänge, der neuen Nah-Verhältnisse:

Welche Veränderungen müssen jetzt eintreten in unsrer Anschauungsweise und in unsern Vorstellungen! Sogar die Elementarbegriffe von Zeit und

---

[14] Zum Gesamtzusammenhang von Beschleunigung und Geschwindigkeit: Marshall McLuhan, Understanding Media – Die magischen Kanäle. Düsseldorf/Wien 1968; Paul Virilio/Sylvère Lotringer, Der reine Krieg. Berlin 1984; Paul Virilio, Geschwindigkeit und Politik. Berlin 1980; Lewis Mumford, Mythos der Maschine. Frankfurt a. M. 1977.

[15] H. Heine, Lutetia (wie Anm. 8), S. 449.

[16] Oskar Negt/Alexander Kluge, Geschichte und Eigensinn. 5. Aufl. Frankfurt a. M. 1982, S. 895 ff.

Raum sind schwankend geworden. Durch die Eisenbahnen wird der Raum getötet, und es bleibt uns nur noch die Zeit übrig.[17]

In der Tat war die »Anschauungsweise« bis zum Auftreten des neuen technischen Ensembles von Eisenbahn und elektrischer Telegrafie in den 40er Jahren geprägt von den Geschwindigkeitsverhältnissen 'langsamer' Gesellschaften, die noch durch antike 'Vehikel' (Pferd, Pferd und Wagen, Segelschiff) bestimmt waren. Die Beschleunigung des Bewegungstempos (Güter, Information, Menschen) von Geschwindigkeiten zwischen 10 und 15 km für die schnellsten Postkutschen[18] auf Einheiten von 30 bis 45 km für die schnellsten Lokomotiven bis 1845 – der Telegrafierleistung auf 40 Buchstaben pro Minute (Steinheilscher Nadeltelegraf von 1836)[19] erzeugte diffuse Gefühle der Verunsicherung und Desorientierung. Schivelbusch spricht vom »Wirklichkeitsverlust der Wahrnehmung«.[20] Verloren geht – genauer gesagt – jene 'Wirklichkeit', die sich über Codes der Wahrnehmung konstituiert, deren räumlich-zeitliche Segmentierung im wesentlichen an den *naturalen* Grenz- und Differenz-Daten orientiert bleibt. Tendenziell verloren geht die Naturraum- und Naturzeit-analoge Codierung von 'Wirklichkeit' – und zwar in dem Maße wie die Denaturalisierung von Natur-Raum und Natur-Zeit durch die neuen Techniken fortschreitet. Auf die besondere Rolle der mechanischen Zeitmessung im Zusammenhang mit dem Eisenbahnwesen sei nur am Rande hingewiesen.

Den neuen Apparaten (Dampfschiff, Eisenbahn, elektrischer Telegraf, Kamera) liegen bereits von der technischen Idee her bestimmte Prinzipien eines veränderten Bezuges zur 'Wirklichkeit' zugrunde:

- das Prinzip der Geschwindigkeit, der beschleunigten Bewegung, des beschleunigten Zugriffs;
- das Prinzip der Verbindung, Vernetzung: des Zusammenhangs;
- das Prinzip des Zergliederns, Fragmentierens und Zusammensetzens: der Montage;

---

[17] H. Heine, Lutetia, S. 449.

[18] Wolfgang Schivelbusch, Geschichte der Eisenbahnreise. Zur Industrialisierung von Raum und Zeit. München 1977, S. 35 f., S. 184 f.

[19] Rolf Oberliesen, Information, Daten und Signale. Geschichte technischer Informatinonsverarbeitung. Hamburg 1982, S. 100.

[20] W. Schivelbusch, Eisenbahnreise, S. 38.

– *das Prinzip der Nähe;*
– das Prinzip der Visualisierung.

Es sind vor allem schnelle Apparate, die uns schnell etwas nahe bringen; sie beschleunigen unsere Sinne; sie stellen Verbindungen her zu Entferntem und Fremdem; sie fragmentieren Räume, Zeiten, Botschaften, Bilder – und liefern punktuelle Zusammensetzungen etc. Es sind im wesentlichen diese Prinzipien, die gleichermaßen in den materiellen und immateriellen Produktions- und Reproduktionsverhältnissen der Gesellschaft wiederkehren. Es sind diese Prinzipien, über die sich die neuen Codes der Wahrnehmung (die neue 'Anschauungsweise') ebenso konstituieren wie zum Beispiel die neuen Codes ästhetischer Produktion und Rezeption.

Wenn man fragt, in welcher Kunstform diese Prinzipien des neuen technisch-mechanischen Zeitalters als Elemente der technischen und ästhetischen Struktur vollkommen wiederkehren, so wird dies die jüngste Kunstform überhaupt sein müssen: die des Films – von der Idee ein Kind des 19. Jahrhunderts. Das Moment der Geschwindigkeit und Beschleunigung erscheint technisch im Tempo der Aufeinanderfolge von 25 Phasenbildern in der Sekunde, in der Kürze der Phasen-Belichtungszeit ($^1/_{50}$); es erscheint ästhetisch-strukturell im Abbild von unterschiedlichen Bewegungen in unterschiedlichen Räumen: in einer neuen Ästhetik der Bewegung überhaupt. Das Moment der Zergliederung und Zusammensetzung liegt technisch der Phasenbild-Segmentierung und der raschen Aneinanderreihung diskontinuierlicher Teile ebenso zugrunde wie ästhetisch der Strukturierung nach Einstellung, Schnitt, Sequenz und Montage. Das Moment der Distanzvernichtung und *Nähe* zeigt sich technisch als Möglichkeit der Bild-Vergrößerung in Detail-, Nah- und Großaufanhmen, im Zoom: als Möglichkeit der isolierten visuellen Repräsentation des Fremden überhaupt – ästhetisch als sofortige Umwandlung des Abbild-Details in kinematografische Zeichen, als Auflösung der ersten, realen Bedeutung in zweite, kinematografische Bedeutung etc., als ständige Verwandlung der fremden Welt in kulturelle Zeichen.

Heine erfaßte die Anfänge schubartig einsetzender Industrialisierung und Technisierung seit den 30er Jahren in Frankreich. Die technischen Ereignisse seiner Zeit stellte er in die Kontinuität eines global verlaufenden Zivilisationsprozesses. Mit der Erinnerung an Heine versuchen wir eine ähnliche Anknüpfung, denn auch die jüngsten Entwicklungen der elektronischen Technologie scheren aus der geschichtlichen Kontinuität dieses Prozesses nicht aus. Die Prinzipien wachsender Geschwindigkeit und Vernetzung, zunehmender 'Nahverhältnisse' und fortschreitenden Raum-Zeit-Schwundes bestimmen auch heute noch die Lebensvollzüge im nach-mechanischen Zeitalter. Allerdings trennen uns die erreichten Geschwindigkeits-, Vernetzungs- und Miniaturisierungs-Werte qualitativ von der vor-elektronischen Epoche. Was heißt das für die Veränderung unserer 'Anschauungsweise' – was heißt das für die Künste, für die Literatur?

II

Im Bilde erscheint die Queen; sie trägt ein weißes Kleid mit einer dunkelblauen Schärpe; hinter ihr öffnet sich ein dunkelrot ausgeschlagener Saal-Raum in Buckingham-Palace: schwere Teppiche, ein riesiger Kristall-Lüster, Bilder der Ahnen; die Queen steht vor uns und beginnt, von einer eigenartigen Verletzung zu berichten, die sie sich an der linken Brust zugefügt hat; schwarzes Blut dringt aus der Wunde; sie habe sich gefragt, wie sie mit dieser Wunde in der Brust überleben könne, schließlich habe sie jemanden gerufen, doch niemand sei gekommen. Wir sehen so etwas wie eine Schnittspur oberhalb ihrer Brust.

Hier endet ein ca. 2minütiges Videotape von Dellbrügge/de Moll; es steht in einer Reihe von 6 Videotapes mit dem Obertitel ›Pseudo‹ (1986). Die Einzeltitel sind: ›Die Stewardess‹ – ›Der Boxer‹ – ›Die Queen‹ – ›Der Prinz‹ – ›Die Weißrussin‹ – ›Der Cowboy‹.[21] Zur visuellen Präsentation ist folgendes zu sagen: Die Vordergrunds-Figuren sind vor neutralem Hintergrund aufgenommen: die jeweiligen Bild-Hintergründe sind hinzumontiert. Die Bewegungen der Figuren werden im sog. Scratch-Verfahren in unterschiedlichem Zeitmaß segmentiert; die Bewegung wird zerstückelt und dann lang- bzw. kurzphasig wieder zusammengesetzt. Somit erscheinen arretierte Körperhaltungen und -stellungen und abgehackte Einzelbewegungen, die beschleunigt aufeinander folgen. Ding- und Körperkonturen verlieren jede Bestimmtheit; die allgemeine Detailauflösung des Bildes ist gering; es entstehen poröse, offene und flächige Strukturen; das Solarisations-Verfahren bewirkt unterschiedlichste farbliche Verfrem-

[21] Christiane Dellbrügge/Ralf de Moll, Pseudo. Karlsruhe 1986.

›Die Stewardeß‹

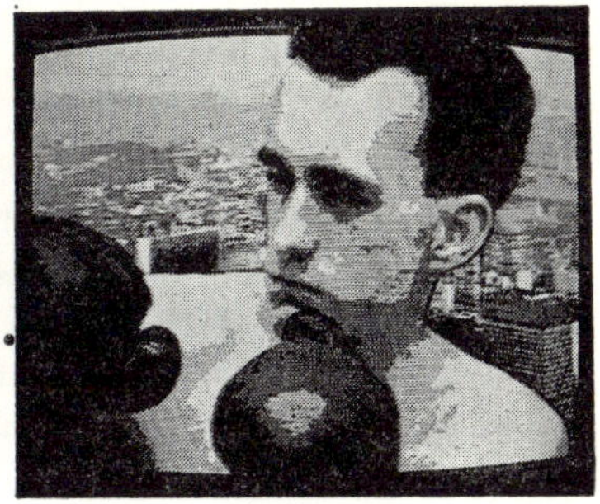

›Der Boxer‹

›Die Queen‹

›Der Prinz‹

›Die Weißrussin‹

›Der Cowboy‹

dungen. Auch für die akustische Präsentation von Stimmen und Geräuschen gilt durchgängig die über einen Trick-Generator erzeugte Verzerrung – meist in hohe Lagen.

Auf der thematischen Ebene kommt es zu einem quasi-szenischen Arrangement von 'Zitaten': figürlich (Stewardeß, Boxer, Prinz etc.) und räumlich (Moskauer Flughafen, New York, Buckingham Palace, Wüste von Arizona, Roter Platz). Es ist, als ob wir am Ende einer langen Reihe kultureller Zitate nur noch mit Zeichen von Zeichen zu tun haben: mit ikonischen 'Chips', in denen sich die Geschichte intensiver kultureller Nutzung niedergeschlagen hat. Die Video-Inszenierung treibt diesen Prozeß der semantischen Ausdünnung und Verflüchtigung auf die Spitze. Anstelle der Idole (Boxer, Prinz, Cowboy etc.) und anstelle der 'alten' Raum-Symbole (New York, Wüste von Arizona etc.) kursieren 'ikonische Chips', in denen jede semiotische Bewegung zum Stillstand gekommen scheint. Dieser Stillstand wird zum Ausgangspunkt neuer ästhetischer Semiotisierung. Die Video-Inszenierung unterlegt dem leeren und pauschalen Idol-Zeichen verbal über den Darsteller eine ganz und gar private 'Geschichte': 'erzählt' wird von einer, offenbar im Traum gemachten, beunruhigenden Körper-Erfahrung, wobei eigenartige Wunden (Queen), Schwellungen und Geschwüre (Prinz), Konfrontation mit nach außen getretenen Organen (Stewardeß, Cowboy) etc. eine Rolle spielen. Diese 'Geschichten' sind den ikonischen Idol-Chips wie Sprechblasen aufkopiert. Der intime Inhalt der Körper-Geschichten gerät in Widerspruch zur Öffentlichkeit des Idols. Gerade dadurch aber kommen die semiotischen Bezugs-Bewegungen wieder in Fluß.

Schließlich ist es die körpersprachliche Präsentation des Idol-Darstellers, die als visuelles Vordergrund-Geschehen den Zuschauer in Bann schlägt. Der Gegensatz von Arretierung und Beschleunigung bestimmt den Rhythmus der gestisch-mimischen Bewegung. Bestimmte Körperbilder des Erschreckens, des Sich-Ekelns etc. werden als Segmente des Bewegungsablaufs angehalten; andere Segmente werden im Phasensprung beschleunigt hintereinandermontiert. Die Körperbewegung – so sieht es aus – gehorcht einer maschinenhaften Steuerung. In diesem Zusammenhang erscheint auch die Trick-verfremdete Stimme des 'Erzählers' wie eine Computer-Simulation.

Selbstverständlich entsprechen diese massiven Denaturierungen des Körpers, seiner Gefühle, der Stimme direkt den technischen Zugriffsmöglichkeiten der Videokamera, unterschiedlicher Trick-Generatoren, der Solarisation, dem Scratch-Verfahren etc. Die verschiedenen akustischen, visuellen und rhythmischen Verfremdungen aber enthalten auf der anderen Seite ästhetisch überprägnant formulierte Hinweise auf den veränderten Wahrnehmungs- und Signifikations-Haushalt unserer Gesellschaft überhaupt. Folgendes ist zu resümieren:

1) Das 2-Minuten-Zeitmaß des Videotapes bedeutet eine Verkürzung und Beschleunigung der ästhetischen Zugriffs- und Verarbeitungszeit; die Phasensprünge in der Bewegungsübertragung führen auch intern noch zu zeitlichen Verdichtungen: wenn man hinzunimmt, daß die hintereinandergeschalteten Videotapes eine Folge von Kurzzeitbotschaften aus verschiedenen Feldern übermitteln, ließe sich von einer ästhetischen Struktur rasch aufeinanderfolgender Abtastungen der 'Wirklichkeit' sprechen. Die ästhetische Struktur 'bildet' somit Momente der technischen Struktur des Mediums (Video) ab. 'Abbildung' soll heißen, daß auf der prinzipiellen Ebene eines technologisch veränderten Bezugs zur 'Wirklichkeit' Grundelemente der elektronisch beschleunigten Bild-Abtastung, der Punkt-für-Punkt-Umwandlung optischer Signale in elektrische Signale, der digitalen Stichproben-Übertragung etc. als Elemente der ästhetischen Informationsverarbeitung wiederkehren. Zu derartigen 'Abbildungen' kommt es auch dann, wenn z. B. zur Formulierung der ästhetischen Botschaft kein technischer Apparat verwendet wird (Literatur). Für unser Beispiel des Videotapes allerdings – wie auch schon für den Film – läßt sich ein hohes Maß an Übereinstimmung von technischer und ästhetischer Segmentierung, technischer und ästhetischer Punkt-für-Punkt-Abtastung und Signal-Umwandlung, technischem und ästhetischem Verarbeitungstempo beobachten.

2) Das Videotape setzt uns in Verbindung mit dem fernen Idol (Queen, Prinz, Boxer etc.). Das Idol spricht zu uns; es erzählt uns eine intime Körpergeschichte; es zieht uns in sein Vertrauen; sein Körper kommt uns nahe; sein Inneres öffnet sich uns. Das Prinzip der *Nähe* bestimmt alle Formen der Telekommunikation. Räumlich-zeitliche Distanzen werden aufgelöst – in Realisation von Zeitgleichheit und Simulation räumlicher *Nähe* (Stimme, Bild); ebenso verschwimmen die Grenzen zwischen innen und außen, privat und öffentlich. Bekanntlich befinde ich mich während einer TV-live-Sendung bei Simulation äußerster körperlicher Nähe bei realer räumlicher Ferne in ab-

soluter Zeitgleichheit mit dem auftretenden Idol. Das Videotape 'bildet' diese telekommunikative Situation überprägnant 'ab', wobei gerade der Simulations-Charakter *telekommunikativer Nähe* ästhetisch kenntlich gemacht wird.

3) Dem Videotape gelingt es, die verfestigten telekommunikativen *Nah-Verhältnisse* aufzubrechen. Seit der Mitte des 19. Jahrhunderts haben die Apparate der *Sucht nach Nähe* gedient, aber erst am Ende unseres Jahrhunderts sind globale Systeme an der Herstellung von Nähe beteiligt. Tagtäglich nehmen wir über Fernsehprogramme an den Ritualen der Nähe teil. Die *Nah- und Nächstwahrnehmung* des glücklichen, mächtigen, erfolgreichen Idols, seines charismatischen Körpers – ebenso wie die von Tod und Katastrophe im Bilde des zerstückelten Körpers – hat längst die Form des kollektiven Rituals angenommen: eines Rituals der Teilhabe am Glück des mächtigen Idols – oder der Abwehr panischer Angst.

4) Das Videotape leistet so etwas wie die *Ent-ritualisierung der Nähe,* der Nah-Wahrnehmung; gegenüber dieser typischen Anschauungsform des technischen Zeitalters entwirft das Videotape ästhetisch neue Formen der Distanz; es verweist den Zuschauer auf den Zeichen-Charakter des Abbildes, auf das Hergestellt-Sein von Nähe und Intimität; es isoliert die Zeichen-Elemente: geläufige ikonische Chips für Idole und ihre Räume, pauschale Körperzeichen für Schreck, Verwunderung etc., Sprechblasen-Zeichen für eine 'erzählte Geschichte', parasprachlich die Mickymouse-Stimmlage für Infatiles, Zuwendung Versprechendes etc. Schließlich setzt das Videotape diese Zeichen vor unseren Augen wieder zusammen: in dieser Montage entstehen 'Wirklichkeitsansichten' aus zweiter und dritter Hand. Semiotisch ausgedrückt, trifft unsere Wahrnehmung auf Zeichen von Zeichen von Zeichen etc. – nicht mehr auf Sachen. Im Übergang zur elektronischen Epoche erzeugen die neuen Informationstechnologien immaterielle Güter statt materieller: Zeichen-Artefakte (Daten-Signale und Symbole) statt Sach-Artefakte. Unsere Wahrnehmung spezialisiert sich zunehmend auf Zeichen-Erkennung, während die Sach-Erkenntnis zurücktritt.

5) Von hieraus betrachtet, verknüpft die Zeichen- und Symbol-Form des Videos nicht mehr traditionell einen Sinnbereich mit einem Sachbereich,[22] sondern erzeugt das, was Eco eine »semiosische Drift« nennt [23]. Für Drift-auslösende 'Texte' gibt es »keine Dialektik mehr von 'hier' und 'dort', von Signans und Signatum. Alles geschieht *hier*

– und die Dialektik findet höchstens als eine weiter-und-weiter-Bewegung von Signans zu Signans statt.« [24] Das traditionelle Sinn-Versprechen wird so nicht eingelöst; das Signatum bleibt aus.

III

Wenn man versucht – ähnlich wie für die Apparate des 19. Jahrhunderts – Prinzipien eines veränderten Bezugs zur Wirklichkeit zu bestimmen, wie sie neuesten Apparaten unserer Epoche von der technischen Idee her zugrundeliegen, zeigt sich die Kontinuität des technischen Fortschritts. Geschwindigkeit und Beschleunigung – Zergliedern und Zusammensetzen – Nähe und Visualisierung u. a. scheinen konstante Prinzipien des globalen Modernisierungs-Prozesses bis in unsere elektronische Epoche hinein zu sein. Geschichtliche 'Überschriften' wie 1., 2. oder 3. industrielle Revolution geben jeweils der Erfahrung schubhafter evolutiver Beschleunigung Ausdruck. Die gar nicht zu leugnenden qualitativen Sprünge lassen sich – wie ich meine – immer noch auf die 'alte' Matrix technischer Veränderung beziehen. So bleibt das Prinzip der Geschwindigkeit ja offenkundig das Leitprinzip gerade der komplexesten Technologien unserer Zeit: von den Informations- und Kommunikationstechnologien zu den Verkehrs- und Militärtechnologien. McLuhan und neuerdings Virilio haben auf diesen Zusammenhang immer wieder aufmerksam gemacht.[25] Erst der historische Vergleich mit den Geschwindigkeitsverhältnissen des 19. Jahrhunderts, mit dem Tempo der Lebensvollzüge auf den genannten Gebieten der Kommunikation und Information, des Verkehrs- und Militärwesens macht den qualitativen Sprung deutlich. Was bedeutet es für die menschlichen Lebensvollzüge, für das Verhältnis zur 'Wirklichkeit', für die Wahrnehmungs- und Orientierungsleistung, u. a. natürlich auch für die von den Kulturen zu lei-

---

[22] Hans Peter Thurn, Soziologie der Kultur. Stuttgart/Berlin/Mainz 1976, S. 110.

[23] Umberto Eco, Semiotik und Philosophie der Sprache. München 1985, S. 228.

[24] Ebd., S. 228.

[25] M. McLuhan, Media (wie Anm. 14); P. Virilio/S. Lotringer, Krieg (wie Anm. 14).

stende symbolische Sinn-Arbeit, wenn Schall- und Lichtgeschwindigkeit diese Vollzüge bis an die Grenzwerte beschleunigt haben?

Der aktuelle technologische Prozeß scheint konzeptionell durch die folgenden Momente bestimmt:
- Miniaturisierung,
- Snychronizität,
- Digitalisierung,
- Augenblicklichkeit,
- Feld / Mosaik-Strukturierung.

Die z. B. auf dem Gebiet der elektronischen Bauelemente zu beobachtende Miniaturisierung vom Einzelbaustein zu Funktionsblöcken – sog. integrierten Schaltungen auf einem einzigen Siliziumplättchen (Chip) bis zur weiteren Integration und Verdichtung in einem Mikroprozessor (der eine komplette Rechenanlage auf einem einzigen Chip unterbringt) – vollzieht sich *räumlich* im Quadratmillimeter-Bereich; *zeitlich* haben wir es mit sog. Signallaufzeiten im Nanosekunden-Bereich zu tun.

Die fortgeschrittenste Technologie arbeitet mit 'Räumen' und 'Zeiten', die sich der Wahrnehmung längst entzogen haben. Die strukturellen Elemente der Zeit-Raum-Verdichtung und der Integration kehren auch außen im Nutzungsbereich der Apparate wieder: So können zukünftig internationale Datenbanken, »Informationen jedweder Art aus *nahen* und *fernen* Quellen sammeln, klassifizieren, komprimieren und in Großspeichern für *sekundenschnellen* Abruf bereit halten«[26]. Zur Integrierung nationaler Kommunikations- und Datensysteme in internationalen Verbundsystemen wird es schon in den 90er Jahren kommen.

Die Elementarbegriffe von Raum und Zeit, die für Heinrich Heine schon durch die neuen Eisenbahnen schwankend geworden waren, büßen durch die jüngsten Entwicklungen in der Vernichtung von Distanz und in der *Herstellung von Nähe* auf dramatische Weise Unterscheidungs- und Orientierungsfunktionen ein, die sie lange für die lebensweltliche Wahrnehmung besessen haben. Alles hat die Tendenz, uns gleich *nah* und gleich-*zeitig* zu sein. Die Zeit schrumpft zum Augenblick, der Raum zum Punkt. Seriell stellen sich Augenblicks-Folgen und Punkt-Raster her. Der Fernseh-Technologie liegt offenbar gerade diese neue zeit-räumliche 'Interpunktion' zugrunde.

[26] R. Oberliesen, Information (wie Anm. 19), S. 251.

Bekanntlich wird das optische Bild in Bild*punkte* zerlegt, die – umwandelt in elektrische Signale – übertragbar werden. Abtastung und Wiedergabe erfolgen Punkt für Punkt, Zeile für Zeile. Das Fernsehbild entsteht »aus der Spur eines über den Bildschirm bewegten Punktes variabler Leuchtdichte«[27]. 13 Millionen Bildpunkte pro Sekunde setzen das Bild auf einem 625-Zeilen-Raster wieder zusammen. Im Unterschied zum Filmbild ist das Fernsehbild ein prozessuales und punktuelles Mosaik, das sich 25mal pro Sekunde auf- und wieder abbaut. Die technologische Grundstruktur von Abtastung und Wiedergabe bestimmt auch hier die Struktur der in diesem Medium übermittelten Botschaft. Oder anders gesagt: die dem technischen Medium implizite Form der 'Wirklichkeits-Aneignung' kehrt auf den nichttechnischen Niveaus der Bild-Botschaft und der Bild-Rezeption wieder. Sowohl die Programm-Abfolge im Ganzen, als auch die Einzelsendung (prototypisch: die Nachrichten-Sendung) sind strukturell ohne weiteres auf das Grundprinzip des punktuellen Mosaiks zurückzuführen. Zu vermuten ist, daß auch die Wahrnehmung sich dieser neuen zeit-räumlichen Interpunktion angepaßt hat und ihre Aneignungsleistung in Punkt-Sprüngen auf der Oberfläche eines Mosaiks vollzieht. Das Wirklichkeitsfeld wird als Mosaik entworfen, auf dessen Fläche der hyperaktive Blick von Punkt zu Punkt wandert und wechselnde Verbindungen und Vernetzungen momentan aufleuchten und wieder verlöschen läßt.

Bislang ruhte die gesamte telekommunikative Apparatur bei der entscheidenden Umwandlung optischer oder akustischer Ereignisse (Bild, Ton, Stimme) in übertragbare elektrische Signale auf dem Prinzip der Analogie. »Analoge Signale stellen eine sich stetig verändernde Größe (z. B. den Schalldruck eines Tones) durch eine sich in gleicher Weise *stetig* ändernde Größe (z. B. elektrische Wechselspannung) dar.«[28] Diese Analog-Technik wird im Augenblick zugunsten der Digital-Technik aufgegeben. Dabei erfährt das ursprüngliche analoge Sprach-, Ton-, Bild-Signal eine Abtastung, deren Ergebnis in Annäherung an den optischen oder akustischen Vorgang digital dargestellt wird. D. h. die analogen Signale werden nicht kontinuierlich

[27] Lotte H. Eisner/Heinz Friedrich (Hrsg.), Film, Rundfunk, Fernsehen. Frankfurt a. M. 1958, S. 19.

[28] Klaus Thome (Hrsg.), Die Technik im Leben von heute. Mannheim 1986, S. 64.

und lückenlos übertragen, sondern nach Abtastungs-Stichproben, die wiederum die Form diskreter, binärer Werte (0 – 1; ja – nein) erhalten. Das große Tempo der Einzel-Zerlegung und Binarisierung (40 000 Abtastungen pro Sek. bei Musik, 8000 Abtastungen bei Sprache) täuscht darüber hinweg, daß es Kontinua nicht mehr gibt, sondern einzig und allein Punkte und binäre Werte auf einem Rasterfeld. Zwischen den Punkten aber bleiben – wenn auch minimale – räumliche Lücken, die auf jeden Fall als Abweichung vom ursprünglichen (naturalen) analogen Schall- oder Bild-Signal zu 'Buche' schlägt – jenseits natürlich unserer Wahrnehmungsfähigkeit. Der Digital-Technik gelingt damit die binäre Stichproben-Darstellung unserer gesamten sinnlichen Welt. Es scheint, daß wir uns als 'Kulturwesen' gegenüber diesen jüngsten Entwicklungen im Zustand der Betäubung befinden [29]: wir wissen noch nicht, was dieser radikale Darstellungswandel für unsere kulturellen Haushalte bedeutet. Der endgültige Abschied von den 'alten' (natur)raum- und zeit-analogen Orientierungen allerdings – wie er in der Avantgardeliteratur der 20er Jahre schon thematisch wurde – tritt ins Bewußtsein von vielen. Die Welt wird nicht mehr so zusammengesetzt, wie sie vor der Zerlegung angetroffen wurde. Mit dem Fortfall der analogen Gestalt scheint digital so etwas wie Gestalthaftigkeit überhaupt wegzufallen: damit auch die Organisation der Informations-Daten zu Sinn-Daten.

Die Strukturelemente des Videotapes:
– hohes ästhetisches Verarbeitungstempo,
– hohes Maß an ästhetischer Fragmentierung,
– intensive Punkt-für-Punkt-Abtastung,
– ästhetische Montage von sekundären / tertiären Zeichen (ikonischen / verbalen / gestischen Chips),
– 'semiosische Drifts',
scheinen am ehesten Elementen der digitalen Technik zu entsprechen. Vorsichtiger gesagt: auf der Ebene ästhetischer und technischer Informationsverarbeitung lassen sich einige prinzipielle Übereinstimmungen in der Aneignung von Wirklichkeiten und ihrer digitalen: nichtanalogen, nicht sinn-linearen, diskontinuierlichen Darstellung beobachten.

---

[29] M. McLuhan, Media, S. 53 ff.

IV

Westwärts

Die wirklichen Dinge, die passieren ... keine Buchtitel, Inhalte,
Zitate.

1 Sonne brüllt am Tag, Unterholz, verkrüppelte Vegetation,
sandverwehte Straßen,

in London steige ich um.

Ein kalter Wind weht durch die Halle. Das

Transparent schaukelt, Fortschritt, Frieden
Kartoffeln im Komputer.

Dann werde ich durchsucht.
Mich fröstelt.

Am Gebäude wächst eine Wiese vorüber.

Auf einmal, da war ich, an dieser Stelle, in meinem Leben.

Einige Zeilen weiter hob das Flugzeug ab. Die nächste Zeile
hieß, eine matschige Winterdämmerung in New York, bleiche
rosa Wolken fern und

nah ein Neger in Uniform vor der Tür,
der mit dem Kleingeld spielt.

Beobachtung: ich schaute

auf das Flugfeld und hatte plötzlich das Gefühl, ich
hatte keine Vergangenheit mehr.

Ich schaute

durch die gläserne Wand.

(Die Negation
der Zustände ringsum
reichte nicht länger
aus.)

Auch das ging vorbei,
westwärts.

(Anschnallen!)

(Drehtüren, Maschendraht,
Autobusse: »Ei läi in äh Field
off tohl Grass samwär.«)

Nun kamen
andere Brechungen,
Zeilen.

Der Unterhaltungsteil hat

angefangen.

Die beste Entfernung für zwei Personen ist,
ein Meter zwanzig zu suchen,

überdrüssig der Bäume,
überdrüssig der Stadt,

Musik: Oh, sweet
nothing

Washington ist nichts
anderes, beim Drüberfliegen,
nachts, als eine Menge Funzeln in der
Dunkelheit,

und wie fällt man in
die Liebe?

und hier bin ich wieder,

abgeschnallt.

Ich bin nicht bereit zu glauben,
daß die Augen der Spiegel dessen sind, was man sieht.

(Hier wächst Gras!) & ich kaue
ein belegtes Brötchen aus Köln

Fleisch einführen
verboten.

über Nashville, Tennessee.

Zur Problematik des
Dichterischen heute dachte ich die Frage, wer
mag schon die Bauern Südoldenburgs besingen?
(... grünt Natur, fressen Tiere
darüberhin)

Meine erstaunliche
Fremdheit!

Die nächsten Kapitel wurden überflogen.

Und

tiefer,
dösen, im Halbschlaf sagt jemand,
»Mensch, wo willste denn
Abflammende Nacht, an Land gehen?«
westwärts,
rotierender Sternhaufen, Trampelpfade.

Steindickichte, Motten
Tänze,
verschollen.
wo kommst du her? Direkt aus
der Mitte von nirgendwo.

Natürlich nicht! Die Wörter
ziehen uns weiter,
westwärts,
Romananfang: wohin? (Wer ist
wer?) Und

(my heart went
boom) die Mythologie der vier Himmels
als ich über den dicken Richtungen bricht zusammen,
Rasen ging.
in verschiedenen Farben.
»Sprechen Sie deutsch?«
Hier ist eine Wüste, dachte ich im Motel, nächste Zeile.
Eine tote Palme stand neben dem Swimming Pool.
(Villa Capri
Motor Hotel, 2400 Kleenex aus dem Schlitz
N. Interregional
Highway, Austin in der Wand, zum Abwischen der Liebe,
Texas 78705) wessen?

Der Aufwischneger bringt Bierdosen

& dann fing ich noch einmal mit der Zeile an,
Auf einmal, da war ich, an dieser Stelle,
in meinem Leben.

Das Titelgedicht: ›Westwärts‹ aus: ›Westwärts 1 & 2. Gedichte‹ von R. D. Brinkmann bietet sich als Fläche und Feld dar.[30] Die einfache Sukzession wird immer wieder aufgebrochen: vertikal durch Zeilensprünge und unbesetzte Texträume, horizontal durch Queranschlüsse. Die Wiederaufnahme von Zeilen und die Besetzung von Textraum, vertikal und horizontal, erfolgt auf der Folie eines Oberflächen-Rasters, und zwar in unterschiedlich räumlicher Versetzung entlang der 'idealen' Achsen: rechts – Mitte – links; oben – unten. Es entsteht so etwas wie eine Text-Partitur mit verschiedenen Text-Ebenen und Text-Spuren. Das 'ideale' Raster macht die Leer-Räume sichtbar: in der Waagrechten und in der Senkrechten: jeweils sind nur bestimmte Stellen ausgefüllt – in unterschiedlicher Dichte einer ganzen Zeile oder eines einzigen Wortes. Das Raster verräumlicht die Zeit. Die vertikalen Verknüpfungen liegen auf der Zeitachse der Folge von Gegenwartspunkten; die horizontalen Verknüpfungen auf der Achse der Gleichzeitigkeit. Die Bewegungs-Sukzession eines Fluges (über London – New York – Washington nach Austin, Texas) erscheint fragmentiert als Abfolge von ›Gleichzeitigkeiten‹, als Montage von Gegenwarts-Plateaus. In den 'Lücken' fließt 'leere Zeit' ab, bzw. dehnt sich 'tote' Zeit aus. Die Gleichzeitigkeiten – wie sie in dieser Text-Partitur zur Darstellung kommen – bilden nichts anderes ab als die Gleichzeitigkeiten des Bewußtseins- und Wahrnehmungsstroms: Gesehenes – Gehörtes – Gelesenes – Gefühltes – Gedachtes leuchtet punktuell auf und verlischt. Erst die Text-Notation macht es dem Leser als Spuren-Leser möglich, die Punkte bewußtseins- und wahrnehmungsmäßiger 'Verdichtung' weitläufig zu vernetzen und zu beziehen. Die visuelle 'Bild'-Spur läuft in der Vertikalen durch die Text-Fläche hindurch – im wesentlichen über die Mittelachse; von dort aus ergeben sich Verästelungen und Anschlüsse an die auditive, emotive und reflexive Spur. Die *visuelle* Spur ist repräsentiert durch Raum-Punkt- oder Zeilen-Bilder wie: »verkrüppelte Vegetation, sandverwehte Straßen« – »eine matschige Winterdämmerung in New York« – »Washington ist nichts anderes, beim Drüberfliegen, nachts, als eine Menge Funzeln in der Dunkelheit« – »westwärts« – »Abflammende Nacht« – »Eine tote Palme stand neben dem Swimming Pool« etc.

[30] Rolf Dieter Brinkmann, Westwärts 1 & 2. Gedichte. Mit Fotos des Autors. Reinbek 1975, S. 42–44.

Die *auditive* Spur bezeichnet Stimm- und Tonreste: »Musik: Oh, sweet nothing« – »Mensch, wo willste denn an Land gehen?« – »Sprechen Sie deutsch?« etc., die *emotive* Spur immer wieder Statements der Selbst-Vergewisserung: »Mich fröstelt« – »Auf einmal, da war ich, an dieser Stelle, in meinem Leben« – »ich schaute« – »und hier bin ich wieder« – »dösen« – »ich kaue« etc. Die *reflexive* Spur bezieht sich auf Denk-Punkte wie: »Die wirklichen Dinge, die passieren ... keine Buchtitel, Inhalte, Zitate« – »und hatte plötzlich das Gefühl, ich hatte keine Vergangenheit mehr« – »Die Negation der Zustände ringsum reichte nicht länger aus« – »Die Wörter ziehen uns weiter« etc. Die Montage arbeitet mit punktuellen Verdichtungen; Spuren entstehen erst in der Rekonstruktion. Die leeren Textfelder im 'idealen' Raster bilden nicht nur tote Zeit, sondern auch toten Raum ab: zwischen Ausgangs- und Zielpunkt (Europa, London und Austin, Texas – Villa Capri, Motor Hotel, 2400 N. Interregional, Highway) schrumpft während der Flugbewegung Raum und Zeit zu einem Punkt-Gerippe.

In dieser Zone raum-zeitlicher Ausdünnung, wie sie im modernen Geschwindigkeitsvollzug künstlich, maschinell entsteht, müssen vom beschleunigt bewegten Subjekt neue Fix- und Orientierungs-Punkte entworfen werden, wie sie sich im Rückgang auf den eigenen Bewußtseins- und Wahrnehmungsstrom gewinnen lassen.

Was Brinkmann hier zu erfassen versucht, ist nichts anderes als das direkte Pendant zu den Wahrnehmungsbrüchen und -irritationen, wie sie die Eisenbahnreisenden des 19. Jahrhunderts erlebten und überlieferten: sein Notat ›Westwärts‹ verzeichnet den Zusammenbruch des realen raum-zeitlichen Gefüges als Ergebnis beschleunigter Bewegung, es liefert ein *außendatenarmes Nah-Bild* der »Seßhaftigkeit in toter Zeit« (Virilio)[31]. Leitmotivisch wiederholt Brinkmann: »Auf einmal, da war ich, an dieser Stelle, in meinem Leben«; oder: »und hier bin ich wieder, abgeschnallt«. Die Zwischenräume und -zeiten werden in Zeilensprüngen wahrgenommen: »Einige Zeilen weiter hob das Flugzeug ab« – »Nun kamen andere Brechungen, Zeilen« – »Der Aufwischneger bringt Bierdosen & dann fing ich noch einmal mit der Zeile an«. Erlebniszeit und -raum erscheinen im Bilde des Textrasters oder -screens, wo Punkt-Reihen Zeilen bilden und

[31] P. Virilio/S. Lotringer, Krieg, S. 76.

Zeilen einen Text, der aber nur noch fragmentarisch über Leerstellen hinweg zu lesen ist. Die Eisenbahnreisenden des 19. Jahrhunderts scheinen sich des Wandels der Wahrnehmungsweisen im Zusammenhang mit den neuen, maschinell erzeugten Geschwindigkeiten in höherem Grade bewußt gewesen zu sein als wir heute angesichts der Grenzwerte von Schall-, Überschall- und Lichtgeschwindigkeiten.

Brinkmanns Gedichte und Fotos ›Westwärts‹ von 1975 sind jedoch in jeder Hinsicht ein Dokument der veränderten Wahrnehmung im Kontext globaler, beschleunigter Verkehrs- und Bewegungsflüsse. Seine 'ikonografische' Poetik – wie er sie u. a. in den beiden Essays: ›Die Lyrik Frank O'Haras‹ und ›Der Film in Worten‹ (1968/69) skizziert hat – zielt auf die Vermittlung von technischer und ästhetischer Struktur in Akten einer neuen, ebenso beschleunigten Wahrnehmung. Eine derartige Wahrnehmung hält sich nicht bei Worten, verbrauchten Symbolen etc. auf, sie versucht, die Wege zwischen Realitäts-Wahrnehmung und innerem Vorstellungsbild kurzzuschließen, um ein Dazwischentreten von 'Sinnmustern', »dem übriggebliebenen Gerümpel vermittelter, sinnlich entleerter geschichtlicher Erfahrungen«,[32] zu vermeiden. Der Wahrnehmungszugriff ist von snap-shotartigem Tempo: festgehalten werden kurzfristig – wie Brinkmann es ausdrückt – »Bilder, flickernd und voller Sprünge, Aufnahmen auf hochempfindlichen Filmstreifen Oberflächen verhafteter Sensibilität« [33]. Brinkmann will den von Kerouac geforderten ›Film in Worten‹. Der *zeitliche* Ausdruck für eine derartige 'ikonografische Poesie' ist »unmittelbare Präsenz« [34]. Gegenwart ist die für die Literatur einzig reale Zeit.[35] Diese absolute Gegenwärtigkeit als ästhetisches Postulat aber setzt eine hypermobile und -sensitive Wahrnehmung voraus, die mit großer Verarbeitungsgeschwindigkeit in der Lage sein muß, das einer beschleunigten Veränderung unterworfene Reizmuster der Realität: ihre flirrende und flickernde Oberfläche abzutasten. Neben die hochtourige Wahrnehmung tritt ein gleichermaßen hyper-

---

[32] Rolf Dieter Brinkmann, Der Film in Worten. – In: R. B., Der Film in Worten. Prosa, Erzählungen, Essays, Hörspiele, Fotos, Collagen 1965–1974. Reinbek 1982, S. 223.

[33] Ebd.

[34] Rolf Dieter Brinkmann, Die Lyrik Frank O'Haras. – In: Der Film in Worten, S. 215.

[35] Ebd., S. 213.

aktives Kurzzeit-Gedächtnis,[36] das kurzfristig und intensiv die jeweils gegenwärtigen Signalreize speichert – bis längstens zum nächsten Reiz-Schock.[37] Der *räumliche* Ausdruck für die Arbeit dieser 'ästhetischen Maschine' ist: Oberflächen-Haftung und Nähe: »Es ist der letzte Blick, der wieder wie der erste ist, weil er nicht verleugnet, daß, was immer er sammelt, *Oberfläche* ist, jetzt und jetzt und jetzt und jetzt . . . wir leben in der Oberfläche von Bildern, ergeben diese Oberfläche, auf der Rückseite ist nichts – sie ist leer.«[38] Der *strukturelle* Ausdruck dieser Poetik des Hier-und-Jetzt ist schließlich der Comic-Strip, wo geschlossene Bildpartikel ruckweise sich fortsetzen.[39] Brinkmanns adäquate Ausdrucksform ist – wie wir gesehen haben – die Textpartitur: das flächige Raster mit unterschiedlichen Punkt-Verdichtungen und Leerzeilen. Die Literatur – hatte Brinkmann geschrieben – sei längst »von anderen, aus technischem Bewußtsein entwickelten Kommunikationsmitteln umgeben« und müsse schnellstens begreifen, »daß sie dadurch nicht nur hinsichtlich ihrer verfügbaren Stile, sondern ebenso in ihren inhaltlichen Momenten entscheidend verändert worden« sei.[40] Gerade aus den technischen Strukturen der Kommunikationsmittel: Fotografie und Film leitet Brinkmann – natürlich in Anlehnung an Kerouac – die notwendige Strukturveränderung der Literatur her. Brinkmanns Orientierung an den Apparaten des 19. Jahrhunderts kann den Blick dafür verstellen, daß wesentliche Momente seiner *Ästhetik* (Gegenwärtigkeit – Oberfläche – Nähe – Bildpartikel – Abtastung – Reizmuster – Punkt-Wahrnehmung – Zeit- und Raumauflösung) und seiner *Poesie* (Text-Partitur – Raster – 'Screen' – Mehrfachspuren – Punkt-Zeilen etc.) auf Wahrnehmungs- und Botschaftsformen der telekommunikativen (elektronischen) Epoche verweisen. Brinkmanns Literatur (Lyrik) läßt – wie hier exemplarisch an einem Gedicht gezeigt wurde – den Wandel und Wechsel eines Wahrnehmungs-Paradigmas erkennen.

Es ist der Übergang von Wahrnehmungsformen langsamer und

---

[36] R. D. Brinkmann, Der Film in Worten, S. 233.

[37] Götz Großklaus, Verlust und Wiedergewinnung der eigenen Geschichte: Rolf Dieter Brinkmann – Alexander Kluge. – In: Gegenwart als kulturelles Erbe. Hrsg. v. B. Thum. München 1985, S. 341.

[38] R. D. Brinkmann, Die Lyrik O'Haras, S. 215.

[39] Ebd., S. 215 f.

[40] Ebd.

mäßig-beschleunigter Gesellschaften zu Formen schneller und hyperbeschleunigter Gesellschaften, in denen die Lebensvollzüge bis an die absoluten Grenzwerte (Schall-, Überschall-, Lichtgeschwindigkeit) beschleunigt sind. Die neuen Wahrnehmungsformen sind weder gestalthaft oder konfigurativ, noch kontinuierlich – dagegen sind sie in hohem Maße netzhaft, flächig vernetzend und verkettend, diskontinuierlich: ihre 'kognitiven Karten' oder 'mental maps' entsprechen offenen Netzplänen, über die alles mit jedem: das Nächste mit dem Fernsten augenblicklich in Verbindung gesetzt werden kann.[41] Die neue Wahrnehmung erzeugt die Lust blitzartiger Zusammenschlüsse, totaler und gleichzeitig offener Vernetzungen. Genau diese Wahrnehmungsform und ihre Lust hat der Faschismus effektiv organisiert; wenn uns diese Wahrnehmungsform wiederbegegnet, dann nicht als 'faschistisch', sondern als diejenige Form, die den fortgeschrittenen Verhältnissen totaler Vernetzung durch die Kommunikationstechnologien direkt entspricht. Demgegenüber erscheint der Begriff der Montage als veraltet und einer mechanischen Epoche zugehörig. Auch der häufig in diesem Zusammenhang auftauchende Begriff der Ästhetisierung des Alltags, der Politik etc. erweist sich als anachronistisch. Es geht um die totale und konnektive Technologisierung aller bisher technikfreien 'Nischen': dieser vorläufig letzte Industrialisierungs-Schub wird wieder von Angst, Kritik, Abwehr und Untergangs-Szenarien, u. a. auch von der Ausrufung der 'posthistoire' begleitet.[42]

V

Die technischen Apparate haben auf unterschiedliche Weise der Erzeugung von raum-zeitlicher Nähe gedient. Die technischen Medien haben die raum-zeitlichen Distanzen zwischen den Sendern und den Empfängern von Botschaften zunehmend verkürzt.

[41] In diesem Zusammenhang vgl.: Gilles Deleuze/Félixe Guattari, Rhizom. Berlin 1977.

[42] Zum Problemzusammenhang: Technik – Technik-Kritik – Technik und Alltagswelt – Technik: Fortschritt und Grenzen der Hoffnung: Hans Lenk, Zur Sozialphilosophie der Technik. Frankfurt a. M. 1982; Günter Ropohl, Die unvollkommene Technik. Frankfurt a. M. 1985.

Die Druck- und Reproduktionstechniken verkürzten die Wege vom Autor zum Leser oder Betrachter. Statt des Originales konnte der Leser / Betrachter den vervielfältigten Drucktext als Buch, die vervielfältigte Reproduktion als Abbild in der Hand halten; der Hörer später die Schallplatte etc. Die Fremdheit (Aura) des Originals ging dabei verloren (Benjamin). Aber nicht nur ästhetische Botschaften gerieten in den technisch beschleunigten Sog der Nähe. Mit dem Auftreten der neueren und neuesten Medien: mit Fotografie, Film, Radio und Fernsehen kann jedes reale Geschehen, wo immer und wann es sich ereignet, wie entfernt auch immer der Ort des Geschehens sein mag, zum Nahereignis werden über sein mediales Abbild. Die Synchronizität von realem Ereignisverlauf und der technisch vermittelten Abbildfolge im Medium des Radios oder des Fernsehens schafft intensive kollektive Aufmerksamkeits-Konzentration, hohe Augenblicksverdichtung bei gleichzeitiger Universalisierung des Raumes. Millionen von Menschen können abstrakt-zeitgleich ein und dasselbe Geschehen verfolgen (Olympiaden), das dadurch seine eigentliche Lokalität einbüßt: alles findet in einer globalen Arena statt. Die Zeitgleichheit löst auch die alten Grenzen von Sender / Übermittler – Botschaft – und Empfänger auf: ohne zeitstrukturelle Zwischenräume ereignet sich Kodierung und Dekodierung für Sender und Empfänger zum selben Zeitpunkt. Die Botschaft – hier als Zeichen-Repräsentation des Realereignisses – liegt im leeren Schnittpunkt von Codier- und Decodiervorgängen. Dieser kommunikativ-symbolische Distanzschwund kehrt auf der semantischen Ebene wieder als Aufzehrung der Ferne, des Außen: des Außenraums, des Fremdraums, der Ferne auch der Zeit: des Vergangenen und des noch Kommenden. Alles wird tendenziell zum Jetzt und Hier. Die Ferne der Außenwelt und der Fremde verzehrt sich in punktuellen Nah-Einstellungen: die technisch-elektronisch erzeugte Nähe führt zu einer Folge flüchtiger, zerstreuter, hochselektiver Aneignungen. Der ursprüngliche, vor-elektronische Nah- und Eigenraum wird zunehmend überschwemmt von Fremd-Zuflüssen, die nicht mehr nach den traditionellen raumzeitlichen Mustern geordnet und strukturiert werden können. Das Tempo der Zuflüsse läßt das alte lineare Schema von Vergangenheit-Gegenwart-Zukunft als Orientierungsmuster langsamer Gesellschaften erscheinen; das Weltgeschehen durchströmt in 'real-time' die Gehirne der Menschen. Damit büßen auch die alten räumlichen Orientierungsschemata von: außen/innen – fern/nah – offen/geschlossen etc. und die abgeleiteten sozialen Orientierungsmuster der bürgerlichen Gesellschaft wie: privat/öffentlich – eigen/fremd tendenziell ihre Bedeutung ein – und zwar in dem Maße wie die Verunsicherung der Wahrnehmung verläßlicher Grenzen zwischen den Feldern fortschreitet.

Wenn Innen- und Nahräume elektronisch aufgebrochen werden, kommt es zu folgenreichen semantischen Verschiebungen der Positionen in den traditionellen Bedeutungsfeldern – und zwar so weitgehend, daß die Orientierungs- und Strukturierungsleistung ganzer Paradigmen in Frage gestellt ist. In dem Maße wie die Ferne uns nah wird, erscheint uns Nähe nur noch in der Ferne erreichbar; in dem Maße wie das Fremde beschleunigter elektronischer An-eignung über Zeichen unterworfen wird, unterliegt das Eigene ständiger Ver- oder Ent-fremdung; in dem Maße wie die Öffentlichkeit sich medial innen und intim jeweils vor dem Bildschirm herstellt, löst sich die alte Privatheit auf etc. Die alten Orientierungs- und Wahrnehmungsparadigmen entsprechen offenbar nicht mehr den Zuständen in hochbeschleunigten Gesellschaften, deren Kommunikationsstruktur bestimmt ist durch Grenzgeschwindigkeiten wie die des Lichtes.

Die alten Orientierungs- und Wahrnehmungsparadigmen operierten mit raumzeitlichen Distanzen, die immer noch so etwas wie räumliche und zeitliche Ferne und Fremde zuließen; der Entwurf der Wirklichkeit und ihre raumzeitliche Ordnung sah jeweils kulturspezifische Zonen des Übergangs und Transits vor. Die 'transzendentalen' Reisen in die jeweilige Ferne und Fremde: in das jeweilige Außen kommen mit der globalen Kolonisierung und Beherrschung von Raum und Zeit tendenziell zum Erliegen. Sehnsüchte, Wünsche, Utopien und Eschatologien verlieren den Raum und die Zeit als Projektionsgrund. Im elektronischen Hier und Jetzt: in Punkten hoher Augenblicksverdichtung vollendet sich der zivilisationsgeschichtliche Prozeß in der 'Herstellung absoluter Immanenz' (Adorno); was ist, ist im Hier und Jetzt eines momentan aufblitzenden Punktrasters, nicht vorher, nicht nachher.

Das bedeutet in der Tat das tendenzielle Verschwinden von 'Geschichten', die sich in einem narrativen Raum entfalten, einen Anfang, eine Mitte und ein Ende haben. Die neue Erzählstruktur der Welt – und zwar sowohl im herkömmlich fiktionalen als auch nichtfiktionalen Sinn – ist nicht mehr gekennzeichnet durch Linearität, Perspektive, Finalität, durch Sinnaufschub und Diskursivität, sondern durch gleichzeitige und hochbeschleunigte Vernetzung von

Punkten auf der Fläche; wobei die Qualität der wechselnden Botschaften von der Menge der erzeugten Querverbindungen, der vernetzten Punkte in einem virtuell universal-kulturellen Netz abhängen wird.

Die Botschaften der Avantgarde-Künste, die die neuesten Produktionsmittel nutzen (Video, Holographie, elektronische Musik, Computergraphik) weisen in der Tat Merkmale dieser neuen Erzählstruktur auf. 'Erzählung' jedoch ist zu sehr an den Begriff der Geschichte und der Geschichten gebunden; in diesem Sinne wird die Welt natürlich nicht mehr erzählt: Wirklichkeit und Welt werden ästhetisch als mentale Strukturen zitiert, als konnotative Netze, Felder oder Mosaiken repräsentiert – und eben nicht mehr raumzeitlich abgebildet. Das bedeutet u. a., daß der Prozeß des Verschwindens der mimetischen Künste zu einem vorläufigen Abschluß kommt.

Wenn hier so oft vom Ende der alten Paradigmen die Rede ist, dann nicht im Sinne kulturkritisch-lamentöser Verlusterklärungen, sondern um auf die Radikalität der Umbrüche aufmerksam zu machen – und um einen Betrachtungsstandpunkt außerhalb der alten Paradigmen zu gewinnen. Nur so kommen mögliche neue Strukturen in den Blick. Die neuen Aneignungsformen von Wirklichkeit erscheinen homolog in den fortgeschrittensten Kommunikationstechnologien, den Avantgarde-Künsten, den modernen Kriegsvollzügen – schließlich auch schon im Entwurf lebensweltlicher Szenarien: in Wahrnehmung und Wirklichkeitsorientierung von Jugendlichen. Die Prinzipien veränderter Aneignung sind demnach: Nähe – Feld – Augenblicklichkeit – Enträumlichung – blitzartige Vernetzungen – Gleichzeitigkeit – hochbeschleunigte Signallauf- und Zugriffszeiten. Kodierung und Dekodierung fallen tendenziell ebenso zusammen wie Erwartung und Erfüllung, wie Angriff und Gegenschlag, oder Weg und Ziel, Abfahren und Ankommen etc. Auf der Fläche hochverschalteter Felder ist alles gleichzeitig und gleichnah.

Ein größerer Widerspruch zum traditionellen europäischen Geschichts- und Zeitverständnis läßt sich nicht denken. Es ist aber daran zu erinnern, daß die Modelle evolutionsgeschichtlicher Strukturierung naturaler und kulturaler Daten entlang der Zeitachse durchaus kulturspezifisch (= europäisch) sind, keineswegs universell, und ihre Geltungsdauer geschichtlich 200 Jahre kaum überschreitet (ca. 1750 bis heute).

So erscheint die Annahme nicht abwegig, daß sich im Übergang zum vollelektronischen Zeitalter eine radikale Modell-Transformation ereignet. So wäre die Aufgabe der alten evolutiven Linearität zugunsten gleichzeitiger Feldzustände – die Aufgabe entwicklungsgeschichtlicher Horizontalität zugunsten vertikaler Verdichtungen nicht als Defizit zu verzeichnen, sondern als Chance: das alte Nacheinander schlägt um in Ordnungszustände intensivsten Zugleichs; Raumstrukturen erscheinen aufgelöst, die Zeit wird in hohen Verdichtungsgraden erfahren: als 'Echt-Zeit', als 'real-time'.

Die vierte Dimension eines Hackers ist nicht mehr das Hier und Jetzt, sondern die Echt-Zeit. Wer mit einem Computer arbeitet, will alles und zwar sofort. Programme, die länger als einen Atemzug brauchen, um von einer Diskette in den Rechnerspeicher geladen zu werden, zerren an den Nerven. Schaltgeschwindigkeiten von 10 000 oder 10 Millionen Operationen pro Sekunde erzeugen eine neue äußerst aufreizende Art von Ungeduld, die sich nur beseitigen läßt, indem der Hacker wieder ungebremst daran basteln kann, ein paar Mikrosekunden einzusparen. Oder indem er durch die internationalen Datennetze reist.[43]

Real-time ist der Begriff für die Vernichtung jeglicher Distanzen, Zwischenräume, Abstände oder Zeitspannen; im Begriff der real-time sind jegliche Wege, Aufschübe und Verzögerungen grundsätzlich aufgehoben. Real-time ist der Begriff für den Zusammenfall von Erwartung und Erfüllung auf der sozialen Ebene – für den Zusammenfall von Feind-Bewegung und Feind-Beobachtung, von Feind-Absicht und Absichtswissen und damit letztlich von Angriff und Gegenschlag auf der strategischen Ebene; real-time ist der Begriff auch für den Zusammenfall von Codierung und Decodierung auf der kognitiven Ebene etc.

Die Reisen des elektronischen Zeitalters erfolgen mit Lichtgeschwindigkeit im leeren Raum universeller Datennetze.

Beim Telephonieren ist mir einmal etwas Komisches passiert, sagt Pet. Ich wählte ein Ferngespräch und hörte das Klackern, mit dem die Verbindung über die Relais weitergeschaltet wird, und plötzlich ging es nicht mehr weiter. Die Verbindung war weder hergestellt noch getrennt. Ich hörte das Rauschen in der Leitung und hing im internationalen Netz. Ich hatte das großartige Gefühl, 40 000 Kilometer lang und 40 000 Kilometer breit zu sein. Wie Efeu rund um die ganze Erde gewachsen zu sein. Das ist es.[44]

---

[43] Peter Glaser, Datendämmerung. Geschichten aus dem globalen Dorf. – In: Die Zeit, Nr. 44 vom 23. Oktober 1987, S. 16–18.

[44] Ebd.

Hier wird das nachkopernikanische Gefühl der Verlorenheit im unendlichen Raum, der Schrumpfung gegenüber der Weite des Kosmos geradezu umgepolt zum lustvollen Gefühl der Ich-Ausdehung, für die das leere Raumrauschen zum Ausgangspunkt wird für einen realtime-Trip, der nur noch im Kopf stattfindet. Real-time wird zum Begriff für die Auflösung oder die Einlösung der Utopie.

Meine Skizze erfaßt tendenziell Veränderungen, wie sie sich möglicherweise nur partiell und sehr langsam durchsetzen werden. Die alten raumzeitlichen Wahrnehmungs- und Orientierungsweisen werden jedoch zunehmend einer kognitiven Musealisierung verfallen – vergleichbar der Beibehaltung des Spazierengehens im Kontext neuer und neuester Bewegungsarten in Maschinen: vom Auto bis zur Rakete, vergleichbar auch der prompten Musealisierung der Natur in künstlichen Parklandschaften zum geschichtlichen Augenblick ihrer totalen Kolonisierung.

Diesen Musealisierungen kommt im Verlauf eines beschleunigten technologisch-zivilisatorischen Prozesses eine wichtige soziale Funktion zu. Die imaginären Museen der Natur und der Geschichte schaffen beruhigte Gegenzonen und ermöglichen einen psychosozialen Aufschub inmitten der unaufhaltsamen Grundbewegung einer gänzlichen De-naturierung und Ent-historisierung der Welt. Wieder sei an dieser Stelle betont, daß Denaturierung und Enthistorisierung positiv immer auch die Chance einer allseitigen Kulturierung bedeuten: der Präsenz des ganzen kulturellen Erbes, der restlosen Verwandlung der Welt in eine Welt der kulturellen Zeichen und Symbole.

Von hier aus gesehen müssen für die techno-kulturelle Praxis der Gesellschaften die Bereiche der Musealisierung – und einer radikalen Transformation notwendig im Mittelpunkt stehen. Der Transformation unterliegen in superschnellen Gesellschaften alle raumzeitlichen Orientierungskategorien, sowohl individuell-lebensweltlich, als auch kollektiv-geschichtsräumlich überhaupt. Wenn dem so ist, wird es darum gehen, deutlich von alten Modellen Abschied zu nehmen und jene kognitiven Dissonanzen abzubauen, die sich immer wieder befestigen, wenn Orientierungs- und Wahrnehmungsweisen der mechanischen, vor-elektronischen Epoche im Übergang zur vollelektronischen Epoche bewahrt werden sollen. Auf der anderen Seite gilt es, den alten Modellen – nicht nur den alten Dingen – eine positiv-museale Funktion zuzuerkennen. Der Musealisierungsprozeß wird sich dabei zunehmend ent-materialisieren. Die museale Repräsentation wird von der jeweils neuesten Medientechnik geleistet werden – z. B. videomatisch oder holographisch – und damit in der Lage sein, von der dinglichen zur mentalen Repräsentation überzugehen.

Der Einübung in die neuen Modelle der Wahrnehmung und Orientierung in Gesellschaften superschnellen kommunikativen-informationellen Austausches sollten Zentren der Erforschung und Erprobung dienen. Derartigen Zentren käme die wichtige kulturelle Aufgabe zu, die alten horizontalen Konzepte kollektiver Identitätsbildung (Geschichte – Fortschritt – utopisches Endziel – öffentlich / privat – eigen / fremd etc.) in vertikale Konzepte zu überführen, umzudenken. Dabei wird über Szenarien zu prüfen sein, wie kulturelle Identität unter den neuen Bedingungen von real-time, von Nähe, Gleichzeitigkeit und beschleunigter Kommunikation möglich sein kann.

Friedrich Kittler

DIE WELT DES SYMBOLISCHEN – EINE WELT DER MASCHINE

Für Sepp

Schön ist, nach einer ehrwürdigen Formel bei Aristoteles, τὸ εὐσύνοπτον – alles, was im Auge gut zusammenzusehen und als Ganzes zu überblicken ist.[1] Mag die Tragödie vom König Ödipus noch so viel Jammer und Schrecken auslösen, sie bleibt (laut ›Poetik‹) schön unter der verzeitlichten optischen Bedingung, Anfang, Mitte und Ende zu haben,[2] statt ihrer Gestaltwahrnehmung durch Grenzenlosigkeit zu trotzen. So beginnt die Ästhetik, lange vor der neuzeitlichen Stiftung von Begriff und Sache bei Baumgarten, länger noch vor dem Wort, das meinen Kommentar geführt haben wird, als Pattern recognition.

Das aristotelische εὐσύνοπτον trägt insgeheim auch über die transzendentale Wende hinweg, womöglich gar bis zum Apollinischen Nietzsches. Wenn bei Kant das Schöne vor allen anderen Vorstellungen dadurch herausragte, daß es der Einbildungskraft und dem Verstand leichtestes Spiel bei ihrem Gemeinschaftsunternehmen gab, Gegebenheiten oder Daten (wie Kant auch sagte [3]) zu synthetisieren, dann fungierte das Schöne weiterhin als vorab optische Gestalt, die ihre Erkennung wie von selbst befördern würde. Denn daß das Erhabene dem leichten Überblicken die Widerstände seiner Übergröße (im Fall des mathematisch Erhabenen) oder seiner Übermacht (im Fall des dynamisch Erhabenen) entgegensetzte,[4] trug ja seine definitorische Absetzung vom Schönen. Aus einem Mechanismus der Erkennung machte Kant also einen Mechanismus der Erkennung im Quadrat: Ästhetik hatte fortan Mechanismen zur Sache, die den Mechanismus von Erkennung überhaupt optimierten. Wobei die Poten-

---

[1] Vgl. Aristoteles, Poetik, 1451 a 4.

[2] Vgl. ebd., 1450 b 22–31.

[3] Immanuel Kant, Kritik der reinen Vernunft, A 239. Vgl. hierzu und überhaupt: Bernhard J. Dotzler, Die Revolution der Denkart und das Denken der Maschine: Kant und Turing. – In: Diskursanalysen 1: Medien. Opladen 1987, S. 150–163.

[4] Vgl. Immanuel Kant, Kritik der Urteilskraft, B 79 f.

zierung den philosophischen oder doch technikgeschichtlichen Sachverhalt unterstreicht, daß jener Erkennungsmechanismus – Kants reflektierende Urteilskraft – keinem Mechanismus übertragen werden konnte, weder einem intellektualen noch einem materiellen. Engel haben zur Reflexion zeitserieller und raumdiskreter Daten keine Notwendigkeit, Maschinen keine Möglichkeit. Die einen überspringen das Problem, die anderen seine Lösung. Subjekt der Ästhetik ist mithin, in einem sehr technischen Sinn, der Mensch gewesen.

Anlaß genug, ein Gedankenexperiment anzustellen oder nachzustellen, das (zehn Jahre vor Foucault) von der Hypothese ausging, der Mensch habe den Mord Gottes um keine Minute überlebt. Schauplatz des Experiments ist eine Gebirgsgegend, aus der alles Menschenleben, nicht aber die Ästhetik verschwunden ist. »Es bleiben also nur noch Wasserfälle und Quellen übrig, Blitze und Donner ebenfalls«, schreibt Lacan, um die Frage anzuschließen, ob es von jenen Bergen auch ohne Menschen »das Bild im Spiegel, das Bild im See noch« gibt.[5]

Die Antwort ist selbstredend positiv, falls »noch« alle Zeiten t_1 bezeichnet, in denen die Lichtstrahlen eines vorhandenen Berges durch Brechung an der Wasseroberfläche sein Bild, wie virtuell auch immer, in einen imaginären Raum projizieren. Sie wird jedoch negativ, falls »noch« für die Zeiten t_2 steht, in denen mit dem Blitz auch seine Reflexion längst wieder erloschen ist. Spiegel sind ein Übertragungsmedium, aber kein Speichermedium der Natur. Sie erfüllen nur die Funktion einer αἴσθησις oder Wahrnehmung, die in Lacans unmenschlichem Modell allerdings vollkommen hinreicht, um »das metaphysische Problem des Bewußtseins« mit »gordischem« Schwertstreich zu durchhauen.[6] Für eine »materialistische Definition« von Bewußtsein nämlich genügt jede »Oberfläche«, deren Brechungsindex einzelne Punkte eines Realen eineindeutig in korrespondierende Bildpunkte überführt. Der sogenannte Mensch mit seiner sogenannten Auszeichnung Bewußtsein ist dazu um so weniger vonnöten, als solche Abbildungen ebensogut über Spiegel in der Natur wie übers Sehzentrum im Hinterhauptslappen des Gehirns laufen können.[7]

---

[5] Jacques Lacan, Das Seminar. Buch II (1954–55): Das Ich in der Theorie Freuds und in der Technik der Psychoanalyse. Olten u. Freiburg/Br. 1980, S. 63.

[6] Ebd., S. 62.

[7] Vgl. ebd., S. 66 ff.

Lacans ästhetischer Materialismus hat zum Widerspruch der Philosophen gereizt. Auf seine Titelfrage ›Was ist Neostrukturalismus?‹ gab Manfred Frank die Antwort: »der Traum einer subjektlosen Maschine« und folgendes Gegenargument: »Nichts an einem Spiel visueller Reflexe deutet darauf hin, daß die hin und her geschickten Spiegelbilder für sich selbst sind, was sie sind.« Vielmehr bedürfe jeder Bezug zwischen Ding und Reflex »eines Zeugen, für den er besteht, genauer: *als* Reflex besteht.«[8] Lacan müsse diese Unumgänglichkeit des Menschen sogar einräumen, weil sein Experiment die vom Planeten getilgte Menschheit am Ende wieder herbeizaubert, um ihr die Möglichkeit eines maschinellen Bewußtseins überhaupt vorführen zu können.

Der Philosopheneinwand hat jedoch zwei Schwächen: Erstens bleibt fraglich, ob bijektive Abbildungen, so nur ein Algorithmus sie logisch kontrolliert, noch weiterer Zeugen bedürfen, um zu sein, was sie sind. Auch lange vor der digitalen Bildverarbeitung sind Geometrie und Topologie ohne diese Zeugenfunktion ausgekommen. Und zweitens kehrt Lacans Menschheit am Testende wieder, um eine andere Funktion zu überprüfen, die Franks Kritik fast völlig übergeht: die der Datenspeicherung. Jene Abbildungen des Berges »existieren« nämlich laut Lacan »aus einem sehr einfachen Grund weiter: Auf der hohen Zivilisationsstufe, die wir erreicht haben und die bei weitem unsere Illusionen über das Bewußtsein übertrifft, haben wir Apparate fabriziert, die wir uns ohne jede Kühnheit als so kompliziert vorstellen können, daß sie ihre Filme selbst entwickeln, sie in kleine Kapseln packen und im Eisschrank deponieren.«[9] Eine photoelektrische Zelle registriert den Blitz, löst die Kamera aus und speichert seine Spiegelung im See, bis eine zur Zeit t_2 wiedergekehrte Menschheit der flüchtigen Erscheiung zur Zeit t_1 beiwohnen kann.

An der Stelle, wo die Philosophie eine ursprüngliche »Vertrautheit-mit-uns-selbst« lehrt, die erstens Abbildbeziehungen als solche wahrnehmen und zweitens einen »kontinuierlichen Iterationsprozeß« speichern kann,[10] so daß alle Individuen im Erzählen ihrer Lebensgeschichte kleine Autoren oder Goethes werden, an genau dieser Stelle

---

[8] Manfred Frank, Was ist Neostrukturalismus? Frankfurt a. M. 1983, S. 398.

[9] J. Lacan, Das Seminar, S. 63.

[10] M. Frank, Neostrukturalismus, S. 358 und S. 538.

insistiert die Psychoanalyse demnach auf einer technisch sauberen Trennung von Funktionen. Es gibt, erstens, Übertragungsmedien wie Spiegel, zweitens Speichermedien wie Filme und drittens (um es vorwegzunehmen) Maschinen, die Wörter oder Zahlen selber manipulieren. Was Mensch heißt, bestimmen keine Attribute, die Philosophen den Leuten zur Selbstverständigung bei- oder nahelegen, sondern technische Standards. Jede Psychologie oder Anthropologie buchstabiert vermutlich nur nach, welche Funktionen der allgemeinen Datenverarbeitung jeweils von Maschinen geschaltet, im Realen also implementiert sind. Kants »›Ich denke‹«, das in der Goethezeit alle Lektüren oder ästhetischen Urteile mußte begleiten können,[11] war im Wahren, solange ihm keine Maschine die Pattern recognition abnahm. Aber eine heutige Theorie des Bewußtseins, die es nicht wie Lacan im technischen Raum ansiedelt, sondern als wahres Ungeheuer zugleich übertragen, speichern und berechnen läßt, ohne dabei Medien oder Technologien anzugeben, wird zum Euphemismus.

Im Gegensatz zur Philosophie begann die Psychoanlyse, die Freud bekanntlich zeitlebens, statt nur einem »szientifischen Selbstmißverständnis« zu verfallen,[12] »auf einer ähnlichen Grundlage wie jede andere Naturwissenschaft aufrichten« wollte,[13] mit strikter Trennung der Funktionen Übertragung und Speicherung. Der ›Entwurf einer Psychologie‹ von 1895 schrieb fest, daß Bewußtsein und Gedächtnis, Übertragung und Speicherung einander ausschließen. Wenn Wahrnehmungsneuronen φ registrierte Daten nicht sofort weitergeben und damit löschen könnten, um für spätere Daten verfügbar zu sein, gäbe es keine Möglichkeit, auf Umwelten und ihre Stochastik zu antworten. Wenn umgekehrt die ψ-Neuronen, das nachmals sogenannte Unbewußte, nicht registrierte Daten festhalten und unbegrenzt speichern könnten, gäbe es keine Lösung der Aufgabe, daß jede »irgendwie beachtenswerte psychologische Theorie eine Erklärung des 'Ge-

---

[11] Vgl. Friedrich Kittler, Das Subjekt als Beamter. – In: Die Frage nach dem Subjekt. Hrsg. v. Manfred Frank, Gérard Raulet, Willem van Reijen. Frankfurt a. M. 1988, S. 403–405.

[12] Jürgen Habermas, Erkenntnis und Interesse. Frankfurt a. M. 1969, S. 300 ff.

[13] Sigmund Freud, Abriss der Psychoanalyse. – In: Gesammelte Werke, chronologisch geordnet. London u. Frankfurt a. M. 1941–1968, Bd. XVII, S. 126.

dächtnisses' liefern muß«.[14] Ein Random Access Memory (RAM) einerseits, ein Read Only Memory (ROM) andererseits spielen also einander zu, weil wir laut Freud »einen Apparat, der die komplizierte Leistung vermöchte, [sowohl beeinflußt zu sein als auch unverändert, unvoreingenommen], vorderhand nicht ausdenken können.«[15] Bis zur ›Wunderblock-Notiz‹ von 1925[16] blieb demnach als Problem virulent, was Freuds Kollege Breuer auf die Formel vom hirnphysiologisch lokalisierten Unterschied zwischen »Perceptionsapparat« und »Erinnerungsbilder«-»Organ« brachte.[17] Manfred Frank hätte anstelle von Lacan, dessen Experiment ersichtlich nur Rückkehr zu Freud war, die Psychoanalyse selber angreifen sollen. Denn eine Vertrautheit-mit-sich, die in φ-Neuronen sofort wieder vergessen werden muß, und eine Lebenskontinuität, die in ψ-Neuronen völlig unvertraut bleibt, kassieren jeden Begriff von Individuum.

Freuds Materialismus dachte eben nur, was seine Epoche an Informationsmaschinen baute – nicht mehr und nicht weniger. Statt die Seele weiterhin als Ursprung zu träumen, beschrieb er einen »psychischen Apparat« (Freuds schöne Wortschöpfung), der alle technischen Übertragungs- und Speichermedien implementierte, also nur das technische Universalrechenmedium Computer noch nicht.

Übertragungsmedien in der psychoanalytischen Behandlung war eine Telephonie, die Schall oder Patientenunbewußtes in Elektrizität oder Bewußtseinsrede umwandelte, damit dieses Unbewußte überhaupt gesendet und durch gleichschwebende Aufmerksamkeit des Analytikers wieder in Schall oder Unbewußtes transformiert werden konnte.[18] So Freud fast wörtlich, ohne allerdings dabei zu erwähnen, daß in der Wiener Berggasse 19 die Fernsprechkabel (seit 1895) nur im Wohnbereich, nicht aber im Sprechzimmer lagen, die Telephonie

---

14 Sigmund Freud, Aus den Anfängen der Psychoanalyse. Briefe an Wilhelm Fliess, Abhandlungen und Notizen aus den Jahren 1887–1902. London 1950, S. 383.

15 Ebd.

16 Vgl. dazu Jacques Derrida, Freud und der Schauplatz der Schrift. – In: Die Schrift und die Differenz. Frankfurt a. M. 1972, S. 302–350.

17 Josef Breuer/Sigmund Freud, Studien über Hysterie. Wien 1895, S. 164. Zit. in Freud, Aus den Anfängen (wie Anm. 14), S. 386, Anm. 1.

18 Sigmund Freud, Ratschläge für den Arzt bei der psychoanalytischen Behandlung. – In: GW (wie Anm. 13), Bd. VIII, S. 381 f.

also drahtlos und das heißt als Radio avant la lettre lief. – Übertragungsmedium in der ›Traumdeutung‹ war ein optischer Apparat vom Kameratyp, der latente Traumgedanken ins System bewußter Wahrnehmung umsetzte und dessen virtuelle Abbildungen Lacan unschwer als Kino entziffern konnte.

Um drittens schließlich Edison, der ja zugleich Kinetoskop und Phonograph erfunden hatte, in aller Breite zu ehren, dachte Freud die psychoanalytische Datenspeicherung (wie alle Physiologen seiner Zeit) von jenen Rillen her, die Phonographen – im Unterschied zu Berliners späteren Grammophonen Geräte zur Wiedergabe *und* Aufnahme – in Wachs oder Stanniol ritzen. »Die Seele«, lehrten Delboeuf und Guyau seit 1880, endlich den archaischen Gedächtnismodellen von Letter oder Charakter, Siegel oder Beschriftung enthoben, »ist ein Heft phonographischer Aufnahmen.«[19] Dafür standen nicht nur die »Bahnungen« oder Gedächtnisspuren in Freuds ›Entwurf‹, sondern auch seine Beschreibungen der eigenen talking cure. Seinen Fallgeschichten rühmte er nach, zwar »nicht absolut – phonographisch – getreu« zu sein, aber doch einen denkbar »hohen Grad von Verläßlichkeit« zu haben.[20] Seine ›Vorlesungen zur Einführung in die Psychoanalyse‹ trug Freud nach improvisierten Entwürfen »wortgetreu vor«, weil er laut eigenem Zeugnis noch mit sechzig Jahren »die Gabe eines phonographischen Gedächtnisses besaß.«[21] So vollständig fußte die Gründung der Psychoanalyse auf dem Ende des Schriftmonopols, auf historischer Ausdifferenzierung der Medien. Telephon, Film, Phonograph und eine (im Haus Freud seit Frühjahr 1913 schreibmaschinisierte) Schrift[22] bildeten den psychischen Apparat.

Das hat nur Lacan begriffen. Der erste und darum auch letzte Schreiber, dessen Schriften einfach ›Schriften‹, dessen Seminare einfach ›Seminare‹, dessen Rundfunkinterview einfach ›Radiophonie‹

---

[19] Jean Marie Guyau, Gedächtnis und Phonograph. Deutsche Übersetzung in: Friedrich Kittler, Grammophon Film Typewriter. Berlin 1986, S. 50.

[20] Sigmund Freud, Bruchstück einer Hysterie-Analyse. – In: GW (wie Anm. 13), Bd. V, S. 176.

[21] Sigmund Freud, Neue Folge der Vorlesungen zur Einführung in die Psychoanalyse. – In: GW (wie Anm. 13), Bd. XV, S. 3.

[22] Vgl. Ernest Jones, Das Leben und Werk von Sigmund Freud. Bern u. Stuttgart 1960–62, Bd. II, S. 125.

und dessen Fernsehsendung einfach ›Télévision‹ hießen, brachte die Psychoanalyse auf den Stand von High Tech. Schon der Medienklartext seiner Titelgebung widerspricht einer deutschsprachigen Rezeption, die (mit Ausnahme des verlorenen ›Wunderblocks‹) Lacan »stets« und nur »eine Zwiesprache mit der Philosophie« unterstellt hat,[23] als wäre das Schriftmonopol auf Datenverarbeitung ungebrochen in Kraft.

Aber ganz wie zwischen Hegel und Freud (laut Lacan) Watts Erfindung des Dampfmaschinen-Fliehkraftreglers als erster negativer Rückkopplungsschleife und damit Mayers Gesetz der Energiekonstanz, die Zahlenbasis auch von Freuds gesamter Ökonomie liegt,[24] so tritt zwischen Freud und Lacan der Computer, Alan Turings Universale Diskrete Maschine von 1936. Psychoanalyse unter High Tech-Bedingungen baut deshalb psychische Apparate (wenn es denn noch psychische sind) nicht mehr nur aus Speicher- und Übertragungsmedien auf. Sie durchmißt vielmehr die technische Dreiheit von Speichern, Übertragen, Berechnen im ganzen. Nichts anderes besagt Lacans »methodische Distinktion« [25] zwischen Imaginärem, Realem und Symbolischem.

Daß das Spiegelstadium, Lacans Entdeckung von 1936, Kino ist, liegt auf der Hand. Lacan selber zitierte zum experimentellen Nachweis des Imaginären als menschenspezifischer Erkennung/Verkennung von Ebenbildern einen ohne sein Zutun gedrehten Film über Kleinkinder.[26] Auf der einen Seite steht ein realer, aber verfrüht geborener Körper, dessen sensorische Neuronen in den ersten Lebensmonaten – kein geringerer als Flechsig, der Psychiater Schrebers, lieferte Lacan das anatomische, aber namenlos gelassene Beweisstück – myelogenetisch noch zu unreif sind, um (in Flechsigs Worten) »die Gesichtswahrnehmungen mit den Körpergefühlen zu associiren« [27]

---

23 M. Frank, Neostrukturalismus (wie Anm. 8), S. 394.

24 J. Lacan, Das Seminar (wie Anm. 5), S. 99 f. Lacan datiert Watts Fliehkraftregler, der 1784 in Betrieb ging, allerdings auf die Zeit nach Jena, Auerstedt und ›Phänomenologie des Geistes‹.

25 Jacques Lacan, Ecrits. Paris 1966, S. 720.

26 Vgl. Jacques Lacan, Schriften. Hrsg. v. Norbert Haas. Olten u. Freiburg 1973–80, Bd. III, S. 13.

27 Paul Flechsig, Ueber die Associationscentren des menschlichen Gehirns. Dritter Internationaler Congress für Psychologie in München vom 4.

oder (in Lacans Begriffen) einen nicht zerstückelten Körper zu haben. Auf der anderen Seite dieser Zerstückelung, die wie die 24 Filmeinzelbilder pro Sekunde funktioniert, steht eine rein sensorische Rückkopplung übers Spiegelbild, die dem Kleinkind optische Ganzheitsillusionen sendet, ganz wie der Filmtransport dem Auge als imaginäres Kontinuum erscheint. Dabei kann Manfred Franks genaue Frage, ob nicht »auch das verkennende Bewußtsein ein Bewußtsein überhaupt muß sein können«,[28] zunächst offen bleiben, weil Lacan von Steuerung, nicht von Erkenntnis handelt. Daß die Beziehung zum Spiegelbild, wie vollkommen oder εὐσύνοπτον auch immer, noch keine Homöostasen ermöglicht, beweisen ihm zwei Roboter, die (in Potenzierung jenes menschenlosen Kameraautomaten am Gebirgssee) über optische Sensoren miteinander positiv rückgekoppelt sind, bis ihrer beider Systemzustand notwendig in wilden Schwingungen endet –: Aporie alles Imaginären, aller Gestalterkennung. Nach Lacan könnte erst ein zwischen beide Roboter geschaltetes Tonspeichermedium, weil jedem Diskurs »eine unbewußte Mathematik unterliegt«,[29] diese Oszillationen stoppen.

Der Grund liegt zutage. Auch Phonographie ist zwar, wie der Film, ein analoges Medium, das vor Entwicklung der Compact Disc nicht über die Funktion Nein verfügte. Aber sie speichert kein imaginäres Kontinuum vom Spielfilmtyp, sondern ein Reales: die Stimme in aller Stochastik ihrer Oszillationen oder Frequenzen. Unter Hinweis auf Mareys Chronographie von 1873 unterstreicht Lacan, was Philosophen »immer vergessen«: daß technische Tonspeicherung die Sprache

---

bis 7. August 1896. München 1897, S. 58. Wie um Lacans Theorem vom corps morcelé zu formulieren, fährt Flechsig fort: »Das Neugeborene, das junge Kind, hat also vermutlich eine ganze Anzahl *gesonderten Bewusstseinskreise*. Jede Sinnessphäre repräsentirt zunächst ein besonderes selbstständiges Organ, welches Sinneseindrücke einer Qualität in sich aufnimmt, mehr oder weniger verarbeitet, d. h. verknüpft, sie auf den Bewegungsapparat des zugehörigen Sinneswerkzeuges überträgt, vielleicht Bewegungen desselben einübt u. dgl. m. Im Anfang erscheinen also die zwischen den einzelnen Sinnescentren liegenden unentwickelten Bezirke der Grosshirnlappen geradezu als Isolatoren, wie die Meeresflächen, welche die Continente der Erde trennen.« Mit dieser Physiologenpräzision vgl. man Franks elegisches Referat über Lacan, Säugling und Mutter (M. Frank, Neostrukturalismus, wie Anm. 8, S. 383).

[28] M. Frank, Neostrukturalismus, S. 399.

als »etwas Materielles« erweist.[30] Genau darum hat erst Edisons Phonograph eine methodisch saubere Trennung zwischen Realem und Symbolischem, Phonetik und Phonologie, also die Strukturlinguistik selber ermöglicht.

Unter Berufung auf Claude Shannon, den großen Weltkriegsingenieur der Bell Labs, demonstriert Lacan diesen Schnitt. Seine Theorie der »Resonanz« zwischen Patient und Analytiker ist nur die Umkehrung von Shannons Redundanz,[31] wie sie alles Liebesgeflüster am Telephon heimsucht. In beiden Wissenschaften, Nachrichtentechnik und Psychoanalyse, »geht es durchaus nicht darum, ob das, was die Leute sich erzählen, einen Sinn hat. Außerdem, was am Telefon gesagt wird, das haben Sie selbst durch Erfahrung festgestellt, hat strenggenommen niemals einen. Aber man kommuniziert, man erkennt die Modulation einer menschlichen Stimme wieder, und man hat so diesen Eindruck von Verstehen, der sich aus der Tatsache ergibt, daß man schon bekannte Wörter wiedererkennt.«[32] Also konnte Shannon hingehen und, ohne Träume von Sinn oder Telephonliebe irgend zu behelligen, die Übertragungskanalkapazitäten des Mediums optimieren – mit Bandpaßfiltern, Linear Prediction Coding oder gar nach seinem Abtasttheorem, das aus der analogen Stetigkeit von Telephon- oder Grammophonschwingungen diskrete Werte pro Zeiteinheit extrahiert. Denn diese digitale Information ist alle Information am Telephonliebesgeflüster, während alles Reale an ihm unter Rauschen fällt. Lacan begrüßte in Shannons Technikerslangwort Jam »ein neues Symbol«, nicht mehr und nicht weniger: »Das ist das erste Mal, daß als Grundbegriff die Konfusion als solche auftaucht«.[33]

Zu diesem Grußwort hat die strukturale Psychoanalyse allen Grund. Erst Medientechniken machen eine Struktur denkbar, die aus stochastischer Unordnung selber hervorgeht,[34] statt Ordnungen der Wesenheiten oder der Subjekte philosophisch zu repräsentieren und eine Geschlechtermetaphysik, heißt das, fortzuschreiben. Die Ordnung

---

29 J. Lacan, Das Seminar (wie Anm. 5), S. 74 (modifizierte Übersetzung).
30 Ebd., S. 110.
31 Vgl. J. Lacan, Schriften (wie Anm. 26), Bd. I, S. 142 f.
32 J. Lacan, Das Seminar, S. 110.
33 Ebd.
34 Vgl. J. Lacan, Ecrits (wie Anm. 25), S. 658.

der Signifikanten dagegen, also von Phonemen, Setzerkastenbuchstaben oder Schreibmaschinentastaturen,[35] ist schlicht das Andere zum Jam. Nur weil es die diskrete Universalmaschine Computer gibt, verwechseln wir laut Lacan »nicht mehr symbolische Intersubjektivität mit kosmischer Subjektivität«.[36] Das Symbolische, in der deutschsprachigen Lacan-Rezeption immer wieder zum Gott der Theologen oder Philosophen rückverzaubert, ist einfach eine Verzifferung des stochastisch Realen in Kardinalzahlen. Es ist, expressis verbis, die Welt der Informationsmaschinen.[37]

Shannons Maschine berechnete zunächst die Wahrscheinlichkeit aller Einzelbuchstaben im Englischen und erwürfelte daraufhin schönstes Kauderwelsch. Dann berücksichtigte sie auch noch Übergangswahrscheinlichkeiten zwischen zwei Buchstaben, also Digramme, und das Kauderwelsch klang schon englischer. Bei maschinellen Tetragrammen schließlich (nicht zu verwechseln mit Gottesnamen) tauchte jener 'Eindruck von Verstehen' auf, der im Unsinn so liebend gern Sinn halluziniert.

Mit genau solchen Übergangswahrscheinlichkeiten, der großen mathematischen Entdeckung von Markow und Post, arbeitet Lacans Poe-Analyse, auch wenn in Derridas ›Postkarte‹ diese Markow-Post-Post nicht ankommt. Die Eingangsdaten der symbolischen Maschine sind Würfelwürfe im Realen, weil französisch dé zur Freude Mallarmés und Lacans von lateinisch datum stammt.[38] Die Ausgangsdaten, nach Berechnung der Übergangswahrscheinlichkeiten von Übergangswahrscheinlichkeiten usw., sind Ketten oder Knoten, Orakel oder Feensprüche im Symbolischen, weil französisch fée von lateinisch fatum stammt. Schlichte Verzifferung überführt den unbegrenzten Zufall (das Reale) in eine Syntax mit Notwendigkeiten und Ausschlüssen, also mit Gesetzen. Weshalb die Krimi-Subjekte bei Poe, »in

---

[35] Vgl. etwa Lacan, Schriften, Bd. II, S. 26: Weil Sprachen aus differenziell bestimmten Elementen bestehen, »sieht man, daß ein wesentliches Element im Sprechen selbst vorherbestimmt ist, in die beweglichen Charaktere zu schlüpfen, die, wo Didots und Garamonds ganz unten im Setzkasten zusammenrücken, das, was wir Buchstabe, Letter, nennen, gültig vorstellen, das heißt die essentiell lokalisierte Struktur des Signifikanten.«

[36] J. Lacan, Das Seminar, S. 64.

[37] Ebd.

[38] Vgl. etwa J. Lacan, Schriften (wie Anm. 26), Bd. I, S. 60.

ihrer Intersubjektivität begriffen«, »gehorsamer als die Schafe« dem Fatum des Symbolischen folgen müssen.[39] Ihr Unterschied zu Maschinen geht gegen Null. Denn auf den beliebten Einwand, daß Computer nicht denken können, weil sie immer erst programmiert werden müssen, erwidert Lacan, daß Menschen, die ja dieselben Operationen wie Maschinen ausführen, ebendarum genausowenig denken.[40]

Als Naturgesetz wäre diese Fatalität der Skandal selber. Aber Lacans Theorie, im Unterschied zu Freuds Psychoanalyse, ist mit Willen und Wissen keine Naturwissenschaft. Nicht weil Menschen ihr Gegenstand wären, sondern weil ihr Meßpark nicht aus Uhren besteht, die die Energiekonstanzen bei Mayer wie bei Freud ja ermittelten,[41] sondern aus Informationsmaschinen wie Würfeln, Gattern, Digitalrechnern.[42] Als Alan Turing seine Computerprinzipschaltung von 1936 im Zweiten Weltkrieg auch noch baute, um in kriegsentscheidender List den gesamten Geheimfunk der Wehrmacht zu dekodieren, bemerkte er im Nebensatz, daß Computer die Fragen von Physikern an die Natur nicht so »leicht« und elegant beantworten wie Fragen von Geheimdiensten an den Feind.[43] Als Shannon ein Maschinenenglisch aus Markowketten schmiedete, tat er das im Dienst amerikanischer Weltkriegskryptographie.[44] Als schließlich Lacan seit 1950 vorschlug, Menschenwissenschaften durch Konjekturalwissenschaften abzulösen und im Unterschied zu Naturwissenschaften, heißt das, anstelle des Zufalls die Chance zu berechnen,[45] wurde auch aus der Psychoanalyse ein Strategiespiel. Die diskrete Mathematik zwischen König und Königin, Minister und Detektiv bei Poe ist Krieg und ihre Fatalität eine Computersimulation, einfach weil Digitalrechner das Ja/Nein von Befehlen oder Verboten, Wünschen oder Ängsten eleganter verarbeiten als die Kurvenzüge einer Natur.

---

39 Ebd., S. 29.

40 Ebd., S. 59, vgl. auch: Das Seminar, S. 385.

41 J. Lacan, Das Seminar, S. 378.

42 Ebd., S. 381.

43 Alan Turing, Intelligence Service. Schriften. Hrsg. v. Bernhard Dotzler/Friedrich Kittler. Berlin 1987, S. 98.

44 Vgl. die Pionierarbeit von Friedrich-Wilhelm Hagemeyer, Die Entstehung von Informationskonzepten in der Nachrichtentechnik. Eine Fallstudie zur Theoriebildung in der Technik in Industrie- und Kriegsforschung. Diss. phil. (masch.) Berlin 1979.

Lacan im Vortrag ›Psychoanalyse und Kybernetik‹:

Wenn es etwas gibt, das die Kybernetik zur Geltung bringt, dann ist es gerade die Differenz der radikalen symbolischen Ordnung und der imaginären Ordnung. Ein Kybernetiker hat mir noch vor kurzem die extremen Schwierigkeiten eingestanden, die man hat, was immer man darüber sagen mag, kybernetisch die Funktion der Gestalt umzusetzen, daß heißt die Koaptation guter Formen. Was gute Form in der lebendigen Natur, ist schlechte Form im Symbolischen. [...] Es bereitet unvorstellbare Mühe, sofern man nicht ganz gekünstelte Verfahren wählt, durch den Dialog zweier Maschinen hindurch einen Kreis einem Kreis entsprechen zu lassen.[46]

Bewundernswerter Klartext von 1954, als Menschenwissenschaftler beim Wort Pattern recognition noch wie auf Shannons Digrammsalat reagiert hätten. 1988 bleibt immerhin anzumerken, daß 18 Milliarden Dollar aus der Kasse des japanischen Industrieministeriums dem εὐσύνοπτον bei Aristoteles oder der guten Form bei Lacan etwas näher gekommen sind. Ein digitaler Signalprozessor, anders als übliche Personal Computer zu parallelen Multiplikationen im Mikrosekundenbereich imstande, tastet das Spiegelbild von Gebirge oder Kleinkind streng nach Shannon ab, berechnet durch diskrete Integration die Nachbarschaften und durch diskrete Differenzierung die Kontraste zwischen Bildbereichen, bis aus dem Jam des Realen die Zeichnung eines symbolischen Gleichungssystems herausspringt. Und wenn der Signalprozessor auch noch die Bildmodulationen durch Spiegelunebenheiten oder Seewasserkräuseln abzieht, also ebenso merkt wie tilgt, ist Kants reflektierende Urteilskraft automatisiert: Eine Maschine kann Gestalten erkennen und Reflexionen von gegebenen Vorlagen unterscheiden. Rechner der fünften Generation beantworten die Frage Manfred Franks. (Wenn nicht, wird weiter entwickelt.)

Aber wie schon die sachlichste aller Ästhetiken, Hegels Berliner Vorlesung, hätte lehren können: Pattern recognition ist ein Vorspiel und unterm Titel Naturschönheit schnell erledigt. Gestalterkennungsprobleme spielen bloß zwischen einem Individuum, das nach Lacan ebensogut Taube oder Schimpanse sein kann, und seiner Umwelt. Wo die Tragödie (auch von Lacanlektüren) anfängt, hat Pattern recognition, als Design, nichts mehr zu schaffen. Bewußtsein ist ans kontingente Vorhandensein von Augen oder Ohren, an analoge Medien

[45] Vgl. J. Lacan, S. 378–380.

geknüpft;[47] aus der Verzifferung des Realen dagegen entsteht mit Notwendigkeit der Ort des Anderen: kombinatorische Matrix von Strategien. Niemand begehrt oder kämpft (was dasselbe ist), wenn nicht Andere begehrten oder kämpften. Daß Kleinkinder im Unterschied zu jungen Schimpansen ihr Spiegelbild mit identifikatorischem Jubel erkennen/verkennen, öffnet nur ein Loch, das Platz schafft für Krieg, Tragödie und Kybernetik.[46]

Womit schon gesagt ist, daß Menschen die Informationsmaschinen nicht erfunden haben können, sondern sehr umgekehrt ihre Subjekte sind. Seinen Seminarbesuchern sagte Lacan ins Gesicht, sie seien, mehr als sie denken könnten, heute Untertanen aller Arten Gadgets vom Mikroskop bis zur Radiotelevision.[49] Wenn das Reale bedingungslos an seinem Platz, das Symbolische aber Platztausch selber ist,[50] dann öffnet der Platztausch zwischen Subjekt und Spiegel-Ich nur Spielräume, die ohne Implementierung im Realen nicht aufhören würden, sich nicht zu schreiben. Erst wenn etwas »im Realen und unabhängig von jeder Subjektivität funktioniert«,[51] gibt es Medien und Informationsmaschinen und, als ihre abhängige Variable, eine Kultur. Grabmäler, die ältesten Kultursymbole, bleiben bei der Leiche, Würfel nach dem Fall auf einer ihrer Seiten; erst das Gatter oder Gate im Technikerslang erlaubt es Symbolen, »mit ihren eigenen Flügeln zu fliegen«,[52] d. h. Anwesenheit und Abwesenheit, High und Low, 1 und 0 so zu schalten, daß das eine aufs andere rückwirken kann: sequenzielles Schaltwerk, digitale Rückkopplung.

Lacan sagt schlicht »circuit«[53] und steht nicht an, das reine Alternieren, den Master Clock jedes Computersystems mit der Skansion, dem Rhythmus intersubjektiver oder strategischer Zeit gleichzuset-

---

46 Ebd., S. 388 (modifizierte Übersetzung).

47 Vgl. ebd., S. 65.

48 Vgl. J. Lacan, Schriften (wie Anm. 26), Bd. I, S. 52.

49 Jacques Lacan, Le séminaire, livre XX: Encore. Paris 1975, S. 76.

50 Vgl. J. Lacan, Das Seminar, S. 376–380.

51 Ebd., S. 380 f.

52 Ebd., S. 381.

53 Jacques Lacan, Le séminaire, livre II:Le moi dans la théorie de Freud et dans la technique de la psychanalyse. Paris 1978, S. 99–113. Hans-Jochen Metzgers Übersetzung von »circuit« mit »Kreislauf« (S. 103) klingt kleinmütiger als Schaltkreis.

zen.[54] Unscheinbarer, aber entscheidender Schritt von Uhr zu Schaltalgebra, von Natur- zu Konjekturalwissenschaften, von Freud zu Lacan. Die Rätselfrage des ›Entwurfs‹ nach »einem Apparat, der die komplizierte Leistung vermöchte«, zugleich zu übertragen und zu speichern, Vergessen und Gedächtnis zu sein, findet endlich Antwort. Denn in Schaltwerken umschließt eine dritte und universale Funktion, der Algorithmus als Summe von Logik und Kontrolle,[55] beide anderen Medienfunktionen. Computer erlösen die Theorie vom unvordenklichen Zwang, Speicherung als Engramm zu denken – von der Keilschrift im Ton bis zur Tonrille im Vinyl.

»Nehmen Sie an«, sagte Lacan seinen Pariser Seminarteilnehmern, »ich schicke ein Telegramm von hier nach Le Mans, mit dem Auftrag für Le Mans, es weiter nach Tours zu schicken, von da nach Sens, von da nach Fontainebleau und von da nach Paris, und so immer weiter. Wenn ich den Schwanz meiner Botschaft erreiche, darf der Kopf noch nicht eingeholt sein. Die Botschaft muß Zeit haben, sich zu drehen. Sie dreht sich rasch, sie hört nicht auf, sich zu drehen, sie dreht sich im Kreise.

Das ist lustig, diese Maschine, die auf sich selbst zurückkommt. Das erinnert an das feed-back«[56] (und nicht, wie anzumerken wäre, an Reflexion).

Ob solche Schieberegister groß wie Frankreich, inkarniert wie die Familie des Rattenmanns oder miniaturisiert wie in Siliziumchips sind, spielt keine Rolle. Hauptsache, Information zirkuliert als Präsenz/Absenz von Absenz/Präsenz. Und das ist, bei hinreichenden Speicherkapazitäten, Unsterblichkeit in technischer Positivität. Zwei Rätsel Freuds, der Wunsch in seiner Unzerstörbarkeit und der Todestrieb in seiner Wiederholung, sind gelöst – ohne Instinkt als biologistischen Rechenfehler,[57] ohne Metaphysik der Schrift.

Daß das Unbewußte Diskurs des Anderen ist, wiederholen schon die Feuilletons. Aber daß dieser Diskurs des Anderen Diskurs des

---

[54] Vgl. J. Lacan, Das Seminar, S. 383.

[55] Vgl. Robert A. Kowalski, Algorithm = Logic + Control. – In: Communications of the Association for Computing Machinery 2 (1979), S. 424 bis 436.

[56] J. Lacan, Das Seminar, S. 117.

[57] Vgl. J. Lacan, Schriften (wie Anm. 26), Bd. I, S. 42.

Schaltkreises ist,[58] zitiert niemand. Und doch bliebe Lacans ganze Lehre ohne diese Klarstellung oder Technisierung bloße Theorie. Nicht umsonst verbat er sich Gespräche über das Sprechen mit Leuten, die nichts von Kybernetik verstehen.[59] Nur daß eine Theorie in Algorithmen, Graphen oder Knoten (wie beim späteren Lacan) implementiert ist, macht, daß etwas aufhört, sich nicht zu schreiben. Nur daß der große Andere, den sie als Schaltwerk oder Signifikantenbatterie statuiert, »das reine Subjekt der modernen Spieltheorie ist und als solches voll und ganz vom Konjekturalkalkül erfaßbar,«[60] macht die strukturale Psychoanalyse zur Wissenschaft. Denn Lacans Wette, riskanter noch als die des Ministers bei Poe, lautet wörtlich:

Wenn das Unbewußte im Freudschen Sinne existiert, wir wollen sagen: wenn wir die Implikationen der Lehre, die er aus den Erfahrungen der Psychopathologie des Alltagslebens zieht, verstehen, dann ist es nicht undenkbar, daß eine moderne Rechenmaschine über alle gewohnten Proportionen hinaus im Spiel 'Grad oder Ungrad' gewänne, indem sie den Satz freilegte, der ohne sein Wissen und auf lange Sicht die Wahlakte eines Subjekts moduliert.[61]

Hermeneutiker mit ihrer Divination, aber auch Analytiker mit ihrer Freilegungsarbeit können also abtreten. Der Computer als Sieger beim Würfelwurf, in Monte Carlo oder anderswo, würde Lacans Diktum bewahrheiten, daß er dem Menschen gefährlicher als Atombomben ist.[62] In Maschinen implementiert, wird die Theorie des Risikos – und nichts anderes heißt Psychoanalyse als Konjekturalwissenschaft – zum Risiko der Theorie.

Deshalb wäre es nicht schwer zu zeigen, daß Lacans berühmte Definition der Menschensprache, die im Unterschied zum Bienentanzcode von Frischs die Subjektivität des Anderen schon bei der Adressierung mitberechnet, genauso exakt auf Cruise Missiles trifft.[63] Und der kaum minder berühmte Vorwurf, Neo- oder Poststrukturalisten feierten den Tod des Subjekts, wäre aus der Welt, weil das ferngesteuerte

58 Lacan, Le séminaire, livre II (wie Anm. 53), S. 112.
59 Vgl. J. Lacan, Das Seminar, S. 111.
60 J. Lacan, Schriften, Bd. II, S. 181.
61 J. Lacan, Schriften, Bd. I, S. 58 f.
62 Vgl. J. Lacan, Das Seminar, S. 117.
63 Vgl. F. Kittler, Grammophon Film Typewriter (wie Anm. 19), S. 372 f.

Waffensubjekt ja in ihr ist. Die Erfindung der Kybernetik jedenfalls, nach Norbert Wieners eigenem Zeugnis, fällt mit der automatischen Waffensteuerung des Zweiten Weltkriegs zusammen.[64] Es gibt keine Postmoderne, sondern nur die oder diese moderne Post.[65]

Für Subjekte, die keine formale Sprache sprechen, bleibt darum – nach Lacans knappstem Statement zur Ästhetik – dreierlei: Tanz, Jazz, Libido.[66] Wenigstens für eine Zwischenkriegszeit vor Star Wars.

---

[64] Vgl. Norbert Wiener, Cybernetics or Control and Communication in the Animal and the Machine. Cambridge/Mass. 2. Aufl. 1963, S. 28.

[65] Niklas Luhmann, mündlich.

[66] Vgl. J. Lacan, Das Seminar, S. 96.

Holger van den Boom

ARNO SCHMIDT ODER: VOM TYPOSKRIPT ZUM DESKTOP-PUBLISHING

1.

Das große Buch ›Zettels Traum‹, dies Unikum nicht ‘aus der Feder’, aus der Schreibmaschine Arno Schmidts, wird nie in historisch-kritischer Ausgabe erscheinen, Kulminationspunkt eines jeden Groß-Werkes der Literatur; denn wie wäre vorstellbar, was hier ‘historisch-kritisch’ heißen könnte? Auch ein Vergleich mit dem Ur-Manuskript kommt ja nicht in Betracht, weil es das Ur-Manuskript ist, was durch den Stahlberg-Verlag zum Druck gelangte.[1] Das Unikum also ist eigentlich Unikat; es besteht nicht aus Seiten, es besteht aus numerierten Blättern (die kaum übereinander geschichtet, vielmehr nebenein-

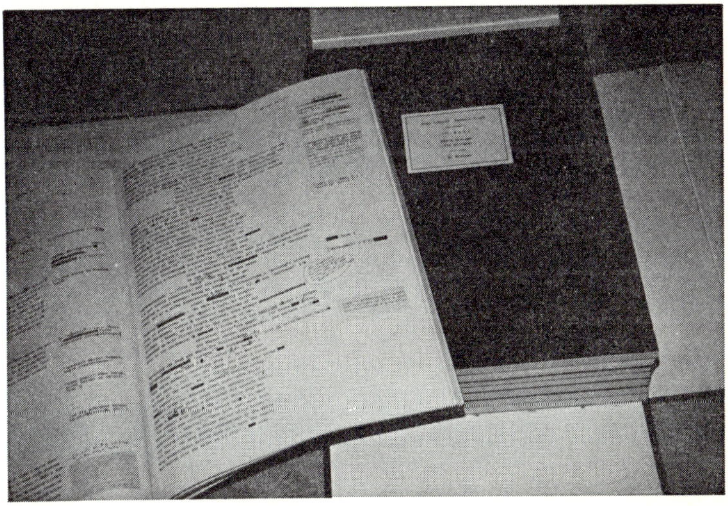

›Zettels Traum‹ bei S. Fischer

[1] Arno Schmidt, Zettels Traum. Karlsruhe: Stahlberg 1970.

ander ausgebreitet werden sollten); nicht ein Buch, eine Grafikmappe haben wir vor uns. Sie steht in derselben Beziehung zur Reproduktion wie das bildnerische Kunstwerk, dessen Reproduktion Walter Benjamin vor der Folie des technischen Zeitalters beschrieb.[2]

Als der Verlag eines Tages des Schmidtschen Manuskripts ansichtig geworden war, wußte man dort sogleich – vermutlich sehr viel rascher als Arno Schmidt selbst –: man würde es nicht drucken können. Nicht drucken können, das heißt: man würde es nicht aus beweglichen Lettern setzen lassen und anschließend im Buchdruck vervielfältigen können. Es war ersichtlich zu komplex aufgebaut. Schon für das frühere Werk ›KAFF auch Mare Crisium‹ erkennt die Kritik die »Bedeutung der Schreibung und des Druckbildes«[3], »Bedeutung« aber offenbar im Sinne von bloßer Wichtigkeit; denn die Bedeutung der 'Recht'schreibung Arno Schmidts wird noch ganz ohne Bezug auf das Druckbild selbst ziemlich naiv erklärt: Es »soll damit die Alltagssprache und -aussprache durch die verschiedenen Änderungen in der schriftlichen Fixierung umständlich (kauzig, verschroben) und hintersinnig angereichert und zelebriert werden.«[4] Nee, das nu *grad* nich!!

Was dann unter dem Titel ›Zettels Traum‹ erschien, trägt seitdem die Bezeichnung »Als Typoskript gedruckt«. Es handelt sich um ein Verfahren, das zuerst für akademische Langweilereien, scilicet Doktorarbeiten, ausersehen war. Der Kandidat tippt (oder läßt dies tun) sein Handgeschriebenes säuberlich, wenigstens dies, ab; die Dissertationsdruckerei stellt reproduktionsfotografisch Offset-Filme her (leicht verkleinert natürlich), und die Maschine speit aus, was deutlicher Abzüge heißen sollte.

Als Typoskript gedruckt fanden sich dann (oft schon unter gänzlichem Verzicht auf diesen Hinweis) immer häufiger auch andere, meist allerdings wieder akademische Werke – zeitgemäß, d. h. billig (billig!?) und schnell hergestellt, zu alsbaldigem Verbrauch bestimmt. Ganz abgesehen von der Kultur (hier ein gärtnerischer Terminus) der zirkulierenden papers, der preprint versions, denen keine gedruckten

[2] Walter Benjamin, Das Kunstwerk im Zeitalter seiner technischen Reproduzierbarkeit. 12. Aufl. Frankfurt a. M.: Suhrkamp 1981.

[3] Jörg Drews, Thesen und Notizen zu ›KAFF‹. – In: Text + Kritik. Heft 20: Arno Schmidt. Hrsg. v. Heinz Ludwig Arnold. 2. Aufl. München: Richard Boorberg 1971, S. 53–56 (Zitat S. 56).

[4] Ebd., S. 54.

folgten, die aber gleichwohl in den Zitierkartellen ein Obligo bildeten und die dem Begriff der 'Veröffentlichung', zumindest im akademischen Umfeld, das ihn ja fetischisiert hatte, jenen Grad von Elastizität verliehen, der notwendig wird, wo es tendenziell schon längst mehr Autoren als Leser gibt: Publish or perish!

Als Typoskript gedruckt: nein, das war ›Zettels Traum‹ in diesem also üblichen Sinne nun doch nicht. Billig und schnell, zu alsbaldigem Verbrauch bestimmt, das waren nicht die Kategorien, die das Verfahren leiteten. Richtiger wäre: als Typografik, als Textbild gedruckt (wenn das alte Wort 'Faksimile' stören würde). Denn werfen wir einen Blick auf die produktionsästhetische Seite: Schmidt hatte rund 120 000 Zettel von Hand mit Einfällen und Stichpunkten beschrieben, nein bekritzelt. Er ordnete jeden Abend ein Päckchen davon zu einem Pensum für den folgenden Maschinenschreib-Arbeitstag. War der gekommen, frühmorgens, wurde ein frisches DIN-A-3-Blatt eingespannt – und dann ging diese Seite in 'topo'grafische Gestaltung; aber keineswegs im Blick auf das »Als Typoskript gedruckt«, sondern zunächst durchaus mit Blick auf zukünftigen Satz und Buchdruck. Also durfte hier noch munter ausgestrichen, dort überschrieben, an jener Stelle ergänzt werden, alles von Hand. Es wurden – besonders in den späteren Typoskripten – kleine kartografische Zeichnungen hinzugefügt oder manchmal eingeklebt, anderes bildliches Beiwerk dazu collagiert.

Sagte ich vorhin, von ›Zettels Traum‹ werde nie eine historisch-kritische Ausgabe erscheinen? Ich nehme das zurück, teilweise: Die historisch-kritische Ausgabe ist schon erschienen, eben das Faksimile des Manu/Typoskripts. Was aber bleibt, ist das Schmidtsche Desiderat einer Ausgabe, die vom Schriftsetzer über den Buchdrucker zum Publikum befördert wird. Nun gut, eine solche Ausgabe wird es tatsächlich nie geben! Sie wäre unmöglich, weil an den technischen Grenzen des Satzes, auch des Fotosatzes, glatt scheiternd.

Gewißlich wird aber eines Tages eine Ausgabe da sein, die so aussieht, als ob sie aus der Hand eines Schriftsetzers, eines Typografen käme. Sie wird allerdings per Computer erstellt und wahrscheinlich auf einem Laserbelichter produziert oder gar von einem Laserdrucker direkt ausgedruckt sein. »Als Laserskript gedruckt« lautet also die neue Parole (A. S. hätte natürlich mit gutem Recht »Læserskript« geschrieben).

Arno Schmidt, lebte er noch, würde heutigentags das Laserskript selber herstellen können, in derselben Umgebung und, zumindest kognitiv, vermöge derselben Arbeitsweise, in der er das Typoskript hergestellt hat. Ein heutiger Arno Schmidt würde übrigens auch die Zettel nicht mehr auf Zettel schreiben. Der Titel ›Zettels Traum‹, mit Shakespeare beihergespielt, müßte freilich ins Schwanken geraten.

Ich sagte, Arno Schmidt »würde«. Würde er wirklich? Oder hätte er sich bewußt antiquiert verhalten? Antiquarisch ja, aber antiquiert wohl kaum, das könnte mit dem Geist seines Werkes nicht zusammenstimmen. In seinen ›Berechnungen I‹ erklärt er provokativ, wir sollten uns »schneidend eindeutig darüber klar werden, daß das Zeitalter der Physik nicht nur nicht 'am Ende' ist, sondern im Gegenteil kaum erst begonnen hat!«[5]

Also meine These: Ein junger Arno Schmidt würde heute Desktop-Publishing betreiben (bekannt unter dem zauberischen Kürzel DTP). Diesen irrealen Konditionalsatz hoffe ich, da nicht zu beweisen, immerhin plausibel zu machen. Denn insgeheim möchte ich damit der neuen und neuesten Literatur eine implizite Antiquiertheit nachweisen, die schon Günther Anders sah (wenn auch falsch interpretierte).[6]

2.

Unser 'Kulturbetrieb' tut so, als ob sich nichts verändert hätte. Er trägt Bücher zur Frankfurter Messe in immenser Zahl und, da keineswegs wohlfeil, mit immer geringerer Auflage, von jedesmal relativ mangelhafterer Ausstattung – im Durchschnitt aller Proben: Lesen, findet es denn sporadisch noch statt, ist währenddessen schon längst keine Lektüre, keine Lektion mehr. Dies allein müßte indes gar nicht irritieren, wäre da nicht zugleich jener aufgeweichte, vag-elastische Publikationsbegriff, der, aus den Universitäten herkünftig, das nach wie vor, zwar hohl, ertönende Pathos des Publizierens in toto brüchig erscheinen ließe. Harmloses Beispiel: Da ist ein Maler, er hat in einer kleinen Stadt bei einer kleinen Bank eine kleine Ausstellung; zu jeder Ausstellung gehört nun einmal ein sogenannter 'Katalog', aus Kosten-

[5] Arno Schmidt: Berechnungen I: – In: A. S., Rosen & Porree. Karlsruhe: Stahlberg 1959, S. 283–292 (Zitat S. 290).

[6] Günther Anders, Die Antiquiertheit des Menschen. 7. Aufl. München: C. H. Beck 1987.

rücksichten meist nichts anderes als ein Faltblatt; in diesem Faltblatt finden sich, garniert mit kurzgefaßten Kunstansichten oder Gedichten des Künstlers, seine früheren Ausstellungen fein säuberlich aufgeführt, deren Publizität, siehe oben, wiederum ein Faltblatt war; das Publikum selber hat sich daran gewöhnt, das für eine Veröffentlichung zu halten, in der das öffentliche Interesse an der Arbeit dokumentiert sei – und erst recht hält der Künstler, der davon lebt, stets krampfhaft an solcher Fiktion fest.

Es ist dies die Fiktion einer Öffentlichkeit, deren Strukturwandel zur Konsumsphäre Jürgen Habermas einst beschrieb [7] (ohne, übrigens, nachfolgend für sich irgend erkennbare Konsequenzen gezogen zu haben): einer Öffentlichkeit als jene Appellations-Instanz, an die sich der Autor in der Rolle des Vernunftgelehrten (Kant [8]), neudeutscher des Intellektuellen, wandte, um am angemessenen Ort seine kritische Weltsicht und Einsicht zu plazieren. Die Realität einer informationellen Massengesellschaft ist diesbezüglich grausam ernüchternd – wie die veröffentlichte Kulturkritik lange vorausgesehen hatte, die nun selber darunter leidet.

Der angeblich öffentliche 'Diskurs', an dem jeder Intellektuelle als solcher tunlichst, ja sehnlichst publizistisch beteiligt werden möchte, gründet sich in Wahrheit, ob des massenhaft-anonymen Informations- und Kommunikationsmarktes, doch – wieder – auf persönliche Bekanntschaft, auf private Kreise; nur daß die zugehörigen Salons andere geworden sind, nämlich Tagungen, Kongresse, Eröffnungen, Lesungen, Empfänge, Preisverleihungen, Vortragsreihen etc., lauter 'öffentliche' Anlässe, über die publizistisch berichtet wird. Wer literarisch 'im Gespräch' sein will, muß auch persönlich vorgesprochen haben; wer 'zur Kenntnis genommen' werden will, muß persönlich bekannt sein – und sei es auch, mindestens, durch die story der Reklame.

Arno Schmidt empfand einen Horror vor der Idee, seine Leser, auch seine Kritiker, persönlich kennenzulernen; und stur wie er war, setzte er voraus, bei seinen Lesern möchte ein gleicher Horror anzu-

---

7 Jürgen Habermas, Strukturwandel der Öffentlichkeit. 7. Aufl. Neuwied: Luchterhand 1971.

8 Immanuel Kant: Was ist Aufklärung. – In: I. K., Werke in sechs Bänden. Hrsg. v. Wilhelm Weischedel. Darmstadt: Wiss. Buchgesellschaft, Bd. VI, S. 53–61.

Arno Schmidt, unter Büchern

treffen sein, ihn als Autor persönlich kennenzulernen. Er hielt die Leser auf Distanz. In der Gebärde böser Tücke drohte er ihnen Bedingungen an, sie hätten etwa gefälligst das Abitur mitzubringen. An einer 'öffentlichen' Diskussion seiner Botschaft blieb er drastisch desinteressiert. Er nannte sich einen Schriftsteller. Doch er verachtete alles, was mit Publizität zu tun hatte; er schrieb nicht für eine Zielgruppe; einfach deswegen, weil er überhaupt nicht *für* irgend jemanden schrieb. Er *be*schrieb die Welt. – Und dennoch würde ausgerechnet er heute Desktop-Publishing betreiben?

Ja. Denn 'sein' Publikum war und ist eine sonderbare Art Vereinsgemeinde oder Fan-Kreis, jedenfalls ein Zirkel ihm und untereinander unbekannter Leute: Er hätte sein Werk als abonnierbares Zirkularorgan herausgeben können, seinen eigenen ›Bargfelder Boten‹ spielend; es ist seinem Wesen nach Zirkularorgan. Es erreichte die Gemeinde, die sich als solche in aller Regel nicht face to face trifft, aber dennoch sehr gut durch altmodische Mundpropaganda vernetzt ist. Das – dadurch seitens des Lesers fortsetzbare – Gespräch, wie er es in seinem Werk sich aussprechen läßt, ist eben nie das öffentliche, ist nie das vordergründig politische. Nur das nahdistante, private Gespräch privater Gelehrter galt ihm als weltdeskriptiv erheblich. Er durchschaute den unvermeidlich privaten Charakter eines scheinbar öffentlichen Diskurses im Informationszeitalter – und vermied daher jeden Schein öffentlicher Semantik.

3.

Desktop-Publishing nun beinhaltet die Fähigkeit, vorweg zu irgendeinem auf 'Publizität' hin organisierten Verlagsbetrieb etwas zu fabrizieren, was die produktionsästhetischen Potentiale des durch Verlagsbetrieb Erreichbaren einholt und auch schon überholt. Vor unseren Augen revolutioniert es den gesamten gesellschaftlich-ökonomischen Kontext von Drucken und Publizieren. Bislang wurden wir nur in Satz gegeben, wenn wir öffentlich verkäuflich schienen, mit zweifelhaftem Erfolg, siehe »Als Typoskript gedruckt«. Endlich doch 'sich gedruckt sehen', das war und ist der dringlichste Wunsch aller Schubladen-Autoren. Sie mußten bitten, betteln und, zu guter Letzt, Druckkostenzuschüsse beibringen, natürlich aus eigener Tasche.

Nachdem die Illusion, mit ertrotzter Auflage von 500 Exemplaren (wovon 300 an die Bibliotheken gingen) die 'lesende Öffentlichkeit' zu erreichen, bei nüchterner Betrachtung nun endgültig geschwunden ist, könnte die Vorstellung gefallen, mit verschenkter Auflage von 3 Exemplaren unseres Druckerzeugnisses bei 3 geschätzten Gesprächspartnern ein namhafteres Lesevergnügen (wie seinerzeit die preziöskleinauflagige erotische Literatur) hervorgerufen zu haben. Sollte die Startauflage von 3 Exemplaren nicht ausreichen, die Nachfrage zu befriedigen, so gibt es immer noch Mittel und Wege, 300, 3000 oder 30 000 daraus zu machen.

Das literarische Kunstwerk, jedenfalls, existiert auch bei 3 Exemplaren; es hat nämlich von vornherein die für den Benutzer fertige, endgültige, gedruckte Form erreicht, die dem Werk bestimmt ist und von der es vormals, als einer notwendigen letzten Produktionsstufe außerhalb der Hand des Schriftstellers, abhing, ob das Werk fertigvollendet erschien oder nicht.

Der bisherige Zusammenhang von Qualität der Drucklegung und Quantität der Serie ist aufgehoben. Denn die Herstellung des 'Manuskripts' hat sich bereits in die Herstellung des Druckwerks selber verwandelt. So ist hier denn auch der wichtigste Gesichtspunkt der produktionsästhetische, nicht der rezeptionsästhetische einer 'Öffentlichkeit'.

4.

Was ist Dichtung? wurde Ezra Pound gefragt. Er antwortete: »Sprache, bis an die Grenze der Möglichkeit gefüllt mit Sinn.«[9] Sprache zu verdichten an der Stelle, wo ihr Sinn ist, kann nicht im unmittelbaren Vollzug des alltäglich-geradehin geäußerten performativen Sprechakts, der parole, gelingen. Der Dichter, auch jener der oral poetry, nimmt die Sprache aus dem Redestrom heraus, verlangsamt sie: Die erste Verlangsamung ist der Gesang, die zweite das Schreiben. Um das literarische Werk zu vollenden, nimmt sich der Dichter Zeit; er spricht nicht in 'Echtzeit'. Sein Sprechen ist Text. Er schmiedet seine Verse. Jede Seite Prosa sollte bearbeitet sein gleich einer Bildsäule, verlangte Nietzsche. »Wenn Prosa von lat. prorsus = vorwärtslaufend kommt, dann ist die Sprache von ›KAFF‹ eine stark verlangsamte Prosa.«[10]

Wolfram von Eschenbach konnte nach eigenem Bekunden weder schreiben noch lesen. Er diktierte einem berufsmäßigen Kanzleischreiber seinen Gesang, im Kopf verlangsamt, bedacht und fertig ausgearbeitet. Denn alle damaligen Schreibmaterialien waren zu kostspielig, um mehrmalige Korrekturdurchläufe vor der Reinschrift zu gestatten. Das aufgeschriebene Wort endlich konnte nochmals abgeschrieben und solcherweise reproduziert werden. Doch wieviele Exemplare mußten wohl vorhanden sein, damit ein literarisches Werk des Mittelalters existierte – und gar noch öffentlich?

Nach Erfindung des Drucks mit beweglichen Lettern wurde die Handschrift des Autors – des nunmehrigen Autografen – zum (bloßen) Manuskript. Es allein blieb freilich maßgebend für neue Editionen, in Verbindung mit den Korrekturen 'letzter Hand'. Wie der schließlich gedruckte Text auf der Buchseite aussah, das bestimmte nicht der Autograf, sondern der Typograf. Der Text war seitens des Autors nur bis auf das Erscheinungsbild bestimmt, dieses selber nicht mehr einschließend. Was im Druck erschien, die Epiphanie des Textes, lag nicht mehr in der Verantwortung des Autors, und er benötigte sie auch nicht: Bezogen auf den Text*gehalt* war dessen Erscheinungs-

---

[9] Ezra Pound, Wort und Weise. Frankfurt a. M.: Suhrkamp 1971, S. 28: »Große Literatur ist einfach Sprache, die bis zu den Grenzen des Möglichen mit Sinn geladen ist.«

[10] J. Drews, Thesen (wie Anm. 3), S. 56.

gestalt gleichgültig. Der Text hatte etwas zu sagen, nicht seine Erscheinungsform; sie konnte unter ästhetischen Kriterien gefallen oder nicht, das war alles.

Arno Schmidt wurde der erste Schriftsteller, der als solcher volle Herrschaft über die Erscheinungsform seiner Texte verlangte – wenn auch noch nicht erlangte.

5.

Er hatte dafür eben schriftstellerische Gründe. Er eroberte schließlich den Druckbogen, denn er war überhaupt total besessen vom Archetyp der Fläche. Seine Landschaft war die Heide, das flache (auch platte) Land. Im Unterschied zum narrativen Fabulierer, der den Faden der Erzählung von n nach n + 1 fortspinnt, ist ihm die Landschaft nicht Reisestation oder Impression wie vom fahrenden Zug aus; die Landschaft liegt nicht am Wege. Wo der Erzähler ‘fortfährt’, umkreist der Schriftsteller, ‘kommt immer wieder zurück auf’: Ortstermin mit Ortsbesichtigung. Dem Groß-Schriftsteller Arno Schmidt ist die Landschaft lebensweltlich-nahe Umgebung, ein allerdings komplettes Panorama, der Welthorizont seiner Weltschau (wie gesagt: ohne die geringste Spur von ‘Öffentlichkeit’). Landschaftsbeschreibung verdichtet sich zur Ortsbeschreibung, zur Topografie. Meßtischblatt, Logarithmentafel (!), Fernrohr, Kompaß (sowie 1 ‘*f*lachMann!’) sind die Instrumente (»utilities«) der Orientierung in planer Welt. Was in der Landschaft interessiert, sind die vermaßten Beziehungen geodätischer Punkte. Landschaft ist ein grundrißhafter Entwurf; worauf es ankommt, ist die Über-Sicht, ist der Versuch, den ‘Plan’ des Ganzen zu erfassen – freilich durch seine faktische Zerstückelung, seine Verzettelung, ja ‘Digitalisierung’ hindurch.

Denn die Welt ist kein narratives Kontinuum, kein Kosmos. Sie zerfällt von sich aus wie ein Puzzle in Örter, Topoi, Aussichtspunkte, Standpunkte, Perspektiven, ‘Einstellungen’. Deren gleichsam natürliches Abbild sind Ansichtsskizzen mit Koordinateneintrag. Schmidt fragt: »Hat man das Gefühl eines ‘epischen Flusses’ der Ereignisse? Eines Kontinuums überhaupt? Es gibt diesen epischen Fluß, auch der Gegenwart, gar nicht. Jeder vergleiche sein eigenes beschädigtes Tagesmosaik!«[11] Bezüglich dieser »porösen Struktur« des Erlebens

[11] A. Schmidt, Berechnungen I (wie Anm. 5), S. 290.

fügt er noch hinzu: »Ich warne besonders vor der Überheblichkeit, die hier vielleicht das dem Bürger naheliegende schnelle Wort von einem 'Zerfall' sprechen möchte; ich stelle vielmehr meiner Ansicht nach durch meine präzisen, 'erbarmungslosen' Techniken unseren mangelhaften Sinnesapparat wieder an die richtige ihm gebührende biologische Stelle.« [12]

Dem modernen Schriftsteller obliegt es nur mehr, vom Tableau der Welt eine übersichtliche Darstellung abzuliefern. Er tut dies in der Haltung des Forschers auf Expedition, der ein Gelände rekognosziert. Die Welt hat sich unterdessen nämlich aus dem ehemalig ausgiebig beweihräucherten Musentempel zu einem recht profanen – Museumsgehäuse weiterentwickelt. Die Expedition findet also bereits im Museum statt, sie ist eine zum 'unterhaltsamen' Abenteuer erklärte Führung durch die Sammlungen einer ruinierten Welt geworden. Denn die Welt besteht aus nichts anderem (mehr) als aus Fundstükken; sie ist alles, was der Fund ist. Im Schriftsteller stecken in Personalunion ein Registrator, Archivar, Dokumentar, Bibliothekar – kurzum, der 'Gelehrte' als Museumskustos. Er legt zunächst einmal ein Fundarchiv an, lauter kleine Zettel . . .

Die Ordnung der Dinge, nach dem Sündenfall kopfüber aus der prästabilierten Harmonie, ist eben die einer Exhibition. Was die Dinge untereinander verbindet, ist ihr schieres Nebeneinander, die Jux-taposition des an sich wechselseitig Gleichgültigen. Die Exhibition der Weltausstellung verlangt dem Schriftsteller die Inhibition des Bewußtseinsstromes ab, den James Joyce soeben erst für die Literatur schiffbar gemacht hatte: In der Fläche ist alles gleichzeitig. Arno Schmidt nimmt die Sprache zwecks erneuter Verlangsamung nicht nur aus dem Glutstrom der Rhetorik heraus, sondern entfernt sie auch noch aus dem deskriptiven Bewußtseinsstrom und versetzt sie in eine Bewußtseinslandschaft der Synchronizität.

Dies leistet kein eindimensionales Medium mehr, wie es die sprachliche Kette beinhaltet: Es bedarf der Zweidimensionalität eines textuellen Gewebes, das die literarische Sprache auf die Erscheinungsebene des Textes hinaufhebt: »Schließlich muß man sich für die suggestivste typographische Anordnung einer kombinierten Darstellung von E I plus E II auf einer zweidimensionalen Fläche (der Buchseite)

---

[12] Ebd., S. 291.

entscheiden.«[13] Das Erscheinungsbild des Textes ist endlich sein Bestandteil geworden; die Grenze der Möglichkeit, Sprache mit Sinn zu füllen, ist um eine weitere Stufe hinaufgehoben worden. Der Text wird zur Textgrafik, seine Publikationsform zu der des Bildes. Der Text verschafft sich nun, raffinierter geworden, die zusätzlichen Möglichkeiten des Bildes und der Bilderschrift. Die Erzählung addiert Text auf Text, von n nach n + 1; das Textbild gestattet die Multiplikation der Textstränge, n × n. Der multiple Text repräsentiert die Parallelität des Synchronen, zurückgehend auf die Synchronizität von Bewußtem und Unbewußtem im multiplen Wort, dem Etym.

Auf der Darstellungsebene, gleichsam das eng aufliegende Transparentblatt über der planaren Welt, wiederholt sich die Welt als semantisches Netzwerk. Jedes Fundstück der Welt hat als solches eine Fläche möglicher Beziehungen um sich, die auf der Darstellungsebene durchgezeichnet erscheinen, ausgewählt darum, das Netz assoziativer Beziehungen engmaschiger zu knüpfen, also zu verdichten. Die Sinnverdichtungen bilden Knotenpunkte bis an die Grenze der Möglichkeit genutzter Sinnerfüllung. Der Gewinn ist die übersichtliche Darstellung der Welt, ihr Diorama.

Hanns-Josef Ortheil, selber Roman-Autor, beschrieb kürzlich in einem Zeitungs-Essay die Literatur des kybernetischen Zeitalters unter der Überschrift ›Das Lesen – ein Spiel. Postmoderne Literatur? Die Literatur der Zukunft!‹[14] Seine Behauptung: »Die postmoderne Literatur ist die Literatur des kybernetischen Zeitalters.« Er meint: »Seit den fünfziger Jahren unseres Jahrhunderts läuft ein unaufhörliches Training, Autoren und Leser auf dieses Programm einer postmodernen Zukunft vorzubereiten. Man mag dieses Programm Informatik, Kybernetik, Semiotik oder Strukturalismus nennen. Kennzeichnend für all diese Entwürfe ist die Befähigung des Lernenden, Zeichen lesen zu können.« Ortheil erkennt eine auf den Leser gerichtete »labyrinthische Zumutung«, jene vonseiten des Autors gemachten »Spielvorschläge« nachzuspielen, »die variiert, abgebrochen, aber auch erweitert werden können« (vgl. A. S.'s »Längeres Gedankenspiel«[15]; hat er nicht den Leser einen »Nachspieler« genannt?[16]). So

---

[13] Arno Schmidt, Berechnungen II. – In: A. S., Rosen & Porree. Karlsruhe: Stahlberg 1959, S. 293–308 (Zitat S. 299 f.).

[14] In: Die Zeit Nr. 17 v. 17. 4. 1987, S. 59.

[15] A. Schmidt, Berechnungen II (wie Anm. 13), S. 296 ff.

entsteht »das Kunstwerk für Experten«; es ist »am Plan, am Stadtplan, an einem Weltenplan, an Plänen möglicher Welten interessiert«; »das Werk selbst ist Natur zweiten Grades, komplex, anspielungsreich«. Ortheil bezieht sich etwa auf Calvino, der »seine Territorien [!] als die Ländereien [!] des *Komischen*, des *Erotischen* und des *Phantastischen* abgesteckt« habe, wobei – nun Zitat Calvino – »der Plan, die Symmetrie, das Netzwerk von Bildern« die Hauptsache sei. Es fallen im Essay Ortheils weiterhin die Stichworte »panoramatisch«, »Museum«, »Ethnologe, Archäologe«, »die postmodernen 'Techniken der Entdeckung'«, »'Techniken' der Lebensführung« – schließlich: »Die Arbeit am Roman wird verständlich wie die Tätigkeit eines Konstrukteurs« (vgl. bei A. S. »das Stahlskelett der Trägerkonstruktion«[17]). Und nun: In der bunten Reihe der zahlreichen Autorennamen, die Ortheil zum Beweis anführt, kommt derjenige Arno Schmidts nicht vor!

6.

Woran scheiterte Arno Schmidt? Er scheiterte daran, daß die Grenzen der Sinnverdichtung die Grenzen (heute) antiquierter Technik waren – nicht mehr der Schreibtechnik als einer literarischen Fertigkeit, deren sich kaum einer so bewußt wurde wie er, sondern plötzlich wieder der Schreibtechnik als die Summe der mechanischen Beziehungen von Meßtischblatt, Logarithmentafel, Fernrohr und Kompaß, dann Zetteln, Laubsäge-Zettelkästen, Papierbögen, Schreibstiften und Schreibmaschine (dazu Lupe, Klebstoff, Schere, Rotstift, Farbband, Lineal, Radiergummi . . .). All diese Dinge arbeiteten nicht auf einer Ebene zusammen, auf der Darstellungsebene, auf der das Werk schließlich erscheinen soll.

Die von Arno Schmidt modernisierte Produktionsästhetik (zu der ja die Hinzurechnung des Produktionsprozesses zum Werk gehört), war implizit bereits weitergedacht als es dasjenige zuletzt kundzutun vermochte, was die eigenen Produktionsmittel realiter hergaben. Daß der sinnverdichtete Text nun nicht mehr auf sein Bild als Ort und Schauplatz neuer Assoziationen wird verzichten können, ist die eine der Konsequenzen, die sich aus der Bemühung Arno Schmidts er-

[16] Ebd., S. 303.

[17] A. Schmidt, Berechnungen I (wie Anm. 5), S. 283 f.

geben. Die andere Konsequenz ist, ohne falsche »prometheische Scham« (Günther Anders) die antiquierte Technik aufzugeben.

Denn ›Zettels Traum‹ basiert zweifellos auf einer heute antiquierten Datenverarbeitung. Das »gußeiserne Gedächtnis«, mit dem Arno Schmidt geschlagen zu sein behauptete, kann ausgelagert werden in das Memory des Computers. Schmidt war übrigens im Besitz eines Tischrechners, und zwar des Advanced Scientific Calculators Model 1540 von Commodore, den er in ›Julia, oder die Gemälde‹ durch ein eingeklebtes Prospektblatt abbildet;[18] der Rechner figuriert als »Nino's Computerlein«[19], mit Hilfe dessen besagter Taugenichts Nino ältere, von Hand errechnete Logarithmentafeln nachprüft: »– nun, jetzt hat ihn NINO in der Mache, (er wird circa 10.000 Böcke auftreiben!)«[20]. Daß Schmidt dies Gerät, und nicht bloß ein Prospektblatt davon, tatsächlich besaß, geht aus einem eingeklebten DIN-A-4-Blatt hervor,[21] auf welchem er handschriftlich den »Gesamten Rechenraum d. 'Commodore SR 1540' (Nr. 00435)« ausgeforscht hat. Das Memory eines Computers ist also für ihn, der den universellen Personal Computer noch nicht kennen konnte, lediglich ein Rechenraum. Aber immerhin: auch der reine Rechenraum schon bildet bei ihm einen Schauplatz der Phantasie.

Das Memory eines heutigen Computers mag man sich vorstellen als beinahe beliebig große Schreib- und Zeichenfläche, tabula rasa. Und die logischen Werkzeuge, die auf solcher Arbeitsfläche Eintragungen zu machen gestatten, arbeiten von vornherein allesamt auf dieser selbigen Darstellungsebene. Diese Fläche ist anfangs vielleicht ein Zettelkasten – und transformiert sich, bruchlos interaktiv, endlich in den letztgültigen Ausdruck, in jedem Sinne des Wortes. Das Zettel-Land ist bloß eine andere Gegend der Darstellungsebene. Alle Verdichtung ereignet sich in Verschiebungs-Kongruenzen.

Arno Schmidt dagegen schrieb doch tatsächlich seine eigenen Zettel wieder ab, eine mittlerweile obszöne Vorstellung von der Geduld des Menschen! Dabei wollte er sie bloß ordnen, verteilen, verdichten, korrigieren, ergänzen – was lauter phantasievolle Tätigkeiten wären. Keine Rede davon, daß er seine Produktionsmittel etwa sentimentali-

[18] Arno Schmidt, Julia, oder die Gemälde. Zürich: Haffmans 1983, S. 5.
[19] Ebd.
[20] Ebd., S. 6.
[21] Ebd., S. 69.

sierte. Der spirituelle Reiz der Zettelchen entstammte ja nicht ihrer puren Stofflichkeit, sondern der Art, wie man mit ihnen umging. Arno Schmidt scheiterte daran, daß er eine reale Schreibfläche vor sich hatte, aber längst eine virtuelle (um eben nicht zu sagen: spirituelle) gebraucht hätte. Er wußte, daß die Sprache nicht von sich aus schon erfüllt des Sinnes ist, daß sie vielmehr noch Platz hat für weiteren Sinn, aber diesen Platz bot sie nur als Darstellungsebene des Textbildes, dem genuinen Arbeitsplatz des Schriftstellers seiner Ansprüche. Der reale Arbeitsplatz vermochte diese Darstellungsebene, gemessen an den Absichten, nur unzulänglich zu simulieren.

7.

Dem Mangel ist jetzt abzuhelfen. Wie wäre es nämlich, wenn wir sagten, Dichtung – z. B. Arno Schmidts – sei zunächst Sprache, bis an die Grenze der Möglichkeit gefüllt mit Information? Dieser Gesichtspunkt: Literatur als informationsverarbeitete Sprache, brächte uns tatsächlich ein Stück weiter, auch wenn es anfangs nicht so aussieht: Der Computer drückt den ganzen panoramischen Reichtum der Welt auf ein gleich-plattes Niveau herab, auf den Informationsgehalt, die Neutralisierung aller Inhalte unter dem Banner der Binarität von 1 und 0. Das Memory des Computers ist kein Flächenkontinuum, vielmehr ein zweidimensionales System von diskreten Koordinatenpunkten, auf denen jeweils eine 1 oder 0 sitzen kann. Das sieht der Landschaft Arno Schmidts mit ihrem Raster ‘geodätischer’ Stütz-Punkte, sprich Einstellungen, schon ziemlich ähnlich, wenngleich an deren Orten durchaus mehr zu unterscheiden ist als 1 und 0.

Ein Vorteil liegt aber sofort zutage: Wenn alles, was sich auf der (virtuellen) Darstellungsebene befindet, nur aus 1 und 0 besteht, bereitet die Vorstellung keine Mühe mehr, daß insofern prinzipiell alles in alles transformiert werden kann; der kongruenten Umformung sind hier, wie der Phantasie, keine Grenzen gesetzt; denn diese gewaltige Potenz zur Metamorphose verwandelt ja nur Einsen in Nullen und Nullen in Einsen. Auf diesem Niveau bleibt alles kommensurabel.

Die Zettel Arno Schmidts waren kleine Karten festen Papiers im DIN-A-7-Format, von ihm selbst zurechtgeschnitten. Es leuchtet jedermann sofort ein, daß alles, was auf diesen Zetteln eingetragen war, also jegliche Information, in 1 und 0 zu codieren gewesen wäre. Aber den Zettel selbst, dies materielle Trägerding, kann man natürlich nicht codieren...? Man kann. Das ist genau der springende Punkt. Wer heute an einem Personal Computer mit Desktop-Publishing-Fähigkeiten sitzt (wozu mittlerweile ca. hunderttausend Leute hierzulande Gelegenheit haben), sieht einen veritablen Schreibtisch vor sich (das ist eine Erscheinungsform – Gegend – der virtuellen Darstellungsebene); auf diesen Schreibtisch holt er sich z. B. einen Notizblock (das ist eine andere, weitere Erscheinungsform der virtuellen Darstellungsebene). Aber, so will es gleich scheinen, hier gibt es doch weiter nichts herumzureden: entweder ist das Ding ein Notizblock oder es ist kein Notizblock. Nun, das Ding sieht aus wie ein Notizblock und es benimmt sich justament wie ein Notizblock! Wir dürfen die einzelnen Blätter umschlagen und zusehen, wie die Blätter umblättern, vor und zurück; wir können auf den einzelnen Zetteln Notizen hinterlassen und diese nach Herzenslust verändern; wir mögen den Notizblock weglegen und dann wieder zurückholen, so daß er zwischenzeitlich ganz unserem Blick entschwindet; klappen wir ihn neu auf, sind unsere Notizen wieder schön leserlich da.

Nun wollen wir nicht unsere Notizen bloß lesen, wir wollen sie irgendwie weiterverwenden. Was tun? Wir schneiden sie Stück für Stück aus dem Notizblock heraus und setzen sie kongruent in den gerade abzufassenden Text genau an der Stelle ein, wo wir sie brauchen. Ohne Schere, ohne Klebstoff; nur auf der logischen Basis von 1 und 0; und doch mit dem Gefühl, über eine Art Schere und Klebstoff zu gebieten. Natürlich verfahren wir mit Bildern in der gleichen Weise, unser Text ist ja schon Bild. Alles ist Bild. Das einzige, was über dieser Welt steht, ist der Autor.

8.

Doch zurück zum Computer. Sprache, bis an die Grenze der Möglichkeit entleert des Sinnes, ist Information. Das Wort 'Sinn' im Speicher eines Computers abgelegt, sieht so aus:

01010011
01101001
01101110
01101110

Angenommen, Schmidts ›Kühe in Halbtrauer‹ bestünden aus, sagen wir, 131 072 Buchstaben; dann braucht man 131 072 mal 8 gleich 1 048 576 einzelne Speicherstellen (Bits), um das Werk zu codieren. Das paßt genau in einen Megabit-Chip von 1 qcm Fläche (sic!), den es seit 1985 gibt. Zweifellos ist eine Reihe von 1 048 576 Einsen und Nullen ein trostloser Anblick, selbst dann, wenn wir erfahren, daß sich 'dahinter' Schmidts ›Kühe in Halbtrauer‹ 'verbergen'. Man könnte einen Computer so programmieren, daß er *alle* möglichen Ketten von 1 048 576 bit Länge aufzählt; Schmidts ›Kühe‹ müßten dann eines Tages vom Computer ausgedruckt werden – wenn es auch nicht sehr wahrscheinlich ist, daß dies in den nächsten paar Milliarden Jahren geschähe.

Zieht man nun nicht alle möglichen Ketten in Betracht, sondern mustert diejenigen von vornherein aus, die nicht den grammatischen Regeln des Deutschen entsprechen, würde die Zahl der Ketten drastisch reduziert und wir kämen den ›Kühen‹ oder sonst einer Poesie beträchtlich näher. Die Anhänger der Artificial Intelligence unter den Linguisten malen sich aus, eines Tages könnten wir dem Computer Deutsch beibringen – wenn wir nur selber erst die Grammatik des Deutschen genau genug kennen würden! Immerhin scheint der automatische Romanautor nicht eine völlig abwegige Idee zu sein.

Oder doch? Wir haben säuberlich zu unterscheiden zwischen dem automatisierten Autor und der automatisierten Darstellungsebene, dem virtuellen leeren Blatt Papier. Der automatische, simulierte Autor wird dem Autor mit der simulierten Darstellungsebene die nächsten paar Milliarden Jahre nichts Interessanteres entgegenzusetzen haben. Denn immer, wenn der automatische Schriftsteller Fortschritte macht, kommen die erst recht dem Schriftsteller mit automatischer Darstellungsebene zugute! Inwiefern aber?

9.

Es liegt am Sinn. Im Speicher der Maschine ist kein Sinn, im Speicher der Maschine ist nur Information. Freilich ist Information eine schwerreiche und unersetzliche Mäzenin des Sinnes, aber das junge Talent Sinn muß seine Begabung doch von woandersher mitbringen: Die Information spendet von sich aus das binäre Prinzip, 1 und 0, Entweder/Oder, Wahr und Falsch, Ja und Nein; das reicht aber nicht hin zur Entstehung von Sinn, der Sinn steckt im Dritten. Es ist recht schwierig, rasch den logischen Kniff zu verstehen, dem wir das Dritte und damit den Sinn verdanken. Versuchen wir's trotzdem noch in gebotener Kürze!

Angenommen, die ganze Welt bestünde aus Äpfeln und Birnen und aus nichts anderem als Äpfeln und Birnen. Was können wir in dieser Welt sinnvoll darstellen? Zur Darstellung stehen uns wieder nur Äpfel und Birnen zur Verfügung. Natürlich würden wir erstmal versuchen, durch einen Apfel einen Apfel darzustellen; indes, weil der Apfel selber Apfel ist und sich in der Besonderheit eines darstellenden Apfels nicht bemerkbar machen kann, ergibt die Darstellung keinen meinbaren bzw. verstehbaren Sinn. Der Apfel ist Apfel, A = A; ebenso ist die Birne Birne, B = B. Der Satz der Identität spricht die Vergeblichkeit sinnvoller Darstellung in einer binären Welt aus! Nun ist aber, eine schöne Entdeckung, der Apfel Apfel und nicht Birne. Der Apfel *als* solcher ist nicht Birne: Doch leider kennen wir in einer binären Welt eben kein Medium, kein Mittel, um das darzustellen! Das Wort 'Mittel' ist ja ganz wörtlich zu nehmen: Es gibt in einer binären Welt kein Mittleres zwischen dem binär Unterschiedenen, also zwischen Äpfeln und Birnen, nicht einmal das 'und' zwischen Äpfeln und Birnen. Kurzum, es gibt keinen Standpunkt, von dem aus der Unterschied zwischen Äpfeln und Birnen dargestellt werden könnte, der doch in nichts anderem besteht als darin, daß der Apfel *als* solcher nicht Birne ist, die Birne *als* solche nicht Apfel.

Was wir in einer binären Welt nicht darstellen können, ist jenes 'Als'. Etwas als etwas zu behandeln, gebiert Sinn. Der Sinn ist, wie der Logiker Gottlob Frege es ausdrückte, die »Gegebenheitsweise« von etwas. Es genügt nicht, die Welt zu kennen, um Sinn hervorzubringen; wir müssen vielmehr dazu der Welt gegenüber einen – 'dritten' – Standpunkt einnehmen. Der Computer vermag alles Binäre abzubilden; das aber von einem Standpunkt her zu tun, also aus seiner Perspektive, vermag er nicht, denn er hat keinen Standpunkt (allenfalls einen Standort); er ist keine Verkörperung des Dritten: Nur der widerlegt an sich selber, scheinbar paradoxerweise, das »tertium non datur«, der es als wahr erkennt.[22]

[22] Holger van den Boom, Digitale Ästhetik. Zu einer Bildungstheorie des Computers. Stuttgart: Metzler 1987.

Der automatische Schriftsteller ist nicht unser Problem; weder jetzt noch in Zukunft. Was er zu generieren vermöchte, entbehrte des Dritten, des Eigensinns. Der eigensinnige Schriftsteller hingegen, unterstützt durch künstlich intelligente Schreibwerkzeuge, aus Binarität gemacht, kann sich ganz dem Dritten widmen, allen Gegebenheiten dessen, was auf dem virtuellen Zettel passiert.

Das Dritte, das Medium ist die Botschaft. Jetzt erst recht. Arno Schmidt und ein Desktop-Publishing-System: nicht auszudenken, was wir zu lesen – sehen bekommen hätten!

DIE BEITRÄGER

Holger van den Boom, geb. 1943; Universitätsprofessor für Industrial Design sowie Geschäftsführender Leiter des Instituts für Visualisierungsforschung und Computergrafik an der Hochschule für Bildende Künste Braunschweig. Promotion und Habilitation in Philosophie; Forschungsschwerpunkt: Designinformatik. Jüngste Buchpublikation: Digitale Ästhetik (1987).

Keith Bullivant, geb. 1941; Reader und Chairman, University of Warwick, Department of German Studies; Ab 1990 Professor für deutsche Literatur, University of Florida, Gainesville. Veröffentlichungen: Westdeutsche Literatur der sechziger Jahre (1975; mit R. H. Thomas); Industrie und deutsche Literatur 1830–1914 (1976; mit H. R. Ridley); Das literarische Leben in der Weimarer Republik (Hrsg.; 1978); Realism Today. Aspects of the Contemporary West German Novel (1987); The Modern German Novel (Hrsg.; 1987); German Literature of the Seventies. Writers and Themes (Hrsg.; 1988). Hauptarbeitsgebiete: Deutsche Literatur des 19. und 20. Jahrhunderts; Gegenwartsliteratur.

Günther Fetzer, geb. 1946; Promotion 1976. Cheflektor Taschenbuch des Wilhem Heyne Verlags, München. Veröffentlichungen u. a.: Wertungsprobleme in der Trivialliteraturforschung (1980), Das Briefwerk Hugo von Hofmannsthals (1980), Die Klassiker der deutschen Literatur (1983); Herausgeber zahlreicher Anthologien.

Erika Fischer-Lichte, geb. 1943 in Hamburg; Studium der Slavistik, Germanistik, Theaterwissenschaft und Philosophie an der FU Berlin und an der Universität Hamburg. Promotion 1972 in Berlin. Professur für Neuere deutsche Literatur an der Johann-Wolfgang-Goethe Universität, Frankfurt (1975–1986); Gastprofessur für Theatersemiotik an der Indiana University, Bloomington (1985); Lehrstuhl für Allgemeine und Vergleichende Literaturwissenschaft an der Universität Bayreuth (seit 1986). Veröffentlichungen: Bedeutung, Probleme einer semiotischen Hermeneutik und Ästhetik (1979); Semiotik des Theaters. 3 Bde. (1983); Prinz Friedrich von Homburg (1985); Don Carlos (1987); Das Drama und seine Inszenierung (Hrsg.; 1985); Theatre: Familiar and Foreign (Hrsg.; 1988); Aufsätze zu Semiotik, Literatur- und Theatertheorie, zu Drama und Theater der Goethezeit, der Romantik, der Avantgarde, der Gegenwart.

Hermann Glaser, geb. 1928; Schul- und Kulturdezernent der Stadt Nürnberg; Honorarprofessor der Technischen Universität Berlin; Mitglied des PEN. Autor zahlreicher Bücher, zuletzt: Kulturgeschichte der Bundesrepublik Deutschland, 3 Bde, (1985, 1986, 1989); Spurensuche. Deutsche Familienprosa (1987); Das Verschwinden der Arbeit. Die Chancen der neuen Tätigkeitsgesellschaft (1988).

Götz Großklaus, geb. 1933; Professor für Neuere Deutsche Philologie an der Universität Karlsruhe (TH). Zwischen 1961–1966 Berufstätigkeit an Gymnasium, Rundfunk (SWF) und Verlag (Duden, Mannheim); 1974–1976 Gastprofessur an der Universität Kairo. 1983 Gastprofessur am Department of Germanic Studies, University of Melbourne. Veröffentlichungen: Textstruktur und Textgeschichte. Die Reisebilder Heinrich Heines (1973); Werte in Kommunikativen Prozessen (Mhrsg. 1980); Natur als Gegenwelt. Beiträge zur Kulturgeschichte der Natur (Mhrsg. 1983); Aufsätze zur Kultursemiotik des Reisens, der Natur und der Naturentfremdung, des Raums, zur Literatur des 18., 19., 20. Jahrhunderts, zum Film, zur Trivialliteratur, zu semiotischen Problemen; Filmkritiken.

Dietrich Harth, geb. 1934; nach Ausübung eines kaufmännischen Berufs externes Abitur und Studium in Frankfurt a. M. und Tübingen. Lehrt heute Literaturwissenschaft an der Universität Heidelberg. Schwerpunkte: Humanismus, Aufklärung, Literaturtheorie und Fachgeschichte, Literatur und Historiografie und Philosophie und Kulturanthropologie. Dazu zahlreiche Veröffentlichungen. Prinzipal eines Laientheaters und Literatur-Cafés in Heidelberg.

Dirk Hoeges, geb. 1943; Professor für Romanistik (Literatur und Kulturwissenschaft) an der Universität Hannover. Veröffentlichungen: F. Guizot und die frz. Revolution (Diss.) (1973, 2. Aufl. 1981); Aufklärung und die List der Form. Zur Strategie ital. und frz. Aufklärung (1978); Literatur und Evolution. Studien zur frz. Literaturkritik im 19. Jh. (Taine-Brunetière-Hennequin-Guyau) (1980); E. Hennequin, La critique scientifique (Hrsg.; 1982); Alles veloziferisch. Zur Ästhetik der Geschwindigkeit (1985); Aufsätze zur frz. und span. Literatur, zur Literatur- und Geschichtstheorie sowie Rezensionen in in- und ausländischen Fachzeitschriften; Mitarbeit an Handbüchern und Lexika; Rundfunk-Features zu Literatur und Musik.

Heinz Ickstadt, geb. 1936; Professor für amerikanische Literatur am Kennedy Institut für Nordamerikastudien, Freie Universität Berlin. Veröffentlichungen: Dichterische Erfahrung und Metaphernstruktur (1970);

Ordnung und Entropie: Zum Romanwerk von Thomas Pynchon (Hrsg.; 1981); zahlreiche Veröffentlichungen zur Literatur und Kultur des späten 19. Jahrhunderts in den USA, zu Lyrik und Roman der amerikanischen Moderne sowie zum Roman der amerikanischen Postmoderne.

Friedrich A. Kittler, geb. 1943 in Sachsen. Studium der Germanistik, Romanistik und Philosophie in Freiburg/Br.; Gastprofessuren in Basel, Berkeley, Santa Barbara und Stanford; Programmdirektor am Collège international de Philosophie, Paris. Seit 1987 Professor für Neugermanistik (Ästhetikgeschichte und Medientheorie) an der Ruhr-Universität Bochum. Veröffentlichungen: Der Traum und die Rede (1977); Aufschreibesysteme 1800/1900 (2. Aufl. 1987); Grammophon Film Typewriter (1986).

Eberhard Lämmert, geb. 1924; 1961 Professor für Deutsche Philologie und Allgemeine Literaturwissenschaft an der Freien Universität Berlin, 1970 an der Universität Heidelberg, 1976 bis 1983 Präsident der Freien Universität Berlin, seit 1976 dort Professor für Allgemeine und Vergleichende Literaturwissenschaft. Veröffentlichungen u. a. zur Theorie der Erzählkunst, zur spätmittelalterlichen Spruchdichtung, zur Geschichte des freien Schriftstellers und zur europäischen Literatur seit dem 18. Jahrhundert, zur Wissenschaftsgeschichte und zur Hochschulpolitik.

Helmut Lethen, geb. 1939; Institut für Angelsächsische und Deutsche Sprache und Kulturen an der Reichsuniversität Utrecht, Niederlande. Veröffentlichungen: Die Neue Sachlichkeit. Studien zur Literatur des weißen Sozialismus (1970); Bertolt Brechts Hauspostille. Text und Kollektives Lesen (zus. m. H.-Th. Lehmann; 1978); Arbeiten zur historischen Avantgarde (1910–1930), zuletzt: Lob der Kälte. Ein Motiv der historischen Avantgarden (1987).

Georg Maag, geb. 1953; lehrt französische und italienische Literaturwissenschaft an der Universität Mannheim. Arbeitet an einer Habilitationsschrift zu dem Thema ›Ursprung der Poesie – Poesie des Ursprungs‹ und an einer Untersuchung der Begriffsgeschichte von »Ästhetische Erfahrung«. Wichtigste Buchpublikationen: Kunst und Industrie im Zeitalter der ersten Weltausstellungen (1986); Ein antiphilosophisches Experiment im 18. Jahrhundert: F.-J. Terrasse Desbillons (1986).

Hanno Möbius, geb. 1941; Privatdozent am Institut für Neuere deutsche Literatur der Philipps-Universität Marburg. Hauptarbeitsgebiete: Literaturtheorie und -geschichte des 19. und 20. Jahrhunderts, Literatur und technischer Wandel, Filmwissenschaft. Wichtigste Veröffentlichungen: Arbeiterliteratur in der Bundesrepublik (1970); Progressive Massenliteratur? Revolutionäre Arbeiterromane 1927–1932 (1977); Der Positivismus in der Literatur des Naturalismus. Wissenschaft, Kunst und Soziale Frage bei Arno Holz (1980); Der Naturalismus. Epochendarstellung und Werkanalyse (1982); Aufsätze zum Projekt ›Stadt im Film‹ (1987).

Peter Pütz, geb. 1935; Professor für Neuere deutsche Literatur an der Universität Bonn. Publikationen: Kunst und Künstlerexistenz bei Nietzsche und Thomas Mann (1963, 3. Aufl. 1987); Friedrich Nietzsche (1967, 2. Aufl. 1975); Die Zeit im Drama (1970, 2. Aufl. 1977); Die deutsche Aufklärung (1978, 2. Aufl. 1979); Peter Handke (1982); Die Leistung der Form. Lessings Dramen (1986); Aufsätze über Gellert, Wieland, Lichtenberg, Goethe, Georg Forster, Büchner, Nietzsche, Th. Mann, Musil, Frisch und Handke; Nachworte und Erläuterungen zu zehn Nietzsche-Bänden bei Goldmann Klassiker.

Karl Riha, geb. 1935 in Krummau/Moldau; Professor für Germanistik/Allgemeine Literaturwissenschaften an der Universität-Gesamthochschule Siegen. Hauptarbeits- und Publikationsgebiete: Commedia dell'arte, Bänkelsang und Moritaten, Bilderliteratur und Comic strips, Großstadtliteratur, Moderne und experimentelle Literatur (Dada etc.), Medienwissenschaft; Editor; Literaturkritiker; literarische Veröffentlichungen.

Klaus R. Scherpe, geb. 1939; Professor für Neuere deutsche Literaturwissenschaft an der Freien Universität Berlin. Wichtigste Veröffentlichungen: Gattungspoetik im 18. Jahrhundert (1986); Werther und Wertherwirkung (3. Aufl. 1980); Poesie der Demokratie (1980); Nachkriegsliteratur in Westdeutschland (mit Helmut Peitsch und Jost Hermand). 2 Bde. (1982/84); Postmoderne. Zeichen eines kulturellen Wandels (mit Andreas Huyssen; 1986); – Zahlreiche Aufsätze zur Literaturgeschichte des 18.–20. Jahrhunderts, Mitbegründer und Herausgeber der Reihe ›Literatur im historischen Prozeß‹.

Marianne Schuller, geb. 1942; seit 1984 Professorin für Literaturwissenschaft an der Universität Hamburg. Neben der akademischen Tätigkeit zeitweise Arbeit als Dramaturgin am Deutschen Schauspielhaus Hamburg und am Bremer Theater. Arbeitsbereiche: Theater, Literaturkritik. –Literatur und Medizin, Psychiatrie, Psychoanalyse. – Literatur und Weiblichkeit. – Sinntheoretische Studien zum Tragischen und zum Witz, bzw. zur Dialogizität. – Studien zum Wahrnehmungswandel im Hinblick auf Literatur und optische Medien. – Literaturhistorische Studien zum 18. und 19. Jahrhundert; Jahrhundertwende.

Hans Ulrich Seeber, geb. 1940; Institut für Literaturwissenschaft der Universität Stuttgart. Veröffentlichungen: u. a. Wandlungen der Form in der literarischen Utopie (1970); Moderne Pastoraldichtung in England (1979); Sammelbände über Lit. Utopie (1983), Idylle (1986) und Naturdichtung (1985). Zahlreiche Aufsätze in Zeitschriften und Sammelwerken. Derzeitiges Hauptarbeitsgebiet: Modernisierung und Literatur in England 1800 bis 1940.

Harro Segeberg, geb. 1942 in Hamburg; Studium der Germanistik, Geschichte, Philosophie und Pädagogik in Hamburg und Tübingen. 1973 Promotion, 1984 Habilitation. Zur Zeit Professor für Neuere deutsche Literatur in Hamburg. Neben zahlreichen Buch- und Zeitschriftenveröffentlichungen zur Literatur des 18. und 19. Jahrhunderts Publikationen zum Verhältnis von Technik- und Literaturgeschichte im 19. und frühen 20. Jahrhundert. Zuletzt: Literarische Technik-Bilder (1987); Technik in der Literatur (Hrsg.; 1987). Arbeitet zur Zeit an Studien zum Verhältnis von Textgenese und Deutungsmustern bei Ernst Jünger.

Helmut F. Spinner, geb. 1937; Studium der Ökonomie, Philosophie und Soziologie an den Universitäten Mannheim, Köln und Heidelberg; 1970 Promotion, 1979 Habilitation für Wissenschaftslehre und Wissenschaftssoziologie; 1983 für Soziologie. Lehr- und Forschungstätigkeit an den Universitäten Mannheim, London, Bamberg, Gießen, Heidelberg, Marburg; seit 1987 Professor für Philosophie (Schwerpunkt »Technik und Gesellschaft/Technikphilosophie«) und Leiter des Studium Generale an der Universität Karlsruhe. Arbeitsbereich: Wissenschafts- und Technikforschung in ihrer ganzen Bandbreite, von der Erkenntnisphilosophie über Wissenschaftstheorie und -soziologie bis zur Empirischen Wissenschafts- und Technikforschung. Derzeitige Forschungsschwerpunkte: Rationalitätsstrukturen im Vergleich (DFG-Projekt); Wandel der Wissensordnung in der Informationsgesellschaft (Projekt der STIFTUNG VOLKSWAGENWERK). Veröffentlichungen u. a.: Pluralismus als Erkenntnismodell (1974); Begründung, Kritik und Rationalität (1977); Popper und die Politik (1978); Ist der Kritische Rationalismus am Ende? (1982); Das 'wissenschaftliche Ethos' als Sonderethik des Wissens (1985); Grundsatzvernunft und Gelegenheitsvernunft (1988; im Druck).

Frank Trommler, geb. 1939; Professor für Deutsche und Vergleichende Literaturwissenschaft, University of Pennsylvania, Philadelphia, USA. Wichtigste Veröffentlichungen: Roman und Wirklichkeit (1966); Sozialistische Literatur in Deutschland (1976); Die Kultur der Weimarer Republik (mit J. Hermand; 1978); Jahrhundertwende (Hrsg. mit H. A. Glaser; 1982);

America and the Germans (Hrsg. mit J. McVeigh; 1985); »Mit uns zieht die neue Zeit«. Der Mythos Jugend (Hrsg. mit T. Koebner u. R.-P. Janz; 1985); Amerika und die Deutschen (Hrsg.; 1986).

Peter Zimmermann, geb. 1944; 1973–1982 Wissenschaftlicher Assistent, 1982–1984 Privatdozent für Neuere deutsche Literaturwissenschaft an der Bergischen Universität/Gesamthochschule Wuppertal, seit 1984 Gastprofessor für Germanistik an der Cairo-University. Veröffentlichungen: Der Bauernroman (1975); Industrieliteratur der DDR (1984); Aufsätze zur Medienwissenschaft und zur Neueren deutschen Literaturgeschichte.

Freytag/Gutzkow u.a. 340f.